रसराज

पंडित जसराज

रसराज पंडित जसराज

सुनीता बुद्धिराजा

वाणी प्रकाशन
4695, 21-ए, दरियागंज, नयी दिल्ली 110 002

शाखा
अशोक राजपथ, पटना 800 004

फ़ोन : +91 11 23273167 फ़ैक्स : +91 11 23275710

www.vaniprakashan.in
vaniprakashan@gmail.com
sales@vaniprakashan.in

RASRAJ : PANDIT JASRAJ
by Sunita Budhiraja

ISBN : 978-93-87889-58-3
Biography

प्रथम संस्करण

मल्टीकलर सर्विसेज़, दिल्ली-110 020 में मुद्रित

वाणी प्रकाशन का लोगो मक़बूल फ़िदा हुसेन की कूची से

Vani Prakashan's signature motif is created by artist Maqbool Fida Husain

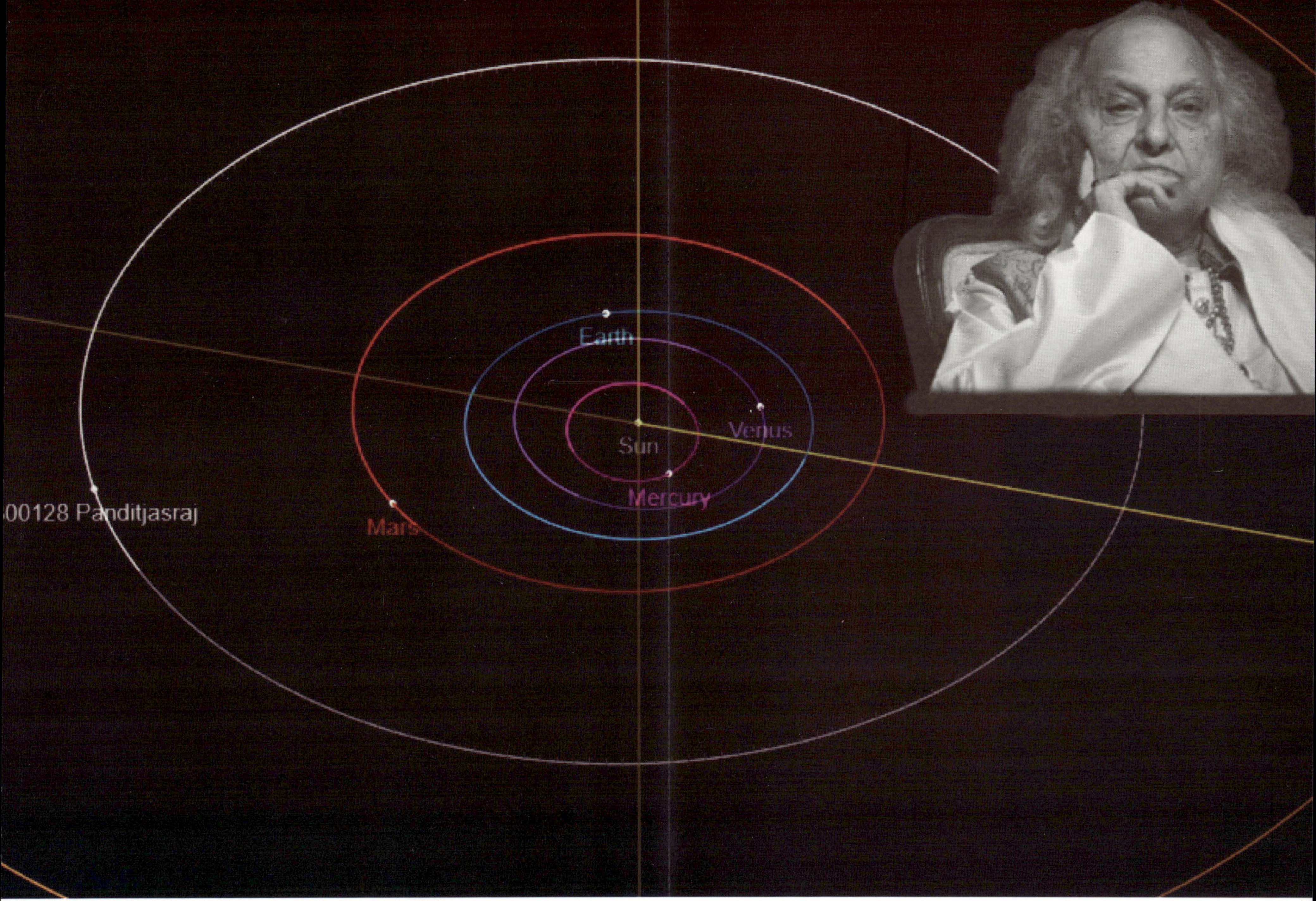

300128 Panditjasraj
Earth Distance: 3.314 au
Sun Distance: 3.158 au
2020-01-16 00:00 UTC

[revert to old Java-based viewer]

Orbital Elements at Epoch 2458600.5 (2019-Apr-27.0) TDB
Reference: JPL 5 (heliocentric ecliptic J2000)

Element	Value	Uncertainty (1-sigma)	Units
e	.05812727959945302	8.8488e-08	
a	3.039382791420384	5.233e-08	au
q	2.862711738093726	2.9168e-07	au

Orbit Determination Parameters

# obs. used (total)	95
data-arc span	6312 days (17.28 yr)
first obs. used	2001-11-15
last obs. used	2019-02-26
planetary ephem.	DE431

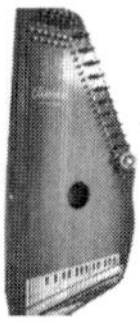

॥ श्रीकृष्णार्पणमस्तु ॥

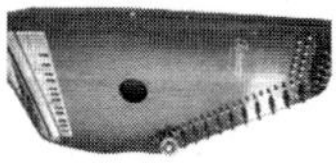

अनुक्रम

भूमिका
9

आभार
27

पूर्वांग
33

मध्यांग
257

उत्तरांग
311

परिशिष्ट
515

सन्दर्भ-ग्रन्थ
534

Discovered November 11. 2006
by the Catalina Sky Survey

CATALINA SKY SURVEY

Minor Planet 2006 VP_{32} has been officially designated

Panditjasraj *(300128)*

by the International Astronomical Union (IAU)

Sangeet Martand Pandit Jasraj (b. 1930) is exponent of Indian Classical vocal music. A life dedicated to music, Jasraj is the recipient of numberous awards, honors, and titles including the prestigious Pandma Vibhushan and the Sangeet Natak Academi Award. His distinctive voice traverses a remarkable four-and-a-half octaves.

Citation on Minor Planet Circular 115395

भूमिका

संगीत मार्तण्ड पंडित जसराज के गाये हुए राग अहीर भैरव की बन्दिश ने मुझ पर ऐसा प्रभाव छोड़ा कि मैं उस रचना के आनन्द में सम्पूर्णतः डूब गयी। निधि वन, वृंदावन, प्रातःकालीन सभा, सन् 1982-83।

आज तो आनन्द-आनन्द।
पूर्ण ब्रह्म सकल घट व्यापक सो आयो गृह नंद
गर्ग पराशर और मुनि नारद।
पढ़त वेद श्रुतिछन्द।
ॐ पूर्णमिदः पूर्णमिदं पूर्णात् पूर्णमुदच्यते।
पूर्णस्य पूर्णमादाय पूर्णमेवावशिष्यते॥
पढ़त वेद श्रुतिछन्द।
हरिजीवन प्रभु गोकुल प्रगटे मिटे सकल दुख द्वन्द्व।

यह 1970 के दशक के अन्त की बात है। आचार्य श्रीगोपाल गोस्वामी मेरे दफ़्तर में सुरेन्द्र तिवारी जी के पास बाँके बिहारी जी के मन्दिर के प्रसाद की डलिया लेकर आया करते थे और मुझे भी बिहारी जी का प्रसाद प्राप्त हो जाता था। उन्होंने दूरदर्शन में मेरे संचालन को देखा था और मुझसे स्वामी हरिदास सम्मेलन का, जिसका आयोजन वह प्रतिवर्ष वृन्दावन में करते थे, संचालन करने का अनुरोध किया। इसके पहले मैं उस सम्मेलन में कई बार कवि-गोष्ठी में भाग ले चुकी थी तथा उसका संचालन भी कर चुकी थी। तो मैंने उनका आग्रह स्वीकार किया तथा उस संगीत समारोह से तब तक जुड़ी रही जब तक वह नियमित होता रहा। बाद में भी वह आयोजन हुआ, और उसके आयोजकों ने भी मुझसे संगीत और नृत्य के कार्यक्रम का बीड़ा उठाने को कहा और मैंने भरसक वहाँ सहयोग किया, लेकिन फिर उसका स्वरूप बदल गया जिसमें मैं नहीं जुड़ पायी।

स्वामी हरिदास सम्मेलन में वर्ष-वर्षान्तरों तक एक से एक शास्त्रीय संगीत की दिग्गज हस्तियाँ आती रहीं, जिनमें उस्ताद बिस्मिल्लाह ख़ाँ, उस्ताद विलायत ख़ाँ, पंडित वी.जी. जोग, डागर बन्धु, श्रीमती सुनन्दा पटनायक, श्रीमती किशोरी अमोनकर, पंडित सियाराम तिवारी, श्रीमती गिरिजा देवी, श्रीमती शोभा गुर्टू, पंडित सामता प्रसाद, स्वामी पागलदास सहित न जाने किन-किन कलाकारों ने अपनी संगीतांजलि हिन्दुस्तानी

शास्त्रीय संगीत की गायकी के उस जनक को दी। आचार्य श्रीगोपाल गोस्वामी अक्सर निधि वन के कार्यक्रम के समापन के बाद कभी पैदल और कभी रिक्शे पर जयपुरिया धर्मशाला में, जहाँ भोजन की व्यवस्था रहती थी, आकर भोजन करते थे। वह हमेशा मुझे अपने साथ में लाते। रास्ते भर वह संगीत तथा कलाकारों के विषय में तरह-तरह की सूचनाएँ देकर मुझे ज्ञान देते थे। और मैं तो सदैव से अच्छी छात्रा रही। कभी-कभी वह बिहारी जी से सम्बन्धित रोचक कथाओं का वर्णन करते और कभी स्वामी हरिदास के सम्बन्ध में बताते। मैं इन कथाओं को अपने मन में संजोकर रख लेती और बाद में यथासम्भव उनका उपयोग कार्यक्रमों के संचालन में करती। एक बार निधि वन में प्रात: की सभा में पंडित जसराज का गायन था। उसके पहले मैं अनेक बार उनका गायन सुन चुकी थी तथा उनके लिए उद्घोषणा भी कर चुकी थी। उस दिन पंडित जसराज ने 'अहीर भैरव' गाया था। कार्यक्रम का समापन उन्होंने किया था—'श्यामा जू को राज हमारे माई श्यामा जू को राज।' 'ब्रजे वसन्तं नवनीत चौरम्' भी उस दिन उन्होंने गाया। सारा वातावरण कृष्णमय हो गया था, राधामय हो गया था। निधि वन, और सम्पूर्ण बृजभूमि तो यूँ भी कृष्ण-राधा की भावभूमि है और वहाँ के कण-कण में उनके नाम की अनुगूँज सुनाई देती है। निधि वन में जितने भक्तगण आ रहे थे, वे सब पंडित जसराज के गायन का स्वर सुनकर पण्डाल में आकर बैठते जा रहे थे। निधि वन जो राधा-कृष्ण तथा सखियों की रासस्थली है, भक्तिमय हो चुकी थी। सभी लोग अश्रुपूरित नेत्रों तथा अवरुद्ध कण्ठ से भाव-विभोर थे और गायन का आनन्द ले रहे थे। भावनाओं के उत्कर्ष के साथ वह सभा समाप्त हुई।

निधि वन से जयपुरिया धर्मशाला की ओर आते समय आचार्य श्रीगोपाल गोस्वामी, जो मुझे सैदव अनेकानेक कथाएँ सुनाया करते थे, पूरा रास्ता मौन रहे। जब हम लोग अपने गन्तव्य तक पहुँचने ही वाले थे तो उन्होंने सहसा मौन तोड़ा और कहने लगे, 'सुनीता जी, तुमको नहीं लगता कि जसराज जी पर कृष्ण की बड़ी कृपा है। उनके गाये हुए भजन के माध्यम से वह किस-किस तरह से दर्शन देते हैं, बल्कि मुझे तो ऐसा आभास होता है कि वह स्वयं कृष्णमय हो गये हैं।' उस सुबह पंडित जसराज के गाने का प्रभाव सभी पर यही था। निश्चित रूप से आचार्य श्रीगोपाल गोस्वामी तथा मुझ पर तो अवश्य यही था। पंडित जसराज को अनेक बार सुना था, उनके लिए मंच-संचालन किया था, लेकिन उस दिन वह किसी और ही मनोभूमि में ले गये थे।

पंडित जसराज से धीरे-धीरे परिचय प्रगाढ़ होता गया। कुछ वर्षों के पश्चात् उनके दिल्ली आगमन पर मैंने उनसे सम्पर्क किया। मेरा मन था कि उनके साथ एक वार्तालाप किया जाए और उसे लिखा जाए। उन्होंने मुझे समय दिया। वह गन्धर्व महाविद्यालय में पंडित विनयचन्द्र मुद्गल

के यहाँ ठहरे थे। उन दिनों मैं मारुति 800 चलाती थी। प्रीत विहार से गन्धर्व महाविद्यालय पहुँचने में लगभग आधा घण्टा लगा और मैं समय से 5 मिनट पहले पहुँच गयी। पंडित जी कॉफ़ी पी रहे थे। मुझे भी कॉफ़ी पिलायी और हमारी बातचीत 2 घण्टे से अधिक चली। उनके साथ लम्बी भेंटवार्त्ता तब मृणाल पाण्डे जी ने, जो उस समय 'साप्ताहिक हिन्दुस्तान' की सम्पादक थीं, अपनी पत्रिका में प्रकाशित की। उन्होंने बहुत सुन्दर तरह से उसे प्रकाशित किया था। पंडित जसराज को उनके कुछ सुधी मित्रों ने उसके विषय में बता तो दिया था किन्तु पंडित जी ने अभी लेख को पढ़ा नहीं था। अगली बार वह आनन्द लोक में विश्वनाथ जालान जी के यहाँ ठहरे थे और उनका फ़ोन आया कि मैं अमुक समय पर 'साप्ताहिक हिन्दुस्तान' की प्रति लेकर उनके पास आ जाऊँ। मेरे वहाँ पहुँचने पर उन्होंने मुझसे वह लेख पढ़कर सुनाने को कहा। तब उनके साथ में तृप्ति, दुर्गा, संजीव तथा दो-एक शिष्य और थे। सभी ने दत्त-चित्त होकर वह लेख सुना। पंडित जी ने बहुत आशीर्वाद दिया और कहा, 'इतना अधिक तो हम भी अपने आप को नहीं जानते। आपने ये सब कैसे लिख दिया?'

पंडित जसराज जैसा सरलमना व्यक्ति मैंने तो कोई और देखा नहीं। जिस आत्मीयता से वह सबसे मिलते हैं, वह आत्मीयता भी बहुत कम लोगों में देखने को मिलती है। वृन्दावन में उनका 'श्यामा जू को राज' वर्षों तक मेरे सिर चढ़कर बोलता रहा। एक बार वह 'स्पिक मैके' के कार्यक्रम के लिए दिल्ली पधारे थे। दौलतराम कॉलेज में सवेरे किसी समय उनका गायन था। उस दिन मेरी वर्षगाँठ थी और मैं उनका गायन सुनने पहुँच गयी। पंडित जी ने मेरे आग्रह पर 'श्यामा जू को राज' उस दिन सुनाया तथा जो फूलों का हार आयोजकों ने उन्हें भेंट किया था, वह हार मेरी वर्षगाँठ की भेंट के रूप में उन्होंने मुझे भेंट कर दिया। उसके पश्चात् उनका मेरे घर आना, मुझे फ़ोन करना, मुझे पंडित मोतीराम एवं पंडित मणिराम संगीत समारोह के संचालन के लिए हैदराबाद बुलाना, मेरा उनके सभी कार्यक्रमों में जाना वर्षों तक चलता रहा।

हर बार जब पंडित जसराज से भेंट होती, उनके स्नेहिल चरित्र का एक और नया पक्ष उजागर होता। वह मुझे भरपूर समय देते और उनके साथ मेरा बहुत रोचक वार्तालाप होता। सांगीतिक विषयों पर चर्चा होती। वे अनेकानेक संस्मरण सुनाते और मुझे उनके माध्यम से बहुत से अन्य कलाकारों को जानने का अवसर मिलता रहा।

पंडित जसराज जब भी गाते, मैं उनके शुद्ध, संस्कृतनिष्ठ उच्चारण से बहुत प्रभावित होती। बचपन से ही हमारे परिवार में मन्त्रोच्चार पर विशेष ध्यान दिया जाता था। व्याकरण तथा उच्चारण की शुद्धता अनिवार्य थी। पंडित जी की गायी हुई बन्दिशें समझ में आती थीं, अतः उन्हें सुनकर

आनन्द आता था। बहुत से अन्य कलाकारों को सुनने का अवसर तो मिलता ही था, लेकिन बन्दिशों को समझना सहज नहीं था। सूर, परमानन्द दास, कुम्भनदास, नन्ददास आदि अष्टछाप कवियों की रचनाएँ, आदि शंकराचार्य रचित पद, तुलसीकृत रामायण के पद, अथवा पंडित जसराज की अपनी रचनाएँ, उनके गायन से किसी और ही भावभूमि का स्पर्श कराती थीं। इन सभी रचनाओं का भावस्तर पंडित जसराज के स्वरों का स्पर्श पाकर उत्तरोत्तार बढ़ता जाता। उनके गायन को सुनकर कभी कण्ठ अवरुद्ध हो जाता, और कभी आँखों से अश्रु प्रवाहित होने लगते।

सन् 1993 में मैं दिल्ली से विशाखापट्टनम् चली गयी। विशाखापट्टनम् जाने की घटना, पंडित जसराज का दिल्ली में गायन तथा स्टार टीवी पर उनके गाये 'गुर्जरी तोड़ी' के प्रभाव के विषय में मैंने आगे विस्तार से लिखा है। एक बार वहाँ पंडित जी का फ़ोन आया कि वे विशाखापट्टनम् से होकर गुज़र रहे हैं। उन दिनों वह रेलगाड़ी से बहुत यात्रा करते थे। इन्होंने बताया कि रेलगाड़ी काफ़ी देर ठहरने वाली है और मैं उनसे स्टेशन पर आकर मिल सकती हूँ। मुझे यह तो याद नहीं कि वे कहाँ से रेल में बैठे थे और कहाँ जा रहे थे, लेकिन इतना अवश्य आभास था कि वह पिछले 18-20 घण्टे से रेल में ही थे और दूर जाने वाले थे। पंडित जसराज तब भी बहुत नियमित भोजन करते थे, आज तो और भी नियमित हो गया है। उनके खाने में क्या होगा, क्या नहीं, शुद्ध शाकाहारी, उसमें भी लहसुन-प्याज, टमाटर, खटाई तथा बहुत-सी सब्ज़ियाँ वर्जित। तो मैं उनके लिए भोजन तैयार करके स्टेशन पर ले गयी, उन्होंने बहुत प्रेम से खाया। कॉफ़ी भी ले गयी थी, वह भी पी और ढेरों आशीर्वाद दिया।

और एक बार पंडित जसराज पधारे और मेरे घर में ही रुके। रुके क्या, मुझ ही से मिलने विशेष रूप से पधारे थे तो वहीं रुकना स्वाभाविक था। उन्होंने मुझसे पहले ही कहा था कि वे वहाँ से हैदराबाद जायेंगे और उनकी विमान की टिकट करा लूँ। तब मैंने सोचा कि मैं भी उनके साथ हैदराबाद चली जाऊँ, थोड़ा और सत्संग रहेगा। हम लोग हैदराबाद में थे तब उन्होंने मुझसे अपने टिकट की काउंटर फाइल माँगी कि उन्हें अपने ऑफ़िस में जमा कराना है। मैंने भी काउंटर फाइल उन्हें दे दी। उस ज़माने में इंडियन एयरलाइन्स की टिकट वाउचर की तरह कटती थी, दो-तीन पन्ने का टिकट होता था और ऊपर लाल रंग का कवर। हम लोग पैकिंग करके नीचे चेक आउट कर रहे थे और पंडित जी ने अपनी टिकट के पैसे मेरे हाथ में रख दिये। मुझे काटो तो ख़ून नहीं, कि यह क्या हुआ। लेकिन उन्होंने जिद की कि वे किसी भी तरह से मुझसे टिकट नहीं ले सकते। होटल के कमरे का किराया भी उन्होंने स्वयं चुकाया।

अब ऐसे व्यक्ति को आप क्या कहेंगे? उसूलों का पक्का, ईमानदार!

सामान्य जन के स्तर से बहुत ऊपर। इस पुस्तक में इस तरह के अनेक उदाहरण आपको पढ़ने को मिलेंगे। न केवल स्वयं पंडित जसराज, बल्कि उनकी सहधर्मिणी मधुरा जी भी उतनी ही स्वाभिमानी, कर्मठ और सम्बन्धों के प्रति ईमानदार महिला हैं। व्ही. शान्ताराम जी जैसे सुविख्यात तथा सम्पन्न निर्माता-निर्देशक की बेटी होने के बावजूद उन्होंने अपने वैवाहिक जीवन के प्रारम्भिक अनेक वर्ष किस तरह अभाव में लेकिन सिर ऊँचा करके व्यतीत किये और अपने पिता तक से सहायता नहीं माँगी, इसका वर्णन उन्हीं के शब्दों में पुस्तक में आगे किया गया है।

विशाखापट्टनम् में 'सागर-उत्सव' का आयोजन। 'सागर-उत्सव' यानी हमारे 'गंगावरम्' तट पर 20,000 श्रोताओं के लिए तीन दिवस का शास्त्रीय संगीत एवं नृत्य का कार्यक्रम। यह मेरे जीवन का अब तक का सबसे बड़ा आयोजन है। पंडित जसराज का वहाँ गायन था। इस विशाल आयोजन की व्यवस्था में मैं ऐसी जुटी थी कि कार्यक्रम से पहले मेरी उनसे भेंट ही नहीं हो पायी। उनके साथ संजीव और कला दोनों थे। गंगावरम् गेस्ट हाउस में हमने ग्रीन रूम बनाया था। पंडित जी स्वरमण्डल मिला रहे थे और मैं उन्हें प्रणाम करने वहाँ पहुँची। उन्होंने एक साड़ी मुझे दी। वे असम से उसे मेरे लिए लाये थे। कहा कि मैं उसे पहनूँ। मैंने उस समय अपनी नानी की लायी हुई साड़ी पहनी हुई थी, लेकिन उसी के सफ़ेद ब्लाउज के साथ मैंने पंडित जी की वह प्रेमपूर्वक लायी हुई साड़ी पहनी और कार्यक्रम का संचालन किया। इस स्नेह का कोई कैसे प्रतिदान दे सकता है।

नौकरी बदली, शहर बदला, और मैं हैदराबाद पहुँच गयी। हैदराबाद में जितने वर्ष मैं रही, पंडित जी जब भी वहाँ आते, मेरे पास ठहरते। पंडित मोतीराम पंडित मणिराम संगीत समारोह के लिए तो वे परिवार सहित, शिष्यों और मित्रों सहित मेरे पास ही ठहरते। अजब-सा उत्सव का वातावरण बन जाता था। उनकी पौत्री ईश्वरी भी साथ में आती। एक वर्ष वह समारोह में गाने वाली थी। उसके दादू उसे अभ्यास कराते और वह अनथक रियाज़ करती। 'हर हर हर भूतनाथ पशुपति। योगेश्वर शिव पिनाक पाणि।' दिन-रात ईश्वरी का 'दरबारी' घर में गूँजता। और जब उस 9-10 साल की बच्ची ने सत्य साईं ऑडिटोरियम में गाना शुरू किया तो खचाखच भरा हुआ हॉल तालियों की गड़गड़ाहट से गूँज उठा। ऐसा ख़ूब सिखाया था उन्होंने ईश्वरी को। इसी प्रसंग में मुझे पंडित जसराज पर बनाई उस फ़िल्म के अंश स्मरण हो आते हैं जिसमें वह शारंग देव और दुर्गा को सिखा रहे हैं। बच्चों पर उनका क्या असर होता है!

एक दिन मैंने फ़ोन पर पंडित जी को बताया कि मैं हैदराबाद में घर ख़रीद रही हूँ। अमुक दिन रजिस्ट्री करनी है और फिर वसन्त पंचमी को गृह-प्रवेश। वे इतने प्रसन्न हुए कि जैसे स्वयं उन्होंने घर ख़रीदा हो। उन्होंने

कहा कि 'मैं आता हूँ! और मैं गाऊँगा।' बिना माँगे मुराद मिल जाने वाली बात थी यह तो। आर्ष गुरुकुल एटा के आचार्य पंडित रामदत्त जी शर्मा हमारे कुल पुरोहित थे। उन्होंने अपने सहयोगी ब्रह्मचारियों के साथ आकर तीन दिवसीय सामवेद पारायण यज्ञ किया और पंडित जसराज ने उस यज्ञ में भाग लिया। मेरी नानी, पिताजी, माँ, भाभी, भतीजा, चाचा आदि बहुत से परिवार के सदस्य दिल्ली से आये। सायंकाल को हमने निराला जी को भी स्मरण किया जिनका जन्म वसंत पंचमी के दिन हुआ था। पंडित जसराज का गायन हुआ। हारमोनियम पर सुरेन्द्र भारती जी तथा तबले पर मुकुन्द राज देव ने संगति की। पंडित जी ने प्रारम्भ किया—'तिहारो घर सुबस बसो।' इससे अच्छा आशीर्वाद और कोई क्या हो सकता था।

कहने का तात्पर्य यह है कि—पंडित जसराज का स्नेह अहैतुक है। जहाँ उनका व्यावहारिक सम्बन्ध है, वहाँ शुद्ध व्यवहार और जहाँ प्रेम-भाव है, वहाँ बिना किसी सवाल-जवाब के बस प्रेम भाव। वह आपको फ़ोन भी करते हैं, आपके फ़ोन का उत्तर भी देते हैं। आपके घर में पधारते भी हैं, मित्रवत् व्यवहार भी करते हैं और आकर अपने गायन से आपके घर को सुरीला भी बना देते हैं। इस पुस्तक के अनेक पात्रों के माध्यम से, अनेक स्थलों पर यह बात प्रमाणित हुई है।

एक मज़ेदार बात। दो-एक बार हैदराबाद में पंडित जसराज का फ़ोन आया कि मैं बहुत थका हुआ हूँ। आपके घर में आराम करने आ रहा हूँ। और वे पधारे। मुझसे कहा कि तुम दफ़्तर जाओ। मैं जागूँगा तो खाना गरम करके खा लूँगा। तब मेरे पास माइक्रोवेब तो था नहीं। मैं खाना बनाकर टिफिन कैरियर में उनके लिए रख जाती। शाम को आती तो खाना वैसे का वैसे ही रखा हुआ है। वो अभी भी सो रहे हैं। दिन भर वह सोते ही रहे, बिना कुछ खाये-पिये हुए। मेरे बत्ती जलाने से उनकी नींद खुलती। और वो कहते—अरे, मैं तो सोता ही रह गया। दिन भर हो गया, मुझे पता ही नहीं चला। और फिर कॉफ़ी पीकर मुझसे कहते—मेम साहब, अब आराम से बैठिए, मैं आपको पराँठा बनाकर खिलाता हूँ। और पंडित जसराज गर्मागरम पराँठे बना रहे हैं, सुनीता बुद्धिराजा जी चाव से उन्हें खा रही हैं। आगे के पृष्ठों में पढ़ेंगे कि किस तरह वह थक कर पानी के हौदे में ही सो गये थे और कैसे अपनी भतीजी योगाई के साथ वह खाना पकाया करते थे।

पंडित जसराज ने मेरे हैदराबाद वाले घर में अनेक बार गाया। उनके साथ-साथ अन्य कलाकार भी पधारते। गिरिजा देवी जी, पंडित हरिप्रसाद चौरसिया आदि बहुत से नाम।

पंडित जसराज शाकाहारी हैं। मैं भी शाकाहारी हूँ। उनके परिवार के

अनेक सदस्यों को मांसाहारी से कोई परहेज नहीं है। मेरे घर में तो मांसाहार का प्रश्न ही नहीं उठता। पकाना तो दूर, बाहर से पका हुआ खाना भी आये तो मेरे घर के बरतनों में, या घर में ही वह खाया नहीं जा सकता। तो पंडित मोतीलाल समारोह के समय मैं एक जगह से खाना बनवाकर मँगवाती थी। एकदम शुद्ध घर का खाना। गीता नाम की महिला बहुत अच्छा भोजन बनातीं और मैं उसे परोस देती। सप्ताह भर तक सबेरे-शाम 30-35 लोगों के लिए भोजन तैयार करना मेरे लिए बहुत कठिन था। एक दिन मैंने देखा कि रसोई में एक बहुत बड़ा टिफिन कैरियर रखा है। मुझे लगा कि यह टिफिन कैरियर गीता के यहाँ से तो नहीं आया। तभी दुर्गा रसोई में आयी और मैंने पूछ लिया कि दुर्गा, गीता का ड्राइवर खाना छोड़ गया क्या? तो दुर्गा बोलीं—नहीं सुनीता जी, हम लोग इतने दिन से वेजीटेरियन खाना खा रहे हैं न, तो आज मैंने बाहर से नॉनवेज खाना मँगवाया है। अब मुझे तो काटो तो ख़ून नहीं। किसी तरह ख़ुद को सँभाला और कहा, दुर्गा मेरे घर में नॉनवेज खाना चलेगा नहीं। आपको खाना है तो आप सामने मानिक आर्के के यहाँ इसे ले जाएँ और खा लें। दुर्गा ने क्षमा माँगी कि उन्हें पता नहीं था। तुरन्त खाने का टिफिन कैरियर उठाकर हमारे मित्र मानिक आर्के के यहाँ ले गयीं जो बिल्कुल सामने वाले घर में रहते थे। मेरे घर में बस स्वयं पंडित जी, रत्तन मोहन शर्मा—पंडित जी के भांजे और सुविख्यात् गायक और वह भी शाकाहारी हैं, और मैं, हम तीन लोगों ने खाना खाया। दुर्गा, शारंग आदि मेरे मेहमान थे, लेकिन एक क्षण को भी किसी ने चेहरे पर शिकन नहीं लाई कि मैंने उन्हें अपने घर में नॉनवेज खाने से मना कर दिया। इस प्रसंग का उल्लेख इसलिए किया है कि क्या सुन्दर संस्कार पंडित जसराज तथा मधुरा जी ने अपने बच्चों को दिये हैं। अतिथि हैं, लेकिन आतिथेय की भावनाओं का पूर्ण आदर करेंगे। कोई आश्चर्य नहीं कि दुर्गा अपने माता-पिता के नाम को रोशन कर रही हैं और शारंग भी उसमें चार चाँद लगा रहे हैं। पुस्तक के आगे के भागों में आपको इनके जीवन से जुड़े अनेक प्रसंग पढ़ने को मिलेंगे जो पंडित जसराज तथा उनके पूरे परिवार के इसी आदर देने वाले पक्ष की ओर इंगित करते हैं।

यहाँ एक और बात का उल्लेख मैं करना चाहूँगी। पंडित जसराज हर बार इस समारोह के लिए जैसे ही हैदराबाद मेरे घर में पहुँचते, मेरे पास काफ़ी धनराशि रख देते। समारोह में कलाकारों के लिए गाड़ियाँ, होटल, खाना-पीना, दूसरे छोटे-बड़े ख़र्चों के लिए उस ज़माने में भी बहुत ख़र्च होता था। पूरे समारोह का ख़र्च वे ख़ुद ही उठाते थे। यह ख़र्च तब भी लाखों रुपयों में होता था। मैं अपने आस-पास देखती थी कि बड़े-बड़े संस्थानों से सहायता लेकर अनेक सांगीतिक समारोहों का आयोजन किया

जाता था। लेकिन पंडित जसराज के पिताजी तथा गुरु पंडित मणिराम जी की स्मृति में आयोजित किये जाने वाले इस समारोह का पूरा ख़र्च स्वयं पंडित जसराज अपने पैसों से ही उठाते थे। रविवार को प्रात:काल की सभा के पश्चात् सभी श्रोताओं के लिए भोजन की व्यवस्था भी की जाती थी। पैसों के मामले में पंडित जसराज उसूलों के बहुत पक्के हैं। एक बार जितनी राशि वे अपने साथ लाये थे, कम पड़ गयी। तब मुझसे जितनी आवश्यकता थी, उतनी और लेकर, वापस मुम्बई पहुँचते ही वह राशि उन्होंने मेरे बैंक के खाते में जमा करा दी।

और फिर मैं मुम्बई आ गई। स्वयं पंडित जसराज जी और मधुरा जी ने आकर मेरा घर देखा और पसन्द किया। उसके पहले मैं कई घर देख चुकी थी और मुझे कुछ भी जम नहीं रहा था। मेरे ऑफ़िस के कार्मिक विभाग ने कहा कि मैडम अब हम आपको आखिरी घर दिखाते हैं, नहीं तो मैनेजमेंट से बात करनी पड़ेगी कि क्या करें! मैं पहले पंडित जी के घर गयी त्रिशूल में जो सात बंगला में था। मधुरा जी तथा जसराज जी, दोनों से आग्रह किया कि मेरे साथ चलिए और एक घर देख लीजिए।

वह घर ज़्यादा दूर नहीं था, लगभग एक किलोमीटर, जुहू-वर्सोवा लिंक रोड पर ही था। दोनों ही मेरे साथ आये, दरवाज़ा खोला ही था कि देखकर बहुत आशीर्वाद दिया। बहुत बड़ा-सा हॉल देखते ही दोनों को वह घर पसन्द आ गया। मुम्बई में यूँ भी बड़े घर नहीं होते। यह तो तीन बेडरूम, एक सर्वेण्ट क्वार्टर वाला घर था। तो मैं दो वर्ष तक उस घर में रही, फिर अपना घर ख़रीद लिया। फिर वह बेचकर दूसरा। पंडित जी सभी घरों में आते। उन्होंने सभी में गाया भी। दीपावली पर मैं तिवारी ब्रदर्स के बड़े वाले मोतीचूर के लड्डू लेकर उनके घर जाती तो मधुरा जी बहुत प्रसन्न होतीं। अपने हाथ से बनाकर खाना खिलातीं। उन्हें खाना बनाने और खिलाने का बहुत शौक रहा है, जो अब तक बरकरार है। इसकी भी झलक आपको आगे के पृष्ठों में मिलेगी।

इस बीच प्रतिवर्ष मैं हैदराबाद के समारोह का संचालन करने जाती रही। तभी मधुरा जी ने मुम्बई में एक कार्यक्रम का आयोजन किया जिसमें मुख्य अतिथि तत्कालीन मुख्यमंत्री स्व. विलासराव जी देशमुख थे। मधुरा जी ने दुर्गा से फ़ोन करवाया कि वह चाहती हैं कि उस कार्यक्रम का संचालन मैं करूँ। आज्ञा शिरोधार्य है, कहकर मैंने दायित्व सँभाला। उस दिन कार्यक्रम के बाद पहली बार उन्होंने कहा—'आपको इन पर (जसराज जी पर) कुछ लिखना चाहिए, 'जी अवश्य'। मेरा उत्तर था, और फिर बात टल गयी। फिर दुर्गा ने अपने बापूजी के मंच पर कार्यक्रमों के 50 वर्ष पूरे होने पर एक कार्यक्रम की परिकल्पना की, जिसका नाम था—गोल्डन वॉयस, गोल्डन इयर्स। पंडित जी की संगीत यात्रा के 50 वर्षों पर बनायी

गयी फ़िल्म, जिसे अनेक हिस्सों में दिखाया गया था, और उस यात्रा से जुड़े कलाकारों के साथ पूरे समायोजन को पिरोया गया था। दुर्गा, मधुरा जी और जसराज जी, तीनों यह चाहते थे कि उस कार्यक्रम की सूत्रधार मैं बनूँ। पहला कार्यक्रम दिल्ली में सिरी फोर्ट में दिखाया जाने वाला था। दुर्गा कोई विशेष स्पांसर जुटा नहीं पायी और उन दिनों मेरी आर्थिक स्थिति कुछ कमज़ोर थी। फ्रीक्वेंट फ्लापर के सारे प्वाइंट मैं अपनी यात्राओं में ख़र्च कर चुकी थी। पंडित जसराज ने कहा—चिन्ता मत करो, मैं अपने माइलेज प्वाइंट तुम्हें देता हूँ। तब उनके माइलेज प्वाइंट्स पर मैं दिल्ली आयी और उनके जीवन पर आधारित एक-एक दृश्य को, एक-एक प्रसंग को बहुत से अन्य प्रसंगों के साथ जोड़कर मैंने प्रस्तुत किया। वह संयोजन भी मेरे मंच-संचालन का सर्वोत्कृष्ट संचालन ही रहा।

उपर्युक्त प्रसंग पंडित जसराज के जीवन का वह पक्ष रेखांकित करते हैं जिसका उल्लेख बार-बार उनके सभी सहयोगियों तथा शिष्यों ने किया है। आवश्यकता के समय साथ खड़े होना, मदद करना, उनके प्रारम्भिक जीवन से ही उनके साथ चली आने वाली उनकी जीवनशैली का अभिन्न अंग है। ऐसे प्रसंग उनकी शिष्या तथा मुँहबोली बहिन मुन्नी यानी नीरजा रतेरिया के कथन में भी आते हैं तथा सुमन घोष आदि के कथन में भी उजागर होते हैं। पंडित जसराज तो वह व्यक्ति हैं जो रेल के डिब्बे में भिक्षा-याचना करते हुए भिक्षुक की मदद में गाना गाकर लोगों से पैसा इकट्ठा कर सकते हैं। तब कोई आश्चर्य नहीं कि उनकी बेटी दुर्गा अपनी संस्था आर्ट एंड आर्टिस्ट के माध्यम से बीमार, लाचार कलाकारों की सहायता करने में जुटी हैं।

पंडित जसराज का वह सहायता करने वाला रूप उनके सभी शिष्यों के कथन में बार-बार उभर कर आता है। यह कि वह अपने शिष्यों को कार्यक्रम दिलाने में मदद करते हैं बिना उन्हें बताये। बहुत सुन्दर तरीके से गिरीश वजलवाड़ और मुकेश देसाई वर्णन करते हैं। अंकिता जोशी बताती है कि कैसे वह अपने छात्रों से कोई फीस नहीं लेते, बल्कि उनके रहने-खाने की भी पूरी व्यवस्था करते हैं, कैसे मधुरा जी जी-जान से सभी का ध्यान रखती हैं, ऐसे प्रसंग मन को छूने वाले हैं। जिस शिष्य का कण्ठ बहुत सुरीला होता है और जल्दी सीख जाता है उसे शाबाशी, और ग़लती करने पर डाँट, यह सब मैंने पंडित जसराज के अपने शिष्यों की ज़ुबानी प्रथम पुरुष में ही रखा है, उनकी आपबीती की तरह। अनेक प्रसंग भी स्वयं पंडित जसराज की आपबीती की तरह ही लिखे गये हैं, प्रथम पुरुष में, उसका कारण यह है कि मैं उन्हें अपनी ओर से कहकर उनका प्रभाव कम नहीं करना चाहती थी। कुछ प्रसंग आपबीती की तरह हैं और कुछ संस्मरण की तरह। सौ बातों की एक बात यह कि स्वयं पंडित जसराज

के मुख से सुनकर मैंने निश्चय किया कि किस प्रसंग को प्रथम पुरुष में 'मैं' के माध्यम से आप तक पहुँचाना चाहिए और किसे अन्य पुरुष में।

पंडित जसराज को तारीखें बहुत स्मरण रहती हैं, घटनाएँ बहुत स्मरण रहती हैं। कौन से सन् में किस अवसर पर वह कहाँ गये थे, वहाँ अन्य कौन से कलाकार थे, उन्होंने क्या गाया था, कौन सा राग, कौन सहयोगी कलाकार, उनसे पहले और बाद में कौन, जनता पर क्या प्रभाव पड़ा आदि सब उन्हें याद है। हमने कल रात क्या भोजन किया था—स्मरण नहीं रहता, लेकिन पंडित जी घटनाओं को ऐसे-ऐसे वर्णन करते हैं मानो अभी-अभी घटी कोई घटना है। स्वयं उन्होंने स्कूल की पढ़ाई भी चाहे न की हो, उनका साहित्य तथा संगीत से जुड़े इतिहास का अध्ययन बहुत अधिक है। पुस्तक में मेवाती घराने के सन्दर्भ में अमीर खुसरो से लेकर अन्य बहुत से घरानों से जुड़ी कथाओं, किंवदंतियों तथा घटनाओं का उल्लेख है। इन सभी को स्वयं पंडित जसराज ने पहले मुझे बताया। लिखते समय मैंने जब इनसे जुड़े ग्रन्थों का सन्दर्भ लिया तो पाया कि ये सब ऐतिहासिक घटनाएँ हैं, संगीत के इतिहास से जड़ी हुई। उनकी स्मरण शक्ति की दाद देनी होगी।

मैंने पहले कहा कि मुम्बई में (अब मुम्बई), मैं जुहू वर्सोवा लिंक रोड पर रहती थी। उस घर को पंडित जसराज और मधुरा जी ने पसन्द किया था। उन दोनों को सम्भवत: यह स्मरण भी नहीं होगा। यह घर उनके अपने सात बंगला वाले घर के बहुत निकट था। और कहीं से भी आते-जाते समय उनके रास्ते में पड़ता था। अक्सर पंडित जी वहाँ आ जाते और थोड़ा समय मेरे साथ व्यतीत करते। वह जब भी शहर से बाहर जा रहे होते तो हवाई अड्डा जाते समय मेरे पास चाहे दरवाजे पर ही खड़े होकर 2 मिनट रुकते, लेकिन आते अवश्य।

किसी सम्बन्ध को कितना मान देना है और उसे कैसे जीवित रखना है, इसमें पंडित जसराज का कोई सानी नहीं। मैं तो केवल थोड़ा-बहुत लिखती थी, उनके कार्यक्रमों का संचालन कर लेती थी, मैंने कभी भी उनसे गाना सीखा नहीं, इस नाते उनकी शिष्या भी नहीं हूँ, लेकिन पंडित जसराज का मेरे लिए स्नेह अप्रतिम है। और यह बात केवल मैं नहीं, उनके सम्पर्क में रहने वाला हर व्यक्ति ऐसा ही कहेगा।

पंडित जसराज के सभी शिष्यों ने कहा है कि उनके गुरुजी आयोजकों से, श्रोताओं से उनके जाने बिना ही उनकी प्रशंसा करते हैं कि ये तैयार हैं, बहुत अच्छा गाते हैं, इन्हें सुनें। रत्तन का तराना या अंकिता का मराठी भाव गीत, चाहे मेवाती घराने में इनका चलन न हो, यदि इन्होंने उसे अपनाया तो उनके गुरुजी ने सदैव उन्हें प्रोत्साहन ही दिया। रत्तन के हवेली संगीत और उनके गाये 'गायत्री', 'महामृत्युंजय' आदि की वह प्रशंसा करते हुए

नहीं थकते। अपनी माँ के कारण मैं बचपन में ही रात-रात भर चलने वाली संगीत सभाओं में जाने लगी थी, अत: बड़े कलाकारों को सुनते-सुनते मेरे कान अच्छे शास्त्रीय संगीत को सुनने के अभ्यस्त हो गये थे। उन्हीं के कारण लिखने-पढ़ने और साहित्य में मेरी रुचि हो गयी। परिवार के दिये संस्कार के कारण धार्मिक, आध्यात्मिक, पौराणिक कथाओं को पढ़ने में मुझे बहुत आनन्द आता। और जब भी संगीत सभाओं में जाती, संचालकों को कलाकारों का बायोडाटा पढ़ते हुए देखती तो मुझे बहुत आश्चर्य होता। हर बार वही परिचय, हर बार वही बायोडाटा। मुझे आश्चर्य होता कि जिन पंडित हरिप्रसाद चौरसिया को सुनने के लिए, पंडित जसराज को सुनने के लिए ऑडिटोरियम खचाखच भरा हुआ है, उद्घोषक-संचालक उनके परिचय में हमेशा यही बताते पंडित हरिप्रसाद चौरसिया ने बाँसुरी वादन पंडित भोलानाथ से और फिर श्रीमती अन्नपूर्णा देवी से सीखा, अथवा उन्हें अमुक वर्ष में पद्मश्री, पद्मभूषण से सम्मानित किया गया है। या कि वह देश-विदेश में कार्यक्रम देते रहे हैं, आदि। कुछ इसी प्रकार का परिचय पंडित जसराज के विषय में तथा अन्य किसी भी कलाकार का भी दिया जाता था। मुझे लगता कि जब लोग इन्हें सुनने आये हैं तब निश्चित रूप से वो लोग यह तो जानते हैं कि पंडित हरिप्रसाद चौरसिया कौन हैं, या पंडित जसराज कौन हैं या पंडित शिवकुमार शर्मा या श्रीमती किशोरी अमोनकर कौन हैं। 'मदभक्ता: यत्र गायंति तत्र तिष्ठामि नारद:' के अनुरूप मुझे शास्त्रीय संगीत के कार्यक्रमों में सदैव एक अद्भुत रस का अनुभव होता। मेरे मन में उस गायन-वादन को सुनकर ऐसा-ऐसा अनुभव होता कि आँखों से आँसू बहने लगते। यह अनुभव किसी न किसी घटना अथवा कथा का स्मरण कराता। फिर न जाने क्या हुआ कि कलाकारों का परिचय देते समय मैंने उन घटनाओं तथा उन अनुभवों के साथ संगीत को जोड़ना शुरू कर दिया। पहले एक सुरीली कहानी, फिर उसके साथ कलाकार के गायन-वादन को जोड़ना और उसे सुनकर जैसा मुझे महसूस होता उसे ही मंच पर श्रोताओं के साथ बाँट देना, यह मेरे संचालन की एक सहज शैली बन गयी। कार्यक्रम के पहले और बाद में श्रोता मेरे पास आने लगे कि कैसे वो वैसा ही अनुभव कर रहे थे, जैसा मैंने वर्णन किया, लेकिन समझ नहीं पा रहे थे, या उनके पास शब्द नहीं थे, या मैंने उन्हीं के अनुभव को शब्द दे दिये थे। तो मंच संचालन की मेरी एक अलग शैली बन गयी। पंडित जसराज जैसे अपने शिष्यों के विषय में कहते, वैसे ही मेरे संचालन के विषय में भी। जब भी मैं उनके कार्यक्रम का संचालन करती, मंच से हर बार उसकी प्रशंसा करने लगे।

एक वर्ष हैदराबाद का समारोह पूर्णाहुति तक पहुँच चुका था। पंडित शिवकुमार शर्मा का कार्यक्रम था। मैं ग्रीन रूम में उनसे पूछने लगी कि वे

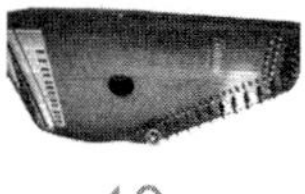

किस राग से शुरुआत करेंगे। ताकि मैं उसके विषय में श्रोताओं को बता सकूँ। तो पंडित शिवकुमार शर्मा ने कहा कि आप चिन्ता मत कीजिए, मैं स्वयं राग का नाम बता दूँगा। आप तो मेरा बायोडाटा पढ़ दीजिए। उस समय पंडित जसराज वहीं बैठे हुए थे, शिवकुमार जी के साथ, ग्रीन रूम में। तो पंडित जसराज ने उनसे कहा कि आप इन्हें (मुझे, सुनीता को) सुनिये। इनका मंच संचालन सुनने के लिए लोग आते हैं और आपके बजाने के बाद भी लोग रुक कर इन्हें सुनेंगे। तो शिवजी ने उत्तर दिया कि जसराज जी ऐसा भी कहीं होता है। कार्यक्रम के बाद कोई रुकता नहीं। तब पंडित जसराज ने कहा कि ठीक है, आप स्वयं देख लीजिएगा।

रात को लगभग डेढ़ बजे पंडित शिवकुमार शर्मा का सन्तूर वादन समाप्त हुआ। मैं नीचे श्रोताओं में बैठी थी। तालियाँ रुकने के बाद मैंने मंच की ओर चलना शुरू किया कि श्रोता जहाँ थे, वहाँ रुक गये। ऊपर मंच पर जाकर मैंने उस दिन के शिवजी के वादन के विषय में जैसे ही अपना अनुभव बाँटा, हॉल तालियों की गड़गड़ाहट से गूँज उठा। और पंडित शिवकुमार शर्मा बोले, सुनीता जी, ऐसा तो हमने आज तक न कभी देखा और न सुना। रात के डेढ़ बजे घर न जाकर आपकी उद्घोषणा को सुन रहे हैं! तो यह पंडित जसराज के कहने का कमाल था।

मैं जब मुम्बई आ गयी, तब एक बार पंडित जसराज ने मुझे अमेरिका से फ़ोन किया और पूछा कि क्या आप कभी अमेरिका आयी हैं? मैंने कहा कि नहीं। तो वे बोले कि ठीक है, यहाँ वैदिक हैरिटेज नाम से एक संस्था है जिसे गुरु माँ ज्योतिषानंद सरस्वती चलाती हैं। हनुमान मन्दिर है, वह आपसे सम्पर्क करेंगी। आप हाँ कह दीजियेगा। तब मेरे पास गुरु माँ का फ़ोन आया। वह बोलीं कि पंडित जसराज ने आपके बारे में बहुत कहा है, आप हमारे यहाँ आइये। हम शास्त्रीय संगीत और नृत्य का कार्यक्रम करते हैं, आप उसका संचालन करें। यह सन् 2000 की बात है। तब से निरन्तर मैं वैदिक हैरिटेज के संगीत समारोह में जाती हूँ। उस संस्थान से मेरा सम्बन्ध अब अनेक रूपों में जुड़ चुका है, गुरु माँ का आशीर्वाद मुझे प्राप्त है। संचालन ही नहीं, आयोजन में भी सहयोग करती हूँ। कहने का तात्पर्य यह है कि पंडित जसराज अपने साथ जुड़े लोगों की प्रतिभा को पहचानते हैं तथा किसी न किसी तरह से उसके विकसित होने में भरसक सहयोग करते हैं। उनके चरित्र का यह पक्ष नीरजा रतेरिया, मुकेश देसाई से लेकर सुमन घोष तक ने उजागर किया है।

पंडित जसराज के सारे शिष्यों ने एक स्वर में कहा है कि उनके गुरुजी ने उन्हें न केवल गायन की शिक्षा दी है, वरन् जीवन को जीने की भी शिक्षा दी है। दरवाज़ा बन्द करने और खोलने से लेकर उठने-बैठने, बातचीत करने, मंच पर बैठने और व्यवहार करने के सलीके तक। इस

प्रसंग में मैं एक आपबीती का उल्लेख करना चाहूँगी। अनेक वर्ष हुए, सम्भवतः सन् 2005-06 की घटना है। न्यूयॉर्क में वैदिक, हैरिटेज में वार्षिक संगीत-नृत्य समारोह का आयोजन था तथा मैं वहाँ मंच का संचालन कर रही थी। एक दिन उस्ताद शाहिद परवेज़ का सितार वादन था तथा पंडित विजय घाटे उनके साथ तबले पर संगति कर रहे थे। उनका वादन सम्पन्न हुआ और मैं मंच पर वापस गयी। इन दोनों ही कलाकारों के साथ मेरा परिचय बहुत पुराना है और विजय घाटे जी के साथ सम्बन्ध तो मित्रवत् है। मैं इन दोनों कलाकारों की शान में कुछ-कुछ कह रही थी। दो-एक बार उस्ताद शाहिद परवेज़ और पंडित विजय घाटे कह कर मैं 'शाहिद भाई' और 'विजय जी' कहकर सम्बोधन करने लगी। खचाखच हॉल भरा हुआ था। मैं श्रोताओं के साथ 'शाहिद भाई' तथा 'विजय जी' के अपूर्व वादन के सम्बन्ध में अपना अनुभव बाँट रही थी कि सामने से पंडित जसराज ने ऑडिटोरियम में प्रवेश किया। वह सीधे मंच पर आ गये और उन्होंने माइक हाथ में लेकर कहा, 'आप बहुत अच्छा बोलती हैं, लेकिन उस्ताद शाहिद परवेज़ और पंडित विजय घाटे। मैंने कहा कि पंडित जी, मैं पहले ही वह चुकी हूँ। वे बोले नहीं, उस्ताद शाहिद परवेज़ और पंडित विजय घाटे। मैंने फिर से प्रत्युत्तर दिया, जी पंडितजी, मैंने पहले ही कहा कि मैं दोनों कलाकारों के विषय में यथायोग्य सम्मानपूर्वक बोल चुकी हूँ। वे बोले कि नहीं, आप इन्हें उस्ताद शाहिद परवेज़ और पंडित विजय घाटे ही कहेंगी। यह सब वार्त्तालाप माइक पर ऑडियंस के सम्मुख हो रहा था। सारे श्रोता सन्नाटे में। स्वाभाविक था कि मुझे बुरा लगा कि पंडित जसराज मंच पर मुझे डाँट रहे हैं! किसी तरह हिम्मत जुटा कर मैंने फिर से उन्हें हँसते-हँसते उत्तर देने की धृष्टता की कि पंडित जी, कृपया मंच संचालन का काम मुझ पर ही छोड़ दें, आप तो गाइये। ख़ैर, उस समय तो बात सँभल गयी लेकिन मन बहुत दुःखी था। कार्यक्रम के पश्चात् अन्य कलाकारों तथा अनेक श्रोताओं ने मेरे कष्ट को और भी बढ़ा दिया और उस रात खाने की मेज़ पर मैं पंडित जी से दूर-दूर ही रही। पंडित जसराज सम्भवतः यह बात भूल गये। लेकिन मुझे लम्बे अर्से तक इस घटना का स्मरण रहा और मैं सोचती कि क्यों पंडित जी ने मुझसे मंच पर उस दिन वैसा कहा।

फिर वर्षों पश्चात् पुस्तक के सन्दर्भ में उन्होंने पंडित ओंकारनाथ ठाकुर के साथ घटी एक घटना की चर्चा की। तब मुझे समझ में आया कि पंडित जी ने उस दिन मुझसे उन दो कलाकारों के नाम के आगे 'उस्ताद' तथा 'पंडित' अलंकार लगाने को क्यों कहा था। पंडित ओंकारनाथ ठाकुर निजी जीवन में जसराज जी को बेटा कहकर पुकारते थे, लेकिन जब वे 'संगीत श्यामला' के आयोजन में पधारे और मंच से अपना वक्तव्य देने

लगे तो उन्होंने कहा—'मुझे जब पंडित जसराज ने यहाँ आने को कहा तो मुझे आना पड़ा।' पंडित जसराज वहाँ मुँह फुला कर बैठ गये कि वैसे तो मुझे 'बेटा-बेटा' कह कर पुकारते हैं लेकिन आज मंच पर कह रहे हैं 'पंडित जसराज'! एकदम दूर-दूर का सम्बन्ध जता रहे हैं। बाद में पंडित ओंकारनाथ ठाकुर ने इनसे कहा कि मैं श्रोताओं को बताना चाहता था कि देखो, ये पंडित जसराज हैं। पंडित जसराज ने मुझसे इस प्रसंग का वर्णन करते हुए कहा कि यूँ तो पंडित ओंकारनाथ ठाकुर मुझे 'बेटा' कह कर पुकारते थे, लेकिन मंच पर उनका मुझे 'पंडित जसराज' कह कर सम्बोधित करना मेरे मन को बहुत व्यथित कर गया और इसके लिए हम उनसे नाराज़ भी हो गये। लेकिन जब उन्होंने बाद में हमें इसका कारण बताया तो हमें लगा कि हाँ ठीक कह रहे हैं।

यद्यपि एक लम्बे अन्तराल के पश्चात् न्यूयॉर्क की उस घटना का क्षोभ बहुत शमित हो चुका था, फिर भी वह याद तो थी और कभी-कभी मैं सोचती कि पंडित जी ने मंच पर मुझे वैसे क्यों कहा। पंडित ओंकारनाथ ठाकुर वाली घटना सुनने के पश्चात् मुझे उनके कथन का कारण साफ़-साफ़ दिखाई दिया और यह भी कि पंडित जसराज के सारे शिष्य उनसे सबसे अधिक मंच पर ही सीखते हैं। उन्हें डाँट और दुलार दोनों ही मिलते हैं। तो कहीं न कहीं उस दिन उस डाँट के पीछे उनका मेरे प्रति स्नेह ही था।

पंडित जसराज भारत के सम्भवत: अकेले, अथवा बहुत कम ऐसे कलाकारों में से एक हैं जिनके नाम से छात्रवृत्तियाँ, पुरस्कार, ऑडिटोरियम आदि हैं। उनके नाम के संगीत विद्यालय तथा संस्थान हैं, भारत ही नहीं, विदेशों में भी। उनके तैयार किये हुए सैकड़ों छात्र-छात्राएँ देश-विदेश में भारतीय शास्त्रीय संगीत का प्रचार-प्रसार कर रहे हैं। इतना ही नहीं, उनके स्वयं के शिष्यों के भी शिष्य अपने-अपने क्षेत्र में नाम कमा रहे हैं।

इन सबके बीच पंडित जसराज के गायन का जो असर श्रोताओं पर होता है, उसका वर्णन करना बहुत कठिन है। उनका गायन आत्मा का स्पर्श करता है। कम से कम मुझे तो करता ही है। उनके गायन को सुनकर संगीत जगत् के जाज्वल्यमान नक्षत्रों ने उनसे या तो गायन सीखने की इच्छा व्यक्त की है अथवा यह कि पंडित जसराज उनके शिष्य बन जाएँ। यदि बेगम अख़्तर और ज्योतिका राय जैसे कलाकारों ने उनसे संगीत सीखना चाहा, तो उस्ताद बड़े ग़ुलाम अली ख़ाँ, और पंडित ओंकारनाथ ठाकुर ने सीधे-सीधे अथवा घुमाकर यह इच्छा व्यक्त की कि पंडित जसराज उनके शिष्य बन जाएँ। उनके विषय में कर्नाटक संगीत की साम्राज्ञी जिनके विषय में भारत के प्रथम प्रधानमन्त्री जवाहरलाल नेहरू ने कहा कि—'ये तो सुरों की मल्लिका हैं, इनके सम्मुख मैं क्या हूँ, मात्र एक देश का प्रधानमन्त्री!' उन श्रीमती एम.एस. सुब्बुलक्ष्मी ने कहा कि इनके गले में तो भगवान

बसते हैं। और उस्ताद बिस्मिल्लाह ख़ाँ ने कहा कि इनके गले में अल्लाह का निवास है। जिनके लिए ये सब विभूतियाँ श्रद्धा से विनत होती हैं, उन पंडित जसराज के गायन को सुनकर मेरा अभिभूत होना स्वाभाविक है।

सन् 1984 में तत्कालीन प्रधानमंत्री इन्दिरा गाँधी की हत्या के पश्चात् नवम्बर में किसी समय 'इंडिया इंटरनेशनल ट्रेड फेयर' के दौरान प्रगति मैदान में श्रीमती इन्दिरा गाँधी की स्मृति में संगीत का एक कार्यक्रम रखा गया था, जिसमें पंडित भीमसेन जोशी, पंडित कुमार गन्धर्व तथा पंडित जसराज ने भक्ति संगीत प्रस्तुत किया था। उसमें पंडित भीमसेन जोशी ने 'जो भजे हरि को सो वही परम पद पाएगा', पंडित कुमार गन्धर्व ने 'उड़ जाएगा हंस अकेला', तथा पंडित जसराज ने 'निरंजनी नारायणी' गाये थे। ये तीनों रचनाएँ अभिभूत करने वाली थीं और मैं उन्हें अपने साथ लेकर आयी थी। ये रचनाएँ अभी भी मेरे साथ हैं और उनके स्वर भी।

पंडित जसराज लेखिका सुनीता बुद्धिराजा के साथ

हैदराबाद में पंडित मोतीराम पंडित मणिराम समारोह की प्रात:कालीन सभा में एक बार पंडित जसराज ने गाया,

श्रीकृष्ण चन्द्र ने मथुरा तै गोकुल को आइबो छोड़ दियो।
तब तें बृजवासिन ए री सखी पनघट पे जाइबो छोड़ दियो।
लता-पाता सब सूख गयीं जमुना ने किनारो छोड़ दियो।

मुझे ऐसा महसूस हुआ कि जैसे किसी ने हृदय पर मन भर का पत्थर रख दिया हो। मैं स्वयं को ब्रज की गोपी के रूप में अनुभव कर रही थी और छटपटाहट हो रही थी। आँखों से आँसू रुकने का नाम ही नहीं ले रहे थे। यह ऐसा अनुभव था जो इसके पहले कभी नहीं हुआ था। वह दारुण पीड़ा हो रही थी मानो मैं ब्रज की नारी हूँ, और कृष्ण मुझे छोड़ कर चले गये हैं। कृष्ण उस दिन कितने तो वास्तविक लगे थे मुझे। न्यूयॉर्क में भारतीय दूतावास के कार्यालय में पंडित जसराज के गायन के समय जो दिव्य अनुभूति मुझे हुई उसका वर्णन आगे के पन्नों में किया गया है। और दो-एक वर्ष पूर्व वह घटना। पंडित जसराज कमानी ऑडिटोरियम में गा रहे थे। मैं श्रोताओं में दूसरी पंक्ति में कोने वाली कुर्सी पर बैठी थी कि सहसा पूरे वातावरण में एक सुगन्ध-सी भर गयी। मैंने इधर-उधर देखा, कोई भी नया व्यक्ति वहाँ न आया था और न वहाँ से गया था कि किसी ने इत्र लगा रखा हो। धीरे-धीरे वह सुगन्ध बढ़ती गयी। पंडित जसराज गा रहे थे—

करारविंदेन पदारविंदम् मुखारविंदेन विनिवेशयंतम्।
वटस्य पत्रस्य पुटेशयानं बालं मुकुन्दं मनसास्मरामि।
श्रीकृष्ण गोविन्द हरे मुरारे हे नाथ नारायण वासुदेवः।
जिह्वे पिबस्वऽमृतमेतदेव। गोविन्द दामोदर माधवेति।

हवा में इतनी सुगन्ध थी कि मन होता था साँस लें। कार्यक्रम सम्पन्न हुआ। मैं कुछ भी बोलने की स्थिति में नहीं थी। मैंने पंडित जी से आग्रह किया कि वे कार में बैठने के पश्चात् मुझे फ़ोन करें। मैंने अपनी कार में बैठकर अपने सारथी से पूछा कि क्या उन्हें कोई सुगन्ध आ रही थी। तो उन्होंने तो नकार दिया कि नहीं दीदी, मुझे तो कोई खुशबू नहीं आई। जब पंडित जसराज ने कार में बैठकर मुझे फ़ोन किया तो मैंने उन्हें अपना अनुभव बताया। इसके बाद घर लौटने के बाद अगले सप्ताह बल्कि अगले दस दिन तक वह सुगन्ध मेरी कार और मन में बसी रही। ऐसी-ऐसी अनेक घटनाएँ हैं जिनसे मैं अभिभूत हुई हूँ।

इस पुस्तक को न तो पारम्परिक अर्थ में पंडित जसराज की जीवनी कहा जा सकता है और न ही आत्मकथा। अधिकांश प्रसंग उनके तथा उनसे जुड़े निकट के बान्धवों द्वारा प्राप्त सामग्री के आधार पर जुटाये गये हैं। श्रीमती मधुरा जसराज तथा दुर्गा जसराज का इस पुस्तक को लिखने में अनन्य सहयोग

मिला है। उनके भांजे और शिष्य रत्तन मोहन शर्मा तथा शिष्या तृप्ति मुखर्जी ने बार-बार फ़ोन करके पुस्तक की गति को बढ़वाया। स्वयं पंडित जसराज अनेक बार मेरे घर में आकर रहे और हम लोगों ने घंटों उनके जीवन के प्रसंगों पर चर्चा की। मेरा डिक्टाफ़ोन मेरे साथ हमेशा रहता है, चौबीसों घण्टे ताकि उनका फ़ोन कभी भी, कहीं भी आ जाए तो मैं उनके कहे प्रसंगों को रिकॉर्ड कर सकूँ। देश-विदेश से पंडित जसराज के शिष्यों ने आपबीती मुझे सुनाई। उनके अभिन्न मित्रों—पंडित शिवकुमार शर्मा तथा पंडित हरिप्रसाद चौरसिया ने मेरे एक ही बार कहने पर अपना अमूल्य समय मुझे दिया। मैं क्या कहूँ, कि मैं अनुगृहीत हूँ? या फिर यह कि मैं अत्यन्त सौभाग्यशाली हूँ, कि मुझे यह पुस्तक लिखने का सुयोग मिला।

अनेकानेक व्यक्तियों से सामग्री प्राप्त करने में जो सबसे आश्चर्यजनक बात थी कि एक भी व्यक्ति ने पंडित जसराज के विषय में ऐसा कुछ भी नहीं कहा जो कहीं से, किसी भी दृष्टि से कटुता लिए हुए हो। इसलिए कुछ पाठकों को ऐसा लग सकता है कि यह प्रशस्ति पुस्तक है। लेकिन इस पुस्तक में पंडित जसराज के बचपन से लेकर 88 वर्ष तक के घटनाक्रम, उतार-चढ़ाव, अच्छे-बुरे दिनों का वर्णन है।

मेरे लिए कठिन था पुस्तक का क्रम निर्धारित करना। अनेक बार, अनेक अध्यायों के शीर्षक सोचे, रूपरेखा बनी और सुधारी गयी। सारे प्रसंग या तो फ़ोन पर स्वयं पंडित जी को जो घटना जब जैसे याद आ गयी, वैसे थे, अथवा उनसे जुड़े व्यक्तियों से मुझे जब समय मिले, तब रिकॉर्ड किये गये थे। कहने का तात्पर्य यह कि कोई निर्धारित क्रम बन ही नहीं रहा था। और फिर मैंने उनके प्रारम्भिक दो-एक वर्षों के घटनाक्रम के उपरान्त उन लोगों से जुड़े प्रसंगों को रखने का निर्णय लिया जिनका पंडित जसराज को जसराज से पंडित जसराज बनाने में विशेष योगदान रहा है। इसमें पंडित मणिराम, श्रीमती सोम तिवारी, पंडित प्रताप नारायण, डॉ. मुकुन्द लाठ जैसे व्यक्ति बार-बार आते हैं, क्योंकि उनके बिना पंडित जसराज सम्भवत: होते ही नहीं। लेकिन जिस महिला ने हर कदम पर उनके साथ सहयोग किया वह उनकी सहधर्मिणी मधुरा जसराज पुस्तक के बहुत कम पन्नों में होकर भी सब जगह हैं। यहाँ दो प्रसंगों का उल्लेख आवश्यक है। एक तो वह कि जब कलकत्ता से मुम्बई पंडित जसराज की बारात जा रही थी तो ट्रेन में बैठकर वह अपनी शिष्या नीरजा जालान को गाना सिखा रहे थे। और दूसरी घटना उनके मधुरा जी के साथ विवाह के पश्चात् वापसी की है। 15-16 अप्रैल, 1962 को पूरा परिवार रेलगाड़ी में कलकत्ता लौट रहा था। पंडित जसराज ने, उस समय ए.सी. फर्स्ट क्लास तो होता नहीं था, फर्स्ट क्लास के डिब्बे के पैंट्री के सहयोगी से कहा कि भैया क्रीम कॉफ़ी पिलवा दो। तो उसने मना कर दिया कि महाराज क्रीम

तो नहीं है। खत्म है। तब इन्होंने कहा—भाई, फ़ैज़ दिल रखो, अर्थात् बड़ा दिल रखो। तो उस सहयोगी ने उत्तर दिया कि दोनों मर गये—अब क्या करें? अर्थात् उस्ताद अब्दुल करीम ख़ाँ (क्रीम) और उस्ताद फ़ैयाज़ ख़ाँ (फ़ैज़ दिल) दोनों ही सिधार चुके हैं क्या किया जा सकता है।

रेल के डिब्बे में जब नवविवाहिता पत्नी साथ में बैठी हो और वहाँ चाय-कॉफ़ी पिलाने वाले सहयोगी रेल कर्मचारी के साथ 'क्रीम और फ़ैज़' 'करीम और फ़ैयाज़' पर वार्तालाप हो जाए तो उस पर मान ही किया जा सकता है।

पंडित जसराज के जीवन से जुड़ी घटनाएँ 'हरि अनन्त हरि कथा अनन्ता' की भाँति बढ़ती जाती हैं, स्मरण होती जाती हैं। जितनी बार उनसे फ़ोन पर बात होती है, उतनी ही बार वे मेरी माँ और पिताजी के स्वास्थ्य का हाल पूछते हैं।

इस घटना को कम-से-कम 30 वर्ष हो चुके होंगे। मैंने मुम्बई में पंडित जसराज के घर में फ़ोन करके बताया कि मैं आयी हुई हूँ। पंडित जी शहर में नहीं थे। और दो दिन के पश्चात् लौटने वाले थे। तो मैंने कहा कि मैं तो दो दिन के पश्चात् अमुक समय लौट जाऊँगी। दो दिन के पश्चात् मैंने अपना सामान चेक-इन किया था कि मुझे अपने नाम की उद्घोषणा सुनायी दी कि 'सुनीता बुद्धिराजा' इण्डियन एयरलाइन काउण्टर से सम्पर्क करें। मुझे समझ में ही नहीं आया कि हुआ क्या! घबराई हुई मैं वापस काउण्टर पर पहुँची तो देखा कि पंडित जसराज वहाँ खड़े हैं। घर पहुँचते ही उन्हें मेरा सन्देश मिला था। उसके पहले अपनी गाड़ी उन्होंने अपने किसी सहयोगी को उसके घर छुड़वाने के लिए भेज दी थी। मुझसे मिलने वे एयरपोर्ट पर ऑटोरिक्शा करके आये थे।

कवयित्री महादेवी वर्मा ने एक बार पंडित जसराज से कहा था, 'अनुज, तुम गाते तो बहुत अच्छा हो, पर थोड़ा प्रेम करो न! गाने में थोड़ा प्रेम लाओ।' पंडित जसराज का तो पूरा जीवन ही प्रेम का सागर है।

इस पुस्तक में आपको जो कुछ भी अच्छा लगे गुरुजनों का आशीर्वाद और अनुग्रह है। जो कुछ भी त्रुटियाँ रह गयी हों, वे मेरी है और उनके लिए मैं क्षमा चाहती हूँ।

आपको शत्-शत् प्रणाम!

आभार

सबसे पहले परमपिता परमात्मा को नमन के पश्चात् मैं अपने पूज्य माता-पिता तथा परिवार के सभी प्रियजनों के प्रति आभार व्यक्त करना चाहती हूँ, जिनके कारण मैं हूँ।

तदनन्तर आभार संगीत मार्तण्ड पंडित जसराज एवं श्रीमती मधुरा पंडित जसराज का, जिन्होंने मुझे इस योग्य समझा कि मैं इस पुस्तक को लिख सकती हूँ। स्वयं पंडित जसराज ने पिछले कुछ वर्षों में मेरे साथ बहुत अधिक समय व्यतीत किया और अपनी जीवन-यात्रा में मुझे सम्मिलित किया। मुझे स्वीकृति दी कि मैं उनका कहा हुआ सभी कुछ रिकॉर्ड कर सकूँ। लेकिन मधुरा जी इसकी पृष्ठभूमि में सदैव रहीं और पग-पग पर प्रत्यक्ष अथवा परोक्ष रूप से उनका मार्गदर्शन मुझे मिलता रहा। इन दोनों विभूतियों को शत्-शत् प्रणाम् और आभार।

पंडित जसराज के पूरे परिवार ने अपने सम्बन्धों को और दृष्टि को मेरे साथ बाँटा। मधुरा जी के अतिरिक्त दुर्गा जसराज, शारंग देव, सरिता पंडित, योगाई शर्मा, पंडित दिनेश, आनन्द शर्मा, विश्वराज पंडित, ललित पंडित के प्रति अनेक धन्यवाद। लेकिन पंडित जी के भांजे तथा शिष्य रत्तन मोहन शर्मा को मैं अधिकारपूर्वक बार-बार, बिना दिन-रात की परवाह किये कष्ट देती रही। उन्हें हार्दिक धन्यवाद।

इस पुस्तक को लिखने में पंडित जसराज के मित्रों, शिष्यों, आत्मीय जनों ने अपने संस्मरण मेरे साथ बाँटे। इन सभी के साथ बातचीत के अंश 'रसराज : पंडित जसराज' में जोड़े गये हैं। मैं उन सभी के प्रति हृदय से आभार व्यक्त करना चाहती हूँ। सर्वश्री/श्रीमती किशन राणा, मुकन्द लाठ, सोम तिवारी, नीरजा रतेरिया, गिरीश वज़लवाड़, संजीव अभ्यंकर, गार्गी सिद्धान्त दत्ता, मुकेश देसाई, सुमन घोष, कला रामनाथ, प्रीतम भट्टाचार्जी, श्यामला राजेन्दर, अंकिता जोशी, रेणु जैन, नीना फलणीकर, उषा कृष्णा, डॉ. वर्मा, अजय पीरामल ने पंडित जसराज के साथ के अपने अनुभवों को बेझिझक मेरे साथ बाँटा, इन सभी का अनेकशः धन्यवाद।

डॉ. सोनल मानसिंह, पंडित शिवकुमार शर्मा, पंडित हरिप्रसाद चौरसिया,

पंडित मधुप मुद्‌गल, केदार पंडित, श्रीधर पार्थसारथी, शेखर सेन ने अपना समय मुझे दिया। उनके अनुभवों ने इस पुस्तक को समृद्ध बनाया है। इन सभी के प्रति आभार। पुस्तक का शीर्षक–'रसराज : पंडित जसराज', मुझे पंडित शिवकुमार शर्मा के साथ की गयी वार्त्ता के दौरान सुझायी दिया। उनके प्रति विशेष आभार।

जसराज जी के रसिक श्रोता होने के साथ–साथ बहुत से उनके और मेरे प्रियजन बहुत अच्छे लेखक, विचारक तथा आलोचक भी हैं। इनमें अशोक वाजपेयी, रवीन्द्र मिश्र, अल्का रघुवंशी के प्रति मेरा हृदय से आभार जिनके मत को पुस्तक में सम्मिलित किया गया है।

पंडित जसराज की शिष्या तृप्ति मुखर्जी का मैं विशेष उल्लेख करना चाहूँगी, उनके अमरीका वास के समय यदि कभी भी मुझे किसी घटना की तिथि, समय, उसमें सम्मिलित व्यक्तियों के विषय में उनसे दुबारा पूछने की अथवा अधिक जानकारी प्राप्त करने की आवश्यकता होती तो मैं तुरन्त तृप्ति मुखर्जी को 'व्हाट्सएप' पर सन्देश भेजती। दोनों देशों के समय में अन्तर होने के बावजूद तृप्ति मुझे यथाशीघ्र पंडित जी से पूछ कर उत्तर भेज देतीं। इस पुस्तक के लिखे जाने में उनका बहुत योगदान है।

पुस्तक के लिए अपनी जीवन–यात्रा के अंश बाँटने के लिए पंडित जसराज मेरे घर में कभी–कभी आकर ठहरते थे। उनसे भेंट करने कई महानुभाव पधारते। इनमें जूना अखाड़ा के मठाधीश स्वामी अवधेशानन्द जी का भी पधारना हुआ। उन्होंने अपने मत को मेरे साथ बाँटा और उसे मैंने पुस्तक में सम्मिलित किया है। उन्हें कोटि–कोटि प्रणाम। पंडित जसराज की प्रारम्भिक काल की शिष्याओं में विमला देवी, जिन्होंने बाद में संन्यास ले लिया, गुरु माँ ज्योतिषानन्द सरस्वती का स्नेहाशीष मिला। उन्हें भी प्रणाम करती हूँ।

मेरे प्रिय मित्र तथा पत्रकार किंशुक नाग समय–समय पर पुस्तक के विषय में पूछकर मुझे कोंचते रहे। वे स्वयं जानते हैं किसी भी बड़े विषय पर पुस्तक की सामग्री जुटाकर उसे आकार देना सरल नहीं है। फिर भी उनके लगातार फ़ोन पर या व्यक्तिगत रूप से पूछते रहने से मेरा उत्साह बना रहा।

पुस्तक में आयी पंडित जसराज द्वारा रचित बन्दिशें दुर्गा जसराज, रत्तन मोहन शर्मा तथा पंडित जी के शिष्य एवं पत्रकार संजय शर्मा के सौजन्य से जुटाई गयी हैं। आभार।

'रसराज : पंडित जसराज' का आवरण चित्र मेरे मित्र तथा वरिष्ठ छायाकार अविनाश पसरीचा का है। मेरे एक ही फ़ोन पर उन्होंने अपना चित्रों का अम्बार मेरे लिए खोल कर रख दिया। मधुरा जी ने अधिकांश चित्रों को

मेरे लिए जुटाया तथा 'आर्ट एंड आर्टिस्ट्स' के सदस्यों ने उन्हें स्कैन करके मुझे भेजने की व्यवस्था की। एक चित्र गायिका मीता पंडित ने जुटाया है। अमेरिका में आयोजित होने वाले 'स्वरलय छन्दोत्सव' के चित्रों को तृप्ति मुखर्जी ने मेरे लिए उपलब्ध करवाया। पीली मन्दौरी के चित्र संजय शर्मा तथा कुछ अन्य चित्र रत्तन मोहन शर्मा, नीरजा रतेरिया, केदार पंडित, आनंद शर्मा, संजीव अभ्यंकर आदि ने भेजे। सभी के प्रति मेरा अनेकशः धन्यवाद। बाकी चित्र मेरे अपने संग्रह में से है।

'रसराज : पंडित जसराज' के अनेक अंश मैंने समय-समय पर पढ़कर अपनी गायिका मित्र अदिति उपाध्याय और सुरीले मित्र अशोक डरवल को सुनाए। लेकिन माँ स्वरूपा पुष्पा भारती जी के प्रति मैं कैसे आभार व्यक्त करूँ! पिता तुल्य डॉ. धर्मवीर भारती ने यदि मुझसे एक समय में गद्य लिखने का आग्रह किया था तो मेरे गद्य को आकार देने में पुष्पा जी का बहुत बड़ा हाथ है। उन्होंने कई बार पुस्तक के अंश सुने और अपना अभिमत दिया।

पुस्तक की इतनी सुन्दर सज्जा के लिए मैं गणेश रजवार का और सुरुचिपूर्ण मुद्रण के लिए मल्टीकलर सर्विसेज़ को धन्यवाद करती हूँ।

मेरे कार्यालय किंडलवुड कम्युनिकेशन्स के सभी सहयोगियों ने काम-काज के समय में लिखता हुआ देख कर मुझे कभी रोका नहीं और कार्यालय का भार एक तरह से अपने ऊपर ले लिया। उन सभी के प्रति मेरा हार्दिक धन्यवाद।

वाणी प्रकाशन के प्रबन्ध निदेशक अरुण माहेश्वरी और उनकी बेटी अदिति माहेश्वरी-गोयल के प्रति कैसे आभार व्यक्त करूँ! अभी इस पुस्तक पर कार्य प्रारम्भ ही हुआ था कि उन्होंने इसे प्रकाशित करने की सहमति दे दी थी। अपने लेखकों के प्रति इतना विश्वास अपने आप में एक उदाहरण है।

इस पुस्तक में संगीत मार्तण्ड पंडित जसराज की जीवन यात्रा के प्रसंगों में भारतीय संगीत जगत की अनेकानेक विभूतियों की चर्चा हुई है। मुझे पूरा विश्वास है कि वे सब जहाँ भी होंगी, उन सभी का आशीर्वाद इस पुस्तक को मिलेगा। आशा है कि 'रसराज : पंडित जसराज' आप सभी को अपने-अपने हिस्से का सुरीलापन अवश्य देगी।

सुनीता बुद्धिराजा

नोएडा
वसंत पंचमी : 2018

आयहाँ

मुझे इस बात की बहुत प्रसन्नता है कि श्रीमती सुनीता बुद्धिराजा जी ने मेरे जीवन पर आध्यात्मिक पुस्तक लिखी है। यह पहली पुस्तक है जिसमें मेरी जीवन यात्रा को अंकित किया है। जो इतने सुन्दर रूप में प्रस्तुत हुई है, इसलिए मैं उन्हें बधाई व शुभ कामनाएं देता हूँ, भगवान से प्रार्थना कि इन्हें बहुत सफलता मिले।

पंडित जसराज
1/10/2017
न्यूयार्क

पूर्वांग

मुदाकरात्त मोदकं सदा विमुक्तिसाधकम्।
कलाधरावसंतकं विलासि लोकरक्षकम्।
अनायकैक नायकं विनाशितेघदैत्यकम्।
नताशुभाशुनाशकं नमामि तं विनायकम्॥

संगीत रत्न पिता पंडित मोतीराम (बैठे हुए) और चाचा पंडित ज्योतिराम

1

जसराज के जन्मते ही पिता पंडित मोतीराम ने उन्हें शहद चटाया था। उनके घर में इसे घुट्टी पिलाना कहा जाता है। माँ कृष्णा बाई का कहना था कि सभी बच्चों में से मोतीराम जी ने केवल जसराज को ही शहद चटाया था। बच्चों को माँ की सेवा करने का अच्छा अवसर मिला, क्योंकि वह 1957 तक जीवित रहीं। पिता तो अपने गाने के सिलसिले में आते-जाते रहते थे।

गाँव पीली मन्दौरी, जहाँ जसराज का जन्म हुआ हिसार (हरियाणा) से लगभग 70 किलोमीटर दूर है। उस समय वह पंजाब में था। गाँव से स्टेशन लगभग 12 किलोमीटर था। एक दिन पंडित मोतीराम कहीं से प्रोग्राम करके गाँव लौटे। चूँकि स्टेशन और गाँव के बीच दूरी बहुत थी, तो ऊँट पर सवार होकर आये थे। साफ़-सुथरे सफ़ेद कपड़े पहने हुए थे। मैदान में छोटे-छोटे बहुत सारे बच्चे खेल रहे थे। एक बच्चे की तरफ़ इशारा करके पंडित मोतीराम ने किसी से पूछा कि—भैया ये किसका बच्चा है? तो उन्हें उत्तर मिला कि ये आप ही का बच्चा है। फौरन ऊँट से उतर पड़े और धूल में नहाये जसराज को गोदी में उठा लिया। न अपने सफ़ेद कपड़ों की परवाह की और न ही दो-ढाई वर्ष के जसराज की धूल में सनी पोशाक की ओर देखा। गोदी में उन्हें उठाकर पैदल-पैदल घर आ गये। उसके बाद क्या हुआ, इसकी स्मृति किसी को नहीं है।

नन्हे जसराज का भरा-पूरा परिवार था। ढेर सारे भाई-बहिन, बड़े भाई मणिराम, बहिन पद्माबाई (रत्तन मोहन शर्मा की माँ), भाई प्रताप नारायण, फिर दो बहिनें जो नहीं रहीं, राजाराम (राजा भैया), बहिन पुष्पा और जसराज। बहुत सारे बच्चे हुए, जसराज का नौवाँ नम्बर था। इनके बाद एक बच्चे का जन्म और हुआ जिसका देहान्त हो गया। जसराज को बड़ी बहिन रमा के विवाह की धुँधली-सी याद है। पूरे परिवार में वो सबसे सुन्दर थीं। बड़े भाई साहब मणिराम जी के विवाह का भी थोड़ा-थोड़ा स्मरण है। बारात अबोहर गयी थी जिसमें ये भी गये थे।

राजा भैया गाने का हमेशा मज़ाक़ उड़ाते थे। यूँ वे भी गाते थे, और बहुत अच्छा गाते, लेकिन गाने का ऐसा मज़ाक़ उड़ाते कि सामने वाला भी यदि गायक है तो उसे गाने से नफ़रत हो जाये कि मैं क्यों गाता हूँ।

बहिनों में पद्मा बाई गाती थीं। घर में ही गातीं और बहुत सुरीली थीं। संगीत से जो लोग सही माने में जुड़े वो बड़े भाई मणिराम, प्रताप नारायण और भैया—यानी पूरण भैया। पूरणचन्द्र गवैया—पंडित ज्योतिराम के बेटे थे। 'गवैया' उन्हें उपाधि मिली थी। एक बार पंडित ज्योतिराम ने पूरणचन्द्र को आगे करके, बड़ौदा में, उस्ताद फ़य्याज़ ख़ाँ से आग्रह किया कि इस बेटे का गाना सुनें। उस्ताद फ़य्याज़ ख़ाँ ने गाना सुना और कहा कि यह तो पूरा 'गवैया' है। तो पूरणचन्द्र ने 'गवैया' को उपाधि के रूप में अपना लिया 'पूरणचन्द्र गवैया'। उनके गाने की एक-आध रिकॉर्डिंग अहमदाबाद के म्यूजिक इंस्टीट्यूट में आज भी उपलब्ध है। पूरणचन्द्र गवैया की तानें बहुत ख़ूबसूरत लगती थीं। 'इतना मोटा दाना था' ऐसा लगता था।

जब बड़े भाई मणिराम की शादी हो रही थी तो किसी ने जसराज और पूरणचन्द्र से कहा कि अरे, मणिराम की तो शादी हो रही है। पूरणचन्द्र और जसराज की उम्र में केवल नौ महीने का अन्तर था। जसराज पूरणचन्द्र से नौ महीने छोटे थे। तो ऐसा सुन कर कि मणिराम की शादी हो रही है, इन दोनों ने रोना शुरू कर दिया और कहा कि हम भी शादी लेंगे। तब किसी ने दोनों के हाथ में एक-एक लड्डू रखा कि लो, ये लो शादी। बस इन दोनों ने लड्डू खाए और खुश हो गये कि हमने शादी खा ली।

जसराज की नानी किसी दूसरे गाँव से कभी-कभी आतीं। साथ में ढेर सारा मक्खन लाती थीं। जसराज को उस मक्खन की बहुत याद रही। आते ही मक्खन चटाना शुरू कर देतीं। जितना भी लातीं, पूरा खाते थे या नहीं, ये तो याद नहीं, लेकिन ख़ूब मक्खन खाते थे।

नानी का नाम था पार्वती और नाना का नाम शिव। तो लोग उन्हें

पीली मन्दौरी, हिसार का वह घर जहाँ पंडित जसराज का जन्म हुआ

शिव–पार्वती की जोड़ी ही कहकर बुलाते थे।

पंडित मोतीराम के नाना और नानी का नाम भी शिव और पार्वती ही था। उनके नाना को शिवा कहके पुकारते थे। उनकी पत्नी पार्वती यानी मोतीराम की नानी उस्ताद घग्गे नज़ीर ख़ाँ साहब की मुँह बोली बहिन थीं और उस्ताद उनके राखी बन्ध भाई। उस्ताद ने उनके दोनों बेटों–पंडित नत्थूलाल और पंडित चिमनलाल को गाना सिखाया।

जसराज का जन्म 28 जनवरी, 1930 ई. को हुआ। पिता पंडित मोतीराम गाँव में कभी–कभी ही रहते थे। वर्धा के शंकरराव मेघे के साथ उनकी घनिष्ठ मित्रता थी और वो अपना अधिक समय शंकरराव मेघे के यहाँ वर्धा में ही व्यतीत करते थे। मेघे परिवार आजकल राजनीति से जुड़ा है। शंकरराव मेघे अपने भतीजे दादा मेघे के यहाँ चले गये तो मोतीराम ने उनके पिता से कहा कि बाबा, मैं तो हूँ आपकी सेवा करने के लिए। उन्होंने तभी अपने घर में चिट्ठी लिखी। परिवार की सम्भवत: बहुत याद आयी होगी। पत्र में लिखा था कि मेरा मुँह देखना चाहते हो तो चले आओ। बेटी की शादी के बाद 10 दिन में ही विवाह–मण्डप और पूरा काम–काज समेट कर वह गाँव से रवाना हो गये थे और किसी के साथ ठीक से बैठने का अवसर नहीं मिला था। तो पत्र मिलते ही पत्नी ने यानी मणिराम और जसराज की माँ ने घर का पूरा सामान, गहना, पैसा जो भी था, पोटली में बाँधकर गाँव के चौधरी के पास रख दिया। मणिराम पिता के साथ ही रहते थे और परिवार को लिवाने आये थे। तो माँ, मणिराम और जसराज, तीनों गाँव से निकले। यह सन् 1933 का अन्त था। इसके बाद नन्हे जसराज लगभग एक वर्ष तक पिता के साथ ही रहे।

माताजी श्रीमती कृष्णा बाई

इस बीच नागपुर में पंडित मोतीराम का प्रोग्राम था। हैदराबाद स्टेट के प्रधानमन्त्री महाराजा कृष्णप्रसाद बहादुर भी उनका गाना सुनने के लिए आये थे। दोनों के बीच घनिष्ठ मैत्रीभाव था। वह पंडित मोतीराम को न 'पण्डित' और न ही 'मोतीराम' कहकर पुकारते थे। 'भैया' बुलाते।

वहाँ उन्होंने पंडित मोतीराम से कहा कि भैया यहाँ क्या रखा है। आप तो हैदराबाद आ जाओ। पंडित मोतीराम महाराजा कृष्णप्रसाद बहादुर का बहुत आदर करते थे। उन्होंने मोतीराम को हैदराबाद इस्टेट का राजगायक बनाने के लिए भी राजी कर लिया। पंडित मोतीराम उन्हें 'न' नहीं कह सके और एक बार फिर से बोरिया-बिस्तर बाँधकर पूरे परिवार के साथ हैदराबाद आ पहुँचे।

कहते हैं कि भवितव्यता सबसे बड़ी होती है। जहाँ, जब, जो कुछ भी होना निश्चित है, वहाँ वह अवश्य होगा।

लगभग 10-12 वर्ष पहले पंडित मोतीराम हैदराबाद गये थे। उस समय और बाद में भी उनका कुछ आध्यात्मिक सिद्ध पुरुषों तथा उनकी बातों में बहुत विश्वास रहा। कब किसकी कृपा और आशीर्वाद से क्या हो जाये! न मानिए तो संयोग और मानिए तो पीर, बाबाओं का आशीर्वाद और उनकी कृपा। नागपुर के एक ताजुद्दीन बाबा थे जिनका आशीर्वाद और वरदहस्त पंडित मोतीराम तथा उनके परिवार पर खूब रहा। 1922 में जब पंडित मोतीराम किसी कार्यक्रम के सिलसिले में हैदराबाद पहुँचे तो वहाँ जाकर ख़ूब बीमार पड़ गये। ताजुद्दीन बाबा ने अपने एक शिष्य करीम बाबा को मोतीराम के पास भेजा। करीम बाबा ने उनकी पत्नी यानी मणिराम और जसराज की माँ से कहा कि मुझे कुछ खाना दीजिए। तब तक भोजन बना नहीं था तो उन्होंने उत्तर दिया कि बाबा अभी भोजन तो तैयार नहीं है, किन्तु कुछ चावल है। रसोई से चावल लाकर करीम बाबा के हाथ में दिए। उन्होंने आँखें बन्द करके कुछ मन्त्र पढ़े और फिर बोले कि इनको यहाँ से ले जाओ। शाम तक ठीक हो जायेंगे। बेहोशी की अवस्था में पंडित मोतीराम के माथे पर हाथ रखा और वापस चले गये। शाम होते-होते पंडित मोतीराम बिल्कुल भले-चंगे हो गये जैसे कभी कुछ हुआ ही न हो। पत्नी ने बताया कि किस प्रकार ताजुद्दीन बाबा ने करीम बाबा को भेजा था और वह कह कर गये कि साँझ होते न होते मोतीराम स्वस्थ हो जायेंगे। दोनों पति-पत्नी के लिए यह पूरी घटना किसी चमत्कार से कम नहीं थी। पत्नी से कहा—चलो, नागपुर चलते हैं। वहाँ जाकर ताजुद्दीन बाबा के दर्शन किये और उनसे आशीर्वाद लिया।

एक बार फिर हैदराबाद पंडित मोतीराम को पुकार रहा था। सन् 1922 के बाद एक बार फिर से पंडित मोतीराम पूरे परिवार को लेकर 1933 में हैदराबाद आ बसे। संयोग यह कि जिस दिन उन्हें राजगायक की पदवी दी जाने वाली थी, उस दिन सुबह उनका देहान्त हो गया।

2

मेवाती घराने की नींव उस्ताद घग्गे नज़ीर ख़ाँ ने रखी। लेकिन उस्ताद घग्गे नज़ीर ख़ाँ स्वयं एक बहुत स्वर समृद्ध और ख्याति प्राप्त गायक थे जिनकी अपनी परम्परा में संगीत ही संगीत था। उनकी प्रबुद्धता को समझने के लिए बहुत पहले जाना होगा।

एक कथा प्रसिद्ध है। कहते हैं कि बादशाह अकबर ने एक बार

उस्ताद घग्गे नज़ीर ख़ाँ

अपने नवरत्न गायक मियाँ तानसेन से पूछा कि तानसेन, मैं तुम्हें संसार का सर्वश्रेष्ठ गायक समझता हूँ। तुम्हारे भी तो गुरु होंगे। मैं उनका गायन सुनना चाहता हूँ। वो कैसा गाते होंगे। तानसेन ने उत्तर दिया कि बादशाह सलामत, मेरे गुरु हैं—स्वामी हरिदास। आप उनका गायन सुन सकते हैं, किन्तु उन्हें मैं दरबार में नहीं ला सकता। आपको ही भेष बदलकर मेरे साथ मुँहअँधेरे उनके पास चलना होगा। आप उनकी कुटिया के बाहर से ही उनका गायन सुन पायेंगे। बादशाह अकबर को उत्सुकता हुई और वो प्रातः मुँह अँधेरे वृन्दावन पहुँच गये। स्वामी हरिदास की कुटिया से बहुत दूर ही रथ को रोका और तानसेन के साथ स्वामी हरिदास कुटिया के बाहर आकर खड़े हो गये।

यमुना का जल किल्लोलें ले रहा था। पक्षियों का कलरव प्रारम्भ हो गया और उन्होंने अपनी उड़ान प्रारम्भ की। उधर स्वामी हरिदास का गायन भी प्रारम्भ हुआ। कुटिया के भीतर से स्वर लहरी सुनायी देने लगी। 'ओउम्' की ध्वनि सारे वातावरण में गूँजने लगी। अकबर स्तब्ध होकर गायन सुन रहा था। अकबर की आँखों से अश्रु बह रहे थे। गायन समाप्त होते ही अकबर तानसेन के साथ वापस आगरा लौट आया। वापस आकर तानसेन से पूछा—तानसेन, मैं तो तुम्हें संसार का सर्वश्रेष्ठ गायक समझता था किन्तु तुम्हारे गुरु स्वामी हरिदास तो तुमसे अनेक श्रेणी आगे हैं। ऐसा क्यों है? तब तानसेन ने उत्तर दिया कि बादशाह सलामत, उसका कारण यह है कि मैं आपके लिए गाता हूँ और मेरे गुरु उस बादशाहों के बादशाह ईश्वर के लिए गाते हैं।

पन्द्रहवीं शताब्दी में जन्मे तानसेन का वास्तविक नाम था—रामतनु। उनका जन्म ग्वालियर, मध्य प्रदेश में हुआ था और वह गायन, वादन तथा सांगीतिक विद्याओं के अध्येता थे। 60 वर्ष की अवस्था तक रामतनु, जिनका जन्म एक हिन्दू परिवार में हुआ था, ने अपना समूचा समय मध्य प्रदेश में रीवा (ग्वालियर) के महाराज राजा रामचन्द के संरक्षण में व्यतीत किया। राजा रामचन्द के राज्य में रामतनु का संगीत बहुत फला-फूला और उसकी प्रसिद्धि दूर-दूर तक होने लगी। बादशाह अकबर ने भी उस गायकी के चर्चे सुने और राजा रामचन्द को रीवा में सन्देश भेजा कि वह अपने राज गायक को आगरा भेज दें। तब तक रामतनु को तानसेन नाम से जाना जाने लगा था। छह वर्ष की आयु में ही तानसेन ने संगीत में अपना परिचय दे दिया था। वृन्दावन में स्वामी हरिदास के संरक्षण में अनेक वर्ष रहकर वह ग्वालियर के महाराजा मानसिंह तोमर के पास आ गये और ध्रुपद शैली के गायन में उनका नाम हो गया। महाराजा मानसिंह तोमर और रामतनु एक साथ बैठकर संगीत की रचनाएँ करते थे। महाराजा मानसिंह तोमर ने ही रामतनु की सांगीतिक विलक्षणता को देखते हुए उन्हें 'तानसेन' की उपाधि

से सम्मानित किया और कालान्तर में वह तानसेन के ही नाम से जाने गये। तानसेन ने वाद्य-यन्त्रों तथा हिन्दुस्तानी शास्त्रीय गायन पद्धति पर बहुत कार्य किया। इसलिए तानसेन को हिन्दुस्तानी शास्त्रीय गायन का चोटी का कलाकार माना जाता है। ऐसी भी मान्यता है कि बहुत सारे घराने अपनी परम्परा के मूल में ग्वालियर घराने का, जहाँ तानसेन ने अपने सांगीतिक जीवन के अनेक वर्ष व्यतीत किये, बहुत योगदान मानते हैं।

ऐसी मान्यता है कि रामतनु (तानसेन) के पिता मुकुन्द मिश्र थे, जिन्हें मकरन्द मिश्र भी कहा गया है। वे एक सुविख्यात् कवि तथा गायक थे तथा काशी के एक मन्दिर के पुजारी भी थे।

ग्वालियर (रीवा) के महाराजा रामचन्द के संरक्षण में तानसेन की ख्याति दूर-दूर तक पहुँचने लगी। तभी अकबर ने महाराजा रामचन्द के पास तानसेन को आगरा भेजने का निमन्त्रण भेजा। तानसेन वहाँ जाने के इच्छुक नहीं थे और मुग़ल दरबार में वहीं गाना चाहते थे। उनकी गायकी में वैष्णव भक्ति ही छलकती थी किन्तु निमन्त्रण बादशाह अकबर का था जो उस समय बहुत बलशाली था और कोई भी राजा अकबर से सीधे-सीधे शत्रुता मोल लेने की स्थिति में नहीं था। महाराजा रामचन्द ने तानसेन से आग्रह किया कि वह अकबर के दरबार में चले जायें, क्योंकि यह उनकी गायकी को आगे बढ़ाने के लिए भी अच्छा होगा। तब 60 वर्ष की आयु में तानसेन, जो एक वैष्णव संगीतज्ञ थे, बादशाह अकबर के दरबार में आ गये और अकबर ने उन्हें अपने नवरत्नों में एक रत्न की उपाधि दी। तानसेन की संगीत में विशिष्टता को देखते हुए अकबर ने उन्हें 'मियाँ' की उपाधि से भी सुशोभित किया—'मियाँ' अर्थात् प्रबुद्ध। तभी से तानसेन को मियाँ तानसेन के नाम से जाना गया। उनकी रचनाओं में अनेक नाम सम्मिलित हैं जिनमें मियाँ की तोड़ी, मियाँ मल्हार, मियाँ की मांड, दरबारी कान्हड़ा, दरबारी तोड़ी, रागेश्वरी आदि मुख्य हैं।

उस समय भक्ति संगीत का प्रचार था। अधिकतर रचनाएँ हिन्दू पुराण कथाओं पर आधारित थीं और ब्रजभाषा में लिखी गयी थीं। तानसेन की रचनाओं के मूल में भी गणेश, सरस्वती, सूर्य, शिव, विष्णु आदि अधिक हैं। किन्तु तानसेन ने अकबर की प्रशंसा में भी कुछ रचनाएँ लिखीं। यद्यपि तानसेन स्वामी हरिदास के शिष्य थे, सूफ़ी सन्त गायक मुहम्मद ग़ौस का भी उन पर काफ़ी प्रभाव माना गया है। तानसेन अकबर के नवरत्न बनने के पश्चात् मुहम्मद ग़ौस के सम्पर्क में आये। स्वामी हरिदास के समय में हिन्दू देवी-देवताओं का ही वर्णन गायन रचनाओं में अधिक होता था। किन्तु मुहम्मद ग़ौस के प्रभाव में उन्होंने अकबर की स्तुति में रचनाएँ रचीं। दरबारी कान्हड़ा की रचना उन्हीं में से एक मानी जाती है।

मुग़ल शासन काल में उस्ताद नत्थन पीर बक्श और उनके पुत्रों—हद्दू, हस्सू और नत्थू ख़ाँ का बहुत नाम हुआ। यदि तानसेन को हिन्दुस्तानी शास्त्रीय गायन का प्रवर्तक माना जाता है तो उस्ताद ग़ुलाम रसूल ख़ाँ को ख़याल गायकी का प्रवर्त्तक माना जाता है। उस्ताद ग़ुलाम रसूल ख़ाँ लखनऊ के थे। और कव्वाल बच्चे घराने के थे जिन्हें सदारंग ने ख़याल गायकी सिखायी। ग़ुलाम रसूल के बेटे ग़ुलाम नबी थे और उनकी कन्या के पति का नाम था मियाँ मौज। मियाँ मौज को दो पुत्र हुए—शक्कर ख़ाँ और मक्खन ख़ाँ। शक्कर ख़ाँ और मक्खन ख़ाँ अपने समय के सुविख्यात् गायक हुए। शक्कर ख़ाँ के बेटे थे—बड़े मुहम्मद ख़ाँ और मक्खन ख़ाँ के बेटे—नत्थनपीर बक्श। बड़े मुहम्मद ख़ाँ के बहुत सारे बेटे थे—कुतुब, मुनव्वर, वारिस अली और मुराद।

वारिस अली के शिष्य थे उस्ताद घग्गे नज़ीर ख़ाँ जो मेवाती घराने के प्रवर्तक माने जाते हैं। घग्गे नज़ीर ख़ाँ का विवाह ग्वालियर के छोटे मुहम्मद ख़ाँ की बेटी से हुआ था। किराना घराने के प्रवर्तक बन्दे अली ख़ाँ जो बीनकार थे, वे भी ग्वालियर के हद्दू-हस्सू ख़ाँ के जमाई थे। इसी प्रकार रामपुर सहस्वान घराने के प्रवर्तक भी उनके दूसरे जमाई थे। कालान्तर में सभी ने बाहर जाकर अपने-अपने परिवारों में अपनी गायकी को आगे बढ़ाया और उसमें कुछ-न-कुछ नयापन लाते रहे और अपनी-अपनी गायकी में परिवर्तन करते रहे। इस प्रकार अलग-अलग घरानों की स्थापना होने लगी। शक्कर ख़ाँ, मक्खन ख़ाँ, ग़ुलाम रसूल ख़ाँ सभी लखनऊ के थे। लखनऊ के नत्थन पीर बक्श के बेटे—क़ादर पीर बक्श महाराजा ग्वालियर के गुरु बने और इस तरह वह ग्वालियर आ गये।

इसके बाद की घटनाएँ बहुत रोचक हैं। उस ज़माने में जिस कलाकार का थोड़ा नाम हो जाता था बाकी गायक विरोधी पक्ष में आ जाते थे और उनके विरुद्ध प्रचार करने में कोई कसर नहीं छोड़ते थे। बन्दे अली ख़ाँ और नज़ीर ख़ाँ दोनों दोस्त थे। इन दोनों का गाना—जब ग्वालियर के हद्दू ख़ाँ और हस्सू ख़ाँ ने सुना तो उनके साथ अपनी बेटियों का विवाह कर दिया। बड़े मुहम्मद ख़ाँ के बेटे—कव्वाल बच्चे कहलाते थे—शक्कर ख़ाँ और मक्खन ख़ाँ। तो नज़ीर ख़ाँ के उस्ताद थे—वो इनकी एक बेगम के बेटे थे। रीवां में बड़े मुहम्मद ख़ाँ रहते थे और उनके संरक्षण में छह सौ (600) छोटे-बड़े कलाकार रहते थे। जो भी राज्य बड़े मुहम्मद ख़ाँ की गायकी से प्रसन्न होकर उन्हें अपने यहाँ आश्रय देना चाहता उसे उनके साथ छह सौ अन्य कलाकारों को भी शरण देनी पड़ती थी। बहुत साल तक रीवां में रहने के बाद रीवां नरेश ने बड़े मुहम्मद ख़ाँ से कहा कि अब हमारी स्थिति ऐसी नहीं रही कि हम छह सौ व्यक्तियों को रख सकें, आप कहीं

और शरण लें। तो इन्होंने भी कहा कि हुजूर आपने हमें बहुत सँभाला, अब हमें हमारी किस्मत पर छोड़िए और रीवां से रवाना हुए। दो-चार स्टेट्स में कुछ-कुछ दिन व्यतीत करने के पश्चात् वे अन्ततः ग्वालियर पहुँचे, वहाँ ग्वालियर में एक रानी की शरण में तीन भाई रहते थे—हद्दू ख़ाँ, हस्सू ख़ाँ और मुहम्मद ख़ाँ जो रानी साहिबा को दिन में तीन बार गाना सुनाते थे। एक भाई स्थायी तैयार करता, दूसरा अन्तरा और तीसरा राग का विस्तार करता। राग तैयार करके तीनों भाई रानी को रागों को समयानुसार सुनाते थे।

जब बड़े मुहम्मद ख़ाँ ग्वालियर पहुँचे और दरबार में अपनी गायकी से राजा साहब को मुग्ध करने लगे तो उन तीन भाइयों को बहुत बुरा लगा और तीनों बाहर जाकर राज-निन्दा में लग गये कि गायक तो हम भी हैं, हम घर के हैं इसलिए हम पर राजा साहब ध्यान नहीं देते और बाहर के कलाकारों को बुलवा कर उन्हें सम्मानित करते हैं। बात महाराज के कानों तक पहुँची और उन्होंने इसकी चर्चा उस्ताद बड़े मुहम्मद ख़ाँ से की। तब उन्होंने महाराज ग्वालियर को यह विमर्श दिया कि हमें कोई ऐतराज़ नहीं है। आप चाहें तो हमारी स्पर्धा करवा दें। तो हद्दू ख़ाँ, हस्सू ख़ाँ, मुहम्मद ख़ाँ एक तरफ़ (उन्हें उस्ताद तो कहते ही नहीं थे), और उस्ताद बड़े मुहम्मद के बीच प्रतिस्पर्धा करवाने का निर्णय किया। घर में गंगा है और बाहर नहाने चले हैं, यह बात महाराजा को चुभ रही थी। इस प्रकार उस्ताद बड़े मुहम्मद ख़ाँ तथा हद्दू, हस्सू और मुहम्मद ख़ाँ के बीच प्रतिस्पर्धा प्रारम्भ हुई। तीन दिन तक गायन चला। तीन-तीन, चार-चार घण्टे की बैठक होती थी और निर्णय नहीं हो पाया। तीन दिन पश्चात् उस्ताद बड़े मुहम्मद ख़ाँ ने कहा कि हुजूर अब ये स्पर्धा बन्द कर दी जाये। अब मैं जो तान मारूँगा, उसका जो पीछा करेगा, वो मर जायेगा। उन भाइयों ने आपस में विमर्श किया कि जो भी पोटली में हो, वो निकालेगा। हम भी देखते हैं कि आप क्या गाते हैं। तो उस्ताद ने एक तान मारी। उसका नाम था—'हाथी चीख़ तान।' उस्ताद ने तान मारी तो पहले दोनों भाई—हद्दू ख़ाँ-हस्सू ख़ाँ तो चुप रह गये मगर छोटा भाई मुहम्मद ख़ाँ तेज़-तर्रार था। उसने वही तान मारी, किन्तु उसे लेने के लिए स्वर ऊपर तो किया, लौट कर नहीं आ सका, उसकी पसलियाँ टूट गयीं। यह वैज्ञानिक तथ्य है कि स्वर में जितना ऊपर जाते हैं, उतनी ही पसलियाँ सिकुड़ती जाती है। उसे वापस लाने के लिए बहुत अधिक रियाज़ चाहिए। यदि किसी का इस तान का बहुत अच्छा रियाज़ नहीं होता तो पसली टूटने का डर रहता है। छोटे मुहम्मद ख़ाँ के साथ ऐसा ही हुआ। जैसे ही 'हाथी चीख़ तान' मारी—जो हाथी की चिंघाड़ की तरह होती है, स्वर ऊपर तो ले गये किन्तु अभ्यास न होने के कारण वापस नहीं आ सके, पसली सिकुड़ गयी और

अपने स्थान पर लौटा नहीं पाये। ग्वालियर घराने के लोग मानते हैं कि तान में ऊपर के स्वर लिए, फिर वापस आये और बाद में पसली टूटी। पसली टूटी, इतना मानते हैं। किन्तु यह निश्चित है कि 'हाथी चीख़ तान' चक्रव्यूह की तरह है। कोई एक बार इसमें चढ़ जाये और उसको उतरना न आये तो पसली का टूटना स्वाभाविक है। तो फिर छोटे मुहम्मद ख़ाँ का वहाँ से जनाज़ा निकला। हद्दू और हस्सू ख़ाँ दोनों बड़े मुहम्मद ख़ाँ के पैरों गिर गये कि उस्ताद आप आप हमें शागिर्द बना लीजिए। उस्ताद ने कहा कि मैं तुम्हें गंडा नहीं बाँधूँगा, मेरा बेटा तुम्हें गंडा बाँधेगा। उनके बड़े बेटे ने दोनों भाइयों को गंडा बाँधा और छोटे बेटे उस्ताद वारिस अली ख़ाँ कालान्तर में उस्ताद घग्गे नज़ीर ख़ाँ के गुरु हुए।

उस्ताद घग्गे नज़ीर ख़ाँ जोधपुर के महाराजा जसवन्त सिंह के राजगायक थे। उनका जन्म मेवात में हुआ था, तो उन्होंने अपने जन्म के प्रान्त के नाम से 'मेवाती घराना' अपने घराने का नाम रखा। उनकी कर्मभूमि जोधपुर और भोपाल दोनों ही थीं लेकिन जन्मभूमि के नाम पर ही उनके घराने का नाम पड़ गया—'मेवाती घराना'।

उस्ताद घग्गे नज़ीर ख़ाँ का वास्तविक नाम नज़ीर ख़ाँ था। 'घग्गे' की उपाधि उन्हें कैसे मिली, इसके पीछे भी एक अत्यन्त रोचक घटना का वर्णन आता है। उस्ताद नज़ीर ख़ाँ जब जोधपुर महाराजा जसवन्त सिंह के राजगायक थे, तब एक दिन उन्हें बहुत तेज़ बुख़ार हो गया और वह राजदरबार में नहीं आ सके। संयोगवश उसी दिन वहाँ पटियाला घराने के ख्यात् गायक अलिया-फत्तू आ पहुँचे। तब महाराजा ने उनसे गाने के लिए आग्रह किया। तब दोनों ने पूछा कि आपके राजगायक कहाँ हैं? महाराजा ने उत्तर दिया कि उन्हें आज बहुत बुख़ार है इसलिए वो नहीं आये हैं। तब अलिया-फत्तू ने कहा कि हमारे नाम से ही अच्छे-अच्छों को बुख़ार आ जाता है, इसलिए नहीं आये। वहाँ महफ़िल में उस्ताद नज़ीर ख़ाँ के कुछ शागिर्द बैठे थे। ऐसा सुनते ही वह वहाँ से उठे और उस्ताद के घर पहुँचे। उनके सामने ज़िक्र किया कि राजभवन में क्या हुआ! अब उनके लिए इज़्ज़त का सवाल था उस्ताद से आग्रह किया कि उस्ताद किसी भी तरह चल कर आप इज़्ज़त को बचायें। उस्ताद नज़ीर ख़ाँ उसी तेज़ बुख़ार की हालात में पोशाक, आभूषण पहन कर तैयार हुए और सीधे राजदरबार पहुँचे। दोनों भाई वहाँ बैठे थे। उन्हें इधर-उधर सरकाकर बैठ गये और कहाँ कि आप दोनों जो काम तार सप्तक में करेंगे, वहीं काम मैं खरज में करूँगा। मंद्र सप्तक—यानी खरज में गाना अत्यन्त कठिन कार्य है। तो गाना प्रारम्भ हुआ। अलिया-फत्तू यानी अली बक्श-फ़तेह अली, जो कुछ भी तार सप्तक में गा रहे थे, वही तान नज़ीर ख़ाँ खरज में गा रहे थे। तब

दोनों भाइयों ने एक स्वर से नज़ीर ख़ाँ को कहा—हमारी ग़लती हुई। आप तो नज़ीर ख़ाँ नहीं, घग्गे नज़ीर ख़ाँ हैं। वहीं से उस्ताद नज़ीर ख़ाँ को उस्ताद घग्गे नज़ीर ख़ाँ के नाम से जाना जाता है।

यह वो समय था जब सभी लोग अपना-अपना घराना बना रहे थे। कव्वाल बच्चा घराना उस्ताद वाहिद अली ख़ाँ के बड़े भाई के बाद बन चुका था, लेकिन आगे नहीं बढ़ा था। ग्वालियर मींड का केन्द्र रहा और ग्वालियर घराना बना। राजा मानसिंह तोमर से लेकर हर वक़्त वहाँ संगीत अपनी चरम पराकाष्ठा पर था। उस्ताद घग्गे नज़ीर ख़ाँ के बड़े भाई थे—उस्ताद वाहिद ख़ाँ। वो अपने समय के बहुत प्रसिद्ध बीनकार थे। उनके घराने के लोग भी अपने नाम के साथ 'मेवाती घराना' ही लगाते हैं। उनके आगे के सभी तन्त्रवादक, वाद्ययन्त्रवादक भी मेवाती घराना का ही उपयोग करते हैं। इनमें बहुत प्रसिद्ध सितारवादक उस्ताद रईस ख़ाँ अपने को मेवाती घराने का ही बताते थे।

उस्ताद घग्गे नज़ीर ख़ाँ के दो शिष्य बहुत आगे आये—पंडित नत्थूलाल और पंडित चिमनलाल। इन दोनों की माँ—पार्वती देवी और पिता शिवकुमार जिन्हें सब शिवा कहकर पुकारते थे, पंडित मोतीराम के नानी और नाना थे। संगीत-धर्म और जात-पाँत नहीं मानता, इसका जीता-जागता प्रमाण है—मेवाती घराना। पंडित मोतीराम के नाना-नानी शिवा और पार्वती का उस्ताद घग्गे नज़ीर ख़ाँ के साथ बहुत प्रिय सम्बन्ध था। किसी समय इन दोनों ने उस्ताद की किसी मुसीबत की घड़ी में सहायता की थी। तबसे घग्गे नज़ीर ख़ाँ उनके मुरीद हो गये और उन्होंने पार्वती से कहा कि बहिन, तुम मुझे राखी बाँध दो। मैं शारीरिक रूप से तुम्हारी रक्षा कर पाऊँगा या

पंडित जसराज के दादा गुरु पंडित नत्थूलाल जी एवं पंडित चिमनलाल जी

नहीं, लेकिन तुम अपने दोनों बेटे मुझको दो, मैं उन्हें गाना सिखाऊँगा। वो बेटे थे नत्थूलाल और चिमनलाल तथा मोतीराम के सगे मामा।

नत्थूलाल और चिमनलाल बारह-तेरह वर्ष भोपाल में रहे और उस्ताद घग्गे नज़ीर ख़ाँ से गाना सीखते रहे। भोपाल से लौटने में रास्ते में दतिया में रुक गये। सोचने लगे कि यदि यहाँ महाराज को कुछ गायन सुनाएँ तो पारिश्रमिक मिल जायेगा और वापसी का रास्ता सुविधापूर्वक कट जायेगा और हम भी कैसा गाते हैं इसका भी अन्दाज़ा हो जायेगा। पहली बार उस्ताद के बिना बाहर निकले थे। तब प्रयास किया किन्तु महाराज से भेंट नहीं हो पायी। रात में सन्नाटे में उनके रियाज़ की आवाज़ गूँजने लगी। महाराज को भी सुनायी दिया कि कोई गा रहा है। तो उस आवाज़ को सुनते-सुनते महाराज भी वहाँ आ पहुँचे। दूसरे दिन दोनों को बुलावा भेजा कि आप हमारे राजगायक बन जाइए। दोनों भाइयों ने उत्तर दिया कि हम अपनी माँ से भेंट करके और उनकी आज्ञा लेकर वापस आते हैं।

दतिया से निकलकर दोनों भाई प्रसन्नतापूर्वक माँ के पास पहुँचे और सारा वर्णन सुनाया। कहा कि हमें महाराज दतिया के पास राजगायक की नौकरी मिल गयी है आप चलिए हमारे साथ। किसी प्रकार का कष्ट नहीं होगा। माँ ने सारी बातें धैर्यपूर्वक सुनीं। आँगन में गाय खड़ी थी। तो कहा कि गाय को छूकर कहो कि इसका (गाने का) व्यवसाय नहीं करोगे। नौकरी करना तो व्यवसाय हो गया। माँ का बहुत आदर करते थे और बहुत चाहते थे। दोनों ही बेटे माँ के बहुत आज्ञाकारी थे। चिमनलाल इस सोच में रहे कि इतने परिश्रम से गायन सीखा और दुनिया को सुनायें ही नहीं। यही सोच-सोचकर उन्होंने बिस्तर पकड़ लिया और कुछ अर्से में ही वह चल बसे। नत्थूलाल अपनी बहिन-यानी मोतीराम की माँ के पास गये और उनसे मोतीराम को माँग लिया। बोले, बहिन, अपना बेटा मुझे दे दो। तो बहिन ने कहा कि भइया, बेटा तो तुम्हारा ही है। तब भाई ने कहा कि तुम्हारे बेटे को गाना सिखाऊँगा और माँ को पता नहीं चलना चाहिए।

इस तरह सात वर्ष के मोतीराम ने गाना सीखना प्रारम्भ किया। गाँव के बाहर, चोरी-छिपे अपने मामा पंडित नत्थूलाल से वह गायन की शिक्षा लेते रहे। सात वर्ष की अवस्था से चौदह वर्ष की अवस्था तक कठोर परिश्रम किया। एक बार तो उस्ताद घग्गे नज़ीर ख़ाँ के पास भी लेकर गये और उन्हें भी मोतीराम का गाना सुनवाया। उस गायन को सुनकर उस्ताद ने आशीर्वाद दिया कि नत्थूलाल इसे और अच्छी तरह गाना सिखाओ, यह बहुत नाम करेगा।

3

एक समय में बहुत सारे शास्त्रीय गायक मंच पर नाटक मण्डली में काम करते थे। मोतीराम तो बचपन से ही नाटकों में भाग लेने और उनमें गाने लगे थे। ऐसे ही एक नाटक में उन्हें उस दिन गाना दिया गया जब सीता जी वन में रोती हैं कि राम आपने मुझे क्यों छोड़ दिया। यह नाटिका गंगा-तट पर हो रही थी। बालक मोतीराम ने बहुत हृदय विदारक स्वर में गाया। गंगा के उस पार से तभी पाँच दिव्य पुरुष, खड़ाऊँ पहनकर सुरसरिता की लहरों के ऊपर से ऐसे चलते हुए आये, जैसे भूमि पर चल रहे हों। वहाँ उपस्थित बहुत से लोगों ने यह दृश्य देखा। वे सब श्वेतवस्त्रधारी संन्यासी, वृद्ध पुरुष थे। उन्होंने पूछा कि जो बालक यह गा रहा है वह किसका पुत्र है। मोतीराम के पिता केवलराम को बुलाया गया। उन दिव्य पुरुषों ने कहा कि अपने पुत्र को हमें दे दो। उसके बदले में आप जो भी माँगें। धन, दौलत, पैसा, जो माँगेंगे हम दे देंगे। लेकिन केवलराम ने कहा कि वह किसी भी कीमत पर अपने पुत्र को उन साधुओं को नहीं देंगे। तब उन्होंने गंगा-जल मँगवाया। गिलास में जल भरकर सभी ने अपनी-अपनी झोली में से भभूति निकाली और मिलाकर मोतीराम को पिला दी। और ख़ूब आशीर्वाद दिया कि बहुत यशस्वी बनोगे। वे पाँचों वापस चले गये। पानी पर चलते हुए, गंगा के उस पार। लोग देखते रहे। उनके आते समय तो केवल उन्हीं लोगों ने देखा था जो मंच पर थे। स्वयं मोतीराम ने भी उन्हें देखा था। लेकिन वापस लौटकर जाते समय जितने दर्शक नाटक देखने आये थे, उन सभी ने उन्हें देखा। किसी ने कहा यह राम-पंचायत थी। किसी ने कहा कि विष्णु पंचायत भी। पाँचों की उम्र एक-दूसरे से थोड़ी-सी कम ज़्यादा, लेकिन सभी वयोवृद्ध थे। उस दिन का कार्यक्रम समाप्त हो गया।

उस ज़माने में कहते हैं कि लोग जादू-टोने की बातों में बहुत विश्वास करते थे। उसे 'मूँठ चलना' कहा जाता था। जादू-टोना करके मन्त्रों से लैस मटर के दाने फेंक देते थे। उपर्युक्त घटना के पश्चात् एक अन्य घटना घटी। जिन महाराज ने नाटक का आयोजन किया था, एक बहुत ही सुन्दर बग्घी बनवायी थी। उसमें दो घोड़े जोते गये थे। नाटक में भगवान राम की कथा से जुड़े हुए जितने भी पात्र थे, वे सभी बालक ही थे। मोतीराम

की अवस्था लगभग आठ-दस वर्ष की रही होगी और उन्होंने सीता का पात्र निभाया था। इन सभी को बग्घी में बिठा कर फेरी लगाने के लिए ले जाया जा रहा था कि बग्घी के अचानक परखच्चे उड़ गये। बच्चे भी सारे गिर गये, लेकिन बाल-बाल बचे।

जसराज ने अपने बड़े भाई साहब पंडित मणिराम जी से इस घटना के विषय में सुना। सम्भवतः उन्हें स्वयं पंडित मोतीराम अथवा उनकी माँ ने बताया होगा। थोड़ा-बहुत चाचा पंडित ज्योतिराम ने भी बताया। बाक़ी कलाकार थे उस ड्रामा कम्पनी में, वे थे—भास्कर बुवाभाकले, हीराबाई, गोविन्दराव टेंबे, विनायकराव पटवर्धन, मास्टर कृष्णराव कांबलीकर। भास्कर बुवा तो चार घरानों में ट्यूंड थे—ग्वालियर आगरा, जयपुर और साथ में जयपुर अतरौली घराना और धारवाड़ में भी प्रशिक्षित थे। भास्कर बुवा ने उस्ताद अल्लादिया ख़ाँ से भी गाना सीखा था। वे बाल कलाकार के रूप में नृत्य-नाट्य मण्डली में जाते थे। उन्हें 'देव गन्धर्व' भी कहा गया, वे इतना सुन्दर गाते थे। गोविन्दराव टेंबे बड़े प्रसिद्ध हारमोनियम वादक थे। बाकले ने केसरबाई केरकर को भी 10 महीने तक गाना सिखाया था। उन्होंने केवल एक ही राग सीखा-सिन्धुरा। महाराष्ट्र के ये सारे कलाकार स्टेज पर खड़े रहकर गाते थे। एक्टिंग शायद नहीं आती होगी। लेकिन जहाँ ये काम करते थे वह नाटक मण्डली ही थी। अपने पिता के नाम के साथ जसराज ने केवल इस एक ही नाटक मण्डली की बात सुनी थी।

हैदराबाद में सागर टॉकीज़ नाम का एक सिनेमा हॉल था। उस ज़माने में ऑडिटोरियम तो होते नहीं थे। निज़ाम साहब को जब सिनेमा देखना होता तब उसमें सिनेमा दिखा दिया जाता और जब संगीत सुनना होता तो हॉल की व्यवस्था उसके अनुरूप कर ली जाती। जब निज़ाम साहब के लिए संगीत का कार्यक्रम होता तब एक व्यवस्था वरना सागर टॉकीज़ में सिनेमा चलता था। बैठने की व्यवस्था ऐसी थी कि हॉल के पीछे से आगे स्क्रीन की तरफ़ आयें तो कुर्सियों की क़तारें नीची होती जाती थीं। सामने स्क्रीन बहुत ऊँची थी। एक आगे की क़तार में बैठकर फ़िल्म देखें तो गरदन बहुत उठानी पड़ती।

एक बार पंडित मोतीराम के गायन का आयोजन सागर टॉकीज़ में किया गया। निज़ाम साहब उनका गाना सुनने आने वाले थे। पंडित मोतीराम पहुँचे तो देखा कि उनके बैठने की व्यवस्था नीचे ज़मीन पर की गयी है। एक गद्दी बिछाकर उसके ऊपर चादर बिछा दी गयी थी, बस। कोई स्टेज या तख़्त नहीं। पंडित मोतीराम ने कहा कि यह क्या किया, मंच तो थोड़ा ऊपर चाहिए। तो कार्यकर्त्ता बोले, देखिए पण्डित जी, हुजूर के सामने कोई तख़्त पर नहीं बैठ सकता। पण्डित जी ने बहुत आग्रह किया कि एक तख़्त

बिछा दें लेकिन वे लोग नहीं माने। तो फिर पंडित मोतीराम बोले कि ठीक है, फिर मैं गाऊँगा और आपके हुजूर ही नीचे आ जाएँगे। वे लोग हँस दिये कि ये अपने गाने की शेखी बघार रहा है।

पंडित मोतीराम ने, जब निज़ाम साहब आ गये, गाना शुरू किया—**मैं वारी। मैं वारी। मैं वारी। आज बधाओ सजन घर शादी**। अन्तरा है—**नबी जी की मड़ैया फूलन सजाई। आज बधाओ सजन घर शादी**। जैसे ही उन्होंने यह गाया तो निज़ाम साहब ने अपने जूते के फीते-वीते खोले और नीचे ही बैठ गये। यह सन् 1934 के जून-जुलाई की घटना है। इस घटना से एक चीज़ प्रमाणित होती है कि यदि आपके मन में आस्था हो तो ऐसा ही होगा। फिर धर्म चाहे कोई भी हो। आस्था अपने कर्म में हो उसका प्रभाव पड़ेगा ही। पंडित मोतीराम एक तो उस बन्दिश का प्रसंग जानते थे कि किस प्रसंग का उसमें वर्णन है। दूसरा उन्होंने गाने में संभवतः कुरान की आयत पढ़ने का स्वर भी लगाया होगा। नबी की फातिमा के बेटे थे इमाम हुसैन। उनके घर में शादी थी।

इस घटना से यह भी पता चलता है कि कलाकार को अपने कर्म पर पूरा विश्वास हो तो वह यह भी जानता है कि उसके गायन को सुनने वाले पर क्या प्रभाव पड़ेगा!

4

सन् 1927 में जसराज के पिता का मृतक शरीर चार घण्टे तक भूमि पर पड़ा रहा। मामा, पंडित नत्थूलाल जी जिन्होंने पिता मोतीराम और चाचा ज्योतिराम को संगीत की शिक्षा दी थी, स्वयं अपना शरीर त्याग के मोतीराम जी और ज्योतिराम को किसी न किसी तरह प्रेरणा देते रहते थे। ये किसी का गायन सुनने जायें तो जैसे उनके कान में आके बता जायें कि उस गायन में क्या महत्त्वपूर्ण है, किस चीज़ पर उन्हें अमल करना चाहिए, क्या नहीं। जीवन में क्या घटना उन्हें लाभ देगी, क्या नहीं। तो जब पंडित मोतीराम की आत्मा ने देह त्यागी तो ज्योतिराम ने आकाश की ओर देखते हुए पूछा कि मामा जी, आप तो हर छोटी-छोटी बात के लिए हमसे कह देते थे, लेकिन यह इतना बड़ा हादसा होने वाला था, आपने कुछ कहा क्यों नहीं? जसराज के दादा का नाम केवलराम था, उनके मुँह से वह बोले कि मैं तो यहीं था, मुझे किसी ने बुलाया नहीं तो मैं क्या करूँ। फिर कहा कि अब इसका क्रिया-कर्म मत करना जब तक मैं न आ जाऊँ। चार घण्टे के बाद फिर मुँह खोला और बोले—मोतीलाल के लिए मैं अमुक की उम्र लेकर आया हूँ, अब यह सात बरस और इतने दिन रहेगा। बस, मोतीराम उठ बैठे। उसके बाद वह सात बरस और उतने दिन ही जीवित रहे। 1927-1934 तक। ये सब बातें जसराज ने बड़े भाई मणिराम से सुनीं। जसराज जन्म-पुनर्जन्म, पित्तर, गुरुजनों की प्रेरणा, उनका आशीर्वाद सब बहुत मानते हैं।

सारे बच्चे उस समय छोटे ही थे। गाँव में छोटी-सी आमदनी थी। मोतीराम ने अपने पिताजी से पूछा कि गाँव में इतनी ग़रीबी है, लोगों के पास खाने को नहीं, पशु-पक्षी भी भूख से बिलबिलाते हैं। क्या करना चाहिए कि इनकी कुछ तो सहायता हो। तो केवलराम ने बेटे मोतीराम से कहा कि मैं चाहता हूँ कि मेरे गाँव में कोई भी आये वह मेरे घर में भोजन करके जाये। तो मोतीराम ने प्रण किया। तदनुसार जो भी व्यक्ति गाँव में आता, जो पशु-गाय-भैंस, कुकुर सभी जो भी आ जाते सभी को भोजन खिलवाया जाता। जो घर में नहीं आते उनके हिस्से का सीधा निकालकर—दाल, चावल, आटा आदि उन्हें भिजवा दिया जाता। यह क्रम डेढ़ वर्ष तक

चला किन्तु उसके बाद वह बहुत बीमार पड़ गये। और कुछ समय के बाद चल बसे, व चार घण्टे के बाद उनके शरीर में फिर से प्राण लौटे और फिर अन्त तक उस काम को पूरा किया। ये क्या चीज़ थी, क्या नहीं, पंडित जसराज की समझ में नहीं आया। जाने के बाद भी गाना सिखाते रहे। सात वर्ष तक पंडित नत्थूलाल ने उनके पिताजी को गाना सिखाया। उन्होंने भी आगे सात वर्ष तक गाना सिखाया। लेकिन उसमें एक विशेषता थी कि कभी रागों के नाम नहीं बताये, कि कौन-सा राग है। जो सिखाते थे, राग सिखाते थे, किन्तु राग का नाम नहीं बताते थे।

पंडित नत्थूलाल की माताजी, यानी जसराज के पिताजी की नानी बहुत डरती थीं कि यदि मेरे बच्चों ने गाने को अपना लिया तो ये चले जायेंगे। पंडित चिमनलाल तो पहले ही स्वर्गारोहण कर चुके थे। पंडित नत्थूलाल ने छुप-छुप कर मोतीराम को गाना सिखाया और घर में गाना उन्हीं के कारण आया। रात को मोतीराम को वो गाँव के बाहर ले जाते थे, क्योंकि माँ ने तो किसी के सामने गाना सुनाने की भी मनाही कर दी थी। लेकिन जब उन्होंने मोतीराम को चोरी-छुपे ही गाना सिखा दिया और रागों के नाम नहीं बताये तो जैसे उनकी कोई चाह अधूरी रह गयी थी। मरने के बाद भी वो सबको ऐसे दिखाई देते जैसे साक्षात् सामने बैठे हों। एक बार बोले-मोतीलाल, मैंने तुम्हें गाना तो सिखाया लेकिन रागों के नाम नहीं बताये। उसके अगले कुछ वर्षों में वो बहुत कुछ बताते रहे, मोतीराम को साक्षात् अनुभव होता था। यह अनुभव सम्भवतः हर कलाकार को अपने जीवनकाल में कभी-न-कभी होता है। पंडित मोतीराम हो हुआ। पंडित जसराज को तो पहले भी होता था और अब भी बहुत बार होता है।

पंडित मोतीराम ने जब आख़िरी साँस ली, वह घटना जसराज को अच्छी तरह से स्मरण है, यद्यपि उस समय वह केवल साढ़े तीन वर्ष के ही थे। जसराज और राजा भैया अपने पिताजी के कमरे में कुछ शैतानी करने गये। पिताजी ने इनकी माँ से कहा कि इन दोनों को बाहर निकाल दो। माँ इनको निकालने के लिए आयी। इन दोनों को उन्होंने कमरे से बाहर निकाला और पंडित मोतीराम ने एक हिचकी ली। माँ को लगा कि कुछ अजब हुआ, पीछे मुड़ कर देखा, वो पड़े हुए थे। इतने में ये दोनों भी पीछे-पीछे आ गये। माँ पति का सिर गोदी में लेकर बोलीं—हमको किसके भरोसे छोड़ दिया? ये क्या किया? उनके प्राण तो थे नहीं। बस ऐसे ही उनके चेहरे पर हाथ फेरा। वह स्थिति वैसे ही थी जैसे फ़िल्मों में देखते हैं न! मोतीराम को शायद समझ में आ गया था कि उनका अन्तिम क्षण आ गया है। इसीलिए शायद दोनों बच्चों को बाहर जाने के लिए कहा।

5

वो ज़माना ज़रा गाढ़ा था। आर्थिक तंगी का वक़्त था। जसराज बहुत अच्छा तबला बजाते थे। चाचा ज्योतिराम जी बहुत अच्छा गाते थे। पंडित ज्योतिराम, यानी पंडित मोतीराम के छोटे भाई। उनके गाने का जसराज के गायक बनने में बहुत बड़ा हाथ है। पब्लिक यानी संगीत-प्रेमी श्रोता तो चाहते थे पंडित ज्योतिराम को सुनना, उनके साथ यदि जसराज तबले पर हों तो सोने पर सुहागा। तबला फ़्री में हो जाता था। तो घरवाले नहीं चाहते थे कि जसराज ज्योतिराम के साथ कहीं जायें, क्योंकि ऐसा होने पर इन्हें बिठा दें तबले पर, बिना निमन्त्रण और बिना किसी लेन-देन के। लेकिन जसराज पंडित ज्योतिराम का गाना सुनना चाहते थे। गाते नहीं थे किन्तु मन में गायक बसता था। जसराज को उनका गाना सुनना बहुत पसन्द था। चार-पाँच बार पंडित ज्योतिराम यानी अपने चाचा का गाना जसराज ने ज़रूर सुना और वह गाना उनके अवचेतन में कहीं बस गया। लेकिन यह तो बाद की बाद है।

1934 में पंडित मोतीराम ने ओडियन रिकॉर्डिंग कम्पनी के साथ करारनामा किया। यह करारनामा गाने की रिकॉर्डिंग के लिए था। लेकिन यह शर्त रखी कि मेरे बेटे की भी रिकॉर्डिंग करो तो मैं रिकॉर्ड करूँगा। बेटा यानी पंडित मणिराम, पंडित जसराज के सबसे बड़े भाई और गायन के गुरु। उस्ताद अब्दुल करीम ख़ाँ भी उस रिकॉर्ड कम्पनी के लिए गाते थे। कम्पनी ने रिकॉर्डिंग का समय नियत किया और बुलावा भेजा। पंडित मोतीराम और पंडित मणिराम दोनों को ही आमन्त्रण गया। किन्तु तब तक पंडित मोतीराम का देहान्त हो चुका था। पंडित मणिराम की तो रिकॉर्डिंग हुई, लेकिन उसके बाहर आने से पहले ही विश्वयुद्ध हो गया। वह जर्मन कम्पनी थी। हैदराबाद में मणिराम जी से पूछने के लिए आये भी कि रिकॉर्ड में कौन-सी बन्दिश पहले लगानी है और कौन-सी बाद में। तीन रिकॉर्ड बनाये गये थे, छह गाने। मुम्बई में एक मिस्टर दाते हैं, वो पुराने रिकॉर्ड इधर-उधर से जमा करते हैं। उनके पास जसराज ने कुछ रिकॉर्डिंग सुनीं। इनके पिता जी की बन्दिश पंडित मणिराम ने गायी है।

6

कभी-कभी बचपन की यादें पंडित जसराज की आँखों के सामने फ्लेशबैक की तरह कौंध जाती हैं। कुछ ऐसी मीठी यादें हैं और कुछ यादें ऐसी हैं जिन्हें कभी याद करने का मन ही न करे। लेकिन सभी को उन्होंने ईश्वर का आशीर्वाद और आगे बढ़ने की यात्रा का अनुभव मानकर स्वीकार किया है। सन् 1936-37 में ये लोग हैदराबाद में थे। पिताजी का देहान्त हो चुका था और फटेहाली के दिन थे। वह लगभग 6-7 वर्ष के रहे होंगे। कभी-कभी ऐसे दिन भी आते थे कि दिन में खाना खाया तो पता नहीं रहता था कि रात में खाना मिलेगा या नहीं और यदि रात में खाया तो यह नहीं मालूम होता था कि अगली सुबह का इन्तज़ाम क्या होगा। हिन्दुस्तान में कुछ त्योहार ऐसे होते हैं जहाँ नाते-रिश्तेदार, पास-पड़ोस, मित्र-सम्बन्धी सभी के यहाँ से कुछ भेंट आदि आती है, लोग एक-दूसरे के साथ मिलकर खुशियाँ बाँटते हैं। होली, दीवाली, ईद ऐसे ही त्योहार हैं। उस बार दीवाली ऐसी आयी जब घर में खाने के लिए अन्न का एक दाना भी नहीं था और कहीं से भी दिन भर कोई सौगात नहीं आयी थी। बड़े भाई साहब कहीं बाहर गाने के लिए गये हुए थे और प्रताप भैया तो यूँ भी दो-दो, चार-चार दिन के लिए ग़ायब हो जाते थे, घूमते रहते थे। बड़े भाई साहब तानपुरा उठाकर निकल गये थे। और सब बच्चे भूखे बिलबिला रहे थे। अम्मा की समझ में नहीं आ रहा था कि इन्हें कैसे सँभालें। रात के ग्यारह-साढ़े ग्यारह बज गये कि प्रताप भैया खाना और मिठाइयाँ लेकर आ गये। ढेरों खाना और ढेरों मिठाइयाँ। वो तो यूँ भी रमता जोगी थे, उनके आने का किसी को पता भी नहीं था। लेकिन उस दिन उनका उस दिन घर आना किसी देवदूत के आने से कम नहीं था। जाने उन्हें कैसे पता चला कि आज घर में खाने को कुछ भी नहीं है। तो आते ही उन्होंने कहा कि पहले सब लोग भरपेट खाना खाओ और फिर रात के साढ़े बारह-एक बजे पटाखे लेने के लिए सब लोगों को बाजार लेकर गये। उस ज़माने में दुकानें चौबीस घण्टे खुली रहती थीं। पटाखे छोड़े, इस तरह वो दूसरी दीवाली अँधेरे से उजाले में बदल गयी।

जसराज के पिता पंडित मोतीराम का स्वर्गवास 30 नवम्बर, 1934

को हैदराबाद में हुआ था। उनके निधन के लगभग एक महीने के बाद वहाँ के प्राइम मिनिस्टर (उन दिनों राज्यों के प्राइम मिनिस्टर होते थे) जो पंडित मोतीराम को हैदराबाद लेकर आये थे, कि भैया चलो हैदराबाद, आपको निज़ाम स्टेट का राजगायक बना देते हैं। वे थे महाराजा किशन प्रसाद। तो इस काम के लिए जो तारीख़ मुकर्रर हुई थी, उसी दिन सुबह पंडित मोतीराम का देहान्त हो गया। एक महीने के बाद एक आदमी एक चिट्ठी लेकर आया जो कि उनके बेटे के नाम से महाराजा किशन प्रसाद ने भिजवायी थी। उस चिट्ठी में लिखा था कि उनकी माँ को प्रति माह निज़ाम स्टेट की ओर से 50 रुपये मिलेंगे। ऐसे मिलता नहीं था सामान्यत:, लेकिन इनके लिए विशेष प्रावधान किया गया। जो राज्य की सेवा में रहते हैं उनके लिए तो यह व्यवस्था थी लेकिन पंडित मोतीराम की राज्य सेवा तो प्रारम्भ ही नहीं हुई थी, उसके पहले ही वो स्वर्ग सिधार गये थे। पत्र में आगे कहा गया था कि 3-3 रुपये महीना दोनों छोटे भाइयों—राजाराम और जसराज के लिए तथा 7 रुपये महीना एक बहिन थी, उसके लिए नियत किया गया है। सबकी पढ़ाई-लिखाई की मुफ़्त व्यवस्था भी की गयी थी। उन्होंने यानी महाराजा किशन प्रसाद ने निज़ाम स्टेट की ओर से पंडित मणिराम के परिवार में पालन आदि के लिए आजीवन पेंशन नियत कर दी। पत्र में आगे यह था कि यदि उन्हें यह व्यवस्था स्वीकार्य नहीं तो वे एकमुश्त रक़म भी ले सकते हैं। पंडित मणिराम के मन में न जाने क्या आया कि उन्होंने परिवार में बिना किसी को बताये या सलाह किये हुए पेंशन ठुकरा दी। शायद उन्हें किसी ने कुछ समझाया होगा या स्वयं कुछ सोचा होगा। कभी जसराज के मन में सवाल उठता कि ऐसा निर्णय बड़े भाई साहब ने क्यों लिया होगा। यदि ऐसा न होता तो परिवार का ख़र्चा-पानी आराम से चलता रहता। किसी चीज़ की चिन्ता करने की आवश्यकता नहीं पड़ती। लेकिन फिर इन सवालों का जवाब भी अपने आप मिल जाता है कि बड़े भाई साहब कोई भी निर्णय अकारण लेने वाले इंसान नहीं थे। उन्होंने बहुत सोचा-समझा होगा, तभी माहवार पेंशन मना करके एकमुश्त रक़म स्वीकार की होगी (जो कि कुछ ही दिन में ख़त्म हो गयी)। यदि उन्होंने बँधी-बँधायी पेंशन मान ली होती तो न ही ये लोग जीवन की ऊँची-नीची राहों पर चलकर, गिरकर सँभलना सीखते, न ही अपने डगमगाते क़दमों को सँभालना सीखते। यदि उन्होंने पेंशन स्वीकार कर ली होती तो शायद जसराज गायक भी नहीं बने होते, क्योंकि जीवन की तपस्याओं से शायद वास्ता ही नहीं पड़ता। ऐसे दिन कई बार आये। उन दिनों की याद करके पंडित जसराज की आँखें भर आती हैं।

7

सन् 1940 के दशक की बात है। जसराज छोटे बच्चे थे और बड़े भाई पंडित मणिराम के साथ गुलबर्गा में एक प्रोग्राम के लिए गये थे। वहाँ ख़्वाजा बन्दे नवाज़ की दरगाह पर भी गये थे। एक जगह भीड़ लगी थी तो ये भी कौतूहलवश वहाँ खड़े हो गये। कुछ खेल वगैरह देख रहे थे। इतने में हैदराबाद के नवाब ज़हीरयार जंग वहाँ से अपनी मोटर में गुज़रे। वो जसराज का तबला सुन चुके थे और उसे बहुत पसन्द करते थे। वो ख़ुद भी बहुत अच्छे तबला वादक थे। हैदराबाद के निज़ाम हर साल ख़्वाजा बन्दे नवाज की दरगाह पर चादर चढ़ाने आते थे। इस साल उनकी तबीयत कुछ नासाज थी और उन्होंने अपने नवाब ज़हीरयार जंग को दरगाह शरीफ़ जाकर चादर चढ़ाने को कहा। वह दरगाह पर चादर चढ़ाने गये और जसराज को खड़े देखा तो उन्हें अपनी गाड़ी में बिठा लिया। ऐसा जमाना तो था नहीं कि सड़क पर मोटर खड़ी न कर सकें। तो उन्होंने जसराज को खड़े देखा और कहा कि बच्चे आप हमारे साथ आ जाइए। बड़े भाई साहब उधर कमरे में हैं, सुनकर उन्हें बुलवा लेंगे, ऐसा कहा और इन्हें लेकर जहाँ वो ठहरे थे, निज़ाम की कोई बहुत बड़ी और ख़ूबसूरत जगह होगी, वहाँ ले आए। वहाँ इन्हें लाकर पूछने लगे कि मियाँ, आपका तबला कहाँ है? यह जानकर कि तबला पंडित मणिराम के पास है, उन्हें भी तबला सहित बुलवाया। तानपुरा वगैरह मँगवाया और रात के 2 बजे तक नन्हे जसराज से तबला सुना। इन दोनों को रात में वहीं ठहरा लिया और अगले चार दिन के बाद जिस प्रोग्राम के लिए ये लोग गुलबर्गा गये थे, तब तक वहीं अपने पास रुकने को कहा। तब तो दिन-रात तबला वादन ही होता रहा, वो ख़ुद भी बहुत बड़े जानकार और तबला नवाज़ थे।

संगीत महामहोपाध्याय पंडित मणिराम जी

8

वह परम्परा जो उस्ताद घग्गे नजीर ख़ाँ ने पंडित परिवार के नत्थूलाल और चिमनलाल को दी, उसे पंडित नत्थूलाल ने अपने भांजे मोतीराम को देकर आगे बढ़ाया। उनके छोटे भाई ज्योतिराम भी बहुत सुरीले गायक थे। पंडित मोतीराम के देहान्त के बाद पूरे परिवार की देख-रेख का दायित्व उनके बड़े बेटे पंडित मणिराम के कन्धों पर आ पड़ा। परिवार कुछ समय तक तो हैदराबाद में ही रहा, लेकिन फिर वो सभी को अपने साथ सानन्द में ले आये, जहाँ पंडित मणिराम स्वयं रहते थे और महाराजा जयवन्त सिंह वाघेला के यहाँ राज्य गायक थे। वहाँ उन्होंने पूरे परिवार की बख़ूबी देखभाल की और एकजुट करके रखा। पंडित मणिराम सभी की देखरेख और चिन्ता में ऐसे डूबे कि उन्होंने अपनी निजता को भी उसी में खो दिया। सानन्द में रहते हुए महाराजा जयवन्त सिंह जिन्हें सभी लोग आदर से 'बापू साहब' कहकर पुकारते थे, का बहुत स्नेह, दुलार और सहयोग मिला। बापू साहब का पूरा परिवार पंडित मणिराम तथा उनके पूरे परिवार को बहुत मान्यता देता था, विशेष रूप से जसराज तो सभी की आँखों के तारे बन गये थे। पंडित मणिराम की शख़्सियत कुछ ऐसी थी कि धीरे-धीरे लोग उनसे स्नेह करते ही थे। कुछ वर्ष सानन्द में रहने के बाद जब सानन्द सौराष्ट्र में मिल रहा था, तब बापू साहब ने इन लोगों को कलकत्ता चले जाने को कहा।

कलकत्ता में ये लोग किसी को जानते नहीं थे, पास में पैसे थे नहीं तो जीवन-यापन कैसे करते? काली घाट मन्दिर के प्रांगण में जाकर पंडित मणिराम छोटे भाई जसराज को लेकर ठहर गये। वहीं उन्होंने 'माता कालिका' गाना शुरू किया। यूँ माता कालिका, बापू साहब, महाराज जयवन्त सिंह जी की रचना है, लेकिन उसे संगीतबद्ध किया पंडित मणिराम ने। कालीघाट में शाम के समय तानपुरा छेड़ते और 'माता कालिका' गाते। धीरे-धीरे 'माता कालिका' को सुनने के लिए वहाँ श्रोता इकट्ठा होने लगे और फिर भीड़ जमने लगी। पंडित मणिराम गाते और युवा जसराज तबला बजाते। तब वहीं से अनेक मारवाड़ी परिवारों के लोग उनके शिष्य हो गये। पुरुषोत्तम जालान, मूंदड़ा परिवार, बिरला परिवार अन्य बहुत सम्भ्रान्त जनों का पंडित मणिराम के साथ वहीं से सम्बन्ध बना और धीरे-धीरे वे लोग

उनसे गाना सीखने लगे। इन परिवारों के छोटे-बड़े सभी सदस्य उनका पंडित जी या गुरुजी कहकर आदर करते, चरण-स्पर्श करके आशीर्वाद लेते और उनसे घनिष्ठ होते गये। बच्चे, महिलाएँ सभी उनसे आशीर्वाद लेते। इन परिवारों में पंडित मणिराम का स्थान वही हो गया जो राजघरानों में राजपुरोहित या राजगुरु का होता है, जैसे हस्तिनापुर में द्रोणाचार्य का।

धीरे-धीरे दोनों भाइयों ने कलकत्ता के सम्भ्रान्त परिवारों में अपनी अच्छी जगह बना ली। लेकिन आर्थिक स्थिति में कोई सुधार नहीं हो पाया। एक छोटा-सा कमरा ले लिया और वहाँ रहने लगे। रिक्शा या ट्राम में आना-जाना करते। कभी वे लोग आने-ले जाने के लिए गाड़ी भेज देते। आग्रह करते कि पंडित जी, गाड़ी ले लीजिए, हम ले देते हैं। पंडित मणिराम कहते कि गाड़ी तो आप ले देंगे, पर उसका रख-रखाव तो हमें ही करना पड़ेगा। तो इन लोगों की गाड़ी ऐसे ही चलती रही, बिना गाड़ी के। संगीत श्यामला खुल गया। सोम तिवारी जैसी गुणी और सुदर्शन महिला उसकी व्यवस्था सँभालती। कलकत्ते के सभी कुलीन परिवारों के सदस्य पंडित मणिराम से गाना सीखने लगे। पंडित मोतीराम के पुत्र पंडित दिनेश कहते हैं कि कई बार उन्होंने पिताजी के सफ़ेद धोती-कुर्ते पर कोई धब्बा देखने की कोशिश भी की, लेकिन एक भी दाग़ ढूँढ़े नहीं मिला। उनके पास सोम तिवारी जैसी ख़ूबसूरत शिष्याएँ थीं जो उन्हें अपने पिता की तरह मानती थीं। पिता की जितनी भी शिष्याएँ थीं बहुत सुन्दर थीं और बहुत सम्भ्रान्त परिवारों से थीं। बच्चे पंडित मणिराम के साथ कभी माधवदास मूंदड़ा हाउस में जाते थे। घर की जितनी बहू-बेटियाँ थीं, वो आके उनके पैर छूतीं, पंडित जी आ गये, पंडित जी आ गये, कह कर पूरा परिवार उनके स्वागत में जुट जाता। माधवदास जी उनसे गाना सीखने के लिए बैठ जाते। वही क्या, छोटे-बड़े सब। पंडित मणिराम सब बच्चों को बहुत प्यार करते थे और उनके साथ घर के बड़े-बुजुर्ग की तरह उनके कमरों में भी चले जाते थे। सानन्द में वो बापू साहब के यहाँ भी राजगायक थे, लेकिन वहाँ भी उन्हें परिवार के सदस्य की तरह ही सम्मान दिया जाता। लेकिन यह सब बाद में।

अहमदाबाद में 1944 में पंडित मणिराम के छोटे भाई पंडित ज्योतिराम का देहान्त हो गया। उससे पहले पूरा परिवार मुम्बई आ गया था। पंडित मोतीराम के निधन के पश्चात् सभी लोग हैदराबाद में ही रहते थे, लेकिन कभी-कभी प्रोग्राम करने के लिए औरंगाबाद या मुम्बई, कभी लाहौर चले जाते। मेनका शिरोडकर, शोभा गुर्टू की माँ थीं, और पंडित मणिराम से वहाँ गाना सीखतीं। बहुत सुदर्शन थीं। 1935 की बात है। तब राजा भैया और माँ को लेकर मुम्बई में थे। एक दिन मेनका शिरोडकर पंडित मणिराम

को लेने घर आ गयीं। माँ ने देखा, कि इतनी सुन्दर लड़की कौन है जो मणिराम को लिवाने आ गयी है। वह बोलीं, यहाँ ठीक नहीं है, चलो वापस हैदराबाद। तो मुम्बई से वापस हैदराबाद लौट आये। 1935-36 से लेकर 1946 तक हैदराबाद में रहे। वहीं परिवार का 'डेरा' था। यानी, माँ जहाँ रहती, घर तो वहीं था, बाक़ी सब जगह आना-जाना लगा रहता।

जब पंडित मोतीराम जीवित थे, तब जयपाल राव रेड्डी हैदराबाद रेडियो के स्टेशन डायरेक्टर थे। जब रेडियो का आरम्भ हो रहा था तब उनकी इच्छा थी कि पंडित मोतीराम के गायन के साथ हैदराबाद रेडियो का उद्घाटन हो। वो पंडित मणिराम को ले गये और माइक उनके सामने रखा। पंडित मोतीराम ने पूछा कि ये क्या है, तो जयपाल राव रेड्डी ने कहा कि आप जो गायेंगे तो यह आपकी आवाज़ खींच लेगा और हम उसे पूरे हैदराबाद शहर को सुनवायेंगे। पंडित मोतीराम ने फिर से पूछा—ये क्या करेगा? तो रेड्डी साहब ने फिर से कहा—ये आपकी आवाज़ को खींच लेगा और फिर उसे हम पूरे हैदराबाद शहर को सुनवायेंगे। पंडित मोतीराम तुरन्त उठे और स्टूडियो के बाहर निकल गये। बोले कि यदि यह मेरी आवाज़ ही खींच लेगा तो फिर मैं क्या गाऊँगा?

कुछ वर्षों के पश्चात् औरंगाबाद रेडियो स्टेशन चालू होना था। वही जयपाल राव रेड्डी औरंगाबाद रेडियो स्टेशन के डायरेक्टर हो गये। उन्होंने पंडित मणिराम से कहा कि तुम औरंगाबाद आ जाओ, मैं तुम्हें महीने में छह-सात प्रोग्राम दूँगा। उस वक़्त एक प्रोग्राम की फीस करीब 30-35 रुपये थी। जब एक ही महीने में इतने प्रोग्राम और इतना पैसा मिलने लग गया तो सब औरंगाबाद चले गये। वहाँ जसराज बड़े भाई साहब के साथ तबला बजाते थे और उन्हें भी संगति के लिए 4-5 रुपये मिल जाते थे। कभी-कभी एकल तबला वादन के लिए भी उन्हें बुलाया जाने लगा। उसके लिए 10 मिनट के प्रोग्राम का 7 रुपये मिलता था। कुल मिलाकर परिवार की आर्थिक स्थिति बहुत अच्छी हो गयी। हैदराबाद रेडियो में पंडित मोतीराम ने कभी गाया नहीं था, लेकिन औरंगाबाद रेडियो से पंडित मणिराम की आवाज़ अक्सर सुनायी देने लगी। आस-पास के छोटे-बड़े गाँवों में से भी गायन के लिए बुलावा आने लगा। बीड़-परवनी जैसे गाँव, उस समय बहुत छोटे थे, लेकिन वहाँ संगीत की अच्छी परख वाले लोग थे जो इन्हें यदा-कदा गाने के लिए बुला लेते थे। वहाँ प्रोग्राम करते और फिर लौट आते। सब अच्छा चल रहा था। पंडित मणिराम ने माँ से कहा कि मैं मुम्बई होकर आता हूँ। माँ ने कहा, कि हम भी साथ में चलेंगे, अकेले नहीं जाने देंगे। तो 1 जनवरी, 1944 को सब लोग मुम्बई आ गये। जनवरी, फरवरी, मार्च, अप्रैल लगभग चार महीने। माँ, राजाराम, योगाई,

पंडित मणिराम की पत्नी, बहिन पद्मा, जसराज और बड़े भाई मणिराम। तभी अप्रैल 1949 में मुम्बई में बम फटा। पंडित ज्योतिराम जो उस समय अहमदाबाद में थे, उन्होंने एक टेलीग्राम भेजा और साथ में पैसा भी भेजा कि पूरा परिवार मुम्बई छोड़कर अहमदाबाद आ जाए। मणिराम जी ने सबको तो अहमदाबाद भेज दिया, लेकिन स्वयं और जसराज मुम्बई में ही रुक गये कि हम लोग दो प्रोग्राम करके आते हैं। ये लोग 26 अप्रैल को अहमदाबाद पहुँचे, लेकिन पंडित ज्योतिराम 24 अप्रैल को ही सिधार गये थे। माँ ने कहा—मणिराम, ज्योति बहुत याद कर रहे थे जसराज को कि तुम्हारे छोटे बेटे को कुछ कहना था। बस कह नहीं पाये, चले गये।

इधर हैदराबाद में पंडित मणिराम का बहुत नाम हो गया था और उनसे मुरव्वत करने वाले भी बहुत लोग थे। किसी ने धोखे से उन्हें पान में या मिठाई में सिन्दूर खिला दिया और उनकी आवाज़ चली गयी। बड़े-बड़े डॉक्टरों का इलाज करवाया, लेकिन आवाज़ वापस नहीं आयी। गायक के लिए इससे बड़ा कष्ट और क्या हो सकता था। कुछ डॉक्टरों ने कहा कि इलेक्ट्रिक शॉक लेना पड़ेगा। तो प्रोग्राम से कुछ घण्टे पहले पंडित मणिराम इलेक्ट्रिक शॉक लेते। उसका असर कुछ घण्टे तक रहता, लेकिन फिर वैसे के वैसे। अहमदाबाद में एक ढोलकिया जी नाम के वकील साहब थे। उन्होंने पंडित मणिराम से कहा कि मणिराम जी, आपका इतना बड़ा परिवार है, आप बिना आवाज़ के कैसे सभी का भरण-पोषण करेंगे। तो पंडित मणिराम ने उत्तर दिया कि कुछ नहीं होगा तो किराने की दुकान लगाऊँगा या सब्ज़ी का ठेला, लेकिन परिवार का भरण-पोषण तो मुझे करना ही है। तो ढोलकिया जी ने कहा कि पंडित जी, आपको जितना भी थोड़ा-बहुत मैंने सुना है, उससे यह तो पता चल ही गया है कि आप बहुत अच्छा गाते हैं। लेकिन आपको तो हमेशा गाना ही चाहिए, क्योंकि आप उसी के लिए बने हैं। आप इस आवाज़ को लेकर कैसे गायेंगे? मैं आपको एक चिट्ठी देता हूँ। यह सानन्द के महाराजा जयवन्त सिंह जी के नाम है। आप उनसे मिलिए। वो आपको रख लेंगे। और वे आपकी आवाज़ भी ठीक कर सकते हैं। उन्होंने पत्र में लिख दिया कि जिन्हें मैं आपके पास भेज रहा हूँ, वो बहुत अच्छा गाते हैं लेकिन इनकी आवाज़ बन्द हो गयी है। आप मेहरबानी करके इन्हें अपने पास रख लीजिए। पत्र लेकर पंडित मणिराम जसराज को अपने साथ लेकर सानन्द आये। महाराजा जयवन्त सिंह जी, जिन्हें सब बापू साहब कहते थे, ने पत्र पढ़ा और पूछा कि आपका परिवार कहाँ है, तो बताया कि अहमदाबाद में। उन्होंने पूरे परिवार को सानन्द बुलवा लिया। अगस्त 1944 में सानन्द पहुँच गये थे।

बापू साहब माँ के भक्त थे। उन्होंने मणिराम जी से कहा कि पंडित

जी, आप स्नान करके आइये। रात का 12 बजा था। मणिराम जी सर्दी-गर्मी ठण्डे पानी से स्नान करते थे। दिसम्बर महीने की कड़कड़ाती सर्दी में वो स्नान करके आये। स्वयं बापू साहब मन्दिर में चले गये। बाहर आये तो इनसे कहा कि पंडित जी अब आप गाइये। मुँह खोला तो आऽ आऽ आऽ आवाज़ निकली। और साथ में गले से निकला ढेरों बलगम जो पेट में जैसे जम चुका था। इतना कि तसले भर गये और बार-बार फिंकवाना पड़ा। धीरे-धीरे मणिराम जी की आवाज़ निकलने लगी। और उन्होंने अपने पिताजी की रचना **गले भुजंग भस्म अंग शंकर अनुरागी** को गाना शुरू किया और फिर घण्टों एक के बाद एक रचनाएँ गाते रहे। पंडित मणिराम की बड़ी बेटी योगाई बताती हैं कि 13 महीने तक उनके पिताजी प्रतिदिन निरन्तर गाते रहे और उनकी आवाज़ वापस खुल गयी। उसके बाद उनका गला कभी ख़राब नहीं हुआ, जैसे कि कभी कुछ हुआ ही न हो।

पंडित मणिराम सानन्द में स्टेट म्यूजिशियन हो गये थे। बीच-बीच में लाहौर, औरंगाबाद और हैदराबाद जाना होता था। सानन्द के बापू साहब का पूरा परिवार इनके पूरे परिवार से बहुत स्नेह करता था। वह सम्बन्ध आज भी बरकरार है। बापू साहब की माँ जो कपड़े बापू साहब के लिए ख़रीदकर लातीं वही मणिराम जी के लिए भी लातीं। बच्चों के लिए जो कुछ भी आता वही सब जसराज और बाक़ी भाई-बहिनों के लिए भी लाया जाता। बापू साहब जसराज को बहुत प्रेम करते। जब भी सानन्द में दो-एक कलाकार आ जाएँ या कवि पधारें, तभी एक गाने का या कविताओं का सम्मेलन हो जाता। बापू साहब जसराज को अपने पास बुला लेते। ये कभी-कभी सोफ़े के पीछे जाकर सो जाते, लेकिन जगाकर वापस बुला लिए जाते। नींद छोड़कर गाना या कविता सुनना कष्टकर होता था, लेकिन उस समय नहीं जानते थे कि यह कितनी बड़ी शिक्षा उन्हें दी जा रही है।

सन् 1949 तक पंडित मणिराम अपने परिवार के साथ सानन्द में रहे और फिर कलकत्ता चले आये।

पंडित जसराज तबले पर, पंडित मणिराम मध्य में गाते हुए तथा दायीं ओर सारंगी पर उस्ताद सगीरुद्दीन ख़ाँ

9

जसराज का सारा बचपन तबला बजाने और गाना सुनने में निकला। आज इस बात की कल्पना करना कठिन है कि कभी वे मंच पर शुभ महाराज का रिंपा शिवा के स्थान पर बैठते थे (ये नाम इन कलाकारों के युवा कलाकार होने के कारण लिये गये हैं)। युवा होते-होते वह पंडित डी.वी. पलुस्कर, पंडित रविशंकर, पंडित कुमार गन्धर्व जैसे कलाकारों के साथ तबला बजाने लगे थे। इन कलाकारों के साथ तबले पर संगति करने के लिए कोई ऐसा-वैसा या स्तरविहीन कलाकार तो होगा नहीं। इन कलाकारों का संगीतकार भी उन्हीं की श्रेणी का होगा। उस श्रेणी का तबला वादन करने के बाद गायन को अपना जीवन बनाना बहुत बड़ा क़दम था। उस ज़माने के नवाब ज़हीरयार जंग बहादुर, नवाब मलिकयार जंग बहादुर, डॉ. फ़ैजंग बहादुर आदि हैदराबाद के बड़े सुनकार थे। नवाब ज़हीरयार जंग बहादुर तो स्वयं भी तबला बजाते थे और पंडित मणिराम का गायन और युवा जसराज का तबला रात-रात भर सुनते थे। गुलबर्गा में कई रोज़ उन्होंने जसराज को तबला बजवाया था और उसका आनन्द लिया था, ऐसे में जब बाद के दिनों में गाने में संघर्ष करना पड़ा तब क्या मायूसी हुई थी, या फिर इस बात का अफ़सोस हुआ कि तबला ही बजाते रहते तो अच्छा था।

'नहीं-नहीं, ऐसा तो कभी लगा ही नहीं। मैं आपके सामने पहले ही तौबा-तौबा इसलिए करता हूँ कि गाने में भगवान ने ऐसा रुतबा दे दिया है कि अगर मैं तबला ही बजाता रहता तो ठीक था, ऐसा कभी नहीं लगा। ऊपर वाले की बहुत दया हुई है, पंडित जसराज बता रहे हैं।

जसराज के पिताजी का स्वर्गवास तो सन् 1934 में ही हो चुका था। एक बार 1936 में इनके चाचा पंडित ज्योतिराम जी आये। उनका आना-जाना उनके यहाँ कम था। चाचाजी अपने बेटे पूरणचन्द्र को साथ में लेकर आये थे। पूरणचन्द्र और जसराज लगभग हमउम्र थे। तो चाचा ने हारमोनियम ले के पूरणचन्द्र को जसराज की माँ के आगे कर दिया और बोले कि भाभी, इसका गाना सुनो। उन्होंने तोड़ी गायी और इतनी अच्छी गायी कि उस दिन जसराज बहुत रोए। इतना रोए कि कह रहे थे कि मेरे पिता जीवित रहते तो मैं भी गाता। चाचाजी ने बहुत प्रेम से जसराज से

कहा कि बेटा तू चिन्ता मत करे, मैं तुझे गाना सिखाऊँगा। लेकिन पता नहीं क्यों, वह बात इनके अन्दर तक घुसी ही नहीं। हालाँकि चाचाजी ने तो अपने सही मन से ही कहा होगा।

करीब दस वर्ष बाद, जब चाचा स्वर्गवास प्रयाण कर रहे थे, उस समय जसराज वहाँ नहीं थे। बड़े भाई साहब भी वहाँ नहीं थे, बाक़ी सब पूरा परिवार था। उन्होंने माँ के घुटने पर सिर रखकर कहा कि भाभी, जसराज यहाँ होता तो उससे कुछ कहना था। बस, यह कहते-कहते ही वो चले गये। पंडित मोतीराम और जसराज जब दो-तीन दिन के बाद घर पहुँचे, तब इन्हें पता चला। लेकिन बाद में क्या होता है। यह लगता कि वो माँ को ही बता देते कि क्या कहना है, या फिर माँ ही उनसे पूछ लेतीं, लेकिन माँ ने भी नहीं पूछा कि क्या कहना है। कुछ कहना ज़रूर था। वह जसराज को बहुत मन से, बहुत प्यार करते थे। उनका गाना इन्हें बहुत अच्छा भी लगता था।

10

लाहौर शहर ने जसराज के जीवन का क्रम ही बदल दिया। केवल तीन ही दिन में पूरा घटनाक्रम इतनी तेज़ी से चला कि उनके हाथ का तबला कमरे के किनारे पहुँच गया और पहली बार गायन को जीवन बनाने का निर्णय किया। यह 1945 की शुरुआत थी। बड़े भाई साहब पंडित मणिराम के साथ जसराज भी लाहौर आते थे। वहीं तीन ही दिन के भीतर पंडित कुमार गन्धर्व और पंडित अमरनाथ वाला क़िस्सा हो गया और वहीं शामली गेट वाले प्रोग्राम में यह सुनना कि 'ओए, तबले वाले दी मजाल है कि ओ गानवाले दे नाल बये!' इन दो घटनाओं ने इनकी जीवन-दिशा ही पलट कर रख दी।

इसी क्रम में एक और बड़ी घटना हुई। पंडित मणिराम के शिष्य थे—बंसीलाल जी। वे लाहौर में सरस्वती म्यूजिक कॉलेज में प्रिंसिपल थे। उन्होंने कभी जसराज को अन्य शिष्यों के साथ थोड़ा-बहुत गाते हुए सुना होगा या बड़े भाई साहब के पीछे बैठ कर कुछ सुर निकालते हुए सुना होगा कि वे बड़े भाई साहब से बोले कि एक छोटी क्लास और लगा लेते हैं, छोटे बच्चों के लिए। बड़े बच्चों की क्लास तो लगती ही थी जिसे बड़े भाई साहब लेते थे। बड़े भाई साहब ने पूछा कि कौन सिखाएगा? तो बंसीलाल जी ने उत्तर दिया कि जसराज सिखाएगा न! पंडित मणिराम बोले कि इसको तो गाना नहीं आता है। कभी इसने सीखा नहीं। इस पर बंसीलाल जी ने कहा, कि नहीं, गाना आता है जसराज को। तो इस प्रकार जसराज बिना विधिवत् गाना सीखे हुए ही गाना सिखाने लगे। लगभग बीस बच्चों की क्लास शुरू हो गयी। दस-बारह बच्चे तो पास हो गये और एडवांस क्लास में पहुँच गये। लेकिन वे सारे और सीखना चाहते थे। वह जसराज के जीवन की पूरी की पूरी दिशा बदलने वाली घटना थी। बड़े भाई साहब ने अमरनाथ जी वाली और स्टेज वाली घटना के बाद इन्हें गाना सिखाने का मन तो वैसे ही बना लिया था। बस, वहाँ से सानन्द। लाहौर और सानन्द के बीच जसराज का गाना आगे बढ़ता गया। तब तक 'माता कालिका' की रचना नहीं हुई थी। 1946-49 के वर्ष जसराज के गायक बनते ही नींव मज़बूत करने के वर्ष थे।

बापू साहब, महाराजा जयवन्त सिंह जी छोटे जसराज से बहुत स्नेह करते। चाहे दो-चार आर्टिस्ट आ जाएँ अथवा कुछ कवि। बापू साहब के दरबार में महफ़िल सज जाती और जसराज को बुला भेजते, 'तू यहाँ बैठ। उन कवियों में कुछ चारण लोगों की भाषा में कविता करते थे। जसराज उस भाषा को समझने लगे। जैसे-झड़-झड़ झड़ात। लड़-लड़-लड़ात। यह सब समझ में आने लगा। बापू साहब के चलते जसराज का साहित्य से भी परिचय होने लगा और साहित्य के प्रति सम्मान बढ़ने लगा। फिर जब 1949 में ये कलकत्ता आ गये; तब अम्मा, यानी सोम तिवारी जसराज की जीवनदायिनी बन गयी। वो जसराज से हमेशा कहती थीं कि तुम गाओ।

11

पंडित मणिराम छोटे भाई जसराज को बहुत मानते। जो जसराज ने कह दिया वह पंडित मणिराम के लिए पत्थर की लकीर। इसके विषय में पंडित दिनेश बताते हैं कि 'पिताजी ने यदि कुछ भी कह दिया तो वो जसराज चाचाजी ने मान लिया। और जसराज चाचाजी ने कुछ कह दिया तो पिताजी उसे झट से मान लेते। दोनों तरफ़ से कोई सवाल नहीं पूछता था। दोनों के बीच का प्यार इतिहास में एक मिसाल बन कर रहेगा। जिंदगी में उतार-चढ़ाव दोनों ने देखे हैं, एक साथ। भाइयों में मतभेद भी होता था, लेकिन प्यार, उसका कोई सानी नहीं था। चाचाजी अब भी हर बात में 'बड़े भाई साहब' की चर्चा करते ही हैं।'

पंडित मणिराम सभी का बहुत सम्मान रखते, चाहे वे परिवार के सदस्य हों या कोई साथी-संगतकार। हारमोनियम पर सहयोग करने वाले हों या फिर तबला या सारंगी पर। ऐसे में वे स्वयं को भूल से गये। जसराज जी ने जब गाना शुरू किया और इनकी अच्छी तैयारी हो गयी, तब पंडित मणिराम उन्हें आगे करने में बहुत गर्व महसूस करते। इसका एक सुन्दर उदाहरण वरिष्ठ नृत्यांगना सोनल मानसिंह ने दिया 'जब वह मेरी पुस्तक 'सात सुरों के बीच' के विमोचन के लिए पंडित जसराज के साथ मंच पर थीं। 'जसराज जी ने मेरे 21वें जन्मदिन पर गाया था। पंडित मणिराम जी हमारे घर आते-जाते थे। मेरी वर्षगाँठ पर उन्हें बुलाया गया था और जसराज जी भी उनके साथ पधारे थे। तब पंडित मणिराम जी ने मेरे दादाजी को कहा कि मेरा छोटा भाई ख़ूब तैयार है, आज पहले इसका गाना सुनिए। पंडित जसराज स्वयं बताते हैं कि किस तरह जब उन्होंने तबले से अपनी गायन-यात्रा शुरू की थी और कैसे पंडित मणिराम ने पग-पग पर उनका मार्गदर्शन किया था। पंडित दिनेश बताते हैं, 'लेकिन चाचाजी (पंडित जसराज) ने मेरे पिताजी की विरासत को न सिर्फ़ सँभाल के रखा बल्कि उस शुरुआत की डोरी को पकड़कर कहाँ से कहाँ पहुँच गये। यह चाचाजी की असली मेहनत का फल है। जितनी कड़ी मेहनत चाचाजी ने की है, वैसी शायद ही कोई कर सकता है। यह आज दुनिया में जो पंडित परिवार का ठप्पा बैठा है न, यह उसी मेहनत का नतीजा है। वहाँ काली

मन्दिर से 'माता कालिका' से शुरुआत और आज दुनिया उन्हें पूछती है।'

ऐसा भी होता है कि प्रतापनारायण, पूरणचन्द्र और जसराज तीनों सहयोग करते और पंडित मणिराम गाते और तीनों भाइयों को रास्ता दिखाते। शायद संसार में पंडित परिवार इकलौता परिवार होगा जहाँ एक ही पीढ़ी

उस्ताद निसार हुसैन ख़ाँ, पंडित मणिराम, पंडित कृष्णराव शंकर पंडित, पंडित जसराज, पंडित डी.के. दातार एवं पंडित एकनाथ सरोलकर

के चार भाइयों का गाना उच्च कोटि का हो। ऐसा नहीं है कि उनमें से कोई भी एक-दूसरे की नक़ल कर रहे हों। सबका अपना अलग व्यक्तित्व और अपनी अलग गायन-शैली। इसके बारे में दिनेश कहते हैं, 'पूरणन्द्र चाचाजी कमाल का गाते थे। मैंने तो चारों भाइयों को एक साथ गाते हुए सुना है। दुर्भाग्यवश पूरणचन्द्र चाचाजी को शराब पीने की आदत थी, जहाँ खाना मिला, खा लिया। जहाँ पीने को मिला, पी लिया। वो जल्दी चल बसे। प्रतापनारायण चाचाजी मस्तमौला थे। उन्होंने कभी परवाह नहीं की कि मेरा नाम हो। सोमवार की रिकार्डिंग तय हुई है तो बुधवार को पहुँचेंगे कि भाई रिकार्डिंग है। वहाँ पता चलेगा कि पंडित जी, रिकार्डिंग तो दो दिन पहले थी, तो कहें, अच्छा-अच्छा। ट्रेन में बैठे अँधेरी से चर्चगेट के लिए और 'चंदामामा' पढ़ रहे हैं। ट्रेन दो बार चर्चगेट पर आ-जा ली, और प्रताप चाचाजी 'चंदामामा' ही पढ़ रहे हैं। लेकिन वह भी क्या ख़ूब गाते थे। बिल्कुल मक्खन जैसी आवाज़। लेकिन उस परम्परा को आगे बढ़ाया है—जसराज चाचाजी ने। आज दुनिया में उनके जैसा गाने वाला और तो कोई नहीं है।'

कुछ ऐसी ही बात पंडित शिवकुमार शर्मा भी कहते हैं—'जसराज जी को मैंने शुरू से देखा है। और मेरा जो अपना व्यक्तिगत विचार है, उनके संगीत के बारे में, वो यह है कि वो मेवाती घराने के गायक तो हैं, मैंने बड़े भाई साहब मणिराम जी का गाना भी बहुत सुना है। तालीम जसराज जी की बड़े भाई साहब के पास हुई। लेकिन धीरे-धीरे कुछ बरसों के बाद, मैंने ये देखा कि उन्होंने अपनी गायकी का एक अलग तरीका बनाया, जिसकी नींव मेवाती घराने की पारम्परिक गायकी से थी, लेकिन मैं ये कहूँगा कि वो पंडित जसराज की अपनी ही गायकी हो गयी। यह उनकी व्यक्तित्व की, उनकी सोच की, उनके रियाज की, उनके अनुभव की सब चीज़ों को मिलाकर, ऐसी गायकी बनी है, जिसका स्रोत तो मेवाती घराना है, लेकिन वह पंडित जसराज की अपनी गायकी हो गयी।'

बावजूद इसके कि पंडित मणिराम के कन्धों पर एक भरे-पूरे परिवार की देख-रेख का दायित्व था, उन्होंने कभी भी न तो किसी के सामने अपनी अपेक्षाओं को रखा और न ही अपने आत्म-सम्मान से समझौता किया। उनके सम्पर्क में एक से एक बड़े 'बिजनेस हाउस' के लोग थे, लेकिन कभी भी किसी के आगे कोई माँग करनी हो, ऐसा नहीं हुआ। और इसीलिए जहाँ आदर सम्मान होता है, वहाँ प्रगति के रास्ते अपने-आप खुलते जाते हैं। पंडित दिनेश का कहना है, 'हम जहाँ भी जाते हैं, वहाँ हमें वही प्यार और सत्कार मिलता है कि हम मणिराम जी के बेटे हैं। अब यह हम पर निर्भर है कि हम अपना आचरण कैसे रखें कि पंडित मणिराम के नाम पर धब्बा न लगे।'

पिताजी हमारे राजाराम चाचाजी और चाचीजी को भी कलकत्ता ले आये थे। राजाराम चाचाजी राजस्थानी लोक संगीत में बहुत अच्छा काम

कर रहे थे, लेकिन उन लोगों का कलकत्ते में मन नहीं लगा और वो वापस गाँव चले गये। वो नाटक बहुत अच्छा करते थे, भजन आदि में भी उनका नाम था, लेकिन कलकत्ता में उन्हें अच्छा नहीं लगा। उन्होंने शास्त्रीय संगीत कभी नहीं अपनाया।

पंडित मणिराम के बेटे और पंडित जसराज के भतीजे होने के बावजूद पंडित दिनेश ने शास्त्रीय संगीत नहीं सीखा। घर में संगीत चौबीसों घण्टे होता था। बड़े-बड़े कलाकार आते थे, लेकिन हम लोग पाश्चात्य संगीत की ओर झुक रहे थे। 'मेरे बड़े भाई विनोद को पाश्चात्य संगीत का बहुत शौक़ था और उनकी देखा-देखी मैं भी उसी लाइन में आ गया। उन दिनों श्रीलंका से, शिलांग से पश्चिमी संगीत के बहुत सारे ग्रुप आते थे। हम लोग उनको सुनने जाते। घर में बड़े ग़ुलाम अली ख़ाँ साहब आ रहे हैं, अली अकबर ख़ाँ साहब आ रहे हैं और हम भाई बाहर वेस्टर्न क्लासिकल सुनने जा रहे हैं। पिताजी को इस बात का कभी एतराज़ नहीं था। विनोद भाई ने मुझे पहली बार बेंगलुरु में, 1972 में ओसीबीसा का रिकॉर्ड सुनाया था। वह रिकॉर्ड था—ब्लू फाक्स। मुझे बताया कि ये ओसीबीसा है, ये सनताना है, और 1980 में लन्दन में इन लोगों के साथ बजा रहा था। यह चमत्कार ही था। पिताजी कभी-कभी विनोद भाई को सिखाते थे तो साथ में मैं भी बैठ जाता था, बस उतना ही हुआ। पिताजी को जितने राग गाते हुए मैंने सुना है, उतने शायद ही किसी और से सुने हों। कभी प्रोग्राम के लिए रेडियो स्टेशन जाते तो पहले से सोचकर नहीं जाते थे कि कौन सा राग गायेंगे। वहाँ पहुँचने पर इनसे प्रोड्यूसर के साथी कलाकार कह देते कि पंडित जी, फलाना राग गाइए, तो वो वही राग गा देते। उनके कांट्रेक्ट में लिखा नहीं रहता था कि कौन सा राग उन्हें गाना है।

दिनेश कहते हैं, 'कि जिस तरह की लयकारी, जिस तरह की तान वो लेते थे, जैसे बन्दिश का चुनाव करते थे उस समय उन्हें पता नहीं चलता था, लेकिन आज महसूस होता है कि वाह, क्या गाया था उन्होंने। ये कितने बड़े बाप के बेटे हैं। कश्मीर में बड़े दादाजी स्टेट म्यूजिशियन थे। ग़ुलाम अली ख़ाँ साहब सारंगी बजाते थे। उनको पहलवानी का शौक़ था। छोटे दादाजी भी पहलवानी करते थे। पिताजी ग़ुलाम अली ख़ाँ साहब को तब से जानते थे। दिनेश ने योगाई जीजी से भी सुना है कि ग़ुलाम अली ख़ाँ साहब पिताजी के सामने बैठे हैं और गा रहे हैं और उनसे पूछते हैं, 'क्यों पंडिता, ठीक है न!' ऐसा विश्वास था उन लोगों में। ग़ुलाम अली ख़ाँ साहब पंडित मणिराम से पूछते, 'क्यों पंडिता ठीक है न? अरे भैया, तुम खानदानी आदमी हो।' पंडित मणिराम भी कभी-कभी दिनेश को पुराने दिनों की बातें बताते। अलबत्ता, कलकत्ते में तो उनके घर में सभी कलाकार अक्सर आते थे। उनके घर में कलाकारों का जमावड़ा रहता। 32 नं., कबीर रोड, बहुत से कलाकारों के

शुरुआती दिनों का गवाह था। पाकिस्तान के उस्ताद नज़ाकत अली-सलामत अली हों या अफ़गानिस्तान के मुहम्मद ख़ाँ। सब उनके घर में आते, कई-कई दिन रहते। पंडित मणिराम के घर में शाकाहारी खाना पकता था। वहाँ आकर सभी लोग शाकाहारी हो जाते।

पंडित मणिराम से जसराज ने न केवल गाना सीखा, वरन् एक पूरी की पूरी जीवन-शैली की शिक्षा ली। गुरु क्या होता है, इसका सही मायने में पंडित मणिराम उदाहरण थे। और असली शिष्य क्या होता है, इसकी बहुत बड़ी मिसाल जसराज बन गये। न केवल गाना, बल्कि गुरुओं और अग्रजों का आदर, सहयोगी कलाकारों का सम्मान, मंच पर सभी संगतकारों की प्रशंसा, शिष्यों को साथ में बैठने और गाने का अवसर जैसा पंडित जसराज देते हैं, वैसा कम देखा जाता है। शिष्यों को अपने गुरु के साथ गाने का अवसर मिले तो उसने कितना सीखा है, इसका पता चल जाता है। लेकिन उसकी सबसे बड़ी शिक्षा वहीं मंच पर होती है, क्योंकि उसे न केवल गुरु के पीछे-पीछे और साथ-साथ चलना होता है, बल्कि श्रोताओं के सम्मुख भी अपना सही-सही और नपा-तुला प्रदर्शन करना होता है। 'चाचाजी ने स्वयं सब कुछ सीखा है। जो जगह वो अपने शिष्यों को मंच पर देते हैं, वह उन शिष्यों के लिए बहुत बड़ा अनुभव है। मेरे ख़्याल में किसी भी अन्य शास्त्रीय कलाकार ने वह स्थान किसी को नहीं दिया। वहाँ अपनी आवाज़ का उतार-चढ़ाव, उनकी बानगी कैसे की जाए इसका एहसास होता है। माइक का इस्तेमाल करना तो कोई चाचाजी से सीखे। मेरे पिताजी (पंडित मणिराम) माइक को बहुत दूर रखते थे, उनकी आवाज़ यूँ भी बुलन्द थी। लेकिन चाचाजी (पंडित जसराज) का माइक पर कंट्रोल कमाल का है। किस एंगल से आवाज़ का कितना थ्रो करें, कैसे करें, ऐसा और कोई गायक मैंने नहीं देखा, और मुझे नहीं लगता कि मैं देखूँगा भी। जो उनकी स्वरों की रेंज है, वह और किसी की नहीं है। और उसमें वो एक छोटे बच्चे के साथ भी वैसे ही कम्युनिकेट कर सकते हैं जैसे कि बहुत सालों से सुनने वाले श्रोताओं के साथ। चाचाजी गा रहे हों या ऑडियंस के साथ कभी मंच से बात करें, सामने बैठे हर श्रोता को लगता है कि यह मेरे लिए है, मुझसे बात कर रहे हैं, मेरे लिए ही गा रहे हैं।'

'पिताजी सिगरेट बहुत पीते थे,' पंडित मणिराम की बड़ी बेटी योगाई अपने पिता के विषय में कहती है—'रोज के 5-6 पैकेट सिगरेट। एक पैकेट में 10 सिगरेट होती हैं। एक से दूसरी सिगरेट जलाते। माँ के कट्टर भक्त थे। सिगरेट के अलावा कोई और नशा-पत्ता नहीं था। उनके चरित्र पर कोई दाग़ ढूँढ़ने की कितनी भी कोशिश करो तो नहीं मिलेगा। पिताजी अकेले बैठकर सिगरेट पीते, चुपचाप। उस चुपचाप में क्या मनन करते थे, पता नहीं। पेपर पढ़ते थे। कोई मैग्ज़ीन आयी तो पढ़ ली। मगर उनकी

एक आदत थी, कि वो किसी के गाने पर कोई टिप्पणी नहीं करते थे। कभी उन्होंने किसी की बुराई नहीं की। जैसे हम लोग कभी-कभी कर देते हैं। एक बार नवरात्रि के दिनों में प्रोग्राम था। कल्लू कव्वाल नाम के एक साहब गा रहे थे, हमने कुछ टिप्पणी कर दी कि ये क्या गा रहे हैं? पिताजी ने टोका, कि ऐसे नहीं कहते, कुछ तो आता है, तभी तो यहाँ बैठकर गा रहे हैं। किसी पर टिप्पणी नहीं करना, जो थोड़ा-बहुत तुम्हारे पास है, वह भी निकल जायेगा। पिताजी न ही किसी की बुराई करते और न किसी के विरुद्ध कुछ कहते। कभी किसी के लिए अपशब्द नहीं कहते। हम लोग कभी कहें भी कि घर में ऐसा हो गया, फलां ने यह कह दिया, तो कहें कि छोड़ो बेटा। कभी जसराज चाचाजी से नाराज़ हो जाते तो मैं कहती—पिताजी, आप जसराज चाचाजी से नाराज़ हो गये हैं, तो बोलते—अरे बेटा, मैं कहाँ नाराज़ हूँ। हमारी अम्मा भी जसराज चाचाजी को बहुत मानतीं, वो भी हर समय जसराज-जसराज करती रहतीं।'

ऐसे वातावरण में रहने का प्रभाव जसराज जी पर बहुत हुआ। उन्हें कभी परनिन्दा करते हुए नहीं देखा गया। न ही ऊँचे स्वर में बोलते हुए सुना गया है। अपने बड़े भाई और गुरु पंडित मणिराम से उन्होंने जीवन को असली माने में जीना सीखा। उठना, बैठना, कपड़े पहनना, बात करना, गाना, शिष्यों के साथ सम्बन्ध, मित्रों, सहयोगी कलाकारों के साथ सम्बन्ध, गुरुजनों का आदर—सब छोटी-बड़ी बातें पंडित मणिराम के व्यवहार में सीखने को मिलीं।

पंडित मणिराम के घर में कलकत्ता आने वाले सभी कलाकार आते। सब के साथ उनका प्रगाढ़ सम्बन्ध हो गया था। बेगम अख़्तर के साथ उनका कैप्स्टन सिगरेट का रिश्ता था तो गिरिजा देवी के साथ राखी का। योगाई की बेटी महिमा के जन्म पर छठी के गीत गिरिजा देवी ने गाये और बोलीं कि भाभी मुझे बुआ का नेग दो, मैंने छठी का गाना गाया है। उनके घर में हीराबाई बारोडकर भी आतीं और माणिक वर्मा भी। बिस्मिल्लाह ख़ाँ साहब भी आते और वी.जी. जोग भी। अमीर ख़ाँ साहब और कुमार गन्धर्व, बड़े ग़ुलाम अली ख़ाँ आदि सब तीन तल्ला चढ़ कर आते, कभी संगीत चर्चा और कभी खाना-पीना, कभी चाय-नाश्ता—इन सबके बीच जसराज—पंडित जसराज बन गये। उनका रियाज़ भी चलता और शिष्यों का प्रशिक्षण भी। रात के 3 बजे दरवाज़े पर खटखट होती और पता चलता कि कोई कलाकार संगीत-सम्मेलन सुनने गये थे, भई, ज़रा एक पराँठा खिलाएँ। योगाई उठकर पराँठा बनाती, चाय पिलाती। अक्सर तो वह ख़ुद भी अपने चाचाओं—पंडित जसराज, मुकुन्द लाठ और कृष्णकान्त रोहतगी के साथ किसी संगीत सम्मेलन से लौटी होती।

पंडित मणिराम से कलकत्ते के नामी-गिरामी लोग संगीत सीखते थे। नीरजा जालान के पिता पुरुषोत्तम भाई जालान, केजरीवाल और झुनझुनवाला,

मूँदड़ा और बिरला आदि परिवारों के सदस्य उनसे गाने की शिक्षा लेते। घनश्यामदास बिरला, सरला बिरला और बी.के. बिरला सब वहाँ आते या फिर कभी-कभी पंडित मणिराम उनके घर जाकर गाना सिखाते। सारा दिन चाय और पराँठे में योगाई जुटी रहती। घर में पत्थर के कोयले के चार चूल्हे थे—दो पीछे और दो आगे। योगाई बच्चों में सबसे बड़ी थी। दिन भर ये चूल्हे जलते रहते। अम्मा (योगाई की माँ) कई बार पिताजी (पंडित मणिराम) के साथ प्रोग्राम में बाहर चली जाती तो योगाई और जसराज चाचा बैठकर सब्ज़ी छीलते, छौंकते और रोटी बनाते थे। मुकुन्द लाठ आटा गूँधते। कोई कुछ करता और कोई कुछ। कृष्णकान्त रोहतगी थाली-बरतन साफ़ करते। उसके बाद चलो! प्रोग्राम सुनने। हर रोज़ कोई न कोई कान्फ्रेंस सुनने जाया करते। योगाई और जसराज चाचा कलकत्ते की लेक मॉर्केट से सब्जी-तरकारी ख़रीद कर लाते थे। पास में ही एक छोटा रेस्टोरेंट था—कॉफ़ी शॉप। वहाँ कॉफ़ी पीते और फिर घर लौट आते। इतने लोगों का जमावड़ा होते हुए भी योगाई उनके मन-मुताबिक काम करते थकती नहीं थीं। वह योगाई को बहुत प्यार करते और अपने संरक्षण में ही हमेशा रखते। जसराज कभी पाजामा पहनते, कभी धोती, वो दौड़ते और योगाई से कहते कि मुझे पकड़ो। कभी-कभी मैं आगे भागती और चाचाजी को कहती कि मुझे पकड़ो।

उस्ताद अली अकबर ख़ाँ इनके घर के सामने रहते थे। शाम के चार बजे ये सब बच्चे पिट्ठू खेलते तो अली अकबर ख़ाँ साहब भी इन लोगों के बीच आ शुमार होते और इनके साथ पिट्ठू खेलने लगते। कभी वो अपनी गाड़ी साफ़ करते और इन लोगों को उसमें बिठाकर घुमाने लेकर जाते। इस सबके बीच पंडित मणिराम के परिवार के सभी सदस्य जिनमें जसराज सम्मिलित थे, ज़िंदगी का एक महत्त्वपूर्ण पाठ सीखते रहे, और वह था—सन्तोष, किसी से ईर्ष्या न करना। इसके पास यह है और मेरे पास नहीं है, यह भाव बिल्कुल नहीं था। माली हालत भी बहुत अच्छी नहीं थी, लेकिन सन्तोष था।

योगाई कहती हैं कि वे लोग जिस हाल में थे, मस्ती में थे। कपड़े साफ़ होते थे उनके। एक दफ़े वह और उनके जसराज चाचा बस में कहीं जा रहे थे। चाचा के पास 10 रुपये का एक नोट था। उन्होंने उसे सिगरेट की तरह गोल-गोल लपेटा और राख झटकने की मुद्रा में खिड़की से हाथ बाहर किया और नोट फेंक दिया। कण्डक्टर ने टिकट पूछी तो इनके पास पैसे ही नहीं थे। कण्डक्टर ने दोनों को बस से नीचे उतार दिया। दोनों चाचा-भतीजी 'वन टू-वन टू' करते हुए लौट गये। एक साथ चार-पाँच सीढ़ी कूदना, कभी योगाई के लम्बे बालों में कंघी करके उनकी चोटी गूँथना और कभी बनी हुई चोटी को खिड़की की सलाखों के साथ चुपके से बाँध देना, योगाई के जसराज चाचा सब शरारतें करते। जसराज को एक और शौक़ था—पापड़ पर जमा हुआ घी रखकर उसे चटनी की तरह लगा कर

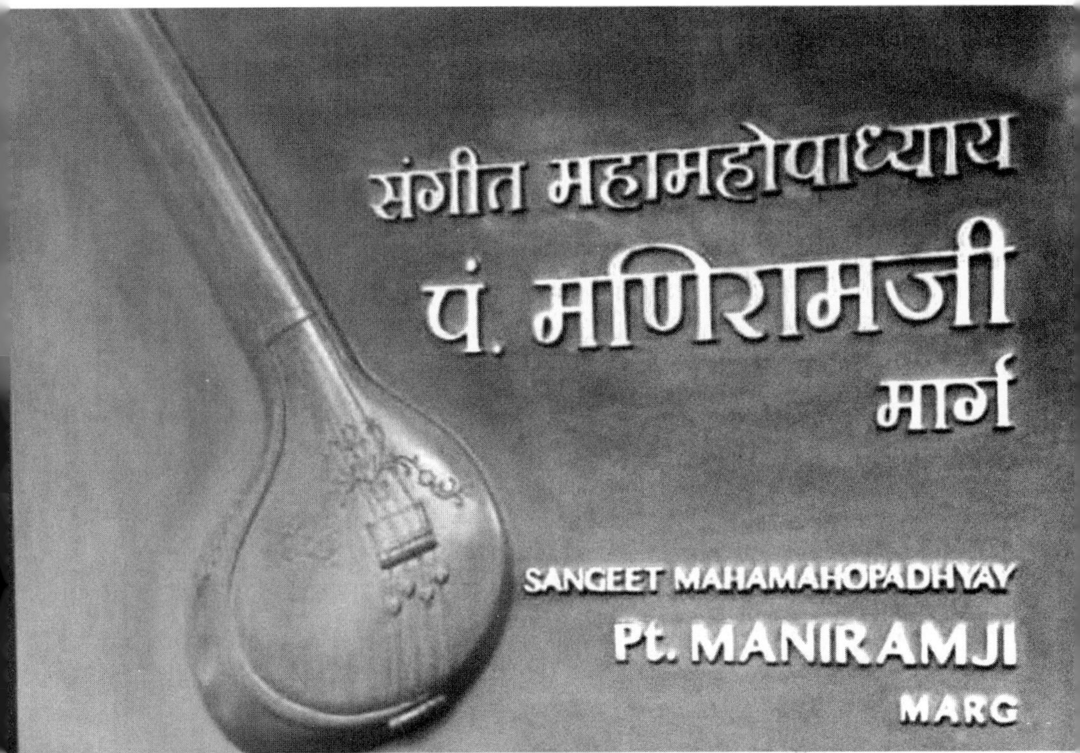

2 जून 2018 को संगीत महामहोपाध्याय पंडित मणिरामजी मार्ग के उद्घाटन के अवसर पर

खाने का। वहाँ उज्ज्वल राय आते और सीढ़ियों से ही गुहार लगाते—ऐई योगाई, की आच्छे तोमार काछे? तुम्हारी रोटी बड़ी नर्म बनती है, तुम्हारी भाभी रोटी ऐसे बनाती है जैसे सख़्त चमड़ा। मुकुन्द लाठ, कृष्णकान्त रोहतगी सभी योगाई को अपनी बेटी और छोटी बहिन की निगाह से देखते।

फ़िल्में देखने का शौक़ इन सभी को था। 'मधुमती' फ़िल्म को 10 बार देखा। गेटकीपर भी इन लोगों को पहचान गया था। जसराज को उसके गाये 'लड़ गयो लड़ गयो ऐसो रे पापी बिछुआ' और 'आ जा रे परदेसी' बहुत पसन्द थे। पंडित मणिराम को रेलगाड़ी के खिलौने का बहुत शौक़ था। उनके एक शिष्य जापान से लौटे और छोटे विनोद के लिए एक रेलगाड़ी लेकर आये। उसकी गोल पटरी, एक इंजन और तीन छोटे-छोटे डिब्बे थे। पंडित मणिराम उस खिलौना रेल की पटरियों के गोलाकार के बीचोंबीच बैठ जाते और सिगरेट के कश लगाते रहते। ट्रेन चली—'चक-चक-चक-चक आऽ आऽ आऽ आऽ' देखो देखो ये तान पैदा हुई, देखो ये तान कैसे चली, कैसे जमी। सिंगल ट्रेन है, कैसे डबल हो गयी। यह तान, कैसे धीमी है, कैसे डबल और द्रुत हो गयी। विलंबित ख़्याल मध्य लय और द्रुत लय का हो गया। ये कैसी पटरी है, वह स्टेशन, यहाँ रुकेगी, वह स्टेशन। यह खाली, वह सम। यहाँ चाय अच्छी मिलती है, वहाँ समोसा बढ़िया है। खेल-खेल में पंडित मणिराम छोटे भाई जसराज को और बाकी बच्चों को संगीत के गुर सिखाते चलते, उसकी घुट्टी बनाकर पिलाते रहते। ऐसे में इनका रियाज़ चलता रहता।

सन् 1959 में एक बार पंडित मणिराम ने भाई जसराज से कहा कि तुम मेरी ट्यूशन सँभालो और ख़ुद के सारे परिवार को लेकर वापस घर हरियाणा चले गये। जसराज को लगा कि यह सीखने और सिखाने का बहुत अच्छा मौक़ा है। तो कहा कि ठीक है, सँभाल लूँगा। दो-तीन छात्र तो ठीक तरह से सीखते थे, लेकिन एक बहुत अच्छे घर की महिला जसराज को सबेरे 9 बजे बुलाती और स्वयं कमरे से बाहर आती 11 बजे तक। तब तक वे इन्तज़ार ही करते रहते। बाहर आकर भी वह नहीं सीखती और बहाना बनाकर चली जाती कि आज तो हमें बहुत ज़रूरी काम आ गया है आदि। ऐसा नहीं कि ये बैठे हैं तो थोड़ी-बहुत देर सुर लगा लें। कुछ तो ऐसे ही चलता रहा फिर एक दिन जसराज ने उनसे कहा कि देवी जी, जिस दिन आपको फ़ुर्सत मिले, मुझे गाड़ी भेज दीजिएगा, मैं सिखाने आ जाऊँगा। मैं तो पैदल आता हूँ, चल के। अपना रियाज़ छोड़ कर आता हूँ। सुबह का समय रियाज़ का है।

उन दिनों कलकत्ते में रात-रात भर बड़ी-बड़ी कान्फ्रेंस चलती थीं। जसराज संगीत श्यामला में संगीत सिखाने जाते थे और भाई साहब की ट्यूशन भी लेते। ऐसा भी रहा कि वह नौ दिन नौ रात तक सोये ही नहीं। रात भर कान्फ्रेंसों में और दिन संगीत श्यामला या ट्यूशन में निकल जाता। नौवीं रात ऐसी आयी कि उनसे न चला जाए न बैठा जाए, न उठा जाए।

बस नींद ही नींद आ रही थी। अम्मा सोम तिवारी और कृष्णकान्त भाई साहब गाड़ी लेकर आ गये और कहा, चलो। तो उन्होंने कहा कि हम नहीं चल पायेंगे, हमारी खोपड़ी सो गयी है। स्कूल में लड़कियाँ सीखती थीं। और जसराज जी को मास्टर जी कहती थीं। इनमें मुन्नी-नीरजा और गुरु माँ (अब गुरु माँ ज्योतिषानन्द सरस्वती) तब विमला देवी भी शामिल थीं—जसराज ने उनसे कहा कि तुम लोग गाओ। उन्होंने गाना शुरू किया और इन्हें नींद आ गयी। सब लड़कियाँ कहने लगीं कि मास्टर जी आप घर चले जाइये। हम किसी से शिकायत नहीं करेंगे और ख़ुद बैठ के गायेंगे भी। इन्होंने कहा कि एक बार और कोशिश करते हैं। आप लोग गाइये। उन लोगों ने गाना शुरू किया और ये नींद भगाने के लिए कमरे में ही चलने लगे। चलते-चलते इन्हें ऐसी नींद आयी कि वहाँ जो फायर प्लेस था, उससे ज़ोर से टकरा गये। तब लड़कियों ने इन्हें जबर्दस्ती घर भेज दिया। एक टैक्सी लेकर घर आ गये। सारे परिवार को तो भाई साहब ले गये थे अपने साथ, बस केवल योगाई घर में थीं। जसराज ने योगाई से कहा कि योगाई जीजी, मुझे थोड़ा-सा खाना बना दीजिए और मैं जल्दी से नहाकर आता हूँ, खा कर सो जाऊँगा। योगाई के हाथ में जाने क्या जादू था कि वह 15-20 मिनट में ही बहुत स्वादिष्ट खाना तैयार कर देती थीं। तो वो बोली कि ठीक है, आप जाइये नहाने के लिए, मैं जल्दी से खाना बना लेती हूँ। इनके घर में बाथरूम में एक हौज भी था पार्श्व में, जिसमें पानी भर के रखते थे। जसराज जी ने सोचा कि जाकर हौज में ठण्डे पानी में जाकर बैठ जाते हैं, तो नींद भाग जायेगी। तो ये उसमें बैठे क्या, एकदम गहरी नींद सो गये। योगाई बेचारी परेशान कि चाचाजी को क्या हो गया, इतनी देर से बाथरूम से बाहर ही नहीं निकले। उसने धड़-धड़ दरवाज़ा खटखटाना चालू किया। चाचाजी-चाचाजी कह कर बाहर से चिल्लाती रहीं। अचानक से इनकी नींद खुली तो योगाई दरवाज़े को ज़ोर-ज़ोर से खटखटा रही थीं, बोली—चाचाजी, आपको क्या हो गया था? वे पानी में बैठे सो रहे थे, झट से पोंछकर बाहर निकले तो योगाई ने कहा कि मैं आधे घण्टे से दरवाज़ा खटखटा रही हूँ। फिर ये खाना खा के सो गये। सबेरे के साढ़े ग्यारह बजे से दिन भर सोये। सात बजे मित्र-मण्डली आने लगी प्रोग्राम में जाने के लिए। लेकिन वे यही कहते रहे कि मेरी खोपड़ी सो गयी है। मेरे बस का नहीं है आज गाना। ये सब लोग तो दिन में थोड़ा-बहुत सो लते थे और रात में सब प्रोग्राम के लिए जाते थे। लेकिन जसराज कई-कई दिन सो नहीं पाये। रात भर प्रोग्राम सुनना इनके लिए बहुत ज़रूरी था। रियाज़ और सुनना, रियाज़ और सुनना। यही क्रम था उस समय जीवन का।

उस समय वह रियाज़ था, वह लगन थी। माँ सुबह उठ कर रियाज़

करने को कहती थी। सन् 1951-55 तक माँ सुबह-सुबह जगा देती थी। बड़े भाई साहब, प्रताप भैया और जसराज गाना सीखते भी थे और रियाज़ भी करते थे। ऐसे में जसराज के लिए बहुत ज़रूरी था कि गुरु से उठने-बैठने, बात करने, लोगों के साथ व्यवहार करने का सलीका सीखें। यह अभ्यास आवश्यक था। वे साधना कर रहे थे। पूरी दिनचर्या मानो एक तपस्या थी। इनकी पीढ़ी के सभी कलाकारों ने सम्भवत: अपने जीवन में यह तपस्या की है। ऑडियंस में सभी को यह लगना कि हमारे लिए ही गा बजा रहे हैं। यह सब गुरु सान्निध्य में सीखना पड़ता है। स्काइप पर न सीखकर अनुभव से ही सीखा जा सकता है।'

इस तपस्या ने पंडित मणिराम तथा उनके परिवार के सभी सदस्यों को एक अपनी ही शैली दी है। इसमें पंडित जसराज का नाम सबसे ऊपर आता है। योगाई कहती हैं कि इन सभी भाइयों की एक विशेषता है कि किसी ने भी गाने में कोई चोरी नहीं की, कि कोई ये गा रहा है तो हम भी ऐसा ही करेंगे। उस दृष्टि से किसी ने भी नहीं देखा कि उनके पास ये है तो मैं इसे ले लूँ। ये लालच कभी नहीं आया और सभी ने अपना रियाज़ किया और अपनी शैली का विकास किया। जिस हिसाब से वह आजकल लोगों को देखती हैं तो लगता है कि इनका परिवार इस सबसे बहुत ऊपर है। शायद यही चीज़ होगी जिससे इनका परिवार बहुत आगे बढ़ा है।

योगाई अपने परिवार की इस बात को गुरु-शिष्य सम्बन्ध का उदाहरण देकर आगे बढ़ाती हैं। गुरु को कुछ आएगा, तभी तो वह शिष्य को कुछ दे पाएगा। शिष्यगण गुरु की एक-एक चीज़ देखते और सुनते हैं। गुरु में अपना क्या और कितना है, इसका असर शिष्यों पर पड़ता है। ऐसा नहीं कि आपने अपना नाम ले के चार लोगों में बता दिया कि मैं ये हूँ, मैं वो हूँ। उससे कुछ आता-जाता नहीं है। शिष्य भी गुरु का पारखी होता है। गाने में बहुत सारी चीज़ें होती हैं। गाते-गाते लोग टेढ़ा मुँह कर लेते हैं या फिर तेवर चढ़ा लेते हैं। मेवाती घराने में कभी मुख दोष नहीं होता। खुली आवाज़ें चाहिए। ये नहीं कि टेढ़ा मुख कर लिया। ऐसा कुछ भी नहीं। सुर लगाते वक़्त ऐसा होना चाहिए कि बिल्कुल टेंशनमुक्त हों। टेंशन में गाना नहीं होता। वरना ऑडियंस देखकर गाना गाया जा रहा है, यहाँ वो नहीं होता। गाने में आप खो जाएँ, बस। गाना असर करेगा ही।

'मैं भगवान से यही प्रार्थना करती हूँ कि हर जन्म में मुझे यही माता-पिता, यही परिवार और यही चाचा मिलें। मुझे पंडित मणिराम की बेटी होने पर गर्व है तो पंडित जसराज की भतीजी होने पर भी बहुत गर्व है।'

12

सन् 1945 में ऑल इण्डिया रेडियो लाहौर में जसराज ने पंडित कुमार गन्धर्व के साथ तबले पर संगति की। उन्होंने 'भीमपलास' गाया। अगली सुबह पंडित अमरनाथ पंडित मणिराम के पास आये और उनसे कहा—पंडित जी, हमारा अगुवा कलाकर अगर कोई गड़बड़ करता है तो हम क्या करें? पंडित मणिराम ने पूछा—किसने क्या किया भैया? बोले—कल कुमार जी गा रहे थे और उन्होंने भीमपलास में धैवत पर सम रख दिया। तो जसराज बोल उठे कि भैया राग के साथ तो उन्होंने कोई लिबर्टी नहीं ली। और कितना ख़ूबसूरत गाया। कुमार जी तो कितना ख़ूबसूरत गा रहे थे। तब पंडित अमरनाथ ने जसराज को झिड़क दिया और कहा—जसराज, तुम मरा हुआ चमड़ा पीटते हो, तुमको राग के बारे में क्या मालूम! तुम मरा हुआ चमड़ा पीटते रहो। इतना बड़ा कलाकार, क्या कह रहा है। उनके उस्ताद अमीर ख़ाँ भी ऐसा ही भीमपलास गाते थे। मेवाती घराने में भी गाते थे, तो जसराज ने उनसे कहा कि जो कुमार जी ने गाया वह सही है। जसराज बड़े भाई साहब के साथ भी तबला बजाते थे और पंडित कुमार गन्धर्व के भीमपलास में इन्हें कोई त्रुटि नहीं दिखायी दी थी। मगर पंडित अमरनाथ की बात जसराज के मन में चुभ गयी कि ये उनके तबला बजाने के कारण ऐसा कह रहे हैं।

पंडित मणिराम तब लाहौर में सरस्वती म्यूज़िक कॉलेज में गाने सिखाते थे। लाहौर में एक जगह है—निसबत रोड। उसके 33 नं. मकान में ये लोग रहते थे। वहाँ जसराज बिना गाना सीखे ही लोगों को गाना सिखा भी देते थे और गाने के बारे में चर्चा भी कर लेते थे। ऊपर वाली पंडित अमरनाथ वाली घटना के तीन दिन के बाद लाहौर के शालमी गेट पर कृष्ण जन्माष्टमी का एक प्रोग्राम था जहाँ पंडित मणिराम का गाना था। जसराज ने कहा कि हम जाकर पहले देख आते हैं कि सब व्यवस्था आदि सही है कि नहीं। तो स्टेज पर गये, वहाँ पालकी जैसे कुछ बनाया हुआ था, जैसे कथावाचक का स्थान होता है। बाक़ी स्टेज खाली, और कुछ भी नहीं। जसराज ने पूछा कि भई हारमोनियम, तबला वाले की जगह कहाँ है? तो उन्होंने वो 'वैल' दिखाया जहाँ स्टेज के सामने खड़े होकर नीचे

आजकल साउंड कंट्रोल या फ़ोटोग्राफर फ़ोटोग्राफी करते हैं। बोले, 'एस खड्डु विच्च' जसराज हैरान थे। उन्होंने कहा कि तबला और हारमोनियम तो गायक के साथ ऊपर स्टेज पर होने चाहिए। तो उत्तर सीधा सामने आया, 'ओए, तबले वाले दी मजाल है जेड़ा ओ गेवैये के नाल बये?, (तबले वाले की क्या हैसियत है कि वह गायक दे साथ बैठे)। इतना सुनना था कि तीन दिन पुराना और इस दिन, दोनों का असर उनके सिर पर थपेड़े मारने लगे। दोनों साथ मिल गये थे। जसराज ने तो रोना शुरू कर दिया। उनकी उम्र महज 15 बरस की थी, और यह झटका उनके लिए बहुत बड़ा था। वह पण्डाल के बाहर चले गये। बड़े भाई साहब आये और जसराज को पूछा। उन्हें पता चला कि जसराज तो बाहर रो रहे हैं। पंजाब का हिसाब ये था कि कोई भी धाड़ से कह देता था—ओए काके उत्ते जा, ओए काके हट जा, या ओए काके थल्ले बै। तो इन्हें रोता देखकर पंडित मणिराम को लगा कि ऐसा ही कुछ हुआ होगा, लेकिन उन्होंने पूछा, 'किसी ने तुम्हें मारा क्या?, जसराज ने कहा कि नहीं। बोले—तो रो क्यों रहे हो? इन्होंने कहा कि हम अब तबला नहीं बजायेंगे। तो पूछा कि क्या हुआ? जसराज बोले कि बस हम तबला नहीं बजायेंगे। तो उन्होंने सोचा कि तीन दिन पहले भी ऐसी घटना घटी—(पंडित अमरनाथ ने कह दिया था कि तुम मरा हुआ चमड़ा बजाते हो, बजाते रहो, तुम्हें गाने की क्या समझ है), आज भी कुछ बड़ा हुआ होगा। बड़े भाई साहब ने प्रोग्राम में किसी और से तबला बजवाया और घर आ गये। दो घण्टे सोये। सुबह चार बजे उन्होंने कहा—उठो। जसराज को तो नींद ही नहीं थी। आक्रोश के मारे सारा शरीर जल रहा था। पूछा क्यों? तो उन्होंने कहा कि हम तुम्हें गाना सिखायेंगे। ये बोले कि मैंने आपके साथ तबला नहीं बजाया तो आपने सोचा कि इसे एक-दो दिन गाना सिखा दें, तो भूल जायेगा? बोले नहीं, अपने घर में पहले थोड़ा-सा तबला सिखाते हैं, जिससे मात्रे गिन-गिन के आप अपना रास्ता न नापें। आपको सीधा सम नज़र आये कि वो सम आ रहा है। तो आज से हम सिखायेंगे और तुम गाना गाओगे। जसराज ने कहा कि मुझे थोड़ा मौक़ा तो दीजिए सोचने का, हालाँकि तबले वालों के अपमान पर उन्हें ग़ुस्सा बहुत तेज़ था, तो वो बोले बस, मौक़ा तुमने बहुत लिया और हमने बहुत दे दिया। 'वो जो सुबह चार बजे स्वर लगाया वो नन्द उत्सव था। बस वहीं से कृष्ण हमारे पल्ले पड़ गये,' जसराज जी कहते हैं।

तब सन् 1946 में जसराज जी ने निर्णय किया कि जब तक वह अच्छी तरह से गाना सीख नहीं लेते तब तक अपने बाल नहीं कटवाएंगे। अन्ततः छह वर्षों के पश्चात् सन् 1952 में उन्होंने अपने बाल कटवाए।

सन् 1946 में जसराज जी ने निर्णय किया कि जब तक वह अच्छी तरह से गाना सीख नहीं लेते तब तक अपने बाल नहीं कटवाएंगे

13

पंडित मणिराम यदि पंडित जसराज के 'सुर गुरु' हैं, तो पंडित प्रतापनारायण उनके 'ताल गुरु' हैं। लगभग 16 वर्ष की अवस्था तक जसराज तबला ही बजाते थे। संगति भी करते थे और एकल वादन भी करते थे। पंडित प्रतापनारायण ने इन्हें बाक़ायदा तबला वादन की शिक्षा दी थी। यह शिक्षा ऐसी थी कि जसराज जी ने उस कम उम्र में भी पंडित रविशंकर और पंडित कुमार गन्धर्व जैसे कलाकारों के साथ संगति की थी। अपने बड़े भाइयों और गुरुओं—पंडित मणिराम तथा पंडित प्रतापनारायण के साथ तो तबला बजाते ही थे। कभी-कभी चाचा पंडित ज्योतिराम जी के साथ भी जसराज तबला बजा लेते थे। ऐसा अवसर भी आता जब पंडित मणिराम, पंडित प्रतापनारायण, पूरणचन्द्र (पंडित ज्योतिराम के पुत्र) और जसराज एक साथ बैठकर गाते और दिनेश (पंडित मणिराम के पुत्र) तबला बजाते। ऐसा सम्भव है कि यदि लाहौर में वे दो घटनाएँ जिनके कारण जसराज जी ने तबला बजाना छोड़ने का निर्णय न लिया होता तो सम्भवत: आज पूरा संसार उन्हें श्रेष्ठ तबला वादक के रूप में पहचानता और हम 'रसराज जसराज' के स्वर-माधुर्य से वंचित रह गये होते। एक बार तबला न बजाने का निर्णय लेने के बाद जितनी तंगहाली थी, उससे भी अधिक विषम आर्थिक परिस्थितियों का सामना करना पड़ा। वरना कभी संगति के लिए और कभी एकल कार्यक्रमों का बुलावा आता ही रहा था। कभी मंच पर और कभी आकाशवाणी के कार्यक्रम होते थे। आकाशवाणी उन दिनों 'आल इण्डिया रेडियो' था। लेकिन संसार को संगीत का 'मार्तण्ड' मिलना भवितव्यता थी, अत: वे घटनाएँ घटीं जिन्होंने जसराज के जीवन की दिशा ही बदल दी और वे 'ताल सम्राट' से 'स्वर सम्राट' बन गये।

आज पंडित जसराज जी लय के साथ खेलते हैं, ताल और स्वरों की अनुपमेय जुगलबन्दी करते हैं। उसका कारण है बचपन में पंडित प्रतापनारायण से मिली तबला वादन की शिक्षा। पंडित जसराज स्वयं उस्ताद नज़ाकत अली, उस्ताद सलामत अली के गायन की हॉकी के खेल से तुलना करते हैं कि कैसे दोनों भाइयों के स्वर एक-दूसरे का हॉकी की बॉल और स्टिक की तरह पीछा करते थे। स्वयं पंडित जसराज का गायन उसी का एक अनूठा उदाहरण है। ताल के कौन से सिरे को पकड़ कर वे

कैसे तान लेते हैं और कैसे सम पर आ जाते हैं, कई बार तबला वादक को भी पता नहीं चलता, श्रोता तो हतप्रभ हो ही जाते हैं।

बड़े भाई पंडित प्रतापनारायण ने जसराज की तबला की नींव इतनी पक्की रखी थी उसके विषय में प्रसिद्ध आलोचक और संगीत के जानकार रवीन्द्र मिश्र कहते हैं, 'पंडित जसराज लय के साथ खेलते हैं। जब श्रोता को लगने लगे कि सम को ढूँढ़ना पड़ेगा, पंडित जसराज सामने लाकर मूर्तिमन्त कर देते है। और बोलतान में तो उनसे बड़ा कोई गायक है ही नहीं। आकार में तान लेना आसान है, क्योंकि आकार में स्वरों के थोड़ा इधर-उधर होने की गुंज़ाइश हो सकती है। लेकिन बोलतान में? स्वरों का पल्ला छूटने की कोई गुंज़ाइश ही नहीं है। जहाँ ऋषभ है, वहाँ ऋषभ ही लगेगा और जहाँ मध्यम है वहाँ पंचम नहीं उच्चारित कर सकते। पंडित जसराज जैसे स्वरों को बुलाते हैं और स्वर, ताल को पकड़कर उनके बुलाने पर साथ-साथ चले आते हैं, तुरन्त, बिना देरी के। ताल और सुर, पंडित जसराज के बुलावे की मानो प्रतीक्षा कर रहे हों।'

प्रतापनारायण चाचाजी तो रमता जोगी थे। हमेशा अपनी धुन में रहते, दीन-दुनिया की ख़बर नहीं। लेकिन बेजोड़ तबला बजाते और उनका गाना इतना सहज, अनायास था—मक्खन की तरह तरल। दिनेश का कहना है घर में सब लोगों को प्रतापनारायण जी से परकशन इंस्ट्रूमेंट बजाने का शौक मिला। और जसराज जी का गाना तो ऐसा, कि सुनते ही रहें।

पंडित परिवार के सम्बन्ध में एक बात जो बहुत मीठी और सर्वग्राह्य है, वो है कि यह पूरा परिवार और इसके सभी सदस्य एक-दूसरे से बहुत गुँथे हुए हैं। पंडित मणिराम के बच्चे अपने प्रतापनारायण चाचाजी और जसराज चाचाजी की यशोगाथा कहते नहीं थकते। पंडित प्रतापनारायण के बच्चे पंडित मणिराम और पंडित जसराज की यशोगाथा कहते हैं और पंडित जसराज के बच्चे पंडित मणिराम तथा पंडित प्रतापनारायण का गुणगान करते हैं।

पंडित प्रतापनारायण के सबसे बड़े पुत्र विश्वराज पंडित हैं जिन्हें मन्धीर नाम से भी पुकारा जाता है। एक समय में अपने छोटे भाई जतिन के साथ फ़िल्मों में संगीत निर्देशन करते थे। उनकी जोड़ी मन्धीर-जतिन नाम से जानी जाती थी, बाद में छोटे भाई ललित को प्रोत्साहित करने की दृष्टि से पंडित प्रतापनारायण के कहने पर जतिन-ललित की जोड़ी बन गयी। हर परिस्थिति में अपने जसराज चाचाजी का आशीर्वाद इन्हें मिलता रहा। मन्धीर छोटा-मोटा गाते थे तो जसराज जी बहुत उत्साहवर्धन करते थे। मन्धीर ने इनके साथ तबले पर भी संगत की है। 'ये इनका बड़प्पन है कि इन्होंने मुझे अपने साथ तबले पर संगत करने का अवसर दिया। जब

हमारी पहली रिकॉर्डिंग हुई थी, तो उस दिन हमें आशीर्वाद देने चाचाजी स्वयं पधारे थे। वह फ़िल्म थी—'दिल ही दिल में'। फेमस तारदेव नाम का स्टुडियो था जहाँ एक ज़माने में बहुत सारे गानों की रिकॉर्डिंग हुआ करती थी। मुहम्मद रफ़ी साहब गाना गा रहे थे। जसराज जी वहाँ आये और बहुत प्रसन्न हुए।' विश्वराज पंडित, पंडित जसराज के साथ उनके अनेक कार्यक्रमों में बचपन से ही जाते रहे और हर बात अपने साथ कुछ सुनहरी यादें लेकर लौटते। हर बार महसूस करते कि उनके गायन में नये-नये आयाम जुड़ गये हैं। मन्धीर मानते हैं यह बड़ा सौभाग्य है कि वह उन्हें बचपन से और इतने निकट से देखते रहे हैं। उनको देवी माँ का, और सारे भाइयों का आशीर्वाद प्राप्त है। मन्धीर (विश्वराज, ताऊजी पंडित मणिराम, उनके पिता पंडित प्रतापनारायण, पूरण चाचा, पंडित पूरणचन्द्र जी जो छोटे दादाजी पंडित ज्योतिराम जी के बेटे थे सभी का आशीर्वाद प्राप्त है। वह कहते हैं कि जसराज चाचाजी जब गाते हैं तब सभी बड़ों के आशीर्वाद से उनमें एक दिव्य शक्ति आ जाती है। सब मन्त्रमुग्ध हो जाते हैं। गायकी से बड़ी एक दिव्यशक्ति लगती है, वह आशीर्वाद की शक्ति है, वह उनकी तपस्या है। ये तमाम चीज़ें मिलकर जो बात बनती है, वो पंडित जसराज हैं।

विश्वराज मानते हैं कि सुर और लय, दोनों ही उनके चाचा पंडित जसराज को विरासत में मिले हैं, लेकिन अपनी तपस्या और साधना से उन्होंने इस ज्ञान को बहुत आगे बढ़ाया है। उनके पिता पंडित प्रतापनारायण जी बहुत विद्वान् और साफ़-सुथरे कलाकार थे। उनका माहौल ऐसे रहा कि वे शास्त्रीय संगीत (गायन) में महारथी थे ही, तबले का भी उन्हें बहुत ज्ञान था। इससे ताल की फाउंडेशन उनकी पुख़्ता थी। जसराज जी को यह शिक्षा, इनके पिताजी से विरासत में मिली। ये लोग जब कलकत्ता से मुम्बई आ गये तो यहाँ रोज़ी-रोटी की लालसा में छोटी बहिन सुलक्षणा पंडित और विश्वराज दोनों पर ही ज़िम्मेदारी आ पड़ी। ये दोनों फ़िल्मी जीवन से बाबास्ता हुए और उससे जुड़ गये। उनको मुहम्मद रफ़ी साहब मिले, मुकेश जी, किशोर कुमार जी मिले। उनके साथ ये कंसर्ट करने लग गये तो सुगम संगीत की ओर आकर्षण बढ़ता गया। जसराज जी का नाम शास्त्रीय संगीत में चोटी पर पहुँच गया था। लेकिन उन्होंने कभी भी इस बात का एतराज़ नहीं किया कि एक दूसरी धारा की ओर मुड़ गये थे। कुछ ऐसी ही बात दिनेश ने भी अपने पिता पंडित मणिराम के सम्बन्ध में कही थी।

ललित पंडित, पंडित प्रतापनारायण के छोटे बेटे, यानी पंडित जसराज के छोटे भतीजे हैं तथा विश्वराज (मन्धीर) पंडित, सुलक्षणा तथा विजयता पंडित और जतिन पंडित के छोटे भाई हैं। पूरा परिवार फ़िल्म संगीत से

जुड़ा है, लेकिन सभी की नींव शास्त्रीय संगीत की है। ललित पंडित स्वयं को इसी बात के लिए भाग्यशाली मानते हैं कि उनके जसराज चाचाजी मेवाती घराने के सरताज हैं। ललित को अपने चाचाजी से बहुत प्रेरणा मिलती है। 'हमारे संगीत में शास्त्रीय संगीत का बहुत मिश्रण है, क्योंकि हम भी तो उसी घराने के हैं। शास्त्रीय संगीत हम सभी भाई-बहिनों ने अपने पिता पंडित प्रतापनारायण तथा चाचाजी पंडित जसराज से सीखा है। जब

पंडित प्रतापनारायण

भी हम अपने चाचाजी को सुनते हैं, छाती चौड़ी हो जाती है। लोगों का प्यार तो इन्हें मिला ही है, लेकिन चाचाजी ने जो नाम हासिल किया है, ज़रूर ऊपर वाले का आशीर्वाद हमारे परिवार पर है। इतने विद्वान् मनुष्यत्व के आगार और हमारे मार्गदर्शक हैं, इसलिए जब भी मौक़ा मिलता है हम चाचाजी के कार्यक्रमों में अवश्य जाते हैं। उससे हमारा पूरा सिस्टम रिवाइव हो जाता है। जिस तरह के परिवार से हम आते हैं, उसमें हमेशा अच्छा काम करने की इच्छा होती है,' ललित पंडित कहते हैं।

ललित को अपने चाचाजी प्रकाश-पुंज की तरह लगते हैं। इन्हें लगता है कि हर परिवार में एक व्यक्ति ऐसा होता है जो प्रकाश देता है, पथ-प्रदर्शन करता है। प्रकाश के उस बिन्दु का स्पर्श करने की इच्छा होती है।

ललित को बचपन के वे दिन बख़ूबी याद हैं जब वह अपने चाचाजी के घर शिवाजी पार्क जाया करते थे। ललित शारंग और दुर्गा दोनों से बड़े हैं, लेकिन खेल-खेल में कौन बड़ा और कौन छोटा! लगभग सब एक-जैसे थे। खेल-खाल करके ये कई बार वहीं सो जाते थे। चाचीजी (मधुरा जी) सबके खाने-पीने का बहुत ध्यान रखती थीं। ललित खाने-पीने के मामले में बहुत परेशान करते। कहते अब नहीं खाऊँगा, तब खाऊँगा, बाद में खाऊँगा। लेकिन चाचीजी के आगे एक नहीं चलती थी और वो ललित को भी शारंग और दुर्गा के साथ खिला कर सुला देतीं। ये तीनों आराम से सो जाते। सुबह-सुबह जसराज जी की आवाज़ आती थी—रियाज़ करने की। ललित बाहर वाले छोटे कमरे में जाकर सुनते थे, क्योंकि डरते थे कि पता नहीं अन्दर आने की अनुमति देंगे भी या नहीं, लेकिन जसराज जी बिल्कुल कठोर नहीं थे। बच्चों को बस ऐसा लगता था। लेकिन वे तो इतने विनम्र और प्यारे दिल के चाचा हैं, यह बच्चों को वक़्त गुज़रने के साथ-साथ पता चला।

पंडित जसराज जब रियाज़ करते थे तो विश्वराज (मन्धीर), जतिन, ललित सभी बैठ जाते थे। जतिन ने तो थोड़ा सीखा भी है उनसे। ललित छात्रावास में चले गये थे पढ़ाई के लिए। लेकिन नियमित रूप से अपने जसराज चाचाजी से सीखने को नहीं मिला, क्योंकि वे अक्सर यात्रा करते रहते थे। जब जतिन और ललित दोनों भाई संगीतकार के रूप में अलग-अलग राहों पर चल दिये तो पंडित जसराज बहुत दुःखी हुए और दोनों को डाँटा भी। और क्यों नहीं डाँटते, उनका हक़ बनता है, ललित मानते हैं।

उस समय कंसर्ट में पैसे नहीं मिलते थे। कंसर्ट तो हो जाती लेकिन दक्षिणा के नाम पर एक रसगुल्ला और एक सिंघाड़ा। सिंघाड़ा यानी समोसा। कलकत्ते की कंसर्ट क्या थी—ऐसे ही किसी ने कह दिया—एक्टू गान-टान

कोरे देन। जो भी बुलाता, अकेले नहीं बुलाता। दो-चार को बुलाता था। फिर वह चाहे कैसे भी गाये। दक्षिणा के रसगुल्ला और सिंघाड़ा के लिए भी दूसरे-तीसरे आर्टिस्टों का गाना ख़त्म होने तक इंतज़ार करना पड़ता। लेकिन इसका लाभ यह था कि यह एक बहुत सुरीला अनुभव था। दूसरा जो गा रहा है वह क्या है, कैसे है। उसके और अपने गाने में फ़र्क करते रहिए। कुछ न कुछ नया सुनने और सीखने को मिलता था। यदि इन कंसर्ट्स को लाभ की दृष्टि से देखें तो यही लाभ था, वरना मानदेय के नाम पर रसगुल्ला और सिंघाड़ा।

पंडित प्रतापनारायण जसराज के आइडियल हीरो थे। बीच-बीच में ये उनके पास आते-जाते रहते थे। एक दिन उनके पास पहुँचे तो पॉकेट में चार आने थे जो सिर्फ घर वापसी के लिए काफ़ी थे। वे कार्निवल स्ट्रीट में रहते थे, मतलब कि बड़ा बाज़ार वगैरह पार करके। वहाँ उनके घर में गये तो उन्होंने कहा कि चल, बाहर चलते हैं। सामने ही दुकान थी। कड़ाही चढ़ी हुई दूध की। दूध में थोड़ा-सा चाय का पानी डाला और चाय बनवा ली। उसके ऊपर मलाई-वलाई डलवायी—बोले मलाई लगा देना भैया को। तो प्रताप भैया ने कहा कि चाय पीते हैं। दो कुल्हड़ चाय बनवायी। चाय ख़त्म हो गयी तो प्रतापनारायण जसराज से बोले कि पैसे दे दो। इन्होंने कहा—कि मेरे पास तो सिर्फ़ चार आने हैं वो भी वापस जाने के लिए। वे बोले—वो हम तुम्हें दे देंगे। तू दे दे अभी। जसराज ने पैसा दे दिया। तब उन्होंने कहा कि चलो, ट्यूशन करने चलते हैं। वहाँ आये तो उनकी स्टूडेंट एक लड़की थी। वहाँ लड़की के बाप साहब आये। वह बोले पंडित जी, आपनी आश्छेन। जसराज ई आश्छे। आप भी आये हैं और जसराज भी आये हैं। चलो एक जगह चलते हैं। दोनों को लेकर गये। वह बहू बाज़ार जगह थी। इकतल्ले पर चढ़ गये तो वहाँ लड़कियाँ ही लड़कियाँ। वहाँ ज़रा-सी उम्रदराज पैंतीस एक साल की महिला भी थी। तो प्रोफ़ेसर साहब तो बैठ गये वहीं। प्रतापनारायण भी बैठ गये। जसराज को भी बैठने को कहा। दो-चार लड़कियाँ आके वहाँ कोई किसी की गोदी में बैठ गयीं और कोई किसी की गोदी में। जसराज की गोदी में भी बैठने लगी तो इन्होंने कहा—नहीं, नहीं। प्रतापनारायण बोले कि नहीं, उसे छोड़ दो। लड़कियाँ जसराज का मज़ाक़ उड़ाएँ कि बच्चा है। जैसे कि वो बहुत बड़ी-बड़ी लड़कियाँ हों। वे भी 17-18 बरस की थीं। फिर एक प्याला आया। प्रतापनारायण ने तो ले लिया। जसराज को देने लगे तो बोलीं—अरे, यह बच्चा है बच्चा। एक लड़की बोली कि मैं दे रही हूँ, आप ले लीजिए। इन्होंने कहा कि हम तो पीते नहीं हैं। बहुत परेशान किया तो उसमें एक उँगली डुबोयी और उसमें टीका लगा लिया। प्रताप भैया ने देखा कि जसराज को बहुत परेशान कर

रहे हैं तो बोले कि लाओ, मुझको दे दो। पूरा प्याला गटगटा गये। इतने में शोर मचा कि पुलिस आ गयी, पुलिस आ गयी। पुलिस आ गयी तो जसराज को क्या मालूम कि पुलिस क्यों आ गयी! सब लड़कियाँ घुर्र्र्र करके ग़ायब हो गयीं। प्रतापनारायण भी कहीं चले गये। जसराज अकेले बैठे सोच रहे हैं-कुछ तो गड़बड़ है यहाँ। पकड़े जाएँगे तो ठीक नहीं है। तो ये भी सीढ़ी से नीचे उतरे और घर की तरफ़ का रुख किया। रास्ता तो इन्हें अच्छी तरह से मालूम था। एक बज चुका था रात का। यदि बस ले लें तो पॉकेट में पैसा नहीं। किसी बस में चढ़ जाओ और बस वाला पकड़वा दे तो? तो पैदल चलना शुरू किया। तीन बज गये। दो घण्टे लग गये पैदल पहुँचने में। रास्ते में लाइट-वाइट सब थी। बंगाल में एक बात थी कि रात के समय में कोई अकेली लड़की भी चली जाए तो ठीक-ठाक पहुँच जाएगी। तो घर पहुँचते-पहुँचते इन्हें सुबह का तीन बज गया था। अम्मा (श्रीमती सोम तिवारी) के साथ जसराज का एक कांट्रेक्ट था। उनका घर एक तल्ला नीचे, और इनका एक तल्ला ऊपर। उन्होंने कहा था कि तुम कहीं भी जाओ, रात साढ़े दस बजे तक वापस आ जाओ। जाने कैसे और क्यों उन्होंने जसराज से यह बात कही थी कि तुम साढ़े दस बजे तक वापस आ जाओ। हम तुमको देख लेंगे। तो अपना कमरा बन्द करके सो जाएँगे। अब उस दिन तो तीन बज गये थे। जसराज को तो कुछ याद ही नहीं रहा। यूँ भी दिल धुक-धुक-धुक-धुक चल रहा था। ये कहाँ से भाग कर आये, क्यों भाग कर आये, किसको कहें, कैसे कहें। इन्होंने देखा तो लाइट लगी, झाँक कर देखा कि अम्मा सो रही हैं या जाग रही हैं। तो देखा वह सो रही थीं, तो ये भी ऊपर जाकर सो गये। दूसरे दिन वही सुबह दस बजे का टाइम। ये पहुँचे तो तानपुरे को ज़रा-सा लगा कर बोलीं कि आज हम ज़रा-सा बात करेंगे। जसराज ने कहा ठीक है, बात कर लेते हैं। इस प्रकार संगीत-चर्चा तो होती ही रहती थी। तो अम्मा बोलीं-देखो, एक तो तुम्हारी उम्र छोटी है। दूसरे तुम ख़ूबसूरत हो। तीसरा, तुम अच्छा गाते हो। तुम ज़रा-से इधर-उधर चले गये तो तुम्हें शराब भी मुफ्त में मिलेगी। और उसके आगे भी बढ़ सकते हो। तो ऐसा है कि जो तुम्हारा एक लक्ष्य हम देखते हैं, वहाँ से तुम यदि भटक गये तो भटक गये। हमने तुमको क्यों कहा कि रात साढ़े दस बजे तक घर लौट आओ। तुम रात के तीन बजे आये। हम तो चुपचाप सुन रहे थे जैसे चोरी करके आये हो। फिर उन्होंने साफ़ कहा कि देखो, प्रताप भैया के साथ रात न ग़ुजारो। बड़े भाई साहब के साथ कुछ भी करो, कहीं भी जाओ। मैं ऐसा नहीं कहती कि प्रताप भैया के साथ कुछ गड़बड़ है। नहीं, वो इस चीज़ की परवाह नहीं करते। हालाँकि अम्मा का प्रताप भैया के साथ कोई सम्बन्ध नहीं था, कहीं उनके साथ वो गयी भी नहीं थीं। लेकिन बोलीं कि प्रताप भैया कहीं बैठ गये

तो बैठ गये। वो कहाँ जा-आ रहे हैं, इसकी परवाह नहीं करते। लेकिन तुम्हारे लिए रास्ते में धोखे बहुत हैं। यह एक पतली-सी गली है जहाँ से तुम निकल रहे हो, यदि कहीं अटक गये तो अटक गये। इस पतली गली में से तुम्हें निकलना है, इस बात का ध्यान तुम्हें रखना होगा। इसी तरह से उन्होंने जसराज को समझाया, उसके बाद कभी कुछ नहीं कहा। जसराज को उस समय लगा कि जैसे वो उनके साथ ही थीं। इस अनुभूति का सही से वर्णन करें भी तो कैसे?

वहाँ से अपने गायन को लेकर जसराज और अधिक गम्भीर हो गये। रियाज़ और रियाज़ बस और कुछ नहीं। मुकुन्द जी के साथ में बैठकर रियाज़ करते थे। मुन्नी को सिखाते-सिखाते रियाज़ करते थे। अम्मा के सामने बैठकर रियाज़ करते थे। बस यही उनका जीवन बन गया था। 'इसका बहुत लाभ हुआ। रियाज़ करने को वो ज़रूर कहती थीं और कभी-कभी मन में बुरा भी लगता था कि हमें इतना टोकती रहती हैं, लेकिन आज सोचते हैं तो मन से उन्हें दुआ देते हैं। यदि उस समय हमारी नींव पक्की करने की तरफ़ अम्मा ने इतना ध्यान न दिया होता तो शायद उस मुकाम तक न पहुँचते जहाँ वह ईश्वर की कृपा और गुरुजनों के आशीर्वाद से पहुँचे हैं।' पंडित जसराज बताते हैं।

14

सन् 1951 का कोई समय। कलकत्ते में शिखेंदु गोस्वामी नाम के एक अच्छे गायक थे। जसराज उनकी क्लास में तबला बजाने जाते थे। वो गायन का एक स्कूल चलाते थे जिसमें बहुत सारी लड़कियाँ गाना सीखने आती थीं। शिखेंदु गोस्वामी उन्हें गाना सिखाते और जसराज साथ में तबले पर संगत करते। बहुत दिन तक यह सिलसिला चलता रहा। दिसंबर महीने में वहाँ एक संगीत सम्मेलन होता था—मुरारी संगीत सम्मेलन। इन्होंने कुछ ही समय पहले घर में ही गाना शुरू किया था और बाहर कभी गाने नहीं जाते थे, केवल इनके तबला बजाने के विषय में लोग जानते थे। जसराज ने पंडित मणिराम से कहा कि वो इन्हें भी गाने का एक मौका दिलवा दें। पंडित मणिराम ने हामी भर दी और आयोजकों से कह कर अपने प्रोग्राम से पहले जसराज का प्रोग्राम रखवा दिया। उस समय कलकत्ते में एक और बड़े उभरते हुए लेकिन विख्यात गायक थे—उषा रंजन चक्रवर्ती जो बहुत अच्छा गाते थे। इनके गाने से पहले उनका गायन था। उषा रंजन चक्रवर्ती ने बहुत सुन्दर 'बागेश्री' गाया। बड़े भाई साहब ने इनसे फिर से पूछा कि क्या ये वाकई गाना चाहेंगे? इन्होंने हामी भरी तो उसके बाद जसराज ने 'वसंत' गाया। वहाँ प्रोग्राम में हमारे स्कूल की कुछ लड़कियाँ भी ऑडियंस में बैठी थीं जिनके लिए वह तबला बजाते थे। उन्होंने भी गाना सुना। अगले दिन सुबह इनके स्कूल में पहुँचने से पहले ही शिखेंदु गोस्वामी जी को वो लड़कियाँ बता चुकी थी कि जसराज जी स्कूल में भले ही तबला बजाते हों, लेकिन वो बहुत अच्छा गाते हैं। कैसे उषा रंजन चक्रवर्ती के बाद भी उनका गाना इतना जमा। उन्होंने बताया कि कल मुरारी संगीत सम्मेलन में इन्होंने गाया। तो शिखेंदु जी उन लड़कियों को कुछ नहीं बोले। 'जब ये क्लास में पहुँचे तो उन्होंने कहा कि आज हम क्लास नहीं करेंगे, आज हम तुम्हारा गाना सुनेंगे। सबसे कहा कि आज छुट्टी और जसराज से कहा कि तुम बैठो। उनका गाना सुना और जब बाकी सब लोगों को छुट्टी दे दी तो शिखेंदु गोस्वामी बोले कि देखो, आज के बाद इस क्लास में तुम तबला बजाने नहीं आओगे!' उनको चाच-वाय पिलवाई। लेकिन जसराज के सिर पर तो पहाड़ गिर पड़ा। उन्हें उन दिनों वो तबला बजाने के लिए 20 रु. महीना देते थे और उससे इनकी गुज़र-बसर अच्छी तरह

चल जाती थी। पूछा—क्यों दादा? तो वो बोले कि मैं तुम्हारा फ्यूचर देख रहा हूँ। तुम तबला बजाकर अपनी लाइफ क्यों खराब कर रहे हो? तुम गाओ और मैं तुम्हें बता रहा हूँ कि तुम बहुत नाम करोगे। जसराज ने उन्हें प्रणाम किया और नौकरी खोने का गम लेकर वहाँ से चले गये। 20 रु. महीना, इतनी बड़ी रकम, उनके तो पैरों के नीचे से जमीन खिसक गयी थी। लेकिन कहीं खुशी भी थी कि इन्होंने उनके गाने की तारीफ भी की है। मन दु:खी भी था और सुखी भी। उनकी एक आँख से खुशी का आँसू टपक रहा था और दूसरी आँख से ग़म का।

बापू साहब—महाराजा जयवंत सिंह जी वाघेला

15

बापू साहब का स्नेह जसराज के लिए अपरिमित था। पंडित मणिराम का वे आदर करते थे, लेकिन जसराज को वे अहैतुक प्रेम ही करते थे। वे बचपन की ऐसी यादें हैं जो आज भी जसराज जी के मन-मस्तिष्क पर ऐसे अंकित हैं जैसे कल ही घटी हों। सानन्द में सब लोग माताजी की पूजा-अर्चना करते थे, और वहीं जसराज को भगवान कृष्ण ने स्वप्न में दर्शन दिये और कहा कि जसराज तुम जो गाते हो वह मुझ तक जल्दी पहुँचता है। सुबह-शाम माताजी के गुणगान करना, और दर्शन दिये कृष्ण जी ने। ऐसे-ऐसे सन्त लोग वहाँ आते थे कि उनके दर्शन करो तो सच में ही लगता था कि सन्त हैं। कलाकार भी आते थे। स्वामी वल्लभदास भी वहीं आते रहते थे। उस्ताद फ़य्याज़ ख़ाँ भी आये और तीन-चार दिन के लिए वहाँ टिक गये। बड़े-बड़े कलाकार आते और वहाँ अपनी हाजिरी देते। ऐसा कोई छोटा-बड़ा गायक न था जो वहाँ आकर गाता न हो। सब बिना बुलाए आते थे और आने पर उनकी यथायोग्य सेवा की जाती। चारण लोग भी रहते थे और उनकी भी ख़ूब ख़ातिरदारी की जाती। बापू साहब की दिनचर्या कुछ विभिन्न थी। वह रात भर गाना सुनते थे या फिर अपनी माला जपते थे। सुबह पाँच-छह बजे के करीब सोते थे। फिर दोपहर ढो-ढाई बजे उठकर शाम चार बजे तक खाना-वाना खाते थे।

बापू साहब के रसोड़े में जो रसोईघर में होता है, विशिष्ट भोजन बनता था। राज-परिवार के साथ-साथ पंडित मणिराम का परिवार भी उसी में खाना खाता था। एक बड़ी कटोरी में घी, बासमती चावल, ढेर सारे फल, एकदम राजशाही खाना। जब सानन्द स्टेट गुज़रात राज्य में मिला दी गयी तो सब कुछ अस्त-व्यस्त हो गया। रसोड़े के खाने पर बहुत गाज गिर गयी। एकदम सादा खाना। दाल ऐसी पतली कि उसमें गोता मारो तो बहुत मुश्किल से दाल का दाना मिले। एक ही सब्ज़ी। जसराज ने दो दिन तो खाया, तीसरे दिन वह हड़ताल पर चले गये चुपचाप। भाई साहब ने कहा खाओ, जसराज ने कहा—मैं नहीं खाता हूँ। अगले चौबीस घण्टे में बापू साहब की थाली सजाकर उनका भोजन उनके आगे ले जाया

गया। उनके खाने की थाली तो वैसी की वैसी ही पहले जैसी सजी हुई गयी थी—ढेर सारी कटोरियों में सब्ज़ी, दाल, छोटे-छोटे फुलके। तो जैसे ही बापू साहब खाने बैठे, उनकी थाली पर बन्दर आकर बैठ गया और सारी थाली उनके सामने से सरका दी। बापू साहब ने फिर से थाली अपने सामने लगा ली तो बन्दर ने फिर से थाली उनके सामने से हटा दी। बापू साहब ने पूछा—अरे, अपने यहाँ कोई भूखा रह गया क्या? उत्तर आया—नहीं साहब, ऐसा तो नहीं है। तो किसने खाना नहीं खाया? जसराज को बुलाओ, वह कल से दिखा नहीं। बापू साहब ने जसराज से कहा—शिकायत करते हो? जसराज डर गये। बोले—कि मैंने कैसी शिकायत की और किससे? बोले—बैठो, खाना खाओ। तो इन्होंने बापू साहब को कहा कि आप तो अपने हिसाब से मज़ेदार खाना खा रहे हैं, लेकिन हम लोगों का खाना ऐसे ही है। हम नहीं खायेंगे। बापू साहब अपने सेवकों से बोले—अरे भई, जसराज और पंडित जी का खाना मेरे साथ होगा। जसराज ने कहा और बाक़ी लोग जो बेचारे हैं, उनका क्या करेंगे? उन्होंने कहा—उनका भी करेंगे, चिन्ता मत करो। बापू साहब हमेशा अपने दही के ऊपर की मलाई निकालकर जसराज के मुँह में दे देते थे—कि बिल्ला; खा ले! इतना प्यार करते थे उन्हें। उनके पास आम आते थे -अल्फ्रांसो, उनके बेटे-बेटियाँ, किसी को नहीं देते थे। उनका 'रणछोड़' नाम का एक गायक था, उससे कहते—रणछोड़—कच्ची केरी केटला? पच्चास कैरी थे—उत्तर मिलता। अच्छा पचास आम है? ठीक है, गिन के रख दो। दो-दो आम काट के लाओ। माउंट आबू की बात है ये, माउंट आबू को सभी लोग जाते थे गर्मियों में। वहाँ पर आम आते थे। बच्चे, बहुएँ, उनका पूरा परिवार रहता था, लेकिन किसी को भी आम खाने को नहीं मिलते, लेकिन 'जसराज' को गोदी में बिठाकर खिलाते थे अपने हाथ से।

सानन्द बापू साहब की बेटी बुलबुल साहब कहती हैं, 'हम जसराज जी से हमेशा नाराज़ रहते थे कि वे कौन हैं जिसे बापू साहब अपने हाथ से खिलाते हैं। कभी-कभार को एक आम चोरी कर लेती या कोई दूसरा बच्चा चुरा लेता, तो बापू साहब पूछते थे—अरे, कोण लइ ग्यो जी आम?'

वर्षों बाद भी गर्मी की छुट्टी में सब लोग माउण्ट आबू जाते रहे। जसराज जी के एक परिवार के अन्य सदस्य भी थे, ये लोग माउण्ट आबू पहुँच गये। बापू साहब तब तक नहीं आये। रास्ते में भीकू भाई ने मालगोबा आम के दो टोकरे साथ में कर दिये थे। आबू पहुँचकर रहने की व्यवस्था तो थी, लेकिन खाने का इन्तज़ाम नहीं हुआ। बापू

साहब के भी दो बच्चे पहुँच चुके थे। दुपहर में तो बाहर जाकर होटल वगैरह में खाना खा लेते थे, शाम को मालगोबा आम की फाँक के साथ एक-आध ब्रेड। पैसा पास में इतना नहीं था कि दोनों समय होटल में खाना खा सकें। पाँच दिन तक ऐसे ही चलता रहा। वहीं स्वामी नारायण वालों का भी एक स्थान है। उनके यहाँ उस्ताद लताफ़त हुसैन ख़ाँ ठहरे थे। जसराज उनसे मिलने वहाँ गये तो लताफ़त हुसैन ख़ाँ ने उन्हें अपना गाना सुनाया कि ये गाना सुनो। वह रोज़ उन्हें गाना सुनने के लिए बुला लें लेकिन एक प्याली चाय को भी नहीं पूछें, खाना तो दूसरी बात थी।

16

सानन्द में बड़े-बड़े कलाकारों को सुनने का, देखने का, समझने का, उनके संगीत को जानने का अवसर मिला। बहुत बार चार-चार, पाँच-पाँच दिन तक संगीत-चर्चा ही होती रहती। अमुक राग में कौन-सी ऋषभ लगती है, अंशात्मक ऋषभ का प्रयोग करना अथवा कोमल गान्धार का प्रयोग अथवा किसी भी अन्य स्वर का कैसे किया जाता है, यह सब वहाँ वार्तालाप होता और गम्भीर चर्चा का रूप ले लेता। युवा जसराज को लगता कि इसमें अपना कोई काम नहीं है। वहाँ एक बहुत बड़ा सोफ़ा था तो जसराज उसके पीछे जाकर सो जाते। पाँच मिनट भी बीते नहीं बापू साहब कहते—अरे जसराज कहाँ है, उसको बुलाओ। कोई इन्हें उठाने आये कि जसराज भाई, उठो। बापू साहब बुला रहे हैं। तो ये उठकर वापस बैठ जाते थे। इन्हें क्या पता था कि हमें ये गाना सिखा रहे हैं। गाने की जो बहुत सारी चीज़ें हैं, उनसे वाकिफ़ करवा रहे हैं। उन्हें बिना कहे, बिना लोगों को बताए कि इसकी (राग) आधार ये ही उस (राग) की मध्य से है, इस (राग) का पंचम ये है। जिस तरीक़े से इनका इस्तेमाल करते हैं, कितना अंशात्मक उसमें चलना चाहिए, कितना आन्दोलन करें। यह सब कुछ जो चीज़ें हैं। कोई कुछ कहता था, कोई कुछ। किसी का एक मत होता तो किसी दूसरे कलाकार का दूसरा मत होता। इस सब में कितना ही समय निकल जाता। वो सब सुनने से बहुत सारे राग ऐसे हैं जिनका स्थायी-अन्तरा इन्हें नहीं मालूम मगर उसका चलन, उसकी गायकी किस तरीक़े से होगी, वह मालूम है। जगा कर जब कहते कि जसराज तू यहाँ बैठ, तब उन्हें समझ ही नहीं थी कि ऐसे मुझे क्यों कह रहे हैं। तब तो ऐसा लगता था कि मुझे ये सज़ा दे रहे हैं, क्योंकि कुछ समझ ही नहीं थी। तब नहीं पता था कि हमें समझा रहे हैं, क्योंकि खाली राग जानना ही ज़रूरी नहीं है, उसके आस-पास की चीजें जानना भी ज़रूरी है। आरोही-अवरोही ऐसे होते हैं, इसमें बढ़त का तरीका क्या होता है, यह सब। अब सोचकर पता लगता है कैसे, किस तरीक़े से वे जसराज को गाने में रखने की कोशिश करते थे। वह तो उन दिनों तबले पे मस्त थे। तबला को वह पसन्द करते थे। उसी में आनन्द आता था। अच्छा तबला बजा लेते थे, लोग पसन्द भी करते थे

और इन्हें इस बात में बहुत अच्छा लगता कि लोग मेरा तबला पसन्द कर रहे हैं। लेकिन बापू साहब ने भविष्य पहले से ही देख लिया था और वे सोते से जगाकर भी संगीत–चर्चा में शामिल कर लेते थे या फिर यूँ कहें संगीत–चर्चा को सुनने के लिए जसराज को बाध्य कर देते थे।

1945 में जसराज ने निर्णय लिया कि तबला नहीं बजाऊँगा। इस लिहाज से सन् 1945 पंडित जसराज के जीवन में बहुत महत्त्वपूर्ण वर्ष रहा, क्योंकि वहाँ से उनके जीवन की दिशा ही बदल गयी। जिस दिन निर्णय लिया कि अब तबला नहीं बजाएँगे, उसी दिन से गाना सीखना शुरू कर दिया। गाने का संस्कार तो यूँ प्रारम्भ से ही था, क्योंकि कई पीढ़ियों से परिवार में गाना चल ही रहा था। वैसे कई राग तो इसी संस्कार के कारण, बिना सीखे हुए और सुन–सुनकर ही गा लेते थे। इनमें तोड़ी, भैरवी, आदि सम्मिलित थे। 'लेकिन मैं सुर में गाने के बावजूद गाने के भीतर नहीं था। गाने के बाहर–बाहर ही था,' पंडित जसराज को लगता।

नवमी–दशहरा के कार्यक्रम की प्रतीक्षा सभी को रहती। सानन्द में यह गायकों के लिए एक उत्सव ही था। बड़े–बड़े कलाकार इस दिन की उत्सुकता से प्रतीक्षा करते थे। वहाँ गायन भी होता था और रागों पर चर्चा भी होती थी। सुनने वाले भी अधिकतर कलाकार ही होते थे। रात भर इस संगीत उत्सव में भाग लेकर पंडित जसराज सबेरे पाँच–साढ़े पाँच बजे सानन्द से अहमदाबाद के लिए निकल पड़ते थे ताकि वहाँ से कलकत्ते के लिए ट्रेन पकड़ सकें।

एक बार पंडित मणिराम तो आये ही नहीं, और जसराज पहुँच गये। वह ढाई बजे गाने के लिए बैठे तो दो–एक उस्तादों ने कहा कि बापू साहब, पिछले वर्ष पंडित जी (पंडित मणिराम) ने भटियार और भंखार के बारे में कुछ नहीं बताया। तो जसराज ने कहा कि थोड़ी देर में निर्णय हो जायेगा। बापू साहब अपनी मूंछों पर ताव देते बैठे रहे। लेकिन गाने के बीच वो उस्ताद लोग घड़ी–घड़ी टिप्पणी करते तो जसराज को ग़ुस्सा आ गया। वैसे आना तो नहीं चाहिए था, लेकिन वे बड़े साहब का नाम लेकर टिप्पणी कर रहे थे, तो वह गा भी रहे थे और ग़ुस्सा भी आ रहा था।

जसराज को भी 'भंखार' का स्थायी याद था। अन्तरा नहीं याद था। 'भटियार' तो सब लोग गाते ही रहते थे। कुछ देर तक तो जसराज निन्दा को सुनते रहे। उन्हें तो हमेशा ऐसा ही लगता रहा है कि मैं बड़े भाई साहब के सामने कुछ भी नहीं हूँ। और उनके सामने कोई उनकी इतनी निन्दा करे, यह जसराज के लिए सहना मुश्किल हो गया। तब जसराज ने कहा कि भैया, मैं पंडित मणिराम तो नहीं हूँ, मगर मैं उनका शिष्य हूँ। मैं आपसे यह कहना चाहता हूँ कि अब मैं जो राग गाऊँगा यदि आपमें से किसी ने

पहचान लिया तो मैं आपकी बात मान जाऊँगा। शर्त नहीं लगाता, लेकिन मान जाऊँगा। अब शुरू करूँगा तो सुबह के दस-ग्यारह बजे तक गाता ही रहूँगा और आप एक भी राग का नाम नहीं पहचान सकेंगे, भटियार-भंखार की तो बात ही छोड़ दीजिए। तो बापू साहब ने देखा कि इसे ग़ुस्सा आ रहा है, ज़रा सुनें इसको। साहब ने बड़े भाई साहब से वह राग कम से कम दस बार सुना होगा। जसराज ने उसमें थोड़ा-सा फेरबदल कर दिया। बड़े भाई साहब गाते थे—'अथलिया पूरो मेरो गान,' ऐसा करके गाते थे—मन की मुराद, पंडित मणिराम यह स्थायी गाते थे।

जसराज कीर्तन-संग्रह पढ़ते रहते थे तो उसमें से एक पद ऐसा आया कि इन्होंने अपने आपसे कहा कि बापू साहब का नवमी का जन्मदिन है, राम जी का भी नवमी का जन्म है। तो नवमी का एक पद इन्हें मिल गया। 'ऐऽऽऽ नौबत बाजे। नवमी के। दशरथ घर पुत्र जन्म लीनो।' इसे जसराज ने वहाँ अपने गाने में जोड़ दिया। अब गाना शुरू किया। वह बापू साहब को भी समझ में नहीं आया, या बापू साहब खा गये। उनके चेहरे पर कोई उतार-चढ़ाव नहीं। कभी वे उस्ताद लोगों के चेहरे पर देखते कि क्या

पंडित जसराज, बापू साहब, श्री यशवंत राव चव्हाण एवं डॉ. व्ही. शांताराम

कहते हैं! कभी ऐसा लगता कि जानबूझ कर बापू साहब राग की पहचान को खा गये (छुपा गये) सब के सब चुप, कोई कुछ बोला नहीं। जसराज को इतना ग़ुस्सा था कि आप लोग इतने बड़े आदमी के पीठ पीछे क्यों बुराई करते हैं? उनके सामने कहें तो अलग बात थी। वही जवाब देते, हमें कुछ कहना नहीं पड़ता। तो रमन भाई, जो बापू साहब के साथ ही होते थे, बोले—बापू साहब ने ख़बर न थी। लेकिन जसराज को लगा कि बापू साहब खा गये। क्योंकि एक ही राग को दस बार सुना हो तो बापू साहब भूल जाएँ, ऐसा तो नहीं लगा। जसराज ने वहीं पाँच-सवा पाँच बजे बापू साहब से आज्ञा ली। महफ़िल ख़त्म हुई। सब जाने लगे। तो बापू साहब ने कहा कि अच्छा किया। तुम्हारी एक बात ये अच्छी लगी कि तुमने कहा कि अगर कुछ कहना है, तो पीठ पीछे मत कहो, मुँह के सामने कहो।

वह था—राग 'साँवरी तोड़ी'—चलो री सखी राम बधावन आज। यह 'जयवंती तोड़ी' नहीं है। 'साँवरी तोड़ी' में दोनों गान्धार लगाते हैं। 'जयवंती तोड़ी' में दोनों नहीं लगाते।

यहाँ पंडित जसराज कहते हैं, 'कुल कितने राग हैं, कह नहीं सकते। जैसे मैं सुनता था—12 बिलावल हैं। 12 सारंग हैं। 12 तोड़ी हैं। तो ये 12-12 भी 18-18 या 20-20 हो गये। और वो ग़लत नहीं है। या अभी के कलाकारों के बनाये हुए नहीं हैं। पुराने हैं। इन चीज़ों में हम दो-तीन बार लड़ लिए बड़े भाई साहब के लिए। अपने लिए नहीं, किसी और कलाकार के लिए नहीं, किसी ने बड़े भाई साहब के लिए कुछ उल्टी-सीधी बात कह दी तो हम लड़ पड़ते थे। प्रताप भैया के लिए कभी लड़ने का मौक़ा नहीं मिला। किसी ने उनके बारे में उल्टा-सीधा कभी कहा भी नहीं। बड़े भाई साहब एक अलग ही मुक़ाम पर पहुँच चुके थे।'

17

सानन्द जसराज के लिए उनका तीर्थ है। उनके आध्यात्मिक गुरु, महाराजा जयवन्त सिंह जी की राजधानी भी। महाराजा जयवन्त सिंह जी को सभी लोग बापू साहब कहते थे, जसराज तथा परिवार के अन्य सदस्य भी उन्हें 'बापू साहब' ही कह कर सम्बोधित करते थे। उनका जन्मदिन दुर्गा नवमी को आता है। बापू साहब नवरात्रि के आठ दिन तक उपवास करते और नवमी को उपवास खोल कर भोजन करते थे। एक बार उन्होंने अष्टमी की सारी रात पूजा करके मन्दिर में से ही कहा कि जसराज को बुलाओ, वह जौनपुरी का आलाप गाएगा। जसराज ने बाहर जौनपुरी का आलाप इधर ख़त्म किया और उधर बापू साहब भीतर मन्दिर में से पूजा सम्पन्न करके अन्दर से एक पेड़ा लेकर आये और उनके मुँह में वह पेड़ा दे दिया और कहते हैं, 'पेड़े जैसी तो आवाज़ हो गयी है। गाना तुम स्वतन्त्र गाओगे अपनी उम्र 22वें वर्ष में।' उस समय जसराज की आयु केवल 16 वर्ष थी। यह 1946 की बात है।

'सानन्द का जो दशहरा होता था, वह अपने आप में अनोखा होता था। नवमी को बापू साहब का जन्मदिन था और उसी रात को वहाँ म्यूज़िक का प्रोग्राम शुरू होता था। एक से एक बढ़कर कलाकार वहाँ अपने आप आते थे। किसी को बुलावा नहीं जाता था। बापू साहब का जन्मदिन है और सब अपनी हाजिरी देने ख़ुद पहुँच जाते थे। 12-14 घण्टे गाना-बजाना होता। तो बापू साहब एक बार पालथी मार कर जो बैठते थे, 12-15 घण्टे जब तक गाना चलता, तब तक उसी जगह पर बैठे रहते। न तो पालथी खोलते थे, न उठकर कहीं जाते थे, लघुशंका को भी नहीं। बापू साहब की दृष्टि में जो बड़ा कलाकार होता था, उनसे शुरू करते थे। तो कभी पंडित मणिराम से शुरू होता था और कभी ग़ुलाम कादिर ख़ाँ साहब से शुरू होता था। या कभी फ़य्याज ख़ाँ साहब आ गये तो उनसे शरुआत होती या कभी पंडित ओंकारनाथ ठाकुर आ गये तो उनसे शुरू होता था। और तो और जो छोटे-छोटे कलाकार थे, जिन्हें एक कविता आती है, या एक ही गाना आता है, एक गरबा आता है, वे लोग तो आठ-आठ, दस-दस दिन पहले से ही आकर टिक जाते थे। सब वहाँ उनके गेस्ट हाउस में

सानन्द में मेवातियों का तीर्थ—माता कालिका मन्दिर

रहते, खाना-पीना करते और अन्त में बापू साहब यथायोग्य सत्कार करके दक्षिणा भी देते थे। एक कविता, एक ग़ज़ल, एक गाना, या गरबा वाले कलाकार भी सभी कुछ-न-कुछ पाते थे। और फिर अन्त में पूछते कि और कोई रह गया है? तुम भी गाओ, तुम भी गाओ, यही सब प्रोग्राम चलता। किसी को दो हज़ार रुपये, किसी को पन्द्रह सौ, किसी को हज़ार, किसी को पाँच सौ, यहाँ तक कि 15 रुपये तक भी देते थे। कोई बस में चढ़ गया तो भई, 15 रुपये दे दिये। 15 रुपये भी उस ज़माने के हिसाब से बहुत होते थे। दो हज़ार रुपये तो आज के हिसाब से कई लाख हो गये। किसी को खाली हाथ नहीं जाने देते थे।

एक दफ़ा जसराज उनके यहाँ सबसे पहले पहुँच गये। सितम्बर 1967 की बात है। बापू साहब ने जसराज को देखा तो पूछा, अरे आ गया तू? अच्छा ठीक है, शाम को डाकोर जी चलेंगे तो गाड़ी में बैठ के डाकोर जी, जहाँ रणछोड़ दास जी का मन्दिर है, वहाँ गये। बापू साहब, जसराज के एक गुरु भाई—भीकू भाई और जसराज। वहाँ से निकट ही एक गाँव में एक सन्त रंग अवधूत जी थे, उनसे मिलाने के लिए बापू साहब ले गये। बापू साहब ने पहले ही बता दिया था कि वो बहुत उच्चकोटि की आत्मा हैं। रात में उनके यहाँ पहुँचे तो उन्होंने पूछा कि तुम सुबह 5 बजे जग जाओगे? जसराज ने उत्तर दिया—हाँ बाबा। तो बोले 5 बजे आना सुबह। जसराज अगली सुबह उनके पास गये। उन्होंने पूछा कि तुम्हारा कोई प्रश्न है? पूछो, क्या पूछना चाह रहे हो? तो इन्होंने कहा कि बाबा, मेरी आवाज़ अच्छी नहीं रहती। तो वह बोले—ऐ पागल! इतनी अच्छी आवाज़ है कि लोग इसको कहेंगे कि भगवान की आवाज़ है। कभी भी आवाज़ के बारे में मत कहना। और जसराज वहाँ से निकल पड़े।

शारंग देव तब पैदा हुए थे। एक जयन्ती काका थे—वैद्यराज। अहमदाबाद में थे, वह जसराज को 'बैजू' कहकर पुकारते थे। वो बैजू जो तानसेन के साथ में गाता था। बैजू बावरा। उनके पास गया तो उन्होंने कहा कि आपुण बैजू आवे थे। सारंग का जन्म हुआ तो उन्होंने कहा—आपुण बैजू ने छाकरो थयो। तो उन्होंने जसराज को 5 रुपये दिये। इनके पास वही 5 रुपये थे और दो चेक—एक म्यूज़िक कॉलेज में गाया था और दूसरा रेडियो में प्रोग्राम किया था। दोनों ही 75-75 रुपये के। रंग अवधूत बाबा से मिलकर डाकोर जी गये। दर्शन करके सुबह-सुबह वहाँ से निकले। गाड़ी वापस सानन्द जा रही थी। तो सोचा कि वापस सानन्द जाकर अब क्या करूँगा तो बापू साहब से आग्रह किया कि आप मुझे स्टेशन पर उतार दीजिए। बापू साहब ने अपने ड्राइवर से कहा कि बच्चू भाई, गाड़ी स्टेशन पर ले जाओ। इन्हें स्टेशन पर उतार दिया। उनके साथ में एक रमण भाई रहते थे, जसराज ने उनसे कहा कि रमण भाई मेरे पास टिकट के पैसे नहीं

हैं, बापू साहब से दिलवा दो न! तो रमण भाई ने कहा—ऐने पासे टिकिट ने पीसा न थी। तो बापू साहब बोले—इने पासे बहुत घणा पीसा छे। बच्चू भाई गाड़ी चाल्यो। स्टेशन पर छोड़ दिया ऐसे ही।

जसराज ने सोचा कि बड़ौदा तक जाता हूँ। वहाँ पहुँचकर चेक जमा कराऊँगा और कुछ पैसों की व्यवस्था करने की कोशिश करूँगा। बड़ौदा में धर्मेश भाई थे, भीकू भाई के छोटे भाई। उनके साथ पैसे निकलवाने के लिए बैंक पहुँचे तो वहाँ बहुत लम्बी लाइन थी। धर्मेश भाई ने पूछा कि इतनी लम्बी लाइन में लगने की तुमको ऐसी क्या ज़रूरत है? जसराज ने अपनी दशा बतायी कि टिकट के लिए पैसे चाहिए। वह बोले—कि इतना तो तुम्हें हम दे ही देंगे। तब उनसे पैसे लेकर जसराज मुम्बई आये। तब से वह जब भी सानन्द जाते थे वापसी टिकट के पैसे लेकर जाते थे।

एक बार जसराज ने बापू साहब से पूछ लिया कि बापू साहब आप सभी कलाकारों का यथायोग्य सत्कार करते हैं, उन्हें दान-दक्षिणा देते हैं। आपने कभी हमारे बारे में सोचा ही नहीं? मुझे कभी कुछ भी नहीं देते हैं। तब बापू साहब ने कहा—ये जो भी कलाकार आते हैं, इनकी सेवा का क़र्ज़ मैं उसी समय नक़दी देकर उतार देता हूँ। लेकिन जब तू गाता है तो मैं माँ (काली) से कहता हूँ कि माँ, इसको देख लेना। उन्हीं माँ काली और बापू साहब का आशीर्वाद पंडित जसराज पर पूर्णत: फलीभूत हुआ है।

जब रानी माँ का देहान्त हुआ उस समय जसराज अस्वस्थ थे और जा नहीं पाये। बाद में जब वहाँ गये तो जिस स्थान पर उन्हें रखा गया था, उस स्थान पर प्रणाम किया। तब जैसे उनके अपने भीतर से आवाज़ आयी, माँ, इन्हें सँभाल लेना। 'यह बापू साहब का ही प्रताप और आशीर्वाद है कि उनके जाने के इतने वर्षों के पश्चात् भी हमें उनकी आवाज सुनायी देती है। तो हम उन बाबा के दर्शन के पश्चात् जब मुम्बई लौटे, तब तीन-चार दिन के बाद मुम्बई में हमारा प्रोग्राम था। हमने उसमें गाया। तब संगीत के प्रोग्रामों के समाचार-पत्रों में रिव्यू छपा करते थे। अगले दिन हिन्दी, अंग्रेज़ी, मराठी, गुजराती के सभी पत्रों में छपा कि जसराज के गले में, भगवान बसते हैं। सभी ने एक साथ एक ही बात कही थी जो हमें रंग बाबा ने कही थी, अपने आशीर्वाद में। मैं मानता हूँ कि बड़ों के आशीर्वाद का बहुत असर होता है।' जसराज जी कहते हैं।

युवा जसराज

18

उस ज़माने में कलकत्ते में संगीत के बहुत कार्यक्रम होते थे। 1950 की बात है। पारिश्रमिक के नाम पर—एकटू चाय खेये जान, एकटू सिंघाड़ा, रोशोगूल्ला खेये जान—इसी पर प्रोग्राम चलता था। पैसा बहुत कम कभी-कभार मिलता, जो कलाकार अन्त में गाता, सबसे वरिष्ठ होता उसे ही पैसा मिलता था। और जसराज को तो कोई जानता ही नहीं था। किसी को पता चल गया कि ये गाते हैं, ठीक-ठाक, तो कह दिया कि ऐ छेले तो भालो गाय तो इन्हें बिठा दिया मंच पर एकटू चाय या एकटू सिंघाड़ा देकर। कुछ वर्ष तक ऐसे ही चलता रहा।

इस बीच जसराज रेडियो पर गाने लग गये थे। उस ज़माने में रेडियो बहुत काम करता था। 1952 में पहली पब्लिक परफारमेंस का बुलावा आया। रेडियो को सुनकर लोग पहचानने लग गये थे। नेपाल में, काठमाण्डू में एक बहुत बड़े संगीत समारोह का आयोजन हुआ। एक दिन एक दुबले-पतले से दाढ़ी वाले सज्जन ने दरवाज़ा खटखटाया, पंडित मणिराम ने दरवाज़ा खोला। उन सज्जन ने झट से प्रणाम किया—पंडित जसराज जी। पंडित मणिराम कभी-कभी मजाक में आ जाते थे—बोले अच्छा आपको पंडित जी से मिलना है? तो वे वहीं से चिल्लाये—पंडित जी महाराज, आपसे ये सज्जन मिलने के लिए आये हैं। जसराज दुबले-पतले थे, कुर्ता-पाजामा पहने हुए बाहर आये। वह आगन्तुक पंडित मणिराम से बोले—देखिए आप मज़ाक़ मत करिए प्लीज। ये पंडित जसराज कैसे हो सकते हैं? तो बड़े भाई साहब ने भी चुटकी ली कि आपने जिनका नाम लिया है, ये तो वही हैं। तो हम इन्हीं को नेपाल ले जाने आये हैं।' वो सज्जन बोले।

उस यात्रा में कई कलाकार भारत से गये। सितारा देवी जी की बड़ी बहिन अलकनन्दा, कथक नृत्य के लिए, उनके साथ गाने के लिए एक कलाकार थे—मिश्र जी, एक नाटक मण्डली और जसराज। वो गायक कलाकार तबला नवाज बूँदी महाराज जी के बेटे थे।

इसके आगे का क़िस्सा बहुत रोचक है। पंडित जसराज की ही ज़ुबानी सुनिए—'हम लोग भीमफेरी तक तो ट्रेन में चले गये। भीमफेरी से उन्होंने

कहा था कि आगे आपको 'ताम-झाम' मिलेगा। ताम-झाम माने पालकी। तो उन्होंने कहा कि ताम-झाम आपको पहाड़ पार करवाएगा। भीमफेरी में उन्होंने रहने की व्यवस्था की। अब हम तो बहुत सारे लोग थे। नाटक कम्पनी की ही सात-आठ लड़कियाँ थीं। चार-पाँच कलाकार हम थे। जो सज्जन हमें लिवाने आये थे, उनके पास पैसे ख़त्म हो गये थे और ताम-झाम की व्यवस्था वह नहीं कर पाये। उन्होंने कहा—अब क्या करेंगे? अठारह मील पहाड़ पर चढ़कर जाना है। पहले पाँच-एक मील चढ़ाई है, फिर उतरना है। फिर वहाँ से नेपाल के किसी शहर में। वहाँ एक बस मिलेगी। बड़ी कठिन तपस्या थी वो हमारे लिए। लेकिन ज़िन्दगी में वह हमारा पहला स्टेज का प्रोग्राम था। हम देखने में तो बच्चे ही लगते थे, हालाँकि 22 वर्ष के हो गये थे तो उन्होंने कहा कि महाराज ताम-झाम तो यहाँ है ही नहीं तो कैसे करेंगे। लेडीज़ लोगों के लिए सात-आठ मुड्ढे ले लेते हैं। मुड्ढे होता है—पीठ पर मूढ़े लगा लेते हैं और ऊपर कन्धे पर बिठाकर चलते हैं। बाक़ी लोग पैदल चलें। उनके पास रास्ते में खाना खिलाने के भी पैसे नहीं रहे। हम तो न घर के रहे न घाट के। वापसी टिकट कटाने के लिए भी पैसे नहीं थे। ताम-झाम तो दूर की बात। सभी लोग एक-दूसरे का मुँह ताक रहे हैं। शायद हमारी तरह सभी को प्रोग्राम की ज़रूरत रही होगी। तो साहब उन्होंने कहा कि सात-आठ मुड्ढे करते हैं। उस पर लेडीज़ बैठ जायेंगी। थकने के बाद वे उतर जायेंगी और दूसरी बैठ जायेंगी। अलकनन्दा जी और ड्रामा कम्पनी की सात-आठ लड़कियाँ, बाक़ी पुरुष। पूरी बारह आदमियों की कम्पनी थी। तब उन्होंने राजा भैया को भी, जो हमारे साथ थे, उन्हें अपने साथ ले लिया। हमने पूछा भी कि वह ड्रामा कम्पनी में क्या करेंगे, तो बोले—कि हमें मालूम है, इनके अन्दर है ड्रामा। तो साहब राजा भैया यूँ ही ड्रामा कम्पनी में हो गये।

इनसे कहा गया था कि प्रोग्राम के पाँच सौ रुपये आपको देंगे। आना-जाना-किराया सब उनका। दो प्रोग्राम थे। दोनों के पाँच सौ रुपये मिलने वाले थे। पाँच सौ रुपये बहुत बड़ी रक़म थी। 'गले भुजंग, भस्म अंग, शंकर अनुरागी। सतगुरु चरणारविन्द शिव समाधि लागी।' ये मेरे पिताजी का लिखा है। हमने यहाँ से शुरू किया। मुझे तो पता नहीं था कि वहाँ जो महाराजा साहब हैं, वे शिवजी के भक्त हैं। उन्होंने अपने सचिव को बुलाकर कुछ कहा और उन सचिव महोदय ने स्टेज पर आकर नेपाली भाषा में कुछ कहना शुरू किया। मेरे ऊपर ईश्वर की कुछ ऐसी कृपा है कि मुझे भाषा आती हो या न आती हो, कुछ शब्द समझ में आ जाते हैं और कुछ कहने की टोन समझ में आती है। तो कुल मिलाकर काफ़ी बात समझ में आ जाती है तो उस दिन भी आ गयी। तो साहब उन्होंने कुछ एनाउसमेंट किया। कहा कि महाराजा साहब ने इस लड़के को पाँच

हज़ार मोहर दिये हैं। हमने सुना तो हमारे पसीने ही छूट गये। पसीने छूट गये तो कर्टेन गिरा। हममें तो उठने की शक्ति ही नहीं थी। लगा कि एक ही प्रोग्राम में मानो सारी ज़िन्दगी निकाल लेंगे। पाँच हज़ार मोहरें। हमें पसीने-पसीने देखकर आयोजकों ने हमें थोड़ा बाहर कुर्सी पर बिठा दिया। इस आशय से कि इन्हें थोड़ी हवा लगेगी तो ये ठीक हो जाएँगे। तब हमें भी थोड़ी चेतना आनी शुरू हो गयी। एक लड़का हमारे पास आया तो उसने कहा कि तुम तो बहुत भाग्यशाली हो, किंग ने तुमको पाँच हज़ार मोहरें इनाम दी हैं। ऐसा लगा कि मैं कुएँ में बैठा हूँ और वह ऊपर मुँडेर से बोल रहा है। मैंने पूछा कि मोहर कैसी होती है? उसने पॉकेट में हाथ डाला और अठन्नी जैसी निकाली और दिखाया कि ये मोहर है। उन दिनों नेपाल का रुपया इतना कम था कि हमारा एक रुपया और उनका 1.50 रुपये ऐसा था। तो वापिस आ गये ज़मीन पर। तो भगवान को शायद हमें वापिस लाना था, नहीं तो शायद उसी में चले जाते, पहले ही प्रोग्राम में। मगर पहले प्रोग्राम में इतनी इज़्ज़त तो मिली।'

उस दिन पंडित जसराज को ऐसा प्रतीत हुआ कि पिताजी की बन्दिश गायी, इसीलिए इतना यश मिला। जो कुछ भी है पिताजी के आशीर्वाद के ही कारण है।

यह था जसराज जी का पहला कार्यक्रम मंच पर। कार्यक्रम सम्पन्न हुआ। जो कुछ मिलना था, भेंट आदि का भी आदान हो गया। वहाँ से वापिस कैसे लौटे, यह स्मरण नहीं है। सम्भवत: उसी पैदल मार्ग से लौटे हों। अलकनन्दा जी का भी कार्यक्रम हो गया। उनके साथ दामोदर मिश्र जी गाते थे। नाम जैसा, वैसा ही हृष्ट-पुष्ट शरीर। बहुत अच्छा गाते थे। 'अलकनन्दा जी नाचती थीं बहुत अच्छा। भई सितारा देवी की बड़ी बहिन थीं। सबकी शक्ति, क़द-काठी क़रीब-क़रीब एक-सी थी।'

19

सन् 1952-53 की बात है। जसराज, राजा भैया, राजा भैया की पत्नी और माँ, चारों घर से अलग बड़े भैया पंडित मणिराम के पास रहते थे। ट्यूशन करना ज़रूरी था। एक लड़का था डी.एन.राय., वह मछली बेचने का काम करता था और गाना भी सीखता था। उसने कहा-गुरुजी हम आपको ट्यूशन दिलवाते हैं। तो उसने ऐसी जगह ट्यूशन दिलवायी जो कलकत्ते की थोड़ी बदनाम गलियों में से थी। हालाँकि उसमें बहुत से सम्भ्रान्त परिवार भी रहते थे। जसराज वहाँ दो-तीन बार एक परिवार की कुछ लड़कियों को ट्यूशन दे आये।

एक बार इनके पूरे परिवार को एक फ़िल्म देखने जाना था—'सैमसम एण्ड दि लैला।' थोड़ी-बहुत मारधाड़ थी उसमें। उसमें पंडित मणिराम की पत्नी यानी बड़ी भाभी को भी ले जाना था। इनके एक परिचित का सिनेमा हॉल था जिसमें ये फ्री पिक्चर देखते थे और जहाँ बैठे-बैठे हॉल में चाय भी आ जाती थी। जसराज ने बड़े भाई साहब से कहा कि मैं ट्यूशन पढ़ाने जा रहा हूँ। वहाँ से मैं सिनेमा हॉल पर पहुँचूँगा, और आप भाभी को लेकर सीधे वहाँ पहुँचें। योगाई (बड़े भाई साहब पंडित मणिराम जी की बेटी) को जसराज ने अपने साथ ले लिया और राजा भैया भी साथ में ही थे। तो उस दिन ट्यूशन देकर जब ये बाहर निकले तो दो गली पार करके जब तीसरी गली में मुड़े तो वह गली बहुत सँकरी थी। इतनी सँकरी कि उसमें केवल एक-डेढ़ आदमी ही एक साथ खड़े हो सकते थे। उसके मुहाने पर पाँच-छह लड़के खड़े थे। वहाँ से गली थोड़ी चौड़ी हो जाती थी। बंगला में आपस में कहते हैं—ऐशे गेइछे। आ गया, देख लेते हैं और उन्होंने जसराज को घेर लिया। पूछने लगे कि क्यों आता है तू उन लड़कियों के पास? क्या लगती हैं ये तेरी? जसराज ने कहा कि हम गाना सिखाते हैं। गाना सिखाता है? तू क्या गाना सिखाएगा! इतना छोटा-सा लड़का और गाना सिखाएगा! शक्ल देखो इनकी। ये गाना सिखाने चले हैं। उनकी तैयारी थी कि उनकी धुनाई करेंगे। पहले तो जसराज ने योगाई का हाथ पकड़ा, वह लड़की, डर भी लगे। राजा भैया तो यूँ भी ठहरे डरपोक। बोले कि हूँ, ये क्या हो गया। लेकिन जाको राखे साइयाँ मार सके न कोय। 10-12 मिनट तक चर्चा

होती रही कि इनसे कैसे निपटा जाए। तो वहाँ कोई बेचारा नेक बन्दा था। उसने इन लोगों की दुर्दशा देखी और वह उन लड़कियों को जिन्हें ये गाना सिखाने वहाँ जाते थे, ख़बर कर आया। वे लड़कियाँ अपने घर से बाहर निकल आयीं और उन लोगों की ऐसी-तैसी की। उन्होंने जसराज को तो योगाई के साथ दूसरी ओर धकेल दिया और लगी उन लड़कों की ख़बर लेने। जसराज और राजा भैया तो जैसे-तैसे भागे, साथ में योगाई भी, पीछे सुनायी दे रहा है कि लड़कियाँ क्या कह रही हैं कि हमारे गुरुजी हैं, हम इनसे गाना सीखते हैं। उन्हें सुनायी तो सब आ रहा था लेकिन उस वक़्त तो ये जान हथेली पर रख कर भागे। बाहर आकर चैन की साँस ली और फिर थियेटर पर 'सैमसम एण्ड दि लैला' देखी।

पंडित मणिराम जी की बड़ी बेटी योगाई शर्मा के साथ पंडित जसराज

20

सन् 1946 में जसराज ने पंडित डी.वी. पलुस्कर जी के साथ तबला बजाया। पंडित रविशंकर के साथ तबला बजाया। इन दो महान् विभूतियों के साथ इन्होंने रात भर तबला बजाया। दूसरे दिन पंडित रविशंकर ने पंडित मणिराम से कहा—भाई साहब, जसराज को आप मुझे दे दो। तो बड़े भाई साहब ने उत्तर दिया कि जसराज को यदि मैं आपको दे दूँ, तो मैं क्या करूँगा! उस समय तक जसराज केवल तबला बजाते थे।

इस घटना के अनेक वर्ष के पश्चात् सन् 1954 में हरिदास संगीत सम्मेलन के समय सोम तिवारी ने जसराज को मुम्बई भेज दिया। स्वामी वल्लभदास जी के यहाँ ठहरे हुए थे। स्वामी जी ने पूछा कि जसराज तुम क्या हरिदास संगीत सम्मेलन में आये हो? जसराज उस समय युवा थे, नया-नया गाना शुरू किया था। यकीन ही नहीं हुआ कि स्वामी हरिदास संगीत सम्मेलन में उन्हें बुलाया गया है। एक सारंगिये थे—मन्नूलाल जी। उनके घर में बहुत सारे सारंगिये और तबला वादक रुके हुए थे कि जिस गायक को जो सारंगी वादक या तबला वादक चाहिए हो, उसका चुनाव कर सकता है। उनके पास गये तो उनके यहाँ कार्यक्रम की स्मारिका रखी थी। जसराज ने उसे उलट-पलट कर देखा तो न तो उसमें फोटो, और न ही उनके नाम का कहीं उल्लेख। सोम तिवारी जी ने बृजनारायण जी, जो आयोजक थे, उन्हें चिट्ठी लिखी थी कि जसराज को एक मौक़ा दीजिए। तो उनका उत्तर आया कि देखते हैं, मगर सोम, तुमको भी आना है। जसराज को नहीं मालूम था कि ये प्रोग्राम फिक्स हो गया, बस उन्हें मुम्बई भेज दिया। जसराज तीन-चार दिन से मुम्बई में थे, क्या करते! शाम के टाइम में सर काऊसी जहाँगीर राव ऑडिटोरियम है, वहीं यूनिवर्सिटी में, वहाँ पर प्रिंस ऑफ़ वेल्स आये थे, वहाँ बीच में रास्ता, सामने एक तिकोना-सा छोटा-सा पार्क था। ऑडिटोरियम में प्रोग्राम था। जसराज पार्क में बैठ जाते थे और कलाकारों को आते-जाते देखते रहते थे कि अभी पंडित रविशंकर जी जा रहे हैं, अभी ये फलाने कलाकार जा रहे हैं। जब ये सामने से निकलते तो ये दब जाते थे कि कहीं इन्हें न देख लें कि मुझसे पूछ लिया तो मैं क्या जवाब दूँगा! ऐसे ही जसराज वी.टी. में खड़े थे। पंडित

रविशंकर जी अपना सितार बगल में दबाए हुए पूना जा रहे थे। उन्होंने देख लिया—अरे जसराज तुम? किसके साथ आये हो? उन्होंने सोचा कि वे किसी के साथ तबला बजाने आये हैं। ख़ैर, उन्होंने कहा कि मेरी ट्रेन है। और वह डेक्कन क्वीन में चढ़ गये। एक तो डर के मारे जसराज की ऐसी हालत थी कि पता नहीं क्या होगा, दूसरे गले में बहुत तकलीफ़ हो रही थी। इन्होंने होम्योपैथी की बेंलाडोना 200 ले ली। एक बार नागपुर में किसी ने यह दवा दे दी थी कि गला ख़राब हो जाए तो इसे खाने से आवाज़ ठीक हो जाती है। तो दो-चार आने में उसकी एक शीशी ख़रीदी और पानी के साथ उसे गटक गये। इतनी दवा एक साथ खाने से रिएक्शन हो गया। तबला नवाज योगेश शम्सी के नाना डेंटिस्ट थे। जसराज उनके पास गये और बताया कि गला ऐसे हो गया है और दवा का रिएक्शन हो गया है। तो उन्होंने कहा कि ठीक है, पेनिसिलीन का इंजेक्शन दे देता हूँ।

संगीत श्यामला की सचिव श्रीमती सोम तिवारी

तो उस इंजेक्शन के बाद और सूज गया। दूसरे दिन फिर उनके पास गये तो उन्होंने पहले दिन से डबल पोटेंसी का इंजेक्शन दे दिया। बस अब तो और भी डबल सूजन हो गयी। तीसरे दिन उन्होंने कहा कि पोटेंसी और बढ़ा देते हैं। जसराज को बहुत डर लग रहा था। वह किसी को मुम्बई में जानते नहीं थे। बुरी हालत थी। इतने में अम्मा—सोम तिवारी जी मुम्बई पहुँच गयीं। वे तो सीधी बृजनारायण जी के यहाँ चली गयीं और जसराज के बारे में पूछने लगीं। बृजनारायण जी ने उनसे कहा कि जसराज तो आया ही नहीं। तब उन्होंने कहा कि उसे कलकत्ते से निकले हुए तो छह-सात दिन हो गये। इधर-उधर कई फ़ोन किये और स्वामी वल्लभदास को फ़ोन किया। जसराज वहीं थे। उन्होंने सोम तिवारी से कहा कि तुम टैक्सी लो और सीधा सामान लेकर यहीं आ जाओ। यह 4 मार्च थी। जसराज को पता चला कि उनका प्रोग्राम 6 मार्च को रखा गया है। उनका गला सूजा हुआ, और वह टैक्सी लेकर बृजनारायण जी के यहाँ पहुँच गये। इन लोगों ने जसराज को देखा कि उनकी हालत ऐसी है। उनके बड़े भाई डॉक्टर थे, उन्होंने कहा-ठीक है और कोई लाल-लाल दवाई लगा दी और बोले कि कभीं पेनिसिलीन मत लेना। तो उस लाल दवाई से दो-तीन घण्टे में सूजन आधी से ज़्यादा दूर हो गयी। दूसरे दिन तो एकदम साफ़-सुथरा हो गया। इससे यह ज्ञात तो हुआ कि हमेशा सही जगह पर जाना चाहिए। हालाँकि डॉ. शम्सी ने अच्छी नीयत से इंजेक्शन दिया था, लेकिन वह दाँतों के डॉक्टर थे और जसराज के शरीर के बारे में कुछ नहीं जानते थे। जसराज सोचते रहे कि अगर वह हमें और डबल पोटेंसी का एक और इंजेक्शन दे देते तो क्या होता।

बृजनारायण जी की आदत थी कि वे कलाकार को एक टाइम दे देते थे, तो कलाकार को उतने टाइम में उठना ही पड़ता था। जसराज को उन्होंने 40 मिनट का समय दिया था। अब माइण्ड को 40 मिनट के हिसाब से उन्होंने सेट कर लिया। 40 मिनट गाकर अपने को रोक लिया। तो नीचे से बृजनारायण जी ने चिट्ठी लिखकर भेजी कि जसराज, 10 मिनट तुम और गाओ। उन्होंने 10 मिनट और गाया, और इधर ये अम्मा से कह रहे हैं—जसराज हमें उठने ही नहीं दे रहा है। मुश्किल था गाना ख़त्म करके उसमें 10 मिनट और बढ़ाना। उस दिन पूरिया गाया था। वो पूरिया मेवाती घराने में ही गायी जाती है। अन्यत्र वह ज़्यादा सुनने में नहीं आती।

21

कलकत्ता से मुम्बई आ बसना जसराज के लिए बहुत बड़ा क़दम था। सन् 1957 से उन्हें लगने लगा था कि कलकत्ता शहर को उन्हें जो देना था, वह दे चुका। उनके सामने प्रश्न था कि संगीत श्यामला यदि छोड़ें तो जाएँ कहाँ! वहाँ मानदेय के रूप में 40 रुपये महीना मिलता था। उन्होंने कहा कि हम तुम्हें 75 रुपये, 100 रुपये महीना देंगे लेकिन संगीत श्यामला मत छोड़ो। सोम तिवारी जिन्हें जसराज जी 'अम्मा' कहकर पुकारते थे, संगीत श्यामला की कर्त्ता-धर्ता थीं। उन्होंने बहुत समझाने की कोशिश की, लेकिन ये टस-से-मस नहीं हुए। उन्होंने कहा कि जसराज, तुम्हारा दिमाग़ ख़राब हो गया है। तो जसराज ने उत्तर दिया कि अम्मा, आप चाहे जो कहें, मैं अब यहाँ काम नहीं करूँगा। कलकत्ता शहर में हवा उड़ गयी कि जसराज का दिमाग़ ख़राब हो गया है। कलकत्ता में विजय कुमार बर्मन थे संगीत और कला के मर्मज्ञ। चौरंगी में उनकी संस्था है—भारतीय संस्कृति संसद। उन्होंने ऑफर दिया—800 रुपये महीना, रहना, खाना सब व्यवस्था अलग से। दिन में केवल तीन घण्टे, उसमें आने-जाने का समय भी मिला लिया। लेकिन उन्होंने उन्हें भी मना कर दिया कि दादा अब मेरी नौकरी करने की इच्छा नहीं है। तो उन्होंने पूछा कि फिर क्या करेंगे? उन्हें उत्तर मिला कि यह तो नहीं पता कि क्या करूँगा। केवल इतना मालूम है कि गाना चाहता हूँ।

'बस गाना चाहता हूँ,' और संगीत श्यामला की नौकरी छोड़ना, कलकत्ता शहर से बाहर निकलने की भूमिका बन गयी। कुछ वर्ष पहले तबला बजाना तो छोड़ ही चुके थे, लेकिन कलकत्ता शहर में गाने के प्रोग्राम मिलना बहुत कठिन था। एक बार एक वरिष्ठ गायिका का कार्यक्रम था। पंडित महापुरुष मिश्र उनके साथ संगति करने वाले थे। कार्यक्रम की शुरुआत शाम 5 बजे होनी थी। महापुरुष जी ने कहा कि उन्हें उस्ताद अली अकबर ख़ाँ के साथ बजाना है इसलिए वे 7 बजे चले जायेंगे। लेकिन कार्यक्रम प्रारम्भ ही साढ़े छह बजे हुआ। महापुरुष मिश्र तो ठीक 7 बजे तबले से उठ गये। कानन साहब को यह जानकारी थी कि जसराज जी तबला भी जानते हैं और अच्छी संगति भी कर लेते हैं। तो कानन साहब

ने इनसे कहा कि जसराज मुझे मालूम है कि तुम्हारी पॉकेट में एक भी पैसा नहीं है। मैं तुम्हें तबला बजाने के लिए 200 रुपये दूँगा। तुम्हारे पास बस में वापस जाने लायक फूटी कौड़ी भी नहीं है, यह भी मुझे मालूम है। कानन साहब ने बहुत आग्रह किया कि ये तबला बजा लें, लेकिन 200 रुपये लेकर भी ये तबला बजाने को तैयार न हुए। इन्होंने उत्तर दिया कि दादा, आप मुझे मेरा गाना सुनकर 25 रुपये दे दें, लेकिन मैं 200 रुपये लेकर तबला नहीं बजाऊँगा। वहाँ दो-चार लोग खड़े थे जो अब पंडित जसराज के गाने के बहुत सालों से कायल हैं, बोले—कि अब हमें इन जैसों का गाना भी सुनना पड़ेगा! लेकिन उन्होंने ठान लिया था कि तबला नहीं बजायेंगे, और दूसरा कलकत्ता छोड़ देंगे। पैसों की ज़रूरत होते हुए भी अपना निर्णय नहीं बदला।

कलकत्ता रहने पर कभी-कभी ही कंसर्ट में बुलावा आता था, लेकिन मुम्बई आने के बाद जैसे भाग्योदय ही हो गया। वहाँ स्थापित करने में रेडियो का बहुत बड़ा हाथ रहा। रेडियो संगीत सम्मेलन में सन् 1960 से ही इन्हें प्रोग्राम मिलना प्रारम्भ हो गया था। उसके बाद 1961 में रेडियो संगीत सम्मेलन में गाने का निमन्त्रण आया। फिर 1963 में भी अवसर मिला। जसराज जुलाई 1963 में मुम्बई आये। उसी वर्ष अगस्त में यानी 1963 में मिनी नेशनल प्रोग्राम हुआ। करने वाले थे—हफ़ीज अहमद। वो उस्ताद निसार हुसैन ख़ाँ के जँवाई थे। वे इनसे मिलने के लिए आये और बोले, अरे जसराज जी, आप मुम्बई आ गये, बहुत अच्छी बात है। चलिए यहाँ पर साइन कर दीजिए, आपको मुम्बई का आर्टिस्ट बना लेते हैं। तो उन्होंने जसराज को मुम्बई का आर्टिस्ट बनाया और वहाँ से एक मिनी नेशनल प्रोग्राम दे दिया। इस मिनी नेशनल प्रोग्राम में महाराष्ट्र और कर्नाटक के कई इलाक़े आते थे। उन दिनों बस रेडियो ही रेडियो होता था। रेडियो के अलावा और कोई साधन नहीं था। तो 1963 में वह जो कांट्रेक्ट बना वह 'ए' ग्रेड का था, उससे पहले इनका ग्रेड 'बी' हाई था। मुम्बई से कांट्रेक्ट बना, जब वापस आये कलकत्ते तो पता चला कि कांट्रेक्ट 'ए' क्लास का बन गया है। सामने बैंक था, अली अकबर ख़ाँ साहब और जसराज, दोनों ही बैंक गये, कुल 10-15 रुपये का फ़र्क था कलकत्ते से दिल्ली और वापस कलकत्ता और मैं मुम्बई से दिल्ली—वह भाड़े—वाड़े का थोड़ा फ़र्क था। इस प्रकार रेडियो से जसराज के मुम्बई जीवन की नयी शुरुआत हुई।

22

डॉ. मुकुन्द लाठ पंडित जसराज के उन मित्रों में से हैं जिनके बिना उनकी जीवनगाथा सम्भवतः अधूरी रह जाएगी। सन् 1955 से लेकर 1965 तक नियमित रूप से प्रतिदिन घण्टों एक साथ बैठना, रियाज़ करना, संगीत चर्चा करना और साथ में यात्राएँ भी करना। रियाज़ का सिलसिला ऐसा था कि उसमें इन लोगों के लिए लक्ष्मीनारायण भी आ जुड़ते थे। मुकुन्द लाठ बताते हैं कि उन्होंने पंडित जसराज के साथ इतना रियाज़ किया है, इनको तो रियाज़ से तकलीफ़ होती ही नहीं थी। 'मतलब कि ये कभी थकते ही नहीं थे। हम भी नहीं थकते थे। हम तो घूमते-घूमते सबेरे पाँच-सवा पाँच बजे तक जसराज जी के पास पहुँच जाते थे। इनके पास एक छोटा—सा कमरा था, सिर्फ़ रियाज़ करने के लिए। लक्ष्मीनारायण को हम लोग लक्ष्मी कहते थे। वह बड़ा बाज़ार में रहता था। वह बहतु अच्छा तबला बजाते। लक्ष्मी बाबू भी बसों में आते। वह 6 बजे तक पहुँच जाते। तो सुबह छह से साढ़े आठ बजे तक रियाज़। उसके बाद चाय-नाश्ता, फिर अम्मा के पास और फिर रियाज़। उज्ज्वल राय भी आ जाते। बीच में हम कॉलेज-वॉलेज चले जाते थे कुछ पढ़ाने के लिए पर इनका रियाज़ जारी रहता।

'डी.डी. भारती वाला जो बड़े भाई साहब वाला प्रोग्राम है जिसमें जसराज जी हैं और चन्द्रशेखर, गिरीश, सोम तिवारी, उज्ज्वल हैं, उसमें मैं भी हूँ। उसका जो परिचय है, वह मैंने लिखा है। फ्लैप पर जो नोट है, वह भी मैंने लिखा। उस पर भी लिखा जो राग इन्होंने गाये थे—पूर्वी, पट दीपकी, भीमपलासी—उसमें शुद्ध गान्धार और कोमल गान्धार दोनों हैं। उस इण्टरव्यू में एक बात विशेष ध्यान देने योग्य थी। पंडित मणिराम जी से भाई जी (पंडित विनयचन्द्र मुद्गल) ने पूछा राग और 36 रागिनियों के बारे में। उनमें से कई उन्होंने सुनाए और कई सारी बन्दिशें सुनायीं। मधुमालती में जसराज जी ने बड़े भाई साहब के साथ गाया था। गिरीश ने गाया था—शुद्ध बराडी। अच्छा गाया था उसने। बड़े तैयार थे उस समय गिरीश।'

सन् 1954 से पंडित जसराज और डॉ. मुकुन्द लाठ की दिनचर्या एक साथ हो गयी। जसराज जी वहीं रह जाएँ मुकुन्द बाबू के घर में।

कभी मुकुन्द बाबू जसराज जी के घर में आ जाएँ। सन् 1961 तक इनके पास एक छोटा-सा घर था। इतना छोटा कि कमरे में एक पलँग था, उसी में तानपुरा-हारमोनियम था, उसी में खाना बनता था। साथ में छोटा बाथरूम जिसमें नित्य कर्म, नहाना, कपड़ा धोना सभी कुछ चलता था। वह इलाक़ा कलकत्ते में लेक के पास था। मुन्नी (डॉ. नीरजा रतेरिया) भी उसी इलाके में रहती थी। उसका घर थोड़ा फ्रण्ट पर था और जसराज का गली के अन्दर। बड़े भाई साहब, पंडित मणिराम जहाँ रहते थे, वह इलाक़ा था—कबीर रोड।

सन् 1957 तक जसराज जी की माँ जीवित थीं। वह सुबह जल्दी उठा देती थीं—सुबह चार-साढ़े चार बजे। दो-तीन दिन तो जसराज ने कहा कि अम्मा आवाज़ बैठ जाती है तो पहले दिन अम्मा ने कहा कि अच्छा आराम कर ले। दूसरे दिन भी बहाना बनाया कि गला ठीक नहीं है। आवाज़ ही नहीं निकलती। तो बोलीं कि अच्छा आज फिर आराम कर ले। तीसरे दिन उन्होंने फिर बहाना किया। तो अम्मा ने कहा कि अच्छा आवाज़ नहीं निकलती तो नहीं निकलती। जैसी भी है तुम बैठ कर गाने की कोशिश करो। तो अब ये आलम था कि सबेरे उठना ही है और आवाज़ निकालनी ही पड़ेगी। गले का तो कोई दोष था नहीं। तो फिर बैठकर रियाज़ करना शुरू कर दिया। ख़ूब अच्छा तीन घण्टे तक रियाज़ करते थे। सात-साढ़े सात बजे तक रियाज़, 8 बजे तक नाश्ता-वाश्ता करके एक-आध घण्टे के बाद नहा-धोकर 10 बजे तक अम्मा के पास जाते थे। वहाँ जसराज और मुकुन्द साथ हो जाते थे। अम्मा संगीत श्यामला की एडमिनिस्ट्रेटर थीं। बड़े भाई साहब वहाँ प्रिंसिपल थे और जसराज स्टाफ में थे। जैसा कि पहले बताया गया उन्हें 40 रुपये महीना तनख्वाह मिलती थी। सप्ताह में दो दिन—शनिवार और रविवार को क्लास लेते थे, बाक़ी दिन तानपुरा वगैरह निकाल के रियाज़ करते थे। एक बजे तक रियाज़। जसराज और मुकुन्द बाबू, सोम तिवारी जी के साथ रियाज़ करते। फिर वह खाना खाने बैठ जातीं और जसराज या तो मुकुन्द बाबू के साथ उनके घर चले जाते या फिर अपने घर खाना खाने के लिए। उसके बाद फिर अम्मा के पास शाम 4 बजे से 6 बजे तक रियाज़ चलता। 6 बजे के बाद मुन्नी (नीरजा रतेरिया) के पास बैठते थे और उसे दो घण्टे तक गाना सिखाते थे। गाना तो क्या सिखाते थे, अपना ही रियाज़ छोड़ते रहते थे। 8 बजे फिर मुकुन्द बाबू के पास चले जाते थे। खाना-वाना खाया और फिर 11-12 बजे रात तक रियाज़। फिर माँ वही सुबह चार-साढ़े चार बजे उठा देती थीं कि रियाज़ करो। तो नींद का बहुत थोड़ा-सा टाइम था। चार-साढ़े चार घण्टे ज़्यादा से ज़्यादा और कभी दुपहर में एक-आध घण्टा। कुल मिलाकर 6 घण्टे नींद, 18 घण्टे जगते थे और उसमें से 14 घण्टे रियाज़। कभी-कभी

जसराज मुन्नी को ग़ुस्सा करते तो वो गाना बन्द करके पूछती—आपने खाना खाया? फिर वे कुछ खाना-वाना खिलातीं और उनका ग़ुस्सा शान्त हो जाता। तब ये फिर से गाना शुरू करते। 'वो भी क्या अच्छे दिन थे यार! उन्हीं दिनों ने तो बनाया। जो भी हैं हम आज, उसमें उन्हीं दिनों का सब कुछ दिया हुआ है।' जसराज जी कहते हैं।

तो मुकुन्द जी नहीं गाते अब? मेरी जिज्ञासा स्वाभाविक है।

'मैं रहता हूँ तो गाते हैं। रियाज़ करते हैं साथ में बैठकर। पता नहीं क्यों! मुकुन्द बाबू के साथ में बैठकर रियाज़ करने में बहुत मज़ा आता है। वो भी अमेरिका में मिल जाते हैं, तो रियाज़ करते हैं। मैं अगर जयपुर चला जाता हूँ दो-चार दिन के लिए तो रियाज़ करते हैं। वह कलकत्ते आते हैं और मैं भी हुआ, तो रियाज़ करते हैं। और किसी के साथ इतना दिल नहीं मिलता रियाज़ करने के लिए। हाँ, उन्होंने गाने को प्रोफेशन के रूप में नहीं लिया। प्रोफेशन के रूप में अम्मा (श्रीमती सोम तिवारी) ने नहीं लिया। मुन्नी (नीरजा) ने भी नहीं लिया। सभी अपने-अपने अलग प्रोफेशन में रहे और स्वान्तः सुखाय गाते रहे।'

लेकिन इस बीच मुकुन्द लाठ के साथ-साथ उज्ज्वल राय भी पंडित जसराज के साथ जुड़ गये। लांस डाऊन रोड पर नेशनल हाई स्कूल में जसराज जी का एकल गायन हो रहा था। उज्ज्वल राय उधर से जा रहे थे, इनके गाने के स्वर को सुनकर वहीं रुक गये और पूरा गाना सुना। उसके बाद एक अन्य कलाकार का गायन था। तब जसराज जी उन कलाकार के साथ तबले पर आ गये, संगति करने के लिए। उज्ज्वल राय ने गाना और तबला दोनों ही सुना और कार्यक्रम के पश्चात् जसराज के पास आये और कहने लगे कि आप गाते इतना अच्छा हैं, तब फिर तबला क्यों बजाते हैं? जसराज ने कहा कि अब नहीं बजायेंगे। और फिर अपने रियाज़ पर अधिक से अधिक ध्यान देना शुरू किया। बस रियाज़ और रियाज़। एक तरह से जुनून ही था जैसे।

जिस समय तबला छोड़ने की ठान ली, उस समय मुकुन्द और उज्ज्वल राय, दोनों ने ही जसराज जी का बहुत साथ दिया। गुरु पूर्णिमा के दिन एक विशेष आयोजन होता था जहाँ जसराज जी को तबला बजाने के लिए आमंत्रित किया जाता, लेकिन उज्ज्वल राय अड़ जाते कि 10-5 मिनट गाना गवाइये, जसराज तबला नहीं बजायेंगे।

'मुकुन्द कभी-कभी वैनकूवर आते हैं। मैं वहाँ क्लासेज लेता हूँ। तो हम लोग सुबह-सुबह फिर से रियाज़ करने बैठ जाते हैं।' पंडित जसराज कहते हैं। मुकुन्द जी के दिल्ली वाले घर में पंडित जसराज अपनी पूरी शिष्य मण्डली के साथ ठहरे हुए हैं। मुकुन्द जी बता रहे हैं, 'एक बार जसराज

जी एक मठ में गा रहे थे, वहाँ एक महिला इत्र वगैरह लगा कर आ गयीं। तो इनके गले में खराश हो गयी। मैंने आपसे कहा कि आपके साथ बैठे या गाये हुए बहुत दिन हो गये तो आपने कहा कि आबू आ जाओ। और मिमी साहिब हैं, उनके घर में रहने का इन्तज़ाम किया। बहुत ही बढ़िया इन्तज़ाम किया। मिमी साहब राजघराने की हैं, राजस्थान में जोधपुर से कुछ दूर रोहतगढ़ एक स्थान है, वहाँ की बेटी हैं, पूरा नाम है शिवराज कुमारी और अनेक देशों में भारत के राजदूत रहे किशनराणा जी की पत्नी हैं।'

मुकुन्द लाठ से पंडित जसराज की भेंट हुई सन् 1949-50 में। मुन्नी नीरजा जालान के पिता पुरुषोत्तम जालान मुकुन्द के सगे मामा थे। वहीं एक दिन मुन्नी के जन्मदिन पर दोनों की भेंट हुई। जसराज जी वहाँ कभी-कभी आते-जाते थे अपने बड़े भाई साहब पंडित मणिराम के साथ। पंडित मणिराम पुरुषोत्तम जालान जी को सिखाते थे। कुछ वर्षों के बाद 1952 में जसराज जी मुन्नी को भी गाना सिखाने लग गये। 'मुकुन्द लाठ ज्ञानबाई के

पंडित जसराज, दुर्गा जसराज एवं डॉ. मुकुन्द लाठ

बेटे हैं। कुँवर नारायण जी की पत्नी भारती जी उनके यहाँ बहुत आती थीं।

1960 में जसराज और मुकुन्द लाठ चार धाम की यात्रा पर रवाना हुए। बदरी-केदार-गंगोत्री-यमुनोत्री के चारों धामों की वह यात्रा कुल 377 मील की थी जिसे दोनों ने पैदल-पैदल चलकर 37 दिन में पूरा किया। साथ में एक छोटी-सी तानपुरी थी और जहाँ मन करता वहाँ बैठकर आराम भी करते और गाते भी। रास्ते से जितने गुज़राती यात्री गुज़रते और इन्हें गाते हुए सुनते, कहते—के सरस गान करे छे। ऐसे ही यात्रा चली। गंगोत्री के निकट एक स्थान है—गंगवानी, जहाँ गन्धक का एक गरम पानी का कुण्ड है। उस कुण्ड को नारद कुण्ड नाम से भी जाना जाता है। उस कुण्ड में नहाने के लिए जसराज ने एकदम से छलाँग लगा दी। गन्धक की गन्ध से बेहोशी की स्थिति हो गयी और लोगों ने उसमें से निकाला और कहा कि गन्धक के पानी में जाने से पहले उसमें धीरे-धीरे गन्ध को सहने की आदत डालनी होती है, तभी उसमें घुसा जा सकता है।

जसराज जी सदैव ही यायावरी प्रकृति के रहे हैं। एक बहुत रोचक घटना है। एक बार श्रीनगर में रेडियो में एक कार्यक्रम की रिकॉर्डिंग के लिए गये थे। वहाँ से चेक लेकर बाहर निकले तो एक साइनबोर्ड पर लिखा था कि अमरनाथ इतने किलोमीटर। तब सोचा कि जब इतनी दूर आ गया हूँ तो अमरनाथ भी जा कर आता हूँ। वापस स्टेशन डायरेक्टर के पास गये कि मेरी एक और रिकॉर्डिंग कर लीजिए जो आप छह महीने के बाद प्रसारित करें और उसका चेक भी अभी दे दें। स्टेशन डायरेक्टर ने कारण पूछा तो इन्होंने उत्तर दिया कि जब मैं इतनी दूर आ ही गया हूँ तो अमरनाथ भी जाना चाहता हूँ। तब एक रिकॉर्डिंग और करवायी। दोनों चेक लेकर नीचे शहर में आये। वहाँ चेक लेकर कुछ कमीशन लेकर एक व्यक्ति नक़द पैसे दे देता था। उससे दोनों चेक कैश करवाये और पहलगाम की ओर रवाना हो गये जहाँ से आगे अमरनाथ को जाना था। तब इन्होंने सोचा कि अकेले क्या जाना, एक साथी को भी साथ में ले लेता हूँ। लड़का नदी किनारे, बाज़ार में बैठा हुआ था। इन्होंने उससे पूछा कि अमरनाथ चलोगे? तो वह बोला कि मुझे भगवान-वगवान में कोई भरोसा नहीं है, मुझे नहीं जाना है। तब जसराज जी बोले कि कोई बात नहीं, तुम बस मेरे साथ चलो। तुम सुन्दर प्रकृति के नज़ारे लेना, हम अमरनाथ जी के दर्शन कर लेंगे। तो वह लड़का बोला कि एक शर्त पर जाऊँगा कि मुझे टाइम पर खाना चाहिए, टाइम पर आराम चाहिए, सभी कुछ टाइम पर चाहिए, देर-सबेर नहीं। इन्होंने शर्त मान ली। एक पोर्टर को भी साथ में ले लिया तो उसने कहा कि बाबू, वहाँ ऊपर खाना-वाना कुछ नहीं मिलता। यहाँ से पराँठे बँधवाकर ले चलो तो वहाँ खा पाओगे। तो इन्होंने ढेर सारे पराँठे

बनवाकर साथ में रख लिए और चल दिये। ऊपर स्कूल के बच्चों का एक ग्रुप आया हुआ था और उनके मास्टरजी खाने के सामान का टोकरा लाना भूल गये थे। बच्चे वहाँ पीछे पड़ गये कि खाना दो। उन्हें भूख लगी थी। जसराज जी ने अपने साथी को कुछ पराँठे दिये और बाक़ी पराँठे उन बच्चों के बीच बाँट दिये।

इस सबके बाद जब जसराज जी अमरनाथ गुफा में पहुँचे तो वहाँ उन्होंने गाना शुरू कर दिया। गाते-गाते कुछ समय व्यतीत हो गया, एक लड़का वहाँ आया और इनसे बोला कि चलो, आपको बगल की गुफा में मौनी बाबा बुलाते हैं। तब इन्होंने भी सोचा कि चलो मौनी बाबा के दर्शन करके आते हैं। मौनी बाबा लिख-लिख कर बातें करते थे। तो उन्होंने लिखा कि बहुत अच्छा गाते हो। फिर लिखकर पूछा कि भूख लगी है? कुछ खाओगे। तो जसराज जी ने कहा कि हाँ, बहुत भूख लगी है। वह अँधेरी-सी गुफा थी और इन्हें कुछ खास दिखायी नहीं दे रहा था। बाबा ने हाथ घुमाया और एक बड़ा-सा कटोरा निकाला जिसमें सूजी का गरम-गरम हलवा था और अँधेरे में भी जिसमें से भाप निकलती हुई दिखायी दे रही थी। बाबा ने जसराज जी के हाथ में वह कटोरा दिया और कहा कि खाओ। इन्होंने कहा कि बाहर मेरा एक दोस्त है, मैं उसको हलवा देकर आता हूँ। बाबा मुस्कराये और लिखा कि दोस्त का बहुत ख़याल रखते हो। अच्छा ठीक है। तो बाबा ने एक और कटोरा हलवे से भरा हुआ दे दिया। जसराज जी की ज़ेब में जितने भी पैसे थे वे उन्होंने बाबा के चरणों में अर्पित कर दिये। बाबा ने फिर से लिखकर दिया कि इतने पैसे लेकर चलते हो (दो रेडियो प्रोग्राम के पैसे) बाबा ने सारे पैसे वापस दे दिये और लिखकर आशीर्वाद भी दिया।

पंडित जसराज उसके बाद कई बार अमरनाथ गये, गुफा में गये। लेकिन न वहाँ बाबा मिले और न ही अलग से कोई गुफा। वहाँ बहुत पता किया। लोगों ने कहा कि यहाँ न कभी कोई मौनी बाबा थे और न ही कोई और गुफा। गुफा तो यहाँ एक ही है, अमरनाथ की गुफा।

23

1960 में मुकुन्द जी और जसराज जी कहीं से ट्रेन में जा रहे थे। महीना जुलाई का था, जुलाई का अन्त। उस समय साधारण क्लास में ही चलने की हैसियत थी। दोनों एक बोगी में बैठे थे और उसमें एक बूढ़ा आदमी और एक छोटा बच्चा गाते हुए भीख माँग रहे थे। बोगी में किसी ने उनको धक्का दे दिया और वो गिर गये। तो इन लोगों ने उनको उठाया और लोगों से कहा कि भई, इनको कुछ दे दीजिए। तो उस पर एक आदमी उठ खड़ा हुआ और बोला कि यदि इसकी जगह आप गायेंगे तो हम ज़रूरत कुछ दे देंगे। इनके पास एक छोटी-सी तानपुरी थी उस समय। जसराज जी ने कहा कि हम गायेंगे, लेकिन शर्त यह है कि आप सब चार-चार आने दें। उस समय चार आने बहुत बड़ी रक़म होती थी। सब राजी हो गये। तो इन्होंने गाना सुनाया, कुछ एक-आध भजन वगैरह और सबने चार-चार आने पैसे दिये। जितने पैसे इकट्ठे हुए, वो सब उस फकीर को दे दिये।

24

डॉ. नीरजा रतेरिया, पहले नीरजा जालान थीं। उन्हीं की ज़ुबानी उनके अनुभव।

'उस वक़्त जसराज जी घण्टों-घण्टों रियाज़ करते थे। खाने-पीने का कोई ख़याल नहीं रखते थे। रख भी नहीं सकते थे। खाना-पीना ठीक से मिलता नहीं था या पैसे ही कम रहते थे। कमाई कम थी और केवल दो-चार छात्रों को सिखाते थे। संगीत श्यामला में भी कुछ छात्रों को सिखाते थे। दानी तो थे ही। 20 रुपये हाथ में मिलते या रास्ते में कोई मिल जाता जिसे ज़रूरत होती तो उसे पैसे दे देते। इस बात की कोई चिन्ता नहीं कि क्या होगा।

बस में चढ़ कर गाना गाते रहते थे। लोग कहते थे कि भले घर के लड़के क्या इस तरह से बसों में गाना गाते हैं। इन्हें क्या फ़र्क पड़ता था लेकिन कभी-कभी मुझसे आकर कहते कि देखा आज मुझसे किसी ने बस में क्या कहा!

नजदीक ही एक छोटा-सा कमरा था। उसमें सुबह-सुबह बैठ जाते रियाज़ करने के लिए। मेरी स्कूल की बस उधर से ही निकलती थी। मुझे रास्ते में जाते-जाते खिड़की में बैठे हुए रियाज़ करते और चाय पीते हुए दिखायी दे जाते थे। रेडियो में प्रोग्राम करते थे। एक बार उनकी फ़ीस बढ़ गयी। उस समय यह उनके लिए बहुत बड़ी बात थी। मेरे पास आये और बोले कि देख मुन्नी मैं बी हाई हो गया हूँ। हालाँकि फ़ीस केवल पाँच ही रुपये बढ़ी थी, लेकिन यह उनके लिए बहुत बड़ी बात थी। पाँच रुपये उस समय बड़ी चीज़ थी लेकिन इससे उनकी इज़्ज़त बहुत बढ़ गयी थी ना! उनका ग्रेड बढ़ गया था।

सबेरे 6 बजे के लगभग आ जाते और मुझे गाना सिखाते। मैं चाय लेकर बैठी रहती। या फिर कभी शाम को आते 8 बजे के लगभग। ये चाय पीते रहते और मुझे गाना सिखाते रहते। रात को 10 बजे के बाद तक गाना सिखाते। मैं जबर्दस्ती खाना खाने को बिठाती कि खाना खाकर जाइयेगा। कभी खाते कभी नहीं। छात्रों से ये पैसे नहीं लेते थे। बस कभी ज़रूरत हुई तो माँग लिए कि तेरे पास दस रुपये हैं? मैं पूछती कि पहले

के पैसे क्या हुए तो बताते कि फलाँ को जरूरत थी उसे दे दिये। मैं पूछती कि जब आपको जरूरत थी तो किसी और को क्यों दिये। मैंने कहा कि आप ऐसे दानवीर कर्ण बनेंगे तो कैसे चलेगा। तो बोलते–अच्छा ठीक है, नहीं देना है तो मत दो। कभी–कभी बहुत ग़ुस्सा होते थे। मैं समझ जाती थी कि बहुत समय से खाना नहीं खाया है। मैं पूछती कि खाना खाया है। ये बोलते कि नहीं खाया। परसों खाया था। तब मैं कहती कि पहले खाना लीजिए फिर सिखाइयेगा वरना आप सिखायेंगे क्या, आप तो ग़ुस्सा हो रहे हैं।

कभी यहाँ खाना खा लिए तो कभी वहाँ। लेकिन पैसे के नाम पर सिर्फ़ स्कूल में जो पैसे मिलते वही लेते। हमारे घर के पास एक महिला रहती थीं। वे बीमा का काम करती थीं। सब उन्हें बीमा दीदी कहते थे। उनके पति बहुत बीमार रहते और उन्हें पैसे की ज़रूरत रहती। ये अक्सर अपनी ज़ेब उनके पास खाली कर आते। ख़ुद से कभी नहीं कहते कि खाने को नहीं मिला या हमारे पूछने पर सच बोलते कि खाना नहीं खाया।

मेरे तो जसराज जी राखीबन्द भाई हैं। मेरे भाई मुकुन्द और इनमें खासी दोस्ती है। मेरे यहाँ बैठकर घण्टों–घण्टों इनका रियाज़ चलता रहता।

पंडित जसराज नीरजा रतेरिया के साथ

बस यही ज़िन्दगी थी। जिस दिन मैंने मेडिकल में दाखिला लिया उस दिन इन्होंने कहा कि लो एक गाने वाली गयी। फिर ये भी कलकत्ता छोड़कर मुम्बई चले गये। मेरी भी शादी हो गयी। लेकिन इन्होंने मुझे चार साल तक गाना सिखाया। और इतना सिखाया कि वो सारी ज़िन्दगी मेरा साथ देगा। म्यूज़िक के प्रति मेरी एक लगन हो गयी जो कि मैं समझती हूँ कि बहुत अच्छी चीज़ है। मैं पहले बचपन में तो डांस करती थी। इन्होंने कहा कि डांस करोगी तो गाना नहीं सिखाऊँगा। मैंने पाँच साल की उम्र से सोलह साल की उम्र तक डांस सीखा था। रोज़ 2-2 घण्टे तक मैं नाचती थी। लेकिन जब इन्होंने कहा तो मैंने गाना सीखने के लिए रातोंरात डांस छोड़ दिया। इनका मानना था कि डांस और गाना दोनों एक साथ नहीं चल सकते। गाना ख़राब हो जाता है। डांस करने वालों के गले में एक रेश होती है। इन्होंने कहा कि अगर डांस छोड़ सकती हो तो ठीक है। मैं तभी गाना सिखाऊँगा। यूँ भी मुझे मालूम था कि अब मैं सोलह साल की हो गयी हूँ, मुझे डांस करने को तो मिलेगा नहीं। फिर गाना ही सीखना ठीक था। मेरे बाबूजी पंडित मणिराम जी से गाना सीखते थे। मैंने जसराज जी से सीखना शुरू किया। इनका गाना सिखाने का तरीक़ा ऐसा था कि मैं कोशिश करने के बावजूद किसी और से सीख नहीं पायी। इतना सीखा नहीं था कि अकेले कुछ कर सकूँ। इसलिए परफॉर्मेन्स भी नहीं दे पायी। जसराज जी मुझे एक राग सिखाकर चले जाते थे। कहते कि इसे तैयार करो, एक महीने के बाद आकर सुनूँगा। एक महीने तक मैं रियाज़ करती। फिर ये महीने भर के बाद जब कलकत्ता आते तो सुनते कि रियाज़ किया है या नहीं। इनका जैसा सिखाने वाला मुझे और किसी में दिखा ही नहीं। तो फिर मेरा गाना भी छूट गया।

जसराज जी ने कभी घड़ी देख कर गाना नहीं सिखाया। 2-2 घण्टे तक लगातार सिखाते रहते थे। इन्हें समय का पता ही नहीं चलता। उसमें डूब जाते थे। साथ-साथ इनका अपना रियाज़ भी होता रहता था। इन्हें कभी यह ख़याल नहीं आया कि एक घण्टे में उठकर जाना है या फिर आधे घण्टे में। मुझे इतना सिखा दिया था कि एक बड़े आर्टिस्ट ने एक बार मुझसे यह कह दिया कि मेडिकल छोड़कर संगीत में आ जाओ। लेकिन फिर प्रोफेशन और परिवार की ज़िम्मेदारियाँ बढ़ती गयीं। घर भी सँभालना होता था और काम भी। धीरे-धीरे गाना छूट गया। मेरी तकदीर में नहीं था गाना गाना। इन्होंने मुझे सन् 1957-58 में सिखाना शुरू किया। इनके गुरु और बड़े भाई साहब पंडित मणिराम जी मेरे पिताजी के गुरु थे और उनके साथ ये भी घर में आते थे। ये मुझसे कहते कि एंडिंग में तुम्हें गाना सिखाऊँगा। लेकिन मैं कहती कि मुझे तो गाना सीखना ही नहीं है। लेकिन फिर बाद में मैंने सीखा और इन्हीं से सीखा। ऐसा कि और

किसी से बाद में सीख ही नहीं पायी। फिर जब सीखने की बारी आयी तब बाबूजी ने कहा कि तुम्हें जसराज सिखायेगा। पंडित मणिराम जी भी बोले कि तुम्हें यही सिखायेगा।

नीरजा जी ने पंडित मणिराम को भी बहुत सुना है और पंडित जसराज को भी। इनके गाने में क्या अन्तर है।

अन्तर तो नहीं है खास। ये बहुत-सा बड़े पंडित जी जैसा गाते हैं। उनकी आवाज़ में एक बुलन्दी थी। तब माइक वगैरह का इस्तेमाल नहीं होता था। इनकी आवाज़ में रस है और ये माइक का इस्तेमाल बहुत अच्छे से करते हैं। बड़े पंडित जी का सुर बहुत पक्का था। इनकी आवाज़ में मधुरता बहुत है। उनकी आवाज़ में खनक थी। उसका कारण था कि वो बिना माइक के ज़ोर से गाते थे। बहुत ही अच्छा गाते थे वो। लेकिन उन्होंने कह दिया था कि मैं तुम्हें नहीं सिखाऊँगा। तुम्हें जसराज ही सिखायेगा। उस वक़्त इनकी प्रवृत्ति थी कि जो कुछ भी इनके पास है वो सब कुछ मुझे सीखना है। वरना बहुत से लोग ऐसे होते हैं जो सब कुछ नहीं सिखाते। लेकिन ये कहते हैं कि पहले मुझसे अच्छी तरह सीखो उसके बाद तुम्हें जो कुछ भी अपना करना है वो करो। लेकिन अभी मेरे पास जो कुछ भी है वो सारा का सारा ले लो। जितना ले सकती हो वो ले लो। जितना तुम सीख सकती हो सीखो, मैं सिखाता जाऊँगा। ये सिखाते भी पूरी तन्मयता से हैं।

ये जहाँ जाते वहाँ गाना सिखाते। कहीं घूमने जायें तो गाना सिखायेंगे। बस में गाना सिखायेंगे। गंगा के किनारे या कलकत्ता में। कलकत्ता के बाहर घर में फ़ोन पर। सब जगह। मधुरा भाभी शादी से पहले कलकत्ता आयी थीं। इन्होंने मुझसे पूछा कि ठीक है। मैंने कहा ठीक है? बहुत अच्छी है। बोले, इनसे मेरी शादी होने वाली है। फिर हमें अपनी बारात मैं मुम्बई ले गये। सब ट्रेन से गये थे। और इन्होंने हमें बारात में ट्रेन में बैठकर गाना सिखाया। आप कल्पना कीजिए कि कोई व्यक्ति, कोई गुरु अपने काम के प्रति इतना ईमानदार हो सकता है कि वो अपनी शिष्या को अपनी बारात में भी गाना सिखाये। उस दिन इन्होंने मुझे राग मुल्तानी सिखाया था। एक बार एक मित्र के यहाँ गये गंगा किनारे। तो वहाँ इन्होंने मुझे राग मेघ सिखाया और गाया भी। उस दिन ज़ोरों से बारिश हुई। इसी तरह से ये आज भी अपने शिष्यों को गाना सिखाते हैं।'

25

पंडित जसराज के शुरुआती दिनों में कृष्णकान्त रोहतगी का बहुत विशिष्ट स्थान रहा। सन् 1955 की बात है। वो सोम तिवारी जी के ऑफ़िस में नौकरी के लिए आये। इंजीनियर थे और कानपुर से आये थे। जसराज को मालूम नहीं था कि कौन हैं, क्या करते हैं। इस बीच तिवारी जी के पिता का देहान्त हो गया। उनके अन्तिम संस्कार में तिवारी जी के ऑफ़िस में बहुत लोग आये। उनमें कृष्णकान्त भी आये थे। तो इनका सबसे पहला परिचय श्मशान भूमि में हुआ था। उन्होंने पहले जयपुर के प्रसिद्ध गायक पंडित शंकर श्रीपाद बोडस से गाना सीखा था जो स्वयं पंडित विष्णु दिगंबर पलुस्कर के शिष्य थे। बोडस जी के बेटे काशीनाथ शंकर बोडस और बेटी वीणा सहस्रबुद्धे बहुत नामी कलाकार हुए। वहाँ से सीखते-सीखते ये कलकत्ता आये और एक दूसरे के सम्पर्क में आये। उन्होंने पंडित मणिराम से गाना सीखना शुरू किया। कृष्णकान्त जी हर शाम इनके यहाँ आते थे और वह और जसराज बड़े भाई साहब से एक साथ गाना सीखते थे। जसराज की माँ इन्हें बहुत दुलार करती थीं। माँ बहुत बीमार पड़ गयीं तो उन्हें ऐसा लगा कि अब वह जीवित नहीं रहेंगी। उन्होंने कृष्णकान्त को बुलाया और कहा—कृष्ण, तुम जसराज को देख लेना। तो उन्होंने माँ को वचन दिया कि माँ, आप चिन्ता मत कीजिए। मैं इनका पूरा ख़याल रखूँगा। तो इस नाते कृष्णकान्त जसराज के बड़े भाई भी हो गये। वैसे वह उनसे 8-10 महीने बड़े भी थे। सन् 1957 में जसराज जी की माँ का देहान्त हो गया। तब से लेकर अपने अन्तिम समय तक उन्होंने बड़े भाई की तरह ही जसराज जी का ध्यान रखा। इन दोनों ने कलकत्ते में कई डुएट भी गाये।

26

फ़िल्मों से घनिष्ठ सम्बन्ध होने के बावजूद पंडित जसराज स्वयं फ़िल्मों से बहुत दूर रहे। मधुरा जी तो बहुत बड़े फ़िल्मी खानदान से थीं लेकिन जसराज जी फ़िल्मों में काम नहीं कर पाए। ऐसे समय में जब पंडित भीमसेन जोशी और उस्ताद अमीर ख़ाँ जैसे कलाकार भी फ़िल्मों की तरफ आकर्षित हो रहे थे, पंडित जसराज ने कुछ अधिक गाने सिनेमा में नहीं गाये। बेगम अख़्तर, सितारा देवी, विनायक राव पटवर्धन, बाल गन्धर्व जैसे चोटी के कलाकार भी सिनेमा से जुड़ गए थे और किसी न किसी रूप में उनके स्वर सुनायी देते रहते थे सिनेमा के परदे पर। पंडित जसराज अनायास ही याद करते हैं फ़िल्म 'रोटी' का एक गीत—'उलझ गए नैना।' इस फ़िल्म में शास्त्रीय संगीत और नृत्य से जुड़ी विभूतियाँ जुड़ी हुई थीं—एक तो बेगम अख़्तर और दूसरी सितारा देवी। महाराष्ट्र में बहुत सारे गायक जो रंगमंच से जुड़े थे वो मंच पर खड़े होकर ही गाना गाते थे। बेगम अख़्तरीबाई फ़ैज़ाबादी के नाम से गाती थीं। इस फ़िल्म के हीरो थे शेख मुख्तयार। दूसरे विश्वयुद्ध के समय यह फ़िल्म बनाई गयी थी।

बालक जसराज ने भी उन दिनों एक फ़िल्म में काम किया। यह एक छोटा सा रोल था। फ़िल्म का नाम था—'तोप का गोला'। 'प्रताप भैया हमें वहाँ ले गए थे। उस फ़िल्म में काम करने का हमें 40 रुपया मिला। प्रताप भैया को तो 100 रुपया मिलता था। यह सन् 1935-36 की बात है। प्रताप भैया को वहाँ ले गयी थी जद्दन बाई। जद्दन बाई नर्गिस दत्त की माँ थीं। वो पिताजी को बहुत मानती थीं। उनका गाना भी बहुत प्रेम से सुनती थीं। पिताजी यानी पंडित मोतीराम जी कभी मुम्बई में आकर बसना चाहते थे लेकिन यह सम्भव ना हुआ। फिर वो हैदराबाद ही चले गये। प्रताप भैया तो फ़िल्मों के बहुत बड़े शौकीन थे। कोई भी रोल मिल जाये, कुछ भी करने को तैयार। प्रताप भैया मुझे लेकर मुम्बई आए और हम जद्दन बाई के पास गये। वो आयी और बोलीं अरे प्रताप तुम! प्रताप भैया रो पड़े। क्योंकि वो पिताजी को बहुत मानती थीं और उनका गाना सुनती थीं। प्रताप भैया का वो बातें याद करके मन भर आया। मेरे पिताजी के गाने को जबरदस्त चाहने वाली दो लेडीज थीं—जद्दन बाई और सुन्दरा

बाई। सुन्दरा बाई जाधव। वो भी एक ज़माने की बहुत जानी मानी महिला थीं। लावणी बहुत अच्छा करती थीं। 'तोप का गोला' में हम राजकुमार बने थे और छोटे हीरो का रोल किया था उस ज़माने के मशहूर अभिनेता जयंत ने। जयंत 'शोले' वाले अमजद खान के बाप थे।'

पंडित जसराज ने बॉलीवुड में कुल चार फ़िल्मों में गाया। व्ही. शांताराम जी की एक फ़िल्म थी—'लड़की सह्याद्रि की।' वो फ़िल्म चली ही नहीं। शांताराम जी की फ़िल्म जो कभी सिल्वर जुबली से कम नहीं चली थी, उसे 3 ही दिन में उतारना पड़ा। लेकिन उसमें एक प्रार्थना थी—'वंदना करो। अर्चना करो, इस धारा महान की। स्वर्ग के समान की,' यह राग अहीर भैरव में निबद्ध थी और इसे संगीत में बाँधा था—वसंत देसाई ने। यह फ़िल्म सन् 1966 में आयी थी। उसके बाद सन् 1973 में पंडित भीमसेन जोशी के साथ उन्होंने 'बीरबल माई ब्रदर' में राग मालकौंस में एक जुगलबन्दी गायी—'रंगरेलियाँ करत सौतन के संग।' फ़िल्म 'फिर भी' में इन्होंने पार्श्व संगीत दिया और आलाप भी किया। वाद में सन् 2013 में अदनान सामी के संगीत निर्देशन में एक गाना गाया फ़िल्म '1920' में। इस गाने का एक हिस्सा बेगम परवीन सुल्तान ने गाया था। लेकिन सबसे पहले इन्होंने कवि गुरु रवीन्द्रनाथ ठाकुर के गुरु जदु भट्ट के नाम पर बनी फ़िल्म में गाया। राग था भटियार और संगीत निर्देशक थे पंडित ज्ञान प्रकाश घोष। इसे पंडित जसराज, ए. कानन, प्रसून बनर्जी ने मिलकर गाया था। बाद में रघुनाथ सेठ के संगीत निर्देशन में भी एक फ़िल्म में बहुत सारे गीत गाये, लेकिन वो भी नहीं चली। पंडित जसराज को लगा कि वो फ़िल्मों के लिए नहीं बने हैं और फ़िल्में उनके लिए नहीं बनी हैं।

27

उस्ताद फ़य्याज़ ख़ाँ के सम्बन्ध में पंडित जसराज ने युवावस्था में पहली बार सुना था। लेकिन विशेष भेंटवार्त्ता आदि का अवसर नहीं मिला। कलकत्ते में जसराज सप्ताह में एक बार शिखेन्दु गोस्वामी जी के स्कूल में तबला बजाने जाते थे। उनके यहाँ लड़कियाँ-लड़के गाना-बजाना सीखने आते थे, जसराज जी साथ में तबले पर संगत करते। एक दिन एक व्यक्ति आया और शिखेन्दु गोस्वामी से कहने लगा, 'शिखेन्दु बाबू, बाघेर गान सुनलाम्। शिखेन्दु बाबू शेर का गाना सुना है।' वह उस्ताद फ़य्याज़ ख़ाँ के विषय में कह रहा था। घटना को याद करके पंडित जसराज बताते हैं, 'सोचो, शेर का गाना! जैसे शेर अपनी माँद में से निकलता है न, हा हा हा हा ऽऽऽ ऐसे तो वह शुरू होते थे। उनके गाने का क्या विश्लेषण करें! उस ज़माने में उनसे बड़ा कोई कलाकार ही नहीं था। मुझे यह समझ में आया कि जो कलाकार जितनी बड़ी स्टेट का होता था, उतना ही बड़ा कलाकार, उतना ही बड़ा नाम। फ़य्याज़ ख़ाँ साहब बड़ौदा स्टेट के संरक्षण में थे। बड़ौदा स्टेट के संरक्षण में जो कलाकार थे, उनका नाम सबसे ज़्यादा था। यूँ कलाकार तो बहुत सारे थे और बहुत अच्छा गाते थे, ग्वालियर में तो बहुत सारे कलाकार थे ही। उस्ताद अब्दुल करीम ख़ाँ साहब भी बहुत बड़े कलाकार थे, लेकिन स्टेट छोटी थी। रामपुर वगैरह स्टेट्स थीं, लेकिन बड़ौदा स्टेट का संरक्षण ही बड़ा था और सबसे अधिक कलाकारों को घोषित करने वाला था।'

एक बार पंडित जसराज के चाचा, पंडित मोतीराम के छोटे भाई—पंडित ज्योतिराम बड़ौदा में गाने के लिए गये। वहाँ एक सज्जन थे श्री तनखेवाला। उन्होंने पंडित ज्योतिराम का गायन सुना और बहुत आनन्दित हुए। उन्होंने आग्रह किया कि पंडित जी, आप हमारे बड़ौदा में कॉलेज में आ जाइये। शिवाजी राव म्यूज़िक कॉलेज में आपको पद मिल जायेगा। पंडित ज्योतिराम ने कहा कि मैं किसी के नीचे काम नहीं करूँगा। उस समय फ़य्याज़ ख़ाँ साहब कॉलेज के प्रिंसिपल थे। तनखेवाला जी ने महाराजा साहब बड़ौदा से बात की, कि हुजूर पंडित ज्योतिराम जी को आप सुनिये। हमें लगता है कि हमारे म्यूज़िक-कॉलेज में इनके होने से हमारी शान बढ़ेगी। लेकिन इनकी शर्त ये है कि ये किसी के मातहत काम नहीं करेंगे। तो महाराज साहब ने कहा कि अगर ये इतने उच्च कोटि के

कलाकार हैं और आप समझते हैं कि इन्हें हमारे यहाँ होना चाहिए तो कुछ उपाय करना पड़ेगा। तब तनखेवाला जी ने सुझाव दिया कि उस्ताद फ़य्याज़ ख़ाँ को तो निकाला नहीं जा सकता है। ऐसा करते हैं कि दो प्रिंसिपल रख लेते हैं। फ़य्याज़ ख़ाँ साहब बड़ौदा की शान हैं, पंडित ज्योतिराम भी बड़ौदा की शान बनें। तो ये निमन्त्रण लेकर तनखेवाला जी पंडित ज्योतिराम के पास गये। उन्होंने फिर अपनी बात दोहरायी—कि किसी के मातहत काम नहीं करेंगे। तब तनखेवाला जी ने महाराजा साहब का प्रस्ताव उनके सम्मुख रखा। तब पंडित ज्योतिराम ने प्रस्ताव को स्वीकार कर लिया। उधर फ़य्याज़ ख़ाँ साहब को पता चला कि उनके समकक्ष पंडित ज्योतिराम को भी प्रिंसिपल बनाया जा रहा है। उस समय में वह अकेले ऐसे कलाकार थे जिनके पास अपनी घोड़ागाड़ी थी। तो फ़य्याज़ ख़ाँ साहब अपनी बग्घी में बैठकर पंडित ज्योतिराम के पास आये और कहने लगे कि भैया, मैं तो आपके बड़े भाई मोतीराम जी का दोस्त हूँ। आप मेरे साथ ऐसा क्यों कर रहे हैं? मैं आप पर कोई हुकूमत थोड़े न चलाऊँगा। अब मोतीराम यहाँ होते तो मैं उनसे शिकायत करता। पर अब मैं शिकायत भी किससे करूँ? हम तुम्हारे बड़े भाई के दोस्त हैं तो तुम्हारे भी बड़े भाई हुए। आप हमारे छोटे भाई हैं। आपको हमारे अन्दर काम करने में क्या तकलीफ़ है? तब पंडित ज्योतिराम ने उत्तर दिया कि ऐसा है तो मैं नौकरी ही नहीं करूँगा। अद्‌भुत गाते थे। पंडित ज्योतिराम बहुत सुरीले गायक थे। जसराज तब छोटे थे और तबला बहुत बढ़िया बजाते। ज्योतिराम जी कई बार उन्हें अपने साथ तबले पर संगत करने के लिए ले जायें। घरवाले नहीं चाहते थे कि युवा जसराज उनके साथ तबला बजायें (बिना आयोजकों के निमन्त्रण और पारिश्रमिक के), तो इनसे कह दिया कि तुम उन्हें गाने ही न देना, ऐसा तबला बजाना। जसराज तो छोटे थे, उन्हें क्या पता था कि क्यों ऐसी राय दे रहे हैं। बाद में समझ में आया कि उन्हें इनका जाना पसन्द नहीं था। यदि वह चचा को गाने ही न दें तो अगली बार से वह शायद अपने साथ यूँ ही उठाकर न ले जाते। तब जसराज ने ऐसा तबला बजाया कि सुनने वाले दंग। जितने टुकड़े उन्हें याद थे, सभी के सभी बजा दिये। एक के बाद एक, बजाते गये जैसे कि चचा वहाँ हो ही नहीं। तंग आकर चचा ने इंटरवेल अनाउंस कर दिया। पीछे ग्रीन रूप में आकर जसराज से कहने लगे कि ईश्वर करे, तुम भी एक दिन गाओ और तबले वाला तुम्हें भी ऐसे ही तंग करे, तब तुम्हें पता चले कि गाना कितना मुश्किल काम है। और तबले वाला कितनी तकलीफ़ देता है। चचा ने तो यह बात यूँ तो खीझ कर कही थी, लेकिन कैसी सुन्दर रूप में फलीभूत हुई। बड़ों का ग़ुस्सा भी बच्चों के लिए वरदान होता है। क्योंकि उस समय तक तो जसराज गाते ही नहीं थे, केवल तबला ही बजाते थे।

28

पंडित जसराज का सम्पूर्ण जीवन सुरीले अनुभवों का एक समुद्र है। उसमें जितना-जितना डूबो, उतना ही अधिक मोती मिलेंगे। एक पंडित भीष्मदेव चटर्जी थे। वे बहुत बड़े गायक थे। उन्होंने बद्दल ख़ाँ साहब से गाना सीखा था। बद्दल ख़ाँ सारंगी वादक थे। पुराने ज़माने में एक गायिका हुई, जिसका नाम जोहराबाई आगरे वाली था। यह सौ एक बरस पुरानी बात होगी। एक बार बद्दल ख़ाँ साहब फ़य्याज़ ख़ाँ साहब के साथ सारंगी बजा रहे थे और उनके साथ-साथ चलने की कोशिश कर रहे थे। उनको फ़य्याज़ ख़ाँ साहब ने टोका कि अबे, सारंगी बजाता है, हमसे क्या लड़ेगा! तो बद्दल ख़ाँ ने सारंगी बजाना छोड़ दिया। यह कलकत्ते की घटना है। तो कहीं उन्हें भीष्मदेव चटर्जी मिल गये। उन्होंने भीष्मदेव को बहुत सालों तक गाना सिखाया। जब उनको लगा कि लड़का कुछ कर सकता है तो उससे कहा कि बेटा, जाओ, दुनिया को गाना सुना कर आओ। तब पुराने ज़माने में कोई बुलाता तो था नहीं। पूरी स्टेट होती थी। स्टेट में जाकर रह गये और बता दिया कि मैं गायक हूँ। कोई राजा साहब तक बात पहुँचा देता था तो कोई नहीं। ये बड़ौदा पहुँच गये, जो फ़य्याज़ ख़ाँ साहब का अड्डा था। बड़ौदा में कोई न कोई मध्यस्थ रहते थे, जो नये-नये कलाकारों का गाना सुनते थे और तय करते थे कि कौन राजा साहब को गाना सुनाने लायक हैं, कौन नहीं। तो उनमें से कुछ लोगों ने कहा कि यह तो बहुत अच्छा गाता है। उस्ताद लोगों ने कहा कि एक लड़का आया है जो बहुत अच्छा गाता है। राजा साहब को सुनाने लायक है। किसी ने कहा कि बाबू आप गाते तो अच्छा हैं लेकिन लयकारी को आप थोड़ा और सीख लीजिए, यहाँ के उस्ताद (फ़य्याज़ ख़ाँ) से गंडा बाँध ले। तो भीष्मदेव चटर्जी बेचारा भोला आदमी था, उसने गंडा बाँध लिया। तो जैसे ही उन्होंने गंडा बाँधा, फ़य्याज़ ख़ाँ को और भीष्म देव दोनों को समझ में आ गया ये तो बद्दल ख़ाँ की चालाकी है, उन्होंने भेजा है इन्हें यहाँ पर मात देने के लिए। तो बद्दल ख़ाँ को टेलीग्राम भेज दिया कि जिसको तुमने यहाँ गाने के लिए भेजा था, वो तो यहाँ उस्ताद फ़य्याज़ ख़ाँ का शिष्य बन रहा है। गंडा बँधा रहा है। टेलीग्राम देखकर बद्दल ख़ाँ जो बुड्ढे हो चुके थे, बहुत धक्का पहुँचा और बहुत तकलीफ़ हुई कि अल्लाह, तूने ये क्या कर दिया।

तो उनकी तकलीफ़ भीष्मदेव चटर्जी के लिए शाप जैसी बन गयी। और उन्होंने कलकत्ते वापस आना मुनासिब नहीं समझा। वो पांडिचेरी चले गये। पच्चीस बरस तक वहीं रहे। वो गाना तो गाते ही नहीं थे। तानपुरे को हाथ भी नहीं लगाते थे। फिर पच्चीस बरस के बाद एक बार कलकत्ते आये। जब वो कलकत्ते आये, उस समय जसराज वहीं थे। यह सन् 1956-57 की बात होगी। उन्होंने थोड़ा-बहुत गाना भी शुरू कर दिया था। उनके नाम से सड़क बन गयी। वहाँ एक प्रोग्राम कराया गया। पहला जसराज का गाना था। वह गाने बैठे। लगभग आधा घण्टे ही गाया होगा कि भीष्मदेव चटर्जी जो ऑडियंस में बैठे थे, उठ खड़े हुए। उन्होंने कहा—अरे, किसी के पास कुछ है? हमको इसे कुछ देना है। तो किसी ने उन्हें एक गिन्नी निकालकर दी। तो उन्होंने जसराज को गिन्नी दी और कहा—कि बेटा, लो इसे रख लो। बहुत अच्छा गाते हो। मेरे पास आना, मेरा घर वहाँ है, वगैरह-वगैरह। और फिर बैठकर पूरा गाना सुना। बहुत आशीर्वाद दिया। वो आधे साधु थे। संगीतकार तो थे ही। जसराज फिर उनके घर जाने लगे। लेकिन ये अद्‌भुत चमत्कार था कि किसी वरिष्ठ कलाकार ने खड़े होकर कहा हो कि किसी के पास कुछ है, मुझे इसे कुछ देना है! जसराज जब उनके पास जाने लगे तो उनके भाई ने भी उनसे कहा कि जसराज भाई, आप इनके पास आया कीजिए, वैसे तो ये किसी से बात नहीं करते हैं, चुपचाप बैठे रहते हैं। लेकिन आप आते हैं तो बात करते हैं, हँसते हैं, तो आप आया करें। तो जब वो मस्ती में आते थे तो कुछ भी करते थे।

'एक दिन करामत ख़ाँ साहब के यहाँ उनके पिता मसीत ख़ाँ का कुछ पचासवाँ या कोई और वर्ष मना रहे थे। इसमें भीष्मदेव चटर्जी भी आये थे। हमने अपने गाने के लिए जैसे ही स्वर मण्डल को उठाया तो उन्होंने कहा, 'आमी गाइबो।' तो उनको कौन मना करेगा कि मत गाओ! उन्होंने ऐसी इज़्ज़त पायी थी, पागल जैसे गवैये थे वो, तो मैं उस शख़्स का इतना भर ज़िक्र करता हूँ कि उन्होंने ऽऽऽ-बस तीन स्वर लगाये, तो ऐसा महसूस हुआ कि वसन्त आ गया है। बस केवल तीन स्वर, और वसन्त आ गया। उनके गाने में कुछ ख़ासियत थी। जितने भी लोग बैठे थे, सब झूम गये। बाकी सबको महसूस हुआ या नहीं, मुझे पता नहीं, लेकिन मुझे ऐसा लगा कि वसन्त आ गया। मगर उन्होंने गाना बन्द कर दिया था। उनकी दो-चार रिकॉर्डिंग हैं जो बड़ौदा जाने से पहले की हैं। इतनी बेदाग़ और ऐसी शफ़्फ़ाक तान। बहुत तेज़ी चलती थी। उनके शिष्य थे कुमार बालानन्द सिंह। बिहार में पूर्णिमा के पास बन्हेली एक गढ़ है। उनके पिता कुमार श्यामनन्द सिंह वहाँ के राजा थे और अच्छे गायक थे। सन् 1972-73 में या 1976 में हमें वहाँ से बुलावा आया था। हमारा गाना सुनकर

वो बहुत ख़ुश हुए थे। मुझसे कहा कि एक दिन और रुकोगे। हम आपके लिए गाना चाहते हैं। मैंने कहा कि रुक जायेंगे। तो उन्होंने गाया, सुबह। फिर हमको कहा कि आप भी गाइये। उनके बेटे हमारे शिष्य हुए—कुमार बारानन्द सिंह। वो वहाँ के गद्दीनशीन हैं। भागलपुर में वो प्रोफ़ेसर हैं, पढ़ाते हैं। बहुत योग्य व्यक्ति हैं। पूरा परिवार पढ़ा-लिखा है।

सब बहुत ज़ोरदार। जोरदार। कुमार बारासिंह, कुमार तारानन्द सिंह, कुमार श्यामानन्द सिंह आदि। गढ़ बन्हेली।'

29

पंडित मोतीराम के देहान्त के पश्चात् उनका परिवार कुछ वर्षों तक हैदराबाद में ही रहता था। हैदराबाद में नन्हे जसराज अपने बड़े भाई राजाराम के साथ स्कूल जाया करते थे। रास्ते में एक रेस्टोरेण्ट पड़ता था जिसका नाम था 'याकूबिया रेस्टोरेण्ट'। वहाँ बेगम अख़्तर (वे उन दिनों अख़्तरीबाई फ़ैज़ाबादी के नाम से जानी जाती थीं) का गाया हुआ 'दीवाना बनाना है तो दीवाना बना रे। वरना कहीं तकदीर तमाशा न बना दे।' ये फ़िलासफ़ी जसराज की समझ में नहीं आती थी, लेकिन गाने की तर्ज़, उसकी धुन, उसके सुर और बेगम अख़्तर की आवाज़ जसराज पर जादू का काम करती। याकूबिया रेस्टोरेण्ट के नजदीक पहुँचते ही उनके पाँव ठिठकने लगते। तो पहले थोड़ा-थोड़ा सुनना शुरू किया। बाद में वहीं बैठ जाते। राजा भैया कहते—जसराज चलो, स्कूल में देरी हो रही है। लेकिन जसराज उसी आवाज़ को सुनते रहे। याकूबिया रेस्टोरेण्ट के मालिक के पास वह इकलौता रिकॉर्ड था, इसलिए हर समय उसी को बजाते रहते थे। जसराज राजा भैया से कहें कि भैया आप चलें, मैं आ रहा हूँ। राजाराम पैदल आगे निकल जाते। जसराज कभी याकूबिया में बैठे रह जाते और कभी एक किसी रईस की बग्घी के पीछे दौड़कर चोरी-छुपे चढ़कर स्कूल पहुँच जाते थे। वो बग्घी वहाँ से अक्सर निकलती थी। बग्घी के पीछे के हिस्से में कीलें लगी हुई थीं और जसराज अपना बस्ता उन्हीं कीलों पर टाँग देते और फिर चुपके से बग्घी के पीछे के हिस्से में बैठ कर स्कूल के पास उतर जाते। एक दिन बग्घीवान ने इन्हें पकड़ लिया और चिल्लाया-देखो देखो, बग्घी के पीछे चोट्टा। बस इनका बस्ता बग्घी के साथ चला गया और जसराज नीचे ही रह गये याकूबिया रेस्टोरेण्ट में बेगम अख़्तर को सुनते हुए, 'दीवाना बनाना है तो दीवाना बना दे, वरना कहीं तकदीर तमाशा न बना दे।' उस चार साढ़े चार साल की उम्र में बेगम अख़्तर की आवाज़ का जादू जसराज के सिर चढ़ कर बोलने लगा था।

तो जसराज वहाँ अड्डा जमा कर बैठने लगे। फ़ुटपाथ पर बैठे रहते और फिर दिन भर वहीं रहते जब तक राजा भैया स्कूल से लौट कर न आते। फिर उस याकूबिया रेस्टोरेण्ट के कर्मचारी कभी-कभी इन्हें

चाय-बिस्कुट भी देने लगे। इन्हें लगता कि यह लड़का यहीं बैठा रहता है और उन लोगों को भी बेगम अख़्तर के दीवाने, छोटे जसराज के साथ आत्मीयता हो गयी।

बेगम अख़्तर और पंडित मणिराम के बीच सिगरेट का सम्बन्ध था। दोनों ही एक ही ब्राण्ड की सिगरेट पीते थे—कैप्सटन नाम था जिसका। कलकत्ते में जब भी बेगम अख़्तर जातीं पंडित मणिराम से मिलने ज़रूर आतीं। जसराज तो इन लोगों के आसपास ही मँडराते रहते। दोनों रात-रात भर बैठ कर एक-दूसरे के साथ संगीत की चर्चा करते। कभी पंडित मणिराम कोई नयी बन्दिश सुनाते, कभी बेगम अख़्तर हारमोनियम निकाल कर कोई नयी ग़ज़ल कहतीं। साथ-साथ में दोनों के कैप्सटन सिगरेट के कश भी चलते रहते। वहाँ से जसराज उन्हें और भी ज़्यादा मानने लगे। और बेगम अख़्तर भी इन पर अपना स्नेह लुटाने लगीं।

पूना में पंडित जसराज की बहिन स्वरूपा वसुन्धरा पंडित रहती थीं। सन् 1972 में दोनों एक साथ ही पूना पहुँच गये। बेगम अख़्तर वसुन्धरा पंडित को गाना सिखाती थीं और पंडित जसराज का वहाँ कार्यक्रम था। बेगम अख़्तर ने जसराज जी से पूछा कि तुम्हारा प्रोग्राम है? उन्होंने कहा—हाँ, है तो। तो वो बोलीं कि 'हम तुम्हारा प्रोग्राम सुनने आयेंगे।' 'मैंने कहा-अम्मा, अम्मा, आप यहाँ आराम फ़रमाइये। प्रोग्राम वसुन्धरा जी के घर के बहुत ही क़रीब था। रात के लगभग 11 बजे बेगम अख़्तर अपनी लाठी टिकाते हुए वहाँ जहाँ कार्यक्रम था, पहुँच गयीं, साथ में वसुन्धरा पंडित भी थीं। बहुत प्यार से बैठी रहीं। सबेरे 5 बजे तक वहीं बैठी रहीं। फिर जब हम लोग घर जाने लगे पैदल, तो रास्ते में बोलीं, 'बेटा, हम यदि छोटी उम्र के होते तो तुमसे गाना सीखते।' मैंने कहा—अम्मा, ये क्या बात कर रही हैं आप? 'वो दीवाना बनाना है तो दीवाना बना दे' की फ़िलासफ़ी तो हमें अभी तक समझ में नहीं आयी, आपने ये क्या कह दिया। बोलीं—बेटा, सच कह रही हूँ। हम तो उन्हें अम्मा ही कहते थे। और उनका बड़प्पन देखिए। कितना बड़ा दिल! उनके सामने उस्ताद बिस्मिल्लाह ख़ाँ जैसे कलाकार उनका गाना, उनकी आवाज़ सुनकर परेशान हो जाते थे। अपना बिस्तर छोड़ के उठ खड़े होते थे। पंडित भीमसेन जोशी, पंडित हरिप्रसाद चौरसिया ऐसा कौन सा कलाकार था जो उनके गाने का कायल नहीं था। यह हमें बाद में पता चला कि ये सब लोग भी उनकी आवाज़ के दीवाने थे। मगर हमारी छाती चौड़ी हो गयी कि हम भी इनमें से ही एक हैं। यह उनका बड़प्पन था।

बेगम अख़्तर के बारे में तबला वादक पंडित विजय घाटे ने एक बार मुझसे कहा था कि सुनीता जी, देखिए, वो न भीमपलास गाती थीं न वो दरबारी गाती थी। और ये सारे भीमपलास और दरबारी गाने-बजाने वाले

उसके दीवाने थे। क्या तो रही होंगी वह कलाकार!

'हम तो उनको दिल से प्यार करते थे यार। प्यार भी एक हद है। उनके बहुत सारे शिष्य हैं, और गाने वाले हैं जैसे शान्ति हीरानन्द, कँवल सिद्धू सभी उन्हें अम्मीजान कहते थे। एक थे रमणभाई पटेल, सानन्द में ही रहते थे। बापू साहब के दायें हाथ थे। वो बहुत बीमार हो गये और अहमदाबाद के वाडीलाल अस्पताल में भर्ती हो गये। सामने ही टाउन हॉल है। वहाँ बेगम अख़्तर का प्रोग्राम था। वो भी बेगम अख़्तर के लाड़ले थे। रमणभाई सभी डॉक्टरों के भी प्रिय बन गये थे। उन्होंने डॉक्टरों से कहा कि मुझे बेगम अख़्तर के प्रोग्राम में जाने दो न। तो सबने कहा कि रमणभाई आपके साथ एक डॉक्टर को भेज देते हैं। आप जाओ। तो गये।

'बेगम साहब गा रही थी। दो तल्ले का टाउन हॉल, उसमें एक गैलरी थी। रमणभाई सुन रहे थे। और एक जगह पर वो ज़ोर से कहते हैं—बेगम, इस उमर में भी क्या छुरियाँ चला रही हैं! तो मैंने कहा न, रमणभाई सबके लाड़ले थे, बेगम साहिबा के भी। जो अच्छा सुनकार होता है, वो सबको बहुत भाता है। अच्छा सुनकार हर कलाकार को भाता है। इसके बाद वहाँ से जाते ही, कुछ ही दिनों में वे स्वर्ग सिधार गयीं। यह 1976 की बात है।

'एक प्रोग्राम में उस्ताद विलायत ख़ाँ साहब का सितार वादन था। वो क्या तो सितार बजाते थे, आप जानती हैं। ऑडिटोरियम में जैसे सन्नाटा छा गया हो, इतनी अच्छी सितार बजायी। उनके बाद बेगम अख़्तर बैठीं। पहला षड्ज लगाया, सब महफ़िल की महफ़िल बदल गयी, पब्लिक जैसे बागी हो गयी। और वही बेगम अख़्तर हमसे कहें कि बेटा हमारी उम्र कम होती (सीखने की होती) तो हम तुमसे गाना सीखते। मेरे लिए यह कितने गौरव की बात है, इसका अन्दाज़ा लगाना किसी के लिए भी बहुत कठिन काम है।'

30

गंगूबाई हंगल से पंडित जसराज को बहुत स्नेह मिला। उनका गाना वे सन् 1938 से सुन रहे हैं। उनकी एक रिकॉर्डिंग थी—'रामा हरि को भेद न पायो।' उसे वह बहुत सुनते थे। उनका असली पूरा नाम था गान्धारी हनगल। संगीत के जगत् में अपना स्थान बनाते-बनाते वो गान्धारी हनगल गंगूबाई हंगल हो गयीं। धारवाड़ में 1964 में उन्होंने पंडित जसराज का गायन सुना और फिर उनके गाने की कायल हो गयीं। हर जगह, हर कार्यक्रम के आयोजन में वह पंडित जसराज को बढ़ावा देतीं। उन्हें मंच पर उस स्थान पर आस्मीन करने में जहाँ पंडित जसराज आज हैं, गंगूबाई हंगल जी का बहुत बड़ा हाथ है। सवाई गन्धर्व में बिना वक़्त वे पंडित जसराज का गायन सुनने के लिए आतीं। कार्यक्रम चाहे रात के 1.30 बजे हो या सबेरे 4 बजे। भीमसेन जी से हमेशा कहतीं, 'छान गातो हो'। मतलब, अच्छा गाता है।

गंगूबाई के यहाँ हर जो विशिष्ट काम होता था, उसमें जसराज जी को ज़रूर सम्मिलित करती थीं। वहाँ हुबली में एक कान्फ्रेंस हुई। उसमें भीमसेन जी थे, स्वयं गंगूबाई जी थीं। कर्नाटक के चीफ मिनिस्टर वीरेन्द्र पाटिल ने कार्यक्रम का उद्‌घाटन किया था। वे अपना उद्‌घाटन भाषण दे रहे थे और कहते हैं, कि जब भी मैं किसी मसले पर, किसी फ़ाइल पर उलझ जाता हूँ कि इस पर क्या निर्णय करूँ तो पंडित जसराज का रिकॉर्ड लगाता हूँ। बहुत सुरीला गाना है उनका। जसराज जी भी उनसे मिले नहीं थे और सभा में इतने-इतने दिग्गज लोग बैठे थे और वो इनका नाम ले रहे थे। और बुलाया किसने? गंगूबाई हंगल ने।

कलकत्ते में एक सर्कल था—छोटा सा—संगीत श्यामला। स्कूल तो था ही, संगीत श्यामला का एक म्यूज़िक सर्कल भी था। कृष्णकान्त जी उसके सचिव थे और सोम तिवारी जी उसकी कर्त्ताधर्ता थीं। गंगूबाई जी का कलकत्ते में प्रोग्राम हो रहा था और सबकी इच्छा थी कि वह संगीत श्यामला के सर्कल में पधारें। तो उन्हें कैसे पकड़ें? जसराज जी ने कहा कि अम्मा (सोम तिवारी), गंगूबाई जी आज अन्त में गा रही हैं, उनके

पास शायद वाहन न हो तो हम एक गाड़ी मँगा लेते हैं, और उनको ले जायेंगे, उसमें बिठा कर उन्हें महाराष्ट्र निवास में उतार देंगे। गंगूबाई जी महाराष्ट्र निवास में ठहरी थीं। तो वैसा ही किया और उन्हें अपने यहाँ गाने का निमन्त्रण भी दिया। उन्होंने फिर संगीत श्यामला के म्यूज़िक सर्कल में गाया। कितनी छोटी-छोटी बातों से वो ख़ुश हो जाती थीं। जहाँ भी चार कलाकारों की बात होती, वहाँ जसराज जी का नाम जरूर बताती थीं। गंगूबाई को लोग बहुत मानते थे और वे उन्हें बहुत स्नेह देतीं। ऐसा कभी

श्रीमती गंगूबाई हंगल के साथ पंडित जसराज

नहीं हुआ कि वे कई लोगों के बीच बैठी हों, जसराज जी पहुँच गये हों और उन्होंने उठ कर उन्हें गले न लगाया हो। पूरे महाराष्ट्र में, कर्नाटक में वे इन्हें गाने के लिए बुलाती थीं।

श्रीमती गंगूबाई हंगल इन पर जान छिड़कती थीं। एक बार दुर्गा किसी काम से हुबली गयी थीं। गंगूबाई से मिलने गयीं। जाने लगीं तो पूछा—लौटते में मिलने आओगी? तो दुर्गा ने उत्तर दिया कि मुझे शाम को देरी हो जायेगी, वापसी की फ्लाइट पकड़नी है। तो उससे बोलीं—जसराज तो ऐसे नहीं जाता (बिना मिले)। दुर्गा ने अपना सामान चेक-इन करवाया और जल्दी से गयीं उनसे मिलने, प्रणाम किया। तो बोलीं, देख तू है जसराज की बेटी। मैंने कहा कि जसराज नहीं जाता, तो तू भी नहीं गयी। तब दुर्गा ने कहा कि बस आपको प्रणाम करने आयी हूँ। एक बार धारवाड़ में जसराज जी का प्रोग्राम किया। सभी कलाकार वहाँ थे। उस ज़माने में पंडित बासवराज राजगुरु का बहुत नाम था। वह भी आये थे। इण्टरवल में उन्होंने कहा कि मुझे जाना है। तो गंगूबाई उनसे बोलीं—अभी तो इसने यमन ही गाया है और तू उठ खड़ा हुआ। जब दरबारी गायेगा तो तेरा क्या होगा? वो बोले नहीं, मुझे सुबह-सुबह ट्रेन पकड़नी है। लेकिन ऐसी बात कहना कि अभी तो यमन गाया है, दरबारी गायेगा तो तेरा क्या होगा। ऐसा कोई बहुत अपना जो आपको बहुत प्रेम करता हो, वही कर सकता है। उनकी और बासवराज की नोक-झोंक चलती रहती थी। गंगूबाई ने अपने म्यूज़ियम का उद्‌घाटन भी तीन महीने इन्तज़ार करके जसराज जी से कराया। वह अमेरिका में थे, तीन महीने तक उनके लौटने का इन्तज़ार किया।

31

पंडित ओंकारनाथ ठाकुर के साथ जसराज जी की बड़ी मीठी यादें हैं। कलकत्ते में सन् 1950 के आसपास की घटना है। एक महाजाति सदन नाम का ऑडिटोरियम था। मंच के सामने दो तरफ़ श्रोताओं के लिए कुर्सियाँ लगी रहती थीं। बीच में थोड़ा-सा ख़ाली रखा था जिससे कि लोगों को आने-जाने और बैठने में सुविधा हो। पंडित ओंकारनाथ ठाकुर कहीं भी कार्यक्रम देने जाते तो ऐसा नहीं कि साइड के दरवाज़े से ग्रीन रूम में चले जायें और वहाँ जाकर तानपुरा मिलायें। वो हमेशा ऑडियंस के बीच में से आते और उनके आते ही ऑडियंस में खुसर-पुसर शुरू हो जाती थी कि पंडित जी आ गये, पंडित जी आ गये। उस दिन मुम्बई की एक कलाकार थीं—अहमदीबाई चोपड़ा, पहले उनका प्रोग्राम था, फिर उनके बाद पंडित जसराज का गाना था। फिर किन्हीं की सितार थी और फिर पंडित ओंकारनाथ ठाकुर का गायन था। किसी कारणवश अहमदीबाई चोपड़ा नहीं आयीं और वो सितारवादक भी नहीं पहुँच पाये। अब जसराज जी रह गये और उनके तुरन्त बाद पंडित जी। उनसे कह दिया गया कि जसराज के बाद ही आप हैं। अब पंडित ओंकारनाथ ठाकुर को सुनने के लिए बड़े-बड़े कलाकार आये थे। बड़े ग़ुलाम अली ख़ाँ साहब, पाकिस्तान के अमानत अली-फ़तेह अली, दिल्ली के नसीर अहमद, कलकत्ते की पूरी पलटन—कानन साहब, प्रसून बनर्जी, मीरा बनर्जी, मालविका कानन सभी कलाकार आये हुए थे। तो महाजाति सदन के बीच उनकी एंट्री हुई, ऑडियंस में फुसफुसाहट शुरू हो गयी पंडित जी आ गये, पंडित जी आ गये। सब के सब खड़े हो गये और पंडित जी हैं कि बड़े ग़ुलाम अली ख़ाँ साहब के पास आकर बैठ गये। उनका एक शिष्य था-प्रदीप दीक्षित। वह आया और उनके कान में धीमे से बोला कि आपको अन्दर चलना चाहिए, क्योंकि जसराज के बाद ही आपका गायन है। पंडित जी के मन में जाने क्या आया और ज़ोर से बोले—मुझे इस बालक का गाना सुनना है। इतनी ज़ोर से कि माइक पर तो जसराज गा रहे थे, पूरे ऑडिटोरियम में पंडित ओंकारनाथ ठाकुर की आवाज़ गूँज गयी बिना माइक के। अब साहब सारे बड़े-बड़े कलाकार—बड़े ग़ुलाम

अली ख़ाँ से लेकर अमानत अली, फ़तेह अली, सब के सब बैठे रहे और इनका गाना सुना। जब उन्होंने कहा कि मुझे इस बालक का गाना सुनना है, शायद तब तक वह साठ बरस पा कर गये होंगे। उन्होंने बड़े ग़ुलाम अली ख़ाँ साहब के गले में हाथ डाल दिया और शान्ति से बैठ कर गाना सुना। उनके आने से शायद जसराज जी के गाने के बीच में शोर मच जाता, लेकिन उनका यह कहना कि मुझे इस बालक का गाना सुनना है, उनके मनोबल को बढ़ाने का बहुत बड़ा कारण बना। वह भी गाते रहे। और जैसे ही उन्होंने गाना ख़त्म किया, वैसे ही पंडित जी सीधे ऊपर आ गये मंच पर। यवनिका गिरने नहीं दी। 'बेटा, किसके शागिर्द हो?, जसराज जी ने अपने पिताजी का नाम लिया और उत्तर दिया कि, आपने नाम सुना होगा, पंडित मोतीराम का।' बोले—'शेर के बेटे हो।' पूछने लगे कि कल क्या कर रहे हो? कहा—कि जो आप आज्ञा करें। तो उन्होंने अपना पता बताया। प्रिटोरिया स्ट्रीट पर संगीत श्यामला था, उसके निकट ही किन्हीं सेठजी के यहाँ ठहरे हुए थे। तो जसराज जी ने उनके पास जाना-आना शुरू कर दिया। तो एक दिन कहने लगे—देखो मेरा कोई शार्गिद नहीं आया साथ में, परसों मेरे प्रोग्राम में मेरे साथ बैठोगे? इन्होंने कहा—आपका हुकुम है—तानपुरा ज़रूर छेड़ दूँगा। तो फिर कुछ-कुछ बातें भी उनसे होने लगीं। इतने बड़े संगीतकार, इनके सान्निध्य में थे उनसे कुछ न कुछ जानना चाहते थे। कुछ न कुछ प्रश्न पूछते रहते। 'एक दिन हमने उनसे कहा कि महाराज, हमको ऐसा लगता है कि हमसे 'सा' कहीं खो गया है। तो वो बोले कि ये तो मामूली बात है। वीणा इस तरह से होनी चाहिए, उसका तार इतना लम्बा होना चाहिए। बीच का तार वैसा होना चाहिए। और फिर आप उसको चढ़ाओ, और चढ़ाओ, और चढ़ाओ। वो तार, जहाँ टूट जाए, वही 'सा' है। जहाँ टूटेगा, वहाँ सुनने कहाँ आयेगा! उसमें तो और ही कोई आवाज़ आयेगी, मैंने अपने मन में कहा। वो एक दफ़े और बोले—तुम्हें मालूम है भरत के दो हज़ार साल के बाद पंडित ओंकारनाथ ठाकुर का जन्म हुआ है। मैंने कहा—और उनके 36 साल के बाद पंडित जसराज का जन्म हुआ। वे बोले-क्या-क्या? मैंने कहा—कुछ नहीं महाराज!

पंडित ओंकारनाथ ठाकुर के सम्बन्ध में बताने को पंडित जसराज जी के पास बहुत कुछ है। उनकी स्मृतियों का पिटारा खुला हुआ है और वह आगे बढ़ रहे हैं। उनके स्कूल वालों यानी संगीत श्यामला के मैनजेमेंट को पता चला कि ये पंडित ओंकारनाथ ठाकुर के पास आते-जाते रहते हैं। तो उन्होंने कहा, 'पंडित ओंकारनाथ ठाकुर के पास आपका आना-जाना है, इसलिए बड़े आदमी तो आप यूँ ही हो गये। आप उन्हें

अपने स्कूल में भी ले आइए न। हम उनका यथायोग्य स्वागत करेंगे। उनसे आशीर्वचन भी सुनेंगे और हमारे छात्र भी कुछ न कुछ गा देंगे। तो जसराज जी ने कहा कि ठीक है, पूछ कर देखता हूँ। तो ये उनके पास गये और पूछा कि महाराज हमारे स्कूल वाले चाहते हैं कि आप हमारे यहाँ पधारें। बोले—कोई बात नहीं, तुम कहते हो तो चलेंगे। तो एक दिन निश्चित हो गया। उन दिनों कहीं भी बाहर प्रोग्राम के लिए जाते थे तो आठ दिन, दस दिन, पन्द्रह दिन तक वहीं टिक जाते थे। आजकल की तरह नहीं कि सुबह पहुँचे, शाम को प्रोग्राम किया और अगली सुबह दूसरे शहर के लिए रवाना हो गये। तो निश्चित दिन स्कूल वालों ने जसराज जी को गाड़ी दे दी कि पंडित जी को ले आइये। दस क़दम पर तो वो ठहरे ही थे, उन्हें लेकर आये। वो बैठे। इनसे वो 'बेटा-बेटा' कहकर हमेशा बात करते थे—बेटे ये, बेटे वो। कुछ बच्चों ने गाना-वाना गाया। कुछ ने सितार वगैरह बजा कर सुनायी। उसके बाद सबसे कहा कि आप पंडित जी से आग्रह करें कि कुछ आशीर्वाचन दें। तो इन्होंने उनसे कहा कि महाराज थोड़ा और बैठें तथा आशीर्वाद के दो शब्द कहें। वह स्टेज पर आ गये और उन्होंने शुरू किया, 'जब पंडित जसराज मेरे पास आये और उन्होंने मुझसे आने का आग्रह किया तो मुझे आना पड़ा। जसराज जी कहते हैं, 'हमको उस समय इतना बुरा लगा कि हमारा जी ख़राब हो गया कि वैसे तो हमेशा कहते हैं कि बेटा ऐसा है, बेटा वैसा है, और यहाँ हमारे स्कूल वालों के सामने हमें धड़ से तीसरा आदमी बना दिया कि पंडित जसराज मेरे पास आये तो मुझे आना पड़ा। कुछ देर में अपना सारा लेक्चर उन्होंने ख़त्म कर दिया। हमने तो मारे ग़ुस्से के बाक़ी का लेक्चर सुना ही नहीं, मन ही मन भुनभुनाते ही रहे। जब ज़्यादातर लोग चले गये तो वो उठ के मेरे पास आये और बोले, 'बेटे ग़ुस्सा हो? नाराज़ हो?' मैंने कहा कि अब बेटे ग़ुस्सा हो, नाराज़ हो? सबके सामने तो आपने पराया कर दिया कि जब पंडित जसराज मेरे पास आये तो मुझे आना पड़ा! तो वे बोले, 'मूर्ख ये लोग क्या जानेंगे कि तुम कौन हो! इनका यह जानना ज़रूरी है कि ये पंडित जसराज हैं। ये भी कहा कि मैं स्टेज पर से बोल रहा हूँ कि जानो, ये पंडित जसराज हैं। तब से हमें पता चला कि किसी को बड़ा बनाने के लिए बहुत बड़ा दिल चाहिए, और यह ख़याल होना चाहिए कि यदि हम कुछ कह रहे हैं तो हमारी वाणी की शक्ति होनी चाहिए। हमारी वाणी की गरिमा होनी चाहिए। इन लोगों को क्या पता चलेगा कि ये पंडित जसराज हैं। उस दिन हमें पता चला कि स्टेज पर कलाकार का मान करना क्या माने रखता है। उन्होंने स्टेज के लिए पंडित जसराज का सम्बोधन चुना। तो सुनने वाले पर यह असर ज़रूर पड़ेगा कि पंडित ओंकारनाथ ठाकुर जैसा

वरिष्ठ कलाकार जिन्हें पंडित जसराज कहकर सम्बोधित कर रहे हैं, वह अवश्य ही इस योग्य हैं कि उन्हें पंडित जसराज कह के सम्बोधित किया जाये, वरना हमारे स्कूल वाले तो हमें जसराज जी ही कहते थे। सबके सामने ऐसा नहीं कहा कि उठो, क्या कर रहे हो। हमें जसराज और जसराज जी से पंडित जसराज बनाने में पंडित ओंकारनाथ ठाकुर जी का बहुत बड़ा हाथ है।'

32

पंडित जसराज जब मंच पर आसीन होते हैं तो उनके गायन के प्रारंभ में स्वर मण्डल उनके हाथों में होता है। कम से कम पहला विलम्बित राग गाते समय वे स्वर मण्डल बजाते हैं। उसके बाद स्वर मण्डल अक्सर उनके निकट रहता है और कानों में स्वर साथ में बैठे हारमोनियम वादकके हारमोनियम बजाने से तथा पीछे बैठे शिष्यों द्वारा तानपुरा बजाने से पड़ते हैं। पंडित जसराज से कम उम्र के कलाकारों में पंडित अजय चक्रवर्ती, श्रीमती किशोरी अमोनकर, पंडित राजन मिश्र, उस्ताद राशिद ख़ाँ आदि वे

पंडित जसराज, भारत रत्न लता मंगेशकर एवं श्रीमती मधुरा पंडित जसराज

कलाकार हैं जिनके हाथों में स्वर मण्डल रहता है। उनके अग्रज कलाकारों में एक नाम प्रमुख हैं, और वह है उस्ताद बड़े ग़ुलाम अली ख़ाँ का जिनके हाथों में सदैव स्वर मंडल सुशोभित रहता था। पंडित जसराज बताते हैं कि अक्सर वे उस्ताद बड़े ग़ुलाम अली ख़ाँ साहब के पास जाकर बैठ जाते थे, बिना कुछ किये हुए। ख़ाँ साहब के हाथ में स्वर मण्डल रहता था और वे हमेशा उसे छाती से चिपकाये रहते थे, चाहे गा रहे हों, अथवा रियाज़ कर रहे हों, गुनगुना रहे हों अथवा शान्त मनन कर रहे हों। उनकी उँगलियाँ निरन्तर स्वर मंडल के तारों पर चलती रहती थीं। बैठे हों अथवा लेटे हों, किसी भी अवस्था में हों।

ख़ाँ साहब उनसे पूछते—हाँ बेटा, गा रहे हो ठीक से? हिसाब से गा रहे हो न? सन् 1951-52 की बात है। कलकत्ता में दुर्गा पूजा में बड़े-बड़े लाउडस्पीकर पर रिकॉर्ड लगा देते थे, वो बजते रहते थे। उसमें लता मंगेशकर जी का गाया हुआ गाना बजने लगा—'ये ज़िन्दगी उसी की है, जो किसी का हो गया, प्यार में ही खो गया।' वो रिकॉर्ड बज रहा था और कभी भी स्वर मण्डल को जो बजाना रोकते नहीं थे, वो उस्ताद बड़े ग़ुलाम अली ख़ाँ ने अपना स्वर मण्डल बजाना रोक कर के उसे बगल में रख दिया। वो उस गाने को सुनते ही रहे, सुनते ही रहे और जैसे ही वह गाना ख़त्म हुआ ख़ाँ साहब ने अपनी जंघा पर ज़ोर से हाथ मारा और बोले, कि कमबख़्त, कभी बेसुरी ही नहीं होती। इतने बड़े कलाकर उस ज़माने में उस्ताद बड़े ग़ुलाम अली ख़ाँ साहब से ज्यादा सुरीला तो और कोई कलाकार नहीं था, वो यदि कहता है कि कमबख़्त कभी बेसुरी ही नहीं होती, अगर उनका ये कहना है तो कितनी बड़ी बात है! उस ज़माने में ऐसे छोटे-छोटे टुकड़ों में रिकॉर्डिंग नहीं होती थी। एक बार रिकॉर्डिंग शुरू कर दी तो फिर 'दि एंड' करके ही रुकते थे। और उसमें कोई साज चढ़-उतर गया या गड़बड़ कर गयी, तो पूरी रिकॉर्डिंग दुबारा से करनी पड़ती। और लता जी की आवाज़ में तो यह बात थी कि हमेशा सुर में ही रहती थीं। तो ये इतना बड़ा उस्ताद लता जी के लिए कहे कि कमबख़्त कभी बेसुरी ही नहीं होती, तब सुनकर पंडित जसराज को लगा कि क्या हैं ये, और क्या तो हैं लता मंगेशकर!

'इसी तरह पंडित कुमार गन्धर्व को सुनते तो लगता था कि इनसे बड़ा तो कोई कलाकार है ही नहीं। उस्ताद बड़े ग़ुलाम अली ख़ाँ को या उस्ताद अमीर ख़ाँ को सुनते तो लगता था संगीत तो असली ये ही है। ये क्या गाना है! क्या अद्भुत गाते थे अमीर ख़ाँ साहब। उनके प्रोग्राम में से कोई बीच में उठकर जाता ही नहीं था। सब मंत्रमुग्ध बैठे रहते। किसी ने मुझसे पूछा कि आपको नहीं लगता कि गाने वाले कम होते जा रहे हैं?

मैंने कहा कि देखो बेटा, जो हमारे बड़े उस्ताद थे, उनको सुनते थे तो लगता था कि क्या जगह है, किस मुकाम पर हैं ये लोग! अब जो श्रोता हैं वे कुमार जी को सुनते हैं, हम जैसों को सुनते हैं और कहते हैं कि आप जैसा कोई होगा नहीं। यह 'बहुरत्ना वसुन्धरा' है। कोई न कोई सदैव आते ही रहते हैं। इससे शास्त्रीय संगीत जो है हमारा, वह अमर है।'

33

सन् 1955 में जसराज जी दिल्ली आये तो पंडित रविशंकर के साथ उनकी भेंट हुई। पंडित रविशंकर ने बताया कि दो भाई हैं—सलामत अली और नज़ाकत अली। क्या अच्छा गाते हैं। उन्हें सुनो! उसी साल ये दोनों कलकत्ता गये और ऑल इंडिया म्यूज़िक कान्फ्रेंस में, जिसका आयोजन लाला बाबू खन्ना करते थे। लाला बाबू खन्ना के चचा श्यामलाल खत्री को पंडित मोतीराम ने गाना सिखाया था। श्यामलाल अपने नाम के साथ खत्री लगाते थे और लाला बाबू के नाम के साथ खन्ना जुड़ा था। पंडित जसराज बताते हैं कि उस कान्फ्रेंस में सलामत अली-नज़ाकत अली को उन्होंने सुना। उनका गाना दिलो-दिमाग पर हावी हो गया। ऐसा गाया कि बाप रे, ऐसा गाना कभी सुना नहीं था। जसराज जी ने तीन दिन तक अपने आप को कमरे में बन्द कर लिया। न खाना, न पीना, न किसी से बात की। ऐसा कोई था ही नहीं जो पूछता कि मैं ऐसा क्यों कर रहा हूँ। ख़ैर, तीन दिन के बाद स्वयं को थोड़ा-थोड़ा व्यवस्थित किया, लेकिन अन्दर से मन बहुत उद्वेलित था कि यार क्या गाया था! ये दिसम्बर की बात है। अगली जनवरी में स्वामी वल्लभदास जी, जो उस्ताद क़य्याम ख़ाँ के शिष्य थे, आये। जसराज जी ने उनसे कहा कि स्वामी जी, मैंने ऐसे-ऐसे दो भाइयों का गाना सुना है, वाह-वाह, क्या अद्भुत गाते हैं। स्वामी जी बोले, कि नाम तो मैंने भी सुना है, क्या उनका गाना सुनवा सकते हैं? तो इन्होंने कहा कि मैं ले चलता हूँ आप को। ये स्वामी वल्लभदास जी को लेकर लाला बाबू खन्ना के यहाँ गये जहाँ दोनों भाई ठहरे हुए थे। पिछले प्रोग्राम में थोड़ी-सी मुलाकात उनसे हुई थी। जाके स्वामी का परिचय उनसे दिया। तो बड़ी अदब के साथ वो दोनों स्वामी जी से मिले। उन्हें बताया कि स्वामी जी आपका गाना सुनना चाहते हैं। उन्होंने दिन में ग्यारह-साढ़े ग्यारह बजे गाना शुरू किया। तीन बजे तक गाया। उनके गाने का आलम यह कि स्वामी जी के पास उस दिन जो कुछ भी था वह उन्हें भेंट में दे दिया, घड़ी, कैश, एक चेन थी, सब कुछ उतार के रख दिया। कहा कि महाराज, मेरा आशीर्वाद है।

इसके बाद पंडित जसराज का आना-जाना दोनों भाईयों के पास शुरू हो गया। जसराज जी के गुरु भाई कृष्णकान्त रोहतगी के मौसाजी उषा फैन

कम्पनी के मालिक थे। उन्होंने एक पार्टी का आयोजन किया और वहाँ उन्हें बुलाया। कृष्णकान्त रोहतगी ने वहाँ भी उनसे गाने का आग्रह किया। तब वहाँ भी उन्होंने तीन-चार घण्टे तक ख़ूब गाया।

कलकत्ते में पंडित मणिराम के घर में प्रतापनारायण जी और जसराज, दो ही लोग थे। प्रतापनारायण ने कहा कि इनकी दावत करें। तो जसराज ने उनसे पूछा कि सलामत भाई, बोले-जी। घर में हम आपकी दावत करना चाहते हैं। क्या खाना खाने आयेंगे? तो वो बोले जरूर, लेकिन एक ही कंडीशन है कि खाना हमारे खानसामा साहब बनायेंगे। तो उनके लिए खाना पकाने का इन्तज़ाम छत पर किया गया। वो पंप वाला स्टोव लाया गया। वे तीन आदमी और पाँच-छह मुर्गी। बाक़ी का सामान तो उन्होंने सामने के होटल से मँगाया, लेकिन उनके खानसामा ने मुर्गी को वहीं बनाया। मतलब ये कि उस ज़माने के लोग खाने-पीने का बहुत ध्यान रखते थे कि कहीं कोई खाने में कुछ मिला ही न दे। इनके घर के सामने ही उस्ताद अली अकबर ख़ाँ साहब रहते थे। जसराज जी ने उनसे कहा कि दादा, उस्ताद सलामत अली आ रहे हैं, आप भी यदि तशरीफ़ लायेंगे तो हमें बहुत अच्छा लगेगा। तो वो बोले, कि भई इन लोगों के साथ तुम मुझे मत बुलाओ। हमारा क्या है, हम तुम्हारे यहाँ तो कभी भी आ जायेंगे। लेकिन इनके साथ में मत बुलाओ।

सन् 1989 या 1990 में सैन फ्रांसिस्को में अली अकबर ख़ाँ साहब के कॉलेज में उनका प्रोग्राम था और पंडित जसराज वहाँ गाना सिखाते थे। दो साल तक लगातार जसराज जी ने वहाँ एक-एक महीने तक सिखाया। वहाँ उनके प्रोग्राम में सभी को बहुत मज़ा आया। इंटरवेल किया जब तो ये तीनों-चारों एक कमरे में चाय पीने के लिए बैठे। वो बोले—जसराज, बहुत सुर में गाते हो। जसराज जी के लिए तो यह जैसे चमत्कार ही था। जिस कलाकार को सुन कर उनका हाल यह हो कि वह अपने को कमरे के भीतर तीन दिन तक बन्द करके रख लें, वह इंसान इनसे कहे कि जसराज बहुत सुन्दर गाते हो। जसराज जी के लिए यह कितनी बड़ी बात थी। तान तो वो ऐसे चलायें कि लगे कि कोई आरा ही चला दिया हो। और इतना लयदार कि क्या बतायें।

डोवर लेन म्यूज़िक कान्फ्रेंस का प्रोग्राम था 1960 में, कलकत्ता में। सलामत अली-नज़ाकत अली, पंडित रविशंकर जी और अमीर ख़ाँ साहब। ये दोनों भाई गाने के लिए बैठे और इन्होंने मालकोंस शुरू किया। साढ़े तीन-चार घण्टे तक मालकोंस! ऐसा नहीं लगा कि क्या हो रहा है या बहुत देर हो गयी। यहाँ से वहाँ (पंडित जसराज इशारा करके बता रहे हैं—नीचे से ऊपर मंद्र सप्तक से तार सप्तक तक) कितना आदमी गा सकता है। उन दोनों भाइयों में ख़ूबी थी कि एक-दूसरे को कांप्लीमेंट करते थे। जसराज जी की सलामत अली-नज़ाकत अली ख़ाँ साहब की गायकी के विषय में समझाने की शैली

अद्‌भुत है। दोनों भाइयों में ख़ूबी यही थी कि लगता था हॉकी खेल रहे हैं। एक भाई जैसे स्वररूपी गेंद को यहाँ से वहाँ लाते हुए गोल तक ले आयें और दूसरे भाई को कहें कि लगाओ शॉट, और धड़ से गोल। ऐसा खेल नज़र आता था उनके गाने में। क्या तालमेल, क्या टाइमिंग, क्या कटार जैसी तान! तो साढ़े तीन घण्टे तक गाया। उसके बाद बीच में चाय का इंटरवल और तत्पश्चात् उस्ताद अमीर ख़ाँ का गायन। सोचा कि अब ये क्या गायेंगे ऐसे गाने के बाद! पर वो तो उस्ताद अमीर ख़ाँ थे। उतने धूम-धड़ाके का गाना सुना था और उस्ताद अमीर ख़ाँ साहब ने उसके बाद आसावरी में 'जगत सपना' गाना शुरू किया। सच में, सब सपना बना के रख दिया (पंडित जसराज का गला रुँध आया है, आँसू पोंछ रहे हैं)। वाह! सलामत अली-नज़ाकत अली को सुन कर सोचा था कि अब क्या गाना होगा, चलो! फिर सोचा कि उस्ताद अमीर ख़ाँ हैं, थोड़ा तो सुनो। तो 'जगत सपना' जो शुरू हुआ, उस धूम धड़ाके के संगीत के बाद एकदम शान्त रस, सारा वातावरण ही बदल कर रख दिया। तो बड़े उस्तादों की बात ही निराली होती है।

पंडित जसराज पुरानी यादों में खोये हुए हैं। ऐसे सलामत अली ख़ाँ साहब के साथ मज़ा भी बहुत आया। मज़ा इसलिए कि आदमी बहुत प्यारा था। दोनों—नज़ाकत अली भी बहुत जिन्दादिल इन्सान थे। ऐसा नहीं कि एक प्यार कर रहा है दूसरा नहीं। दोनों ख़ुद प्यारे इन्सान थे और प्यार करते थे। नज़ाकत अली का मिज़ाज सलामत से थोड़ा अलग था, लेकिन कोई बुराइयाँ, कोई ऐब, कोई लत नहीं थी दोनों में। न गाँजा, न शराब, न सिगरेट, कुछ भी नहीं। लेकिन आपको बताऊँ कि जैसे दोनों भाइयों में आपस में मतभेद हुआ, सलामत अली ख़ाँ का गाना कुछ और हो गया। नज़ाकत का कुछ और हो गया। अली अकबर ख़ाँ साहब के स्कूल में ही सुना गाना, उन्होंने अपने बेटों के साथ गाया, हालाँकि बेटे भी अच्छा गाते थे, लेकिन नज़ाकत भाई को छोड़ने के बाद वो ख़ूबसूरती, वो हॉकी की बॉल की तरह खेल खेलने का अहसास कराना, वो नहीं था। ख़ुद वो लम्बे-लम्बे शॉट लगाने शुरू करते थे, और ऐसे गाते जाते थे जैसे गेंद आपके पास से गुज़र गयी हो, तो वो बात नहीं थी। जैसे वो गाते, बेटा भी वैसे ही नक़ल करते हुए गाता था। अली अकबर ख़ाँ साहब चुप रहते नहीं थे। बोले, ये क्या गाना है? हमने तो इनका बहुत अच्छा गाना सुना था। मैं आपसे यह कहना चाहता हूँ कि दो आदमी जब एक साथ जम जाते हैं, तब उनका विच्छेद नहीं होना चाहिए। यूँ लोग ऐसे समझते थे कि नज़ाकत क्या करता है! उसकी ज़रूरत ही नहीं है। मगर नज़ाकत की बहुत ज़रूरत थी। हालाँकि तानें-बानें वही थीं, लयकारी वही थी, वही आवाज़ थी, मगर गाने में वो सुन्दरता नहीं थी जो पहले के गाने में थी।

34

फ़िल्म जगत् से सम्बन्धित बहुत से लोग पंडित जसराज के गाने के मुरीद थे। लम्बे क़द के हल्के बालों वाले पहाड़ी सान्याल अक्सर इनके पास आते और आते ही पूछते—जसराज, तुम्हारे पास समय है? गाना सुनाओ। पंडित जसराज भी कहे हैं कि महाराज, आप आये हैं, हमारे पास समय ही समय है। 'हमें भी पहाड़ी सान्याल जी बहुत अच्छे लगते थे। देखिये, एक आदमी, जो आपकी कला का प्रशंसक है, वह आपको अच्छा तो लगेगा ही! तो वो हमसे गाना सुनाने को कहते और हम भी उन्हें गाने सुनाते। वो भी जाने का नाम नहीं लेते थे, जब तक मैं तानपुरा नीचे न रख दूँ। बचपन से हमारे दिलो-दिमाग में उनके लिए जगह थी, अब वो हमसे कहें कि गाना सुनाओ, तो हमें कैसा लगेगा! यह कलकत्ता की बात है। 1960 और 63 के बीच किसी समय की।

सन् 1930-40 के दशक में कलकत्ता में सुबल दासगुप्ता नाम के संगीत निर्देशक का नाम यश की ऊँचाइयाँ छू रहा था। उनके छोटे भाई थे—कमल दासगुप्ता। कमल दासगुप्ता ने मीराबाई के सैकड़ों भजनों को स्वरबद्ध किया। इन भजनों को गाया ज्योतिका राय जी ने। ज्योतिका राय उस युग की सबसे प्रसिद्ध गायिकाओं में थीं। एक दिन जसराज जी का रेडियो का प्रोग्राम समाप्त हुआ कि उसी समय रेडियो का एक कर्मचारी भागा-भागा आया और बोला, 'जसराज दा, ज्योतिका दीदी आई हैं।' इन्होंने कहा—'अच्छा।' वह बोला 'नहीं, वो आपके लिए इन्तज़ार कर रही हैं।' जसराज जी उनके पास गये और झुक कर प्रणाम किया। तो उन्होंने कहा कि आप मुझे क्यों नमस्कार कर रहे हैं, बल्कि मैं आपको नमस्कार करती हूँ। तो वो बोलीं, 'देखो भैया, मैं तो आपसे गाना सीखने आयी हूँ।'

सन् 1958-59 में ज्योतिका राय का नाम शोहरत की बुलन्दियाँ छू रहा था। वो पंडित जसराज से कहती हैं कि मैं तुमसे गाना सीखने आयी हूँ। तो इन्होंने कहा कि मैं आपको क्या गाना सिखाऊँगा, आप तो ख़ुद गाने की देवी हैं। दुनिया आपको मीरा नाम से जानती है। तो वो बोलीं—वो सब ठीक है, मगर हम तुमसे गाना सीखना चाहते हैं। जसराज जी की तो हिम्मत ही नहीं हुई, उनसे हाँ कहने की। उनसे कहा कि मैंने जिनसे गाना

सीखा है, मैं आपको उनके पास ले चलता हूँ, आप उनसे गाना सीखिये। तो उन्होंने कहा कि देखिये, मैं जो आपसे कह रही हूँ, आप उसे समझिये। वैसे तो मैं जिनसे सीखना चाहूँ, वो बड़े-से-बड़े पंडित-उस्ताद मेरे घर में आकर मुझे गाना सिखायेंगे। मगर मुझे आपसे ही सीखना है। जसराज जी ने बहुत समझाया-बुझाया, मगर वो नहीं मानीं। लेकिन उन्हें सिखाने की हिम्मत ही नहीं हुई।

30-40 के दशक में, वह हैदराबाद आती थीं, कभी-कभी। तब लोगों का हंगामा मच जाता था। वो ऐसी बड़ी कलाकार थीं। वो हमेशा स्टेज पर पब्लिक प्रोग्राम देती थीं, कभी भी प्राइवेट प्रोग्राम नहीं देती थीं। लोग उनको 'मीरा' कहते थे, क्योंकि वो मीराबाई के ही भजन गाती थीं। कमल दासगुप्ता ने जो कंपोज कर दिये थे, ज्योतिका राय उन्हें ही गाती थीं। दोनों भाई सुबल दासगुप्ता और कमल दासगुप्ता म्यूज़िक डायरेक्टर थे। सुबलदास जी कभी-कभी जसराज जी के पास आते थे। एक बार इनके जन्मदिन पर आये और बोले, जसराज, आज तुमसे गाना सुनना है। तो इन्होंने 'दिन की पूरिया गायी।'

यहाँ एक से दूसरी बात निकल रही है। मेवाती घराने के लोग तो पूरिया हमेशा गाते रहते हैं। उसका नाम है—रैन की पूरिया। तो यदि रैन की पूरिया है तो स्वाभाविक है कि दिन की पूरिया अवश्य है। पंडित जसराज ने दिन की पूरिया गायी जिसका उन्हें केवल विलम्बित ही आता था। द्रुत नहीं आता था। गाना शुरू किया। काफ़ी देर तक विलम्बित ही गाते रहे। तो उन्होंने कहा कि भई, द्रुत भी सुनाओ। इन्होंने गाते-गाते ही मुंडी हिला दी और सोचते ही रहे तो जो मन में आया, वह था-'चलो चलो री आलि, मन्दिरवा। करन पिया के दरसनवा।' ये तो हो गयी स्थायी, अंतरा ऐसे बना—'संग की सहेलियाँ गुँथ-गुँथ लाओ, फूलन के हरवा। डारन उनके गरवा।' ये बन्दिश पंडित जसराज अब भी कभी-कभी गाते रहते हैं। वैसे तो बहुत सारी चीज़ें गाते-गाते बनी हैं। यह रचना 1958 की है। उस समय सामने बड़े भाई साहब और गुरु जी भी बैठे हुए थे। साथ में सोम तिवारी जी, संगीत श्यामता की संचालिका, भी बैठी थीं। वे लोग भी सुन रहे थे। श्रीमती सोम तिवारी ने जसराज जी को बहुत बढ़ावा दिया। वो कहतीं, कि देखो भैया, पता नहीं क्या है, मगर तुम्हारे गाने में कुछ ऐसी चीज़ है, जो मुझे औरों में दिखायी नहीं देती है।

कलकत्ते में पंडित जसराज के गायन को पसन्द करने वाले बहुत से लोग थे, लेकिन उनमें से कोई आते ही यह नहीं कहता था कि जसराज गाना सुनाओ। पहाड़ी सान्याल और सुबल दासगुप्ता दो ही ऐसे व्यक्ति थे जो आते ही इनसे गाने की फ़रमाइश करते। दोनों ही सिनेमा से जुड़े

हुए थे लेकिन शास्त्रीय संगीत के दीवाने। पहाड़ी सान्याल हीरो थे और सुबल दासगुप्ता संगीत निर्देशक। पहाड़ी सान्याल उठते-उठते सिर हिलाते हुए जाते थे। संगीत उन्हें कहीं भीतर तक आन्दोलित कर जाता था। कभी डेढ़-दो घण्टे से कम नहीं बैठते थे। गाना सुनते समय बीच में चाय-पानी की फ़रमाइश कभी नहीं की।

'हमको और कलाकारों से बहुत डर लगता था। सभी कलाकार हमसे बहुत अच्छे गायक हैं। यह सच भी है कि सभी हमसे कहीं बहुत श्रेष्ठ हैं, बहुत ऊँचे हैं। सभी गायक और सभी वादक। हर एक कलाकार हमारे लिए बहुत बड़ा था और आज भी है। और हमें उनकी उपस्थिति में बहुत डर लगता था। उस्ताद विलायत ख़ाँ तो सितार बजाते थे, लेकिन हमें हमेशा उनकी उपस्थिति में डर ही लगता। वैसे उस्ताद विलायत ख़ाँ, पंडित रविशंकर जी से डरना, ये तो मामूली बात है, मुझे अपने हमउम्र और अपने से छोटे कलाकारों से भी बहुत डर लगता था। ज्योतिका राय तो उगती हुई नहीं थीं बल्कि पहले ही संगीत जगत् के आकाश पर जगमगा रही थीं। हम उनसे डर गये कि इनको क्या गाना सिखायेंगे। वैसे हम कलकत्ता में रहते थे तो पता नहीं क्या गाना गाते थे, लेकिन कलकत्ता शहर की एक ख़ासियत है। जिसका गाना-बजाना अच्छा लगा, झट से उसके पास जाकर कहा कि हम आपसे गाना सीखेंगे। तो उस ज़माने के बड़े अच्छे-अच्छे गायक-गायिका आ जाते थे और कहते थे—'जॉशराज दा, एकेटू गान शिखाओ! जॉशराज बाबू कीछू आमाके शीखेये देन!'

35

'**उस्ताद** अलाउद्दीन ख़ाँ साहब और उनके परिवार ने संसार को संगीतज्ञों की अनेक पीढ़ियाँ दी हैं। पंडित जसराज का उस्ताद अली अकबर ख़ाँ के साथ प्रगाढ़ सम्बन्ध था। कलकत्ते में दोनों का घर आस-पास ही था। फिर मुम्बई में भी काफ़ी प्रेमभाव रहा। अमेरिका में तो अली अकबर जी के कॉलेज में जसराज जी का बहुत आना-जाना रहा। उस्ताद अलाउद्दीन ख़ाँ को कलकत्ते में बहुत बार सुना था। भेंट भी हुई। अन्तिम दिनों में वह बीमार थे तो मधुरा जी के साथ दर्शन करने मैहर भी गये थे। लेकिन अनेक संगीतज्ञ विभूतियों के जनक होने के बावजूद उनके संगीत ने पंडित जसराज के मन के तारों को नहीं छुआ। लेकिन वह बहुत बड़े आदमी थे, सही मायने में उच्च कलाकार, पवित्र आत्मा। जात-पाँत, सभी से बहुत ऊपर।'

लेकिन दिल को छूने वाले वादक तो थे अली अकबर। ऐसा मुझे लगता है। एक बात और है। उस्ताद अली अकबर ख़ाँ साहब के लिए उस्ताद विलायत ख़ाँ साहब कहते थे कि हम सब लोग तो गुल्ली-डंडा खेलते हैं, उस्ताद तो वो है। क्या परिभाषा थी!

पंडित जसराज को अन्नपूर्णा जी को कभी सुनने का अवसर नहीं मिला। हालाँकि उनसे भेंट बहुत बार होती थी। अली अकबर ख़ाँ साहब भी मुम्बई रहने आ गये थे। अली अकबर म्यूज़िक कॉलेज की स्थापना का अवसर था। अन्नपूर्णा जी का भी वादन था। जसराज जी बड़े भाग-दौड़ कर पहुँचे, लेकिन तब तक उनका वादन समाप्त हो चुका था। मगर किसी भी आदमी के मुँह से उन्होंने यह नहीं सुना कि जसराज तुमने मिस किया, क्या बजाया था। सब अपना चाय पी रहे थे, बातचीत कर रहे थे और उनके बजाने के बारे में एक शब्द भी नहीं। हालाँकि सब यही कहते हैं, छोटे-बड़े सब कलाकार, कि यदि वो बजाती होतीं तो रविशंकर जी का नाम भी नहीं होता। कोई कहते हैं कि रविशंकर जी ने मजबूर किया कि तुम मत बजाओ। सही-ग़लत, पता नहीं। जसराज जी अन्नपूर्णा जी को 1946 से जानते हैं जब रविशंकर जी बोरीवली में रहते थे।

एक बहुत सुन्दर घटना, पंडित जसराज के ही शब्दों में—'यहाँ मैं पंडित रविशंकर के बारे में एक घटना बताना चाहता हूँ।' पंडित जसराज

कह रहे हैं—'बात 1954 की है। एक कान्फ्रेंस होती थी—तानसेन कान्फ्रेंस। उसमें एक दिन ऐसा था जिसमें पहले रविशंकर जी, फिर अमीर ख़ाँ साहब, फिर विलायत ख़ाँ साहब। ये तीन कलाकारों में ही रात कट जाती थी। दूसरे दिन विलायत ख़ाँ साहब, बड़े ग़ुलाम अली ख़ाँ साहब और रविशंकर जी। जिस दिन रविशंकर जी बाद में उस दिन ग़ुलाम अली साहब और जिस दिन विलायत ख़ाँ साहब बाद में, उस दिन अमीर ख़ाँ साहब पहले। असली मक़सद तो रविशंकर जी और विलायत ख़ाँ साहब को सुनाना था। टाइमलाइन ऐसा था कि सुबह 7 बजे ऑडिटोरियम छोड़ना था। रविशंकर जी का टाइम जब तक आया, तब तक 6 बजकर 10 मिनट हो गया था। केवल 50 मिनट का समय बचा था। विलायत ख़ाँ साहब ने देस बजाया था—ढाई घण्टे। अब ढाई घण्टे देस बजाया तो अगला कलाकार कितना

भारत रत्न पंडित रविशंकर के साथ पंडित जसराज

ही तेज़, कितना ही बुद्धिशाली क्यों न हो, वैसे भी बुद्धिशाली होना बहुत ज़रूरी है, थोड़ा-बहुत रिपीट हो ही जाता है।

'अब रविशंकर जी कहते हैं कि हम क्या जाकर बजायेंगे! क्या करेंगे। लेकिन साहब वो स्टेज पर गये। बिलासखानी बजायी। 50 मिनट का आलाप और थोड़ी-सी गत बजा ली। जनता अवाक् कि क्या बजाया। मैंने कहा न कि ऐसी कान्फ्रेंसों में 10-10 हज़ार आदमी तो बाहर खड़ा रहता था। बाहर खड़ी हुई सब पब्लिक कह रही है कि पंडित रविशंकर के दर्शन करेंगे। आर्गनाइज़र इतनी भीड़ को देखकर कह रहे हैं कि न-न, दंगा हो जायेगा। यह भीड़ बहुत ख़राब है। मैं पंडित जी के एकदम पास खड़ा था। और एक कलाकार थे—मोतीलाल रंगा नाम के, वो खड़े थे। आयोजक बार-बार बाहर जाने से मना कर रहे हैं कि बाहर मत जाइये, चोट लगने का अन्देशा है। पंडित जी, आप पीछे के रास्ते से चले जाइये। आप यक़ीन मानिये, आपका घर तो मन्दिर है, हर जगह गणपति ही विराजमान हैं, हमने कहा—पंडित जी, हम लोग तो कलाकार हैं, आपका दर्शन करना चाहते हैं, चलिये। तो बस उसी का नाम थियेटर था। वहाँ से रविशंकर जी को सीढ़ियों तक लाये। रविशंकर जी की और हमारी हाइट छोटी-छोटी, तो मैंने मोतीलाल रंगा से कहा कि मोतीलाल जी आप रविशंकर जी को सिर पर उठा लीजिए। वो मोतीलाल जी अच्छी क़द-काठी के सज्जन थे। उन्होंने रविशंकर जी को सिर पर उठाया, रविशंकर जी चौकड़ी मार कर बैठ गये। अब वो पंडित रविशंकर जी की सवारी ले के चले जैसे गणपति बप्पा की सवारी चलती है, ऊपर ही ऊपर। सारे ऊपर ही ऊपर। पूरा फुल सर्कल करके वापस आ गये। ऐसा किसी का स्वागत नहीं होता। ज़िन्दगी में कभी देखने को नहीं मिलेगा। चाहे कोई भी कलाकार हो। इतना प्यार, इतना सम्मान, ऐसे लोगों के हाथों पे से एक-दूसरे के सिर पर ऐसे जा रहे हैं, 10 हज़ार लोगों के 20 हज़ार हाथों में से होते हुए उनके सिर पर 20 हज़ार हाथ बदले गये। कलकत्ते में ऐसे प्रोग्राम में जब पब्लिक खड़ी रहती थी तो ट्राम भी कभी टाँय-टाँय नहीं करता था। उसके लोग भी आराम से जगह बनाकर आराम से निकल जाते थे। और सुबह 7.10 या 7.15 बजे ऐसा, पंडित रविशंकर को सिर पर उठा कर 20 हज़ार हाथ बदले गये। और कलाकार—सॉलेन बनर्जी आदि कह रहे थे कि जनता गड़बड़ करेगी। हमने कहा कि जब दो-तीन सीढ़ियों के ऊपर खड़े हैं तो इतने सारे लोग कैसे दर्शन करेंगे। इसीलिए हमने मोतीलाल रंगा से कहा कि इन्हें सिर पर ले लीजिए। वो थोड़ा झुका और उसने झट से रविशंकर जी को सिर पर बिठा लिया। पूरी रात का प्रभाव उतार दिया। क्या तो बजाया, सिर्फ़ 50 मिनट। ऐसे थे पंडित रविशंकर जी। तानसेन सम्मेलन और उसके कर्तमकर्त्ता थे—सॉलेन बनर्जी—शॉलेन—ऐसे बोलते थे।'

36

पंडित जसराज बताते हैं कि 1953–54 रहा होगा। पंडित रविशंकर जी को संगीत नाटक अकादेमी अवार्ड मिला था। दूसरे साल उस्ताद विलायत ख़ाँ साहब को। तो विलायत ख़ाँ साहब ने अपने शिष्यों को जो कि दिल्ली, मुम्बई, कलकत्ता, लखनऊ, जहाँ–जहाँ भी वो थे, बुलाया और एक मीटिंग की कि मुझको ये अवार्ड लेना चाहिए या नहीं। तो किसी ने हिम्मत करके कहा कि लेना चाहिए, किसी ने कहा कि उस्ताद जो आप ठीक समझें। उन्होंने कहा कि रविशंकर के पहले मुझे मिलना चाहिए था। ये आगे–पीछे के चक्कर में इतने महान् कलाकारों के बीच मुरव्वत हो गयी। सरकार और पब्लिक की दृष्टि एक नहीं होती। सरकार ने आपको जहाँ समझा, उनकी दृष्टि में तो आप वहीं हैं, चाहे आप कितने भी बड़े कलाकार हों। पब्लिक की दृष्टि में वो कुछ और ही थे। उस समय इनकार का जो सिलसिला चला, वह सन् 2000 तक चलता ही रहा। सन् 2000 में उन्होंने हाँ किया या उनकी बेटी ने, यह तो पता नहीं, लेकिन बिना हाँ किये तो प्रेस में आता नहीं है। 'हम चारों का फोटो एक साथ छपा था। मेरा, केलू बाबू (गुरु केलूचरण महापात्र), हरि जी (पंडित हरिप्रसाद चौरसिया) और उस्ताद विलायत ख़ाँ साहब का। लेकिन फोटो छपने के बाद उन्होंने कहा कि मैंने तो इस पुरस्कार के लिए (पद्म विभूषण) हामी नहीं भरी थी।'

37

यदि किसी कलाकार की संगीत-यात्रा में ग़ज़ल, तबला और गायन तीनों का विशिष्ट स्थान हो, यदि उस यात्रा का अर्सा लगभग 80 वर्ष या उससे भी अधिक हो, तो स्वाभाविक है कि वह उस यात्रा में अनेक छोटे-बड़े, महत्त्वपूर्ण कलाकारों से मिलता रहा होगा। उन कलाकारों के साथ स्नेह और मधुर सम्बन्ध भी रहे होंगे और कुछ खट्टी-मीठी यादें भी होंगी। लेकिन पंडित जसराज के जीवन में जितने कलाकार, बान्धव आये, उनसे अधिकतर उन्हें बहुत अधिक प्रेम और आशीर्वाद ही मिला। उनका प्रभाव भी पंडित जसराज के गायन पर पड़ा। उस्ताद अमीर ख़ाँ उच्च कोटि के कलाकार थे। ऐसा ठहरा हुआ धीर-गम्भीर गायन था उनका। कई बार उनका नया रिकॉर्ड आता तो जसराज जी को बुलाते और पास में बैठ के सुनाते। उनको कहते कि जसराज आओ। उनकी मारवा और दरबारी की पहली रिकॉर्ड आयी थी तो उन्हें बुलाया। ख़ुद ही रिकॉर्ड लगाया और जसराज जी ने उनके साथ में बैठ के सुना था।

पंडित जसराज उस्ताद रईस ख़ाँ के सम्बन्ध में चर्चा करके पुलक उठते हैं। उस्ताद, बहुत सुरीले सितार वादक थे और 'मेवाती घराने' का कहलवाना पसन्द करते थे। मेवाती घराने के प्रवर्त्तक उस्ताद घग्गे नज़ीर ख़ाँ के भाई—उस्ताद वाहिद ख़ाँ, जो रुद्र वीणा बजाते थे, वहाँ से मेवाती घराने की वादन शैली की परम्परा प्रारम्भ हुई। वहीं से उस्ताद रईस ख़ाँ भी आते थे। 'रईस ख़ाँ अपने आपको मेवाती घराने का कहलाते थे। यूँ वो उस्ताद विलायत ख़ाँ के सगे भांजे थे। शाहिद परवेज़ भी उनके ही परिवार से हैं। बजाने में वो उस्ताद विलायत ख़ाँ के बहुत करीब नज़र आते हैं और दिल को छूने वाला सितार बजाते हैं। लेकिन उनका नाम उतना नहीं हो पाया जितना होना चाहिए था।

'मैं विलायत ख़ाँ साहब के घर बहुत जाया करता था। उनसे संगीत के बारे में और वैसे भी, अन्य विषयों पर बहुत अच्छी-अच्छी बातें सुनने को मिलती थीं। वो उस ज़माने में हमेशा अपने भाई-इमरत ख़ाँ की बहुत तारीफ करते थे। बहुत स्नेह करते थे उनसे। बात से बाबत बनती है उसकी। कलकत्ते में इनका अपना मकान था जो गौरीपुर राजा का दिया हुआ था।

बहुत बड़ा, अच्छा मकान था। गौरीपुर के राजा ने वो मकान उस्ताद इमदाद ख़ाँ या उस्ताद इनायत ख़ाँ—मतलब विलायत ख़ाँ साहब के वालिद या उनके वालिद साहब को दिया था। आज भी होगा, उनके परिवार में किसी के पास। शुजात नहीं मानता और रईस भी नहीं मानता यह बात। न जाने क्यों, इमरत तो बजा ही नहीं पाया। उसका बेटा निशात ज़रूर बजाता है और अच्छा बजाता है। शुजात में कुछ है, मीठापन है। और शुजात बजाते-बजाते गाने लगता है, उसके वालिद (विलायत ख़ाँ साहब) भी गाते थे।

'सितार में तीन लोग बहुत बड़ा काम और नाम कर गये—पंडित निखिल बनर्जी, जिनके नाम को कोई पोंछ नहीं पाया, उस्ताद विलायत ख़ाँ और पंडित रविशंकर। इतने लोग उनके बाद आये हैं लेकिन इनके पासंग बराबर भी नहीं हैं। हालाँकि बहुत अच्छा बजाते हैं। शुजात और शाहिद, बुद्धादित्य सभी बहुत मीठा बजाते हैं। वैसे कलाकारों के साथ उठना-बैठना होता है तो कई मीठी नोक-झोंक भी होती रहती है। लेकिन इसके पीछे उनका हमारे प्रति और हमारा उनके प्रति प्रेम ही है।

'सन् 1957 में सदारंग म्यूज़िक फेस्टिवल था जिसमें सुनन्दा पटनायक ने भी गाया और हमने भी गाया। फिर एक और प्रोग्राम था—भारतीय संस्कृति संसद का। वहाँ हमसे मिलीं और कहने लगीं, हमने आपका गाना सुना, हम तो खल्लास हो गये। सोचिये—वे सुनन्दा पटनायक हमसे कहती हैं कि हमारा गाना सुनकर वो 'खल्लास' हो गयीं। पहली बार वो जब कलकत्ता आयीं तब उनका गाना सुनकर लोगों ने उन्हें छह सोने के और एक हीरे का आभूषण भेंट कर दिये। श्रोताओं में से उठकर लोगों ने इस तरह किसी और कलाकार को स्वर्ण और हीरे के आभूषण देते हुए मैंने अन्य किसी कलाकार के लिए नहीं देखा। उसके बाद सुनते थे तराना वगैरह बहुत अच्छा लगाती हैं। बनारस आती हैं तो सब उन्हें साध्वी सुनन्दा कहते हैं।

'एक समय था जब हम भजन-वजन गाते नहीं थे। पटना की बात है। सन् 1965, 66, 67 या कुछ ऐसे ही होगी। लोगों ने कहा-पंडित जी, भजन सुनाइये। तो वहाँ परवीन सुल्ताना बैठी हुई थीं। मैंने कहा—मीरा तो ये बैठी हुई हैं। भजन तो ये सुनायेंगी। तो परवीन जी के साथ भी बहुत अच्छे रिलेशन हैं।'

38

सन् 1954-55 में कलकत्ते में गरछा रोड पर एक रात का सम्मेलन था। उसमें बड़े अच्छे-अच्छे कलाकार आये थे। पंडित डी.वी. पलुस्कर, पंडित व्ही.जी. जोग, श्रीमती केसरबाई जैसे कलाकार थे। कलकत्ते के सारे संगीत प्रेमियों की तरह जसराज जी को भी संगीत समारोहों में जाकर वरिष्ठ कलाकारों को सुनने का शौक़ था। उन्होंने उस प्रोग्राम की दस टिकटें ख़रीदी थीं। 25-25 रुपये की एक टिकट। सन् 1954-55 में 25 रुपये बहुत बड़ी रकम होती थी। नौ टिकटें तो जिन लोगों के लिए ख़रीदी थीं, उन सबको दे दीं। अपने लिए एक टिकट उन्होंने अपने पास रख ली। घर में कुछ आयोजन हो रहा था तो इन्होंने कहा कि आप लोग चलिए, हम अभी थोड़ी देर में आते हैं। चलने के समय टिकट को घर में ढूँढ़ा, और ढूँढ़ने पर वह घर में मिली नहीं। तब सोचा कि कोई बात नहीं, वहाँ जाके कुछ करेंगे। वहाँ पहुँचने पर गेट पर चेकर ने टिकट पूछी। इन्होंने कहा कि देखो, हमने टिकट ख़रीदी थी, लेकिन खो गयी। मैं भी कलाकार हूँ, रेडियो पर गाता हूँ। तो वो बोला कि यहाँ तो जो भी आता है वह यही बात कहता है कि वो कलाकार है। जसराज जी ने उसकी बहुत खुशामद की, लेकिन उसने इनको बहुत ज़ोर से लताड़ा। इतना लताड़ा कि ये रोने लग गये। तभी जिस लड़के से इन्होंने टिकट ख़रीदी थी, वह वहाँ से निकला। इन्होंने कहा कि देखो मैंने इसी से दस टिकटें ख़रीदी थीं। उससे पूछा कि क्या तुमने इन साहब को टिकट दी हैं तो वह लड़का तो देखते ही रह गया और कुछ बोला ही नहीं। इधर चेकर ने जसराज को बहुत ज़ोर से और डाँटा। ये रोते ही खड़े रहे। ये तो रो ही रहे थे कि किसी ने अन्दर श्रीमती सोम तिवारी से जाकर कहा कि बाहर जसराज खड़ा रो रहा है। तो उन्होंने कहा कि क्यों? किसी ने उसे मार-वार दिया क्या? तो उन्होंने कानन साहब से कहा कि बाहर जसराज रो रहा है। कानन साहब जसराज जी की बहुत मदद करते थे और उन्हें यहाँ-वहाँ प्रोग्रामों में भिजवाते भी रहते थे। वे बोले कि चलिये, मैं चलता हूँ। तो वो अम्मा के साथ बाहर आये और उनसे पूछने लगे कि क्यों रो रहे हो? इन्होंने बताया कि मेरी टिकट खो गयी है और मुझे केसरबाई का गाना सुनना है। तो बोले तेरे को टिकट की क्या ज़रूरत है? उन्हें एक गाड़ी में ले जाके बिठा दिया।

मुँह-वुँह धुलवाया। चाय-वाय पिलवायी। तब पलुस्कर साहब बैठे ही थे। वहीं बैठे-बैठे सारी रात गाना सुना। तो उस रात की शुरुआत ऐसी थी। केसरबाई से जसराज जी का रूबरू नहीं हुआ था।

सन् 1963 में पंडित जसराज कलकत्ते से मुम्बई आ गये। मुम्बई रेडियो में ये गाते थे। हिन्दू युवा एसोसिएशन ने एक सम्मान समारोह का आयोजन किया। शायद यह 1970 का समय रहा होगा। 'उस ज़माने में केसरबाई और मोगूबाई कुर्डीकर—किशोरी अमोनकर की माँ, एक स्टेज पर नहीं बैठती थीं। लेकिन युवा एसोसिएशन वालों ने उन दोनों को एक मंच पर बैठने के लिए मना लिया। पंडित जसराज से उन्होंने कहा कि आपका आना बहुत ज़रूरी है। हम ट्रेन में गये थे, लोकल में। ट्रेन में कुछ तकनीकी ख़राबी आ गयी और ट्रेन बीच रास्ते में ही खड़ी रह गयी। उस लाइन पर बाक़ी ट्रेनें भी रुक गयीं। अब हमने रेल लाइन के साथ-साथ ही भागना शुरू किया। भागते-भागते जहाँ से ब्रिज पर चढ़ना है, कोई जगह ही नहीं मिल रही। लाइन से बाहर तो होना ही पड़ेगा न! तो ख़ैर, एक जगह रास्ता मिला। जिस ऑडिटोरियम में प्रोग्राम था, वह गीरगाँव में था। कोई पुराना नाटक थियेटर था। बड़ी मुश्किल से उसे ढूँढ़ा। मुझे किसी ने कहा कि ऊपर चले जाइये। मैं ऊपर गया, मगर स्टेज तो नीचे थी। वहाँ से उतरकर मैं स्टेज तक पहुँचा। आयोजक धन्यवाद ज्ञापन कर रहे थे। मैं धीरे-धीरे करके स्टेज की एक सीढ़ी तक ऊपर चढ़ा और जो सज्जन धन्यवाद दे रहे थे, उन्होंने मुझे देख लिया। उन्होंने माइक पर एनाउंस कर दिया कि मैं आपको एक ख़ुशी की बात बता रहा हूँ कि हमारे बीच कलाकारों को सम्मानित करने के लिए पंडित जसराज जी आ रहे हैं। आप यक़ीन मानिये कि उस पर इतनी ज़ोर से तालियाँ बजीं कि जितनी कभी मेरे गाने पर नहीं बजी होंगी। कार्यक्रम से कुछ ही समय पहले केसरबाई जी को पद्मभूषण मिला था। मुझे हार दिये गये। मैंने पहले केसरबाई को पहनाया और उन्हें झुक कर प्रणाम किया। तब उन्होंने हमारी ठुड्डी पर हाथ रख कर कहा—पंडित, बहुत सुर में गाते हो। मैं उन्हें क्या जवाब देता, हमारी तो आँख और गला सब रुँध गया। उनका और इतना जबरदस्त था कि उनके आगे ज़बान तो खुलती ही नहीं थी। फिर उन्होंने कहा कि छोटा पंडित आता है कभी-कभार। शारंगदेव चला जाता था उनके घर कभी-कभी। हमारी छोटी साली की बेटी थी, वो कभी-कभी उसे वहाँ ले जाती थी। उसका नाम था—नयनतारा। उन्होंने कहा कि तुम कभी नहीं आये। हमने कहा कि ज़रूर आयेंगे।

'और मोगूबाई तो हमें ख़ूब चाहती थी। बहुत सम्मान करती थी। हमेशा कहती थी कि कुछ तो किशोरी को समझाओ। उसका दिमाग़ ठिकाने

नहीं रहता है। इस हद तक हमें प्यार करती थी कि किशोरी के बारे में भी हमसे बात करती थी। जिन केसरबाई को सुनने के लिए मैं कुछ साल पहले पंडाल के बाहर खड़े होकर रो रहा था, वही केसरबाई मेरी ठुड्डी पर हाथ रख कर कह रही थी कि पंडित बहुत सुर में गाते हो। और उन्हीं के लिए कानन साहब ने कहा था कि तू क्यों रोता है? एक दिन ऐसा आयेगा कि केसरबाई तुझे सुनेगी तो तेरे गाने को पसन्द करेगी।'

39

सन् 1960 में बिमान घोष, जो पहले कलकत्ते में रहते थे, लखनऊ चले गये। उन्होंने बनारस में एक आयोजन किया था। उसमें पूना की एक मराठी गायिका, उसके बाद नन्दलाल घोष, जो सरोद बजाते थे, और अन्त में पंडित जसराज का वरिष्ठ कलाकार के रूप में कार्यक्रम रखा। यह कार्यक्रम बनारस शहर में ही कहीं हुआ था। वहाँ इनका परिचित गुलवाड़ी परिवार रहता था। ये लोग इलाहाबाद से आये थे। उनकी दो-तीन बेटियाँ थीं और सभी सुरीला गाती थीं। एक बेटी—शैल गुलवाड़ी अब मुम्बई में रहती हैं और अच्छा गाती हैं। उनकी माँ मीरा गुलवाड़ी भी गाती थीं। जसराज जी जिनके यहाँ ठहरते थे, वह कषाड़कर परिवार था। गुलवाड़ी परिवार घर के ऊपर वाले तल्ले पर रहते थे और कषाड़कर परिवार नीचे के तल्ले पर रहता था। वो भी पंडित विष्णु दिगम्बर पलुस्कर जी के शिष्य थे। उनका संगीत समिति में बहुत योगदान था। जसराज जी ने कषाड़कर जी को सन्देश भिजवा दिया था कि मेरा बनारस में प्रोग्राम है और मैं आ रहा हूँ। ये मिसेज़ कषाड़कर को भाभीजी कहकर बुलाते थे। तो उस प्रोग्राम में भाभीजी और ऊपर वाली श्रीमती मीरा गुलवाड़ी दोनों आयी थीं। वहाँ सिद्धेश्वरी देवी जी की दोनों बेटियाँ सविता (जो बाद में सविता महाराज-पंडित किशन महाराज की पत्नी) और शान्ता भी आयी थीं। सभी लोग आपस में परिचित थे। सविता और शान्ता ने इन लोगों को अगले दिन खाने पर बुलवाया और आग्रह किया कि जसराज को भी साथ में ज़रूर लाइयेगा।

अगले दिन इन लोगों ने जसराज से कहा कि जसराज हम लोग सिद्धेश्वरी देवी जी के यहाँ खाने पर जा रहे हैं, तुम भी चलो। 'हमने मना किया, लेकिन जब उन्होंने बहुत कहा तो हम चले गये। जब खाना-वाना हो गया तो मिसेज़ कषाड़कर वगैरह तो इधर-उधर हो गयीं। कबीर चौरा में उनकी बहुत बड़ी कोठी थी। एक-एक करके सभी लोग मुझे सिद्धेश्वरी जी के साथ छोड़ कर इधर-उधर खिसक लिए। बस सिद्धेश्वरी जी, उनकी बेटी सविता जिसे घर में मीरा कहकर पुकारते थे और हम। सिद्धेश्वरी जी ने हमसे पूछा कि बेटा तुम्हारे परिवार में ऐसा कोई है जो तुमको बिठा दे

और कहे कि बैठो, तुम्हें रियाज़ करना है, और कुछ नहीं करना है? मैंने कहा कि हैं न! पूछें कौन है? तो मैंने उत्तर दिया कि भाई साहब हैं, भाभी हैं। तो उन्होंने यह तो पता लगा लिया कि ये ऐसे 'एवें-एवें डांय-डांय' घूमता है। तो वो बोलीं कि तुम घर देख लो। वो तुम्हारा कमरा होगा। मीरा का कमरा तुम्हारा होगा। यहाँ आ जाओ। यहाँ पे रहोगे तो 13 लाख रुपये का गहना है और 7-8 लाख रुपये बैंक में हैं। यह इतनी बड़ी कोठी है। 24 एकड़ ज़मीन है गाँव में। ये सब तुम्हारा होगा। बस तुम्हें यहीं रहना है। हमने सुन लिया। वो आगे बोलीं, मीरा तुम्हारी देखभाल करेगी। सुबह 4 बजे से लेकर सुबह 8 बजे तक तुम पहले रियाज़ करना। उसके बाद अखनी का एक गिलास पीना (बकरे की टाँगों की हड्डियों को उबालने से निकाला हुआ पानी)। फिर थोड़ी देर शान्त रहना। फिर ताकत आयेगी तो 10 बजे से फिर रियाज़ करना। फिर खाना। ऐसे दिन में 12-14 घण्टे तो तुम्हें गाना ही है। मैंने अपने मन में सोचा कि वो तो मैं कर ही रहा हूँ। अखनी नहीं है, बाक़ी सब कुछ है। वो बोलीं कि तुम मीरा से शादी कर लो और यहीं रहो। मैंने कहा—देवी जी, मैं कुछ कमाता-वमाता नहीं हूँ। ठीक से अपने पैरों पर खड़ा नहीं हूँ, वगैरह-वगैरह। तो बोलीं—मीरा का भी बी-हाई ग्रेड है। वो सितार बजाती थी। रविशंकर जी की शिष्या थी। वो बोलीं, इसका भी रेडियो में अच्छा है। तुम्हारा भी ठीक है। और इतना पैसा है। तुम्हें पैसे की क्या चिन्ता है? खाने-पीने की कोई चिन्ता नहीं है। जब तुम्हें रियाज़ करते हुए चार-छह बरस हो जायेंगे तो दुनिया तुम्हें सुनेगी। ये तो ठीक था। इतना रियाज़ करने पर तो दुनिया सुनेगी ही। मैंने कहा—जी, मैं जब तक अपने पैरों पर खड़ा नहीं हो जाता, तब तक मैं शादी की बात सोच भी नहीं सकता। मीरा ने कहा—नहीं माँ, परेशान मत करो। तब बिमान दा भी वहाँ आ चुके थे। तो वो बिमान दादा से बोलीं—बिमान, बेटे। तुम इसको समझाओ। तो दोनों माँ-बेटी वहाँ से चली गयीं। अब मैं और बिमान दा दोनों रह गये। बिमान दा बोले—देखो जसराज, तुमको शादी करना है तो अभी कर लो। नहीं तो मेरे जैसे रह जाओगे। बिमान दा ने शादी नहीं की थी। मैंने कहा—दादा, मैं इससे शादी करता हूँ तो मुझे क्या मिलेगा? वो बोले—अरे, इतना धन-दौलत मिल रहा है तुमको। 13 लाख का गहना, 7 लाख कैश, 24 एकड़ ज़मीन, ये मकान! और क्या चाहिए। मैंने कहा दादा, और पता नहीं इस प्रकार की बात कहने की समझ उस समय कैसे आयी, मैंने कहा दादा, देखिये 4-6 दिन, 10 दिन मज़े में कटेंगे उसके बाद धड़ाम से एक दिन गिरेंगे। किसी महाराजा साहब का कॉल आ जायेगा कि हम आ रहे हैं, मीरा को कहना कि हमारी ख़ातिरदारी करे। तब? हम एकदम काल्पनिक बात कह रहे हैं। लेकिन ऐसी स्थिति आ गयी तो। ज़्यादा पैसों के चक्कर में हमें नहीं पड़ना। हमें

अफीम-वफीम खिला दें और फिर पिटवा दें। बिमान दा बोले—तुम्हें कैसे मालूम कि ऐसा कुछ हो सकता है? मैंने कहा-दादा, इतनी पिक्चर देखते हैं, यही सब होता है। कुछ न कुछ तो सच्चाई होती होगी। मुझे नहीं करनी ऐसी शादी, पता नहीं क्यों, हमें उस समय यही विचार आया। बिमान दा ने थोड़ा समझाने की कोशिश की, बाद में छोड़ दिया।

'सिद्धेश्वरी देवी जी बहुत प्यारे मन की महिला थीं। बहुत बढ़िया गाती थीं। उनके नाम से तो ठुमरियाँ मशहूर हैं। सन् 1955-56 में भारतीय कला केन्द्र खुल रहा था दिल्ली में। बहुत सारे कलाकारों को हिन्दुस्तान भर से बुलवाया गया था। उनके लिए रहने के लिए टेंट वगैरह लगवाये गये थे। वहीं टेंटों में रहते थे। और गाना-वाना भी सिखाते थे। एक दिन हम सिद्धेश्वरी देवी जी के टेंट की ओर चले गये। भीतर से पुछवाया-कौन है? तो हमने बताया कि मैं हूँ—जसराज। तो उन्होंने हमें भीतर बुलवा लिया। शान्ता जी, उनकी बड़ी बेटी हमें टेंट के भीतर ले गयीं। अम्मा जसराज हैं। तो वो नहा रही थीं, परात में बैठ के। हृष्ट-पुष्ट शरीर था उनका। वहाँ बाथरूम-वाथरूम कोई होगा कि नहीं, पता नहीं। लेकिन वो परात में बैठ के नहा रही थीं। बोलीं-कोई नहीं, ये तो बेटा है। ख़ूब देर तक बातें कीं। कैसे हो, क्या कर रहे हो, रियाज़ कैसा चल रहा है, वगैरह! हमने बताया कि चल रहा है, कोशिश कर रहे हैं माँ। बोलीं- हाँ ख़ूब कोशिश करना, ख़ूब रियाज़ करना। तुम्हारा गला बहुत अच्छा है। हमने एक-आध बार रेडियो से सुना है। बस उतना ही। थोड़ी देर के बाद हमने विदा ली। प्यार तो बहुत करती थीं हमें। उनमें बनावटी कुछ भी नहीं था। बस गड़बड़ वहीं हो गयी जब उन्होंने हमें घर-जंवाई बनने का ऑफर दे दिया। सन् 1960 में उन्होंने मीरा से शादी करने के लिए कहा, लेकिन हम भी क्या करते, वह हमारे मिज़ाज में ही नहीं था।

'सिद्धेश्वरी देवी जी की यह चर्चा और भी आगे चली। 1960 में उन्होंने फिर से कहा कि मेरा यह निमन्त्रण तुम्हारे लिए खुला है। जब चाहो आ जाना। जब तुम्हारा दिमाग़ बदल जाये, आना। बिमान दा से भी बहुत कहा। लेकिन हमारे तो दिमाग़ में यही आ रहा था कि हमारा गाना-वाना वहाँ रुक ही जायेगा और हमें अफीम की लत लग जायेगी। मुझे डर था कि मैं अफीम खाऊँगा, गाँजा पियूँगा, भाँग पियूँगा। बस यही सब सोचकर, कल्पना करके हमने मना कर दिया। यह दिसम्बर 1960 की बात थी। सन् 1962 में मधुरा जी के साथ हमारी शादी हो गयी। हमने सिद्धेश्वरी जी को शादी का निमन्त्रण भेजा। मार्च में हमारी शादी हुई और जुलाई में हमारा इन्दौर में प्रोग्राम था। वो भी सिद्धेश्वरी जी के साथ। उन्होंने हमें एक-आध बार देखा, मगर कुछ बोली नहीं। वहाँ एक लॉज था, जिसमें

हम ठहरे थे। होटल भी होंगे, लेकिन हमारे पहुँच से बाहर रहे होंगे। हमने उनसे कहा कि हम उस लॉज में ठहरे हैं। तो उन्होंने कहा कि हम भी वहीं ठहरे हैं। आना कमरे में। सुबह उनसे मिलने पहुँचा। हमको उन्होंने ये बहुत सारी बड़ी-बड़ी गालियाँ दीं। तुमको शर्म नहीं आती? तुम 13-14 महीने में अपने पैरों पर खड़े हो गये? तुम्हारा कार्ड देखा तो हमने भी अपनी बेटी की शादी कर दी। किसी दक्षिण भारतीय व्यक्ति से शादी की थी उसकी। किशन महाराज से उसकी शादी बाद में हुई थी। किशन महाराज से तो सिद्धेश्वरी जी ने कहा था कि भैया मीरा के लिए कुछ करो न! तो किशन महाराज बोले—मैं करता हूँ न। और हाथ पकड़ के ले गये। देखिए, किस्मत कैसे-कैसे चक्कर करती है! हो सकता है वहाँ हमारा गाना और विकसित हो जाता, और ऊपर चढ़ जाता। वहाँ चारों तरफ़ गाना-बजाना ही था। कबीर चौरा में एक से एक बढ़ के कलाकार थे। उनमें सुरों की सम्राज्ञी सिद्धेश्वरी देवी। चौबीसों घण्टे वहाँ संगीत का माहौल था। लेकिन हमें लगा कि हम ऐसे में अफीमी-गंजेड़ी बन जायेंगे। वहाँ कलाकारों को बुलाना नहीं पड़ता था। जब कुछ होता, सब अपने-आप आ जाते थे।'

40

विशाखापट्टनम् में उस्ताद बिस्मिल्लाह ख़ाँ एक कार्यक्रम के लिए आये थे। अपनी पूरी मण्डली के साथ मैंने उन्हें स्टील प्लाण्ट के गेस्ट हाउस में ठहराया। मैं उन दिनों मारुति की छोटी कार मारुति 800 चलाती थी। बिस्मिल्लाह ख़ाँ साहब को मैंने हिल टॉप गेस्ट हाउस से अपनी गाड़ी में बिठाया और उन्हें लेकर गंगावरम् तक जाने लगी। गंगावरम् पर भी हमारा गेस्ट हाउस था जहाँ हमने उस्ताद बिस्मिल्लाह ख़ाँ और उनके साथियों के लिए एक दावत दी थी। गंगावरम् समुद्र-तट था, और बेहद सुन्दर, एक ओर शान्त और दूसरी तरफ़ उदात्त, बहुत सुरीला। शहर के अनेक संगीत-प्रेमी उस दावत में आये थे। मैं गाड़ी चला रही थी और ख़ाँ साहब मेरे साथ आगे की ही सीट पर बैठे थे। उनकी बाल-सुलभता के चलते उन्होंने चहक कर कहा, अरे, आपकी गाड़ी में तो म्यूज़िक सिस्टम भी है, कुछ लगाइये! तो गाड़ी में पंडित जसराज का 'मधुमाद सारंग' और 'भटियार' का एक कैसेट था। मैंने उसे लगा दिया। और बिस्मिल्लाह ख़ाँ साहब बार-बार वाह-वाह, क्या सुर लगाते हैं, जीते रहिये आदि आशीर्वादों की झड़ी लगा रहे थे। बोले—ये जो आपने पंडित जसराज का भटियार लगाया है, यह भी दो तरह से गाया जा सकता है। और उन्होंने भटियार के सम्बन्ध में बताना शुरू किया। मैं अल्पबुद्धि केवल उनकी बातों का आनन्द ले रही थी कि यह इतना बड़ा इन्सान मेरी गाड़ी में बैठ कर मेरे साथ पंडित जसराज और उनके सम्बन्ध में चर्चा कर रहा है।

पंडित जसराज कहते हैं, 'मुझे इन सब बड़े-बड़े कलाकारों का बहुत आशीर्वाद मिला है। मैं बनारस में किसी गली में गा रहा था। तो बिस्मिल्लाह ख़ाँ साहब बिना किसी को कहे हुए चल कर आ गये। उनको आयोजकों ने बुलाया भी नहीं था। उस्ताद बिस्मिल्लाह ख़ाँ को बुलाने के लिए बहुत हिम्मत चाहिए न! उन्हें बुलाना है तो बुलाने वाले को वाकई बहुत ज़्यादा हिम्मत चाहिए, लेकिन वो अपने आप आ गये। मैं 'तिहारो घर सुबस बसो' गा रहा था। दो घण्टे तक कुल मैंने गाया। और बिस्मिल्लाह ख़ाँ साहब वहाँ बैठ कर हमें सुनते रहे। और सुनकर कहा—जीते रहो। उनको न तो हमारा गाना सुनने के लिए वहाँ आने की ज़रूरत थी और न ही उसकी प्रशंसा

करने की। लेकिन वो तो बिस्मिल्लाह ख़ाँ साहब थे, इतने सरल, सन्त।'

बिस्मिल्लाह ख़ाँ साहब से पंडित जसराज की भेंट 1960 के दशक में हुई। उन्हें लखनऊ बुलाया गया था। वे दोनों और पूर्व प्रधानमन्त्री अटल बिहारी वाजपेयी। 'ख़ाँ साहब पंडाल में बैठ के कहीं सिगरेट पी रहे थे। मुझे सिगरेट से तकलीफ़ होती है तो शायद कुछ मुँह बना दिया मैंने। तो वो उठकर बाहर चले गये। गिरीश वगैरह ने उनसे कहा कि उस्ताद साहब, आप अन्दर आकर बैठिये। तो वो बोले, नहीं भाई, उसको तकलीफ़ होती है। 'उसको', यानी हमको। कितना सोच-विचार और प्रेम था उनका। एक छोटे कलाकार की सुविधा या उसके कष्ट का विचार कितने लोग रखते हैं?'

41

पहले के समय में सब कलाकार एक-दूसरे को बहुत सुनते थे। धीरे-धीरे यह परम्परा समाप्त-प्राय होती गयी। महफ़िल लगी हुई है और दूसरे कलाकार सुन रहे हैं सामने बैठकर। एक-दूसरे की प्रशंसा भी करते थे, सुझाव भी देते थे और ख़ुद भी बहुत कुछ सीखते थे।

लाला बाबू खन्ना की कान्फ्रेंस में सारे कलाकार एक-दूसरे को सुनते थे। ऐसी और कान्फ्रेंस भी होती थीं। शाम के सात बजते-बजते यही होता कि चलो-चलो। सब एक-दूसरे को बुलाकर ले गये। कोई गा रहा है, कोई बजा रहा है। एक-दूसरे को सुन-सुना रहे हैं। बाद में रियाज़ कम हो गया। कलाकार थोड़ा कमज़ोर हुआ है। 'ये मैंने आपको सुना, आपका गाना बहुत अच्छा है। गाना सिर पे से निकल जाये, खत्म! छूते ही गाना गाने लग गये तो आशंका है कि आपका अपने गाने पर कमांड कैसा है? मेरे साथ हुआ, 1963 में। ग़ुलाम मुस्तफ़ा, मैं और हफ़ीज़ अहमद ख़ाँ। ग़ुलाम मुस्तफ़ा मुम्बई में रहते थे और एक कान्फ्रेंस थी। सबसे पहले ग़ुलाम मुस्तफ़ा का प्रोग्राम था, उसके बाद मेरा और मेरे बाद हफ़ीज़ अहमद थे। ग़ुलाम मुस्तफ़ा को हमने कभी सुना ही नहीं था। पहली बार सुनने बैठे। सुन रहा था और पूरिया कल्याण ऐसा गाया कि क्या कहें, वह हमारे सिर पे चढ़ गया और अपना जो कुछ भी था सब गाना ही भूल गया। सच में मैंने कुछ तानें वगैरह करके कुछ इधर-उधर का गा के अपना प्रोग्राम किया। बहुत तकलीफ़ हुई। दूसरे दिन हफ़ीज़ अहमद ख़ाँ आये। आये और चाय-वाय पी रहे थे। वे मधुरा जी को शादी के पहले तक गाना भी सिखाते थे। वो उन्हें मधु कहकर पुकारते थे। तो उन्होंने कहा—मधु, कुछ चाय-नाश्ता करवाओ। चाय पी रहे हैं और हमसे कह रहे हैं, जसराज भाई, आप गाते बहुत अच्छा हैं। अब हम सब कल के वाकये के बाद शर्म से झुके जा रहे हैं। तो वो बोले कि जसराज भाई, मैं आपसे एक बात कहता हूँ, आप अपने गाने से पहले किसी और का गाना न सुनें, क्योंकि पब्लिक आपको सुनती है और आपको आपके गाने की वजह से मानती है। आप अपने गाने से पहले किसी और का गाना न सुनें, बस! बाद में चाहे जिसे सुनें। कितनी सीख दे गये। ऐसे हर एक स्टेज पर कुछ न कुछ सीखने को मिलता है।

42

दिल्ली में गन्धर्व महाविद्यालय के अधिष्ठाता पंडित विनयचन्द्र मुद्गल का पंडित जसराज के जीवन में बहुत विशेष स्थान है। उन्होंने तथा उनकी पत्नी तथा पूरे परिवार ने जसराज जी को अहैतुक स्नेह किया। पंडित जसराज के साथ यद्यपि मेरा सम्बन्ध बहुत पुराना है, उनके साथ मेरा पहला इंटरव्यू मैंने भाई जी के घर में रिकॉर्ड किया था। पंडित विनयचन्द्र मुद्गल को सभी संगीत-प्रेमी तथा उनके छात्र 'भाई जी' कहकर ही बुलाते थे। उनकी एक छवि तो हमेशा आँखों के सामने आती है वह है भूरे रंग की शेरवानी और सफ़ेद चौड़े पाँयचे वाला पाजामा पहने घुँघराले बालों वाले एक लम्बे हँसमुख व्यक्ति की। जसराज जी अक्सर दिल्ली में उनके घर में ठहरते और मुद्गल परिवार के एक सदस्य ही बन गये थे। मुकुल, मंजरी, माधवी, मधुप सभी जसराज जी का बहुत आदर करते हैं और सभी के साथ उनके बहुत मधुर सम्बन्ध हैं। अम्मा के हाथ का बना स्वादिष्ट भोजन जसराज जी उँगलियाँ चाट कर खाते थे। मधुप जी ने तो बाक़ायदा जसराज जी से गाना सीखा भी। बहुत वर्षों तक दिनों डेरा लगाकर बैठे जसराज जी 'भैया' (मधुप) को गाना सिखाते भी थे। बाद में पंडित कुमार गन्धर्व के पास लगातार रहकर सीखना उनकी गायन शैली को ही बदल गया, लेकिन आज भी पंडित जसराज पूरे हक़ से उनके घर में जाकर रहते हैं, और कभी-कभी किसी मंच पर मधुप को अपने साथ मंच पर बैठने का आग्रह भी कर देते हैं। मधुप भी एक समुद्धत आत्मीय शिष्य की तरह अपने गुरु की आज्ञा का सम्मान करते हैं।

दूरदर्शन के डी.डी. भारती चैनल को जो लोग नियमित देखते हैं, उन्होंने पंडित विनयचन्द्र मुद्गल तथा पंडित मणिराम का ब्लैक एंड व्हाइट टी.वी. के दिनों का एक लम्बा इण्टरव्यू अवश्य देखा होगा। उसमें पंडित जसराज के साथ-साथ डॉ. मुकुन्द लाठ, श्रीमती सोम तिवारी, चन्द्रशेखर स्वामी, गिरीश बज़लवाड भी दिखायी देते हैं। शिष्य मण्डली पीछे तानपुरा छेड़ रही है और पंडित मणिराम के साथ सवाल-जवाब की प्रक्रिया में मणिराम जी और जसराज जी बहुत-सी राग-रागनियों की पहचान अपने गायन के माध्यम से देते हैं।

'इस परिवार ने हमें बहुत आगे बढ़ाया। जहाँ मौक़ा मिला इन सभी ने हमें बहुत आगे बढ़ कर सम्मान दिया और हमारी संगीत-यात्रा को भी आगे बढ़ाने में बहुत मदद की। इनका हमारे ऊपर बहुत ऋण है।' पंडित जसराज मुझे बता रहे हैं।

ओडिसी नृत्यांगना माधवी मुद्गल के साथ पंडित जसराज

43

सन् 1966 में मुम्बई में एक 7 दिन का संगीत समारोह आयोजित किया गया था। प्रतिदिन समारोह का समापन एक दिग्गज कलाकार से हो रहा था। पंडित रविशंकर, उस्ताद विलायत ख़ाँ, उस्ताद बिस्मिल्लाह ख़ाँ, पंडित भीमसेन जोशी आदि सब उच्च कोटि के कलाकार थे। एक दिन कार्यक्रम श्रीमती लक्ष्मीशंकर से शुरू हो रहा था। उनके बाद पंडित रामनारायण, श्रीमती किशोरी अमोनकर और अन्त में पंडित जसराज। समारोह का आयोजन राजाराम हूमणे ने किया था जो संस्कृति विभाग के निदेशक थे। वे श्रीमती हीराबाई बरोडकर के दामाद भी थे। उन्होंने ही पूरे समारोह की रूपरेखा बनायी थी और कलाकारों का क्रम भी तय किया था।

इससे पहले 1965 में राजाराम हूमणे ने नागपुर में एक प्रोग्राम किया था। उसकी भी शक्ल कुछ ऐसी थी कि उसमें पहले कोई एक कलाकार (जिसका नाम पंडित जसराज को याद नहीं), फिर पंडित कुमार गन्धर्व, फिर पुष्पलता कुलकर्णी जो वायलिन बजाती थीं, और फिर अन्त में पंडित जसराज! यह क्रम रखा था। जब पंडित जसराज वहाँ पहुँचे और उन्हें कार्यक्रम का यह क्रम पता चला तो उन्होंने राजाराम से कहा कि सर, आपने यह क्या क्रम रख दिया है! आप कुमार जी का पीछे रखते और मेरा कहीं बीच में रख देते! तो राजाराम बोले, कि क्या आप हज्जाम हैं? हमने कुछ सोच-समझ के यह क्रम रखा है। जाओ, जाओ। जैसा क्रम है, उसी में गाइये। तो उस प्रोग्राम में पंडित जसराज नागपुर में बहुत जमे। उन्होंने अन्त में गाया और 'नट भैरव' से शुरू किया और फिर गाते ही रहे।

'अब मैं फिर से 1966 में आ गया हूँ। किशोरी जी ने राजाराम हूमणे को फ़ोन किया कि वह अन्त में गाना चाहती हैं। तो मैंने राजाराम से कहा ठीक है, आप उन्हें अन्त में गाने दीजिए। उनके पहले मैं गा लेता हूँ। तो उन्होंने कहा, जसराज, नागपुर भूल गये क्या? मैंने क्या कहा था तुमसे? तो मैं चुप रहा। मैंने लेकिन हिम्मत करके कहा कि मुझे यहाँ कौन जानता है! तो उन्होंने बताया कि थोड़ी देर पहले, किशोरी का फ़ोन आया था। उसने कहा कि मुझे भैरवी गाना है, मैं बाद में गाऊँगी। तो हम बोले कि ठीक है, उन्हें बाद में गाने दीजिए। तो राजाराम ने कहा कि देखो, ऐसी बेवकूफ़ी

मत करो। हमने फिर मधुरा से पूछा। तो मधुरा ने कहा कि देखो सात दिन के समारोह में हर दिन एक सबसे ऊँची चोटी का कलाकार समापन कर रहा है। वो या गा रहा है या बजा रहा है। तुम्हें यह मौक़ा मिल रहा है तो उसे तुम क्यों छोड़ते हो? बेवक़ूफ़ी मत करो। तो बस हमने गा दिया और उस प्रोग्राम की भी बड़ी तारीफ़ हुई।'

सन् 1960, 70, 1980 के दशक पंडित जसराज के लिए सफलता की अलग-अलग सीढ़ियाँ लेकर आये थे। वह 1966 का प्रोग्राम अद्भुत हुआ। सारे कलाकार रोज़ उसमें जाते थे। जिनका प्रोग्राम था वो भी जाते थे और जिनका नहीं था, वो भी जाते थे सुनने के लिए। इसमें कुछ युवा कलाकार भी थे। जसराज, ग़ुलाम मुस्तफ़ा, मुनव्वर अली ख़ाँ, फ़य्याज़ अहमद ख़ाँ नसीर अहमद ख़ाँ—सब खड़े थे। उस्ताद बिस्मिल्लाह ख़ाँ साहब ने जसराज को वहाँ सुना और कहा कि जसराज यहाँ पे जो कलाकार खड़े हैं, वो सब दस-दस गज़ की तान मारने वाले हैं। मगर तुम्हारे गाने का अन्दाज अलग है बेटा!

'इस प्रोग्राम के दूसरे-तीसरे दिन मैं ट्रेन में नागपुर जा रहा था। वहाँ एक और कान्फ्रेंस थी। मैं ऊपर की बर्थ पर बैठा था तो मैंने देखा कि पूना में वहाँ नीचे पंडित भीमसेन जोशी आकर बैठ गये। मैं नीचे उतर आया और उन्हें प्रणाम किया। तो वो बोले कि मैं सोच रहा था कि इतना लम्बा रास्ता है, कैसे अकेला जाऊँगा। अब तुम रहोगे तो गाने की बातें होती रहेंगी। तो इनसे बहुत सारी बातें हुईं। और एक बात उन्होंने ऐसी कही कि जिसे सोच कर भी रोंगटे खड़े हो जाते हैं। उन्होंने कहा कि जसराज, मैं जब पीछे मुड़ के देखता हूँ, तो मुझे तुम नज़र आते हो। ऐसा पंडित भीमसेन जोशी ने कहा—सन् 1966 में।'

पंडित जसराज ने पंडित भीमसेन जोशी को पहली बार सुना—सन् 1942 में। औरंगाबाद में। उस समय जसराज की आयु केवल 12 वर्ष की थी। लेकिन पंडित भीमसेन जोशी सन् 1948-49 में पूना आ गये।

'आप दोनों के गाने में क्या अन्तर है, मैं पंडित जसराज से जानना चाहती हूँ।

'अन्तर क्या है? वो (पंडित भीमसेन जोशी) दबंग गवैया हैं। हम माइल्ड हैं। यह अन्तर कोई छोटा अन्तर है? 'भीमसेन जी जब विलम्बित गाते थे तो उनकी आवाज़ अलग सुनायी देती थी और जब द्रुत गाते थे, तान लेते थे, तब अलग। ऐसा लगता था कि दो अलग-अलग व्यक्ति गा रहे हों' मैं कहती हूँ।

'आपने उन्हें बहुत माइन्यूटली गौर से सुना है। और आप शायद ठीक कहती हैं। उनकी तान अलग थी। और उनकी तान के भी आप तीन

हिस्से कर सकती हैं। उनकी नीचे की तान अलग थी, बीच की अलग और अतिसम की अलग। ऊपर वाली एकदम बारीक हो जाती थी। बहुत अच्छा, प्रभावी गाना था उनका। ऐसा कलाकार युगों में पैदा होता है।'

पंडित भीमसेन जोशी पर पुस्तक लिखी जा रही थी। उन दिनों पंडित जसराज अस्वस्थ थे। इनसे कहा गया कि आप पंडित भीमसेन जोशी के विषय में थोड़ा-सा लिख दीजिए, क्योंकि आपके बिना यह पुस्तक अधूरी रहेगी। तो पंडित जसराज ने कुछ ही शब्दों में बहुत कुछ कह दिया कि तानसेन जी थे, उनके पीछे शहंशाह अकबर थे। और अब भीमसेन जी हैं, उनके पीछे सारी जनता है। यह पुस्तक मराठी में है।

44

पंडित मणिराम जिन दिनों अपने पूरे परिवार के साथ कलकत्ता में रहते थे, उनकी पत्नी के परिवार के लोगों का भी उनके घर में आना-जाना लगा रहता। उनके साले का बेटा काशी तो वहाँ अक्सर अपने दोस्त रवीन्द्र जैन के साथ बहुत आता। काशी और रवीन्द्र जैन दोनों ही लगभग 14-15 वर्ष के थे और जसराज उनसे कुछ वर्ष बड़े। काशी तबला बजाता और रवीन्द्र हारमोनियम पर अपनी लिखी और अपनी ही संगीतबद्ध की हुई रचनाएँ सुनाता रहता। यह सन् 1957-58 की बात है। बहुत महफ़िल जमती। रवीन्द्र जैन ख़ूब आदर-भाव रखता था।

'उसके बाद मैं 1963 में मुम्बई आ गया। रवीन्द्र जैन हमारी छात्रा आशा लोहिया के पिताजी के यहाँ भी आता था। तो उनके साथ इसका हमारे यहाँ दुबारा आना-जाना शुरू हो गया। मुझे उसका गाना और उसके विचार भी बहुत अच्छे लगते। उसका एक गाना—'एक राधा, एक मीरा, दोनों ने श्याम को चाहा, अन्तर क्या दोनों की प्रीत में बोलो, एक प्रेम दीवानी एक दरस दीवानी'—यह मुझे बहुत ज़्यादा अच्छा लगता। मैं बार-बार उसे यही सुनाने को कहता। मैं 1981 में बीमार पड़ गया और अस्पताल में भर्ती हो गया। इसे पता चला कि मैं बीमार हूँ तो मुझे मिलने आया। अस्पताल से छूटने पर पप्पा (व्ही. शान्ताराम) ने कहा कि तुम राजकमल स्टूडियो ही आ जाओ। कहाँ अपने घर में तीन मंज़िल चढ़ोगे। यहाँ लिफ्ट भी है। तो हम राजकमल चले गये। रवीन्द्र जैन वहाँ भी हमसे मिलने आते रहे। जब भी आता हारमोनियम लेकर बैठ जाता और घण्टों गाना गाता था। हम उससे वही गाना बार-बार सुनते और ज़ार-ज़ार रोते। हम सोचते कि जो कलाकार स्वयं नहीं देख सकता वो कैसे अपने गाने के माध्यम से हमें राधा और मीरा दोनों के प्रेम के दर्शन करा देता है।'

45

'**1964** की बात है। मैं अपनी ससुराल में था, शाहबाग़ में। मुझे पता चला कि पंडित ओंकारनाथ ठाकुर आये हैं तो मैं उनसे मिलने पैदल ही चला गया। वो पराग जी डोसा के पास ठहरे थे। पराग जी डोसा समीक्षक थे, जिनके पास सभी कलाकारों का लेखा-जोखा रहता था कि किस सन् में किस कान्फ्रेंस में किस कलाकार ने क्या गाया, कैसा गाया, आदि। जब मैं पंडित जी से मिलने गया तो वह घर की सीढ़ियाँ नीचे उतर रहे थे। मुझको देखकर कहा कि अब मैं नहीं जाऊँगा। किसी से मिलने जा रहे थे। रुक गये। वापस कमरे में चले गये और मुझसे कहा कि बैठो। सेवक को दो बादाम के शरबत लाने का आदेश दिया और मुझसे कहने लगे, 'देखो बेटा, 55 हज़ार के तो हमारे पास मैनुस्क्रिप्ट हैं। कहते-कहते दरवाज़ा बन्द कर लिया कि किसी को भीतर आने नहीं देना। इसके अलावा भरुच में एक घर है, सूरत में घर है। और भी यहाँ-वहाँ बहुत कुछ है। बैंक बैलेंस बहुत है, लाखों में है। मेरा तो कोई है नहीं, तुम्हें बता रहा हूँ। मुझे सीधे-सीधे तो नहीं कहा कि मेरे शिष्य बन जाओ या दत्तक पुत्र बन जाओ, लेकिन इसकी ओर इशारा अवश्य दे दिया।

'उसके कुछ ही समय के बाद पंडित ओंकारनाथ ठाकुर अस्वस्थ हो गये। दिल्ली के मौलाना आज़ाद मेडिकल कॉलेज में भर्ती थे तो इन्दिरा गाँधी उन्हें देखने गयी थीं, और कहा था कि आपको किसी भी प्रकार की आवश्यकता हो तो बता दें। उस समय वह सूचना और प्रसारण मन्त्री थीं। बड़ा बड़प्पन दिखाया उन्होंने। जब वह बीमार थे तो मैं मुम्बई अस्पताल में जाता रहा उनके पास। मैं उनका वैसे ही सम्मान करता था जैसा वो मुझे प्यार करते थे। था कुछ, हमारे बीच, एक कोई महिला थीं, जो उनकी सेवा करती थीं। एक होम्योपैथिक या आयुर्वेदिक डॉक्टर उनका इलाज कर रहे थे। उस नर्सिंग होम में, बान्द्रा में, मेरा हाथ पकड़कर आँसू बहाते रहे। जब तक बोल पाते थे तब तक कहते थे, देखो, तुम मुझसे मिलने आ जाते हो, कोई और तो आता भी नहीं है। फिर जैसा मैंने कहा कि मैं और मधुरा जी दोनों गये थे मिलने। मैंने दो-तीन भजन गाये। पंडित जी आँसू बहा रहे थे। वह मेरी उनसे आख़िरी मुलाक़ात थी।'

पंडित जसराज अपने लाल आसामी गमछे से आँसू पोंछ रहे हैं। पंडित ओंकारनाथ ठाकुर का स्वर्गवास 29 दिसम्बर, 1967 को हुआ।

46

पंडित जसराज और श्रीमती किशोरी अमोनकर एक-दूसरे के बारे में जानते थे, पढ़ते थे, रेडियो पर सुनते रहते थे, लेकिन कभी एक-दूसरे को सामने से न देखा और न ही सुना था। सन् 1966 में नागपुर में पंडित जसराज का गायन था। उनके बाद श्री वसन्तराव का वायलिन वादन था। वसन्तराव जी एक महीना पहले हैदराबाद में पंडित जसराज के पहले वायलिन बजा रहे थे और उन्होंने कहा कि पंडित जी, नागपुर में मैं आपके बाद बजा रहा हूँ। 'आपका स्वागत है' कहकर पंडित जसराज ने नागपुर में अपना गाना शुरू किया। गायन शुरू ही हुआ था कि पंडित जितेन्द्र अभिषेकी और किशोरी अमोनकर जी वहाँ पहुँचे। अभिषेकी जी को सब प्यार से 'गंपू' कहकर बुलाते थे। किशोरी जी ने अभिषेकी जी से कहा कि गंपू, जसराज को सुनने चलते हैं, बस इनका सुनकर चले जायेंगे। पंडित जसराज ने 'दरबारी' से अपना गाना शुरू किया था। बहुत बड़ी महफ़िल थी, सैकड़ों लोग, सभी ने बहुत प्यार से दरबारी सुना। दरबारी ख़त्म होते ही किशोरी जी उठ खड़ी हुईं, जाने के लिए तैयार। जसराज जी ने देखा और मंच से ही कहा—'किशोरी जी, 5 मिनट।' तो किशोरी जी बैठ गयीं, गयी नहीं, पूरा गाना सुना।

अगली सुबह किशोरी जी का गायन था। वह ज़माना ट्रंक कॉल का था। दूसरे शहर में फ़ोन मिलाने के लिए एस.टी.डी. नहीं था, ट्रंक कॉल मिलाना पड़ता था। जसराज जी ने मुम्बई ट्रंक कॉल मिलाया और किसी से कह दिया कि हम किशोरी जी का गाना सुनने पंडाल में जा रहे हैं। ट्रंक कॉल मिलने से उन्हें बुलवा लिया जाये। किशोरी जी बहुत अच्छा गा रही हैं कि किसी ने आकर पंडित जसराज से कहा—पंडित जी, आपका ट्रंक कॉल लग गया है। वह जैसे ही उठ खड़े हुए, किशोरी जी स्टेज से बोलीं—जसराज भाई, बस 5 मिनट। तो वह भी वहीं बैठ गये और फिर सारी दोस्ती ख़ूब जमी, पडित जसराज बताते हैं।

मोगूबाई कुर्डीकर के यहाँ पंडित जसराज कभी-कभी चले जाते थे। कलकत्ते के विजय कुमार बर्मन बहुत बड़े सुनकार थे। वो मुम्बई आ रहे थे और उन्होंने जसराज जी से कहा कि जसराज भाई, किसी का गाना

सुनवा दो। तो एक दिन इन्होंने कहा कि चलिए, किशोरी का गाना सुनते हैं। तो ये दोनों किशोरी जी के घर में चले गये। मोगूबाई ने किशोरी से कहा—इनको गाना सुनाओ। बहुत अच्छे से सुनाना। माँ कह रही है कि ये अच्छा गाती है। 'और उसने करीब ढाई घण्टे तक गाया। बहुत अच्छा गाती है। किशोरी तो किशोरी ही है। गाती तो बहुत जबरदस्त है। विजय दादा ने उसके बाद ही किशोरी को कलकत्ता प्रोग्राम के लिए बुलाया। हमारी किशोरी से दोस्ती बहुत अच्छी जमी। वो हमारे प्रोग्राम में आयें, हम उनके प्रोग्राम में जायें। एक-दूसरे के गाने को पसन्द करें, तारीफ़ करें। आज भी बहुत अच्छा रिलेशन है। अब घर-वर जाना-आना नहीं होता है। लेकिन बहुत अच्छा गाती है। उसका कोई सानी नहीं है।' इस वार्तालाप के कुछ ही दिन के बाद किशोरी जी का देहान्त हो गया।

पंडित जसराज एक बहुत मीठी घटना का ज़िक्र करते हैं जिससे किशोरी अमोनकर और उनके बीच के सम्बन्ध की मधुरता का पता चलता है—'अप्पा साहब जलगांवकर की वर्षगाँठ मनायी गयी। हम उसके अध्यक्ष थे। किशोरी जी का गाना रखा गया था। उसके बाद हमारा गाना था। अब किशोरी जी ग्रीन रूम से बाहर ही नहीं आ रही हैं। तानपुरा मिला रही हैं, उठ ही नहीं रही हैं। ऑडियंस बेचैन हो रही है। आधे घण्टे से अधिक समय निकल गया इन्तज़ार करते हुए। तो हम भीतर गये। हमने कहा, किशोरी जी चलिए। बोलीं, 'अरे थांब रे।' मैंने कहा-चलिए, नहीं तो मैं आपको गोदी में उठा के ले जाऊँगा। बोलीं- ले जाओ। तो हमने उनको गोदी में उठाया और उठा के स्टेज पर ले आए। बिठा दिया, फिर उन्होंने गाया। और क्या ख़ूब गाया। 'आज तेरे हुस्न की क्या तारीफ़ करूँ' ऐसा गाना गायीं। तो साहब किशोरी जी के साथ बहुत बार ऐसा हुआ। स्टेज पूरे 45 मिनट तक खाली पड़ा हुआ था, हम उन्हें गोदी में उठाकर ला रहे थे। तो कलाकारों के साथ ऐसी मीठी-मीठी बातें होती रहती हैं।'

47

सितारा देवी जी और उनकी दोनों बहनों की क़द-काठी लगभग एक-सी थी। पहाड़ी प्रदेश की होने के कारण उम्र का प्रभाव यूँ भी सभी पर कम दिखता था। कुछ साल पहले जसराज जी को मिलीं तो अपनी बेटियों के लिए कहने लगीं, 'अरे जसराज, कैसे हो? भई इन लड़कियों का ध्यान करो कुछ।' सितारा देवी जी के सम्बन्ध में जसराज जी एक घटना स्मरण करते हैं। '1963 की बात है। मुम्बई में सितारा देवी का प्रोग्राम था। सीजे हॉल में प्रोग्राम था। उन्होंने नाचना शुरू किया। शुरू करते ही उनके पैर में कुछ लग गया। ख़ून-खच्चर हो गया। ज़रा-सा पोंछा पाया और नाचने लग गयीं। कुछ चुभ गया था। नाचने लगीं तो बड़ी ज़ोर से स्टेज पर सब तरफ ख़ून ही ख़ून। सितारा देवी रुकने का नाम ही नहीं ले रहीं। बोलीं- भगवान गेंद खेल रहे हैं। और गेंद खेलकर दिखा रही थीं। लोगों की आँखें उनके अभिनय और गति के साथ यूँ-यूँ जा रही थीं कि अभी यहाँ और अभी वहाँ। और हाथ में कुछ नहीं। यहाँ तक कि एक बार उन्होंने ऐसे गेंद को पकड़ लिया। मतलब पकड़ने का अभिनय किया। ऐसा लगा कि सचमुच भगवान ने गेंद पकड़ ली हो। न वहाँ भगवान, न गेंद और स्टेज पर भगवान गेंद खेल रहे हैं। इतना ख़ूबसूरत कि आज 50 साल से ज़्यादा हो गये, मैं उसे भूल ही नहीं पाया। इतना ख़ूबसूरत नाचीं। ऐसा किसी के पास नहीं है।'

48

वो सफ़ेद साड़ी पहनकर सरोद बजाती थी। कभी लाल बॉर्डर की सफ़ेद साड़ी और कभी काले बॉर्डर वाली। उनके सरोद के स्वर एक-एक करके उतरते और धीरे-धीरे सारे वातावरण को सुरमय बना देते। एक जमाना था मुम्बई में शरनरानी सरोद बजाने बैठीं। उनके बाद उस्ताद विलायत ख़ाँ का प्रोग्राम था। मुम्बई की पब्लिक शरनरानी को उठने ही न दे। सुरसिंगार संसद के कर्त्ता थे—बृजनारायण जी। उस कार्यक्रम का नियम था कि वह समय पर आरम्भ होता और कलाकार को जितना भी समय नियत होता, उतने ही समय में उसे अपना रिसाइटल समाप्त करना होता था। तो जब जनता शरनरानी जी को उठने नहीं दे रही थी तो बृजनारायण जी स्टेज पर आये और उन्होंने कहा कि देखो भइया, इनके बाद उस्ताद विलायत ख़ाँ का प्रोग्राम है। आप अगर इन्हें नहीं छोड़ेंगे तो टाइम नहीं बचेगा और वो नहीं आ पायेंगे। तो पब्लिक क्या कहती है—उनको बहुत सुना है। लेकिन इन्हें तो आज हम उठने ही नहीं देंगे। तो शरनरानी जी ने काफ़ी देर और बजाया, उनके बाद विलायत ख़ाँ साहब के प्रोग्राम के लिए टाइम को बढ़ाना पड़ा। पंडित जसराज कहते हैं। 'शरनरानी जी उस्ताद अली अकबर ख़ाँ की बहुत अच्छी शिष्या थीं। सरोद में उनका सानी कोई नहीं था।'

49

सन् 1972 में भुवनेश्वर में गुरु केलुचरण महापात्र से भेंट हुई। भुवनेश्वर में एक कार्यक्रम था। एक नेत्रहीन व्यक्ति वहाँ आ कर पूछता था कि पंडित जसराज कब गा रहे हैं। पता चले कि आज नहीं, तो वह लौट जाता था। तीसरे दिन जब वो गा रहे थे, वह लौट कर आया और गेट पर बोला कि टिकट दे दीजिए, मेरे पास केवल 10 रुपये हैं। तो उसको बताया गया कि टिकट तो है ही नहीं, हाउसफुल था। तब इस व्यक्ति ने कहा कि मैं बेंत की कुर्सी बनाकर घर चलाता हूँ और मेरे पास केवल 10 रुपये ही हैं। मुझे गाना ज़रूर सुनना है और मैं मुफ़्त में गाना नहीं सुनूँगा। ख़ैर, उन्होंने कुछ व्यवस्था की और उस नेत्रहीन श्रोता को अन्दर ले आये। उसी प्रोग्राम में पंडित जसराज की पहली बार भेंट हुई गुरु केलुचरण महापात्र से। तब तक 'धर्मयुग' के माध्यम से ये बहुत छा चुके थे। केलु बाबू, संयुक्ता पाणिग्रही, रघुनाथ जी। मुम्बई में इनके दो-तीन प्रोग्राम हो चुके थे और हर दो-तीन सप्ताह में 'धर्मयुग' में इनके सम्बन्ध में लेख छपते और तस्वीरों के साथ छपते। इन लोगों का इस वजह से बहुत नाम हो गया था और ये जगह-जगह प्रोग्राम करने लगते थे। तो उस कार्यक्रम में केलु बाबू आये और बहुत गले मिले, रघुनाथ जी भी मिले और बहुत मन से तारीफ़ की।

'केलू बाबू की पुत्रवधू सुजाता भी बहुत सुन्दर नाचती है। मुझे सुजाता का स्मरण हो आया है। वो मुँह खोलती है तो सचमुच लगता है कि विष्णु जी अपना वृहद् स्वरूप दिखा रहे हैं'—मुँह में ब्रह्माण्ड के दर्शन करा रहे हों जैसे। यशोदा माँ कृष्ण से पूछती है कि तुमने माखन खाया? और कान पकड़कर ऐसा अभिनय करती है—यूँ घूम रही है, कभी वैसे घूम रही है कि देखने वाले को लगे कि सचमुच माँ यशोदा कृष्ण की पिटाई कर रही है और कृष्ण मैया को सता रहे हैं।

जैसे केलू बाबू करते थे केवट-प्रसंग। केलू बाबू जैसा केवट-प्रसंग हमने नहीं देखा। जब-जब हमारे सामने उन्होंने केवट-प्रसंग किया, तब-तब हम ज़ार-ज़ार रोये। बहुत सारे लोग राम-कथा पर नृत्य करते हैं,

लेकिन केलू बाबू ने जैसा हमें किसी ने रुलाया नहीं। सब कलाकारों की कोई-कोई चीज़ें याद रह जाती हैं। वो केलू बाबू का केवट-प्रसंग भुलाना असम्भव है। यूँ उनका बेटा रतिकान्त भी हनुमान-प्रसंग बहुत अच्छा करता है।'

50

पंडित शिवकुमार शर्मा और पंडित जसराज के सम्बन्ध को नाम देना कठिन है। शिव जी को जसराज जी के परिवार के सभी बच्चे शिव चाचा कहकर बुलाते हैं। कारण यह है कि इन दोनों के मिलने से पहले दोनों के पिता की आपस में प्रगाढ़ मित्रता थी। दोनों ही जम्मू महाराजा के दरबार में थे और एक-दूसरे से उनका घनिष्ठ परिचय हो गया था। पंडित उमा दत्त जी शर्मा और पंडित मोतीराम महाराजा जम्मू के यहाँ राजगायक थे। सन् 1954 में पंडित जसराज मुम्बई में हरिदास संगीत-सम्मेलन में गये थे। उन्हें 1955 में भी बुलावा आया था। उसी वर्ष पंडित शिवकुमार शर्मा भी वहाँ आये थे। उस समय दोनों ही उभरते हुए कलाकार थे। दोनों का प्रोग्राम एक के बाद एक था।

'जसराज जी गाने के लिए आये थे और मैं सन्तूर बजाने के लिए। कुछ रिश्ते भगवान के बनाये हुए होते हैं। ऐसे तो बहुत लोगों से हम मिलते हैं और फिर अपनी-अपनी राह चल देते हैं। लेकिन हमारा रिश्ता भगवान ने बनाया था। हमारी वो मुम्बई की एक मुलाक़ात आगे जाकर गहरी दोस्ती में तब्दील हो गयी। ये जब जम्मू आते थे तो हमारे यहाँ ठहरते थे और मैं जब कलकत्ता जाता तो इनके यहाँ ठहरता था। तब जसराज जी अपने बड़े भाई साहब पंडित मणिराम जी के साथ ही रहते थे। तो मेरा सभी के साथ एक परिवार जैसा सम्बन्ध हो गया। फिर सन् 1960 में मैं मुम्बई आ गया। जसराज जी भी 1963 में यहाँ आ गये।' पंडित शिवकुमार शर्मा पंडित जसराज के साथ अपने सम्बन्ध के बारे में बताते हैं-'वो तारीख जब हम पहली बार मिले थे, मुझे अच्छी तरह याद है। वो 19 फ़रवरी, 1955 थी। जब हमारी दोस्ती के 50 साल हुए तब जसराज जी ने और मधुरा भाभी ने मुझे फ़ोन किया। बहुत सारे लोगों को बुलाया और एक पार्टी रखी। हमारा वो रिश्ता अभी भी बरकरार है।'

'जसराज जी को मैंने शुरू से देखा है। और उनके संगीत के बारे में मेरा व्यक्तिगत विचार है। हालाँकि उन्होंने अपने बड़े भाई साहब पंडित मणिराम जी से सीखा, मैंने उनका गाना भी बहुत सुना है। मेरा ख़याल ये है कि मेवाती घराने की ख़ासियत को बरकरार रखते हुए जसराज जी ने

अपनी एक नयी गायन शैली बनायी। उनकी गायकी का जो तरीक़ा है, उसकी जड़ें मेवाती घराने की हैं, लेकिन उनकी गायकी पंडित जसराज की अपनी विशेष गायकी हो गयी। उनके रियाज़, उनके व्यक्तित्व, उनकी सोच और उनकी आवाज़, इन सब को मिलाकर जो संगीत बना, वो पंडित जसराज का अपना ओरिजिनल संगीत है। ऐसा बहुत कम कलाकार कर पाते हैं। तीन तरह के कलाकार होते हैं। एक तो वो होते हैं जो अपने गुरु से जो सीखते हैं उसे पूरा भी नहीं सीख पाते। दूसरे लोग वो होते हैं जो उसे पूरी तरह आत्मसात् कर लेते हैं। कई कलाकार ऐसे भी होते हैं जो अपने गुरु का एक्स-रे बन जाते हैं। आवाज़ भी वैसी ही बनाने की कोशिश करते हैं। गायकी भी वैसी ही और बाक़ी अपने व्यवहार को भी वैसा ही बनाने की कोशिश करते हैं। उनका गुरु उन पर इतना हावी हो जाता है कि उनकी अपनी कोई शख़्सियत ही नहीं रहती।' पंडित शिवकुमार शर्मा आगे कहते हैं-

'आवाज एक ऐसी चीज है जो हर शख़्स को भगवान ने अपनी अलग दी है। बहुत ही कम ऐसा होगा कि दो लोगों की आवाज़ एकदम मिलती हो। दो भाइयों और पिता पुत्र की आवाज़ में भी अंतर होता है, चाहे थोड़ी-बहुत मिलती हो। जसराज जी को भगवान की दी हुई सबसे बड़ी गिफ्ट है—उनकी आवाज़। फिर उसको जिस तरह से उन्होंने साधा है, वह अनोखी है। और आजकल माइक्रोफ़ोन का ज़माना है। हमारे पुराने ज़माने के गायक माइक्रोफ़ोन पर गाने के अभ्यस्त नहीं थे। माइक्रोफ़ोन को कैसा इस्तेमाल करना है इसे नहीं जानते थे। और शुरू-शुरू में तो गायक इस विचारधारा के थे कि यदि हम माइक्रोफ़ोन के सामने गायेंगे तो यह हमारी शक्ति खींच लेगा। जसराज जी की अपनी आवाज़ और माइक्रोफ़ोन पर ऐसी पकड़ है कि शायद ही किसी और की हो। अपनी आवाज़ के उतार-चढ़ाव के साथ-साथ माइक्रोफ़ोन का कैसा इस्तेमाल करना चाहिए, इस पर उनकी पूरी महारत है। उनकी आवाज़ की रेंज पूरे तीन सप्तक की है। यह उनकी सोच और उनकी साधना को मिलकर बना है। वो ताल का बहुत अच्छा ज्ञान रखते हैं। लेकिन अपने गायन में ताल को इस बख़ूबी इस्तेमाल करते हैं कि वो उनके गायन पर हावी नहीं होता। वो उसके साथ मिलकर ऐसा स्वभाव पैदा करता है, जिसमें अलग-अलग रस्मों की अभिव्यक्ति होती है। लय और ताल का वो इस सुन्दरता से इस्तेमाल करते हैं।'

'कई तरह के आर्टिस्ट होते हैं। कई ऐसे होते हैं जिनका ध्यान स्वर की तरफ़ ज्यादा होता है। कई आर्टिस्ट्स का ध्यान लयकारी की तरफ़ ज़्यादा होता है तो सुर से उनका अधिक लगाव नहीं रहता। जसराज जी की गायकी में ये दोनों चीज़ें बख़ूबी सम्मिलित हैं। एक बात और, गायक के

पास एक और अड्वैंटिज ये होता है कि उसके पास शब्द होते हैं। पुराने ज़माने में कई गायक ऐसे हुए जिन्होंने शब्दों का बहुत अच्छा इस्तेमाल किया। कुछ ऐसे भी हुए जिन्होंने शब्दों को बिल्कुल महत्त्व नहीं दिया। गायक के पास शब्दों की बहुत बड़ी अड्वैंटिज है जिसे जसराज जी ने बख़ूबी इस्तेमाल किया है। उनकी जो बन्दिशें होती हैं, जो रचनाएँ होती हैं, उसमें शब्द और स्वर दोनों मिलकर के ऐसा समां पैदा करते हैं कि उनके गायन में कविता का स्वर और लय का तीनों का आनन्द आता है। यह उनकी बहुत बड़ी उपलब्धि है। और कहाँ से उन्होंने शुरू किया! मैं उनको 1955 से देख रहा हूँ। आज ये हालत है कि कई ऐसे युवा कलाकार हैं जो उनका अनुसरण करने की कोशिश कर रहे हैं, वो चाहे उनके पास न भी सीखे हुए हों।'

'जसराज जी को बहुत से उपाधि, अवार्ड मिले हुए हैं, लेकिन मुझे सबसे अधिक पसन्द है—रसराज। पता नहीं ये उपाधि किसने कौनसे साल में दी, मुझे याद नहीं। लेकिन वो रसराज हैं, वाकई संगीत के। पंडित जसराज, रसराज हैं।'

पंडित जसराज के 88वें जन्मदिन पर उनके साथ पंडित शिवकुमार शर्मा एवं पंडित हरिप्रसाद चौरसिया

51

पंडित हरिप्रसाद चौरसिया के साथ पंडित जसराज की कुछ अनोखी जुगलबन्दियाँ हुई हैं। 'एक बार अमेरिका में इनकी जुगलबन्दी थी।' मैंने पूछा, महाराज, क्या गाएँ? उन्होंने कहा, पंडित जी, आप जो कहें! वैसे वर्षा का मौसम है। तो 'मियाँ की मल्हार' से शुरू करें? बस आ हा हा! क्या सुन्दर प्रोग्राम हुआ। और एक बार मैंने और पंडित जी ने कलकत्ते में एक साथ गाया-बजाया। ढाई घण्टे तक बिहाग! आलाप चालू। आधा घण्टा मैंने आलाप किया, फिर उन्होंने बजाया। इस तरह ढाई घण्टे तक आलाप। पंडित स्वप्न चौधरी तबले पर थे। वो बैठे रहे, क्योंकि हमारा आलाप चल रहा था। मुझे समझ में नहीं आया कि इतना लम्बा आलाप कैसे हो गया। वहाँ मियाँ की मल्हार और यहाँ बिहाग, पहले अलग-अलग आलाप, फिर जुगलबन्दी। मैं उनके साथ भजन गा रहा हूँ। उसके बाद उन्होंने बाँसुरी शुरू की। 'ओम् जय जगदीश हरे।' वहाँ से मुझे लगा कि मुझे फिर से आना चाहिए। लेकिन उन्होंने 'ओम् जय जगदीश हरे' शुरू कर दिया था।'

सन् 2000 में न्यूयॉर्क के वैदिक हैरिटेज हनुमान मन्दिर के पंडित जसराज ऑडिटोरियम में पंडित जसराज और पंडित हरिप्रसाद चौरसिया की जुगलबन्दी हुई। जसराज जी स्वास्थ्य लाभ करके आये थे और पंडित हरिप्रसाद जी सीधे मुम्बई से फ्लाइट लेकर पहुँचे ही थे। उस समय 'बिहाग' गाया-बजाया। ऐसा सुन्दर बिहाग हुआ कि मानो ऑडिटोरियम के कोने-कोने से बिहाग ही बज रहा हो।

मैंने कई बार पंडित जसराज को किसी न किसी मंच पर पंडित हरिप्रसाद चौरसिया के लिए यह कहते हुए सुना है कि 'हरि को हरि ने प्रसाद के रूप में बाँसुरी दी है।'

वही पंडित हरिप्रसाद चौरसिया पंडित जसराज के समकालीन हैं और जिनके साथ उन्होंने जुगलबन्दी भी की है, कहते हैं, ''पंडित जसराज हमारे भारत के गायकों के राजकुमार हैं। उन्होंने अपनी गायकी को ऊँचे स्तम्भ पर रखा और उसपर राज किया। हमेशा उन्होंने राज किया और अभी भी राज करते हैं। वो और कहीं सुनने को नहीं मिलती। उनका गाने के प्रति जो विचार है, जो सोच है, वह भी और कहीं नहीं मिलते। मैं यह समझता हूँ

कि ये एक ऐसी शख़्सियत हैं जिन्हें योगियों की श्रेणी में रखना चाहिए। ये उसी श्रेणी में आते हैं।'

इन दोनों कलाकारों का मिलना भी अपने आप में अनोखा था। हैदराबाद में एक खानदान सर मोतीलाल जी पित्ती का है। जब जॉर्ज पंचम भारत आने वाले थे उस समय हैदराबाद निज़ाम के ख़जाने सब खाली पड़े थे। किशन प्रसाद बहादुर जी जो निज़ाम स्टेट के प्राइम मिनिस्टर थे, उन्होंने सर मोतीलाल पित्ती के यहाँ एक चाय का आयोजन किया लोगों की नस समझने के लिए। पित्ती जी ने एक तख़्त बनवाया जिस पर गद्दी तकिए लगा कर निज़ाम को बिठा दिया। निज़ाम ने कहा कि राजा साहब बड़ी तकलीफ़ है, जॉर्ज पंचम आने वाले हैं, उनको क्या नज़र किया जाय। तो सर मोतीलाल जी पित्ती ने कहा कि हुजूर, यहाँ से लेकर दिल्ली तक रेल की पटरी के नीचे जो पत्थर बिछे हुए हैं, वो सब हटवा दीजिए, उनकी जगह रुपये लगवा दूँगा। और आप इस तख़्त पर बैठे हुए हैं, ये भी सारा रुपयों से बना हुआ है। आप चाहें तो इससे उनकी नज़र कर दें। तो इन्हीं सर मोतीलाल पित्ती के बेटे थे बद्रीविशाल पित्ती और लक्ष्मीनारायण पित्ती। लक्ष्मीनारायण पित्ती जिन्हें सब 'पित्ती राजा' कहकर बुलाते थे, ने मुम्बई में एक कार्यक्रम का आयोजन किया—'सप्तरस मालकौंस'। उसमें जसराज जी, हरि जी, शिव जी, एक सज्जन थे वीरेन्द्र कुमार माथुर, जिनकी पत्नी सितार बजाती थीं, वो थीं। शायद सरला बहिन उनका नाम था। यह सन् 1968 था। सब लोग सुबह से शाम तक बैठते थे, खाते-पीते, संगीत-चर्चा करते कि कितनी प्रकार का मालकौंस हो सकता है, उसे कैसे बजाना चाहिए। बिरला सभागार में बहुत सुन्दर कार्यक्रम हुआ था। इसमें गायन, सन्तूर, बाँसुरी और सितार सम्मिलित थे। तबला और पखावज भी था, लेकिन जसराज जी और हरिप्रसाद जी दोनों में से किसी को याद नहीं है कि तबला और पखावज पर कौन कलाकार उस समय उनके साथ थे। उसी परिचय के बाद जसराज जी और हरिप्रसाद जी में एक मित्र सम्बन्ध बन गया।

पंडित हरिप्रसाद चौरसिया ने पंडित जसराज के साथ बहुत बार बजाया है। उनका कहना है, 'मैं अपने आप को बहुत भाग्यशाली समझता हूँ कि उन्होंने मुझे इस योग्य समझा कि अपने साथ बैठने का मौक़ा दिया। योगी पुरुषों का जैसा प्यार होता है, वैसा है उनका प्यार। वैसा ही है और हमेशा वैसा ही रहेगा। जसराज जी जो गाना सोचते हैं, उसको जो गाते हैं, वाह! उन्होंने अपने स्टाइल पर राज किया है। उसको हम लोग केवल कल्पना करते हैं, लेकिन कर नहीं पाये। मैं जो म्यूज़िकली समझता हूँ और मुझे ऐसा लगता है कि इन्होंने जैसे ऊपर से जाकर किसी शक्ति से ले लिया है अपना संगीत और उसकी कमान अकेले ही सँभाल रहे हैं। ऐसे व्यक्ति

को हम योगी पुरुष ही कहेंगे ना'

पंडित हरिप्रसाद चौरसिया पंडित जसराज के साथ अपनी प्रत्येक भेंट को एक विशेष घटना मानते हैं—'जब इनसे मिलता हूँ, तब एक घटना होती है। और वो ऐसी होती है कि हमें बहुत कुछ सीखने को मिलता है। महापुरुष लोगों का ऐसा ही होता है चक्कर कि इनको देख के भी आदमी बहुत सारी बातें सीख लेता है। ये नहीं कि वो हमको बैठ के बतायें या सिखायें। ये महापुरुष जब चलते हैं, बोलते हैं, आँखें बन्द करते हैं, किसी से बात करते हैं, तो सभी में हमको कुछ न कुछ सीखने को मिलता है।'

पंडित जसराज जब हरिप्रसाद जी के विषय में कहते हैं कि हरि को हरि ने प्रसाद के रूप में बाँसुरी दी है तो उस विषय में स्वयं हरि जी क्या कहते हैं? 'ये योगी लोग ही कह सकते हैं। दूसरा कोई ऐसा क्यों नहीं कहता? यही क्यों कहते हैं? यह भी एक सोचने लायक बात है। ये कहते हैं तो इसका मतलब ये है कि योग में चले गये। जो कहते हैं दिल से कहते हैं। अपने दिल की बात जो लोगों को कहते हैं, उन्हें योग पुरुष कहते हैं। इन लोगों की जब बात करते हैं तो व्यक्ति सोच में पड़ जाता है। ये तो ऐसे लोग हैं कि कुछ है तो भी खुश हैं और कुछ नहीं है तो भी खुश हैं। ये किसी से कोई झगड़ा या फिर मारामारी थोड़े न करेंगे।'

52

दुर्गा ने पंडित जसराज के मंच पर 50 वर्ष पूरे होने पर एक बहुत सुन्दर कार्यक्रम की परिकल्पना की थी। जितनी संगीतमय और सुन्दर पंडित जसराज के जीवन की यात्रा रही है, उतना ही सुन्दर वह कार्यक्रम था। इस आयोजन की कल्पना गोल्डन वॉयस गोल्डन ईयर्स शीर्षक से की गयी थी। पंडित जसराज के जीवन के उत्थान के ही क्रम में इसका संयोजन था। सबसे पहले उनके मन को छुआ था—बेगम अख़्तर के 'दीवाना बनाना है तो दीवाना बना दे' ने। उसके बाद उन्होंने तबला सीखा। फिर समवयस्कों के साथ उठना-बैठना और फिर गाना। उसी के क्रम में इस कार्यक्रम में पहले एक ग़जल गायक, फिर तबला अथवा अन्य ताल वाद्य, फिर समकालीन कलाकार का गायन अथवा वादन और अन्त में स्वयं पंडित जसराज का गायन। इसी को दर्शाती हुई एक अत्यन्त सुन्दर और सुरीली फ़िल्म भी उनके जीवन पर बनायी गयी थी जिसे इन्हीं प्रस्तुतियों के साथ जोड़ा गया था। इस सिरीज में पहले कार्यक्रम का संचालन करने का अवसर मुझे मिला था। दिल्ली के सीरी फोर्ट ऑडिटोरियम में यह दो दिन का अद्‌भुत कार्यक्रम था। फ़िल्म के प्रत्येक अंश के साथ पंडित जसराज के जीवन की कड़ी और संगीत के कार्यक्रम को जोड़ना, यह मेरा काम था। मेरे विचार में अभी तक जितने भी मंच संचालन मैंने किये हैं, उनमें से सबसे कठिन और सुन्दर कार्यक्रम यह था।

पंडित जसराज के जीवन पर बनी फ़िल्म इतनी सुन्दर थी और मेरे समक्ष यह बहुत बड़ा और चुनौती भरा अभियान था कि जितनी सुरीली फ़िल्म दुर्गा ने बनायी है मेरा उसे संगीत से जोड़ना भी उतना ही सुरीला हो। हर बार मंच पर खड़े होते ही लाइट मेरे ऊपर केन्द्रित हो जाती और मुझे धारा प्रवाह एक-एक कड़ी को अपने शब्दों की माला में पिरोते हुए जोड़ना था। बीच-बीच में पंडित जी के जीवन की घटनाओं का भी उल्लेख करना था जो कि फ़िल्म में नहीं ली गयी थीं। ग़जल के लिए जगजीत सिंह जिन्होंने बेगम अख़्तर के बाद ग़जल गायकी को जनमानस तक पहुँचाया, उनका गायन था, पंडित जी के तबला वादन को और उनके ताल ज्ञान को दर्शाते हुए ताल वाद्य कचहरी जिसमें विद्वान विक्कू विनायक

राम, विजय घाटे, श्रीधर पार्थसारथी, सेल्वा गणेश आदि कलाकार थे। दूसरे दिन पंडित जसराज के समकालीन कलाकार और मित्र पंडित शिवकुमार शर्मा तथा स्वयं पंडित जसराज का कार्यक्रम था। खचाखच भरे सीरी फोर्ट ऑडिटोरियम में जैसे ही जगजीत सिंह जी ने अपना गायन प्रारम्भ किया, जनता दीवानी हो गयी। 'जगजीत सिंह ने बहुत अच्छा गाया था उस दिन।' उन्हें याद करते हुए पंडित जसराज कहते हैं—'उनके गाने की ही तरह उनका मिज़ाज भी अच्छा और सुरीला था। एक बार ह्यूस्टन में उनका प्रोग्राम था। मैं उस समय वहीं था। मैं प्रोग्राम में चला गया। लेकिन हाउसफुल था और सीटें तो थीं ही नहीं। तब विंग्स के बीच में जो जगह होती है न, वहाँ उन्होंने मेरे लिए कुर्सी लगवा दी और वहाँ बैठ कर मैंने उनका प्रोग्राम सुना।'

जसराज जी जगजीत सिंह जी के सम्बन्ध में एक-दो अत्यन्त रुचिकर घटनाओं का वर्णन करते हैं—'किशन राणा साहब की साली साहिबा सावित्री कुमारी जी डिप्लोमैट थीं। एक बार उन्होंने अपने यहाँ मुझे और मधुरा जी को खाने पर बुलाया था तो हम वहाँ गये। वहाँ उन्होंने जगजीत जी का रिकॉर्ड लगाया—'सरकती जाय है रुख़ से नक़ाब आहिस्ता आहिस्ता।' तो बस अगले तीन साढ़े तीन घण्टे तक हम वही रिकॉर्ड सुनते रहे, ऐसा जादू था जगजीत सिंह जी के गाने में। जगजीत जी दिल के बहुत बड़े इन्सान थे। शायद मैंने उन्हें पहली बार 1980-81 में सुना होगा। हम लोग एक टी.वी. प्रोग्राम में जजमेंट के लिए बैठे थे। कई लोग थे। सार रे गा मा पा। बहुत सारी ऑडियंस और अनेक कलाकार जज बने थे। परवीन जी थीं, और बहुत से लोग थे, कोई 15-16 कलाकारों की जमात थी। अर्द्ध चन्द्राकार बना हुआ था। उसमें जगजीत जी ने बातों-बातों में सबके सामने कह दिया कि हम तो जो भी गाना जानते हैं, जसराज जी से और परवीन जी से ही सीखे हैं। इतने लोगों के सामने इतनी बड़ी बात कोई बहुत बड़े दिलवाला व्यक्ति ही कह सकता है।'

53

सातवें दशक में पंडित जसराज का लन्दन जाना हुआ। वहाँ भारत के हाई कमिश्नर से किशन राणा जी ने कहा कि भारतीय विद्या भवन में पंडित जसराज का गायन करवायें। वहाँ एम.एस. सुब्बुलक्ष्मी जी का भी गायन था। पंडित जसराज जब वहाँ पहुँचे तो सुब्बुलक्ष्मी जी पहले से वहाँ विद्यमान थीं। दोनों को स्वभावत: अलग-अलग कमरों में ठहराया गया। वहाँ के डायरेक्टर पंडित जसराज से मिलने आये और कहने लगे कि क्या कहें पंडित जी, अभी-अभी एक बहुत बड़ा कार्यक्रम करवाया है, अब दूसरा करवाना बहुत कठिन है। लेकिन ऊपर से बड़ा प्रेशर है। उधर सुब्बुलक्ष्मी जी के कक्ष में जाकर वे सज्जन कहने लगे—अम्मा ये जसराज कौन हैं? मैं इन्हें नहीं जानता हूँ! लेकिन क्या करूँ, मुझ पर ऊपर से बहुत दबाव डाला गया है कि इनका गाना ज़रूर करवाऊँ। तब सुब्बुलक्ष्मी जी बोलीं—तुम जसराज को नहीं जानते हो? उसके गले से भगवान बोलते हैं। तब तक एम.एस. सुब्बुलक्ष्मी और पंडित जसराज की कभी भेंट नहीं हुई थी।

सन् 1955 में रसिक रंजन सभा की कान्फ्रेंस में जसराज जी ने एम.एस. सुब्बुलक्ष्मी को पहली बार सुना था। श्रोता के रूप में हम सामने बैठे थे और वह गा रही थीं। 'हम भी तब तक कुछ ठीक-ठाक गाने लगे थे। बल्कि अच्छा ही गाता था। लोग थोड़ा-बहुत हमें पहचानते भी थे। वो दोनों माँ-बेटी, (एम.एस. और राधा) एक ॠषभ लगाती थीं। हमें यह समझ में ही नहीं आया कि वो कौन-सा ॠषभ लगाती थीं। यह समझने की बात है कि एक अच्छा-खासा कलाकार (जसराज) एम.एस. सुब्बुलक्ष्मी को सुन रहा है और सुनकर उसे ठीक से समझ में नहीं आ रहा कि ॠषभ कौन-सी लग रही है। और दोनों माँ-बेटी गाकर एक जगह रुक जाती थीं। बिल्कुल वहाँ पर आंदोलन भी कुछ नहीं था। हम हतप्रभ। इसी सभा के कार्यक्रम में सेमनगुड़ी श्रीनिवासन अय्यर साहब ने बड़े ग़ुलाम अली ख़ाँ साहब की तारीफ़ की थी। बड़े ग़ुलाम अली ख़ाँ ने क्या गाया, मानना पड़ेगा कि तालीम नाम की भी कोई चीज़ होती है। सेमनगुड़ी ने गाया, अजब मास्टरी अपने स्वरों पर।

'मैंने वसन्त कुमारी का भी गाना सुना। विदुषी तो थीं ही, लोच भी था,

तैयारी भी थी। वसन्त कुमारी का गाना मुझे पसन्द था, लेकिन सुब्बुलक्ष्मी तो दया की मूर्ति थीं। अन्तिम समय तक उनका मुझ पर बहुत स्नेह बना रहा। 90 के दशक में सैन फ्रांसिस्को से श्यामला राजेन्द्रन जब भी भारत आतीं, उनके साथ मैं एम.एस. से मिलने अवश्य जाता था। एक-दो बार हमने और उन्होंने साथ बैठ के गाना भी गाया था।'

बाद में वायलिन वादक डॉ. एल. सुब्रमण्यम् ने जब अपने पिता की स्मृति में लक्ष्मीनारायण सम्मान की स्थापना की, तब पहला लक्ष्मीनारायण सम्मान उन्होंने पंडित जसराज के हाथों एम.एस. सुब्बुलक्ष्मी को दिलवाया था। 'शुरुआत में जब हम कलकत्ते में थे, सन् 1955-57 में, सभी मद्रासी आर्टिस्ट वहाँ आते-जाते रहते थे। तब एल. सुब्रमण्यम् के पिताजी ने हमसे कहा कि जसराज तुम गाते तो बहुत अच्छा हो, लेकिन इन लोगों को भी सुनो। इससे तुम्हारा संगीत बढ़ेगा। कर्नाटक संगीत के प्रति हमारा सम्मान उन्हीं के कारण बढ़ा और सेमनगुड़ी, सुब्बुलक्ष्मी, वसन्त कुमारी, बालमुरली, आदि इन सब के संगीत के प्रति हमारा रुझान इसी से बढ़ा।' पंडित जसराज कहते हैं।

एम.एस. सुब्बुलक्ष्मी का जहाँ प्रसंग आता है, वहाँ पंडित जसराज की आँखें नम हो आती हैं।

हैदराबाद में एक सम्मान समारोह का आयोजन किया गया था। उसमें भारतीय विद्या भवन के सभागार में एम.एस. सुब्बुलक्ष्मी और पंडित जसराज को एक साथ उनकी संगीत के प्रति सेवाओं के लिए सम्मानित किया गया था। सम्मान समारोह के पश्चात् एम.एस. का गायन था और दूसरे दिन पंडित जसराज का। सौभाग्य से उस कार्यक्रम का संचालन मैं कर रही थी। एम.एस. उस समय काफ़ी वृद्ध हो चुकी थीं और बिना सहायता के चल नहीं पाती थीं। उनकी विनम्रता यह कि जब उन्हें गाने के लिए मंच पर लाया गया और मैं उनके सम्मान में कुछ कह रही थी, उन्होंने तब तक आसन ग्रहण नहीं किया जब तक मैं बोल रही थी, वह खड़ी रहीं। बाद में इस घटना का उल्लेख मैंने अपनी मित्र चित्रकार, लेखक अलका रघुवंशी से किया, तब स्वभावतः उसने पूछा- तुम जब देख रही थीं कि एम.एस. खड़ी हैं, तब तुम बोलती क्यों रहीं? तो मेरा उत्तर था—'एम.एस. को सारी दुनिया सुनती है। वही एम.एस. मुझे सुनें, ऐसा मौक़ा मुझे कहाँ मिलता? मेरे लिए तो यह सौभाग्य है।'

'तब वह सम्मान राशि तथा अन्य सभी सम्मानों की राशि सुब्बुलक्ष्मी जी ने दान कर दी। उन्हें जो भी सम्मान और पुरस्कार मिलते थे, वह सब दान कर देती थीं। ऐसे ही सारी दुनिया किसी को इतना प्यार नहीं करती! पंडित जसराज अपने आसामी अंगोछे से आँखें पोंछते हुए कहते हैं।

दक्षिण भारत के अनेक कलाकारों की स्मृतियाँ पंडित जसराज के मन के दरवाज़े से दस्तक दे रही हैं—'मैं किशन महाराज को तबले और लय का सम्राट् समझता हूँ। दक्षिण के मृदंगम् वादक हैं—पालघाट मणि अय्यर। कलकत्ते में पंडित किशन महाराज और विद्वान् पालघाट मणि अय्यर की जुगलबन्दी थी। पालघाट मणि अय्यर ने किशन महाराज जैसे कलाकार को परेशान कर दिया। और एक थे विद्वान् मदुरै मणि अय्यर। कितना सुन्दर गाते थे। हालाँकि मैंने उन्हें सामने से नहीं सुना, लेकिन 1950 के दशक में रेडियो पर उनका गाना सुन-सुन कर मैं बहुत आनन्दित होता था। बड़ा जबरदस्त गाते थे।'

दक्षिण भारत के कलाकारों में एल. वसन्त कुमारी तथा एम.एस. सुब्बुलक्ष्मी दोनों ने पंडित जसराज के हृदय पर बहुत बड़ी छाप छोड़ी है। मंगलमपल्ली बालमुरलीकृष्ण के साथ भी बहुत प्यारा सम्बन्ध रहा। बालमुरली जी के साथ पहली भेंट करवायी पी.वी.के. शास्त्री ने जो स्वयं संगीत के बड़े विद्वान् थे और बहुत सारी कान्फ्रेंस करवाते रहते थे। भिलाई इस्पात कारख़ाने में एक कार्यक्रम के दौरान दोनों की भेंट हुई और फिर वहाँ से प्रारम्भ हो गया एक-दूसरे के संगीत को, गायकी को पसन्द करने का सिलसिला। यह सन् 1980 के दशक की बात है। एक साथ मंच पर बैठे थे, लेकिन गाना नहीं गाया तब साथ में। बाद में एक-दूसरे को बहुत शहरों और कार्यक्रमों में सुना। उनके साथ जुगलबन्दी भी गायी।

डॉ. बालमुरलीकृष्ण और पंडित जसराज जी के सम्बन्ध में अपना एक अनुभव यहाँ कहती हूँ। मैं तब हैदराबाद में रहती थी और एक फर्टिलाइजर

भारत रत्न श्रीमती एम.एस. सुब्बुलक्ष्मी के साथ

कम्पनी में नौकरी कर रही थी। 1997 या 1998 की बात है। जहाँ मैं काम करती थी, कम्पनी ने मुझसे आन्ध्र प्रदेश के ऊपर एक कॉफ़ी टेबल पुस्तक तैयार करने का आग्रह किया। उसके पहले मेरे निर्देशन में निकाली गयी पुस्तक कर्नाटक प्रदेश पर थी और बहुत चर्चित हुई थी। पंडित जसराज लगभग चार वर्ष की आयु से ही हैदराबाद में रहे और अनेक वर्षों तक वहाँ उनका निवास रहा। सन् 1934 में उनके पिता हैदराबाद के निज़ाम के दरबार में राजगायक बनाये जाने वाले थे, लेकिन उसी सुबह उनका देहान्त हो गया। उनके पिता पंडित मोतीराम की समाधि हैदराबाद में है और पिछले 45 वर्षों से वह अपने पिताजी और बड़े भाई एवं गुरु पंडित मणिराम की स्मृति में पंडित मोतीराम एवं पंडित मणिराम संगीत समारोह का आयोजन हैदराबाद में निरन्तर करते हैं। 30 नवम्बर को पंडित मोतीराम का स्वर्गारोहण हुआ था, इसलिए उसी दिन अपने श्रद्धा सुमन के रूप में वह स्वयं उस समारोह में गाते हैं। यह कार्यक्रम हैदराबाद के वार्षिक संगीत समारोहों में प्रसिद्ध है। इस लिहाज़ से यद्यपि पंडित जसराज का जन्म हैदराबाद में न हुआ हो, उनकी आत्मा वहीं बसती है तथा वह स्वयं को हैदराबाद का मानस पुत्र मानते हैं। उन्हें 'हैदराबाद का मानस पुत्र' की उपाधि भी दी गयी है। तो जब आन्ध्र प्रदेश पर पुस्तक निकालने की बात आयी, जिसमें राज्य के सभी पक्ष सम्मिलित किये जाने थे जिनमें सांस्कृतिक, कला, शिक्षा, विज्ञान, उद्योग, भक्ति आदि अनेक पक्ष थे, तब हिन्दुस्तानी शास्त्रीय संगीतकारों के योगदान पर भी एक अध्याय होना स्वाभाविक था।

श्रीमती मालिनी राजुरकर प्रारम्भ से ही हैदराबाद में रहकर वहाँ के वासियों के कान को सुरीला बना रही हैं। उस्ताद शेख दावूद तबला नवाज, और उस्ताद बड़े ग़ुलाम अली ख़ाँ ने हैदराबाद को सही माने में संगीत की समझ दी। इसलिए मेरा आग्रह था कि पुस्तक में हिन्दुस्तानी या उत्तर भारतीय संगीत के कलाकारों को आन्ध्र प्रदेश के योगदान पर भी एक अध्याय जोड़ा जाये। लेकिन कम्पनी के अधिकारियों का कहना था कि हैदराबाद से हिन्दुस्तानी शास्त्रीय संगीत का कोई लेना-देना नहीं है। मैंने उन्हें वे सारे नाम गिनवाये जो मेरी समझ से हैदराबाद से जुड़े हुए हैं। लेकिन कम्पनी के अधिकारियों का मानना था कि हिन्दुस्तानी शास्त्रीय संगीत का आन्ध्र प्रदेश की संस्कृति को एक पहचान देने में कोई योगदान नहीं था। मुझे लगा कि यह हिन्दुस्तानी शास्त्रीय पद्धति का अपमान है। यदि पुस्तक में उन पर अध्याय नहीं जोड़ना है तो न सही, लेकिन कम से कम यह तो न कहें कि इन कलाकारों ने आन्ध्र प्रदेश की संस्कृति को कोई पहचान नहीं दी।

बात को विपरीत दिशा में जाता देख एक अधिकारी ने सुझाव दिया

कि डॉ. बालमुरलीकृष्ण को फ़ोन करके पूछा जाये। वह जैसा कहेंगे, वैसा ही किया जायेगा। मैंने अपने कमरे से बालमुरली जी को फ़ोन लगाया। चेन्नई में उनके पास तब मोबाइल फ़ोन नहीं था और न ही मेरे पास था। मैंने नमस्कार आदि के पश्चात् फ़ोन अपने अधिकारी के हाथ में दे दिया और स्पीकर फ़ोन को चला दिया। उन अधिकारी ने बाल मुरली जी से सीधे प्रश्न किया कि क्या उस्ताद बड़े ग़ुलाम अली ख़ाँ, श्रीमती मालिनी राजुरकर, उस्ताद शेख दावूद, पंडित जसराज आदि का आन्ध्र प्रदेश की संस्कृति की पहचान बनाने में कोई योगदान है? बालमुरली जी ने जो उत्तर दिया, उसे याद करके आज भी मेरे रोंगटे खड़े होते हैं।

बालमुरली जी का कहना था, 'यदि उस्ताद बड़े ग़ुलाम अली ख़ाँ, पंडित जसराज आदि का योगदान हमारी संस्कृति को आगे बढ़ाने में मुझसे अधिक नहीं है तो मुझसे कम तो किसी भी स्थिति में नहीं है। और बड़ी बात तो यह है कि संगीत केवल संगीत है। उसे हिन्दुस्तानी और कर्नाटक संगीत में अलग-अलग बाँट कर देखना भी उचित नहीं है। संगीत वह है जो आत्मा का स्पर्श करे। इन कलाकारों का संगीत आत्मा का स्पर्श करता है।'

अन्त में उस कम्पनी ने निर्णय लिया कि वे अपनी पुस्तक में इन कलाकारों के योगदान पर नहीं लिखने देंगे। मैंने भी इसके विरोध में नौकरी छोड़ दी। पंडित जसराज को लगता रहा कि मेरे नौकरी छोड़ने के पीछे कहीं न कहीं वह ज़िम्मेदार हैं। तो वह मुझे अपने साथ बनारस के संकटमोचन संगीत समारोह में लेकर गये। कुछ ही दिन के बाद मुझे एक और कम्पनी में मुम्बई में पहले से ज़्यादा अच्छी नौकरी मिल गयी और मैं पंडित जसराज के और भी निकट पहुँच गयी। मेरा घर भी उनके घर के निकट ही था।

यहाँ इस सब चर्चा का उद्देश्य यह बताना है कि कलाकार जैसे-जैसे नयी ऊँचाइयों का स्पर्श करता जाता है वैसे-वैसे वह अपनी परिधि में बहुत कुछ समेटता जाता है। उसका संगीत उसे अधिकाधिक उदारमना बना देता है। संगीत का विशाल समुद्र कलाकार के हृदय को अधिक विशाल बना देता है और उसमें अधिक से अधिक लोगों तक पहुँचने की तथा उन्हें अपने संसार में समेटने की क्षमता से भर देता है। बालमुरली जी का यह कहना कि पंडित जसराज आदि का योगदान आन्ध्र प्रदेश की संस्कृति के विकास में यदि उनसे अधिक नहीं तो कम भी नहीं है, और पंडित जसराज का मेरे नौकरी से अपने अधिकारियों से मतभेद होने पर व्यथित होना इसी बात के परिचायक हैं।

54

श्रीमती रुक्मिणी देवी अरुंडेल का जसराज जी पर असीम स्नेह था। इतना कि उन्होंने अपने युग के कर्नाटक संगीत के शिखर पुरुष विद्वान् सेमनगुड़ी श्रीनिवासन अय्यर से भी इनका सम्मान करवाया। कलकत्ता में सन् 1955 में जसराज जी एक सुब्रमण्यम् परिवार के बेटे को संगीत की शिक्षा दे रहे थे। वे लोग शास्त्रीय संगीत के जिस भी कार्यक्रम में जाते, जसराज जी को साथ में लेकर जाते थे। केरल में दस दिन का एक कर्नाटक संगीत का समारोह होता था जिसका आयोजन रसिक रंजन सभा करती थी। दस दिन के उस समारोह में केवल कर्नाटक संगीत ही होता था। उस वर्ष उन्होंने हिन्दुस्तानी शास्त्रीय गायक एक कलाकार को भी बुलवाया था और वह कलाकार थे—उस्ताद बड़े ग़ुलाम अली ख़ाँ। कर्नाटक गायकों में प्रमुख थे विद्वान् सेमनगुड़ी श्रीनिवासन अय्यर। उनका गाना प्रारम्भ हुआ। आगे की पंक्ति में उस्ताद बड़े ग़ुलाम अली ख़ाँ बैठे थे। ख़ाँ साहब को देखकर सेमनगुड़ी जी मंच से ही कहने लगे—'Khan Saheb, I may not have a voice like yours, but my music is here in tact. (ख़ाँ साहब, मेरे पास आपके जैसी बुलन्द आवाज़ भले ही न हो, लेकिन मेरे पास मेरा संगीत सुरक्षित है।)

'इन्हीं उस्ताद बड़े ग़ुलाम अली ख़ाँ जिनकी शान में सेमनगुड़ी श्रीनिवासन अय्यर जैसा विद्वान् कलाकार कसीदे काढ़े, जब उन्होंने मुझे अपना शिष्य बनने के लिए कहा, तब मेरा अभिभूत होना स्वाभाविक ही था।' पंडित जसराज कहते हैं।

55

संगीत के लिए एक 'प्यारा-सा दिल' चाहिए। उस 'प्यारे-से दिल' के साथ पंडित जसराज का परिचय श्रीमती महादेवी वर्मा ने करवाया। कलकत्ते में एक न्यू एम्पायर थियेटर है। पुराना, ब्रिटिश ज़माने से। उसमें एक कार्यक्रम हुआ। महादेवी जी आयी थीं। 'हम गाकर उठे और उनसे मिलने गये, बहुत खुश हुईं। बोलीं—इलाहाबाद नहीं आते, मैंने कहा—आता तो हूँ। बोलीं—तब मिला करो। अगली बार जब इलाहाबाद गया तब उनसे मिलने उनके घर गया। तो कहने लगीं , 'अनुज! जसराज नहीं, पंडित जसराज नहीं, अनुज! अनुज, तुम गाते तो बहुत अच्छा हो, पर थोड़ा-सा प्यार करो न! हमको तो पहले समझ में नहीं आया। कहें, इतना अच्छा, स्पष्ट बोलते हो, पीछे भावना भी लाओ न! अब साहब, इतनी बड़ी इतनी महान् व्यक्ति ने यह बात कही तो थोड़ा-सा गौर किया। सच में क्या कि हम कुएँ पर तो ज़रूर खड़े हैं, मगर मुँडेर पर खड़े हैं, नीचे पानी में नहीं उतरे। बस आँख के आगे से पर्दा हट गया।' पंडित जसराज महादेवी जी के विषय में बात करते-करते आँखें पोंछते हैं। यही है उनकी विनम्रता, यही है उनका प्यारा-सा दिल जो उनके गायन में ही नहीं, व्यक्तित्व के एक-एक पक्ष में भी है। मुझे यहाँ स्वामी अवधेशानन्द की बात भी स्मरण हो आती है जो कहते हैं कि शब्द मुखरित होना चाहते हैं। भाषा अभिव्यक्ति चाहती है। अर्थ अभिव्यक्ति चाहते हैं। संगीत, एक प्यारा-सा दिल चाहता है। संगीत, शब्दों के अर्थों की तह तक जाने का नाम है।

सन् 1953 में संगीत श्यामला का वार्षिक उत्सव था। उसकी सभानेतृ थीं श्रीमती महादेवी वर्मा। स्कूल में यह तय किया गया कि पंडित जसराज कुछ छात्राओं को कुछ ऐसा गीत तैयार करा दें जो सभा के उपयुक्त लगे। एक बन्दिश तैयार करा दी— 'मोहन मधुर आज, मुरली बजाई, सुन-सुन सखियाँ वन में आईं। मोहन मधुर आज मुरली बजाई। गान गरजत मेघहा बरसत, चौंक पड़ी राधा ललिता अकुलाई।'

यह रचना पंडित जसराज जी की प्रारम्भिक बन्दिशों में से एक है। तब दोगुन, चौगुन करके लड़कियों को 10-11 मिनट का यह पद लिखा दिया। किसी ने जसराज जी को महादेवी जी की पुस्तक की 'स्वप्न-

यामिनी', कि इसमें से भी कोई गीत तैयार करा दें। क्योंकि महादेवी जी आने वाली हैं, अच्छा लगेगा। पंडित जसराज ने एक गीत को संगीत में बाँधना शुरू किया— 'क्या पूजा क्या अर्चन रे। इस असीम का सुन्दर मन्दिर मेरा लघुतम जीवन रे। क्या पूजा क्या अर्चन रे।' बस इतना सा ही बना, उसके बाद वह अर्चना वहीं थम गयी।

इसके बाद महादेवी जी के साथ भेंट होती रही। महादेवी जी के साथ जसराज जी का सम्बन्ध उस श्रेणी में रखा जा सकता है जिसे भूल पाना उनके लिए सम्भव नहीं है। सन् 1978 में पंडित जसराज को इलाहाबाद में आनन्द भवन में गाने के लिए बुलाया गया। इन्होंने आयोजकों से आग्रह किया कि महादेवी जी को कार्यक्रम में बुलवायें। लेकिन वे लोग कहने लगे कि उन्हें बुलाना बहुत कठिन है और वे कहीं आती-जाती नहीं हैं। उनका कहना था कि महादेवी जी बहुत चिड़चिड़े स्वभाव की हैं, गुस्सैल हैं। जसराज जी तब व्यक्तिगत रूप से उन्हें आमंत्रित करने गये। वे कहने लगीं कि अनुज तुम बहुत तंग करते हो। मुझे क्यों बन्दर सेना की तरह साथ में लेकर जाना चाहते हो? ख़ैर, गाड़ी भिजवा देना, मैं आ जाऊँगी। महादेवी जी 6 बजे के कार्यक्रम के लिए एक घण्टा पहले ही पहुँच गयीं। वहाँ पर लोगों को पहले तो विश्वास ही नहीं हुआ कि महादेवी जी आयी हैं। फिर यथायोग्य सम्मान किया।

इसके बाद भी जब भी जसराज जी इलाहाबाद जाते, महादेवी जी का दर्शन अवश्य करने पहुँचते। कभी इनके कार्यक्रमों को सुनने आतीं तथा इन्हें और इनके शिष्यों एवं संगतिकारों को घर में बुलाकर सत्कार करतीं। तरह-तरह के भोजन-पकवान-मिठाई बनवाकर खिलाना उन्हें बहुत अच्छा लगता था। एक बार एक कार्यक्रम में वे जसराज जी को ले गयीं। अज्ञेय जी भी वहाँ मंच पर आसीन थे। महादेवी जी ने जसराज जी को अज्ञेय जी और अपने बीच में मंच पर ही बिठा दिया।

जसराज जी कहते हैं, 'एक बार सुना कि उनकी तबीयत बहुत खराब हो गयी है। चेहरे पर अधरंग हुआ है। किसी से मिलती-जुलती नहीं। मैं इलाहाबाद चला गया बगैर किसी को बताये हुए। जहाँ मैं ठहरता था वहाँ केवल अपना सामान रखकर महादेवी जी के पास जाने को निकला। मेरे मित्र ने कहा, पंडित जी क्या फ़ायदा, वे बाहर तो आती ही नहीं हैं, मिलेंगी नहीं आपसे। मैंने कहा, मिलेंगी न! तो मेरे साथ और भी चार-पाँच लोग वहाँ गये। मैंने भृत्य से कहा कि महादेवी जी को सूचना दे दो कि पंडित जसराज आये हैं। भृत्य ने लौटकर कहा कि महादेवी जी कहती हैं, वे किसी पंडित जसराज को नहीं जानती हैं। मैंने कहा कि कहो मुम्बई से गायक पंडित जसराज आये हैं। भृत्य ने फिर लौटकर कहा कि हम मुम्बई

के किसी गायक पंडित जसराज को नहीं जानते हैं। और हमारे एक लाइट लगी, बिजली-सी कौंधी दिमाग़ में और मैंने कहा—जाकर बताओ कि अनुज आया है। बस, वह अपना टेढ़ा-सा लकवे वाला मुँह लेकर आ गयीं, ऐसे ही, बोलीं—देख लो, ऐसी हूँ। मैं किसी जसराज-वसराज को नहीं जानती। कोई गायक हो या मुम्बई से आये हो, मुझे नहीं पता। मेरा अनुज आया है तो लो, मैं आ गयी हूँ। मेरी उनके साथ यह अन्तिम भेंट थी।'

'सन् 1987 में मैं अमेरिका में था। मैं दिन भर सब जगह 'क्या पूजा क्या अर्चन रे' गुनगुनाता रहा था। गाते-गाते मेरा मन कुछ अन्यमनस्क हो रहा था। मैंने दुर्गा से कहा— किसी को इलाहाबाद फ़ोन करके देखो। मुझे महादेवी जी की बहुत याद आ रही है, कुछ अच्छा नहीं लग रहा। अमेरिका की रात में फ़ोन लगा। पता चला कि कुछ समय पहले ही महादेवी जी का स्वर्गवास हो गया है।' बात करते-करते जसराज जी का असमी लाल अंगोछा, जिसे वह हमेशा अपने पास रखते हैं, उनके आँसुओं से भीग गया है। मेरी आँखों से भी धाराप्रवाह अश्रु प्रवाहित हो रहे हैं।

केशवचन्द्र वर्मा जी ने अपनी पुस्तक 'संगीत को समझने की कला' में एक स्थान पर लिखा है कि गायक तो बहुत सारे, बहुत अच्छे-अच्छे हैं; किन्तु जसराज जी की एक विशेष बात यह है कि वे अपनी बन्दिशों का चुनाव बहुत सुन्दर करते हैं तथा उन्हें गाते भी उतने ही सुन्दर ढंग से हैं, बिना साहित्य को तोड़े-मरोड़े। सम्भवत: साहित्यकारों के साथ उनका नैकट्य ही इसका कारण रहा हो।

'अज्ञेय जी के साथ हमारा परिचय महादेवी जी ने करवाया था। उन्होंने प्रयाग संगीत समिति के एक कार्यक्रम में मुझे अपने और अज्ञेय जी के बीच में मंच पर बिठा दिया। साहित्य और संगीत का यह अद्भुत मिलन था। इसके बाद अज्ञेय जी से हमारी अच्छी भेंट-मुलाक़ातें होने लगीं। उनका अपना एक बंगला था जिसके परिसर में उन्होंने एक झोंपड़ी बनायी हुई थी। वहाँ हम कई बार जाते-आते थे, वो बहुत विद्वान् सज्जन थे। वहाँ हमारी विभिन्न विषयों पर चर्चा होती, खाना-वाना होता और हमें बहुत सुख की प्राप्ति होती थी।'

केशवचन्द्र वर्मा, कुँवर नारायण, श्रीलाल शुक्ल, डॉ. धर्मवीर भारती आदि ऐसे अनेक शीर्षस्थ लेखकों और कवियों को पंडित जसराज के निकटस्थ बन्धु माना जा सकता है। बहुत बार जसराज जी लखनऊ जाते तो कुँवर नारायण के यहाँ ठहरते थे। 'हम गाते थे और ये साहित्यकार अपनी साहित्य-चर्चा करते थे। कुँवर नारायण जी की 'छायानट' नामक एक पत्रिका निकलती थी। बहुत श्रेष्ठ पत्रिका थी। इसमें केशवचन्द्र वर्मा ने हमारा एक बहुत बड़ा लम्बा-चौड़ा इण्टरव्यू लिया। दो-तीन दिन तक

वो हमसे गप्पें मारते रहे। केशव जी की बेटी हमारे शिष्य गिरीश से ब्याही है। धर्मवीर भारती भी हमसे बहुत प्रेम करते थे। अब वैसा जमघट्टा नहीं रहा। साहित्यकार आपस में तो सब बहुत मिलते-जुलते होंगे, लेकिन हमारे साथ वैसा सम्पर्क नहीं रहा।

'केशव जी तथा अन्य सभी साहित्यकारों के साथ इस विचार-विमर्श तथा वार्तालाप का प्रभाव पंडित जसराज पर यह पड़ा कि वह वास्तव में रचनाओं का चुनाव करते समय बहुत सोच-विचार करते थे। केशव जी और उनकी पत्नी एक-दूसरे से बहुत अधिक प्रेम करते थे। लव-बर्ड्स थे। सबने बड़ी कुल्फियाँ साथ में खायी हैं। केशव जी की पत्नी का देहान्त हो गया। बच्चे-बेटी सब हिल गये भीतर से कि बापू का क्या होगा। कभी एक-दूसरे से अलग नहीं हुए थे, कभी एक-दूसरे से झगड़ते नहीं थे। जैसे दो चिड़ियाएँ प्रेम करती हैं, वैसे ही उनका प्रेम था। केशव जी पत्नी का क्रियाकर्म करके आये, ऊपर कमरे में गये और धाड़ से दरवाज़ा बन्द कर लिया। माँ का तो रोना था ही, बापू की तरफ़ चिन्ता और हो गयी कि न मालूम क्या कर बैठें। भीतर जाकर केशव जी ने जसराज की का गाया हुआ नट-नारायण का कैसेट ऑटो-रिवाइंड पर लगा लिया—जब से छवि देखी। चार-पाँच घण्टे बजता रहा, बजता रहा। फिर बाहर निकले, न उनके मन में कोई मलाल बचा था, और न आँखों में आँसू।'

कुँवर नारायण जी के साथ जुड़ी हुई भी अनेक यादें हैं। सन् 1953 से 1958 तक मुकुन्द लाठ और जसराज जी भारती जी के घर के सामने ही बहुत रियाज़ किया करते थे। भारती जी ज्ञानवती जी से मिलने जाती थीं। तब उन्हें संगीत में अधिक रुचि नहीं थी लेकिन कुँवर नारायण जी की, जिनसे उनका विवाह हो गया, शास्त्रीय संगीत में बहुत रुचि थी। विवाह के पश्चात् कुँवर नारायण जी ने भारती जी से पूछा कि तुम तो ज्ञान जी के यहाँ आती-जाती हो, वहाँ तो पंडित जसराज भी रहते हैं? भारती बोलीं कि हाँ, उन्हें तो हम अच्छी तरह से जानते हैं। पूछा—उनका गाना कैसा लगता है? तो ये बोलीं कि कितना सुन्दर रियाज़ करते हैं! हमें तो उनका गाना बहुत अच्छा लगता है। क्या करतीं यदि पति ही संगीत के प्रेम हों। पंडित जसराज कहते हैं, 'लेकिन धीरे-धीरे भारती सचमुच हमारे गाने को पसन्द करने लगीं। मन की बहुत अच्छी हैं। हमारा बहुत आदर करती हैं। उनके घर में साहित्यकारों का जमावड़ा लगा रहता था और हम भी उसमें गाते थे। वे दिन हमारे जीवन के बहुत सुन्दर दिन थे।

डॉ. धर्मवीर भारती और पुष्पा भारती जी दोनों ही पंडित जसराज का गाना पसन्द करते थे। स्वयं मेरे साथ पंडित जसराज उनके घर में गये हैं

और वहाँ बैठकर उन्होंने 'कहा करूँ बैकुंठ ही जाई। जहाँ नहीं नन्द, जहाँ नहीं जसोदा, जहाँ नहीं गोकुल ग्वाल और गाई। कहा करूँ बैकुंठ ही जाई।' गाया और भारती जी भाव-विभोर होकर अश्रु बहा रहे थे।

साहित्यकारों के प्रसंग में पंडित जसराज अशोक वाजपेयी के नाम का भी उल्लेख करते हैं। 'मेरा यद्यपि अशोक जी से बहुत विशेष सम्बन्ध नहीं रहा, लेकिन उनकी पत्नी हमें बहुत स्नेह करती हैं। अशोक जी बहुत विद्वान् और चिन्तनशील व्यक्ति हैं। कुछ ही दिन पहले आपकी पुस्तक 'सात सुरों के बीच' के विमोचन के अवसर पर उन्हें सुना। बहुत अच्छा लगा। बहुत वर्ष पहले जब वे लोग भोपाल में रहते थे तो हमें वहाँ अलाउद्दीन कॉलेज ऑफ़ म्यूज़िक का प्रिंसिपल बनाना चाह रहे थे, लेकिन हमारे लिए मुम्बई छोड़कर भोपाल में रहना सम्भव न था। फिर बात आयी गयी हो गयी।

56

जिस तरह चित्रकला, फ़िल्म, साहित्य आदि के आलोचक होते हैं, वैसे ही संगीत के क्षेत्र में भी आलोचक हमेशा से रहे हैं। इनमें से कई-कई आलोचकों ने बहुत नाम बनाया। पहले तो आलोचना को सभी पत्र-पत्रिकाओं में विशेष स्थान दिया जाता था, किन्तु अब आलोचना के लिए पत्रों में उतना स्थान नहीं है। शास्त्रीय संगीत आदि के लिए तो और भी कम। लेकिन उस समय पंडित जसराज के गाने के प्रशंसक और आलोचक दोनों थे। तबला वादन से गायन और ऐसे में बड़े-बड़े दिग्गजों के होते हुए अपना स्थान गायकी में बनाना कठिन। स्वाभाविक था कि यदि उनके प्रशंसक बहुत थे तो आलोचकों की भी कमी नहीं रही होगी। ऐसे में यदि एक नामी-गिरामी आलोचक उनके विरोध में लिखना शुरू कर दे तो हानि होने की पूरी आशंका थी।

मुम्बई (मुम्बई) में एक संगीत के आलोचक विद्वान् पत्रकार थे—मोहन नाडकर्णी। वे जाने कौन—सी गायन शैली को पसन्द करते थे कि जसराज जी की गायकी में हमेशा मीन-मेख ही निकालते रहते। श्रोता जब आह और वाह से नीचे नहीं उतर रहे, जब महफ़िल में उठने को तैयार नहीं, मोहन नाडकर्णी के लेखों में विष भरा होता। अपने लेखों में वह पंडित जसराज की निन्दा के अतिरिक्त कुछ नहीं लिखते।

रंगभवन में एक कार्यक्रम था जिसमें पहले दिन पंडित भीमसेन जोशी का गायन था। दूसरे दिन पंडित जसराज का और उनके बाद पंडित निखिल बनर्जी का सितार वादन। निखिल बनर्जी अपने ज़माने के सबसे ऊँचे क़द के सितार वादक थे। 'यदि ज़िन्दा रहता तो आज भी उसका मुक़ाबला करना कठिन था।' पंडित जसराज कहते हैं—'मैंने उस दिन पूरिया गाया था। हमने पूरिया में स्वर मण्डल मिलाया और हृदयनाथ जी स्टेज तक भागकर आने की मुद्रा में आगे बढ़े मुझे बताने के लिए कि पंडित जी, पूरिया मत गाइयेगा, कल पंडित भीमसेन जोशी ने भी पूरिया गाया था। लेकिन वो जब तक स्टेज तक पहुँचते, तब तक हमने गाना शुरू कर दिया था। इतने बड़े आदमी के सामने मैं दुस्साहस कैसे करता, लेकिन वो हमसे कह ही नहीं पाये। रंगभवन का प्रोग्राम, क्या तो वहाँ की ऑडियंस। सब मँजे हुए

सुनकार। रंगभवन का भी अपना ही एक रंग था। पब्लिक ने हमें पूरिया के बाद उठने ही नहीं दिया। भीमसेन जी के पूरिया के बाद पूरिया गाना और ऑडियंस का हमें उठने न देना, मैं इसे लोगों का अपने प्रति प्रेम ही मानता हूँ। लेकिन मोहन नाडकर्णी की गायन समीक्षा के लिए हम विलेन ही बने रहे। फिर एक ज़माना आया। एक प्रोग्राम में हमने जयजयवंती गायी। वो जयजयवंती सुनने के बाद मोहन नाडकर्णी हमारे पास आये और कहने लगे—आप मुझे माफ़ करियेगा पंडित जी, मुझे माफ़ कर दीजिए। मैंने ऐसी जयजयवंती ज़िन्दगी में नहीं सुनी। मैंने आपका बहुत नुक़सान किया है, लेकिन बीस साल का दौर और एक बार कह देना कि ग़लती हो गयी, मैंने आपका बहुत नुक़सान किया है, उस नुक़सान की भरपाई तो नहीं कर देता न। तो मैंने उनसे कहा कि भई तुमने तो हमारी ऐसी टाँग खींची कि 20 साल तक तुम्हें पढ़कर बहुत से लोगों (आयोजकों) ने हमें उठने ही न दिया। लेकिन इतना तो है कि हम भी गाने में ईश्वर की कृपा अपने गुरुजनों और माता-पिता का आशीर्वाद और आप जैसे मित्रों की दुआएँ लेकर आये हैं। तो यह सब पॉजिटिव उन निगेटिव आलोचनाओं को काट देते हैं। लड़कियों की मैगज़ीन (फ़ेमिना) की एडिटर थीं विमला पाटिल। उन्होंने हमारे गाने की बहुत प्रशंसा की। बहुत लिखा और उस ज़माने के सभी आर्टिस्टों से ज़्यादा तारीफ़ की। उन्हें हमारा गाना बहुत पसन्द रहा है। देखिये, उठना तो सब ऊपरवाले के ही कारण होता है न!

57

मेरी पुस्तक 'सात सुरों के बीच' के विमोचन एवं परिचर्चा के अवसर पर सुप्रसिद्ध कवि एवं आलोचक अशोक वाजपेयी ने कहा था, 'बिना विनम्रता के, कोई भी कलाकार बड़ा नहीं बनता। ऐसे बहुत से कलाकार हैं जो बहुत विनम्र नहीं लगते हैं और कई बार कठिनाई पैदा करते हैं। लेकिन कई कलाकार ऐसे भी हैं जो जब गाने या बजाने लगते हैं, तब

अरुण माहेश्वरी प्रबन्ध निदेशक वाणी प्रकाशन, पंडित जसराज, अशोक वाजपेयी कवि एवं आलोचक तथा सुनीता बुद्धिराजा लेखिका

उनका अहंकार तिरोहित हो जाता है। जिस कलाकार का अहंकार तिरोहित नहीं होता, वह कलाकार कभी बड़ा हो ही नहीं सकता। उनकी विनम्रता यह दर्शाती है कि आप एक विराट के सामने हैं। यह संगीत ही है जो आपको उस विराट का अनुभव कराता है और बहुत हद तक आपको उस विराट का हिस्सेदार भी बनाता है। पंडित जसराज का संगीत बहुत हद तक उस विराट का न केवल अनुभव कराता है बल्कि आपको उस विराट का हिस्सेदार भी बना देता है।'

अशोक वाजपेयी आगे कहते हैं, 'मैं तब बहुत युवा था और सप्रू हाउस में एक कार्यक्रम में गया था। यह लियो टॉल्सटाय की 50वीं पुण्यतिथि पर आयोजित कार्यक्रम था जिसमें पंडित जवाहरलाल नेहरू आये थे। उन्होंने एक अद्‌भुत बात कही। उन्होंने कहा कि दो तरह की महानतायें होती हैं। एक महानता वह जिसके सामने यदि आप जायें तो लगता है कि वह आपको ध्वस्त कर देगी और आपको केवल अपनी लघुता का बोध कराती है कि तुम बहुत छुटभैये हो, तुम छोटे हो, तुम्हारा क्या वजूद है, आदि। दूसरी महानता वह होती है जो तुम्हें ऊपर उठाती है। वह तुम्हें उस महानता में शिरकत करने का मौक़ा देती है। मुझे लगता है कि हमारे शास्त्रीय संगीत में जब भी कोई महान् कलाकार होता है तो वह आपको उस महानता में हिस्सेदार बनाता है। वह ऊपर से किसी रामभरोसे से आपको देखकर यह नहीं बताता कि आप कितने छुटभैये हैं जो कि हम सब हैं, बल्कि हमें अपने साथ अपनी स्वर-यात्रा में लेकर चलता है। वैसे तो देखा जाए पंडित जसराज के सामने हम लोग क्या हैं? छुटभैये हैं। लेकिन पंडित जसराज जब गाते हैं तो हमको अपने छुटभैयेपन से, हमको अपनी सीमाओं से ऊपर ले जाते हैं। जो संगीत आपको ऊपर ले जाये और जो आपको ये बताये, ये जताये कि आपके लिए विराट को छू सकना सम्भव है। वह बड़ा संगीत है। वह बताता है कि यह जो संसार है, इसके रहस्य को आप छू सकते हैं। लेकिन हम इसे छू सकते हैं, उसे समझ नहीं सकते, क्योंकि समझेंगे कैसे! हमारी अपनी समझ की सीमाएँ हैं। लेकिन जसराज जी जब गा रहे होते हैं, तो वे स्वयं संगीत हो जाते हैं। और जब वह स्वयं संगीत हो जाते हैं तो हम सामने बैठे हुए व्यक्तियों को भी उसमें जोड़ लेते हैं। स्वयं संगीत हो जाने का अर्थ है, निष्कलुष और पवित्र हो जाना। हमारे जीवन में, हम जैसों के जीवन में पवित्रता के बहुत कम अवसर होते हैं।'

पंडित जसराज के बन्दिशों के चयन तथा उनके गाने को लेकर अशोक वाजपेयी आगे बढ़ते हैं— 'बहुत कम संगीतकार हैं, जिन्होंने भक्ति काव्य, पुष्टिमार्गीय काव्य को गाया है। हमारे सब भक्त कवियों ने अपने पदों के ऊपर रागों के नाम लिखे हैं। लेकिन उनमें से बहुत कम को हमारे

संगीतकारों ने गाया है। जसराज जी ने गाया है। मुझे याद है, 'राग गोरख कल्याण' में एक बन्दिश थी, 'नेकु कृपा कर रहाइए। अति ही मान कर रही किशोरी, कर मनुहार मनाइए'। और उसी में है— 'सूर यही जस गाइए।' सूर के पद तथा पुष्टिमार्गीय कवियों के पद, ये असाधारण ज्ञान से भरे हैं। शब्द को उसकी गरिमा, उसकी महिमा में संगीत में स्थापित करना कठिन काम है। क्योंकि, संगीत का तो काम स्वरों का है। वह शब्दों का मामला नहीं है। लेकिन शब्दों को, उनकी गरिमा में संगीत में स्थापित करना, यह काम पंडित जसराज ने किया है। उन शब्दों को एक गरिमा, एक सार्थकता देने का काम पंडित जसराज करते हैं। हमारे ज़्यादातर संगीतकार जो बन्दिश गाते हैं, वह समझ में नहीं आते हैं। लेकिन पंडित जी ने कविता बने शब्दों को प्रतिष्ठित किया। उन्होंने कविता गायी, अपनी सांगीतिक शर्तों पर गायी।'

58

पंडित जसराज जब भी दिल्ली में गाते हैं, ऑडिटोरियम की पहली पंक्ति में एक महिला लगभग हमेशा बैठी हुई दिखायी देती हैं। वे हैं दिल्ली की पूर्व मुख्यमन्त्री शीला दीक्षित। शीला दीक्षित जब मुख्यमन्त्री थीं और संगीत समारोहों में आती थीं, तब ऐसा लगता था कि मुख्यमन्त्री के रूप में उन्हें बहुत सारी जगहों पर अपनी उपस्थिति का भान कराना पड़ता है, संगीत के कार्यक्रम उनकी उसी दायित्वपूर्ति का एक अंग हैं। लेकिन मुख्यमन्त्री न रहने के बाद जब उनकी उपस्थिति और अधिक नियमित हो गयी तो मुझे लगा कि, वास्तव में उन्हें संगीत में रुचि है। तब मैंने एक दिन स्वयं पंडित जसराज से उनके विषय में पूछा तो पता चला कि इन लोगों का परिचय बहुत पुराना है। तब शीला जी से बातचीत करना तो बनता ही था।

'पंडित जसराज एक अच्छे कलाकार और अच्छे गायक तो हैं ही, इसमें कोई दो राय नहीं हो सकती है। लेकिन मेरी जो उनके बारे में सोच है, वह ये कि वे बहुत नेक इन्सान हैं। जिस तरह उन्होंने अपने संगीत को ऐसे सुन्दर तरीक़े से उभारा है, बनाया है, उसमें हमें कभी ऐसा नहीं लगता कि इसमें कोई कमी रह गयी, या शायद ये ऐसा करते तो वैसा होता या वैसा करते तो और अच्छा होता। उनका गाना परफेक्ट है। श्रेष्ठता की ऊँचाइयों तक पहुँच चुका है। इसलिए उनको सुनना बहुत अच्छा लगता है। सुनकर सुकून, चैन मिलता है। उनको सुनकर प्रशंसा और प्रेम की भावना मन में उठती है' शीला दीक्षित कहती हैं।

'हरियाणा में जन्मे एक कलाकार ने अपनी जीवन—यात्रा प्रारम्भ की और हैदराबाद, सानन्द, कलकत्ता होता हुआ वह मुम्बई पहुँच गया जहाँ प्रतिस्पर्धा ही प्रतिस्पर्धा है। हर क्षेत्र में प्रतिस्पर्धा, शास्त्रीय संगीत, बॉलीवुड संगीत, अभिनय, व्यवसाय से लेकर जीवन जीने और उसके स्तर को बनाये रखने में प्रतिस्पर्धा है। ऐसे में पंडित जसराज ने मुम्बई जैसे शहर में अपने आप को खोजा और उसे बनाया। मैं समझती हूँ कि कोई भी जब उनको सुनता है, तो किसी और ही दुनिया में उसे ले जाते हैं। ऐसा लगता है कि पता नहीं, कहाँ से कहाँ तक वे हमें ले गये हैं। पता नहीं हम कहाँ पहुँच गये हैं। एक बहुत ही अच्छी और सुन्दर भावना उठती है। बहुत ही

सुन्दर अनुभव होता है। उनकी उम्र का, उनके गाने पर कोई असर दिखायी नहीं देता, बल्कि उनका गाना और अधिक समृद्ध हो गया है। उनका वह जज़्बा काबिले तारीफ़ है, और मेरे ख़याल में और कोई नहीं कर सकता है, शीला दीक्षित कहती हैं।

शीला दीक्षित पंडित जसराज को एक कलाकार के साथ-साथ, व्यक्ति के रूप में भी जानती हैं। पंडित जसराज के विनम्र स्वभाव की वह बहुत प्रशंसक हैं। 'कलाकार के रूप में भी वे अपनी कला के प्रति पूरी तरह से समर्पित हैं। किसी प्रकार का अहं भाव उनमें नहीं है, यह बहुत बड़ी बात है।' शीला जी कहती हैं।

शीला जी बहुत पुरानी घटना का वर्णन करती हैं— 'सन् 1970 के अन्त में या 1980 के दशक के आरम्भ में हम लोगों ने आगरा में एक संगीत समारोह किया था। उसमें पंडित जसराज आये थे। गिरिजा देवी जी भी थीं। हमने इन्हें सुना था रात के डेढ़-दो बजे। उस समय रात-रात भर संगीत सुनने की परम्परा थी। आजकल तो लोग 9-10 बजे तक उठ जाते हैं। लेकिन इन लोगों ने उस परम्परा को, जो उसमें ढले थे, एक बहुत ही ख़ूबसूरत अनुभव बनाया था। इस समय डेढ़-दो घण्टे का समय दिया जाता है। मुझे याद नहीं पड़ता कि किसी भी बड़े से बड़े कलाकार को गाने-बजाने के लिए कोई निश्चित समय सीमा दी जाती थी। लेकिन अब तो यह है कि आपको डेढ़ घण्टे गाना है या दो घण्टे गाना है, उसी में आपको अपने आपको सीमित करना पड़ता है। उस सीमा में भी यदि आप अपनी बात को रख सकें, उसे समेट सकें और सब लोग बिल्कुल सम्मोहित हो जाएँ, मैं समझती हूँ कि कला में इससे बड़ा और कोई गुण नहीं हो सकता। ये कितनी खुशी लाते हैं, लाखों लोगों की। पंडित जसराज स्वयं तो गाते हैं, लेकिन खुशी कितनों को आती है! रोना कितनों को आता है! जज़्बात कितनों के निकलते हैं! और यह केवल उनके संगीत के माध्यम से! हमारे जसराज जी, इन सब चीज़ों का प्रतिनिधित्व करते हैं। मुझे इनको सुनते हुए 30-40 हो गये, लेकिन हमेशा उनके गाने से मुझे सुकून ही मिलता है। ये हमारे पूरे परिवार के प्रिय कलाकार हैं। हमारे मन में इनके प्रति प्रशंसा का एक भाव तो है ही, लेकिन उससे भी अधिक सम्मान और प्रेम का भाव है।'

पंडित जसराज के गायन के उस समय की भी शीला दीक्षित साक्षी रही हैं जब वे केवल शुद्ध रागदारी करते थे। बाद में जब उनके गायन में भक्ति संगीत जुड़ गया, तो उस समय की भी साक्षी वे रही हैं। उनके गायन के शास्त्रीय पक्ष तथा आध्यात्मिक पक्ष, दोनों ही के साथ शीला जी का ख़ासा परिचय रहा है। 'एक चरण से दूसरे चरण में जाना, यह कलाकार

के विकास का एक अभिन्न अंग है। इस विकास यात्रा में सुनने वाले को भी उतना ही अधिक आनन्द आये जितना कि स्वयं कलाकार को आ रहा है, तो वह उस कलाकार की सफलता है। यह नहीं कह सकते कि उनकी कला का वह पक्ष ज़्यादा अच्छा था या यह पक्ष अधिक अच्छा है। जो विकास इनके गायन का हुआ है, वह अद्‌भुत है। यूँ देखा जाये तो कलाकार के साथ-साथ श्रोता का भी तो विकास होता है। हमारे जैसे लोग जो संगीत को सुनना पसन्द करते हैं और स्वयं गा-बजा नहीं सकते, उनके लिए यह चीज़ अद्‌भुत है। सुनने वाले को चैन मिले, उसे सुकून मिले, उसको ऐसी आवाज़ मिले कि जिसे वह कभी भूले ही नहीं, वे सारे गुण इनमें हैं। उनका गाना पहले भी सुकून देता था, आज भी सुकून देता है। और एक बात और कि जो वो वह 40-50 साल पहले गा रहे थे, वही यदि आज भी गा रहे होते तो वे पंडित जसराज न होते।' शीला जी का अनुभव सम्भवत: पंडित जसराज के सभी श्रोताओं तथा प्रशंसकों का अनुभव है।

59

महाराष्ट्र में यवला नाम की एक जगह है। वहाँ एक बड़ा संगीत सम्मेलन था जो रात भर चला। 1946 में पंडित जसराज तबला बजाते थे। उस सम्मेलन में उन्होंने पंडित डी.वी. पलुस्कर, पंडित रविशंकर तथा एक अन्य कलाकार के साथ रात भर तबला बजाया। '1946 में ही मैंने अन्नपूर्णा जी को पहली बार देखा था। तब पंडित रविशंकर जी रहते थे बोरिवली में और पन्नालाल घोष जी रहते थे मलाड में। मैं बड़े भाई साहब (पंडित मणिराम जी) के साथ पंडित रविशंकर को यवला फेस्टिवल के लिए बुक करने के लिए उनके घर गया था। वहीं पर अन्नपूर्णा जी के दर्शन हुए। महाराष्ट्र में मन्माड के क़रीब यह जगह है जहाँ नौकोटि नारायण नाम के एक सेठ थे। उनको 'नौकोटि' का शायद ख़िताब मिला होगा। सम्भवत: उनके पास नौ करोड़ रुपये रहे होंगे। तो सचमुच नौकोटि नारायण जैसा ही उनका व्यवहार था। सभी कलाकारों को यथायोग्य पारिश्रमिक देना, किसी ने कहा कि मुझको 100 रुपये दीजिये तो 100, किसी ने 500 रुपये माँगे तो उसको 500 रुपये दिये। किसी ने कहा 5000 दीजिए, तो 5000 रुपये दे दिये। उस ज़माने में 5000 रुपये बहुत ही बड़ी चीज़ थी। उनके यहाँ प्रोग्राम था गणेश-उत्सव। दस दिन का प्रोग्राम था। मैंने उनके प्रोग्राम में दो बार बड़े भाई साहब के साथ तबला बजाया।

उस ज़माने में एक ही कान्फ्रेंस में एक-एक कलाकार के दो-दो कार्यक्रम होते थे। हर कान्फ्रेंस में उच्च कोटि के कलाकार होते थे। तो उस्ताद अब्दुल करीम ख़ाँ साहब के, पंडित ओंकारनाथ ठाकुर के, उस्ताद फ़य्याज़ ख़ाँ साहब के, सभी के दो-दो प्रोग्राम। सन् 1944 में एक और कान्फ्रेंस हुई थी जिसमें उस्ताद बड़े ग़ुलाम अली ख़ाँ साहब उभर के आये। उसमें बी.आर. देवधर जी, जो पंडित कुमार गन्धर्व के गुरु थे, उनके हाथ में कार्यक्रम के संचालन का भार था। उनकी कोशिश थी कि बड़े गुलाम अली ख़ाँ साहब को ऐसा टाइम न दिया जाये जब वो मालकौंस का पूरिया गा सकें। बड़े ग़ुलाम अली ख़ाँ राग बहुत कमाल के गाते थे और देवधर जी ऐसा सोचते थे कि यदि इन्हें ऐसा टाइम दिया जब ये मालकौंस या पूरिया गा लेंगे तो यही उभर जायेंगे, तो मालकौंस वाला चक्कर तो उन्होंने काट दिया लेकिन पूरिया का कुछ नहीं कर सके। बड़े ग़ुलाम अली आते-आते

पूरिया शुरू हो गये और बहुत जबरदस्त गाया। तो वहाँ से, सन् 1944 से यानी विक्रम संवत् 2000 में एक ही कान्फ्रेंस हुई थी, उसके लिए हम लोग भी आये थे। मगर बड़े भाई साहब की आवाज़ तब चली गयी थी। वो बात भी नहीं कर पा रहे थे। वहीं से क़रीब दस महीने तक नहीं गा पाये। लेकिन हम लोग सुनने के लिए अवश्य जाते थे। सारे कलाकार तो पहले से जाने-माने थे। बिस्मिल्लाह ख़ाँ साहब तो पहले से उभर गये थे। फ़य्याज़ ख़ाँ साहब टॉप सीट पर बैठे हुए थे। ओंकारनाथ जी इनके आस-पास बैठे हुए थे। उनके संगी-साथी नहीं थे। सभी में कंपीटिशन तो चलता ही रहता था। उन दिनों उन्होंने 900 रुपये का एक प्रोग्राम लिया था। तो सब ज़िकर करते थे कि अरे, 900 रुपये का प्रोग्राम। केसरबाई 500 रुपये लेती थीं। सब मानते थे कि बहुत पैसा लेती हैं। लेकिन बड़े ग़ुलाम अली ख़ाँ ने 900 रुपये लिया तो वो केसरबाई से आगे सरक गये। एक सांताक्रूज म्यूज़िक सर्कल था। वहाँ से फीस बढ़ गयी। फिर तो कलाकारों के पैसे बढ़ने का सिलसिला शुरू ही हो गया।।

मुझे यह बात बहुत आश्चर्यजनक लगी कि कोई आयोजक अपना कार्यक्रम करा रहे हैं और यह देख रहे हैं कोई कलाकार किसी रागों में विशेष सिद्धहस्त हैं तो वो उनको उन रागों के लिए समय न दें। पंडित जी कहते हैं कि ऐसे बहुत सारे ऑर्गनाइज़र रहे हैं, पहले भी थे और आज भी हैं। ख़ुद ही अपने प्रोग्राम में किसी-किसी कलाकार की गुड्डी नहीं चढ़ते देते थे। कई बार ख़ुद नहीं ऑर्गनाइज़ करते थे, कोई और करते थे। 'मैं सन् 1944 की बात करते-करते एकदम 1963 में आता हूँ। एक मेरे चाहने वाले थे। उन्होंने कहा चलो जसराज, तुम्हें सुशील पावड़ेकर के पास ले चलते हैं। उन्होंने सुशील पावड़ेकर से मेरे बारे में कहा कि यह बहुत अच्छा गाता है। इसका प्रोग्राम कराओ। तो वे बोले कि नहीं, हमारे यहाँ केसरबाई गाती हैं, बड़े ग़ुलाम अली गाते हैं, फ़य्याज़ ख़ाँ साहब गाये थे। सन् 1950 में फ़य्याज़ ख़ाँ साहब चले गये थे न! हम ऐसे-वैसों का प्रोग्राम नहीं करवाते। मेरे मुँह के सामने उन्होंने सन्, 63 में कहा कि हम ऐसे-वैसों का प्रोग्राम नहीं करवाते। वह स्वामी हरिदास संगीत सम्मेलन में बहुत बड़े पदाधिकारी थे। वही सुशील जी जिन्होंने हमारे मुँह पर कहा कि हम ऐसे-वैसों का प्रोग्राम नहीं करवाते, उन्होंने हमसे हाथ जोड़ के कहा कि हमारे लिए प्रोग्राम कर दीजिए, हमें फंड रेजिंग करना है।'

60

सन् 1963 में पंडित जसराज कलकत्ते से मुम्बई आ गये थे और वहीं अपना निवास बना लिया था। सन् 1970 में उन्हें कलकत्ते से एक कान्फ्रेंस में गाने के लिए बुलावा आया। कलकत्ते से कई बार और बार-बार उनके पुराने शहर से गाने के लिए निमंत्रण आता और ये उसमें गाने जाते। 1970 की उस कान्फ्रेंस में बहुत अच्छे-अच्छे कलाकार थे। उस्ताद अमीर ख़ाँ, पंडित निखिल बनर्जी, और भी बहुत सारे कलाकार। कलकत्ते के दो बड़े कलाकारों—पंडित चिन्मय लाहिड़ी और पंडित तारापंत चक्रवर्ती ने पंडित जसराज को फ़ोन करके बुलाया। 'इन दोनों ने ही मुझे फ़ोन करके कहा कि जसराज तुम आ जाना भैया। इन दोनों की मैं बहुत इज़्ज़त करता था। तारापंत बाबू तो हमें बहुत ज़्यादा प्यार करते थे और जब हम कलकत्ते में थे तब आते-जाते घर आके बैठ जाते थे। जब उन्होंने हमें कलकत्ता आने के लिए कहा तो उनका आदेश हम कैसे टाल सकते थे? उन्होंने कहा कि हमें आने-जाने का 1000 रुपये देंगे। तो उस प्रोग्राम से एक दिन पहले हमारा मुम्बई में एक प्रोग्राम था और दूसरे दिन पूना में। तो प्लेन में आने-जाने के सिवाय हमारे पास दूसरा चारा नहीं था। उस ज़माने में मुम्बई से कलकत्ता 600 रुपये की टिकट थी फ्लाइट की। हमने सोचा ठीक है, कोई बात नहीं, हमें इतना सम्मान देकर बुलाया है, हम चले जाते हैं। हम पहुँच गये तो हमारे पास बड़े भाई साहब के यहाँ फ़ोन आया कि तुम आ गये क्या? तो हमारे मुँह से निकला कि जी, आज सुबह की ही फ्लाइट से आया हूँ। तो मुझे बंगला में एक फ़िकरा कस दिया—पोरो लोके जोमाई छे? बड़े आदमी के जंवाई हो? मतलब यह कि इस बात का असर उन पर अच्छा नहीं था। मुझे कहा गया कि तुम्हारा प्रोग्राम आरम्भ में है। तो मैं शाम साढ़े छह बजे पंडाल चला गया। पूरी रात चलने वाला प्रोग्राम था। जब मैं वहाँ पहुँचा तो कोई भी नहीं आया था। श्रोता एक भी नहीं था। तो मुझसे कहा गया कि तुम्हारा गाना अभी है, उनका रवैया हमारे प्रति इतना खुश्क था कि हम प्लेन में क्यों आये हैं।

उस समय ज्योति बसु मुख्यमन्त्री थे। सरकार की वजह से लोगों का रवैया ही हर चीज़ के प्रति बदल गया था। हमको कहा कि ग्रीन रूम में बैठ जाओ और मेरे ऊपर पहरा जैसा लगा दिया कि इसे यहाँ से निकलने

ही मत देना। पता नहीं क्यों उनकी मति हमारे प्रति फिर गयी कि हमने तो इसे 1000 रुपये देने हैं और इसने 600 रुपये फ्लाइट में ही लगा दिये। हमें ऐसा लगा कि हमें उन्होंने गिरफ्तार कर रखा है। तो वहाँ पे मुकुन्द के भाई साहब, राजा और हमारी अम्मा—श्रीमती सोम तिवारी, चेतना, डॉ. सीता, इन सब लोगों ने कहा हम लोग चले चलते हैं, प्रोग्राम नहीं तो न सही। तो हम जैसे ही सुरमंडल उठाकर जाने लगे तो एक लड़का वहाँ आया कि हम आपको सुरमंडल तो ले नहीं जाने दे सकते। आपको जाने देते हैं, यही बहुत बड़ी बात है। राजा ने कहा—चलो, छोड़ दो। हम गये राजा के घर में, वो यहाँ वेन्यू से दो-चार मिनट की ही दूरी पर था। प्रोग्राम था महाजाति सदन में। हम वहाँ गये, खाना खाया, थोड़ा आराम किया। इतने में वहाँ एक लड़का आया बुलाने कि चलिए, आपको गाना है—हम चले गये। हमें ग्रीन रूम में बिठा दिया। हमें बिठा दिया और प्रोग्राम का कोई नाम ही नहीं। वहाँ तो सब जैसे हमें पीटने की फ़िराक में बैठे हुए थे। बहुत लोग हमें सुनने के लिए आये हुए थे। उन्होंने कहा—जसराज भाई, आप चिन्ता न करें, हम आपके बदन पर चोट नहीं आने देंगे। तो हमें भी थोड़ी-सी हिम्मत आयी। वह कहने लगे-यहाँ हमारे भी आदमी हैं। हम 300 से ज़्यादा हैं। हमें पता चल गया कि इनका इरादा है कि प्रोग्राम के बाद ये हमें पीटेंगे कि जैसे ही प्रोग्राम ख़त्म हो जाए, ये आपकी धुनाई करेंगे, कि हम व्ही. शान्ताराम के जँवाई हैं, कि हम विमान से आये हैं। उधर किसी ने अमीर ख़ाँ साहब के कान में कह दिया कि जसराज आपके बाद गाना चाहते हैं। अब यह एक और मसला खड़ा हो गया। मैंने तो न ऐसा सोचा था, और न ही कहा किसी से। मुझको अमीर ख़ाँ साहब ने पूछ लिया कि सुना है कि तुम मेरे बाद गाने वाले हो? मैंने कहा कि उस्ताद, मेरा दिमाग़ ख़राब हुआ है कि मैं आपके बाद गाऊँगा? आप मुझको मेरा सुरमंडल दिलवा दीजिए, मैं बिना गाये ही चला जाऊँगा। उन्होंने कुछ कहने की सोची, तो इस बीच वहाँ एक तबला नवाज़ उनसे बोले कि ख़ाँ साहब आप इस सबके बीच में न पड़िये। उन्होंने कुछ सोचा ज़रा-सा, फिर हमसे बात ही नहीं की और वहाँ से चले गये। इतने में वहाँ निखिल बनर्जी आये। अपनी सितार मिलाएँ, वो हँस रहे हैं। उनको सारा क़िस्सा पता चल गया था, बिल्कुल ऐसे हँस रहे थे कि आज इसका मज़ा लेते हैं। मैंने कहा कि मुझको मेरा सुरमंडल दिलवा दीजिए, मुझको मज़ा-वजा नहीं लेना है। उन्होंने नाम ही नहीं लिया सुरमंडल का। सुबह के साढ़े चार बजे गये। लोग इतनी देर तक बैठ कर थक भी जाते हैं। तो वहाँ एक भगवान का बन्दा भी था। उसने चिन्मय लाहिड़ी को फ़ोन कर दिया कि जसराज के साथ ऐसा होने वाला है। अगर आप आ जायें तो बच सकता है, क्योंकि आपको दुनिया बहुत मानती है। चिन्मय लाहिड़ी बहुत शराब

पीते थे, तो वो उसी दम आ गये, जाग रहे थे। 'कौन जसराज को मारने की कोशिश कर रहा है? मैंने बुलाया है इसको। यह मेरे कहने से आया है।' वह अन्दर आये, पूछे कि जसराज तुमको पैसा-वैसा दे दिया है? मैंने कहा नहीं दिया, और मुझे पैसा चाहिए भी नहीं। आप बस मेरा सुरमंडल दिलवा दीजिए। मैं चला जाऊँगा। निखिल बनर्जी की सितार चल रही थी। उन्होंने मेरा सुरमंडल उठाया और मुझको एक गाड़ी में बिठा दिया कि जाओ। इस बीच तबला नवाज़ पंडित सामता प्रसाद भी वहाँ आ चुके थे, और उन्होंने हमसे कहा—जसराज भाई, तुम उधर जा कर बैठो, हम आपका सुरमंडल दिलवाते हैं। उन्होंने उन लोगों से कहा कि इसका सुरमंडल दे दीजिए। तो वे लोग बोले—कि 'शेटा पौरे हौबे न'—नहीं, यह तो नहीं होगा। तो उन्होंने भी देखा कि मामला बनता नहीं है, फिर उन्होंने भी छोड़ दिया। लेकिन फिर अन्त में चिन्मय लाहिड़ी जी ने हमें हमारा सुरमंडल भी दिलवाया और वहाँ से सुरक्षित निकलवा भी दिया।

उसके बाद जब मैं मुम्बई वापस आया तो मधुरा जी ने हमारे चेहरे को देखते ही पूछा, कि अरे, तुम्हें क्या हुआ? तो मैंने उन्हें विस्तार से बताया। मैं पूना का कार्यक्रम करके लौट आया। तीसरे दिन मुम्बई में रंग-भवन में प्रोग्राम था। वहाँ उन लोगों को पता चला कि जसराज जी के साथ कलकत्ते में कैसा घटा। यहाँ निखिल बनर्जी का प्रोग्राम था, तो निखिल बनर्जी की सितार अन्दर जा रही थी तो एक आदमी आया और सितार पकड़कर रख ली अपने पास। निखिल बाबू ने पूछा कि भई, ये क्या है? तो उसने कहा कि हमारे जसराज जी के साथ जो कलकत्ते में किया, हम वही कर रहे हैं। हमने कहा कि भई ऐसा मत कहिये। तो वे लोग बोले, नहीं पंडित जी, इन्हें भी तो पता चलना चाहिए कि आपके साथ भी लोग हैं। हमें पता चला कि निखिल जी वहाँ हँस रहे थे। जिस व्यक्ति का हम इतना आदर करते हैं और इतने सम्मान से सुनते, वह व्यक्ति आपकी स्थिति को देखकर हँस रहा था! यह 1970 की बात है।

61

सन् 1964 में पंडित जसराज पहली बार हरिवल्लभ समारोह में गये थे। उसके अध्यक्ष थे श्री अश्विनी कुमार। बॉर्डर सिक्योरिटी फोर्स के निदेशक थे। उसके पहले पंजाब पुलिस के डायरेक्टर जनरल रह चुके थे। उसमें पंजाब, हिमाचल, हरियाणा सब सम्मिलित थे। तब पंजाब बहुत बड़ा था। देश भर के बड़े-बड़े कलाकार उस समारोह में आये थे। पंडित किशन महाराज, पंडित भीमसेन जोशी, उस्ताद रईस ख़ाँ, उस्ताद मुनव्वर अली (उस्ताद बड़े ग़ुलाम अली ख़ाँ के बेटे) आदि। पंडित जसराज ने आग्रह किया कि उन्हें तबले पर संगति के लिए पंडित किशन महाराज चाहिए। अश्विनी कुमार जी को लगा कि ये बड़ा ऐंढू है। इसको किशन महाराज चाहिए? किशन महाराज तो किशन महाराज! 'हमारे आगे रईस ख़ाँ साहब गये पंडाल में, और उनके पीछे-पीछे हम घुसे। अश्विनी कुमार जी ने उठकर रईस ख़ाँ साहब का स्वागत किया। हमने नमस्कार किया तो उन्होंने अनदेखा कर दिया। हमने सोचा कि हमें जानते नहीं होंगे। फिर उन्होंने मुनव्वर अली का भी उठकर स्वागत किया। थोड़ा-थोड़ा हमें अन्दर से लगने लगा कि ये तो ठीक नहीं है। हमारे लिए उठो नहीं, लेकिन नमस्कार का जवाब तो दे दो। हमारा प्रोग्राम का नम्बर आया। किशन महाराज बैठे। शुरू होने से पहले ही जो हारमोनियम हम किसी की माँग कर लाये थे, वह कोई उठाकर ले गया। हमारे साज मिले के मिले रह गये। जो भी बजाने वाले सज्जन थे, उन्होंने कहा—मैं दूसरी हारमोनियम लेकर आता हूँ। मैंने कहा दूसरी लेकर आओगे तो फिर से मिलाना होगा। ख़ैर, वो दूसरी हारमोनियम लाया, साज फिर से मिला रहे हैं। तो बीच में कहा उन्होंने, कि आपका टाइम हो रहा है, अब गा लीजिए। उनका जब यह रवैया देखा तो किशन महाराज जी ने कहा—जसराज ऐसा गाओ कि मुरीद हो जाये। ख़ैर, हमने वहाँ पे गाया। जैसे ही पहला ख़्याल ख़त्म किया, उन्होंने वहाँ से लाल बत्ती जला दी, मतलब कि उठ जाइये। लोगों ने ज़ोर से फ़रमाइश की—पंडित जी, 'माता कालिका' गाइये। हमने कहा कि लाल बत्ती जली हुई है। लोगों

ने कहा कि लाल बत्ती तो जलती रहेगी। तुस्सी गाओ। तो हमने गाया। उन्हें बहुत बुरा लगा कि उन्होंने लाल बत्ती लगायी, तो भी ये नहीं उठा। ख़ैर, प्रोग्राम ख़त्म हो गया। दूसरे दिन हम लोग दिल्ली आ गये। मेरे मन में आया कि कोई व्यक्ति ऐसा बदतमीज़ तो नहीं हो सकता। ज़रूर किसी ने मेरे ख़िलाफ़ इनके कान भरे हैं। इनसे बात करनी चाहिए। हमने अपाइंटमेंट माँगा और साउथ ब्लॉक में उनके ऑफ़िस में मिलने गये। थोड़ी देर इन्तज़ार के बाद वो आये और बोले—कहिए? मैंने कहा कि आप तशरीफ़ तो रखिये, फिर बात करते हैं। मैंने कहा कि मैं तो आपको सुरीला गाना सुनाना चाहता था। आपका मेरा कोई झगड़ा तो हुआ नहीं, मैंने आपका अपमान भी नहीं किया। मैंने तो केवल कोशिश की कि आपको सुरीला और शान्तिपूर्ण गाना सुनाऊँ, लेकिन आप न जाने किस मन:स्थिति में थे, आपने मुझे अवसर ही नहीं दिया। आप दुनिया भर का गाना सुनते हैं, कलाकारों की इज़्ज़त करते हैं, आप हमारी इज़्ज़त नहीं करिये, लेकिन गाना तो ठीक से सुनें। वो शख़्स उठकर खड़ा हो गया और बोला—पंडित जी, मेरी ग़लती हुई। जब तक मैं हूँ, आपके बिना कोई हरिवल्लभ नहीं होगा। मुझे ऐसा लग ही रहा था कि ये भीतर तक बहुत शरीफ़ आदमी हैं। उस दिन न जाने किस मन:स्थिति में थे। तो संगीत मन के आईने पर पड़ी हुई सारी धूल को पोंछ देता है। वो अब भी हमसे बहुत प्रेम करते हैं। स्वास्थ्य ठीक नहीं रहता, लेकिन यथासम्भव हमारे कार्यक्रमों में सुनने आते हैं। उनके समय में हम निरन्तर हरिवल्लभ में जाते रहे।'

संगीत सम्मेलनों में सभी कलाकारों के साथ तरह-तरह के अनुभव होते हैं। पंडित जसराज के साथ भी हुए। अलग-अलग जगह खट्टे-मीठे अनुभव। लेकिन इन सभी का उनकी संगीत-यात्रा में बहुत बड़ा योगदान है। सन् 1976 में गुवाहाटी में एक बड़ा सम्मेलन हुआ। उसमें पंडित बिरजू महाराज, पंडित किशन महाराज, उस्ताद अमजद अली ख़ाँ, बेगम परवीन सुल्ताना, श्रीमती प्रभा अत्रे, श्रीमती किशोरी अमोनकर आदि कलाकार थे। ज़रीन दारूवाला, सितार पर उस्ताद विलायत ख़ाँ थे। सभी कलाकारों के दो-दो प्रोग्राम रखे गये थे। पंडित जसराज का पहला प्रोग्राम हुआ जिसकी भूरि-भूरि प्रशंसा हुई। जो आयोजक थे उन्होंने कहा कि वह अगली सुबह आयेंगे। जसराज जी ने उनसे कहा कि हाँ महाराज, ठीक है; कल आइये। हम थोड़ा बाज़ार करना चाहते हैं। तो वो बोले कि हाँ पैसा दे देंगे। वो सज्जन अगले दिन पधारे ही नहीं। रात में पता चला कि उनके पास पैसा ही नहीं है, कार्यक्रम तो आयोजित कर लिया।

बस ऐसे ही एक पूरी रात कान्फ्रेंस कर ली थी। सभी कलाकारों को इस बात का पता चल गया। लेकिन रात हो चुकी थी, इसलिए सभी ने सोचा कि अगली सुबह ही वापसी करेंगे। पंडित जसराज जिस होटल में ठहरे थे, वहाँ रात के दस-साढ़े दस बजे आयोजकों के एक सहायक श्री नन्दू शर्मा आये और इनसे बोले कि पंडित जी, चलिए, एक चक्कर लगाकर आते हैं, देखते हैं कि पंडाल में क्या हो रहा है। नन्दू शर्मा ने जसराज जी को पंडाल में ले जाकर छोड़ दिया। ये जैसे ही पहुँचे तो वहाँ खुसर-पुसर शुरू हो गयी—ऐशे गेछे, ऐशे गेछे। नन्दू बाबू इन्हें पंडाल में पहुँचा कर स्वयं ग़ायब हो गये थे। उनका काम शायद इन्हें वहाँ तक लाना था। अब वहाँ इनके पीछे पड़ गये कि साहब गाइये। ये तो वैसे ही घर के कपड़ों में उठकर चले गये थे पंडाल की स्थिति देखने के लिए। 'हमने कहा कि हारमोनियम, तबला चाहिए। वो बोले, लाते हैं। तो वो उत्साद करामत ख़ाँ साहब, उनको भी वैसे ही उठाकर ले आये, जैसे हमें लाये थे। सगरुद्दीन सारंगी नवाज़ थे, उनको भी वैसे ही ले आये। करामत साहब हमको बहुत प्यार करते थे। उन्होंने तो कुछ नहीं कहा। मगर वो सारंगी नवाज़ जो थे, उनको थोड़ी नाराज़गी हुई, मगर उन्होंने भी बजाया। हमने 11 बजे जो गाना शुरू किया तो सुबह ढाई बजे तक गाया। साढ़े तीन घण्टे, अकेले ही गा रहे हैं। और पब्लिक का कोई एतराज़ नहीं कि और कोई आर्टिस्ट नहीं है। इतने सारे आर्टिस्ट यूँ थे। सुन रहे हैं हमको। पंडाल के चार द्वार थे, चारों पर हट्टे-कट्टे मुश्टंडे खड़े कर रखे थे कि ये चले न जायें। हम ज़रा-सा गाना रोकने की सोचें, वो यूँ आँखें तरेर कर हमको देखें कि गाओ। थोड़ी देर में हमें घुँघरू की छमछमाहट सुनाई देने लगी। हमें लगा कि कोई तो दूसरा कलाकार आया। और तो कोई नहीं, वो बिरजू महाराज को पकड़कर ले आये थे। हम इधर मंच से नीचे उतर रहे थे और वो ऊपर चढ़ रहे थे। बिरजू महाराज हमसे बोले कि भैया, मुझे तो अपना चैक मिल गया। मुझको आयोजक पहले ही पचास प्रतिशत पेमेंट करके आ गये थे।

यहाँ आकर उन्होंने और 800 रुपये दे दिये थे और बोले कि आप चुप रहियेगा। पर मैंने सोचा भागते चोर की लँगोटी भली। मैं होटल पहुँचा तो किशन महाराज का फ़ोन आया—जसराज, तुम्हारी अक्ल ख़राब हो गयी थी? मति मारी गयी थी तुम्हारी? हमने कहा—क्यों, क्या हो गया? वो बोले, तुम वहाँ पे जाके गाना-बजाना कर रहे हो, हम लोग यहाँ इन्तज़ार कर रहे हैं, किसी को पैसा नहीं मिल रहा है। मैं उनको

क्या कहता! वो बोले कि बिरजू का भी दिमाग़ ख़राब हो गया है। वो बिरजू कहते थे, 'महाराज' नहीं कहते थे। वो भी वहाँ जाके नाच रहा है। अब साहब अमजद मियाँ तब तक उनकी शादी नहीं हुई थी, वो और बाक़ी सारे आर्टिस्ट सब को एयरपोर्ट जाने के लिए बस पर बिठाया। हमसे कोई बात ही नहीं करे, न ही बिरजू महाराज से। सब हमसे एकदम ग़ुस्से में थे कि इन्होंने प्रोग्राम क्यों किया। एक साइड पर ले जाकर बिरजू महाराज ने मुझसे कहा कि जसराज भाई, मुझको 1500 रुपये का चैक दे दिया। तब मैंने तो यह नहीं कहा कि मुझको 800 रुपये मिल गये हैं। हम मुम्बई आ गये और बाक़ी सब दिल्ली चले गये। कुछ दिन के बाद बिरजू महाराज का मेरे पास फ़ोन आया कि भैया, मेरा तो चैक बाउंस हो गया। हमको 800 रुपये कैश मिल ही चुके थे। पहले जो चैक एडवांस में मिला था, वो निकल चुका था पहले ही। प्रोग्राम के बाद आयोजक मुझसे बोले, पंडित जी, तेजपुर में एक प्रोग्राम करना है। आपको वहाँ आना है। मैंने कहा—जरूर आऊँगा साहब! क्या कहते। उनकी वालंटियर लड़कियाँ बड़ी दबंग थीं, करामत ख़ाँ साहब को और सारंगी नवाज़ सगरुद्दीन ख़ाँ को उठाकर ही ले आयीं, और वो मुझे गाली देते रहे।

कलकत्ते की ही एक और घटना का वर्णन पंडित जसराज करते हैं। वहाँ 6.40 पर रेडियो में एक प्रोग्राम होता था। उस प्रोग्राम के लिए करामत ख़ाँ साहब और सगीरुद्दीन ख़ाँ रेडियो में ही जुड़े होने के कारण जिस किसी कलाकार के साथ उनकी ड्यूटी लग जाती, उसके साथ तबला और सारंगी बजाते थे। चाहे जो भी गायक हों, उनके साथ ये लोग संगति करते थे। एक-आध बार सगीरुद्दीन ख़ाँ ने थोड़ा मुँह बनाया और बोले, जसराज भाई, अभी-अभी बड़े ग़ुलाम अली ख़ाँ साहब के साथ बजाया, सलामत-नजाकत के साथ बजाया। थक गया। मैं चला जाऊँ? इतना बड़ा कलाकार, हम क्या कहें? हमने कहा—चले जाइये। इसकी वजह से हमारी सारंगी छूट गयी। उसके बाद उन्होंने कहना शुरू कर दिया कि जसराज लेता ही नहीं है। बाद में सन्, 80 के दशक में अमृतसर में हर साल एक बड़ा प्रोग्राम होता था। यह दिन का प्रोग्राम था, 83 की बात होगी शायद। उन्होंने सगीरुद्दीन ख़ाँ साहब को भी बुलाया। अब उनके साथ गाने के लिए कोई आर्टिस्ट ही नहीं, किस के साथ बैठेंगे। वो मेरे पास आये। बोले—जसराज भाई, मैं आपके साथ बैठूँ? मैंने कहा महाराज, मुझे तो आदत ही नहीं रही सारंगी की। वो बोले, नहीं-नहीं, मुझे बुलाया है। आपके साथ नहीं बैठूँगा तो मुझे बिन

बजाये ही लौट जाना पड़ेगा। प्लीज़, मुझे अपने साथ बजाने दीजिए। मैंने कहा कि आप अगर 'प्लीज़' कहेंगे तो मैं क्या कहूँगा। मगर आपने ऐसी आदत डाल दी है कि मैं किसी को सारंगी के लिए अब बुलाता ही नहीं। फिर उस दिन वो मेरे साथ बैठे। दोपहर का प्रोग्राम था इसलिए हमने शुद्ध सारंग गाया। उन्होंने बहुत दिल से बजाया।

62

बहुत वर्ष पहले ऑल नाइट कांसर्ट्स होती थीं। बड़े-बड़े सम्मेलन रात-रात भर चलते थे। हमारे संगीत को बहुत बड़ा नुक़सान हुआ ये जो ऑल नाइट सम्मेलन बन्द कर दिये गये। प्रोग्राम छोटा कर दिया गया और उसमें कई-कई आर्टिस्टों को बुलाने लग गये। तीन-चार घण्टे के प्रोग्राम में तीन-चार आर्टिस्ट। रागों का विस्तार सिकुड़ गया है। लेकिन श्रोताओं में रुचि है। आज भी यदि आप उन्हें सुनायेंगे तो अधिकांश लोग सुनेंगे।

टी.वी. चैनल्स के कारण भी शास्त्रीय संगीत को धक्का लगा। वहाँ सब कुछ मनोरंजन के नाम पर होता है। मनोरंजन के नाम पर सीरियल, मनोरंजन के नाम पर क्राइम के प्रोग्राम। शास्त्रीय संगीत के प्रोग्राम ही नहीं होते। इसके कारण संगीत के समारोह भी छोटे-छोटे होने लगे। गाने-बजाने वालों की पकड़, उनकी सोच, उनका रियाज़, सभी पर असर पड़ा। पहले एक-एक घण्टा आलाप कर लेते थे। अब पूरा रिसाइटल ही एक घण्टे का होता है। बहुत हुआ तो डेढ़ घण्टा। डेढ़ घण्टे से अधिक किसी का कार्यक्रम होता ही नहीं है। इसलिए आर्टिस्ट की सोच भी वहीं तक सीमित रहती है। डेढ़ घण्टे में उसे सब कुछ दिखाना है। और यदि सभी कुछ इतना छोटा है तो उसकी तैयारी भी उसी हद तक सीमित रह जाती है। यदि ऑर्गेनाइज़र एक ही आर्टिस्ट को दें ढाई-तीन घण्टे का समय तो उनके लिए स्पांसर जुटाना भी कठिन हो जाता है।

पहले जो प्रोग्राम होते थे उसमें कौन आर्टिस्ट है, कौन नहीं, यह नहीं देखा जाता था। सुनने वाले सबको सुनने आते थे। हमने भी कलकत्ते में रात-रात भर खड़े रहकर बहुत प्रोग्राम सुने हैं। सात-आठ सौ श्रोता ऑडिटोरियम के अन्दर, और इससे ज़्यादा श्रोता ऑडिटोरियम के बाहर रहकर सुनते थे। लाउडस्पीकर लगा देते थे और लोग बाहर खड़े रह कर सुनते थे। 'सांगू वैली' नाम की दुकान थी जिसमें केवल चाय मिलती थी, और कुछ नहीं। पैर थक गये खड़े-खड़े तो वहीं ज़मीन पर बैठ गये या फिर सांगू वैली में सीट मिली तो वहीं पसर गये। चायवाला चाय देता है। एक चाय के बाद कहता है कि साहब, वो दूसरे साहब खड़े हुए हैं, तो एक चाय और मँगवा ली। हमने ऐसे चाय की दुकान पर, ऑडिटोरियम

के नज़दीक के पेट्रोल पंप पर या बस अड्डे पर खाली खड़ी बस में बैठकर कितने ही प्रोग्राम सुने हैं। बस में लेटे-लेटे भी प्रोग्राम सुने हैं। कलकत्ता और पूना जैसे श्रोता अलग ही हैं, वे और कहीं नहीं हैं। वे श्रोता भी अलग हैं और वैसी कान्फ्रेंस भी अलग हैं। लेकिन पूना में भी ऐसी कान्फ्रेंस नहीं होती कि ऑडिटोरियम के बाहर लोग लाउडस्पीकर पर प्रोग्राम सुन रहे हैं।

मेरे पिताजी कहते थे कि बेटा, जिसको पूना ने सुन लिया, उसको दुनिया ने मान लिया। तब भीमसेन जी का भी उदय नहीं हुआ था। कलाकारों के लिए यह बहुत इज़्ज़त की बात थी कि पूना के श्रोताओं ने उनको सुना है। भीमसेन जी बहुत बाद में आये। उनके पहले मास्टर कृष्ण पुलन्दरीकर। वह भास्कर बुवा के शिष्य थे। भास्कर बुवा को मैंने नहीं सुना। मेरे देखते-देखते चार-छह कलाकार ऐसे थे जो पूना में बहुत सुविख्यात् थे। भीमसेन जी का आगमन तो 1948-49 में हुआ।

मैंने भीमसेन जी को पहली बार सन् 1942 में सुना।

63

नवम्बर, 2017 में पंडित मोतीराम पंडित मणिराम संगीत समारोह को आयोजित होते हुए पैंतालिस वर्ष हो गये।

30 नवम्बर, 1934 को पंडित मोतीराम को हैदराबाद का राजगायक घोषित किया जाने वाला था। उसी दिन सुबह उनका देहान्त हो गया। उस समय जसराज साढ़े तीन वर्ष के थे। बाद में उनका हैदराबाद आना-जाना होता रहा, किसी न किसी प्रोग्राम के सिलसिले में। जहाँ पंडित मोतीराम का संस्कार किया गया था, उस स्थान पर उनकी समाधि बनवा दी गयी। समाधि की साफ़-सफ़ाई नियमित रूप से की जाती है।

पैंतालिस वर्ष से प्रतिवर्ष आयोजित किये जाने वाले संगीत समारोह की कोई विशेष परिकल्पना नहीं की गयी थी। 'एक बार मैं और मोहन हिमाड़ी, फ़तेह मैदान है न, वहाँ बैठ कर चाय पी रहे थे। चाय पीते-पीते मैंने कहा—मोहन, मैं ऐसा कुछ चाहता हूँ कि मेरे पिताजी की याद में यहाँ कुछ किया जाये। मोहन पूर्णरूपेण सहमत हो गया। तो उसके दूसरे दिन हम लोगों ने काम शुरू किया। उसमें पहली बार गाने वाले थे—मालिनी राजुरकर और मैं। बस हम दो ही कलाकार थे। एक दिन का प्रोग्राम था। डॉ. एम.एस. देशपाण्डे हम लोगों के दोस्त थे। उनके घर में पहली बार वह एक दिन का प्रोग्राम किया गया। उसके बाद यह नियमित हो गया और हर साल किया जाने लगा। यह सन् 1973 था।

'इस प्रोग्राम में भी कई उतार-चढ़ाव देखे। प्रोग्राम आयोजन में बहुत से काम होते हैं। उसकी कल्पना करना, कलाकारों को ढूँढ़ना, कौन-कौन कलाकार इसके लिए उपयुक्त होंगे, कौन-कौन पिताजी को याद करके उन्हें अपनी स्वरांजलि देना चाहेंगे, कुछ दूसरी विचारधारा के भी लोग होते हैं। एक बड़ा आयोजन लगातार पैंतालिस वर्ष तक चलाना कोई आसान काम नहीं है। लेकिन अगर भगवान् साथ देते हैं तो सब कुछ सम्भव हो जाता है। भगवान् खुश हैं तो सफलता अपने आप मिलती रहती है। और अगर भगवान् नाराज़ हैं, तो एक दिन, एक पल भी नहीं चलता। इसमें मोहन का बहुत बड़ा साथ रहा, इसमें कोई शक नहीं। उसके बाद दुर्गा ने भी बहुत अच्छी तरह से सँभाला। आर्टिस्ट तो हमेशा हम्हीं ने चयन किये। जो कुछ

हैदराबाद में पंडित मोतीराम जी की समाधि

भी हम उनकी सेवा कर पाते थे, करते थे। उनके आने-जाने की व्यवस्था करते थे। सारी व्यवस्था हमारी तरफ़ से होती थी। भगवान् ने हमें पता नहीं कैसे शक्ति दी कि उस ज़माने में भी यदि किसी को कुछ देने की बात हुई, तो देते थे, हालाँकि हमारी आमदनी तो बहुत ही कम थी। न किसी से चंदा, न कोई आर्थिक योगदान। सभी कुछ हम ख़ुद ही कर लेते थे।

हिन्दुस्तान में बहुत बड़े-बड़े फेस्टिवल होते हैं सालों से। हरवल्लभ, स्वामी हरिदास, मद्रास फेस्टिवल। मद्रास फेस्टिवल में अब पिछले कुछ सालों से हिन्दुस्तानी गायक या वादक जा रहे हैं। पहले तो सभी कर्नाटक संगीतकार ही होते थे। इसी तरह बाक़ी महाराष्ट्र या उत्तर भारत के दूसरे फेस्टिवल्स में भी हमेशा हिन्दुस्तानी या उत्तर भारतीय पद्धति के कलाकार ही होते थे। कोई इक्का-दुक्का ही कर्नाटक संगीतकार होता है। ऐसे में हैदराबाद जैसी दक्षिण भारत की नगरी में हिन्दुस्तानी शास्त्रीय का एक फेस्टिवल चार दशकों तक चलाना, इसका वहाँ के लोगों में हिन्दुस्तानी शास्त्रीय संगीत के प्रति रुचि बढ़ाने में रास्ता तो मज़बूत किया है। इसमें हिन्दुस्तानी शास्त्रीय संगीतकार ज़्यादातर रहते हैं। अब तो उन्हें सुनने-समझने के लिए बहुत से लोग आते हैं। लेकिन एक समय था कि हमने फेस्टिवल में बहुत उतार-चढ़ाव देखे। पहले लोग बहुत कम आते थे। एक बार हमारा मन बहुत दुःखी हुआ और हमने 'रवीन्द्र भारती' में खड़े होकर कह दिया कि देखिए, मैं इतनी बड़ी-बड़ी विभूतियों को आपके बीच लेकर आता हूँ। न मैं आपसे टिकट लेता हूँ, न कोई चंदा। आप लोग यदि सुनने नहीं आयेंगे तो कोई बात नहीं। मैं अपने पिताजी की समाधि पर ही बैठकर गा लूँगा और उन्हें अपनी श्रद्धांजलि दे लूँगा। क्या मुझे आप लोग यह बता रहे हैं कि मुझे यह फेस्टिवल बन्द कर देना चाहिए?

उसके बाद हुबली में मेरा प्रोग्राम था। एक लड़की है—वर्षा जोशी। वह पता नहीं किस तरह मेरे बारे में पता लगाकर वहाँ आयी और मुझसे बोली कि आप यह प्रोग्राम बन्द मत कीजिए। मैं प्रचार के लिए हैदराबाद में पन्द्रह-बीस होर्डिंग लगवा दूँगी। लोग ज़रूर आयेंगे। अब वो होर्डिंग लगाने की देरी थी कि अब तक कभी भी ऑडियंस की कोई कमी नहीं रही। मैं हर वर्ष 30 नवम्बर को अपने पिताजी को अपने गाने की अंजलि समर्पित करता हूँ। हर साल यह चार-चार दिन का समारोह होता है, बीच में केवल एक बार दस दिन का समारोह हुआ।' पंडित जसराज को अपने पिताजी की आवाज़, उनका स्वर एकदम याद नहीं है। वह कैसे पुकारते थे, वह भी याद नहीं है। चचा पंडित ज्योतिराम जी का गाना याद है। मगर पिताजी की आवाज़ बिल्कुल भी स्मरण नहीं है। कभी किसी ने कहा कि तुम्हें इस तरह पुकारते थे, तो वह याद हो गया। कभी दूसरी तरह से याद

नहीं कि वह आलाप इनके कानों में गूँजे। वह आवाज़ इनके कानों में गूँजती नहीं है। कई बार स्वप्न में, उठते-बैठते मन में यह कौंधता है कि कौन-सा राग कैसा गाया जाता था, यह शिक्षा पिताजी की ही देन है। उन्हीं की प्रेरणा से हम आज गा पाते हैं। जब कि उनकी तो रिकॉर्डिंग भी नहीं है।

पिताजी की आवाज़ सुनने नहीं आती, लेकिन प्रेरणादायी जरूर होती है। मैं कान्हड़ा के प्रकार की रिकॉर्डिंग कर रहा था। तो मैं गुंजी कान्हड़ा पर आकर रुक गया। मुझे उसका द्रुत याद नहीं है। उसका चलन भी ठीक से याद नहीं है। लेकिन पिताजी की प्रेरणा से 'नैया लगा दे मोरी पार,' ये बन्दिश तैयार हो गयी, उसे पूरी तरह से सिखाया और हम अच्छी तरह से सीख गये। हमें उन्होंने ऐसे समझाया कि हम एकदम समझ गये।

64

ऐसा कई बार हुआ कि कोई राग न सीखा और न कभी गाया, न ही उसके विषय में कभी पढ़ा या सुना और किसी ने जब गाया तो जसराज जी के मन में आया कि यह अमुक राग है। एक पंडितराव नागरकर थे। वह फ़िल्मों में भी काम करते थे और नाटकों में भी। उन दिनों मंच पर जो नाटक खेले जाते थे वे प्रमुखतः संगीत नाटक होते थे और उनमें गाना शुद्ध शास्त्रीय संगीत होता था। शब्द भले ही मराठी के थे, किन्तु गाना रागो में निबद्ध होता था। उनमें अच्छी रागदारी थी, क्योंकि उन्हें बन्दिश के ऊपर फिट किया जाता था। पंडितराव नागरकर जी ने व्ही. शान्तराम जी की फ़िल्म 'अमर भूपाली' में काम किया था। वह बहुत अच्छा गाते थे। वह अहमदाबाद में गाने के लिए आये उन दिनों पंडित जसराज जी सानन्द में रहते थे। तो उन्होंने कोई राग गाया।

सुबह बड़े भाई साहब (पंडित मणिराम जी) नहाने गये। उनका बैग खुला था जिसमें दो-तीन रजिस्टर रखे थे। मैं उन्हें खोलकर देख रहा था। उसमें एक राग का चलन बताया गया था। पंडितराव नागरकर जी ने राग कलावती गाया जिसमें निषाद लगता जा रहा था। उसमें कोमल निषाद भी लग रहा था। बापू साहब ने बड़े साहब की तरफ़ देखा कि कौन सा राग गा रहे हैं। मैंने बड़े भाई साहब से कहा कि—'चक्रधर' है। भाई साहब ने भी बापू साहब से कहा कि चक्रधर गा रहे हैं। तब गाना ख़त्म होने पर बापू साहब ने पंडित राव साहब से कहा कि 'पंडितराव साहब, आपने 'चक्रधर' बहुत अच्छा गाया। पंडितराव साहब हाथ जोड़कर बोले, 'मैंने तो हुजूर 'कलावती' गायी थी, डर के मारे निषाद सही नहीं निकल रहा था।' इसका मतलब, हमारे सामने एक साथ दो रागों का खुलासा हुआ। दूसरे दिन रात में घर गये तो भाई साहब ने कहा कि दिखाओ, रजिस्टर में तुमने इस राग के बारे में कहाँ देखा था। रजिस्टर के पन्ने पलटे, उसमें वैसा कुछ नहीं था। राग चक्रधर का कोई भी प्रसंग नहीं आया था। मैंने पंडितराव साहब का गाना सुनकर कहा था कि यह चक्रधर है जिसे न मैंने पहले कभी सुना था और न ही उसके सम्बन्ध में पढ़ा था। आप इसे क्या कहेंगे? गुरुजनों का

आशीर्वाद! सम्भवत: हमारे पिताजी अथवा उनके गुरुजन 'पित्तर' बनकर हमारा मार्गदर्शन कर रहे थे।

पंडित जसराज के पास इस प्रकार की घटनाओं का ख़जाना है जिनसे यह बार-बार प्रमाणित होता है कि कोई न कोई अदृश्य शक्ति बार-बार उनकी सहायता करती है। श्रीमती सोम तिवारी, जो 'संगीत श्यामला' नामक संस्था की प्रमुख थीं, उनका पंडित जसराज की संगीत-यात्रा को आगे बढ़ाने में बहुत बड़ा योगदान है। श्रीमती तिवारी उन्हें पुत्रवत् स्नेह करतीं। उनका पूरा परिवार पंडित जसराज को उसी प्रकार यथायोग्य आदर देता है। सोम तिवारी जी के एक भाई बौद्ध भिक्षु हो गये थे। वे किसी व्यक्ति को देखकर उसके सम्बन्ध में कुछ भी बता देते थे, मानो उन्हें दिव्य दृष्टि प्राप्त हो। 1953-54 में जसराज जी उनके समक्ष खड़े थे। तो वह कहने लगे—'जसराज, तुम्हारे पीछे मैं न जाने किसे खड़ा हुआ देखता हूँ। तुम्हारे जितना शरीर थोड़ा हृष्ट-पुष्ट है, मूँछें हैं। ऐसे कोई सज्जन पुरुष सदैव खड़े रहते हैं और तुम्हारी सहायता करते हैं।' तब जसराज जी ने उनसे कहा कि आप जिस व्यक्ति की आकृति का वर्णन कर रहे हैं, यह तो मेरे पिताजी से मिलती-जुलती है। सन् 1944 से लेकर सन् 1949 तक जसराज अपने बड़े भाई पंडित मणिराम के साथ सानन्द में रहे। सानन्द के महाराजा जयवन्त सिंह जी वाघेला संगीत-प्रेमी थे, तथा बहुत से कलाकारों का संरक्षण करते थे। सन् 1949 में जब सानन्द स्टेट गुज़रात में जुड़ गयी तब महाराजा जयवन्त सिंह जी वाघेला, जिन्हें पूरा परिवार और जसराज जी बापू साहब कहकर पुकारते थे, ने कहा कि अब आप लोग कलकत्ते चले जाओ। तब तक कलकत्ते में ये लोग किसी को भी जानते-पहचानते नहीं थे। इनमें से कोई भी कभी कलकत्ता नहीं गया था। पंडित मोतीराम जी यानी पंडित मणिराम और पंडित जसराज के पिताजी अवश्य सन् 1913-14 में कलकत्ता गये थे और वहाँ उन्होंने बहुत अच्छी शिष्य मण्डली भी तैयार कर ली थी।

कलकत्ता में संगीत समारोहों के एक आयोजक हुए—लाला बाबू खन्ना। उन्होंने वर्षों तक बहुत बड़े-बड़े संगीत समारोहों का आयोजन जारी रखा। जब पंडित मणिराम अपने परिवार के साथ कलकत्ता में बस गये तो एक दिन लाला बाबू खन्ना ने पंडित मणिराम से कहा कि पंडित जी मेरे चचा श्यामलाल खत्री जी को आपके पिताजी पंडित मोतीराम जी ने गाना सिखाया था। चूँकि कलकत्ता में पंडित मोतीराम तथा उनके परिवार का आना-जाना नहीं हुआ, इसलिए यह बात लोगों को पता नहीं चली। श्यामलाल खत्री जी ने आगे जाकर बहुत सारे शिष्यों को तैयार किया। उन सभी ने बहुत नाम किया। लाला बाबू खन्ना ने कहा कि मैं कान्फ्रेंस में यह बात सबको बताऊँगा कि मेरे चचा श्यामलाल खत्री ने पंडित मोतीराम से

गाना सीखा। श्यामलाल खत्री ने अधिकतर बंगाली लोगों को गाना सिखाया और सभी बहुत सुरीले कलाकार हुए। सभी का बहुत नाम हुआ। किन्तु इसके विषय में लोगों को जानकारी नहीं है। संगीतकारों में घराना परम्परा, गुरु-शिष्य परम्परा का बहुत महत्त्व होता है। पिताजी (पंडित मोतीराम) के एक और बड़े शिष्य हुए—पंडित गिरिजा बाबू चक्रवर्ती। उन्होंने भी बहुत सारे शिष्य तैयार किये। तब लाला बाबू खन्ना ने जब यह तय किया कि कान्फ्रेंस में सभी के सामने यह घोषणा करेंगे कि उनके चचा श्यामलाल खत्री और गिरिजा बाबू चक्रवर्ती ने पंडित मोतीराम से गाना सीखा, किन्तु उसी दिन, इससे पहले कि वह ये घोषणा करते, उनका देहान्त हो गया। अब इसके बारे में चर्चा नहीं करते, क्योंकि इसके सम्बन्ध में किसी को भी मालूम नहीं है। जो भी वार्तालाप हुआ वह लाला बाबू खन्ना और पंडित मणिराम के बीच हुआ। लेकिन एक समय था, कि अजाने में ही सही, मेवाती घराने का संगीत बहुत फल-फूल रहा था। श्यामलाल खत्री, गिरिजा बाबू चक्रवर्ती बहुत अच्छे-अच्छे कलाकार हुए। लेकिन इस घटना को किसी के आगे क्या रखेंगे, क्योंकि किसी को इस विषय में मालूम नहीं है। श्यामलाल खत्री ने किसी को कहा नहीं होगा, लाला बाबू खन्ना उसी रात स्वर्ग सिधार गये। यदि खत्री जी या गिरिजा बाबू ने किसी से कहा होता कि उन्होंने पंडित मोतीराम से गाना सीखा तो बंगाल के बहुत सारे कलाकारों के साथ मेवाती घराने का नाम और भी बढ़ता। गुरु-शिष्य परम्परा को बहुत मानने वाले होते हैं, इस बीच कोई तीसरा नाम आ जाये तो वह सहज स्वीकार्य नहीं होगा। यदि कुछ प्रमाण मिल जाता या फिर उस दिन लाला बाबू खन्ना कान्फ्रेंस में कुछ कह पाते तो मेवाती घराने की लाइन कुछ और होती।

इस प्रकार मेवाती घराने की परम्परा कुछ ऐसी बनी। पंडित मोतीराम ने गाना सीखा अपने मामा पंडित नत्थूलाल से। पंडित नत्थूलाल और उनके छोटे भाई पंडित चिमनलाल को गाना सिखाया उस्ताद घग्गे नज़ीर ख़ाँ ने, जिन्हें मेवाती घराने का प्रवर्तक माना जाता है। पंडित चिमनलाल का देहान्त अल्पावस्था में ही हो गया था। पंडित नत्थूलाल ने ही अपनी बहिन से अपने भांजे मोतीराम को माँग कर उन्हें चोरी-छिपे गाना सिखाया। आगे चलकर पंडित मोतीराम ने अपने भाई ज्योतिराम तथा बेटों मणिराम, प्रतापनारायण, तथा कलकत्ता के श्यामलाल खत्री, गिरिजा बाबू चक्रवर्ती आदि कई कलाकारों को शिक्षा दी। श्यामलाल खत्री तथा गिरिजा बाबू चक्रवर्ती के पंडित मोतीराम का शिष्य होने के सम्बन्ध में यद्यपि कोई साक्ष्य नहीं मिलता है।

यहाँ एक बहुत रोचक प्रसंग का उल्लेख करना चाहूँगी- पंडित जसराज के पिता पंडित मोतीराम, पंडित शिवकुमार शर्मा के पिता पंडित उमादत्त शर्मा तथा उस्ताद बड़े ग़ुलाम अली ख़ाँ के पिता उस्ताद अलीबक्श सरगमिया कश्मीर में महाराजा प्रतापसिंह के दरबार में नौकरी करते थे।

वहाँ पंडित मोतीराम का काम था—मिट्टी के पार्थिव बनाकर तवी नदी में प्रतिदिन सुबह 3 बजे से 6 बजे तक बहा देना। गाने का अवसर कभी-कभार ही मिलता था। महाराजा प्रतापसिंह ने एक दिन पंडित मोतीराम से कहा था कि मोतीलाल आज तुम गाओ। महाराजा प्रतापसिंह पंडित मोतीराम को मोतीलाल कहकर पुकारते थे। तब उस्ताद अलीबक्श सरगमिए ने अपने बेटे ग़ुलाम अली से कहा—कि ग़ुलाम अली, आज मोतीराम का गाना है, चलो तुम भी सुनने चलो। ग़ुलाम अली की आयु उस समय बहुत अधिक नहीं थी। उन्होंने दरबार में पंडित मोतीराम का गायन सुना और मन में सोचा कि यदि गाना इतना ख़ूबसूरत है तो मैं भी गाऊँगा।

उस्ताद बड़े ग़ुलाम अली ख़ाँ उसी दिन से मेवाती घराने की गायकी के मुरीद हो गये। इस घटना के सम्बन्ध में पंडित प्रतापनारायण ने अपने छोटे भाई पंडित जसराज को सन् 1955 में बताया। यह भी कहा कि उस्ताद बड़े ग़ुलाम अली ख़ाँ चाहते हैं कि वे लोग उनका (बड़े ग़ुलाम अली ख़ाँ का) गाना गायें।

पंडित जसराज कहते हैं, 'जब प्रताप भैया ने हमें यह बात बतायी तो हमें विश्वास ही नहीं हुआ। लेकिन बाद में जब ख़ुद बड़े ग़ुलाम अली खाँ साहब मुझसे कहा कि जसराज मैं चाहता हूँ कि तू मेरा शागिर्द बन जा। मैं तुझे मुनव्वर जैसा ही सिखाऊँगा। अचानक ऐसी बात सुनकर हम तो स्तब्ध रह गये। हमारा कण्ठ अवरुद्ध हो गया। इतना महान् कलाकार हमें गाना सिखाना चाहता है, अपना शिष्य बनाना चाहता है। पहले तो हमें समझ में ही नहीं आया कि क्या कहें। बुद्धि ने जवाब दे दिया। क्या उत्तर दूँ। लेकिन तब मुझमें से कौन बोला, जाने कैसे बोला और मैंने कहा—'चचा जान, मैं अपने पिताजी को जीवित करना चाहता हूँ। यह घटना 20 अक्टूबर, 1960 की है। बड़े ग़ुलाम अली ख़ाँ साहब ने मेरे सिर पर हाथ फेरा, आँखों में आँसू भरकर बहुत-बहुत आशीर्वाद दिया कि ख़ूब नाम करो, ख़ूब अच्छा गाओ। यह इन बुज़ुर्गों का ही आशीर्वाद हमारे ऊपर है।'

उस्ताद बड़े ग़ुलाम अली ख़ाँ को उस समय अधरंग हुआ था और वो मुम्बई के एक अस्पताल में इलाज के लिए भर्ती थे, पंडित जसराज उन्हें अस्पताल में देखने के लिए गये थे। बड़े ग़ुलाम अली ख़ाँ साहब ने उसी अवस्था में पंडित जसराज को अपना शागिर्द बनाने की बात कही। इनका जवाब सुनकर उसी हालत में वे बोले, 'तुम्हारे बाप तो बहुत बड़े कलाकार थे। मैं तो उस ज़माने में गाना-बजाना जानता नहीं था। और कुश्ती लड़ता था। तुम्हारे बाप के गाने को मैंने सुना और सुनकर लगा कि गाना यदि इतना ख़ूबसूरत होता है तो मैं भी गाना सीखूँगा।

65

पूना में एक मजूमदार साहब थे। मशहूर आदमी, पूनाकेरी पगड़ी पहनते थे। एक बार गन्धर्व महाविद्यालय के किसी कार्यक्रम में पंडित जसराज मुख्य अतिथि थे। पुरस्कार वितरण के पश्चात् उनसे भाषण देने के लिए कहा गया। उन सज्जन का पूरा नाम आना साहब मजूमदार था। शायद वह जानते थे कि इन्हें भाषण देना तो आता ही नहीं है। उन्होंने पंडित जसराज से कहा कि आप केवल यह कह दीजिए कि हमने मजूमदार साहब से बात कर ली है। जो कुछ भी हमें कहना था इनसे कह दिया है और आगे यही आपको बताएँगे। उन्होंने हमारे बिहाफ़ पर जाने क्या-क्या बोला, और बीच-बीच में कहते गये कि पंडित जी, मैं ठीक कह रहा हूँ न? तो उस दिन के बाद पंडित जसराज जी को लगा कि कलाकार को केवल अपनी कला का ही ज्ञान नहीं होना चाहिए, उसे मंच पर कुछ-कुछ बोलना भी आना चाहिए ताकि वह श्रोताओं तक अपनी कला के अतिरिक्त भी बात पहुँचा सके। उन्होंने, यानी मजूमदार साहब ने यह कहा कि जो छात्र अपनी कक्षा में पास हो गये हैं, वे तो प्रसन्न होंगे ही, लेकिन जो पास नहीं हुए, उन्हें भी निराश होने की आवश्यकता नहीं है। वे इस साल नहीं तो अगले साल पास जरूर होंगे और ऐसा हो सकता है कि वे अव्वल या दूसरे नम्बर पर भी आ जायें। उनको तो ख़ुशी होनी चाहिए कि अब डट के रियाज़ करने का मौक़ा मिलेगा। तो इन्होंने सोचा कि यह भी ठीक है। तब से इन्होंने अपने गाने के साथ थोड़ा-बहुत बोलने की भी आदत डाली। इसी तरह इन्हें संगीत की तीनों विधाओं—गायन, वादन, नृत्य, इनमें अन्तर पता चला।

नृत्य में, गाने में और वादन में क्या अन्तर है। गाना दिखता नहीं है। इंस्ट्रूमेंट और नृत्य, सब दिखते हैं। यहाँ बजाओ तो धैवत, वहाँ स्लाइड करो तो षड्ज। इसी तरह नृत्य में मुद्रा आदि सब दिखयी देती है। लेकिन गायन में कुछ अलग ही बात है। जब तक गाने वाले के और सुनने वाले के कान एकदम मैच्योर न हो जाएँ, पक न जाएँ, तब तक यह पता नहीं चलता कि कौन-से सुर पर खड़े हैं। ये दिखने वाली बात

नहीं है। इंस्ट्रूमेंट और नृत्य, इनमें तो दिखता है। जैसे—तबला—यहाँ पे 'धा' लगाओ, वैसा गाने में नहीं होता। अपने आपको, अपने गले को और अपने कान को साधना पड़ता है। गाने में भी लोग हमेशा गले की ही बात करते हैं, लेकिन ज़रूरी यह है कि गला और कान दोनों ही मैच्योर होने चाहिए।

66

ईश्वर को अहंकार तो बिल्कुल पसन्द नहीं है। जहाँ अहं भाव आया नहीं, वहीं वे रूठ जाते हैं। फिर आप उन्हें मनाते रहिए। पंडित जसराज के जीवन से जुड़ी ऐसी अनेक घटनाएँ हैं जो इसे प्रमाणित करती हैं। उस समय लगता है कि ईश्वर नाराज़ हो गये हैं। अपनी लघुता का परिचय होता है। जसराज जी अनेक वर्षों से वाराणसी में संकटमोचन मन्दिर में वार्षिक संगीत-नृत्य के समारोह में अपनी हाजिरी देते हैं। एक बार उन्होंने आयोजकों को मुम्बई से फ़ोन कर दिया कि कार्यक्रम के पश्चात् अमुक ट्रेन से उन्हें कलकत्ता जाना है। पहले से ही वे टिकट करवा लें ताकि आराम से कलकत्ता पहुँच जाएँ। पंडित जी वाराणसी पहुँच गये। अपने गायन के पश्चात् उन्होंने उन सज्जन से कहा कि चलिए, ट्रेन का समय हो रहा है, स्टेशन चलते हैं। वो सज्जन बोले कि पंडित जी, भूल हो गयी। टिकट तो करवाया ही नहीं। अब देखते हैं कि क्या हो सकता है। पंडित जसराज को ग़ुस्सा आ गया कि यही सब व्यवस्था है। ऐसा कैसे कर सकते हैं, यदि ऐसी ही बात है तो अगले वर्ष कार्यक्रम में नहीं आएँगे, आदि। किसी तरह कलकत्ता पहुँचे। कुछ समय के पश्चात् पंडित जसराज इस घटना के विषय में भूल गये। अगले वर्ष कार्यक्रम का समय आया तो पहले से ही अपने परिवार को मुम्बई से ही वाराणसी भेज दिया। उन्हें स्वयं हैदराबाद से पहुँचना था। हैदराबाद से सीधी ट्रेन की टिकट वाराणसी के लिए करा ली थी।

रास्ते में इटारसी स्टेशन पर उन्हें उतार दिया गया कि यह बोगी तो दिल्ली जाएगी, आपको दूसरी ट्रेन पकड़नी पड़ेगी। जसराज जी हतप्रभ थे कि ऐसा कैसे हुआ। वे स्टेशन पर हेड टी.सी. के पास गये और कहा कि कृपया काशी एक्सप्रेस से मेरे लिए एक सीट की व्यवस्था कर दें, मुझे वाराणसी जाना है। उन्होंने कहा, अच्छा देखते हैं, और कहकर अपने काम में लग गये। जसराज जी ने सोचा कि भूल गये होंगे, तो याद कराया कि किसी तरह कोई इन्तज़ाम करें, मुझे मन्दिर में गाना है। तो हेड टी.सी. ने इनकी ओर देखे बिना ही कहा कि कोशिश करते हैं। तीसरी बार इनके मन में आया कि कहें कि महाराज, आप किसी भी तरह से टिकट की

व्यवस्था कर दें, जो कुछ भी आपकी सेवा होगी, वह कर देंगे। तो उनके पास जाकर कह दिया कि भइया, जो भी आपकी सेवा होगी, वह हम दे देंगे। उसके बाद और कोई ट्रेन नहीं थी जिसे पकड़कर वे समय पर कार्यक्रम के लिए वाराणसी पहुँच सकते। उन्होंने कहा—बैठिए। जसराज जी बैठ गये। उन्होंने घंटी बजाकर काशी एक्सप्रेस के सभी टिकट चेकरों को बुलवाया, सभी दर्जे के टी.सी.। कुल बारह टी.सी. वहाँ इकट्ठे हो गये। उस सबको सम्बोधित करते हुए वह सज्जन बोले—'भई, इन्हें ज़रा देख लीजिए और अच्छी तरह से पहचान लीजिए। ये साहब हमारी सेवा करने चले हैं। यदि ट्रेन के किसी डिब्बे में ये बैठ गये, तो जो टी.सी. होगा, उसकी ख़ैर नहीं। ये हमारी सेवा करने चले हैं।' पंडित जसराज जी कहते हैं कि मुझे काटो तो ख़ून नहीं। मैंने जीवन में ऐसा कोई रेल अधिकारी नहीं देखा था जो सेवा के नाम पर अकड़ जाए। पर यहाँ तो बात ही कुछ और थी। बहुत प्रयास किया, लेकिन वह तो बिगड़ चुके थे, माने ही नहीं। फिर याद आया कि पिछले वर्ष अहंकार में कह आया हूँ कि अगले वर्ष नहीं आऊँगा। तो संकटमोचन जी ने भी कहा कि तुम होते कौन आने या न आने वाले। तुम तभी आओगे, जब मैं बुलाऊँगा। और मुझे तुम्हारी आवश्यकता नहीं है। यदि आना हो तो नतमस्तक होकर आओ, वरना मत आओ। बस, मेरे नेत्रों से पश्चात्ताप के अश्रुओं की धारा बह निकली, कि हे भगवान्, अब कभी भी वैसा विचार मन में नहीं लाऊँगा, तुम मुझे पुकारते रहो। बस, ये सब घटनाएँ आस्था बढ़ाती हैं और अपनी लघुता का एहसास कराती रहती हैं।

इसलिए, कलाकार के लिए सबसे आवश्यक है विनम्रता। जहाँ भी थोड़ा-सा अहंभाव आता है, वहीं ठोकर लगती है।

67

महाराष्ट्र के किसी भी कलाकार को संगीत नाटक एकेडमी अथवा पद्म पुरस्कार से सम्मानित किया जाता है, तो मुम्बई में गवर्नर हाउस में उसका जश्न मनाते हैं। सम्मानित कलाकार तो वहाँ उपस्थित होते ही हैं, अन्य वरिष्ठ कलाकारों को भी आमंत्रित किया जाता है। एक साल ऐसा था जब किशोरी जी और अमीनुद्दीन डागर साहब को सम्मान मिले थे। किशोरी जी को संगीत नाटक और डागर साहब को दोनों-संगीत नाटक तथा पद्मभूषण। उस दिन का स्मरण करते हुए पंडित जसराज बताते हैं- मैंने किशोरी जी को बधाई दी। इतने में सतीश व्यास आये और डागर साहब से मिलवाने ले गये कि इन्हें डबल बधाई दीजिए। इनको पद्मभूषण और संगीत नाटक एकेडमी पुरस्कार दोनों एक साथ मिले हैं। मैंने कहा—डागर साहब, बधाई हो। वह बोले—तुम कब आ गये? मैंने कहा—जब तुमने देखा। वह बोले—तुम मुझे तुम कैसे कह सकते हो? मैंने उत्तर दिया—तुम मुझे तुम कह रहे हो तो मैं क्यों नहीं कह सकता? वह बोले कि नहीं, तुम मुझे तुम नहीं कह सकते। मैंने कहा कि तुम मुझे तुम कहोगे तो मैं भी तुम्हें तुम ही कहूँगा। तो वह बोले कि अच्छा ऐसा करते हैं कि न आप मुझे तुम कहो और न मैं आपको तुम कहूँगा। मैंने कहा—ठीक है। उसके बाद से कभी भी उन्होंने मुझे तुम कहकर सम्बोधित नहीं किया। मैं तो वैसे भी किसी भी कलाकार को तुम कह कर नहीं पुकारता।

बात सही भी है। हर कलाकार में माँ सरस्वती का निवास होता है। उन्हें सत्कारपूर्वक ही सम्बोधित किया जाना चाहिए।

अपने समकक्ष सभी कलाकारों के साथ पंडित जसराज के मधुर सम्बन्ध हैं। सभी के साथ आदर भाव। लेकिन जहाँ कोई उनके घराने अथवा उनके बड़े भाई साहब को लेकर कोई प्रश्नचिह्न उठाता है तो फिर वह उसे सहते भी नहीं हैं। प्रभा अत्रे जी के साथ उनका बहुत आदर भाव है। 'मुक्त संवाद' नामक एक संस्था है और प्रभा जी उसकी अध्यक्ष हैं। यह संस्था दो-तीन कलाकारों को एकत्र करके उन पर एक ग्रन्थ निकालती है। एक बार उन्होंने एक कार्यक्रम का आयोजन किया, जिसमें ग्रन्थ में पंडित जसराज को भी सम्मिलित किया गया था। वहाँ पंडित भीमसेन जोशी भी आमंत्रित थे। भीमसेन

जी बड़े भले स्वभाव के इन्सान थे। कार्यक्रम में घरानों पर बहस हो रही थी। एक सज्जन नाना फणविकर ने वहाँ पूछा कि मेवाती घराना क्या है? उस कार्यक्रम की अध्यक्षता वामनराओ देशपाण्डे कर रहे थे। उन्होंने कहा कि मेवाती घराना जैसा तो कोई घराना नहीं है। तो पंडित भीमसेन जोशी ने कहा कि वामनराओ शान्त हो जाओ, ऐसे नहीं कहते हैं। जितेन्द्र अभिषेकी भी वहाँ उपस्थित थे। उन्होंने भी कहा कि महाराज ऐसा नहीं है। लेकिन वामनराओ अपनी ज़िद पर अड़े रहे। बात हमारे तक पहुँची। तो हम उनके घर गये। मैं, अप्पा जलगाँवकर, विजय अभ्यंकर, शोभा अभ्यंकर। तो वामनराओ ने स्वागत करते हुए कहा कि आज कहाँ से सूरज उगा है। आइए, बैठिए। तो बैठकर मैंने उनसे पूछा—वामनराओ साहब, आपने किससे गाना सीखा है? वो बोले—मैंने मोगुबाई से सीखा। तो मैंने कहा कि आप तो पढ़े-लिखे हैं। आपको पता होगा कि जो ऐसे गाना सीखते हैं, उनको हमारे बड़े उस्ताद अपने तानपुरे को हाथ भी नहीं लगाने देते और जूतों के पास खड़ा करके रखते हैं। आपको मालूम है कि आपकी क्या इज़्ज़त है? ये सच बात है कि 'उस घर' से गाना सीखकर आता था, उसे बड़े उस्ताद लोग तानपुरे के पास खड़े नहीं होने देते थे। वो ज़माना था। तो वो झट से बोले कि मैंने सुरेश बाबू माने से सीखा है। मैंने कहा कि अभी तो आपने मोगुबाई का नाम लिया। और जो किसी बाई से सीखते हैं, उनकी कोई वकत नहीं होती, भले ही वो कितना ही अच्छा गाना गाएँ। आपने गोरखीबाई का नाम सुना है? बोले-नहीं। मैंने कहा कि गोरखीबाई आलिया फत्ते की माँ थीं। अलीबक्श फ़तह अली। गाना उनको सिखाया उनकी माँ गोरखीबाई ने लेकिन लोग इज़्ज़त नहीं करेंगे इसलिए उन्होंने गंडा बँधवाया बहराम खान से। मैंने कहा कि महाराज, हम घरानेदार आर्टिस्ट हैं। हमें भी थोड़ी बहुत हिस्ट्री मालूम है। आप जैसा आदमी मेरे घराने पर सवाल उठा रहा है, यह तो ठीक नहीं। वैसे भी यदि किसी घर में तीन पीढ़ी तक गाना हो जाय तो घराना बन जाता है, मैं तो यूँ भी चौथी पीढ़ी में हूँ। और मेरे आगे भी दो पीढ़ियाँ और गा रही हैं। तो कलाकार कलाकार की इज़्ज़त करे, मैं ऐसा मानता हूँ। पंडित जसराज बताते हैं।

'संक्षेप में, हम आपको फिर बताते हैं कि नाम कैसे पड़ा। हमारे घराने के उस्ताद थे घग्गे नज़ीर ख़ान साहब। उनका जन्म मेवात में बेरला में हुआ। अलवर के पास है वो गाँव। पहले वो जोधपुर के स्टेट म्यूज़िशन थे, फिर भोपाल आ गये। वो भोपाल के स्टेट म्यूज़िशन बने। उन्होंने मेरे पिताजी के मामा पंडित नत्थूलाल जी को सिखाया। पंडित नत्थूलाल ने अपने भांजे मोतीराम को सिखाया। मोतीराम जी मेरे पिता थे। उन्होंने अपने बेटे मणिराम को सिखाया। और उन्होंने अपने छोटे भाई यानी मुझे सिखाया। उनसे मेरे मँझले भाई पंडित प्रतापनारायण ने भी सीखा। पंडित प्रतापनारायण मुझे तबला सिखाते थे। तो ये चार पीढ़ी बनती हैं।'

68

सभी कलाकार मानते हैं कि विभिन्न रागों का मन-मस्तिष्क पर अलग-अलग प्रभाव होता है। पंडित जसराज ने ऐसा अन्य कलाकारों तथा अपने अनुभव से माना है। एक बहुत सुरीली घटना का वर्णन वह करते हैं-'वह एक बार पंडित ओंकारनाथ ठाकुर के एक लेक्चर में गये थे। पंडित जी बहुत सारी चीज़ें बता रहे थे। उनके भाषण में एक प्रसंग आया। वह जंगल के रास्ते कहीं जा रहे थे। बागेश्री को गाते-गाते अनजाने में ही स्वर ऊँचा हो गया। एक जगह कहीं से रोने की आवाज़ आ रही थी जैसे कि कोई पशु रो रहा हो। कोई कष्ट में है ऐसा सोचकर उस दिशा की ओर बढ़ने लगे। लेकिन बागेश्री भी गाते ही रहे। आगे बढ़कर देखते हैं कि एक शेर के पंजे में बहुत बड़ा काँटा चुभा हुआ है और वह दर्द से रो रहा है। उन्होंने बिना बागेश्री बन्द किये, शेर के पास जाके उसके पैर से काँटा खींच लिया। शेर थोड़ी देर तो वहाँ पे बैठा रहा, फिर शान्त हो गया और वहाँ से चला गया। उसका पीक-मवाद सब निकल गया। तो पंडित ओंकारनाथ ठाकुर ने कहा कि बागेश्री गाने से शेर भी शान्त हो जाता है।

इसकी थोड़ी-बहुत अनुभूति हमने भी की। लखनऊ में बन्दरिया बाग़ है। वह शहर के बीचोंबीच है, स्टेशन के आसपास कहीं। वहाँ पे एक शेर बिफर गया था। वह बहुत ज़ोर से दहाड़ें मार-मार के हाऊ-हाऊ कर रहा था। हमारे गुरु भाई कृष्णकान्त रोहतगी, हमारा एक दोस्त था विमल और मैं, हम तीनों कानपुर से लखनऊ घूमने गये थे। हमें याद आया कि पंडित ओंकारनाथ ठाकुरजी ने कहा था कि बागेश्री के गाने से शेर का दर्द भी काबू में आ जाता है। उन्होंने 1944 में ऐसा कहा था। हम 1958 में बन्दरिया बाग (चिड़ियाघर) गये थे। 14 साल के बाद। लेकिन पंडित जी की बात उस समय हमें याद आ गयी। हमने ऊपर का स्वर ले के बागेश्री गाना शुरू किया। एक दस मिनट गाने के बाद शेर शान्त हो गया और धीरे-धीरे अपने पिंजरे में चला गया। उसका रखवाला जो था, वह पिंजरे में खाना रखने के बाद पिंजरा बन्द करना भूल गया था। उसने जब देखा कि शेर शान्त हो गया है तो उसने आहिस्ता से पिंजरा बन्द कर दिया और मुझसे कहने लगा कि मालूम नहीं आपने क्या गाया, लेकिन आपके

गाने की वजह से शेर शान्त हुआ और हमने पिंजरा बन्द किया। वरना न जाने आज क्या अनहोनी घट जाती। तो बागेश्री तो असर करती ही है। पंडित ओंकारनाथ ठाकुर ने जो कहा था, वह शत-प्रतिशत सही था। हाँ, यह ज़रूरी है कि आपके स्वर भी उतने ही सही लगें। स्वरों में सच्चाई होना बहुत ज़रूरी है। वह सच्चाई जो है, वह बड़ा जबरदस्त काम करती है। बन्दरिया बाज़ में तो हमने भी यह आजमा लिया कि बागेश्री बहुत काम करती है।

69

पंडित जसराज, जिनकी आवाज, जिनके कण्ठस्वर के सारे संसार के संगीत प्रेमी प्रशंसक हैं, उस आवाज़ पर स्वयं उन्हें ही आशंका होती थी। कुछ-कुछ लोग भी उस पर प्रश्न-चिह्न लगाते रहते थे। पंडित जसराज ऐसे दो-एक क़िस्से सुनाते हैं। सन् 1980 में उनके पूरन भैया ने उन्हें फ़ोन करके कहा कि जसराज तुम यहाँ (अहमदाबाद में) आ जाओ। मुझे पैसे बनाने हैं। तुम यहाँ प्रोग्राम करो, मैं पैसे बना लूँगा। पूरन भैया जसराज जी के चाचा पंडित ज्योतिलाल जी के बेटे थे और स्वयं बहुत अच्छा गाते थे। इन्होंने उनसे कहा कि मेरी आवाज़ ठीक नहीं है, मैं नहीं आऊँगा। तो उन्होंने जा के बापू साहब से कहा कि बापू साहब, मैं कुछ पैसे बनाना चाहता हूँ। मैंने जसराज से कहा कि वो आ के प्रोग्राम कर दे तो कुछ पैसा बच जाएगा। लेकिन वो कहता है कि उसकी आवाज़ ठीक नहीं है। तो बापू साहब ने भी जसराज जी को फ़ोन किया कि तू आ जा। इन्होंने उनसे भी कहा कि मेरी आवाज़ ठीक नहीं है। वो बोले-नहीं-नहीं। तू आ जा। और 16 तारीख़ से पहले आना। महीना चल रहा था जून का। और यह शायद 15-16 तारीख़ रही होगी। बापू साहब ने कहा था कि 16 के पहले आना। प्रोग्राम भी 16 की शाम को रखा गया था।

पूरन भैया ने कहा अहमदाबाद स्टेशन पर गाड़ी भेज दी है। तुम यहाँ सारा दिन शाम को बापू साहब से मिल आना। तो दिन भर वहाँ बिताया और शाम 5 बजे तक बापू साहब के पास पहुँचे तो बापू साहब खिड़की के पास बैठे हुए थे। आती-जाती गाड़ियों को देख रहे थे कि जसराज आया कि नहीं। इनके पहुँचते ही कहा, कि अरे आ गया तू? बहुत देर लगा दी। हमारी आँखें तरस गयीं तुझे देखने के लिए। जसराज जी ने उनके पैर छुए और बैठ गये। कहा-बापू साहब, मेरी आवाज़ ठीक नहीं रहती। तो उन्होंने इनके गले को हाथ लगाया और बोले, कौन कहता है कि आवाज़ ठीक नहीं रहती। उनके ड्राइवर साहब थे, बहुत अच्छे इन्सान थे। बच्चू भाई शेर ख़ाँ उनका नाम था। हारमोनियम बहुत अच्छा बजाते थे। अगर तुम्हारी आवाज़ ठीक नहीं है तो ये (बच्चू भाई) क्यों नहीं गाते? इनकी आवाज़ तो अच्छी है। मतलब ये कि जाओ और गाओ। आवाज़ तो अच्छी ही रहेगी। यह सन् 1980 की बात है।

पंडित जसराज सन् 1946 की वर्धा की एक घटना सुनाते हैं—'मैं पहले तबला बजाता था, यह बात सबको मालूम है। बड़े भाई साहब का एक प्रोग्राम था। मैंने उन्हें राजी कर लिया कि अपने गाने से पहले वो मुझे थोड़ा-सा गवा देंगे। तो भाई साहब ने कहा ठीक है, तुम भी गा लो। मैं तो नया-नया गाना शुरू कर रहा था। हमने 'छायानट' गाया। वहाँ एक ज्योतिषाचार्य जी थे, शायद एक जोशी जी, जिनका पूरा नाम याद नहीं रहा, उन्होंने हमसे कहा कि जसराज, तुम सुबह मेरे पास आ जाना। बिल्कुल दस कदम पर उनका घर था, वहाँ से जहाँ हम ठहरे थे। हम ठहरे थे चिन्तामणि वराड़ पाण्डे के यहाँ तब हम अगली सुबह उन ज्योतिषाचार्य जी के पास पहुँचे। उन्होंने कुछ हिसाब-किताब करके कहा कि भई, तेरी आवाज़ तो कभी ठीक नहीं रहेगी। तो हमारे अन्दर सम्भवतः एक बीजारोपण कर दिया होगा उन्होंने। तभी हम बार-बार सोचते थे कि हमारी आवाज़ ठीक नहीं रहती। उन्होंने कहा कि तेरी आवाज़ कभी ठीक ही नहीं रहेगी, गाना तू कभी गाएगा ही नहीं, हाथ का काम तू बहुत अच्छा करेगा। मैं तबला बजाता था न, तो मायूस हो गया मन से। पर शायद उसने हमें एक सीख भी दी कि यदि हमें गाना है तो रियाज़ की मात्रा को बढ़ाना पड़ेगा। हम तो निर्णय कर चुके थे कि हमें अब गाना ही है और तबला नहीं बजाना। अतः हमने सोच लिया कि उस महाशय की भविष्यवाणी को हम झुठला कर ही रहेंगे। बाद में हमारी माँ और अम्मा (सोम तिवारी) हमसे ख़ूब-ख़ूब रियाज़ करवाती थीं। तो सन् 1946 के बाद मैं सन् 1966 में फिर से वर्धा प्रोग्राम के लिए गया। मैंने उनको पहले से फ़ोन कर दिया कि दादा साहब आप रहिएगा। मैं आ रहा हूँ। लेकिन दादा साहब तो वहाँ से पहले ही भाग खड़े हुए। हम जब तक वर्धा में रहे वो बाहर ही घूमते रहे। उन्होंने हमें उस ज़माने में बहुत-सी अँगूठियाँ दी थीं। कोई नीलम की, कोई सोने और ताँबे की और कान में मंत्र फूँक दिया था कि हम गा नहीं सकते। कहा था कि तेरी आवाज़ ठीक नहीं रहेगी और तू कभी गाएगा नहीं। हमने वो सब अँगूठियाँ वगैरह उतार दी थीं और गाने लग गये थे।

इसी आवाज़ के लिए एक दिन बापू साहब ने कहा था कि 'पेड़े जैसी तो आवाज़ है।' इसी आवाज़ के लिए जब रंग अवधूत ने कहा था कि जब दुनियाँ इसे सुनेगी तो कहेगी कि 'भगवान्' की आवाज़ है। इसी आवाज़ के लिए एक दिन एम.एस. सुब्बुलक्ष्मी ने कहा था कि इसमें ईश्वर का वास है। इसी आवाज़ के लिए एक दिन बिस्मिल्लाह ख़ाँ ने कहा था कि इसमें अल्लाह बसते हैं।

क्या पंडित जसराज ने अपने जीवन में कभी हाथी-चीख़तान ली? यह प्रश्न बहुत स्वाभाविक है। पंडित जसराज खरज और उच्च तार सप्तक

का एक ही तान में जिस तरह से प्रदर्शन करते हैं, श्रोता हतप्रभ रह जाते हैं। 'लेकिन मेरी ज़िन्दगी में पूरा चौथा सप्तक केवल एक ही बार उतनी ऊपर को गया था। वर्धा बड़ा शहर है, इसके पास ही आरवि नाम की जगह है, पुलगाँव के निकट। यहाँ सन् 1972 में मैंने एक प्रोग्राम में वो तान मारी। उसके बाद घर में उसका रियाज़ किया लेकिन महफ़िल में वो तान फिर से नहीं ली।'

70

हिन्दी के सुविख्यात् कवि-लेखक केशवचन्द्र वर्मा ने अपनी पुस्तक 'संगीत को समझने की कला' में एक स्थान पर लिखा है कि गायक बहुत सारे हैं, अच्छे-अच्छे हैं। किन्तु पंडित जसराज में एक विशेष बात है कि वो अपनी बन्दिशों का चुनाव भी बहुत सुन्दर करते हैं। वे उन्हें गाते भी उतने ही सुन्दर ढंग से हैं। बिना साहित्य को तोड़े-मरोड़े।

कई कलाकार जब गाते हैं तो उनकी बन्दिशें, उनके शब्द समझ में आते हैं कि वे क्या गा रहे हैं। कुछ कलाकारों के शब्द समझ में नहीं आते। यह कलाकार की गायन शैली के कारण है अथवा उसके घराने के चलन के कारण! शब्द या बन्दिश का क्या महत्त्व है गायन में, यह जिज्ञासा स्वाभाविक ही है।

'यह कुछ कलाकार की गायन शैली, कुछ घराना परम्परा और कुछ उसका अपना, सभी का मिला-जुला स्वरूप होता है। कई लोग कहते हैं कि शब्दों का महत्त्व नहीं है। बहुत सारे मराठी कहते हैं कि शब्द तो जैसे खूँटी हैं। कपड़े लटका दो। शब्द में से रस निकलता है। रस से गाना रसीला बनता है। उसका आनन्द ले सकते हैं। उसकी छवि खड़ी कर सकते हैं। मैं जब गाता हूँ तो मुझे बहुत बार ऐसा आभास होता है कि जैसे 70 एम.एम. का परदा हो और उस पर फ़िल्म देख रहे हों। मुझे कृष्ण की बहुत सारी छवियाँ नज़र आती हैं। जो मैं गाता हूँ, वह मुझे दिखायी देता है। तो उसमें वैसा ही आनन्द भी आता है। तब आनन्द तभी आएगा जब शब्द होंगे। सुनने वाले को भी वही छवि दिखायी देगी और उसे भी आनन्द आएगा।

'वादक भी जब कुछ बजाते हैं और शब्दों की बन्दिश का आधार होता है, तब उसका रस कुछ और होता है। ऐसा बड़े-बड़े से लेकर कम अनुभव वाले कलाकार सभी के साथ होता है। दोनों स्थितियों में इसका सम्प्रेषण अलग होता है। जब भी स्वर शब्दों से जुड़ेंगे, वे हृदय को अधिक स्पर्श करेंगे। सितार, बाँसुरी, सरोद। सरोद से ज़्यादा सितार और बाँसुरी क़रीब आ जाते हैं, क्योंकि शब्दों से उनका स्वभाव अधिक मिलता है। सरोद भी बहुत अच्छा वाद्य है और उसमें बहुत बड़े-बड़े कलाकार हैं।'

लेकिन स्वयं कलाकार को भी अपने संगीत के साथ बहना पड़ेगा। कभी-कभी वह आत्ममुग्ध भी हो जाता है। पंडित जसराज इसे प्रभु की देन मानते हैं कि वह स्वयं भी आत्ममुग्ध हो जाते हैं। अन्तर्लीन हो जाते हैं। इन शब्दों और स्वरों के माध्यम से वे क़दम-क़दम पर उस अपूर्व, अपार सौन्दर्य और सत्ता के साथ साक्षात्कार करवाते हैं। मैं कभी-कभी गाते-गाते एक-आध मिनट को चुप भी हो जाता हूँ। लगातार बेदम नहीं गाता। वह चुप्पी मुझे रोक देती है और रोक कर कहती है कि- समझो, तुम क्या कर रहे हो! समझो तुम्हारे माध्यम से क्या करवाया जा रहा है, इसे महसूस तो कर लो थोड़ी देर। और उसे समझने के लिए अपने-आप एक अंकुश लग जाता है, मैं ब्रेक नहीं लगाता। मन भर आता है, थोड़ी देर के लिए निस्तब्ध हो जाता हूँ, निर्वाक् हो जाता हूँ।

पंडित जसराज अनेक बार कहते हैं कि न मैं गाता हूँ, न आप सुनते हैं। कोई और ही गाता है, कोई और ही सुनता है, तो स्वाभाविक है यह जिज्ञासा होना कि ऐसा आभास उन्हें कब हुआ।

यह अनुभव हुआ कि कभी वह स्टेज से उतर रहे हैं और मन में आ रहा है कि आज प्रोग्राम कुछ बहुत अच्छा नहीं हुआ। और पहला ही आदमी मिलता है और कहता है कि पंडित जी, आज तो आपने परमात्मा के दर्शन करा दिये। कोई रोते-रोते मिल रहा है। और किसी-किसी दिन हमें ऐसा लगता है कि वाह! क्या प्रोग्राम हुआ! हमने तो तारे ही ज़मीन पर उतार दिये। और उस दिन पहला जो इन्सान मिलता है, वह कहता है कि आज क्या हो गया था पंडित जी? तो उसके ऊपर विचार किया तो ये लगता है कि वह जो गाते हैं, वह कहाँ गाते हैं? 'मैंने जो गाया था यह समझ के कि 'मैं' गा रहा हूँ, वह तो लोगों को पसन्द ही नहीं आया। और जिस दिन मुझे अपना स्वर स्वयं ही पकड़ने में नहीं आ रहा था, मैं उसे खींच-खींच कर ला रहा था, वहाँ कोई कह रहा है कि आपने भगवान् के दर्शन करा दिये। यह क्या चीज़ है भाई, कैसे आपके कानों तक पहुँचती है और कैसे क्या असर कर जाती है, क्योंकि जो हमने सोचा था, वह तो आप तक पहुँचा ही नहीं।'

सुनने वाले की मन:स्थिति का इसमें कितना हाथ है?

सुनने वाले की स्थिति का हाथ है भी और नहीं भी। एक व्यक्ति की मन:स्थिति दूसरे व्यक्ति की मन:स्थिति एक जैसी तो नहीं हो सकती। एक सौ आदमी सुन रहे हैं, उसमें से पचास आदमी कहें कि आज आपने भगवान् के दर्शन करा दिये, ऐसा नहीं होगा। कई लोग ऐसे होंगे जो बैठे तो होंगे लेकिन सुन नहीं रहे होंगे, अपने कुछ और ही ख़यालों में खोए हुए हैं। उनके कान तक स्वर ही नहीं पहुँचा तो दिल तक कैसे उतरेगा?

माध्यम तो कान है और आपकी सुनने और गुनने की क्षमता है। कभी किसी की मन:स्थिति ऐसी होती है कि थोड़ी-बहुत परेशानी है, ज़रा-सा सुना और उसमें लौ लग गयी। अब लौ लगती है तो उसके ऊपर तो कुछ है ही नहीं। विचित्र मामला बनता है। ये सब चीज़ें, वातावरण, आपके सोच-विचार, राग के साथ आपकी अंतरंगता, यदि आपकी अन्तरंगता, घनिष्ठता राग के साथ है तो वो राग आप तक पहुँच जाता है। और जिस राग से अन्तरंगता नहीं है, तो उसके शुरू करते ही आप व्यथित होने लगते हैं। मैंने ऐसे व्यक्ति देखे हैं। हैदराबाद के नवाब थे—नवाब फ़ैज़ जंगबहादुर, उनको मालकौंस शुरू करते ही सिर में दर्द शुरू हो जाता था। सत्य बात है। जो इन्सान तबला अच्छा जानता है, गाना अच्छी तरह से जानता है, वह मालकौंस को बर्दाश्त नहीं कर पा रहा। बड़े भाई साहब (पंडित मणिराम) से उन्होंने सीखा, वो गाते थे और ये कई बार साथ में नोम-तोम करते थे। अमेरिका में हमारे इंस्टीट्यूट के कार्यक्रम में गुंदेचा बन्धु गा रहे थे। हमारे स्कूल में एक डॉ. शुभा वर्मा हैं, वो तानपुरे पर उनके साथ बैठी थीं। दोनों भाई एक जगह एक सुर पर ही रुक गये। री ना ना ना की ना ना ना ना, बस एक सुर पर। हमें लगा कि क्या कुछ अजब चीज़ हो रही है, लेकिन शुभा तानपुरा बजाते-बजाते बेहोश-सी हो गयीं, गुंदेचा तो स्वयं गाते-गाते समाधिवत् अवस्था में थे, पीछे उनके गायन का प्रभाव भी ऐसा ही था कि शुभा बेहोश हो के गिर गयीं, एंबुलेंस बुलानी पड़ी। पाँच-सात मिनट में ही सब कुछ हो गया। तो गायन का प्रभाव तो यह होता है। एक तरफ़ नवाब साहब को मालकौंस से सिर में दर्द हो जाता था। उन्हें बोल बहुत याद थे। मैं तो उनके साथ तबला बजाता था।'

71

वो गाना ही क्या जो सिर चढ़ के न बोले। हर कलाकार का नाम हुआ है, किसी का कम, किसी का ज़्यादा। पंडित जसराज बेहद ईमानदारी के साथ स्वीकार करते हैं कि उनके आसपास के सभी छोटे-बड़े, नये-पुराने कलाकारों का प्रभाव कहीं-न-कहीं उनके मन-मस्तिष्क पर पड़ता ही है। जिसे भी आप ध्यान से सुनिए, उसको भी कुछ न कुछ चीज़ें ऐसी हैं जो आगे ले जा रही हैं। जो कुछ प्रभावित करता है, वह दूसरे-चौथे-पाँचवें दिन गले से निकल भी जाता है। बहुत बाद में ध्यान आता है कि अरे, ये तो अमुक कलाकार का गाया हुआ है, या उनकी चीज़ है। वो गाना-बजाना जो दूसरे कलाकार के सिर चढ़कर न बोले, वो बेअसर है। हाँ, उसे ग्रहण करने के लिए खुला दिमाग़ और खुला दिल चाहिए।

रागों का भी तो प्रभाव होता है। कोई राग अधिक पसन्द होता है और कोई कम, यद्यपि संगीत तो सभी हैं। कुछ रागों को वे अधिक गाते हैं, कुछ को कम। कभी किसी राग को कुछ समय तक बहुत गाते हैं और फिर वह राग कुछ समय के लिए बिल्कुल छूट जाता है।

'बिल्कुल। जयजयवंती, दरबारी हमेशा मेरे मन को बहुत भाते हैं। उनमें मेरा मन बहुत रमता है। एक राग, वो कोई भी राग हो, जब वो सिर चढ़कर बोलता है तो उसमें नये-नये रास्ते अपने आप दिखायी देने लगते हैं कि यह भी एक रास्ता है, वह भी एक गली है। उन रास्तों पर आपकी गाड़ी जैसे अपने आप चलने लगती है। फिर अचानक वे रास्ते मटमैले, धुँधले दिखायी देने लगते हैं। वो साफ़-सुथरे नज़र नहीं आते। कुछ नया नहीं दिखायी देता और लगता है कि हमने अपनी कोई रिकॉर्ड ही लगा दी हो। तो गाने में एकरसता आ जाती है।

'वह एकरसता पहले ख़ुद अपने तक पहुँचती है, और लोगों तक शायद देरी में पहुँचती होगी। मगर सच तो यह है कि उस राग से हमारा मन थोड़ा दूर चला जाना शुरू हो जाता है। कुछ दिन बाद जब हम वह राग गाते हैं तो अपना शिक्षण ही गा के छोड़ देते हैं कि इतना ही सीखा है। उस राग में फिर हम प्रफुल्लित होकर विचरण नहीं कर पाते हैं। उस

राग की जगह कोई दूसरा राग ले लेता है। यह तो सच बात है। मगर कुछ राग हैं जो हमेशा रहते हैं हमारे पास, परमानेंट हैं। जिनमें एक दरबारी है, अहीर भैरव है, ललित है जो मैं वैसे कम गाता हूँ, लेकिन वह मेरे पास है, मियाँ की मल्हार है, जोग है।

पंडित हरिप्रसाद चौरसिया का बाँसुरी वादन और पंडित जसराज के गायन दोनों की जुगलबन्दी है—राग जोग की। उस जुगलबन्दी को सुनकर ही श्याममनोहर गोस्वामी जी ने पंडित जसराज से कहा था कि पंडित जी, हम बहुत भाग्यशाली हैं कि हमने उस युग में जन्म लिया, जिस युग में आप गाते हैं। यह बात मैं अपने ऊपर भी लागू मानती हूँ। पंडित जसराज के गायन का मुझ पर नाना प्रकार का प्रभाव पड़ता है।

'मियाँ की मल्हार' ने हमें ख़ूब वरदान दिये हैं, जैसे बारिश करवा देना। मैं उसके बारे में कहता हूँ। जनवरी का महीना था। 4-5 जनवरी रही होगी। मैं बापू साहब की समाधि पर गया। तो समाधि पर जाकर माथा टेका तो आवाज़ आयी—'मियाँ की मल्हार' क्यों नहीं गाते हो? उस दिन शाम को अहमदाबाद में 'सप्तक' में प्रोग्राम था। बापू साहब की समाधि सानन्द में है, जो कि उनकी राजधानी थी। तो मैंने कहा कि आज मैं बापू साहब की समाधि पर गया था। और बापू साहब ने मुझे आदेश किया है कि मैं 'मियाँ की मल्हार' गाऊँ। यह सर्दी का मौसम है, इसमें मल्हार कोई नहीं गाता। मगर मुझे हुक्म हुआ है, तो मैं मल्हार ही गाऊँगा। अगर कुछ चमत्कार हुआ तो यह उनका प्रताप है, मेरा आगे कुछ नहीं। और उस दिन चमत्कार हुआ। ख़ूब जबरदस्त बारिश बरसी।

एन.के. सिंह जी के यहाँ भी एक बार ऐसा हुआ। वहाँ मैंने 'धूलिया मल्हार' गाया था। मई का महीना था। मैंने 'धूलिया मल्हार' यह कहकर गाया कि मैं अपने गाने का समापन इस राग से कर रहा हूँ। ऐसा माना जाता है कि इस राग को गाने से हवा में जो धूल होती है, उसमें कुछ ऐसी ख़ुशबू आने लगती है जैसे कहीं निकट ही बारिश हो रही हो। इस राग से दूर-दूर तक जो धूल उड़ती रहती है, वह धूल भी बारिश की ख़ुशबू में भर जाती है। कभी-कभी आप जहाँ गा रहे होते हैं, वहाँ भी बरसात हो जाती है। तब हमने लगभग 25 मिनट ही गाया था और गाने के बीच में ही बहुत ज़ोरों से बरसात शुरू हो गयी। हमने गाना बन्द किया। लॉन में उधर खाना गरम किया जा रहा था और वह भी सब भीग गया और रोकना पड़ा। मेरे उस दिन के प्रोग्राम का रिकॉर्ड है और उस पर एन.के.सिंह जी के हस्ताक्षर के साथ लिखा हुआ है कि ऐसा हुआ।

इसी घटना के विषय में उद्योगपति अजय पीरामल कहते हैं कि

उस दिन दूर-दूर तक वर्षा की कोई सम्भावना नहीं दिखायी दे रही थी। वह स्वयं उस कार्यक्रम में उपस्थित थे। पंडित जसराज ने 'धूलिया मल्हार' गाया और मूसलाधार वर्षा होने लगी।

तो रागों का प्रभाव तो निश्चित होता है। प्रकृति पर भी और प्राणिमात्र की चेतना पर भी। कई लोग कहते हैं कि दीपक जला लें। वह दीपक जलाने वाली शक्ति तो अब किसी में रही नहीं, लेकिन वर्षा होने लगे, यह शक्ति अभी भी चल रही है।

उद्योगपति दम्पति स्वाति एवं अजय पीरामल के साथ पंडित जसराज

72

कई बार बहुत सारी घटनाओं की याद रह जाती है। बहुत सारे संगी-साथी भी उन बातों को याद रखते हैं जो हम भूल जाते हैं।

'आज सबेरे जब मैं उठा, मैंने देखा कि बाहर बारिश हो रही है। आँख खोलने से पहले मन में राग मेघ अपने आप उमड़ रहा था। अनायास। ऐसा नहीं कि बाहर बारिश है और मेघ हमारे सिर चढ़कर बोल रहा है। कल्चर जैसे स्वयं मन में अपनी छाप बनाता है। स्वरों से, हवा से, वर्षा से, ऋतु से हमारे गुरुजनों ने ऐसा तालमेल बनाकर रखा था कि पता ही नहीं चलता कि उनका क्या सोच-विचार था। किस स्वर से कौन से स्वर तक जाने में क्या आस होती है! जैसे कोई एक्सप्रेस ट्रेन जाती है, रास्ते में स्टेशन तो बहुत सारे आते हैं, किसी-किसी स्टेशन पर गाड़ी धीमी हो जाती है, वो स्टेशन दिख जाता है, लेकिन ट्रेन वहाँ रुकती नहीं है। वैसे ही स्वरों का चक्कर है। मेघ राग में कोई कह दे कि शुद्ध गान्धार है, कोई नहीं कह सकता, मगर है। शुद्ध गान्धार की आस आती है। जिसने भी सीखा है वो अनजाने में वो चीज़ करता रहता है। नहीं तो अगर हम सरगम पढ़ेंगे तो सा सा रे मा पा नी सां। नी मा पा रे सा। पाँच स्वर का राग है। कहेंगे भी कि पाँच स्वर का राग है। तो गाने में जैसे गान्धार पर ट्रेन स्लो हो गयी, रुकी नहीं। कैसे सोच लिया बनाने वालों ने! अवचेतन में कहीं है न!'

अनेक कलाकार नये-नये राग बनाते हैं। उस विषय पर पंडित जसराज की अपनी एक सम्पूर्ण विचारधारा है। 'मैं नये राग बनाने के पक्ष में नहीं हूँ। जितने भी राग हैं, उनके घण्टों-घण्टों गाने की गुंजाइश होती है। एक राग कई-कई घण्टे तक गा सकते हैं और उसकी एक बहुत ख़ूबसूरत शक्ल बनती है। आप जो भी राग गायें, उसका एक पूरा दायरा बनना चाहिए। आप यदि नया राग बनायें तो उनका पूरा दायरा भी बनना चाहिए। लेकिन ऐसा होता नहीं है। जिन सुरों को आप इस्तेमाल करेंगे उन सुरों पर आपको कोई राग पहले से मौजूद मिलेगा। और अगर आपने इधर-उधर के बेमेल स्वर बिठा दिए तो उसमें फिर विस्तार करना बहुत मुश्किल है। बहुत बड़े-बड़े लोगों ने नये राग बनाने की कोशिश की है

लेकिन न तो वो उन रागों को दूसरी बार गाते बजाते हैं और न ही उनके शागिर्द उन्हें गाते-बजाते हैं। राग की कोई शक्ल भी नहीं बनती। इसीलिए मैं नया राग बनाने के पक्ष में नहीं हूँ।

'हमारे पास तीन हजार पुराने राग हैं। हम पहले उन सब को तो गाना-बजाना सीख लें तब तो पता चलेगा कि कोई नया राग बनाने की गुंजाइश है भी या नहीं! उन्हें तो हम गाते-बजाते नहीं मगर कहते हैं कि हमने नया राग बनाया। हमें मालूम भी है कि पुराने रागों में ये नया राग है या नहीं। पंडित मणिराम जी को चार सौ राग पूरी तरह से मालूम थे। उनका चलन मिला लें तो छह सौ-सात सौ रागों की जानकारी उन्हें थी। आज कोई भी कलाकार घूम फिर कर पन्द्रह-बीस रागों के बीच में खेलता है। वो छह सौ-सात सौ रागों के आसपास भी कर नहीं पाते, फिर नये रागों की कल्पना करना इस जीवन में तो सम्भव नहीं है। आज हम जिन नये रागों की रचना करते हैं, हमें क्या मालूम कि वो पुराने रागों में हैं या नहीं जिनका चाल-चलन हमें पता ही नहीं है। जिसको हम जानते नहीं यदि उसे ढूँढ़े तो मिल ही जाएगा कि ये राग पहले से हैं। सही बात तो ये है कि सा रे गा मा पा धा नी ये सात स्वर हैं। और इसमें बारह स्वर बनते हैं। दो ऋषभ, दो गान्धार, दो मध्यम, दो धैवत, दो निषाद मिलकर। इनमें हम जो दो-दो स्वर हैं, उसमें दो स्वर ले सकते हैं, इससे ज़्यादा राग नहीं बनता। ऐन नौ की जगह ग्यारह कर दिए, दस कर दिए, ऐसा करते हैं लोग, हम इसे सही या ग़लत नहीं कहते, बस, हम इसके पक्ष में नहीं हैं।'

73

रागों के सम्बन्ध में चर्चा हो रही है तो मेरा प्रश्न उनके गाने के समय के विषय में है। रागों के गाने के समय का अपना व्याकरण है?

'हाँ, है न!' पंडित जसराज बहुत कलात्मक तरीक़े से उत्तर देते हैं। 'ये हवा है न, इसमें स्वर तैरते रहते हैं। यह आपके ऊपर निर्भर करता है कि आप उन्हें कहाँ तक समझते हैं, कहाँ तक पकड़ते हैं। मगर है यह सत्य। एक कोमल ऋषभ को लीजिए। केवल कोमल ऋषभ को अलग-अलग तरह गाने से वह बता देती है कि वह कोमल ऋषभ शाम की है अथवा सुबह की है। उनकी जगह से पता चलता है। और तो आसपास के स्वर हैं न, ये उसमें मदद करते हैं। तो जो आसपास के स्वरों से राग बनता है, उनसे ऋषभ की जगह बनती है। बनती तो सारे स्वरों की है, लेकिन हम अभी ख़ास करके ऋषभ की बात कर रहे हैं। उसके परिणाम यानी अनुपात से भी होता है। जैसे ये 'पूरिया' बन गयी। इतना-सा ऋषभ लगाया। 'सानी धा धानी रे, गा रे' यह 'मारवा' बन गया। 'सा रे गा रे सा'—'तोड़ी' का वज़न पड़ गया। सारे रे-तीन प्रकार के—मारवा, भैरव, कोई चढ़ा हुआ राग गाओ तो 'पूरिया'।'

'लेकिन ऐसा है कि यह सिखाने से आती है, अनुभव से बढ़ती है और रियाज़ से सुधरती है। बच्चों को यूँ तकनीकी सुविधाओं के कारण गुरु के पास उतना समय व्यतीत करने की आवश्यकता नहीं पड़ती जितना पहले ज़माने में होता था। तकनीक के ज़रिये वो अभ्यास तो कर लेंगे, दूरी का कोई अन्तर नहीं पड़ता। गुरु के पास रहकर छात्र एक साल में जो सीखता था, हो सकता है कि तकनीक आ जाने से रिकॉर्डिंग, यू ट्यूब, स्काइप वगैरह के ज़रिये वो शायद एक महीने में उतना सीख तो जाए, लेकिन गले का, आत्मा का, मानसिकता का जो विस्तार होना चाहिए, वो कैसे होगा? वो तो रियाज़ से ही आएगा। वो रुहदारी तो सामने बैठकर ही आएगी। एक बात और। गुरु केवल आपको स्वर नहीं सिखाता, वह पूरी जीवन-शैली सिखाता है। तकनीक वो सब नहीं सिखा सकती। संस्कार तो परिवार में ही मिलेगा, गुरु के पास ही मिलेगा। वह तो गुरु के पास बैठकर ही आएगा। गा तो वो लेगा।'

पंडित जसराज मानते हैं कि किस समय आप सीखते हैं, इसका भी बहुत अधिक प्रभाव शिष्य के गायन पर पड़ता है। 'जो इन्सान देव-मुहूर्त में रियाज़ करता है, उसका गला दिल को छूने वाला होगा। आक्रामक नहीं होगा। जो 10-11 बजे सुबह रियाज़ करता है, उसका गाना ऐसे ही चलता रहता है। और जो रात में रियाज़ करता है, उसका गाना आक्रामक होगा।'

'हमारा जो संगीत है, या कोई भी राग है, वह सही में गुरुमुख विद्या है। प्रोफ़ेसर भी जो क्लास में पढ़ाते हैं, वह भी तो गुरुमुख विद्या है। गुरु पर बहुत आधारित रहता है। संगीत का एक-एक स्वर, कितने प्रशंसात्मक अथवा परिमाण में गुरु लगा रहा है, वह यदि शिष्य पालन नहीं करता तो वह उतना नहीं सीख पाता।'

नये रागों की संरचना के विषय में एक बार फिर से पंडित जसराज बताते हैं कि इस विषय में वे सोचते अवश्य हैं, लेकिन ऐसा कभी नहीं लगता कि कोई नया राग बना दें—'मैंने कोई राग बनाया, अच्छा बन गया, ऐसा मुझे लगा, तो मैंने एक-आध बार गाया और दूसरा कोई उसे गाता ही नहीं है, तो वो राग नहीं है। और यदि उसे गा-बजा के आप कम से कम आधा-पौना घण्टा विचरण नहीं कर सकते हैं तो वह राग नहीं होगा। किसी भी राग में इतनी गुंजाइश होती है कि आप अपने दिमाग से आधा-पौना घण्टा कुछ कर सकें। मैं अगर घण्टा भर दरबारी गाता हूँ तो दूसरा आदमी डेढ़ घण्टा दरबारी गा सकता है। और मज़ेदार बात, चाहे कोई भी कलाकार दरबारी गाये, सुननेवाला यही कहेगा कि दरबारी गा रहा है। असंख्य लोग उसे गाते हैं, सुनते हैं, पहचानते हैं। हर राग की पहचान यही होती है। राग जीवित रहता है, पनपता है, सदियों तक। कोई राग बनायें और हमें स्वयं को ही याद न रहे कि कैसा बनाया था, तब ऐसी रचना का क्या लाभ!'

अनादि काल से गाना-बजाना हो रहा है। शंकर जी के समय से होता आ रहा है। रागों की रचना कब हुई होगी, मालूम नहीं। गुरुवानी में भी 32 राग हैं। इसका अर्थ यह हुआ कि जब से गुरु शास्त्रीय संगीत के जानकार थे, तब हम लोग रागों का श्रेय कैसे ले सकते हैं?

पंडित जसराज मेरे घर में पधारे हैं। उनसे मिलने के लिए प्रिय मित्र शेखर सेन आये हैं। शेखर बहुत सुरीले गायक हैं, अभिनेता हैं, नाटककार हैं। एकल नाटककारों में आज उनका नाम सबसे अधिक है। भक्तिकालीन कवियों को उनकी रचनाओं तथा उनके जीवन, दोनों को ही अद्यतन रूप में उन्होंने बहुत सुरमय शैली में मंच पर उतारा है। खाने की मेज़ पर पंडित जसराज और शेखर सेन की बहुत सुरीली बातचीत हो रही है। उसमें संगीत से जुड़ी छोटी-मोटी घटनाएँ, थोड़ी चुहल, थोड़ी यादें सभी

घुली-मिली हैं। इसलिए उस संगीत-चर्चा को यहाँ आपके साथ बाँटना आवश्यक समझती हूँ।

चर्चा बन्दिशों की परम्परा की हो रही है। शेखर कह रहे हैं—एक समय ऐसा था जब एक घराने की बेटी दूसरे घराने में ब्याही जाती थी तो दूल्हे के पक्ष के लोग कहते थे लड़कीवालों से कि आप शादी में और कुछ न दीजिए, लेकिन बन्दिशें दे दीजिए। और उधर कन्या पक्ष वाले कहते कि कुछ भी हो जाय, अपनी बन्दिशें किसी को नहीं देंगे। तब लड़की ख़ाली हाथ ससुराल जाती थी, मतलब बिना बन्दिशों के भेज दी जाती थी।

पंडित जसराज इस पर अमृतसर के दो तबलानवाज़ों के बीच की बातचीत को याद करते हैं—'अमृतसर में दो तबलानवाज़ थे। उनकी शक्ल तो याद आ रही है, लेकिन नाम याद नहीं आ रहा। एक पंजाब घराने के थे और वहीं रहते थे। दूसरे बनारस घराने के थे। दोनों की आपस में ठन गयी। एक-दूसरे से कहते हैं कि महाराज, आपको क्या आता है? आप तो अपने ससुराल पर जीते हैं। उनकी बन्दिशें बजाते हैं। बस यही सवाल-जवाब। दूसरे कहें कि आप अपनी बन्दिशें दहेज में लेकर आये हैं।' ये बड़ी-बड़ी सोच उस समय थी और उसका कारण शायद यह था कि आदमी अपने घराने से निकल न जाए या फिर ये कि हमारे शिष्य जो हैं, वे हमारे ही बने रहें। शायद यह असुरक्षा का भाव रहा होगा।

पंडित जी बता रहे हैं—'कलकत्ते के एक बड़े व्यावसायिक हैं—आर. पी. गोयनका। उनके छोटे भाई जे.पी. गोयनका हमारे बड़े दोस्त हैं और ख़ूब गाना सुनते थे। उनके यहाँ शादी थी तो मैं गया। बहुत सारे कलाकारों की वहाँ महफ़िल सजी थी। जैसे ही उस्ताद बिस्मिल्लाह ख़ाँ साहब की शहनाई लगी तो मेरा हाथ पकड़ कर ऊपर ले गये। मैंने कहा कि भइया, मैं शादी में आया हूँ और बिस्मिल्लाह ख़ाँ साहब बजा रहे हैं, नीचे एंज्वाय करते हैं न! तो वो बोले कि नहीं पंडित जी, मेरा घराना बदल जाएगा। तो मेरी समझ में नहीं आया कि बिस्मिल्लाह ख़ाँ साहब को सुनने से इनका घराना कैसे बदल जाएगा! लेकिन वो इस बात पर क़ायम रहे कि दूसरे घराने के होने के कारण उनका घराना बदल जाएगा और उन्होंने बिस्मिल्लाह ख़ाँ साहब का प्रोग्राम नहीं सुना। एक-दूसरे की अच्छाइयाँ आ जायेंगी, यह तो दूसरी बात है, लेकिन घराना बदल जाएगा यह बात समझ नहीं आयी।'

इस पर शेखर सेन ने बहुत सुन्दर बात कही—'देखिए उन पेड़ों को उखड़ने का डर होता है जिनकी जड़ें मज़बूत न हों। जिनकी जड़ें मज़बूत होंगी, उनको क्या फ़र्क पड़ेगा। पेड़ हिले, जड़ों पर अगर पक्का है तो टिका रहेगा।'

मध्यांग

ओं श्री अनन्त हरि नारायण
मंगलं भगवान विष्णु मंगलं गरूड़ध्वज।
मंगलं पुंडरीकाक्ष मंगलाय तनो हरि॥

श्रीमती मधुरा पंडित जसराज एवं पंडित जसराज

74

तब राजकमल स्टूडियो में फ़िल्म 'झनक-झनक पायल बाजे' की शूटिंग चल रही थी। वहाँ एक पखावजी थे—रामदास जी, जो गोपीकिशन जी के साथ पखावज बजाते थे। बॉलीवुड के उस ज़माने के सबसे बड़े निर्माता-निर्देशक व्ही. शान्ताराम की बेटी होने के कारण मुम्बई शहर के सारे कलाकार और संगीतकार मधुरा को जानते थे। वह स्वयं शास्त्रीय संगीत-सम्मेलनों में सुनने जाती थीं। सन् 1954 में वहाँ सुर सिंगार संसद का सात दिन का संगीत सम्मेलन था—स्वामी हरिदास सम्मेलन। उसी कान्फ्रेंस में पंडित मणिराम का कार्यक्रम था। पंडित जसराज ने भी वहाँ गाया था। रामदास पखावजी ने उसी सम्मेलन में मधुरा के साथ पंडित जसराज का परिचय करवाया था। मधुरा जी वहाँ कॉफ़ी शॉप में खड़ी थीं। रामदास जी ने कहा—चलो जसराज, तुम्हें मदरा से मिलवाते हैं। वे मधुरा नहीं कहते थे, मदरा कहते थे। तो उन्होंने परिचय करवाया कि ये जसराज हैं, बहुत अच्छा गाते हैं। अभी-अभी गाकर आ चुके हैं। तो मधुरा ने कहा कि हाँ, मुझे पता चला कि इन्होंने बहुत अच्छा गाया। मुझे आने में देरी हो गयी और मैं इन्हें सुन नहीं पायी। रामदास जी ने मधुरा को यह कहकर मिलवाया कि ये मदरा हैं, व्ही. शान्ताराम जी की बेटी हैं, शास्त्रीय संगीत में इनकी बहुत रुचि है। स्वयं भी अच्छा गाती हैं। उसी कान्फ्रेंस में जसराज जी ने पंडित मणिराम से भी मधुरा के साथ भेंट करवाई।

अगले वर्ष, यानी सन् 1955 में पंडित जसराज फिर से सुर-सिंगार संसद के स्वामी हरिदास संगीत सम्मेलन में भाग लेने के लिए मुम्बई आये। जसराज जी से परिचय तो हो ही चुका था।

उस दिन को याद करते हुए मधुरा जसराज बताती हैं, 'जसराज जी उस सम्मेलन के शुरुआती कलाकार थे और उन्होंने बहुत अच्छा गाया। स्वाभाविक है, किसी को भी अपनी प्रशंसा सुनकर अच्छा लगता है, इन्हें भी लगा। हमने 10-15 मिनट तक साथ-साथ बैठ कर बातें की। उसके बाद हमारी भेंट हुई सन् 1960 में।'

सन् 1960 में रेडियो संगीत सम्मेलन में भाग लेने के लिए पंडित

जसराज मुम्बई गये। उन्होंने प्रात:काल के सत्र में गाया। उस सभा में उस्ताद अली अकबर ख़ाँ, पंडित व्ही.जी. जोग जैसे मूर्धन्य कलाकार भाग ले रहे थे। उनके बीच में जसराज जी का गायन था और उन्होंने बहुत अच्छा 'ललित' गाया। संगीत सम्मेलन दीपावली के अवसर पर आयोजित होता था। पारम्परिक रूप से दीपावली पर परिचितों और मित्रों को घर में बुलाया जाता है। मधुरा जसराज बताती हैं—'मैंने पहले ही दिन घर में जसराज जी को आमंत्रित किया। मेरे साथ जो तबला-वादक थे, मैंने उनसे आग्रह किया कि आप उन्हें घर पर ले आएँ। शान्ति से बैठ कर वार्तालाप करेंगे। यूँ भी मेरे घर में कलाकारों का आना-जाना लगा रहता था। उसके बाद मैंने घर में इनका प्रोग्राम भी रखा था। बाद में भी जब ये बलसाड़ वगैरह गाने के लिए आते तो मेरे घर में अवश्य पधारते थे। तब भी मैं इनका प्रोग्राम घर में कई बार रखती। मेरे गुरु उस्ताद हफ़ीज़ अहमद ख़ाँ, पंडित व्ही.जी. जोग आदि दिग्गज कलाकार भी पधारे। मैंने पपा (व्ही. शान्ताराम) को भी कहा था कि यदि आपके पास समय हो तो आप आयें, लेकिन उनके पास समय नहीं था और वे नहीं आ पाये।' मधुरा जी बताती हैं कि संगीत-जगत में जितने भी उनके परिचित थे, वे सभी आये थे। इनमें आनन्द बोडस नारायण बोडस आदि मधुरा जी के मित्र सब सम्मिलित थे।

मधुरा (शान्ताराम) जसराज का जन्म सन् 1937 में हुआ था। व्ही. शान्ताराम स्वयं तो बहुत बड़े कलाकार थे और उनकी कला उनकी फ़िल्मों में स्पष्ट झलकती थी। शास्त्रीय गायन और नृत्यों का सफल प्रयोग उन्होंने अपनी सभी फ़िल्मों में किया। अपने सभी बच्चों को उन्होंने उनके बचपन में ही कला के प्रति कुछ न कुछ सम्मान पैदा करने का प्रयास किया। कला और संस्कृति के सभी पक्षों की ओर उनका ध्यान रहा। मधुरा शान्ताराम ने सन् 1952 से ही गाना सीखना शुरू कर दिया। गुरु विपिन सिंह से मणिपुरी और भरतनाट्यम् सीखने के पश्चात् 'झनक-झनक पायल बाजे' बनने के समय गोपीकिशन जी से कथक की भी शिक्षा मधुरा जी ने ली।

सन् 1960 के बाद मधुरा जी और पंडित जसराज के बीच पत्र-व्यवहार प्रारम्भ हो गया। पंडित जसराज की भतीजी योगाई बताती हैं कि उनकी ओर से पत्र लिखती तो वह थीं; उन पर हस्ताक्षर 'चाचाजी' यानी पंडित जसराज करते थे। वैसे ये पत्र छोटे और औपचारिक होते थे कि मैं अमुक तारीख़ को आने वाला हूँ, या फिर आपका रियाज़ कैसा चल रहा है। मधुरा जी कहती हैं—'एक बार मैंने जसराज जी को भी अपना गाना सुनाया था जो उन्हें अच्छा लगा। इनके साथ डॉ. मुकुन्द लाठ भी थे, उन्हें मेरा गाना पसन्द नहीं आया लेकिन चूँकि जसराज जी के साथ आये थे और उनकी

मुझमें थोड़ी रुचि मुकुन्द जी को आभासित हुई तो वे चुप रहे।'

मधुरा जी इन लोगों को राजकमल स्टूडियो लेकर गयीं। वहाँ रंजीत देसाई जी की कुछ पुस्तकें रखी थीं। रंजीत देसाई जी ने संगीत पर बहुत शोधपूर्ण कार्य किया था। मधुरा जी ने शान्ताराम जी को सुझाव दिया कि वे रंजीत देसाई जी की पुस्तक के आधार पर 'बिलासखानी तोड़ी' पर जो फ़िल्म बनाना चाह रहे हैं, उसमें बिलासखान का चरित्र जसराज जी बख़ूबी निभा पाएँगे। बिलासखान मियाँ तानसेन के बेटे थे जिन्होंने 'बिलासख़ानी तोड़ी' बनायी थी। शान्ताराम जी को भी जसराज जी अच्छे लगे, शायद कुछ समझ गये थे कि मधुरा का रुझान उनकी ओर है। उस समय शान्ताराम जी की फ़िल्म 'स्त्री' निर्माण के समापन पर थी। उन्होंने उत्तर दिया कि पहले 'स्त्री' रिलीज़ हो जाए, उसके बाद देखेंगे। मधुरा जी अपनी छोटी बहिन चारुशीला के साथ 'स्त्री' के रिलीज के लिए कलकत्ता गयीं। शान्ताराम जी पहले भी अपनी फ़िल्मों के रिलीज़ के समय उन्हें अलग-अलग शहरों में भेजते रहते थे ताकि ये भी दुनियाँ देखें, समझें कि कैसे फ़िल्म इंडस्ट्री का कामकाज होता है। बेटियाँ भी आगे बढ़कर कामकाज में हाथ बँटायें, इस दृष्टि से शान्ताराम जी बहुत खुली विचारधारा के व्यक्ति थे।

कलकत्ता में दोनों बहिनें अपनी मित्र शैल भटनागर के यहाँ ठहरी थीं। उनका घर पंडित मणिराम और पंडित जसराज के घर के बहुत निकट था। तो हर रोज़ इन लोगों का मिलना-जुलना होता रहा। कभी मधुरा और चारुशीला को आकर मिलना, कभी उन्हें अपने घर लेकर जाना। वहाँ पंडित मणिराम का गाना सुनवाना और फिर वहीं खाना-पीना। इनकी दोस्त शैल भटनागर को यह सब अच्छा नहीं लगा और उन्होंने इनकी माँ को मुम्बई फ़ोन करके शिकायत भी की। जसराज जी ने संगीत श्यामला में मधुरा जी का एक कार्यक्रम भी करवाया जिसमें इन्होंने एक डेढ़ घण्टा गाया भी था। तभी पंडित जसराज बड़े भाई साहब पंडित मणिराम के साथ जम्मू जा रहे थे। जम्मू में एक संगीत सम्मेलन में दोनों भाग लेने वाले थे। तब उन्होंने मधुरा जी से पूछा कि क्या वह जम्मू में गाना चाहेंगी? मधुरा जी कहती हैं—'मेरी तो छाती धड़कने लगी कि मैं क्या गाऊँगी फेस्टिवल में। जसराज जी ने उत्साह बढ़ाया कि नहीं-नहीं, आप अच्छा गाती हैं। मैंने कहा कि ठीक है, यदि आपको ऐसा लगता है तो गाऊँगी, लेकिन पहले पपा से पूछना पड़ेगा।' उस समय घर में फ़ोन तो था नहीं तो मधुरा जी ने पोस्ट ऑफ़िस से व्ही. शान्ताराम जी को फ़ोन करके जम्मू जाने की इज़ाजत माँगी। तो जैसा अपेक्षित था, उन्होंने आज्ञा दे दी कि यदि तुम्हारा प्रोग्राम होता है तो अवश्य जाओ। जम्मू से पहले दिल्ली, जहाँ रेडियो का एक कार्यक्रम था, गये और फिर जम्मू। पंडित जसराज का पंडित शिवकुमार

शर्मा के साथ अच्छा परिचय हो चुका था। उन्होंने जम्मू में शिवकुमार जी को पत्र लिखकर सूचना दे दी कि ये दोनों बहिनें भी जम्मू आ रही हैं। तब पंडित मणिराम, पंडित जसराज, राजाराम, योगाई, मधुरा और उनकी बहिन चारुशीला सब लोग जम्मू गये।

'हमारे भाई साहब मणिराम जी को सूझा कि यहाँ जम्मू तक आये हैं तो कुछ दिन श्रीनगर भी घूम आयें।' मधुरा जी बताती हैं। जिस हाउस बोट में फ़िल्म 'स्त्री' बनी थी, उसकी खोज की गयी। वह ख़ाली थी तो सब लोग कुछ दिन उस हाउस बोट में रहे। फिर लौटकर मणिराम जी ने जसराज जी से कहा कि अब तुम इन दोनों बहिनों को वापस छोड़कर आओ।

'पैडर रोड में हमारे एक मित्र की बहिन की शादी थी। हमारा गुलबर्गा में एक प्रोग्राम था। सोम तिवारी जी ने हमसे कहा कि जसराज तुम गुलबर्गा तो जा ही रहे हो, मुम्बई शादी में भी चले जाना और वहीं ठहर जाना। महीना भर पहले से वहाँ घर में संगीत का प्रोग्राम चालू था। घर में ढोलक नहीं थी। मधुरा जी से हमारा अच्छा परिचय हो ही चुका था तो हमने कहा कि कोई बात नहीं। हम मधुरा जी को फ़ोन कर देते हैं, वो ढोलक ले आएँगी। बस, मधुरा जी ढोलक ले आयीं। चाय-शर्बत, खाना वगैरह सब हो गया, लेकिन मधुरा जी बैठी रहीं। बस, ढोलक कारणीभूत हो गयी। फिर शादी-ब्याह का घर था, हँसी-मज़ाक़ सब होता रहा। हम दोनों एक-दूसरे के प्रति पूरी तरह आकर्षित हो चुके थे।' पंडित जसराज कहते हैं।

मधुरा जी बड़े संकोच से जसराज जी और अपने बीच पनपते प्रेम के विषय में खुल रही हैं। बहुत रोचक है उनके प्रेम का प्रसंग—'हम लोग जब श्रीनगर गये थे तो दिल्ली से हरिद्वार, ऋषिकेश भी गये थे। तब वहाँ जसराज जी ने हाथ में गंगाजल लेकर कहा था कि मैं यदि शादी करूँगा तो आप ही से करूँगा, आदि-इत्यादि।'

लेकिन फिर जब जम्मू से वापस आये तो इन्होंने कहा कि आप बड़े घर की हैं, पढ़ी-लिखी हैं। कैसे सम्भव होगा, गुजारा करना मुश्किल होगा, वगैरह। मैंने कहा कि मैं पहले पिताजी से बात करूँगी। पपा और माँ यदि 'हाँ' कह देंगे तो ठीक है। मैं घर से भाग-वाग के शादी नहीं करने वाली। तब जसराज जी बोले- ये ठीक है। तो ये था हमारा रोमांस। तो मैंने पपा से कहा। माँ भी साथ में थीं। दोनों से ही बात की। पपा ने बहुत से सवाल-ववाल पूछे। फिर इनकी हिस्ट्री निकालने के लिए (छानबीन करने के लिए) अपने एक विश्वासपात्र को मुम्बई से कलकत्ता भेजा। पपा का डिस्ट्रीब्यूटर था, उसके मार्फ़त इनके बारे में ख़बर निकाली। उन लोगों से जसराज जी

पंडित जसराज और मधुरा शांताराम के विवाह के अवसर पर परिवार के साथ

की कमाई के विषय में पूछा तो पता चला कि 200-300 रुपये महीना कमा लेते होंगे। जब कमाने लगेंगे तो हज़ारों कमा सकते हैं। उन दिनों 200-300 रुपये भी बहुत होते थे, फिर हजारों तो बहुत बड़ी रकम थी। मैंने पपा से कह दिया कि मैं शादी करूँगी तो इन्हीं से वरना नहीं करूँगी।'

व्ही. शान्ताराम जी के यहाँ से पंडित मणिराम को टेलीग्राम भेजा गया कि तुरन्त आइए। जसराज जी स्वामी वल्लभदास जी के विद्यालय में टिके थे। डर के मारे उन्हें तेज़ बुख़ार हो गया कि बड़े भाई साहब क्या कहेंगे। व्ही. शान्ताराम बहुत बड़े निर्माता-निर्देशक थे। उन्हें लगा कि लड़का पंजाबी है। उस समय हरियाणा पंजाब का हिस्सा था। कितनी कमाई है। उन्होंने मणिराम जी से पूछा कि जसराज कितना कमा लेते हैं तो वहाँ से भी यही उत्तर मिला 200-300 रुपये महीना। तो अगला प्रश्न आया आय बढ़ेगी? उत्तर मिला कि कम भी हो सकती है। बस शान्ताराम जी को यह उत्तर ईमानदार लगा। और उन्होंने मधुरा के साथ पंडित जसराज की सगाई कर दी। यह 1962 की बात है।

19 मार्च, 1962 को मधुरा शान्ताराम, मधुरा जसराज बन गयीं। व्ही. शान्ताराम की बेटी की शादी जिस धूमधाम से होनी चाहिए थी, उसी धूमधाम से दोनों की शादी हुई। शान्ताराम जी के पास एक हाथी था। 'नवरंग' फ़िल्म में एक गाना—'अरे जा रे अरे नटखट' उस हाथी पर फ़िल्माया गया था। मधुरा-जसराज के विवाह पर मेहमानों का स्वागत करने के लिए सज-धज कर वह हाथी खड़ा था। व्ही. शान्ताराम जी की अन्य किसी बेटी की शादी में मेहमानों के स्वागत के लिए हाथी को खड़ा नहीं किया गया।

यहाँ तक तो सब कुछ प्रेम के आवेश में आकर हो गया था। इसके बाद मधुरा जसराज का वास्ता ज़िन्दगी की सच्चाइयों से होने लगा। आर्थिक तंगी क्या होती है, उसका पता जीवन में पहली बार चला। 'पैसे गाँठ में हों, न हों, जसराज जी निहायत दरियादिल हैं, तब भी थे।' मधुरा जी पुरानी यादों में खोयी हैं। कलकत्ता पहुँच कर एक नये जीवन की नयी चुनौतियों का सामना उन्हें करना था। इस मामले में अपनी माँ की दी हुई शिक्षा उनके बहुत काम आयी। मधुरा की माँ ने अपनी बेटियों को वह सब कुछ सिखाया था जो उस ज़माने में एक लड़की से अपेक्षित होता था। खाना बनाने से लेकर और सब कुछ। मधुरा खाना बहुत अच्छा बनातीं। उनके लिए सबसे बड़ी चुनौती यह थी कि किस तरह पंडित जसराज की छोटी आमदनी में उनके ढेरों मेहमानों की आवभगत करें। पंडित जसराज की आदत यह थी कि जो कोई भी खाने के समय पर घर में आ जाए, वह खाना तो खाएगा। रसोई में कितना पका है, क्या पका है, कुछ है या

नहीं, इसकी पूछताछ उन्होंने कभी नहीं की। कभी किसी को न खिलाओ, तो पूछते कि भोजन क्यों नहीं कराया। और ऐसा अक्सर होता कि कोई न कोई मेहमान अचानक से पहुँच ही जाता। बहुत बार ऐसा होता कि सबको खिला चुकने के बाद मधुरा, यदि थोड़ा-बहुत बचता तो उसे खा लेतीं, वरना कभी-कभी बिना खाए भी रह जातीं। फिर चौका-बरतन की सफ़ाई। बाद में एक लड़का रख लिया था जो ऊपर के काम कर देता था।

मधुरा जी कहती हैं—'हम लोगों ने एक छोटा-सा घर अलग से लिया था, उसके साथ में बाथरूम नहीं था। टैरेस पर हैंडपंप था। वहाँ हाथ से पानी लो और एक छोटा-सा टेंपरेरी कमरा जैसा बना हुआ था, उसमें जा के नहाओ। वो पंप बड़ा 'हार्ड' था। ये महाराज पंडित जसराज और मुकुन्द उसे रिपेयर करने लगे और रिपेयर करने में उसे तोड़ दिया। वो ऐसा तोड़ा, कि जो पानी ऊपर आता था, वह भी आना बन्द हो गया। तो नीचे से पानी भरकर लाना पड़ता था। मगर इन दोनों ने मुझे कभी भी नीचे से पानी भरकर नहीं लाने दिया। ख़ुद ही दोनों बाल्टियाँ भरकर पानी ऊपर लाते थे। फिर उसी में नहाओ, सँजोकर खाना वगैरह बनाओ, सफ़ाई करो, ये हाल था।'

मार्च में शादी हुई और तीन महीने के बाद ही मधुरा को आभास होने लगा कि वह माँ बनने वाली हैं। फिर वह बीमार पड़ गयीं, अस्पताल में कुछ दिन तक रहना पड़ा। सोम तिवारी सब्ज़ियाँ ला देतीं। मुन्नी-नीरजा रतेरिया की दादी महीने भर का राशन भिजवा देतीं। इस तरह घर चलता। जसराज जी इतने पैसे वाले लोगों को गाना सिखाते थे मगर किसी से पैसा नहीं लिया। 'हम दोपहर का खाना कभी सोम तिवारी के घर में खा रहे हैं तो रात का खाना कहीं और। मुझे बहुत बुरा लगता, बहुत शर्मिन्दगी भी महसूस होती, लेकिन कोई चारा भी नहीं था। कई बार हम इतना पैदल चलते एक घर से दूसरे घर जाने के लिए कि आप कल्पना भी नहीं कर सकते।' घर में बिजली का चूल्हा था नहीं, कोयले का चूल्हा था। कोई उसे जलाकर देता तब मधुरा खाना बनातीं। जिस दिन इन लोगों में से कोई चूल्हा जला देता उस दिन हाथ का बना हुआ खाना खाते, ये सब भी और जो भी मेहमान आ जाए वो भी। तो रोज़-रोज़ की शर्मिन्दगी से बचने के लिए सोचा कि बिजली का चूल्हा ख़रीद लिया जाए। तो किसी तरह एक-एक, दो-दो रुपये करके उन्होंने 30 रुपये जमा कर लिए। शायद थोड़े और जमा हो जाते तो बिजली का चूल्हा आ जाता।

सोम तिवारी जी की बड़ी बेटी चेतना तब बारह-चौदह बरस की रही होगी। एक दिन वह जसराज जी को बोली कि भाई साहब, फ़िल्म देखनी है। तो भाई साहब बह गये। अन्दर आकर मधुरा से पूछते हैं कि

तुम्हारे पास कुछ पैसे हैं? 'मैंने कहा कि मेरे पास कुल 30 रुपये हैं। तो ये बोले कि दे दो न, दे दो न, मैं तुम्हें लौटा दूँगा। तो मैंने वो 30 रुपये इनको दे दिये। कलकत्ते के मैट्रो सिनेमा में हम लोगों ने अल्फ्रेड हिचकॉक की 'साइको' फ़िल्म देखी। मैं तो बचपन से ही अच्छी फ़िल्में देखने की आदी थी। तो फ़िल्म में तो मुझे बहुत आनन्द आया। फ़िल्म का चुनाव भी मैंने ही किया था। फ़िल्म देखने हम तीनों लोग गये थे, चेतना, मैं और जसराज जी।' मधुरा जी कलकत्ते की यादों में खोयी हैं।

गर्भावस्था का 7वाँ महीना था कि मधुरा जी के दादा जी का देहान्त हो गया। उनका एक चचेरा भाई उन्हें कलकत्ता से मुम्बई ले आया। मार्च में शारंगदेव का जन्म हुआ। कलकत्ता के लोग जसराज जी का गाना बहुत पसन्द करते थे लेकिन जीवन-निर्वाह के लिए पैसों की जरूरत होती है, ऐसा कोई सोचता ही नहीं था। मधुरा जी चाहती थीं कि जसराज जी मुम्बई आ जाएँ। व्ही. शान्ताराम की बेटी होने के नाते वह जानती थीं कि मुम्बई में किसी भी कलाकार के लिए बहुत अधिक सम्भावनाएँ हैं। कलकत्ता की तुलना में सम्भावनाओं के द्वार बहुत अधिक खुले हैं, ऐसा तो वह अनुभव कर ही चुकी थीं। शारंग के जन्म के पश्चात् भी महीनों वह प्रयास करती रहीं कि जसराज जी कलकत्ता छोड़कर मुम्बई रहने के लिए तैयार हो जाएँ।

'मन में तो हमें भी लगता था कि कलकत्ता शहर को हमें जो देना था, वह दे चुका। फिर बढ़ते परिवार की ज़िम्मेदारी भी थी। मधुरा जी के आग्रह ने हमारे निश्चय को दृढ़ कर दिया।' पंडित जसराज बताते हैं- मुम्बई आने के बाद कुछ समय तक ये लोग मधुरा जी की माँ के घर में ही रहे। फिर व्ही. शान्ताराम जी का लेमिंग्टन रोड पर एक ऑफ़िस था। अपने ऑफ़िस को उन्होंने राजकमल में ही बना लिया और लेमिंग्टन रोड पर मानिक चेम्बर्स में मधुरा जी और जसराज जी रहने आ गये। शान्ताराम जी ने ही मधुरा से पूछा कि क्या वे लोग मानिक चेम्बर्स में रहना पसन्द करेंगे। मधुरा जी ने हामी भर दी। उसके बाद एक और यात्रा की शुरुआत हुई।

विवाह के समय जसराज जी का बहुत नाम नहीं था और मधुरा जी बहुत नामी पिता की बेटी थीं। वे दिन आर्थिक दृष्टि से बहुत तंगहाली के दिन थे। ऐसे में मधुरा जी ने जसराज जी का बहुत साथ निभाया। कहाँ-कहाँ संगीत सम्मेलन आयोजित किये जा रहे हैं, कौन उनके आयोजक हैं सबको मधुरा जी पत्र लिखतीं और जसराज जी का परिचय देतीं। जसराज जी को बुलाने के लिए आग्रह-पत्र लिखतीं, आयोजकों से अनुरोध करतीं कि वे जसराज जी को अपने सम्मेलन में गाने का अवसर दें। यह सब काम मधुरा जी ही करतीं, जसराज जी के मैनेजर की तरह। जसराज जी

जब उभर रहे थे तब भी मधुरा जी ने उनका साथ बख़ूबी निभाया और अब तक निभा रही हैं। बड़े बाप की बेटी होने का इन्हें ज़रा भी घमंड नहीं था और न ही यह मलाल कि मैं नये सिरे से एक ऐसा जीवन आरम्भ कर रही हूँ जिसमें बेहद आर्थिक कष्ट हो सकते हैं। उनकी बहिन कहती कि मधुरा को कितनी तकलीफ़ होती है, सुबह से शाम तक चिट्ठियाँ ही लिखती है, जसराज जी बताते हैं।

मधुरा जी अच्छी गायिका थीं लेकिन परिवार की ज़िम्मेदारियों के चलते उनका गाना बन्द हो गया। जसराज जी कभी-कभी उन्हें गाना सिखाते भी लेकिन वह आगे नहीं बढ़ पाया। उन्होंने मधुरा जी को 'नायकी कान्हड़ा' सिखाया। रियाज़ करने के बाद ये उसे थोड़ा-बहुत गाने भी लग गयीं, लेकिन गाने को आगे बढ़ाने की फ़ुरसत ही जसराज जी के पास नहीं रही। जैसे-जैसे उनकी ज़िम्मेदारी बढ़ती गयी, वैसे-वैसे वे अधिक व्यस्त होते गये। उन्होंने स्वयं भी ट्यूशन लेना शुरू कर दिया। थोड़े-बहुत जो कार्यक्रम मिलते थे, वे अधिकतर मुम्बई के बाहर के होते थे। तो ट्रेन से जाना, ट्रेन से ही वापस आना, ऐसे ही चलता रहा, फिर लोगों से मिलना-जुलना, और लोगों को सुनाना, जब-जब मुम्बई में होते, मिलने-जुलने वाले भी आते रहते थे। बस ऐसे में मधुरा जी का गाना कैसे आगे बढ़ता! फिर भी कोशिश जरूर की। देर रात में थोड़ा बहुत गाना सीखने के लिए मधुरा जी बैठतीं। जिस घर में रहते थे, वहाँ बगल वाले घर में एक बूढ़ी अम्मा रहती थीं। वह खीज जातीं और कहतीं—'अरे भाई, इतनी रात में तुम लोगों का गाना ही चलता रहता है। तुम लोग किसी को सोने भी दोगे या नहीं? 11 बजे रात में शुरू करते हो और 1.30 बजे तक गाते रहते हो। हमारी तबीयत ख़राब है भाई, सोने दो।' ऐसा कह-कह कर उन्होंने मधुरा जी का गाना बन्द करा दिया और वह स्वयं भी गृहस्थी के कामों में ज़्यादा धँसती चली गयीं। लेकिन उन्होंने अपना अध्ययन जारी रखा, लिखना भी उन्होंने जारी रखा और बहुत से महत्त्वपूर्ण आलेख लिखे।

घर की ज़िम्मेदारियों के बीच पंडित जसराज के कुछ शिष्य भी घर में रहने लगे। हँसमुखलाल चावड़ा नाम का शिष्य पहले-पहल आया। फिर चन्द्रशेखर स्वामी। ये लोग घर में रहते। पंडित जसराज से गाना सीखते, लेकिन घर के कामकाज में मधुरा जी की बहुत सहायता करते। ये लोग गाने के समय के अलावा बाक़ी सब समय मधुरा जी का हाथ बँटाते। जसराज जी जब भी घर में होते तो या तो गाना सिखाते, रियाज़ करते। बच्चों और शिष्यों के साथ कैरम खेलते। एक छोटा टेबल था, उसे टेबल-टेनिस की टेबल की तरह इस्तेमाल किया जाता। सभी को इसमें बहुत आनन्द आता था।

मधुरा जी के सामने चुनौतियाँ बहुत थीं। उनके पिता व्ही. शान्ताराम जी बहुत बड़े कलाकार तो थे ही, अनुभवशाली भी बहुत थे। मधुरा जी कहती हैं—'पपा ने भी तो अपनी ज़िन्दगी एकदम जीरो से बनायी थी। उन्होंने जसराज जी के बारे में शायद सोचा होगा कि कलाकार है, बन सकता है। उन्होंने मेरी बात पर विश्वास किया, ये बहुत बड़ी बात है। हमारी शादी भी बहुत अच्छी तरह से की, हमारे घर के बहुत बड़े से बगीचे में शादी हुई और राजकमल में रिसेप्शन। शायद पपा के विश्वास के ही कारण, उसी के बल पर मुझमें सारी मुश्किलातों को पार करने की ताकत आ गयी। कुछ बातों का हमने विशेष ध्यान दिया। कई बार जब हमारे पास कुछ नहीं होता है और किसी दूसरे व्यक्ति के पास बहुत कुछ होता है तो कुछ लोग तो ईर्ष्यावश मर जाते हैं, और कुछ लोग दु:खी होकर मर जाते हैं। हमने इन सबसे अपने को बहुत बचा के रखा। हमने यह सोचा कि हमारे पास जो है, वही मेरी तकदीर है, वही मेरा है। भगवान् की कृपा से हमने कभी किसी के सामने हाथ नहीं फैलाया। मुम्बई का प्लाजा थियेटर पपा का था। उसमें एक कैंटीन चलती थी। उसमें उनको क्या मिलता था मुझे पता नहीं, लेकिन हम लोगों के मुम्बई आने के एक-आध साल के बाद उन्होंने कहा—मधु, तुम इसे पॉकेट-मनी समझो या कुछ भी समझो। वो कैंटीन मैंने तुम्हारे नाम कर दी है। मैंने उनसे कभी नहीं माँगा, उन्होंने ख़ुद ही शायद हमारी आर्थिक कठिनाइयों को महसूस किया होगा। वहाँ से मुझे 200 रुपये महीना मिलने लगे। मैं उस 200 रुपये में बहुत ख़ुश थी। मैंने अपना बैंक एकाउण्ट भी खोल लिया।'

सन् 1982-83 में पंडित जसराज को पहला हार्ट अटैक हुआ। मधुरा जी ने उन्हें भाटिया अस्पताल में भर्ती करवाया, क्योंकि इन लोगों के डॉक्टर भाटिया अस्पताल से जुड़े हुए थे। जसराज जी आई.सी.यू. में थे। व्ही. शान्ताराम जी उन्हें देखने आये। मौक़ा देखकर वे मधुरा जी को एक किनारे लेकर गये और पूछा कि तुम्हें पैसों की ज़रूरत है? मधुरा जी ने कहा—'नहीं पपा, मुझे पैसों की ज़रूरत नहीं है। और मेरे पिताजी ने शायद इसे समझा कि यह घमंडी नहीं, आत्मविश्वासी लड़की है। तब तक मैंने जसराज जी की थोड़ी इंश्योरेंस निकलवा ली थी। इनको भी कार्यक्रमों से पैसे मिलते थे। कैंटीन का 200 रुपये भी 300 रुपये बन चुका था। तो इंश्योरेंस पर मैंने कर्जा ले लिया और बाकी पैसे मिला करके अस्पताल और डॉक्टरों के सारे बिल तो चुका दिये। बच्चे शिवाजी पार्क वाले हमारे घर में ही रहते थे। वह घर पपा ने बनवाकर दिया था। वह एक बेडरूम का घर था, जिसकी दो टेरेस थीं। बच्चे स्कूल के बाद अस्पताल आते, जसराज जी से थोड़ी देर मिलते, फिर चले जाते थे। उनके पास इनका

कोई एक शागिर्द रहता था। एक नौकर भी रख लिया था जिसकी तनख़्वाह 30 रुपये या 40 रुपये महीना थी। बच्चे घर में ही रहते, खाते-पीते और खेलते भी थे और खुश रहते थे। कभी-कभी अपनी नानी के पास चले जाते,' मधुरा जी बताती हैं।

बलसाड़ में पंडित जसराज के चाचा पंडित ज्योतिराम जी के शिष्य थे—भीकू भाई भावसार। जब जसराज जी मुम्बई आ गये तो भीकूभाई ने उनकी बहुत मदद की। वो जसराज जी के प्रोग्राम करवाते रहते थे। कभी बलसाड़ में और कभी उसके आसपास बिल्ली मोरा, सूरत वगैरह में। उसके लिए कभी 200 रुपये, कभी 300 रुपये, 350 रु. दिलवाते थे। एक आध बार 400 रुपये भी दिलवाए। मधुरा जी कहती हैं—'जिस महीने में उनका प्रोग्राम होता था, उस महीने में हमारी दिवाली होती थी। मुझको अभी भी याद है, शारंग के जन्म के बाद हमारी पहली दिवाली थी। सानन्द के बापू साहब के बेटे दिवाली पर मुम्बई आये। हम उन्हें दादा बापूसाहब कहते थे। उन्होंने जसराज जी को दिवाली के उपलक्ष्य में 300 रुपये भेंट दिया। 300 रुपये की कीमत बहुत होती थी तब। मेरे लिए साड़ी, जसराज जी के लिए सिल्क के कुर्ते का कपड़ा, शारंग के लिए दो ड्रेसेज भेंट की- लक्ष्मी-पूजन की तैयारी शुरू की सब खुश थे। तो हमारी ज़िन्दगी में ऐसे बहुत लोग आए जो बिना किसी अपेक्षा के हम लोगों के लिए बहुत कुछ करते रहते थे। प्रेमवश, और कला के प्रेमवश। और भीकू भाई तो न सिर्फ़ प्रोग्राम करवाते थे बल्कि तरह-तरह के फरसाण भी भेजते रहते थे। उनकी आइसक्रीम की दुकान थी। इधर फरसाण भेजते और साथ में आइसक्रीम का थरमस। तब जसराज जी भी आइसक्रीम खाते थे। बच्चे वगैरह एकदम खुश। इन्तज़ार करते रहते कि भीकू भाई कब आएँगे। शारंग का जनेऊ हुआ, तब भी उन्होंने सभी मेहमानों के लिए बलसाड़ से ढेर सारे रसगुल्ले भेजे थे। पंगत में परोसने के लिए।'

मधुरा जसराज अंग्रेज़ी और मराठी में लिखती हैं। पंडित जसराज पर तथा व्ही. शान्ताराम जी पर उन्होंने फ़िल्में भी बनायी हैं। संगीत पर उनका शोध अद्भुत है। उन्होंने 'कान्ह कहानी सुन्यो करयो', 'गीतगोविंद' जैसे विशेष नृत्य-नाटिकाओं की भी प्रस्तुति की। पंडित जसराज और दुर्गा जसराज की भी रिकॉर्डिंग्स और कार्यक्रमों की परिकल्पना तथा संयोजन उन्होंने किया है। 'बहुत सारे कार्यक्रमों की संकल्पना मैंने की है। 'कान्हड़ा के प्रकार', 'आठ प्रहर' आदि की परिकल्पना मेरी ही थी। इन पर मैंने बहुत शोध किया। 'कान्ह कहानी' ऑडियो विजुअल ड्रामा तथा नृत्य-नाटिका का सम्मिश्रण था। इसका मन्थन सन् 1973 में किया गया था। 1975 में 'गीतगोविंद' का मंचन किया था। जसराज जी के पास ब्रज भाषा

की बन्दिशों के बहुत सारे पिटारे थे। मैं इनसे पूछती कि इसका क्या अर्थ है, तो ये कहते कि तुम अपने आप समझ लो, मैं नहीं बताने वाला।'

जसराज जी को मधुरा जी की विद्वत्ता पर पूरा भरोसा था। पर जब मैंने कान्ह-कहानी शुरू किया तब मुझे बहुत बड़े विद्वानों का आशीर्वाद और सहयोग मिला। एक तो परम पूज्य श्याममनोहर गोस्वामी और दूसरे श्री नन्दकिशोर मित्तल। डॉ. मोतीचन्द्र जी, जो प्रिंस ऑफ़ वेल्स म्यूज़ियम के मुख्य क्यूरेटर थे, उन्होंने मुझे मिनियेचर पेंटिंग्स तथा म्यूज़ियम आर्ट के बारे में बहुत सिखाया। ये सारे प्रोडक्शन बहुत सफल हुए तथा इन्हें दर्शकों और आलोचकों दोनों की बहुत-बहुत प्रशंसा मिली। हालाँकि मैं इन्हें दुबारा करना चाहती थी लेकिन इन्हें करने में जो ख़र्चा होता, उसका जुगाड़ नहीं हो पाया। पहली बार करने में तो मैंने जसराज जी से ही पैसे लिए थे। फिर मैंने निश्चय किया कि किसी और से पैसे नहीं माँगूँगी। फिर भी मैं इनका ख़र्चा करती रहती हूँ इधर-उधर। और ये 'बेचारे' भी सह लेते हैं चुपचाप।' मधुरा जी और जसराज जी दोनों ही मुस्करा रहे हैं। इन सभी बड़ी निर्मितियों में संगीत पंडित जसराज का ही था। एक जो बैक ग्राउण्ड स्कोर या आर्केस्ट्रा होता था वह रघुनाथ सेठ जी ने किया और गीतों को पंडित जसराज ने संगीतबद्ध किया। विजयराघव राव जी ने भी बैक ग्राउण्ड और आर्केस्ट्रा दिया। लोगों ने संगीत को बहुत सराहा। जसराज जी का संगीत उनके अपने कार्यक्रमों के संगीत से बहुत भिन्न था। शास्त्रों पर आधारित रागों में निबद्ध, बहुत माधुर्यपूर्ण और भावना प्रधान था। जो भी पहली बार शो देखता, वह संगीत सीधा उसके हृदय में उतर जाता था। बाद में शारंग भी इन निर्मितियों में संगीत देने लग गया।

'मैंने सूरदास जी के जीवन पर भी एक शो किया था—'सूर, लय और छन्द। उसमें सूरदास जी के पदों के जो प्रमुख कीर्तनकार थे, वो एक पक्के सुन्नी मुस्लिम थे—इम्तियाज़ हुसैन। वो जब कीर्तन करते तो पक्के कीर्तनकार लगते थे। इसको कहते हैं एक्टर।' मधुरा जी कहती हैं।

मधुरा जी इन प्रदर्शनों और उनकी परिकल्पना के विषय में बताती हैं—'जब चार ऐसे कल्पनाशील व्यक्ति साथ में हों—पपा, पंडित जसराज, श्याम बाबा और नन्दकिशोर जी मित्तल, तो क्या नहीं हो सकता। उनकी विचारधारा को समझकर यदि मैं कुछ कर सकी, तो मेरा योगदान केवल उतना ही है। फिर यदि काम अच्छा हो, तो बहुत से और अच्छे लोग भी जुड़ जाते हैं। 'गीतगोविंद' में पंडित जसराज तो थे ही, केलुचरण महापात्र, विजयराघव राव, तापस सेन, एम.आर. आचरेकर सब के सब पद्मश्री कलाकार थे।'

इस पर पंडित जसराज टिप्पणी करते हैं—'सबको पहले से पद्मश्री

मिली हुई थी, मुझे छोड़कर। लेकिन शो आने से पहले मुझको भी पद्मश्री मिल गयी।'

बाद में 'गीतगोविंद' का सी.डी. 'टाइम्स म्यूज़िक' ने निकाला। उसका एलबम बना। इसका संगीत शारंग ने किया था। पहले जो मंचन हुआ उसका संगीत नृत्य के साथ सामंजस्य करने वाला था। एलबम का अलग था। लेकिन सन् 1975 में गीत गोविंद बनाने में इन लोगों के 96,000 रुपये खर्च हुए थे। आज यदि उसे कम से कम 4 करोड़ रुपये ख़र्च होंगे। तब ये लोग मज़े में राजकमल में दिन-रात रिहर्सल करते थे। रिकॉर्डिंग दूसरी जगह करते। इनका डांस हॉल भी था। सेट का काम भी अपने ही यहाँ हो जाता था। बहुत सारी सुविधाएँ थीं, जिन पर इन्हें ख़र्च नहीं करना पड़ा। लेकिन आज वो बात नहीं है। अनेक वर्षों के पश्चात् 'कान्ह कहानी' को पंडित जी तथा तृप्ति मुखर्जी की छात्रा रेणु जैन ने अमेरिका में एक नये स्वरूप में प्रस्तुत किया। इसमें पंडित बिरजू महाराज की शिक्षा रचना सारंग के शिष्यों ने भाग लिया था। यह प्रोडक्शन भी बहुत सुन्दर बन पड़ा था।

मधुरा जसराज वापस अपने शिवाजी पार्क वाले घर की स्मृतियों में खो गयी हैं—'शिवाजी पार्क का हमारा इतना छोटा घर था और मेरे ये तीन बच्चे—शारंग, दुर्गा और रत्तन (पंडित जसराज का भांजा रत्तन मोहन शर्मा), कुछ नहीं तो इनके तीन-चार शागिर्द लोग साथ में रहते थे। और सब मौज से रहते थे। एक बाथरूम, एक टॉयलेट था। अब इतना बड़ा घर है, चार बेडरूम हैं, चार बाथरूम हैं, फिर भी उस तरह से नहीं रह पाते, किसी मेहमान को रहना हो तो मन में उसकी सुविधा-असुविधा को ध्यान करके संकोच हो आता है।'

मधुरा जी की सभी रचनाओं में हवेली-संगीत की छाप स्पष्ट दिखाई देती है, पंडित जसराज का हवेली-संगीत की ओर बहुत रुझान है। जिस शैली में मन्दिरों में पहले हवेली-संगीत गाया जाता था, प्रारम्भिक रचनाओं में तो वैसे ही दिखायी देता था। लेकिन बाद में मेवाती घराने की विशिष्टतायें उनमें जुड़ती चली गयीं।

सन् 1954 में मधुरा जी और जसराज जी का परिचय हुआ। तब से लेकर अब तक छह दशक से अधिक लम्बी यात्रा में यूँ डगमगाने के बहुत से पल आये, लेकिन मधुरा जी इस यात्रा में जसराज जी की अचल सहधर्मिणी बनकर साथ में खड़ी हैं।

75

पंडित जसराज का बेटा होने का अर्थ क्या होता है ? मधुरा पंडित जसराज का बेटा होने का अर्थ क्या होता है ? व्ही. शान्ताराम का नाती होने का अर्थ क्या होता है ? परिवार में जहाँ तक दृष्टि जाए कलाकार ही कलाकार, चोटी के कलाकार, गायक, अभिनेता, संगीत निर्देशक, फ़िल्म-निर्माता-निर्देशक! वट-वृक्ष एक नहीं, वट-वृक्षों का पूरा जंगल। 'यह माना जाता है कि बरगद के पेड़ के नीचे पनपना मुश्किल होता है। तब मैं तो जहाँ तक देखता था एक से एक बड़े कलाकार, सब अपने में बरगद के पेड़ की तरह छायादार, लेकिन मैं उनके नीचे हमेशा बहुत ही छोटा था, सूक्ष्मता का एहसास मुझे होता। मेरे लिए अपने नाना व्ही. शान्ताराम जी और पिता पंडित जसराज, दोनों ही महान् विभूतियाँ, तब जहाँ भी मैं उनका नाम लेता, व्यक्तिगत रूप से चाहे वे सब लोग मुझे बड़ा सौभाग्यशाली मानते हों, व्यवसाय में सब मुझे ऐसे देखते थे, कि अरे, हटाओ! इसे काम की क्या ज़रूरत है! या फिर यदि कोई रचना मैंने बनायी होती तो लोग समझते कि इसे मेरे पिताजी ने बनाया है। उनका नाम यदि मेरे लिए दरवाज़ा खोलने वाला था, तो उसके कारण मेरे कामकाजी जीवन में रुकावटें भी बहुत आयीं, उधर लोग यही समझते रहे कि मेरी अपनी क्षमता कुछ नहीं है।' पंडित जसराज के पुत्र शारंग देव कहते हैं।

'मैंने अपने पूर्व जन्मों में कोई बहुत अच्छे काम किये होंगे कि मैंने पंडित जसराज के बेटे के रूप में जन्म लिया। केवल 13 वर्ष की आयु में मैंने अपना पहला कॉमर्शियल काम किया। एच.एम.वी. के सौजन्य से बच्चों के लिए एक डिस्क निकाली गयी थी। मेरा जन्म मार्च, 1963 में हुआ तो यह घटना सन् 1976 की रही होगी, वैसे मैंने रचनाओं को संगीतबद्ध करना तो केवल 11 वर्ष की आयु में ही कर दिया था। उसके बाद जब मैं 15 वर्ष का हुआ तो अपने नाना जी की एक फीचर फ़िल्म में मैंने संगीत दिया। उस समय मैं 10वीं कक्षा में पढ़ता था। फ़िल्म थी 'राजा-रानी को चाहिए पसीना।' यह बच्चों की फ़िल्म थी और 1979 में बाल-वर्ष के उपलक्ष्य में फ़िल्म फेस्टिवल में गयी थी और वहाँ मेरे काम को विशेष रूप से सराहा भी गया था। मैं अपने बापू जी से तबला बजाना सीख ही रहा था, मैंने निर्णय किया

कि मैं पाश्चात्य शास्त्रीय संगीत सीखूँगा, और मैंने पियानो बजाना सीखा। लन्दन में रॉयल स्कूल ऑफ़ म्यूज़िक से एक कारोस्पांडेंस कोर्स होता है, उसे मैंने पूरा किया और कूद गये दुनियाँ के खेल में।'

शारंग बताते हैं, 'उस वक़्त अभी हमारी दाढ़ी-मूँछ भी नहीं आयी थी और हम काम पर जाते थे। लोग पूछते कि कहाँ से सीखा? मैं बोला अपने पिताजी से सीखा। पूछते—अच्छा ये फ़ीचर फ़िल्म किसकी है? मैंने बोला—मेरे नाना की! लोग मेरा मज़ाक़ उड़ाते कि तेरे को काम करने की क्या ज़रूरत है? जाओ, क्रिकेट खेलो। मुझे लगा कि नहीं, काम बन नहीं रहा है। गाना बनाता हूँ तो लोगों को लगता है कि इसके पिताजी ने कम्पोज कर दिया, फ़िल्म में कुछ करता हूँ तो यह लगता है कि नानाजी ने करा दिया। तब मैंने अपना नाम 'शारंग देव' कहलाना शुरू कर दिया। शारंग देव, शारंग मेरा निजी नाम और 'देव' परिवार का नाम या उपनाम।

अपने सुपुत्र शारंगदेव के यज्ञोपवीत के अवसर पर

वैसे पासपोर्ट में पूरा नाम है—पंडित शारंग देव जसराज।'

पंडित जसराज के साथ शारंग देव का चतुर्मुखी सम्बन्ध है। पहला सम्बन्ध है—पिता और पुत्र का। वह सम्बन्ध जो प्राकृतिक, ईश्वर ने बनाया हैं। दूसरा सम्बन्ध है—मित्र का। खेलने-कूदने का शौक़ होते हुए भी शारंग देव स्कूल में खेल नहीं सकते थे। जन्मते ही दमे की बीमारी को साथ में लेकर आये थे। धूल में खेलते ही साँस की तकलीफ़ होने लगती। स्कूल में कभी फुटबाल खेल लिया तो शाम को दमा अपना ज़ोर पकड़ लेता। लेकिन जब कभी भी उनके बापू जी शहर में होते तब उनके साथ कैरम, टेबल टेनिस, कभी-कभी छत पर ही क्रिकेट आदि खेलते थे। मधुरा जी बताती हैं कि घर में एक टेबल थी, जिसे टेबल टेनिस के लिए इस्तेमाल किया जाता था। शारंग कभी-कभी बापू जी के साथ तबला भी बजाते थे। दुनियाँ भर में उनके साथ संगति करने के लिए घूमे भी। लगभग सात-आठ वर्ष उनके साथ तबला बजाया। दमा इतना प्रबल था कि यह तो निश्चित हो गया था कि गायेंगे नहीं। इस दोनों के सम्बन्ध का तीसरा स्वरूप था गुरु-शिष्य का। शारंग के गाने की सीमाओं को देखते हुए पंडित जसराज ने उन्हें तबला बजाना सिखाया। वैसे कभी-कभी गाने के लिए बैठते थे, रत्तन और दुर्गा और बापू जी के अन्य शिष्य रियाज़ के लिए बैठते, शारंग भी थोड़ा-बहुत सुर लगाते, लेकिन गायन को जीवन नहीं बना पाये। पंडित जसराज का चौथा सम्बन्ध शारंग देव के जीवन में पार्श्व-गायन का है। शारंग देव संगीत निर्देशक बन गये और पंडित जसराज उनके लिए गाते रहे हैं। यह सम्बन्ध इन दोनों के नैसर्गिक सम्बन्ध की ही तरह महत्त्वपूर्ण है।

शारंग देव जब पंडित शारंग देव जसराज से केवल शारंग देव बन गये तब संगीत निर्देशन के क्षेत्र में उनको स्वीकृति भी सहज ही मिलती गयी। पहली फ़ीचर फ़िल्म आयी—13 पन्ने। उसमें हेमा मालिनी ने 13 अलग-अलग स्त्रियों का अभिनय किया था। 1985-86 में सीरियल आया—कबीर। इसके संगीत निर्देशन से शारंग को बहुत यश मिला। उससे पहले डाक्यूमेंट्री तथा विज्ञापन फ़िल्मों के साथ जुड़ गये थे और उनमें संगीत देते थे। 'क्या करें, संगीत कहीं न कहीं से तो बाहर आना ही था।' शारंग देव कहते हैं।

शारंग देव जब बड़े हो रहे थे तब पंडित जसराज घर में तो कम ही रहते थे। अक्सर कई-कई दिन तक प्रोग्रामों के सिलसिले में बाहर रहते। यात्रा अधिकतर ट्रेन से होती थी, इसलिए यह समय और भी अधिक बढ़ जाता था। स्कूल में शारंग का पढ़ाई में मन नहीं लगता था। हर समय संगीत में ही डूबे रहते, यह धुन, वह बैक ग्राउण्ड स्कोर, गा नहीं सकते तो क्या! उसमें रमने पर तो कोई पाबन्दी न थी। लेकिन शारंगदेव की 'आई' यानी

माँ यानी मधुरा जी चाहती थीं कि लड़का थोड़ा बहुत तो पढ़-लिख जाए। पढ़ाई का महत्त्व वह बहुत अच्छी तरह से जानती थीं। इसलिए कहतीं कि कम-से-कम बी.ए. तो कर लो। 'बी.ए. करके मैं करूँगा क्या!' मैं उनसे कहता। 'मैं कहीं भी अपने आपको उस पढ़ाई से जुड़ा हुआ नहीं पाता जो कॉलेज में होती है। न ही वह मुझे चतुर बनाने वाली थी और न ही मेरे इस काम में मदद करने वाली थी जो मैं जीवन में अपनाने वाला था। कैसे भी खींच-खाँच कर, कोशिश करके मैं बी.ए. के दूसरे वर्ष तक तो पहुँच गया था, लेकिन फिर उसके आगे नहीं चल पाया और मैं अपने संगीत निर्देशन में बहुत अधिक व्यस्त होता चला गया। मैं सीरियल्स में म्यूज़िक देता। 'कबीर' बन गया था। 'मालगुड़ी डेज़' किया। उसके बाद भरमार हो गयी। उड़ान, मृगनयनी, जुनून, ओं नमः शिवाय तथा और बहुत से सीरियल। मैंने कम से कम इन सीरियल्स के चार हज़ार एपीसोड किये होंगे।'

फिर धीरे-धीरे शारंगदेव पंडित जसराज के साथ रिकॉर्डिंग भी करने लगे। इन बाप-बेटे के सम्बन्ध ने एक नया ही रूप ले लिया। सन् 1987-88 तक तो तबले पर संगति करते रहे और उसके पश्चात् उनके साथ रिकॉर्डिंग का सिलसिला शुरू हो गया। सन् 1992 के बाद तो यह नियमित हो गया। यद्यपि पंडित जसराज पहले भी शारंगदेव के लिए गा चुके थे। 'कबीर' में भी उन्होंने 'टाइटल म्यूज़िक' गाया था। 'रितु फागुन नियरानी, कोई पिया से मिलाये' भी कबीर में पंडित जसराज ने गाया था। श्याम बेनेगल की एक फ़िल्म 'सुष्मन' में भी पंडित जसराज ने शारंगदेव के संगीत निर्देशन में गाया था। यह भी कबीर का ही एक भजन था।

पंडित जसराज के साथ शारंगदेव का पहला सबसे महत्त्वपूर्ण काम था 'अनुराग'-माला। 'अनुराग', 'कृष्ण-अनुराग', 'शिव-अनुराग'। यह पहले कैसेट्स में आया था। पंडित जसराज द्वारा गाया हुआ हवेली संगीत का एक स्वरूप कहा जा सकता है—'कृष्ण-अनुराग' को। 'उस वक़्त कितना ही टेप मैंने ऐसे ही काट कर फेंक दिया होगा, उस वक़्त कम्प्यूटर पर तो कुछ काम होता नहीं था, और मैं उसे एडिट नहीं कर सकता था। हम लोग वेस्टर्न आउटडोर स्टूडियो में रिकॉर्डिंग कर रहे थे। यह सन् 1992-93 की बात है। दिन में मैं पिताजी की रिकॉर्डिंग करता था। साथ ही साथ मैं दूसरे स्टूडियो में जिंगल रिकॉर्ड करता था। बापू जी जिस समय खाना खाते या थोड़ा आराम करते उस समय मैं भाग कर 'जिंगल्स' की रिकॉर्डिंग का काम दूसरे स्टूडियो में कर आता था। फिर रात में इलेक्शन्स के गाने रिकॉर्ड करता। चाहे जिस पार्टी का काम आता, वह हाथ में ले लेता। टेलीविज़न का काम बड़ा काम था। सीरियल का तो ऐसा है कि चाहे जो हो, एपीसोड को तो टेलीकास्ट होना ही है। 'अनुराग' के बाद

बहुत सारे एलबम बापू जी के साथ किये। 'इंडिया-टुडे' के म्यूज़िक टुडे के लिए भी बहुत एलबम किये। बापू जी के साथ एक बहुत बड़ा काम किया—'माण्डूक्य उपनिषद्' का। उसमें एक वर्ष से भी अधिक समय लग गया। उस एलबम को बनाते समय मैं बापू जी के बहुत निकट आ गया। यूँ तो हम दोनों पहले से ही बहुत नज़दीक थे, लेकिन इस एलबम ने हमें भावनात्मक रूप से बहुत अधिक जोड़ दिया। बापू जी मुझे बहुत स्वतन्त्रता देते थे। जब मैं संगीत निर्देशक का चोला ओढ़े होता था तब वह मेरे पिता या मेरे गुरु नहीं होते थे। उस समय वे मेरे लिए केवल मेरे गायक होते थे। जब तक मैं 'ओ.के.' न कर दूँ, वो चैन नहीं लेते थे। मेरे 'ठीक है बापू जी' कहने के बाद भी वो पूछते कि शारंग सही-सही बोलो, अगर एकदम सही है, तभी 'ओ के' बोलना, नहीं तो फिर से करते हैं। मैं बोलूँ कि वैसे तो ठीक है, लेकिन उस जगह ज़रा-सी ग़लती हो गयी। वो कहें, ठीक है, उसको वापस करेंगे।'

पंडित जसराज जैसा बड़ा संगीतकार शारंगदेव के निर्देशन में गाएगा, इस बात को पचा पाना थोड़ा कठिन है। लेकिन ऐसा होता था, हमेशा। 'हम लोग साथ में बैठकर एक रास्ता देख लेते थे। फिर बापू जी उस पर बहुत अधिक चिन्तन-मनन करते थे। फिर मुझे बुलाते और कहते कि इधर बैठ जाओ। हम लोग एक साथ फिर से विचार करते और किसी एक निर्णय पर पहुँचते और फिर रिकॉर्डिंग करते। जब तक निर्देशक के रूप में मैं सन्तुष्ट नहीं हो जाता, तब तक हम लोग टेक ही करते रहते थे। बापू जी मेरी 'ओके' के बिना आगे नहीं बढ़ते थे, उनको मुझ पर इतना अधिक भरोसा था और अभी भी है। एक एलबम आया था—'बैजू'। यह बैजू बावरा पर एलबम था। किसी वजह से मुझे बुलाया नहीं गया, स्टूडियो में रिकॉर्डिंग थी और मैं नहीं था। या मुझे बाद में उस योजना के साथ जोड़ा गया था। पहला एक 'टेक' हो गया। बापू जी ने 'आई' को बोला कि शारंग को बुलाओ, उसको बोलो अन्दर बैठने को। यदि वो 'ठीक' बोलता है तो ठीक, नहीं तो नहीं। दूसरे लोग अन्दर बैठ के वाह-वाह कर रहे थे, मैंने 10 मिनट सुना और कहा कि नहीं, ये पंडित जसराज नहीं हैं। मैंने कहा बापू फिर से रिकॉर्ड करते हैं। फिर से 10 मिनट रिकॉर्ड किया और फिर मैंने कहा नहीं, बापू ये नहीं चलेगा। कल करेंगे। वो बोले-क्यों? मैं तो ठीक गा रहा हूँ! मैंने कहा-नहीं, आपकी आवाज़ ठीक नहीं है। हम लोग फिर नीचे कार के पास खड़े होकर बात करते रहे। मैंने कहा कि बापू जी, आपकी आवाज़ ठीक नहीं है। वो बोले—क्यों, क्या हो रहा है? मैंने कहा-आपकी आवाज काँप रही है। बोले-अच्छा? मैंने कहा—हाँ। बहुत सोचने के बाद बोले कि हो सकता है। मैं ब्लड-प्रेशर की दवा ले रहा हूँ। मैंने कहा कि फिर आपको उसे ठीक

करना पड़ेगा। वो बोले, ठीक है, मैं उसे कम कर लेता हूँ। घर जाके आराम करता हूँ, कल रिकॉर्डिंग करेंगे। तुमने सही पकड़ा यार।'

मंच पर एक हजार श्रोताओं के सामने गाना, और स्टूडियो में रिकॉर्डिंग के लिए गाना, ऐसा लगता है कि दोनों में बहुत अन्तर है। मंच पर गाने की आवाज़ और रिकॉर्डिंग के लिए गाने की आवाज़, दोनों अलग हैं। 'ज़मीन आसमान का फर्क है।' शारंग कहते हैं। 'आईना है आपकी रिकॉर्डिंग। स्टूडियो आर्टिस्ट बनना कोई आसान काम नहीं है। स्टूडियो में आप दो बार, तीन बार रिकॉर्ड कर सकते हैं, लेकिन वहाँ आपकी आवाज़ की बारीक से बारीक कमी भी पकड़ में आ जाती है। इसी तरह आवाज़ की सभी अच्छाइयाँ भी पकड़ में आ जाती हैं। मंच पर परफार्मेंस में हमेशा अच्छा ही करना पड़ता है। रिकॉर्डिंग में आप जो भी गाते हैं, वह पब्लिक में जाता है और हमेशा के लिए दस्तावेज़ बन जाता है। मंच पर जो गाते हैं, वह गाने के तुरन्त बाद वहीं का वहीं रह जाता है, जनता केवल उसकी याद को अपने साथ लेकर जाती है। इसलिए दोनों ही अलग माध्यम हैं जिनका असर भी अलग-अलग होता है। एक बार 'माण्डूक्य उपनिषद्' की रिकॉर्डिंग के समय हमने 'दरबारी' को तीन बार रिकॉर्ड किया। पहली बार रिकॉर्ड किया, ठीक नहीं लगा। फिर उसको एडिट करके सुनाया, ठीक नहीं लगा। दूसरी बार रिकॉर्ड किया तो आवाज़ ठीक नहीं थी। मैंने कहा बापू, आपको एक बार फिर से करना पड़ेगा। वो बोले, अच्छा ठीक है। बापू तीसरी बार आये। तब मैंने सभी को एडिट करके एक साथ लगाया। एक 'दरबारी'।'

हमारे जैसे श्रोताओं के लिए जो रिकॉर्डिंग की दुनियाँ से परिचित नहीं है, यह नयी चीज़ है। हमारे लिए तो जब कलाकार मंच पर गाता है और वह सुनने में अच्छा लग रहा है, कानों को अच्छा लग रहा है, मन को अच्छा लग रहा है, वही अच्छा गायन है। यह सब एक नया पक्ष उजागर करता है जिसे पंडित जसराज के गायन के परिप्रेक्ष्य में समझना आवश्यक है।

'आपने जो 'कृष्ण-अनुराग' सुना है, वह स्वयं पंडित जसराज की गायन-प्रक्रिया में भी एक नया प्रयोग था। इससे पहले वो केवल ख़्याल गाते थे या कभी-कभी 'माता कालिका।' 'कृष्ण-अनुराग' ने पंडित जसराज को आध्यात्मिक स्तर पर बहुत ऊँचा उठा दिया, न केवल उनके निजी जीवन में, अपितु गायक के रूप में भी। इस समय हम जो कर रहे थे, वह एक ऊँची पर्वत श्रृंखला पर चढ़ाई का पहला क़दम था। बापू जी 'ओं नमो भगवते वासुदेवाय' गाते थे, 'गोविंद दामोदर माधवेति' गाते थे, लेकिन 'कृष्ण-अनुराग' के बाद ये भी दिव्यता की उत्तरोत्तर ऊँचाइयों को स्पर्श करने लगा। स्टूडियो

कलाकार बनने के बाद परफार्मिंग आर्टिस्ट के रूप में भी बापू जी की गरिमा, उनकी महिमा में बहुत वृद्धि हुई है। इन दोनों रचनाओं को वो कहाँ से कहाँ ले गये हैं, यह उनकी आध्यात्मिक यात्रा में बहुत महत्त्वपूर्ण है।'

शारंग देव से बात करके पंडित जसराज के व्यक्तित्व और कृतित्व में एक अलग ही पक्ष से परिचय होता है। पिता, मित्र, गुरु और पार्श्वगायक। इन सभी पक्षों को जानना अपने आप में एक बहुत सुखद अनुभव है।

सन् 2008 में 'राग सिंफनी' नाम से पंडित जसराज और शारंग देव का एक एलबम आया। यह अपने आप में एक अनूठा एलबम था। जब उसकी रिकॉर्डिंग की तैयारी चल रही थी, पंडित जसराज उन दिनों अमेरिका में थे। जब वहाँ दिन होता और भारत में रात, शारंग उन्हें फ़ोन करते और एक-एक बन्दिश का अर्थ समझते जिन पर संगीत आधारित था। इसकी रचनाएँ चतुर्वेद—ऋग्वेद, यजुर्वेद, सामवेद तथा अथर्ववेद के मीटर पर—छन्द पर आधारित हैं। इन सभी का अपना अलग छन्द, अपनी अलग लय है। शारंग ने आग्रह किया कि बापू जी, इनका मीटर तो अलग है, लेकिन सभी को एक ही टेम्पो में गाइए। आप एक लय में बिना उसका मीटर यानी छन्द को छोड़े हुए इसे गाकर मुझे दीजिए। तब उन्होंने उसको रिकॉर्डिंग करके वहाँ से भेजा। उसे शारंग ने पूरा यहाँ दुबारा से लिखा और एक स्कोर तैयार किया। फिर बापू जी का निर्देशन ट्रैक दुबारा से उसे एडिट किया। फिर उसे जो आकार दिया कि पहले क्या जाएगा, बाद में क्या, कौन से वाद्य प्रयोग किये जाने चाहिए, कौन से छूट गये, सब किया। 10 मिनट की रिकॉर्डिंग को तैयार करने में महीनों की मेहनत लगती है। रात को स्वरों को अपने दिमाग़ में लेकर सोना, बीच रात में किसी नयी उपज के साथ जागना, उसे याद करके लिखना और फिर अगले दिन उसका फिर से उपयोग करना यह अपने में एक अपनी ही दुनिया है।

शारंग देव आज भारत के सबसे वरिष्ठ गायक के बेटे हैं, लेकिन स्वयं वह नहीं गाते। इसका अफसोस नहीं होता? 'नहीं, बिल्कुल नहीं। मुझे अफ़सोस नहीं होता। बल्कि मैं अपने मन में बहुत शान्ति महसूस करता हूँ। बरगद के पेड़ के नीचे दूसरा पौधा नहीं आता, इसलिए मैंने अपने लिए एक अलग आसमान चुन लिया, अलग धूप चुन ली जिसमें, जिसके नीचे मैं कुछ कर सकूँ। मेरे पिता भारतीय शास्त्रीय संगीत के 'सुपर स्टार' हैं। गाने की राह को चुनकर मैं अपना जीवन और कठिन क्यों बनाता! मुझे लगता है कि मुझे दमे की बीमारी होना, मेरे लिए ईश्वर का दिया हुआ एक बहुत बड़ा वरदान है। इसके कारण मैं अपना रास्ता चुन सका। लेकिन सच मानें तो यह रास्ता बापू जी का ही बनाया हुआ, उन्हीं का दिखाया हुआ था। संगीत तो आखिर उन्हीं से मुझे मिला है।

पिछले जीवन में मैंने कुछ अच्छा ही किया होगा कि मैं पंडित जसराज और मधुरा जसराज का बेटा हूँ।'

शारंग का अपने पिता के साथ बहुत गहरा भावनात्मक सम्बन्ध भी है। अपनी माँ के साथ उनके सम्बन्ध को व्याख्यायित करना कठिन है। सन् 2000 में शारंग अपनी पत्नी सरिता, तथा बच्चों ईश्वरी एवं ऋषभ् के साथ छुट्टी मनाने मारीशस में गये हुए थे। पंडित जसराज उन दिनों अमेरिका में थे। मधुरा जी का फ़ोन शारंग को आया और उन्होंने कहा कि तुम अमेरिका चले जाओ, तुम्हारे बापू जी को दिल की तकलीफ़ हुई है और परिवार में से कोई भी वहाँ नहीं है। शारंग ने कहा कि माँ आप या दुर्गा क्यों नहीं जाते? लेकिन किसी कठिनाईवश वे दोनों ही मुम्बई से निकल नहीं पा रहे थे। शारंग तुरन्त भारत लौटकर आये और अगली फ्लाइट से न्यूयॉर्क चले गये। उसके पास अमेरिका का वीज़ा पहले से था। अत: जाने में कोई कठिनाई नहीं हुई। पंडित जी ने शारंग को देखा और प्रसन्न हो गये कि तुम आ गये हो, सब ठीक है। शारंग कहते हैं, 'बापू के चेक-अप के बाद बाईपास होना निश्चित हुआ। मुझे उनके ऑपरेशन की ज़िम्मेदारी लेते हुए सब काग़ज़ों पर दस्तख़त करने थे। मेरे ऊपर बहुत बड़ी ज़िम्मेदारी थी। बापू के लिए ऑपरेशन ज़रूरी था, और मैं उनके काग़ज़ों का दस्तख़त करते समय सोच रहा था, प्रार्थना कर रहा था कि हे प्रभु, सब कुछ ठीक-ठाक करना। ये भारत के रत्न हैं। पूरे देश को इन पर नाज़ है। मेरे ऊपर मेरे पिताजी की ही ज़िम्मेदारी नहीं है, पूरे देश की आशाओं और प्रेम की ज़िम्मेदारी है। वह कैसा भावुक क्षण था, उसकी याद करते ही आज भी मैं सिहर जाता हूँ।'

पंडित जसराज का बेटा होना, बहुत गौरव का विषय तो है ही, बहुत बड़ा दायित्व भी है।

76

दुर्गा का जन्म होने वाला था। जसराज जी ने मधुरा जी से कहा कि चलिए, कलकत्ता चलते हैं। डॉ. भारती बड़े भाई साहब की शिष्या है और कलकत्ता की नम्बर 1 गाइनोकोलोजिस्ट है। हींग लगे न फिटकरी। वह सब काम आसानी से करा देंगी। सिर्फ़ आने-जाने का किराया लगेगा। वह रामकिशन मिशन अस्पताल में इंचार्ज हैं। तो मधुरा जी ने कहा कि मैं तो वैसी ही डिलीवरी कराऊँगी जैसी मेरी माँ ने शारंग देव के समय करवायी थी। उससे कम का तो कोई सवाल ही नहीं है। जसराज जी ने समझाया कि अपने पास उतना पैसा नहीं है। फिर भीकू भाई को पत्र लिखा कि भीकू भाई हालात बहुत गड़बड़-घोटाला चल रहे हैं। मधुरा जी ज़िद पे उतरी हुई हैं, नहीं तो मैं कलकत्ता जाकर आराम से डिलीवरी करवा सकता था। दो-चार प्रोग्राम करवाओ। बहुत ज़्यादा खर्चा नहीं था, फिर भी दो-तीन प्रोग्राम तो चाहिए ही थे। 'अब साहब, उन्होंने दो प्रोग्राम करवा दिये। दुर्गा के जन्म का जो समय था, उसी दिन हमारा प्रोग्राम था, गुज़रात में। शारंग के जन्म के समय भी ऐसा ही हुआ था। शारंग के जन्म के समय बड़े भाई साहब और मेरा डुएट था—नवसारी में। और दुर्गा जब पैदा हुई तब मेरा भीकू भाई के साथ डुएट था, बिल्लीमोरा में। मधुरा जी की व्यवस्था उसी पुरंदरे अस्पताल में करवायी, वही कमरा जहाँ वह शारंग के समय में थीं। वही रूम, वही डॉक्टर, वही स्टाफ वगैरह। उस ज़माने में रोज़ के 55 रुपये लगते थे, दाई-वाई के 15-20 रुपये। कुल मिलाकर 70-80 रुपये दिन का ख़र्चा था। डॉक्टर का 300 रुपये और। दो-तीन दिन पहले ही मधुरा जी अस्पताल पहुँच गयीं, तो वो रोज का ख़र्च। डिलीवरी के समय डॉक्टर को सूचना दी गयी। लेकिन डॉक्टर साहब टाई पहनकर तैयार होने लगे और तब तक दुर्गा का जन्म हो गया। तो डॉक्टर साहब के पैसे बच गये। वहाँ से बचत का सिलसिला शुरू हो गया।

'मधुरा जी की माँ ने देखा कि जिस दिन गणपति जी को खाना खिलाने के लिए गौरी आती है, उसी दिन दुर्गा का जन्म हुआ। उसके बाद श्राद्ध शुरू हुआ। अनन्त चतुर्दशी के बाद जो पूनम आती है, वही श्राद्ध है। और श्राद्ध के दिनों में घर नहीं ले जाते हैं। तो वो बोलीं कि इनको दो-तीन दिन में ही घर लेकर जाना है, यहाँ श्राद्ध के दस दिन नहीं रखना

है, तो पहले ही घर ले आये। तो दुर्गा के पैदा होने से लेकर घर आने तक बचत-ही-बचत। मैं इनके आने के बाद घर में लेटा हुआ था और मुझे ऐसा लगा कि कोई मेरे सिर के पीछे खड़ा है। उन्होंने कहा कि देखो, ये दुर्गा है। इसका नाम दुर्गा रखना। परिवार में बाक़ी जितने बच्चे हैं, उनके

सुपुत्री दुर्गा के साथ

नाम 'एस' से हैं—शान्ताराम जी के नाम के 'एस' के पीछे। जैसे—सुशांत, सुजीत, शारंग—सभी नाती-पोतों के। जब मैंने पापा से यह सपना सुनाया तो वे बोले, मैं कुछ नहीं कह सकता भइया। ये तुम्हारा सपना है। तो पापा जी मान गये। इस तरह दुर्गा का नाम 'दुर्गा' रखा गया।'

भीकू भाई तब भी वहाँ आ गये, तरह-तरह की गुज़राती फरसाण लेकर। नमकीन, खमया, शेव, दही-बड़े। आइसक्रीम का बड़ा डिब्बा भर के सुबह-सुबह भेजते थे कि नाश्ता बनाने की जरूरत ही नहीं पड़ती थी। खांडवी, ढोकला, सब कुछ होता था। भीकू भाई ने जसराज जी के गाढ़े वक़्त में उनका बहुत साथ निभाया।

77

एक बार उस्ताद शुजात ख़ाँ ने मुझसे कहा था कि किसी ऐसे बड़े कलाकार के घर में जन्म लेकर जो स्वयं अपने क़द से भी ऊँचा कलाकार हो, ज़मीन पर खड़े होना और फिर अपनी जगह बनाना कितना मुश्किल काम है, यदि इसे समझना हो तो दुर्गा जसराज से पूछिए। शायद शुजात जी के दुर्गा के संघर्ष को समझने का कारण यह रहा होगा कि वह स्वयं उस्ताद विलायत ख़ाँ के साये के नीचे अपने साये को ढूँढ़ने की कोशिश करते रहे। लेकिन दुर्गा किसी और ही मिट्टी की बनी है। वह अपने आप को संसार की सबसे भाग्यशाली बेटी मानती हैं। संघर्ष अपनी जगह, सौभाग्य अपनी जगह है।

'शब्द कम रह जाएँगे। मुझे बहुत बार यह अनुभूति होती है, यह कहने की बात नहीं है, अनुभूति होती है कि मेरे बहुत सारे जन्मों के संचित पुण्य कर्म होंगे जिनके कारण मैं इस घर में पैदा हुई हूँ। बापू जी का पिता के रूप में मिलना और उन्हीं का गुरु के रूप में भी मिलना, कितने बड़े सौभाग्य की बात है। यह बात अगर बचपन में ही समझ में आ जाए, लोग तो गुरु को ढूँढ़ने में जीवन व्यतीत कर देते हैं, और मेरे गुरु मेरे घर में, मेरे आँख खोलते ही मेरे सामने थे। यदि आप शिष्य हैं तो गुरु आपको बहुत सारी चीज़ें बता सकते हैं लेकिन घर के गुरुकुल में आप जो कुछ सीखते हैं, वो किसी पाठशाला में नहीं सीख सकते। आप अपनी हर साँस में सीख रहे होते हैं। साँस-साँस में कुछ न कुछ सीखने को मिलता है, बस आपको पहचानने की आवश्यकता है। इसकी वजह से कुछ दिक्कतें भी होती हैं, क्योंकि उम्र में आप बहुत छोटे हैं लेकिन बुद्धि का, मस्तिष्क का विकास उस माहौल में रहने के कारण हो चुका है। आपका रियाज़ उतना नहीं है, लेकिन समझ बहुत ज़्यादा है। यह तो संगीत है, लेकिन व्यक्ति के रूप में अपने पिता को लेकर मन में 'अधिकार' का भाव आना असम्भव नहीं है। वो हैं तो हमारे पिता लेकिन उनके समय पर केवल आपका अधिकार नहीं है। इतने-इतने लोगों के बीच उनका समय इतना अधिक बँट जाता है कि उसकी सही-सही माप-तौल करने में, उसे समझने में बहुत समय लग जाता है। अपने अन्दर जैसे एक युद्ध चलता रहता है। गुरु के रूप में वे यदि सब शिष्यों के हैं तो पिता के रूप में सिर्फ़ मेरे क्यों नहीं। यह समझ तो हो जाती है, लेकिन इस सत्य को मानने में बहुत समय व्यतीत हो जाता है।

जब अपने पिता की आवश्यकता होती है, तब आसपास और कुछ दिखायी नहीं देता, कुछ समझ में नहीं आता। मेरे साथ भी यही हुआ। लोगों में इसे लेकर बहुत ग़लतफ़हमी हो जाती है, क्योंकि वे समझ ही नहीं सकते कि हमारे मन के भीतर क्या झंझावात चल रहा है।'

पंडित जसराज का घर हमेशा से ही एक खुला घर रहा है। उसमें चाहे जो आये, जब आये, जब तक रहे, तब तक रहे! उनके बड़े भाई एवं गुरु पंडित मणिराम के समय में कलकत्ता में भी ऐसा ही होता था, बाद में मुम्बई आने पर इनके घर के दरवाज़े भी हमेशा खुले थे और आज भी सभी के लिए खुले हैं। ढेर सारे शिष्य, मित्र, सम्बन्धी-जब-तब आना-जाना, रहना, सोना, खाना सब। वह घर चाहे एक कमरे का हो अथवा बड़ा-सा बंगला। कहते हैं कि दिल में जगह हो तो झोंपड़ी भी महल बन जाती है और न हो तो पूरी धरती भी वामन के तीन पगों में बँट गयी महसूस होती है। संगीतकारों के घर इतने बड़े होते नहीं कि उसमें छुपाने लायक कुछ हो और छुपाया जा सकता हो। एक खुली किताब के पन्नों की तरह उनके जीवन के पन्नों को पलटना बहुत सहज होता है। जहाँ तक, जब से दुर्गा को स्मरण है, उनके घर में 'निजीपन' नाम का कुछ भी नहीं था। किसी के पास उनका-अपना कोना, केवल अपना कहलाने को कुछ भी नहीं था। बचपन से ही दुर्गा ने स्वयं को हरदम बापू के शिष्यों से घिरा हुआ पाया। उनके शिष्य कई-कई वर्षों तक घर में ही रहते-शारंग, दुर्गा और रत्तन की तरह। कुछ लोग तो आठ साल, दस साल। फिर एक बैच जाता तो दूसरा आ जाता। इसलिए इन बच्चों ने बापू और आई, दोनों को सबके साथ बाँटना सीख लिया। जो छात्र घर में रहते नहीं थे, वो लोग भी सुबह से रात तक आते-जाते रहते। बेडरूम से लेकर रसोईघर तक। दुर्गा को लगता है कि बहुत सारे सितारे, अपने निजी जीवन, व्यक्तिगत जीवन को लोगों के सामने लाने में कतराते हैं, लेकिन इनके घर में ऐसा कुछ भी नहीं था। हर समय दस-बारह लोग तो घर में रहते ही थे। रात हो गयी तो वहीं पर सो भी गये। किसी के माथे पर एक क्षण को भी शिकन नहीं आती थी। 'बापू जी ने अपने छात्रों को चुना, लेकिन सबको बड़ा आई ने किया। आई ने उन सबके लिए घर में जगह बनायी। बापू जी के शिष्यों को बनाने में आई का बहुत बड़ा हाथ है।'

पहले घर बहुत छोटा था, एक बेडरूम, हॉल। सब लोग हॉल में ही सो जाते थे। मगर घर में रहना, खाना, उठना-बैठना, सबका एक जैसा, एक साथ था। कोई छात्र बहुत निर्धन परिवार से आता तो कोई बहुत सम्भ्रान्त परिवार से। किसी को उनकी पारिवारिक परिस्थिति के कारण अथवा आर्थिक सम्पन्नता के कारण कोई विशेष ध्यान दिया गया हो, ऐसा नहीं था। यदि किसी पर विशेष ध्यान दिया गया तो वह उसकी योग्यता के कारण। दुर्गा कहती हैं—'यह मेरे जीवन में बहुत महत्त्वपूर्ण बात है कि बापू जी स्टेज पर

हैं, पर यदि किसी छात्र ने अच्छा गाया तो उसे शाबाशी मिली, और यदि मैंने ग़लती की तो मुझे डाँट पड़ी। यह मेरे लिए मेरी गीता है। किसी तरह का पक्षपात बापू जी ने नहीं किया। मैंने बहुत बड़े-बड़े कलाकारों को देखा है कि स्टेज पर उनका कोई शिष्य बेहतर कर रहा है, लेकिन वो अपने बेटा या बेटी को आगे बढ़ा रहे हैं। बापू जी ने हमेशा सबको बराबर मौक़ा दिया। जिसने भी अच्छा किया, उसे शाबाशी मिली। मैं भी उसी राह पर चलने की कोशिश करती हूँ। कोई यदि अच्छा गाता या बजाता है तो स्वाभाविक है कि वह ज़्यादा प्यारा या प्यारी हो जाते हैं। मैं भी यही सोचती हूँ कि किसी के भी साथ पक्षपात क्यों? मैं संगीत को लेकर कोई भी राजनीति नहीं करती और संगीत मेरे लिए भगवद्गीता ही है।'

छुटपन में खाली समय में सभी बच्चे कैरम से लेकर क्रिकेट तक खेल खेला करते थे। अपने संगीत के कार्यक्रमों के बाद जितने दिन भी पंडित जसराज घर में रहते, बच्चों के साथ, शिष्यों के साथ गाना, रियाज़ के अलावा खेलने-हँसने का भी दौर बहुत चलता था। मधुरा जी सभी को खेलने के लिए प्रोत्साहित करतीं। कहतीं कि स्पोर्ट्स से मन-मस्तिष्क और शरीर का सन्तुलन बना रहता है। उसका बहुत सकारात्मक प्रभाव पड़ता है। दिमाग़ तन्दुरुस्त रहे तो मंच पर बाकी कलाकारों, संगतिकारों के साथ तालमेल बनाना आसान हो जाता है। मंच पर पूरी एकाग्रता की आवश्यकता होती है। यह एकाग्रता शारीरिक और मानसिक दोनों होती है। जितना एकाग्रचित्त होंगे उतना ही प्रभावशाली एक-दूसरे के साथ तालमेल होगा। शरीर स्वस्थ है, तो मस्तिष्क पर भी वैसा ही प्रभाव पड़ेगा। और यदि मन-मस्तिष्क सन्तुष्ट हैं, तो शरीर भी वैसे ही स्वस्थ रहेगा। जैसे स्पोर्ट्स मैन एक पूरी टीम को साथ में लेकर चलता है, वह अपने लिए तो खेलता ही है, पूरी टीम के लिए भी खेलता है। वैसे ही एक संगीतकार भी पूरी टीम को साथ में लेकर चलता है। वह स्वयं और अपने लिए तो गाता ही है, उसके गाने में मंच पर बैठे हुए सभी कलाकार, हारमोनियम, तबला, तानपुरा आदि भी सम्मिलित होते हैं और बहुत महत्त्वपूर्ण होते हैं। रियाज़ की वजह से आपके गले की मांसपेशियाँ काम करती हैं और यह खेलकूद से सम्भव होता है। आप देखती होंगी कि बड़े-बड़े खिलाड़ी मैच से पहले हैड-सेट लगाकर संगीत सुनते रहते हैं। वे कहते हैं कि संगीत हमारे मन-मस्तिष्क को शान्त रखता है। बचपन के खेलकूद ने दुर्गा के मन को एकाग्रचित्त रखने में बहुत साथ दिया।

बचपन में दुर्गा को बापू जी से डाँट बहुत पड़ती। शिष्यों को शाबासी और दुर्गा को डाँट। 'इस बात की मुझे बहुत नाराज़गी भी रहती कि बापू जी मुझे इतना क्यों डाँटते हैं। कभी-कभी तो इतनी डाँट पड़ती कि लगता कि दीवारों में 'क्रैक' आ जायेगी। यदि पिटाई कर देते तो शायद चार-छह

हड्डियाँ टूट जातीं। फिर शान्त हो जाते तो बहुत पुचकारते, इतने मुलायम कि जैसे कुछ हुआ ही न हो। ख़ुद बहुत शान्त हो जाते जैसे मन ही मन में बहुत तकलीफ़ पा रहे हों। यह सब तब समझ में नहीं आता था, आज सोचते हैं तो समझ में आता है। बापू जी ने दादा और मुझमें कभी कोई फ़र्क नहीं किया। सब कुछ एक जैसा। न डाँट में और न प्यार में। काम में आगे बढ़ता हो तो भी। आज तो स्त्री–पुरुष की बराबरी की बात होती है, हमारे घर में वो हमेशा से रही। कभी–कभी सोचती हूँ कि क्या बापू जी सचमुच हरियाणा के पीली मंदौरी में पैदा हुए थे। वह जगह जहाँ बच्चियों को आगे आने में इतनी दिक्कत होती है, वह विचार भी शायद बापू जी के मन में कभी नहीं आया। जितना सहयोग उन्होंने दादा को किया, उतना ही मुझे भी किया।' दुर्गा बताती हैं।

दुर्गा के कठिन से कठिन क्षणों में भी उनके आई–बापू ने उनका साथ दिया। यहाँ तक कि विवाह के सम्बन्ध-विच्छेद तक में भी उन्होंने कुछ नहीं कहा, हालाँकि दुःखी बहुत हुए। 'किसी भी माँ–बाप के लिए बेटी का विवाह टूटना बहुत कठिन और दुःख देने वाली घटना होती है। मेरा विवाह तो उनकी सम्मति से हुआ, लेकिन जब मैं जीवन के ऐसे कगार पर आकर खड़ी हो गयी कि मुझे उस सम्बन्ध में से बाहर निकलना ही पड़ा तो मैंने आई–बापू से कुछ नहीं कहा। मैं अकेले ही सारी क़ानूनी कार्यवाही करके आ गयी। मुझे लगा कि यह मेरे जीवन का निर्णय है और मुझे उन्हें तकलीफ़ नहीं देनी है। लौटकर इन लोगों को बताया। ये लोग स्तब्ध थे। विवाह–विच्छेद कोई ऐसी चीज़ नहीं होती है जिसे खुले मन से समझा और स्वीकार किया जाए। ग़ुस्से में भी उन्होंने कुछ नहीं कहा। बचपन में जो बापू जी मुझे डाँटकर आसमान को सिर पर उठा लेते थे, उन्होंने कुछ नहीं कहा। मैं अपने कमरे में जाकर अपना सामान वगैरह बाँध रही थी, क्योंकि उन दिनों मैं वहाँ आयी हुई थी। बापू जी कहीं बाहर जाने वाले थे। जब वो घर से निकल रहे थे तो उन्होंने मुझसे कहा कि तुम मुझे छोड़ने नीचे आओ। मैं गयी। उन्होंने मुझसे केवल एक ही वाक्य कहा कि मैं जब लौटकर आऊँ तो तुम मुझे यहीं मिलनी चाहिए। मैंने कहा—जी, अच्छा। बापू जी टैक्सी में बैठे और चले गये। हम लोग तब शिवाजी पार्क रहते थे। उसके बाद उन्होंने मुझसे कभी इस विषय में बात नहीं की। न कुछ पूछा और न ही कुछ कहा। बहुत बाद में सिर्फ एक बार पूछा— तुम उस दिन अपना सामान पैक कर रही थीं, कहाँ जाने वाली थीं? मैंने कहा कि मैं श्रीकृष्ण लॉज में जाने वाली थी, क्योंकि वहीं मुझे एक ठीक-ठाक-सी जगह लगती थी जिसे मैं एफोर्ड कर सकती थी। उस समय यदि उनका साथ न होता तो क्या होता, पता नहीं। लेकिन मैं भी उनका ही ख़ून हूँ। कुछ न कुछ तो कर ही लेती, इतना तो सौ प्रतिशत मालूम है।'

दुर्गा जसराज, मधुरा पंडित जसराज, अवनी जसराज मेहरा और पुनीत मेहरा के साथ पंडित जसराज

दुर्गा, पंडित जसराज, मधुरा जी और शारंग देव

दुर्गा, पंडित जसराज एवं रत्तन मोहन शर्मा

सुपुत्र शारंग देव के साथ

पंडित जसराज की पुत्रवधू सरिता एवं मधुरा जी

पौत्र पंडित ऋषभ देव, पौत्री ईश्वरी पंडित मजूमदार, दौहित्री अवनी जसराज मेहरा के साथ

रत्तन मोहन शर्मा एवं उनकी पत्नी एकता

पुत्रवधू सरिता के साथ

स्वर्ण मन्दिर, अमृतसर में दौहित्री अवनी जसराज मेहरा, प्रपौत्री तृषा मेहरा के साथ

पौत्री ईश्वरी पंडित मजूमदार, उनके पति सिद्धान्त मजूमदार, मधुरा जी के साथ

पंडित मणिराम के पुत्र दिनेश पंडित, पुत्री योगाई शर्मा एवं उनके परिवार के सदस्यों के साथ पंडित जसराज

पंडित मणिराम, पंडित प्रतापनारायण तथा पंडित जसराज का परिवार

भतीजे दिनेश और उनकी पत्नी तनु के साथ

परिवार एवं शिष्यों के साथ पंडित जसराज

बच्चों के साथ खेलते हुए पंडित जसराज

बग्घी की सवारी करते हुए

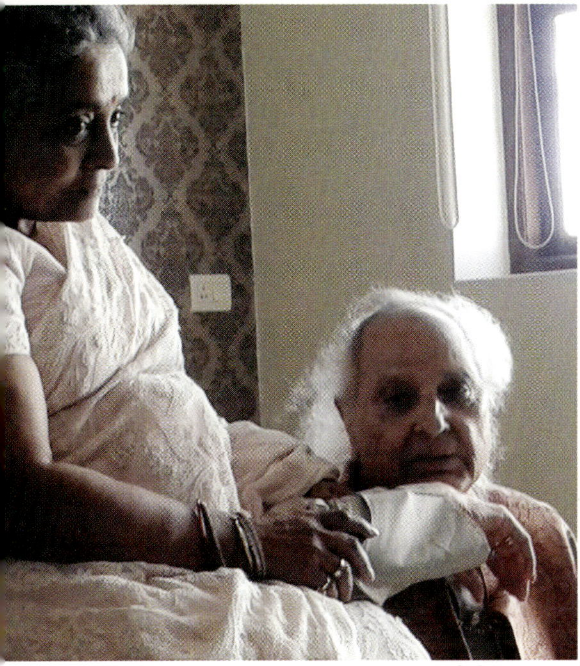

मधुरा जी के साथ विभिन्न मुद्राओं में पंडित जसराज

हेलीकॉप्टर के चालक के रूप में पंडित जसराज

हेलीकॉप्टर के चालक का प्रमाण-पत्र प्राप्त करने के पश्चात पंडित जसराज

वडाली बन्धुओं के साथ

पंडित मधुप मुद्गल और श्री सुरेन्द्र शर्मा के साथ पंडित जसराज

संगीत की तीन विभूतियाँ : पंडित जसराज, पंडित शिवकुमार शर्मा एवं उस्ताद ज़ाकिर हुसैन

डॉ. एल. सुब्रह्मण्यम के साथ जुगलबन्दी करते हुए

'आर्ट एण्ड आर्टिस्ट्स' के कार्यक्रम का दीप प्रज्ज्वलित करते हुए डॉ. ए.पी.जे. अब्दुल कलाम, पंडित शिवकुमार शर्मा, श्री जावेद अख़्तर, श्रीमती राजश्री बिडला, पंडित हरिप्रसाद चौरसिया, श्री जगजीत सिंह एवं पंडित जसराज

पंडित जसराज के 88वें जन्मदिवस पर पंडित शिवकुमार शर्मा, स्वामी हरिस्वामी, आचार्य श्याम मनोहर गोस्वामी दीप प्रज्ज्वलित करते हुए। साथ में हैं गुंदेचा बन्धु

तृप्ति मुखर्जी, डॉ. ए.पी.जे. अब्दुल कलाम के साथ पंडित जसराज

पद्म विभूषण से अलंकृत होने के पश्चात राष्ट्रपति भवन में

पंडित जसराज का स्वरमंडल तथा आभूषण

Aaj to
आनंद
आनंद
CELEBRATING THE 88TH BIRTHDAY OF SANGEET MARTAND PANDIT JASRAJ
AJIVASAN HALL, 1ST FLOOR
6:30 PM ONWARDS
ORGANIZED BY
PANDIT JASRAJ SCHOOL OF MUSIC FOUNDATION, MUMBAI

दुर्गा को इस बात का बहुत गौरव है कि वो पंडित जसराज की बेटी हैं। पंडित मोतीराम की पोती, पंडित मणिराम की भतीजी। उन्हें इस बात पर भी बहुत गर्व है कि वो डॉ. व्ही. शान्ताराम की नातिन हैं, मधुरा जसराज की बेटी हैं। इतने सारे बड़े-बड़े नाम हैं। इन सब की बहुत अच्छी-अच्छी यादें हैं। बहुत अच्छे संस्मरण हैं। आज जब अपने आई-बापू जी के साथ बैठती हैं तो अपने भाग्य पर नाज़ करती हैं। मन में आता है कि मैं ऐसा क्या करूँ कि जो उन सबके यश में थोड़ी वृद्धि करे। जो उनके योग्य हो। कभी सोचती हैं कि सानन्द बापू और मोटे बापू साहब (महाराजा जयवन्त सिंह जी और पंडित मणिराम जी) की याद में ऐसा कुछ नया करें जिससे उनके प्रति इनका प्रेम व्यक्त हो सके। इन सभी ने इतनी सारी बन्दिशें बनायी हैं। दुर्गा जिस नये काम को हाथ में लेती हैं वह इन सभी के इर्द-गिर्द घूमता है। केन्द्र में स्वयं उनके पिता पंडित जसराज और आसपास बाक़ी सब गुरुजन।

'इनमें से हर व्यक्ति का काम महासागर है, महाकोश है। मैं कभी किसी एक का गाना सुनती हूँ या वीडियो देखती हूँ तो लगता है कि अरे, यह तो समझ में ही नहीं आया। इन सभी पर एक-एक शोध प्रबन्ध लिखा जा सकता है। कभी-कभी मैं रात को दो-तीन बजे तक अंकिता के साथ बात करती हूँ कि मैं बापू जी के गायन के किस पक्ष पर काम करूँ। अकेले उन्हीं के गायन ने इतने सारे पक्ष हैं। कभी पापा (व्ही. शान्ताराम) को अध्ययन और समझने की कोशिश करती हूँ। उनके भी कितने सारे पक्ष हैं। यह बहुत घुटन भरा भी हो सकता है, क्योंकि ये सब ज्ञान और कला के विशाल समुद्र हैं और मैं उसमें एक छोटा-सा बिन्दु। समझ में नहीं आता कि क्या करूँ। कभी बहुत छटपटहाट होती है, लेकिन फिर उसमें से कोशिश करके बाहर निकलती हूँ और एक नयी सर्जना का बीड़ा उठाती हूँ। इतने बड़े वृक्ष पर जो पहले से हरा-भरा और पल्लवित है, यदि मेरे प्रयास से उसमें दो पत्तियाँ भी नयी निकल आयें तो यह बहुत बड़ी उपलब्धि है।'

साधना घाणेकर (सरगम) और दुर्गा की आयु में केवल छह महीने का अंतर था। साधना, दुर्गा से छह महीने बड़ी हैं और जब बच्ची ही थीं तो पंडित जसराज के पास गाना सीखने आयीं। साधना की आवाज़, उनका सुर, उनकी अदायगी, उसका सौन्दर्य, उसकी प्रतिभा, सब कुछ मिलाकर ईर्ष्या का बहुत बड़ा कारण। दुर्गा को साधना से बहुत ईर्ष्या होती कि जैसी साधना है वैसी मैं क्यों नहीं हूँ। जैसा साधना गाती है, मैं क्यों नहीं गाती। जैसा वह कर सकती है, वैसा मैं क्यों नहीं कर सकती। लेकिन फिर ख़ुद ही सँभल भी जातीं कि साधना मुझसे बेहतर गाती है। दुर्गा वह समझतीं और उस ईर्ष्याभाव से ऊपर उठने की कोशिश करतीं 'एक बार बापू जी ने कहा कि तुम्हारी आवाज़ में ज्यादा रौशनी है। मुझे बहुत अच्छा लगा। मैं गाना चाहती थी, बहुत गाना चाहती थी। लेकिन मुझमें वह प्रतिभा गाने

की नहीं थी, मैं जानती थी। साधना हर चीज़ को इतने अच्छे तरीक़े से निभाती थी। फिर वह ईर्ष्या धीरे-धीरे करके प्यार में बदल गयी। जलन कम, प्यारा ज़्यादा हो गया और अब हम दोनों में बहुत अच्छी दोस्ती है। कुछ समय पहले एक फ़िल्म का प्रीमियर था, ललित मेरी बगल में बैठा था। मैंने उससे कहा कि ललित, बापू जी के गाने की रूह यदि कोई जानता है तो वह है—साधना। यदि साधना को तानपुरा देकर, उसका मोबाईल, फ़ोन, टेलीविज़न वगैरह सब हटाकर छह महीने के लिए उस तानपुरे के साथ एक कमरे में बिठा दें तो फिर देखें कि मेवाती घराना कहाँ जाएगा। यदि बापू जी के संगीत को किसी ने रूबरू समझा है, तो वह साधना है। संजीव से कभी ईर्ष्या नहीं हुई। बाक़ी और किसी शिष्य के साथ नहीं।'

व्यक्ति के रूप में दुर्गा-शारंग को यह तो हर समय लगता था कि उनके बापू जी को जो समय आपके साथ व्यतीत करना चाहिए था उसमें और बहुत सारे लोग होते हैं और इनके लिए उनके पास समय ही नहीं होता। लेकिन यह भी था कि उनके 'बापू जी' हमेशा लोगों से घिरे हुए ही रहते थे, जमघट में ही रहते थे। फिर उसकी आदत भी हो गयी। कभी-कभी बापू जी से दस मिनट चाहिए और उनके पास समय नहीं है तो बुरा भी लगता और ग़ुस्सा भी आता। फिर उसमें मज़ा भी आने लगा क़्योंकि वह पूरा माहौल ही तो था जो घर बनाता था। बापू जी की उपस्थिति महत्त्वपूर्ण थी। कभी अपने बापू जी का ध्यान बाँटने के लिए दुर्गा गुस्सा हो जातीं, उस व्यक्ति पर नाराज़ होतीं जो सामने बैठा होता, लेकिन वह ग़ुस्सा उस व्यक्ति पर नहीं, बापू जी का ध्यान आकर्षित करने के लिए होता था। 'मैं कोई निर्णय लेना चाह रही थी और उसके लिए बापू जी का साथ चाहिए था और वह नहीं मिल पा रहा था। तब मैं क्या करती, मैंने ख़ुद से निर्णय ले लिया। बाद में बापू जी ने पूछा—ये कैसे हुआ, तो मैंने कहा कि आपके पास समय नहीं था, मैंने निर्णय ले लिया।'

दुर्गा-शारंग की आई, यानी मधुरा पंडित जसराज उस घर की धुरी हैं। उस घर की रीढ़ हैं। बाकी सब लोग कहीं भी चले जाएँ, लेकिन मधुरा जी हैं तो घर है। कभी यदि ऐसा हुआ कि वे घर में न हों तो घर का पूरा वातावरण बहुत अस्त-व्यस्त हो जाता है। वह कर्त्ताधर्ता हैं पंडित परिवार की। मधुरा जी बहुत पढ़ती-लिखती रहती हैं और अध्ययनशील हैं। इससे बहुत स्वस्थ वातावरण बना रहता है। वे दुर्गा को बीच-बीच में सुझाव भी देती रहती हैं। मुझे पढ़ने का बिल्कुल शौक़ नहीं है और आई बहुत पढ़ती हैं। दुर्गा कहती हैं—'मैं बहुत कम, बहुत धीरे-धीरे पढ़ती हूँ। आई जल्दी से पढ़ भी लेती हैं और गहराई से चिन्तन भी कर लेती हैं, फिर मुझे समय-समय पर सुझाव भी देती हैं। कोई भी बौद्धिक वार्तालाप वो मज़े में निभा लेती हैं। कभी मुकुन्द चाचा जी आयें और बापू जी शहर

में न हों तो मज़े में दो-ढाई घण्टे तक वो किसी भी विषय पर, बल्कि किसी भी धीर-गम्भीर विषय पर उनसे बातें कर लेती हैं। कभी श्याम बाबा आते हैं और बहुत काव्यात्मक तथा आध्यात्मिक चर्चा भी होती है।'

दुर्गा अपनी आई के विषय में और परिवार की परम्परा के विषय में कहती हैं, 'हमारे घर का जो माहौल हैं उसमें पंडितों के घर में कोई पुरानी परम्परा नहीं है जो पीढ़ियों से चली आ रही हो। ऐसी कोई मान्यता या पूजा नहीं है जिसके बारे में यह ज्ञान हो कि ये इतने वर्षों से हमारे घर में परिपाटी चली आ रही है। हमारे यहाँ जो कुछ भी रीति-रिवाजों का पालन होता है, वह सब आई ने ही खोजबीन की है। पंडित परिवार तो बहुत शहरों में घूमता रहा, पीली मंदौरी, वर्धा, हैदराबाद, सानन्द, कलकत्ता, मुम्बई। तो अलग-अलग जगह से रीति-रिवाजों को समेट कर कौन लाता। बापू जी तो यूँ भी अक्सर बाहर ही रहते थे। तो हमारी आई ने बहुत छानबीन की। उन्हीं की वजह से कुछ परम्पराएँ हमारे घर में बनी हैं कि किस अवसर पर क्या होगा, क्या पूजा होगी, क्या रीति-रिवाज होंगे। कौन-से त्योहार पर क्या खाना बनेगा, आई तय करती है।'

'बड़ी बात यह है कि आई बापू जी के व्यक्तित्व से घबराती नहीं हैं। वरना यदि पति-पत्नी में किसी एक का व्यक्तित्व बहुत बड़ा हो जाये तो दूसरा व्यक्ति उसके बोझ के तले दब जाता है। आई ने हालाँकि अपने गाने और प्रोफेशन को आगे आकर नहीं बढ़ाया, लेकिन उनकी रचनात्मकता बहुत विशेष है। उनकी सोच बहुत विशेष है। परिवार के सारे सदस्यों में तालमेल बनाकर चलना और साथ-साथ अपना लिखना-पढ़ना, डाक्यूमेंट्री, पुस्तकों का काम भी जारी रखना—ये कोई कम नहीं थे। बापू जी के अक्सर पास में न रहने के बावजूद हम लोग स्कूल भी गये, हम लोग पास भी हो गये। बिना स्कूल से नाम कटे हुए, बिना बार-बार स्कूल बदले हुए। सब आई के कारण। वरना मेरे बहुत सारे चचेरे भाई-बहिन हैं, मेरे ताऊ जी वगैरह को उनके स्कूल कब ख़त्म हो रहे हैं, नयी क्लास कब शुरू हो रही है, बहुत बार जब तक वे लोग अपने संगीत के दौरों से वापस घर पहुँचते थे स्कूल का सेमिस्टर शुरू हो चुका होता था और नयी क्लास में दाखिला नहीं लिया होता था। फिर ताऊ जी वगैरह अपनी जान-पहचान के स्कूलों में जाते थे और बच्चों का दाखिला होता था। वैसे हमारे दोनों मोटे बापू का रुतबा बहुत था। लोग उनका बहुत आदर करते थे। हमारे बापू जी को पता होता था कि हम लोग कौन-सी क्लास में पढ़ते हैं, हमें, जब शहर में वो होते तब लेने भी आते और स्कूल में छोड़ने भी आते। अब क्या पढ़ते हैं इसका पता हमें ख़ुद को नहीं था तो बापू जी को तो क्या ही पता होगा। वो हमें स्कूल में छोड़ने बहुत कम आये हैं, मगर आये हैं। 20 साल पहले हमारे स्कूल में बापू जी का प्रोग्राम हुआ। तो उन्होंने

वहाँ कहा कि ये शारंग-दुर्गा का स्कूल है।'

पंडित जसराज और मधुरा पंडित जसराज की बेटी होने के अलावा दुर्गा बहुत सारे काम करती हैं और करती रही हैं। अभिनेत्री, निर्देशक, मॉडलिंग, डिजाइनिंग, सूत्रधार और मंच-संचालन और अब सबसे बड़ा काम प्रोग्रामों तथा किसी विशेष विषय का चुनाव और मनन करके उसे नये-नये रूपों में प्रस्तुत करना। दुर्गा की कम्पनी 'आर्ट एंड आर्टिस्ट्स' कलाकारों के साथ आज इस तरह से जुड़ी हुई है जैसे शायद ही और कोई कम्पनियाँ या लोग जुड़े हों। इसे समझने के लिए इस विषय पर थोड़ा-सा अधिक कहना होगा। दुर्गा अपने नाना व्ही. शान्ताराम की फ़िल्मों के सेट्स पर जो सज्जा देखती थीं—सब चमचमाते हुए, विशेष प्रकाश व्यवस्था, एक-एक चीज़ को उसका सही केन्द्र मिलता था। जब वह संगीत के कार्यक्रमों में जातीं तो वही गेंदे के फूल, वही सफ़ेद चादर, वही सब बैनर, कहीं कोई नयापन नहीं, वही सब एक ही तरह की प्रकाश-व्यवस्था। सन् 1992 में वह टाइम्स ऑफ़ इंडिया ग्रुप के तत्कालीन डायरेक्टर प्रदीप गुहा के पास गयीं और उनसे कहा कि आप 'फ़ेमिना मिस इंडिया' का आयोजन करते हैं, फैशन शो करते हैं, उसमें वही पुराना घिसा-पिटा संगीत पीछे से बजाते हैं। उसमें शो के चरित्र के अनुसार संगीत-रचना करनी चाहिए। प्रदीप गुहा को उनकी बात समझ में आयी और उन्होंने दुर्गा को 'फ़ेमिना मिस इंडिया' का संगीत रचने के लिए कहा। ऐसा संगीत जिसका उनके शो के साथ सम्बन्ध हों। हालाँकि यहाँ यह बात एक ही वाक्य में लिख दी गयी है, लेकिन वास्तव में प्रदीप गुहा को यह बात समझाने में दुर्गा को कई दिन लग गये। यह दुर्गा ने अपनी निजी क्षमता और योग्यता के बल पर पूरा किया था। इस बीच ए एन ज़ेड ग्रिंडलेज़ बैंक के लिए उनका कॉरपोरेट कैलेंडर तैयार किया। किसी अन्तर्राष्ट्रीय संस्थान में अपनी योग्यता के बल पर इतना बड़ा काम उनके लिए बहुत महत्त्वपूर्ण था। इस विषय वस्तु के शोध से लेकर प्रकाशन तक तीन वर्ष का समय लग गया। तब ऐसे थोड़े-बहुत काम वह करती रहीं, लेकिन एक काम वह नियमित करती थीं—ज़ी टीवी में जाकर बैठना और उनसे कहना कि मुझे एक आधे घण्टे का प्रोग्राम निर्माण करने दें। दुर्गा कहतीं कि दूरदर्शन पर जो दिखाया जाता है वह बहुत उबाऊ होता है। आज लोग कुछ नया देखना चाहते हैं। वे लोग पूछते कि आप प्रोग्राम को बनाने के बारे में जानती क्या हैं ? दुर्गा कहतीं 'सब कुछ,' मैं व्ही. शान्ताराम की नवासी हूँ, प्रोग्राम का 'निर्माण' मेरे ख़ून में है। वे लोग हँसते। संगीत को उन्होंने सबसे बड़े गुरुकुल में सीखा था, वह पंडित जसराज के घर का गुरुकुल था। उस समय ज़ी टीवी के ऑफ़िस में केवल एक महिला बैठती थीं और एक दिन दुर्गा के पास फ़ोन आया कि हम आपको प्रोग्राम बनाने का काम तो

नहीं दे सकते, आप 'अन्त्याक्षरी' का संचालन कीजिए। यह वह काम नहीं था जो दुर्गा करना चाहती थीं। दुर्गा कहती हैं—'मुझे सोचने में 10 सेकेंड लगे, लेकिन मुझे लगा कि यदि टेलीविजन पर मेरी पहचान बन गयी तो शायद लोग मेरी बात सुनने लगेंगे और वह काम करने देंगे जो मैं वास्तव में करना चाहती हूँ।' वह पहचान ऐसी बनी कि दुर्गा टेलीविज़न की सुपरस्टार बन गयीं। आगे-पीछे बॉडीगार्ड। दुर्गा जान चुकी थीं कि यह बहुत बड़ा माध्यम है जन-मानस तक पहुँचने का। और लम्बे अर्से तक 'अन्त्याक्षरी' करने के बाद उन्हें 'स्टार प्लस' चैनल से उनके मन का प्रोग्राम करने का अनुबन्ध मिल गया।

'उत्सव', 26 एपीसोड। उधर अभिनय चल रहा था। 'चन्द्रकान्ता' और 'अन्त्याक्षरी' लोगों के पसन्दीदा कार्यक्रम थे। स्टार प्लस के अनुबन्ध के बाद दुर्गा ने निश्चय किया कि अब नियमित रूप से टेलीविज़न में अभिनय का सिलसिला बन्द करना होगा। चार-चार शिफ्ट में जो काम करती हैं, वह नहीं चलेगा। सोनी, स्टार प्लस, ज़ी से फ़ोन आते रहे अभिनय के लिए लेकिन दुर्गा ने स्वीकार नहीं किया। जैसे पंडित जसराज ने निर्णय लिया था कि तबला नहीं बजाऊँगा, इन्होंने निर्णय लिया कि अभिनय में समय नहीं देंगी और अपने प्रोग्राम तैयार करेंगी। यूँ इक्का-दुक्का प्रोग्राम टेलीविज़न पर कर लेती हैं, लेकिन नियमित रूप से कुछ नहीं।

दुर्गा जो कुछ भी करती रहीं, वह संगीत के ही इर्द-गिर्द है। कुछ चीज़ें पंडित जसराज को कुछ अलग लगती हैं, लेकिन वो समझते हैं कि यह 'कुछ अलग' भी संगीत का ही एक पक्ष है। वैसे उनके लिए संगीत का अर्थ है—गाना। इधर कई वर्षों से वो इस बात को बख़ूबी समझते हैं कि दुर्गा जो 'अलग' कर रही हैं, उसकी बहुत अहमियत है। संगीत को आगे की पीढ़ी तक पहुँचाने में। सन् 2006-2007 में उन्होंने दुर्गा से कहा कि मुझे ख़ुशी है कि आज तुम यह काम कर रही हो। अगर तुम गातीं तो केवल अपने-आप को आगे बढ़ातीं। आज तुम हज़ारों लोगों के बारे में सोचती हो और उनको संगीत से जोड़ती हो। तुम बीमार कलाकारों को आर्थिक मदद देने के बारे में सोचती हो। तुम उनका इलाज मुफ़्त करवाने की कोशिश करती हो। ऐसा कौन सोचता है कि उनके घरवालों पर कैसा बोझ पड़ रहा है। दुर्गा एक घटना का वर्णन करती हैं—'एक बार हम बापू जी की सालगिरह पर सिद्धि विनायक मन्दिर जा रहे थे। दो लोग वहाँ मिले, उन्होंने बापू जी के पैर छुए, मेरे पैर छुए। हमें समझ में नहीं आया कि क्यों छू रहे हैं। तो वो बोले कि पंडित जी, दुर्गा जी की वजह से हमारे पिता जी दो साल अधिक ज़िन्दा रहे। इन्होंने उनका इलाज करवाया। एंबुलेंस को डायलेसिस के लिए लाने-ले जाने की व्यवस्था करवायी, यहाँ तक कि हमारे आने-जाने के लिए भी व्यवस्था करवायी। उसका भी हमें

ख़र्चा नहीं होता था। मैं कम्पनियों के पास जाती हूँ, बीमार कलाकार के बारे में उन्हें बताती हूँ और कहती हूँ कि आप मुझे पैसे मत दीजिए, आप सीधे अस्पताल को ही इलाज का ख़र्चा दीजिए। बापू जी ने जब यह सुना तो कहा कि तुम जो कर रही हो, ठीक कर रही हो।'

संगीत सीखने के लिए दुर्गा ने छात्रवृत्तियाँ बाँट दी हैं। कोई कम्पनी से व्यवस्था नहीं होती तो स्वयं ही करती हैं।

पंडित जसराज अब दुर्गा की बात समझते हैं कि शास्त्रीय संगीत को एक नये स्वरूप में लोगों तक ले जाने की आवश्यकता है।

'संगीत को हमें उस स्तर पर ले जाना है जिस स्तर पर क्रिकेट है। उसे लाखों लोग समझते हैं, खेलते हैं। जब 'तिरंगा' की परिकल्पना की तो बापू जी यदि उसके लिए 'हाँ' नहीं बोलते तो वह उसे नहीं कर पातीं। सब लोग 'कुछ हट के' वाले चिन्तन को स्वीकार नहीं करते। 'तिरंगा' कार्यक्रम से श्रोताओं का स्तर कुछ अलग ही हो गया। वह स्तर शास्त्रीय संगीत के सामान्य कार्यक्रमों से अलग था। उसकी प्रस्तुति एकदम बदल गयी। उसकी प्रस्तुति का ख़र्चा उतना ही है जितना कलाकारों का ख़र्चा, या उससे भी ज़्यादा। मैं समझती हूँ कि संगीत के प्रोग्राम के लिए आपका आकर्षित होना भी उतना ही ज़रूरी है जितना कि उस संगीत का आपकी आत्मा को सुख देना है। यदि कोई सुनने आएगा ही नहीं तो किसी को कैसे मालूम होगा कि आप क्या गा-बजा रहे हैं?

'बापू जी बोलते हैं, लता मंगेशकर ने पूरे देश को सुरीला बनाया। शास्त्रीय संगीत के लिए आपको पीएच.डी. करनी पड़ती है। वहाँ कितने छात्र हुए? शास्त्रीय संगीत के दायरे में रहते हुए हमने राग को तो नहीं बदला? तिरंगा का जो स्वरूप बना, उसे मैंने यदि आकर्षक बनाया और उसे देखने के लिए लोग आये, तो उतने लोगों का तो शास्त्रीय संगीत के साथ परिचय हुआ न! अगली बार फिर वो एक नये कार्यक्रम में आएँगे जिसका स्वरूप एकदम अलग होगा। वो उस जिज्ञासा से आएँगे कि देखते हैं, अब क्या करती हैं। इस तरह आहिस्ता-आहिस्ता शास्त्रीय संगीत को एक अलग पीढ़ी स्वीकार करने लगती है।' इन नयी परिकल्पनाओं की श्रेणी में दुर्गा ने तिरंगा के बाद 'जलसा', 'पंचतत्त्व', 'तबले पर राग' आदि का संयोजन किया और पंडित जसराज ने इन सभी को अपना आशीर्वाद दिया।

पंडित जसराज कहते हैं कि आज की पीढ़ी बहुत अच्छा गा-बजा रही है। संगीत रहेगा। शास्त्रीय संगीत का भविष्य बहुत समृद्ध है। दुर्गा भी तो संगीत को बनाये रखने का काम कर रही हैं। 'मैं यह मानती हूँ कि वह समय गया जब हम सिर्फ़ संगीतकारों, कलाकारों के बारे में सोचें। यह बात मैं बहुत बलपूर्वक कहूँगी। बहुत अच्छे-अच्छे, बड़े-बड़े

कलाकार बैठे हुए हैं, जिनके नाम को कोई जानता ही नहीं है। 'जलसा' तथा 'लोकसंगीत' के कार्यक्रमों को करके मैं 10,200 कलाकारों के साथ जुड़ चुकी हूँ। उनके साथ काम करके मुझे यह पता चला कि उनकी क्या क्षमता है, उनकी क्या अहमियत है। कला और कलाकार पर दया करना बन्द कीजिए। जब आप यह मानते हैं कि संगीत शिव जी के डमरू से निकला, कृष्ण जी की बाँसुरी से निकला, तब आप होते कौन हैं कि किसी के पास जाके यह कहें कि आप इसे बचा लीजिए वरना यह लुप्त हो जाएगा। जो लोग इस मानसिकता के साथ स्पांसर ढूँढ़ने जाते हैं तो मैं उनसे बिल्कुल सहमत नहीं हूँ। संगीत रहेगा और अपने अधिकार के साथ, खुशी के साथ रहेगा। हम जो कर रहे हैं, उसे करने में क्या हम ख़ुश रह सकते हैं? क्या हम अपने स्पांसर को खुश कर सकते हैं कि उसने जिस चीज़ में अपना पैसा लगाया, वह सही था। संगीत में यह ताकत है। मेरा 200 प्रतिशत मानना है कि संगीत तो सबको सुख ही देगा।'

दुर्गा जसराज पंडित जसराज की बेटी है, और पंडित जसराज का नाम सारा काम कर जाता है। दुर्गा को बार-बार, हर बार यही सुनने को मिलता रहा है। वर्षों पहले भी यही आलोचना होती थी, अब भी अक्सर होती है। 'लेकिन एक बार कोई मौक़ा देगा? बार-बार बापू जी के नाम के लिए मुझे कोई अवसर क्यों देगा? आइडिया के साथ 'जलसा' करते हुए ग्यारह वर्ष हो गये। इतने सारे प्रोडक्शंस किये। हर प्रोग्राम के साथ लोगों का विश्वास मुझ पर बढ़ता जा रहा है। यह ईश्वर की कृपा है। बापू जी, आई तथा गुरुजनों का आशीर्वाद है, सब मित्रों की शुभकामनाएँ हैं, और मेरी मेहनत है। और मैंने इस रास्ते पर, संगीत के इस रास्ते पर चलना नहीं चुना। संगीत ने अपने साथ चलने के लिए मुझे चुना है। मैंने बहुत ईमानदारी के साथ अपना रास्ता बनाने की कोशिश की, फिर रास्ते ने मेरा साथ दिया।'

दुर्गा अपने बापू जी और आई के साथ ही रहती हैं। उस घर की केन्द्रबिन्दु यदि मधुरा जी हैं, तो मधुरा जी एवं अपने बापू जी की चौबीसों घण्टे चिन्ता करने वाली दुर्गा हैं। बेटी हैं, और चाहे घर में हों या घर से बाहर, मुम्बई में हों अथवा मुम्बई से बाहर, बापू जी की, आई की चिन्ता उन्हें रहती है, हरदम। घर की, एयरकंडीशनर की, प्लम्बर की, काम करने वाली बाई के आने न आने की, दवाई की, डॉक्टर की, सभी आवश्यकताओं की चिन्ता दुर्गा को रहती है। दुर्गा बेटी है। दुर्गा पंडित जसराज और मधुरा जसराज की बेटी है, लेकिन बेटी से भी अधिक कुछ हैं। बहुत कुछ हैं।

78

'मैं, रत्तन मोहन शर्मा, जब से जन्मा हूँ तब से मुझे मामा जी की याद है। हमारे घर में माँ मामा जी की बात करती ही रहती थीं। मैं मुम्बई आया 1975 में। शुरू में जब हम लोग बैठते थे तो गिरीश दादा (गिरीश वज़लवाड) और चंदू मामा (चन्द्रशेखर स्वामी) सिखाते थे। वही सरगम सिखाते रहते थे। शारंग और दुर्गा भी बैठते थे। इनके साथ-साथ मुझे भी बिठाना शुरू कर दिया। तो मेरी शिक्षा भी चलती रही। उसी समय स्कूल में एक प्रतियोगिता का आयोजन हुआ। वसन्त देसाई जी के देहान्त के बाद स्कूल में उनकी याद में एक बड़ी प्रतियोगिता आयोजित की गयी। पूरे महाराष्ट्र से उसमें प्रतियोगी आये थे। उसमें सेमीफाइनल, फाइनल सब था। उसमें सभी प्रतियोगियों ने फ़िल्मी गाने ही गाये थे। क्लासिकल मैंने ही गाया। अमीर ख़ाँ साहब का 'झनक-झनक पायल बाजे। पायलिया की रुनक झनक पर छम छम मनवा नाचे। झनक-झनक पायल बाजे।' उस समय आज की सारी गायिकाएँ—आरती अंकलेकर, देवकी पंडित आदि उस प्रतियोगिता में सब थीं। मैं उस प्रतियोगिता में सेमीफाइनल तक गया। फाइनल में नहीं पहुँच पाया। उसमें जो मेरा नम्बर आया न, तो उसके बाद सबने कहा कि यह गा सकता है। मैं थोड़ा-बहुत गाता तो था ही। मेरी जब गाने में एंट्री हुई तब उस दिन गुरु पूर्णिमा थी। मैंने ऐसे ही गाँव का एक लोकगीत गाया था—'ऐ बजरंग को कहे घनश्याम, आओ बूँटी पीनन' बजरंग को भगवान् कह रहे हैं कि संजीवनी बूटी कौन लेकर आएगा। मामा जी को और बाकी सबको यह बहुत पसन्द आया था। 1975 में मैं 10-12 साल का रहा होऊँगा। तो सभी ने कहा कि ठीक है, ये कर लेगा। मेरे जो दूसरे बड़े मामा जी थे—पंडित प्रताप नारायण जी, वे मुझे अपने साथ ले गये और उन्होंने मुझे तबला बजाना सिखा दिया। फिर वे कहीं बाहर चले गये तो मुझे इनके पास छोड़ गये। जब मैं इनके यहाँ (पंडित जसराज के पास) पहुँचा तो मामी जी (मधुरा जसराज) ने कहा कि यदि तुम हमारे पास रहोगे तो तुम्हें पढ़ना पड़ेगा। मैं शायद एक-दो क्लास पढ़ के आया था। तो मैंने कहा कि मैं पढ़ूँगा तो फिर मेरा स्कूल में एडमिशन करा दिया—चौथी क्लास में। उसके बाद हमारा गाना शुरू

हो गया। रोज़ शाम को स्कूल के बाद हम सीखते बैठते थे। शुरू से ही अपना— 'सा रे सा नी धा गा रे सा - नी नी धा पा सा सा रे सां नी धा-नी रे मां रे सां नी धा.....' हम लोगों को सिखाते थे सरगम। मज़ा भी आता था। मामा जी (पंडित जसराज) ज़्यादातर प्रोग्राम में रहते थे और हम लोग घर में रियाज़ करते थे। शिवाजी पार्क में उन दिनों घर था। रियाज़ करवाते थे गिरीश दादा या चंदू मामा। मामा जी रेडियो में लाइव गा कर आते थे। और इधर हम सरगम पर काम करते रहे, उस पर पकड़ बनाने की कोशिश करते रहे। एक दिन मामा जी ने कहा कि मैं रेडियो पर गाने वाला हूँ। तुम सुनना। सुनने के बाद मैंने फट से कह दिया कि रामदासी मल्हार गाया था।

मुझे याद नहीं आता कि मैंने कभी भी उनको सामने से बैठ के सुना हो। कभी नहीं। जब से मैं आया हूँ मैं गाऊँ या नहीं गाऊँ, स्टेज पर पीछे ही

रत्तन मोहन शर्मा के साथ

बैठता हूँ। ये सिखाने का जो तरीक़ा है, शुरू से ही ऐसे ही रहा। कभी भी ऐसा नहीं हुआ कि सामने बैठकर सुना हो। शायद उनके किसी भी स्टूडेंट ने नहीं सुना होगा। मेरा तो हमेशा ऐसे ही रहा है, जब भी मैं हूँ, मुझे पीछे ही बिठाएँगें। सामने बैठने में मुझे डर लगता है। सामने बैठकर किसी का गाना सुनता हूँ तो मुझे डर लगता है। उल्टा हूँ। स्टेज पर नहीं लगता। लोगों को स्टेज पर डर लगता है, मुझे सामने बैठकर डर लगता है। मैं आपको हक़ीकत बता रहा हूँ। लोग सामने से सुनकर कहते हैं कि बाप रे, आर्टिस्ट क्या गा रहा है! लेकिन मैं सामने से बैठकर नहीं सुन सकता। मामा जी के साथ में पीछे बैठकर आदत बन गयी।

उनका सिखाने का क्या तरीक़ा है कि अब तुम करो, अब तुम। एक उँगली, कभी दो उँगली। कभी राइट, कभी लेफ्ट, कभी दोनों एक साथ। मैं और तृप्ति कल दोनों उनके पीछे बैठे थे। हम दोनों ही समझ सकते हैं कि दोनों गाओ या एक जना गाओ। उनके इशारे, उनकी उँगलियाँ, उनका कन्धा, उनके चेहरे का साइड।

'अब गाते समय इतना याद रखना कि कौन-कौन पीछे बैठा है, अब किसको गाने के लिए कहना है, यह मानसिक रूप से तैयार रहना भी तो एक कठिन कार्य है। यह कैसे सम्भव होता है?'

इस पर तृप्ति कहती हैं कि गुरुजी का मानना है कि एक व्यक्ति एक समय में 19 काम एक साथ कर सकता है। पूरी एकाग्रता चाहिए। रत्तन कहते हैं कि देखिए, वो हारमोनियम भी सुन रहे हैं, तानपुरा भी सुन रहे हैं, तानपुरा में स्वर कुछ अलग हो गया तो गाना रोककर उसे भी ठीक करते हैं। तबले पर भी ध्यान है, हम लोग क्या कर रहे हैं, क्या नहीं, वह भी सुन रहे हैं, शब्द पर भी ध्यान देते हैं, शब्द क्या आएगा, बन्दिश कैसे चलेगी, सरगम आएगी या आकार, साथ-साथ में परिकल्पना भी चल रही है और हाथ में सुरमंडल भी। ऑडियंस पर तो पूरा ध्यान। श्रोताओं पर क्या प्रभाव पड़ रहा है, उनका रिसेप्शन कैसा है, इसे पूरी तरह से जज करना। अथवा गाना भी जज कर रहे हैं और साथ में हमारा गाना भी। इसके बाद क्या गाने वाले हैं, उसकी तैयारी भी मन में चलती रहती है। जो पीछे बैठे हैं उनसे सपोर्ट में क्या चाहिए, यह भी इशारों से हमें बताते हैं। और यह सब एक पल से भी कम समय में होता है, और पूरे प्रोग्राम के दौरान कौशल हर समय निरन्तर होता है।

हमारे घराने में एक-दूसरे के साथ गाने को मिला देना, दाल में नमक की तरह, दूध और पानी की तरह, बहुत अलग होता है और सुनने वाले को पता भी नहीं चलता कि नदी की धाराओं की तरह एक लहर से दूसरी लहर मिलती जाती है। यह नहीं कि कोई आगे चल रहा है और

कोई पीछे चल रहा है।

एक बात उन्होंने हमें हमेशा से ही समझायी कि कभी यह मत कहो कि आपका प्रोग्राम है। हमेशा यह कहो कि हमारा प्रोग्राम है। यदि यह 'हमारी' वाली फीलिंग नहीं है तो स्टेज पर ही मत बैठो। जब तक 'हमारा' भाव नहीं आएगा, तब तक प्रोग्राम ठीक नहीं होगा। वो स्टेज से कहते ही हैं —आत्मा सो परमात्मा, हम सब जो स्टेज पर बैठे हैं, हम सब की तरफ़ से आप सबको प्रणाम। यह जो परफार्मेंस है, यह हम सब का है। इसलिए स्टेज पर से सबकी ओर से प्रणाम करते हैं, केवल अपनी ओर से नहीं। तो वह सब एक-दूसरे में घुल-मिल जाता है। कहाँ सपोर्ट आया और कहाँ वह गाने में घुल गया, पता ही नहीं चलता।

यहाँ मेरा प्रश्न रत्तन जी से है। 'लेकिन वो इशारे लोगों को कई बार दिखायी देते हैं। कई बार उँगली के इशारे पर कभी-कभी ग़ुस्सा होना, ऑडियंस देख सकती है?'

रत्तन आगे बढ़ते हैं। 'अभी उतना नहीं है। लेकिन पहले बहुत ज़्यादा हो जाते थे। यदि पीछे बैठने वाले ने ठीक से न समझा और सपोर्ट किया तो चिमोटा भी काट लेते थे। गिरीश दादा बताते हैं कि इधर दर्द हो रहा है, उधर स्टेज पर मुस्करा रहे हैं, साथ में गा रहे हैं। शायद अपने छात्रों से उनकी अपेक्षा ऐसी ही है। बिल्कुल सही-सही, सधा हुआ गाने की। प्रीतम और बाक़ी लोगों पर जो नये छात्र हैं, उन पर उतना ग़ुस्सा नहीं हुए। गिरीश दादा ने यह बहुत झेला है, चन्द्रशेखर स्वामी जी ने भी बहुत देखा है। मामा जी स्वयं भी उस समय बन रहे थे। ये सब उस समय के साथ के लोग हैं। संजीव पर इतना ग़ुस्सा नहीं हुए। श्वेता पर भी नहीं। साधना पर भी नहीं। तृप्ति पर बहुत ग़ुस्सा किया है। कला पर थोड़ा-बहुत। कला सहयोगी कलाकार हो जाती है। वैसे ही जैसे हारमोनियम और तबला वाले हैं। अब तबला वाले पर थोड़े ग़ुस्सा करेंगे।

'वह कौन सा स्वर लगाना है, ये भी इशारा करते हैं। जैसे पंचम लगाना है तो पाँच उँगलियों कर देंगे। गान्धार भी इसी तरह समझ में आना चाहिए। यह ट्रेनिंग देखते-देखते समझ में आयी है या बताया गया है कि कैसे किस इशारे का क्या अर्थ है, कुछ बताया गया और कुछ पीछे बैठकर समझ में आने लगी। मैं जब नया-नया आया था, तो कुछ गाना भी नहीं पता था और दिमाग़ भी नहीं चलता था। पीछे बैठना ही मेरे लिए बहुत बड़ी बात हो जाती थी। हमारे लिए यह बड़ी चीज़ थी और हम उड़ते फिरते थे। एक बार हरवल्लभ समारोह में गा रहे थे। और तानपुरा उन्होंने मुझे दे दिया। तब वो बिना तुंबे का तानपुरा शुरू ही हुआ था। उन्होंने उसे मिलाकर मेरी तरफ़ कर दिया। मैंने तो तानपुरा देखा ही नहीं, क्योंकि

मेरा ध्यान कहीं और था। हम तो अपने ही मूड में बैठे थे। इतने लोग हैं, आर्टिस्ट के पीछे जो बैठा है उसे तानपुरा पकड़ के बैठना चाहिए। तो उस बार उन्होंने तानपुरा मिलाने के लिए लिया, मिलाकर मेरी ओर किया, मैंने उसे देखा ही नहीं और तानपुरा गिर गया। तब उन्होंने बहुत ग़ुस्सा किया। उस एक घटना ने मेरी लाइफ ही चेंज कर दी कि जब आप स्टेज पर होते हैं तो आपका पूरा ध्यान वहीं पर होना चाहिए। तो आप समझ रहे हैं? कुछ-कुछ घटना ऐसी घट जाती है कि उसके बाद आप सँभल जाते हैं। यह घटना मेरे जीवन का टर्निंग प्वाइंट थी। उसके बाद बहुत कुछ होता रहा, चलता रहा। मामा जी मुझसे कुछ ज़्यादा ग़ुस्सा होते थे। क्योंकि मुझसे उनकी उम्मीदें बहुत हैं। उनके मन में हमेशा यही रहा कि मुझे कभी ग़लत नहीं होना चाहिए। मुझे हमेशा ठीक ही होना चाहिए। एकदम सही, जैसा वे सोचते हैं। एक बार मैं उनके ग़ुस्से से बहुत परेशान हो गया। जोधपुर में हमारे एक डॉक्टर मित्र हैं। मैंने उनको एक चिट्ठी लिखी कि मुझे वहाँ एक नौकरी दिलवाओ। हमारे मित्र और गुरु भाई हैं न—नीरज पारिख, उन्होंने एक कान्फ्रेंस की थी। उसमें मैंने और राधारमण जी ने पूरिया गाया। वह मामा जी को बहुत पसन्द आया। उसके बाद हम लोग जोधपुर गये एक कान्फ्रेंस के लिए। मैं जोधपुर में नौकरी के लिए पहले ही पत्र लिख चुका था। तो डॉ. साहब ने वहाँ पहुँचते ही बताया कि तुम्हारी रेलवे में नौकरी पक्की है। रेलवे में एक आर्टिस्ट कोटा होता है। तब नौकरी पक्की है ऐसी बात सुनकर मामाजी ने पूछा कि यह नौकरी की क्या बात हो रही है? तब डॉ. साहब ने बताया कि इसने नौकरी के लिए कहा था। मामा जी ने साफ़ कह दिया—यह नौकरी-औकरी कुछ नहीं करेगा। क्योंकि इनका दृष्टिकोण एकदम आगे का है। स्टेज पर वो क्या बताना चाह रहे हैं। उसको यदि हम नहीं समझ सके तो इसमें दोष हमारा ही है। उनकी तो सोच यही है कि जो हमारे साथ, हमारे पीछे बैठे हैं, वो 100 प्रतिशत अच्छा गायें। लेकिन हमारी उम्र में दिमाग़ इतना कहाँ होता है? हमें उनका ग़ुस्सा तो समझ में आया लेकिन उस ग़ुस्से के पीछे हमें आगे बढ़ाने की जो भावना थी, वह समझ में नहीं आयी। वह सब बहुत बाद में समझ में आया। चलता रहा, चलता रहा, वैसे ही। तो अब तक हम उनके पीछे बैठकर गा रहे हैं।

सबसे पहले मैंने राग पूरिया की बन्दिश 'श्याम कुँवर मोरे घर आये। सुन धुन तान प्राण सुख पाये। श्याम कुँवर मोरे घर आये।' सीखी थी। वैसे हम सब बच्चों को भैरवी की कुछ-कुछ चीज़ें भी शुरू-शुरू में सिखाते थे। 'घेर डगर श्याम, घेर डगर श्याम।' और मैं, शारंग और एक-दो बच्चे और थे जो साथ में बैठकर सीखते थे।

मामा जी हम बच्चों के साथ खेलते भी थे। भागना-दौड़ना वो सब करते थे। हम बच्चों के साथ बच्चे बन जाते। लेकिन सब सिखाने बैठते थे तो एकदम बदल जाते। उस समय किसी ने गड़बड़ किया तो झट से मुर्गा बना देते। क्रिकेट बहुत खेलते थे। हम लोग तीसरे माले पर रहते थे। जो भी नया शिष्य था उसकी ड्यूटी होती कि यदि बॉल नीचे गयी तो भाग-भाग कर उसे ऊपर लाना है। मामा जी हमारे जैसे ही हो जाते। मामी जी हमारी इस धमा-चौकड़ी से बहुत ग़ुस्सा होतीं। एक बार हम सब फुटबॉल खेल रहे थे। हमारे सारे खेल तो छत पर ही होते थे, छत काफ़ी बड़ी थी। तो वहीं पास में एक झूमर लगा हुआ था, पंखा भी था। शारंग ने फुटबॉल मारा और बॉल पंखे में अटका और फिर झूमर में लग गया। झूमर टूट गया। हम सब डर रहे हैं कि मामी जी आने वाली हैं, बहुत ग़ुस्सा करेंगी। हम लोग डर रहे हैं और मामा जी भी डर रहे हैं। वह वास्तव में नहीं डर रहे थे लेकिन हम सब बच्चों को यह जता रहे थे कि बस वह हमारे दोस्त हैं और हमारे साथ हैं। मामी जी आयीं किसी ने कुछ कहा, किसी ने कुछ। धीरे-धीरे उनका ग़ुस्सा कम हुआ। और मामा जी हमेशा महसूस कराते कि वह हममें से ही एक हैं। लेकिन गाना सिखाते समय एकदम बदल जाते।

जब मैं आया था, तब गिरीश दादा वहाँ रहते थे। वह बहुत रियाज़ करते थे। वह रात को साढ़े दस-ग्यारह बजे रियाज़ शुरू करते। हम लोग तब तक सो जाते थे। सुबह पाँच-साढ़े पाँच बजे तक रियाज़ करते। वो रात भर गाते रहते थे। मामा जी जब रहते थे तब रात में 2 बजे उठकर ही उनको गाना सिखाने लग जाते। हम लोग भी सोते-सोते सुनते रहते। मैंने बहुत सुना है। एक छोटा-सा कमरा था। उसमें गिरीश दादा रहते थे। वहाँ वो क्या, सभी रहते थे। जो भी आया, वहीं रह जाता था।

पहले मामा जी-मामी जी का एक परिवार था। सब लोग उस परिवार में समा जाते थे। अब दुर्गा, शारंग सभी का परिवार हो गया। पहले सब मामा जी-मामी जी के परिवार के अंग बन जाते थे। आज मेरे घर में भी ऐसा ही होता है। लड़के आते हैं, वैसे ही रहते हैं, वहीं सब सीखते हैं। अब बड़े हो जाएँगे, शादी-ब्याह करेंगे तो हम लोग भी फिर उनके पूरे परिवार को नहीं रख सकते। जैसे-जैसे एक और परिवार की शुरुआत होती है, वैसे-वैसे लोग बढ़ने लगते हैं। मामा जी-मामी जी का एक परिवार था उसमें उनके बच्चे और शिष्य लोग भी, सब घुल-मिल कर एक हो जाते थे।

हम लोगों में से किसी को नहीं लगा कि शारंग या दुर्गा को ज़्यादा सिखा रहे हैं, मुझको या किसी और को कम सिखा रहे हैं। या उन्हें कम डाँट रहे हैं और मुझे ज़्यादा डाँट रहे हैं। मुझे या किसी को भी जब गाना

सिखा रहे हैं, तब कोई बेटा नहीं, कोई बेटी नहीं। उनका रूप ही एकदम बदल जाता था। फिर उसमें यह नहीं देखते कि कौन क्या है। बस गा रहा है या नहीं, ठीक से गा रहा है या नहीं, सुर से कितना भटक रहा है, जो वो सिखा रहे हैं, उसे पूरी तरह से ग्रहण कर रहा है या नहीं, यही सब देखते थे।

ऐसे तो घर में ही गुरुकुल जैसा था। वहाँ हम सब गाना सीखते थे। लेकिन सही मायने में मेरी शुरुआत हुई जब हम लोग 1985 में नसरापुर गये। नसरापुर करजन के पास एक जगह है। उसमें उस समय हम सब थे—संजीव (अभ्यंकर), नीरज पारीख, हेमांग मेहता, सीमा उपाध्ये, राधारमण कीर्तने, अरविंद थट्टे—जो अब हारमोनियम बजाते हैं, विजय साठे-तो हम छह-सात लोग वहाँ गये। तो पहली बार ऐसे सामने बैठकर हमने गाना सीखा, गाना गाया। यह अपनी तरह का हम सारे शिष्यों का पहला शिविर था। उसके बाद 'त्रिशूल' में बहुत सारे शिविर हुए। 1988 के लगभग बहुत लोग आये। तृप्ति (मुखर्जी), गार्गी (सिद्धान्त), पिंकी नाम की एक लड़की थी जो उज्जैन से थी, ये सब आ गये। तब त्रिशूल के उस एक कमरे में हम सबकी क्लास लगती और सब अपना-अपना सीखते।

तृप्ति बताती है कि हमारा गाना त्रिशूल में तो होता ही था, कलकत्ता में भी हुआ। बनारस में हुआ, भोपाल में भी हुआ। बनारस का शिविर तो पन्द्रह दिन तक चला। बस गाना और केवल गाना। दिन-रात गाना ही चलता। ऐसा नहीं कि गुरुजी हमको केवल कैम्प में ही सिखायें। चलते-फिरते, गाड़ी में, टैक्सी में, टेलीफ़ोन पर, जब मौक़ा मिला, एक बन्दिश सिखा दी। एक बन्दिश हमसे सुन ली कि वो जो पिछली बार सिखाया था, उसे सुनाओ, निरन्तर यही सब चलता ही रहता।

रत्तन कहते हैं कि मैंने मामा जी को बहुत सुना। साधना को बिठाकर सिखाते थे (साधना सरगम)। श्वेता (झवेरी) को भी बिठाकर सिखाते। मैं इन्हें बहुत सुनता और साथ में बैठता। देख-सुनकर मैंने बहुत सीखने की कोशिश की। मेरा क्या था, मैं जैसे ही गाना शुरू करता था, पता नहीं उनको क्या हो जाता था बहुत ग़ुस्सा करने लगते थे। इतना ग़ुस्सा आता कि उनका ब्लड प्रेशर हाई हो जाता था। इतना ज़ोर से ग़ुस्सा मेरे ऊपर। मैंने अपने से कहा कि नहीं, मुझे सुनना है। जब वो दूसरों को सिखा रहे होते थे और मुझसे कहते थे-बैठो, तो उन्हें सुनकर, जो वो सिखा रहे हैं उस समय जो समझ में आता है, वो जब ख़ुद सीखते हैं, तब भी समझ में नहीं आता।

तृप्ति इससे पूरी तरह सहमत हैं। ये सच है। सुनने में जो समझ में आता है, वो सीखने में नहीं आता।

वे जो दूसरों को सिखाते वही हमने ज़्यादा सुना। जब सिखाते, हम बैठे हैं। जब किसी को इंटरव्यू देते, हम बैठे हैं कि सुनो, क्या कह रहे हैं। इतने सारे प्रोजेक्ट बनाये, इतने फिलासॉफिकल प्रोजेक्ट तैयार हुए, मामा जी-मामी जी की बातें सुन-सुन के हम लोगों को इतनी ज़्यादा चीज़ें जीवन की समझ में आयीं कि उससे आगे के रास्ते की बहुत सारी चीज़ें आसान होती चली गयीं।

पंडित जसराज का पूरा परिवार संगीतकारों का है। सभी लोग किसी न किसी रूप में संगीत से जुड़े हैं। कोई फ़िल्मों में गये तो कोई गायन में, लेकिन इस पीढ़ी में केवल रत्तन ही शास्त्रीय गायन में आगे बढ़ पाए।

रत्तन कह रहे हैं, आपको लगेगा कि यह हमारा अन्धविश्वास है। लेकिन मैं आपको वास्तविकता बता रहा हूँ। यह बात मेरे नाना पंडित मोतीराम जी को बहुत पहले ही समझ में आ गयी थी। 1934 में जब वो स्वर्गलोक सिधारे तब उन्होंने हमारे बड़े मामा जी को कहा कि भाइयों को (गाना) सिखाना और अपने भांजे को सिखाना।

सिर्फ़ हमारे घराने में ही नहीं, बहुत से घरानों में गाना-बजाना कन्या-पक्ष में जाता ही है। कव्वाल बच्चे घराना-ग़ुलाम रसूल जी ने जो सीखा उसे उनके बेटे ने आगे नहीं बढ़ाया बल्कि उनकी नातिन के घर में शक्कर ख़ाँ और मक्कर ख़ान ने आगे बढ़ाया। रामपुर सहस्वान घराने में इनायत ख़ाँ साहब जो थे, उनको कोई लड़के थे ही नहीं, सब लड़कियाँ ही लड़कियाँ। उनको सिखाया। तो बहुत जगह ऐसा है। मामा जी तो कहते हैं कि तुम भांजे हो इसलिए गाली नहीं दे सकते—बहिन को गाली कैसे दें वो?

हाँ, मेरे नाना पंडित मोतीराम जी अपने मामा पंडित नत्थूलाल जी से गाना सीखे। और पंडित नत्थूलाल जी ने भी उस्ताद घग्गे नज़ीर ख़ाँ से सीखा जो उनकी माँ के मुंह बोले भाई थे। इसका कारण शायद ये हो सकता है कि हमारे यहाँ पिता या चाचा से वो नज़दीकी नहीं होती है। माँ से नज़दीकी होती है तो इस नाते मामा के भी करीब होते हैं। शादी ब्याह में ज्यादातर रस्में मामा ही करता है। बच्चे जब छोटे होते हैं तो अन्नप्राशन में पहला निवाला मामा ही मुँह में देता है। मामा जी में मुझे माँ ही नज़र आती है, केवल चन्द्रबिन्दु का ही फ़र्क है। बाक़ी तो डबल माँ हैं।

हमारे घराने में मामा-भांजा से बहुत चलता है। ऐसे तो घर में सभी गाने वाले हैं—आनन्द, जतिन, ललित, दिनेश, बेस तो सभी का शास्त्रीय संगीत ही है। लेकिन क्लासिकल म्यूज़िक को किसी ने नहीं अपनाया। क्लासिकल म्यूज़िक बहुत कठिन है। पैसा कम है, मेहनत बहुत ज़्यादा है। ऐसे में उसे कौन अपनाना चाहेगा?

79

सरिता को पंडित जसराज की पुत्रवधू बन कर आये हुए 29 वर्ष हो गये। सन् 1989 में उनका शारंगदेव के साथ विवाह हुआ था। विवाह से पहले वह शास्त्रीय संगीत सुनती थीं और पंडित जसराज को भी सुना करती थीं। विवाह के पश्चात् उनका एक अलग ही रूप देखने को मिला। स्नेहिल पिता, और श्वसुर का। यह सम्बन्ध किसी मंच पर बैठे कलाकार के साथ श्रोता का जैसा सम्बन्ध होता है, उससे बहुत अलग था। एक बहुत सफल और ख्यातिप्राप्त कलाकार का मंच पर जो रूप होता है, परिवार के बड़े के रूप में वह रुप क्या हो सकता है, इसकी कल्पना पहले सरिता ने नहीं की थी। वह व्यक्ति जो मंच पर हमेशा तालियाँ लूटता, घर में सरिता

पुत्रबधू सरिता के साथ रसोई में हाथ बँटाते हुए, गुड़ का पराँठा बना रहे हैं

के पिता की तरह सुख-दुःख में हाथ पकड़ने वाला व्यक्ति होगा, ऐसा तो उन्होंने पहले सोचा न था।

'दादर-परेल में तीन माले वाले घर में हम लोग रहते थे। गार्गी, तृप्ति वगैरह तब बापू जी के पास आ चुकी थीं। और भी उनके शिष्य थे। घर जैसे खुले दरवाज़ों वाला घर था, उसमें बापू जी के शिष्य रहते, और परिवार के सदस्य बन जाते थे। हम सब का रिश्ता बहुत प्यारा था, क्योंकि बापू जी अपने सभी शिष्यों को अपने बच्चों की तरह स्नेह करते थे। एक बड़े-बुजुर्ग, पितामह की तरह ही उनका व्यवहार हमेशा से रहा। जैसे वो अपने घर के बच्चों पर लाड़ उड़ेलते थे, वैसा ही व्यवहार उनके शिष्यों के साथ भी था, खाना, मिठाई, घुमाना वगैरह। ईश्वरी और ऋषभ—मेरे दोनों बच्चों का जन्म शादी के बाद जल्दी ही हो गया और इसलिए मैं बापू जी के साथ उनके कांसर्ट्स में या यात्राओं पर नहीं जा सकती थी, लेकिन घर में उनके साथ मेरी बहुत बातें होतीं। उनके साथ बैठकर बहुत आनन्द आता और आज भी जब भी उनके साथ बैठती हूँ, बहुत अच्छा लगता है, सरिता कहती हैं। परेल के उसी घर में शारंग और सरिता की सगाई हुई थी। उसमें व्ही. शान्ताराम जी भी आये थे।'

सरिता बताती हैं कि श्वसुर और पुत्रवधू का सम्बन्ध होने के बावजूद बापू जी से अपनी बात कहना और उन तक पहुँचना कठिन नहीं था। हाँ, कभी किसी कारणवश यदि उन्हें ग़ुस्सा आया रहता तो फिर घर के सभी लोग उनसे डरते हैं जैसा कि हर परिवार में बड़े लोगों के साथ होता है। लेकिन थोड़ी ही देर में वह शान्त भी हो जाते हैं। मेरी कोई भी समस्या होती है, कोई उलझन होती है तो मैं बापू जी के पास जाकर बात करती हूँ। वह उसका हल निकालने में पूरी-पूरी मदद करते हैं। उनके साथ मेरा रिश्ता बहुत ही प्यारा है। वैसे भी मैं कलाकार के रूप में उन्हें बहुत पसन्द करती हूँ। मैं ख़ुद तो गाती नहीं, उनका गाना सुनना मुझे बहुत अच्छा लगता है। लेकिन, मेरे लिए वह मेरे श्वसुर पहले हैं, कलाकार बाद में। और मेरी ख़ुशनसीबी है कि वो मेरे श्वसुर हैं।

४०

व्ही. शांताराम जी जब 'गीत गाया पत्थरों ने' बना रहे थे तब उन्होंने जसराज जी से अनेक बार पूछ लिया, जसराज तुम्हारे प्रोग्राम कब होंगे? ये कहें कि होंगे पापा। बीच में कोई इक्का-दुक्का प्रोग्राम मिले नहीं तो खाली। फिर चार-छः महीने निकल गये। उन्होंने फिर पूछ लिया कि अरे तुम्हारे प्रोग्राम तो होते ही नहीं है, कब होंगे? 'गीत गाया पत्थरों ने' में गीतों को संगीतबद्ध किया था रामलाल ने तथा पार्श्वसंगीत (बैकग्राउण्ड म्यूज़िक)

डॉ. व्ही. शांताराम और श्रीमती विमल शांताराम के साथ

तैयार कर रहे थे—वसंत देसाई।

वहीं शांताराम जी ने फिर पूछा कि तुम्हारे प्रोग्राम कब होंगे। ये फिर कहें कि हो जाएँगे पापा। तब उन्होंने जब देखा कि इनके पास हाथ में कुछ विशेष काम तो है नहीं तब सलाह दी कि तुम यहाँ आ जाओ और वसंत देसाई के साथ बैठो। तुम्हें कुछ करने की जरुरत नहीं है, बस साथ में बैठो। हम तुम्हारा नाम वसंत देसाई के साथ लगा देंगे। तब इन्होंने कहा कि पापा, मैं इस लाईन में नहीं आना चाहता। आप मुझको गाने का प्रोग्राम दिलवा दीजिए लेकिन मैं कोई ऐसा प्रोग्राम नहीं करुँगा जिससे अन्य तरीके से मेरा नाम हो जाए। तब व्ही. शांताराम जी बहुत खुश हुए। बोले—भगवान तुम्हारी मदद करें।

81

पंडित मणिराम जी की बड़ी बेटी योगाई के बेटे आनन्द शर्मा अपने छोटे नाना पंडित जसराज के बहुत निकट हैं। वह कहते हैं, 'हम लोग जब बड़े हो रहे थे तो अपने नाना जी यानी पंडित मणिराम को हम पिताजी ही कहते थे क्योंकि माँ, दिनेश मामा, विनोद मामा वगैरह उन्हें पिताजी ही कहते थे। हमें लगता कि जसराज जी ही हमारे नाना जी हैं। हम उन्हें ही नाना जी कहकर बुलाते। वो हमें बहुत लाड़ करते। हमें बद्रीनाथ और कहाँ-कहाँ घुमाने ले गये। हम लोग मस्ती करते। कभी आईसक्रीम खिलाने ले जाते और कभी कुछ और। दुर्गा मौसी, दिनेश मामा, हम रात-रात भर गप्प लड़ाते। नाना जी हमारे झूठ में भी हमारा साथ देते थे। ख़ुद तो कभी झूठ नहीं बोलते लेकिन हमारे पिताजी से डाँट पड़ने से हमें बचा लेते।'

सुपौत्र आनन्द शर्मा के साथ पंडित जसराज

82

पंडित जसराज मुकुन्द जी के घर में बैठे-बैठे गुनगुनाते हैं।

> **देख्यो थारो देस।**
> **म्हारूजी, प्रीतकरण की रीत न जानी-मीउ हियणो लाग्यो ठेस।**
> **म्हारू जी हियणो लागी ठेस।**

ये क्यों बनाया था, पता है? मेरी और मधुरा जी की कोर्टशिप चल रही थी, बस इस पर लिख दिया। शादी के पहले कुछ महीने मुम्बई में रह रहे थे। 'म्हारो जी देख्यो थारो देस। प्रीत करणी रीत न जाणी, हियणा लागी ठेस।'

'कृष्णकान्त रोहतगी मेरे गुरु भाई थे।' पंडित जसराज बताते हैं- 'हमारी माँ को उन पर बहुत भरोसा था।' योगाई भी कृष्णकान्त जी के विषय में चर्चा करती हैं। योगाई को जब खाना बनाना होता तब मुकुन्द, कृष्णकान्त जी, ये चारों सब्ज़ी लाने से लेकर अँगीठी जलाने, सब्ज़ी छीलने, बर्तन धोने तक सभी कामों में उनकी मदद करते थे।

उत्तरांग

ध्यानमूलं गुरुर्मूर्तिः पूजामूलं गुरुर्पदम्।
मंत्रमूलं गुरुर्वाक्यं मोक्षमूलं गुरुर्कृपा॥

83

अपने गुरुओं से पंडित जसराज को जो ज्ञान प्राप्त हुआ, क्या वे उसे आगे अपने शिष्यों तक पहुँचा पाये हैं, पूरा का पूरा या नहीं यह प्रश्न मन में आना स्वाभाविक है।

'मैं आपको बताऊँ कि हमारे गुरुजनों को इतनी याददाश्त थी कि उसका 1/8वाँ हिस्सा भी, हमारे पास नहीं है। मैं यदि मेरे बड़े भाई साहब की ही बात करूँ तो उनको 400 राग याद थे। 400 रागों का स्थायी, अंतरा, अभोग-संचारी, सब कुछ मालूम था। और हम बड़ी कोशिश करें तो मुश्किल से 70-80 तक पहुँच जाएँ। इससे ज़्यादा नहीं जानते। और अब देखिए न, कितना फ़र्क है। कहाँ तो 400 राग और कहाँ 70-80। जिस आदमी को 400 राग मालूम हैं तो यदि आउटलाइन तक जाएँ तो एक-दूसरे में मिल-मिलाकर 600-800 तक तो पहुँच ही सकता है। जैसे आप और हम बैठे बात कर रहे हैं, वैसे हम बहुत से कलाकारों के साथ मिल-बैठते, चर्चा करते रहे हैं। तो हमें तरह-तरह की जानकारी मिलती रहती है। फिर भी सारी जानकारियाँ हासिल करने के बावजूद हम 70-80 तक पहुँचते हैं। और गाने के लिए तो हम दस-पन्द्रह राग ही गाते रहते हैं। मगर आपसे बात हुई, आपने बताया कि इस राग में ऐसे-ऐसे सुर लगते हैं, इसकी यह ख़ासियत है, इसमें यह-यह हरकत होती है, तो उस बातचीत से हमें और-और रागों की रूपरेखा का पता चल जाता है। यही वजह है कि मैं सोचता हूँ कि बड़े भाई साहब को जब 400 राग याद थे तो उस हिसाब से उनके पास 600-800 रागों का भंडार था। तो ये चीज़ें हम अपने शिष्यों तक उतनी ही पहुँचा पाये हैं जितना उन लोगों ने लिया। उनमें से दो-चार शिष्य ऐसे हैं जो पहले से कुछ सीखकर, अपने साथ कुछ लेकर आये थे, और उसमें उनकी काफ़ी बढ़ोतरी हुई। और काफ़ी अच्छी तरक्की हुई उनके गाने में।

'ऐसा नहीं है कि हमने सा रे गा मा से सिखाया हो। सा रे गा मा से जो गुरु चल रहा है, संगीत के विद्यालय में, संगीत के संसार में जिस गुरु की जितनी वैल्यू होती है, लेकिन किसी के पास इतना टाइम नहीं है कि सा रे गा मा सिखाए। उस टाइम में आदमी कितना सीख सके, यह तो धैर्य से रहने वाली बात है।

84

गुरु माँ ज्योतिषानन्द सरस्वती और पंडित जसराज। न्यूयॉर्क के लौंग आइलैंड में जेरुसलम एवेन्यू एक जगह है जिसमें वैदिक हैरिटेज नाम का एक संस्थान है। यह संस्थान विदेश की धरती पर भारतीय कलाओं के प्रचार और प्रसार में विशेष कार्य कर रहा है। गुरु माँ ज्योतिषानन्द सरस्वती ने 1970 के दशक के मध्य में इस संस्था की स्थापना की और तब से लेकर अब तक वे भारतीय कला, संस्कृति, धर्म के प्रचार में अनवरत जुटी हुई हैं। वो हनुमान उपासक हैं और वैदिक हैरिटेज नामक इस संस्थान में हनुमान जी का वृहद् मन्दिर है। वहाँ शिवशक्ति तथा नवग्रह मन्दिर भी हैं। इन सभी मन्दिरों में भक्तगण अपने श्रद्धा-सुमन अर्पित करने आते हैं।

गुरु माँ का संन्यास से पूर्व नाम था विमला देवी और बचपन से ही उन्हें संगीत में रुचि रही। कलकत्ता में जिन दिनों पंडित जसराज नीरजा जालान को गाना सिखाया करते थे, उस समय विमला देवी भी उनसे गाना सीखने आती थीं। उस ज़माने में कलकत्ता में सम्भ्रान्त परिवारों की लड़कियों को संगीत शिक्षा दिलाने का चलन था। वैसे भी कलकत्ता बहुत सुरीला शहर है। सन् 1951 में विमला देवी केवल 11 वर्ष की थीं। संगीत श्यामला में पंडित मणिराम बड़े छात्रों को गायन सिखाते और जसराज जी छोटी उम्र की लड़कियों को गाना सिखाते। विमला देवी छोटी लड़कियों की जमात में थीं। विमला देवी की ताई जी उन्हें बहुत प्रेम करतीं और उन्हें लगता कि इनका गला बहुत सुरीला है। उनकी बड़ी बेटी सरोज सेठिया को नाचने का शौक़ था। तो दोनों लड़कियों को संगीत श्यामला में भर्ती करा दिया गया।

'मैं तो बच्ची थी और मुझे आलाप, तान वगैरह में बिल्कुल रुचि नहीं थी। बाक़ी सारी लड़कियाँ जसराज जी को मास्टर जी कहती थीं लेकिन मैं उन्हें भैया कहकर बुलाती थी। इनके बाल बड़े सुन्दर और लम्बे थे। मुझे बहुत अच्छे लगते थे। मैं उन्हें खींचती। भैया कहते- अरे मुन्नी तू क्या करती है? अभी अम्माँ (सोम तिवारी) आ जाएगी और मुझे नौकरी से निकाल देगी। ये कहते, मुन्नी थोड़ी-सी प्रैक्टिस भी कर ले नहीं तो मुझे तेरे घर आकर सिखाना पड़ेगा। मैं इनकी नक़ल करती। भैया ने हमें मालकौंस सिखाया था।

मैं अक्सर उसकी नक़ल करती। स्कूल में भी नक़ल करके दिखाती तो लोगों को बहुत मज़ा आता। आजकल के बच्चे तो बहुत होशियार होते हैं। लेकिन मैं भी लोगों के बीच में अपनी प्रतिभा दिखाने की कोशिश करती। जब लोग ताली बजाते तो मुझे लगता कि और ज़ोर से गाऊँ। ऐसे ही हँसी-मज़ाक़ में मैंने मालकौंस के साथ-साथ पीलू और यमन राग भी सीख लिए।'

16 वर्ष की उम्र में विमला देवी की शादी हो गयी। ससुराल अमरावती में थी। शादी के बाद गाना-बजाना सब छूट गया। बहुत वर्ष बीत गये। 1967 में वो स्टेशन पर गयीं, विमला देवी का कुत्ता बेंगलुरु से आने वाला था। उसे लेने स्टेशन पर गयी थीं। अचानक देखा कि एक व्यक्ति को बहुत सारे लोगों ने घेर रखा है। और गर्दन के पास उसके लम्बे-लम्बे बाल हैं। बस, ये दौड़ी कि ये तो मेरे भैया हैं। इनके साथ पतिदेव भी थे। वो बोले कि ये तुम्हारे भैया नहीं, पंडित जसराज हैं, बहुत नामी गायक हैं। इनका शहर में प्रोग्राम है। लेकिन विमला देवी कहाँ रुकने वाली थीं।

गुरु माँ ज्योतिषानन्द सरस्वती के साथ

दौड़ कर भैया-भैया करके उनसे लिपट गयीं। 'न तो ये देखा कि स्टेशन है और न देखा कि मेरी ससुराल है और पति साथ में हैं। मुझे तो मेरे भैया मिल गये थे इतने सालों के बाद। इन्होंने हैरान हो के कहा—मुन्नी तू? मैंने कहा कि भैया घर चलिए। तो वे बोले—जीजा जी से पूछा। तब तक प्रसून भी वहाँ आ गये और इन्हें सत्कारपूर्वक निमंत्रण दिया। बाद में मैं अपनी ससुराल छोड़कर कलकत्ता आ गयी। कभी मुम्बई और कभी कलकत्ता में मेरी भेंट भैया से होती रही। 1978 में मैं भी अमेरिका आ गयी। यहाँ मैंने अपनी संस्था बनायी। 1979 में मैंने भैया को उनका प्रोग्राम करने के लिए बुलाया। बाद में तो एक के बाद एक प्रोग्राम होते रहे। भैया के भी तथा अन्य सभी बड़े-बड़े कलाकारों के भी। मैंने संन्यास ले लिया और मैं विमला देवी से ज्योतिषानन्द सरस्वती हो गयी, लेकिन भैया मेरे लिए भैया ही रहे।'

वैदिक हैरिटेज में जब ऑडिटोरियम बनाया गया तब पहला कार्यक्रम पंडित जसराज का ही हुआ। 'तब मैंने सोचा कि क्यों न इस ऑडिटोरियम का नाम भी भैया के ही नाम पर पंडित जसराज ऑडिटोरियम रखा जाए! तो इस तरह अमेरिका में पंडित जसराज ऑडिटोरियम बना। यहाँ सभी बड़े-बड़े कलाकार आये हैं, आते रहे हैं। युवा कलाकारों को प्रोत्साहन दिया जाता है और भारत में गायन, वादन, नृत्य की प्रतियोगिता करके हम युवा कलाकारों को अमेरिका में पर्फ़ोर्म करने का अवसर देते हैं। इस प्रतियोगिता की चयन समिति के अध्यक्ष पंडित जसराज, यानी मेरे भैया हैं। अब लगभग 65 वर्ष से अधिक हो गये, भैया के साथ यानी पंडित जसराज के साथ मेरा सम्बन्ध वैसे ही बरकरार है।'

85

डॉ. मुकुन्द लाठ पंडित जसराज के प्रारम्भिक शिष्यों में भी हैं और उनके सहयोगी बन्धु भी हैं। वैसे कलकत्ता निवास के दौरान पंडित जसराज डॉ. नीरजा रतेरिया को भी गाना सिखाते थे। डॉ. मुकुन्द लाठ तो बहुत बड़े शास्त्रज्ञ हैं। डॉ. नीरजा बहुत अच्छा गाती थीं, लेकिन गाते-गाते रुक गयीं। गाते-गाते बहुत लोग रुक जाते हैं। रुक इसलिए जाते हैं कि डॉक्टरी करनी है, काम करना है। रोजी-रोटी के चक्कर में। उनके बाद में दूसरे दौर में आए चन्द्रशेखर स्वामी, गिरीश बज़लवाड, हंसमुख चावड़ा। चन्द्रशेखर और गिरीश तो दोनों गाते हैं। हंसमुख दिलरुबा बजाते हैं। 'मेरे साथ उन्होंने बहुत बजाया पहले-पहले शुरुआती दौर में। कला के एक चचा—गणेश नारायण पंडित, भी मुझसे सीखते थे। बहुत अच्छी वॉयलिन बजाते थे। बहुत अच्छी बजाकर, एक अच्छे स्तर पर पहुँचने के बाद उन्होंने छोड़ा। उनके छोड़ने का कारण भी विचित्र था। वह यह कि बहिन (एन. राजम) मुझे आगे नहीं आने देंगी, क्योंकि वह भी हिन्दुस्तानी पद्धति में बजाती हैं। अरे! इतना बड़ा हिन्दुस्तान है, कौन-किसको रोकता है? पर उसके दिमाग में धँस ही गया यह। इसके बाद उसने सरोद बजाना शुरू किया। फिर उसने भैंसें-वैंसें रख लीं और पशु-पालन में लग गया। बनारस में रहने लगा। लेकिन वह एक अच्छा कलाकार था जो बिखर गया। गिरीश और चन्द्रशेखर तो दोनों बहुत अच्छे थे। गिरीश को संयोगवश आँखों की तकलीफ़ हो गयी और उसकी दवाइयों का असर उसके गले पर बहुत पड़ा। एक ज़माना जब गिरीश और चन्द्रशेखर दोनों मिलकर जुगलबन्दी गाते थे। एक बार दोनों का पूना में प्रोग्राम था। पहले इन दोनों ने गाया और बाद में वसन्तराव देशपाण्डे ने। वसन्तराव चोटी के कलाकार थे और उन्होंने गिरीश और चन्द्रशेखर के गाने के बाद बहुत भावविभोर होकर कहा कि इन दोनों युवा कलाकारों ने इतना अच्छा गाया है कि आज यदि मैं न गाऊँ तो ही ठीक है। यह उनका बहुत बड़प्पन था। फिर नीरज पारिख है, विकास पारिख हैं। श्वेता झवेरी हैं। हिमांग महता है। नीरज और विकास के पिता कृष्णकान्त पारिख भी हमारे शिष्य थे। फिर तृप्ति मुखर्जी अमेरिका में रहकर काम को आगे बढ़ा रही हैं। गार्गी बहुत अच्छा गाती हैं। रत्तन तो हमारे परिवार का नाम रौशन कर रहा है। संजीव अभ्यंकर है, बहुत अच्छा

गाता है। अमेरिका में सुमन घोष, प्रीतम भट्टाचार्जी, स्वागत है।' नये लोगों में अंकिता बहुत अच्छा गाती है। रत्तन का बेटा स्वर भी आगे बढ़ेगा।

जिस तरह से पंडित जसराज को उनके गुरुओं ने सिखाया और जिस तरह उनके छात्र उनसे सीखते हैं, उन दोनों में क्या अन्तर है?

अन्तर तो हो ही जाता है। टैक्नोलोजी बहुत बढ़ गयी है। अब उस तरह से खोद-खोद के सिखाने की आवश्यकता नहीं पड़ती। हमारे बड़े भाई हमें सिखाने बैठे तो आज सिखाया, कल सिखाया, तीन-चार-पाँच दिन के बाद कुछ मिनट। थोड़ा सा दिमाग़ में घुसता था। तब तक सारा समय रियाज़ ही करते थे। आजकल तो जो आज सिखाया वह आज ही दिमाग़ में घुस जाता है। क्योंकि टैक्नोलोजी बहुत आगे बढ़ गयी है। जिस समय सिखाया, उस समय सीख लिया फिर रिकॉर्डिंग को हर समय सुनते रहो। बार-बार सुनो तो अच्छी तरह से समझ में आ जाता है। पहले सात-आठ वर्ष में जो सिखाया जाता था वह बहुत जल्दी आज के बच्चे सीख लेते हैं। हाँ, सात-बरस का रियाज़ सात दिन में नहीं कर सकते, उसके लिए तो पूरी उम्र चाहिए। भैरव क्या है, वह सात दिन में समझ में आ जाता है, भले ही अपने गले से न निकले। उतना न निकले जितना चाहिए, लेकिन

शिष्यों के साथ अग्रिम पंक्ति में (बायें से) : संजीव, दुर्गा, पंडित जसराज, तृप्ति, गार्गी, कला
पीछे (बायें से) : रत्तन, हेमांग, नीरज, राधारमण, अरविन्द, केदार

दिमाग में घुस जरूर जाता है। उसका कारण है टैक्नोलोजी। जो हमने सात बरस में सीखा था, आजकल बच्चे यदि ईमानदारी से सीखें और रियाज़ करें तो साल-दो साल में उसके आसपास ज़रूर पहुँच जाएँगे। पहले तो गला चाहिए। फिर गला साधने की नीयत चाहिए। यदि उसे साधने की आपकी नीयत ही न हो तो फिर टैक्नोलोजी किसी काम की नहीं है। जैसे ही गला सधेगा, मंज़िल उतनी ही आसान हो जाएगी। बड़े भाई साहब (पंडित मणिराम) कहते थे—सब साधे सब सधे, सब सध जाय।

तो भैरव को यदि आपने साध लिया, तो उसके आसपास जो राग हैं, वो आपको इशारा कर देंगे कि इतनी दूर, इस तरह चलने से आप उन्हें भी साध रखते हैं। वो इशारा करेंगे कि इतना बच के जाओ, इतना मिल के जाओ, बस हो जाएगा। जैसे भैरव के पास रामकली है, रामकली आपको इशारा कर देगा। सा रे मा पा मा पा गा मां रे सा। यह जो तीव्र मध्यम का प्रयोग है, वह बस तीव्र मध्यम का प्रयोग कर मां रे सा रामकली बन जाएगी। तो ऐसे ही छोटी-छोटी चीज़ें बताते रहो तो भैरव के आसपास के जितने राग हैं, वो जमा होते रहते हैं। हमारे यहाँ 3-4 रागों को सिखाते हैं, अच्छी तरह से। भैरव, मुलतानी, पूरिया, ये तो करवाते ही हैं, बीच-बीच में जौनपुरी भी जोड़ देते हैं। तोड़ी भी सिखा देते हैं। बाक़ी तो सेकेंड्री राग गाते हैं। रियाज़ के लिए ये जरूर चाहिए।

86

सन् 1998 से पहले मैंने गिरीश वज़लवाड का केवल नाम सुना था। न तो उनसे कभी भेंट हुई थी और न ही उनका गायन कभी सुना था। पहली बार 1998 में वाराणसी में संकटमोचन मन्दिर के संगीत समारोह में जाने का अवसर मिला। वहाँ गिरीश जी का गायन था। मुझे अभी भी याद है। उन्होंने सुबह-सुबह संकटमोचन के मंच पर गाया था—'मंगल मूरति मारुति नन्दन', शायद राग गुणकली में। सुनकर मैं अभिभूत हो गयी थी। उसके अगले ही वर्ष हैदराबाद में पंडित मोतीराम पंडित मणिराम संगीत समारोह में फिर से उन्हें सुनने का अवसर मिला। उन्हें भी और चन्द्रशेखर स्वामी जी को भी, जिन्हें मेवाती घराने के सभी शिष्य चंदू मामा कहते हैं। गिरीश जी को गिरीश दादा। चंदू मामा यानी चन्द्रशेखर स्वामी, हँसमुख चावड़ा, परेश नायक आदि गिरीश जी के पहले आये थे तो इस नाते उनके वरिष्ठ भाई थे।

गिरीश जी सन् 1970 में मुम्बई आये और पंडित जसराज के शिष्यों में एक शिष्य की वृद्धि हो गयी। इसके पहले भी जब-जब पंडित जसराज जाते थे, गिरीश उनसे मिलते थे। गिरीश जी के पिता जी के अनेक मित्रों से जसराज जी का परिचय था। गिरीश को गायन में रुचि थी, अतः वे लोग हमेशा पंडित जसराज के पास गिरीश को भेजते रहते। वहाँ गाने के सम्बन्ध में बातें होतीं और गिरीश जी की रुचि इस कला में और अधिक बढ़ती गयी। लेकिन पंडित जसराज को तो गाने के अतिरिक्त बहुत सारे खेलों में रुचि थी, विशेषकर क्रिकेट में। गिरीश जी के भाई, उनके दोस्त लोगों के सिर पर उस ज़माने में भी क्रिकेट का बुख़ार चढ़ा था और पंडित जसराज को भी जब मौक़ा मिलता, उनके साथ क्रिकेट खेलते।

'मैंने जब एम. कॉम. कर लिया तो मेरे पिता जी ने कहा कि तुम मुम्बई जाओ और अगर वो तुम्हें सिखाने के लिए मानते हैं तो तुम उनसे गाना सीखो। मेरे चाचा तब डोंबीवली में रहते थे और गुरुजी का घर दादर में था। मैं अपने चाचा के घर में रहता था और लोकल ट्रेन से गुरुजी के घर जाता-आता। एक-सवा घण्टा लगता था। स्टेशन से पैदल उनके घर। रास्ते में कुछ खा-पी लेता था। गुरुजी का जैसे मूड होता, वो सिखाने बैठते। कभी-कभी शाम को भी सिखाने के लिए बैठते थे। उनके बच्चे रहते तो खेलकूद भी चलता था।

उनके घर की छत पर ही क्रिकेट भी खेल लेते थे। गुरुजी अपने साथ यात्रा कराते और हम लोग उनके पीछे बैठकर गाते थे।'

दूरदर्शन के 'भारती' चैनल पर गयी रात अक्सर एक कार्यक्रम का प्रसारण होता है जिसमें पंडित विनयचन्द्र मौद्‌गल्य ने पंडित मणिराम का मेवाती घराने के सम्बन्ध में इंटरव्यू किया है। उसमें पंडित मणिराम के साथ पंडित जसराज भी मेवाती घराने की अलग-अलग बन्दिशें गा रहे हैं। उस कार्यक्रम में पीछे तानपुरे पर चन्द्रशेखर स्वामी तथा गिरीश जी बैठे हैं, साथ में डॉ. मुकुन्द लाठ एवं सोम तिवारी जी भी दिखायी देते हैं।

हैदराबाद के संगीत समारोह में इन सभी शिष्यों की टोली पहले से हैदराबाद पहुँच कर सारी व्यवस्थाएँ करती। उसके बाद समारोह के दो-एक दिन पहले पंडित जसराज स्वयं हैदराबाद पहुँच जाते और फिर सारी व्यवस्थाएँ अपने हाथ में ले लेते और एक-एक इन्तज़ाम को देखते कि समारोह बहुत अच्छे से हो जाए।

गिरीश जी के ससुर केशवचन्द्र वर्मा हिन्दी के बहुत अच्छे कवि-लेखक थे और इलाहाबाद में रहते थे। पंडित जसराज जब भी इलाहाबाद जाते, उनके घर में ही ठहरते। केशव जी हिन्दी साहित्य के अतिरिक्त संगीत के सम्बन्ध में भी लिखते थे। बहुत सुन्दर वक्ता थे। अपनी पुस्तक 'संगीत को समझने की कला' में केशव जी ने पंडित जसराज के बन्दिशों के चुनाव तथा शुद्ध उच्चारण के सम्बन्ध में चर्चा की है।

'गुरुजी अपनी बन्दिशों का चुनाव बहुत सोचकर करते थे। स्वयं भी रचनाएँ लिखते। उनका उच्चारण शुद्ध होता है। न केवल वो स्वयं उच्चारण की ओर ध्यान देते हैं, बल्कि अपने शिष्यों को भी उस पर विशेष ध्यान देने को कहते हैं।'

कलाकारों को उस समय बहुत अधिक पैसे तो मिलते नहीं थे। इस कारण पंडित जसराज को इस बात की बहुत चिन्ता रहती थी कि एक समय में जिस आर्थिक तंगी से वह ग़ुजरे हैं, वह तंगी उनके शिष्यों को न झेलनी पड़े। वे अपने शिष्यों को इधर-उधर कार्यक्रमों के लिए भेजते रहते। 'मैं थोड़ा बहुत तो पहले भी गाता था और एक-आध कार्यक्रम कर लेता था, लेकिन गुरुजी बहुत ज़ोर देकर हम लोगों को प्रोग्राम करने भेजते। कोई आयोजक भी उनसे और कलाकारों के बारे में पूछता तो गुरुजी हमारे नाम की सिफ़ारिश कर देते, कहते कि इन लोगों को सुनो। मज़े की बात यह है कि गुरुजी हमें कभी नहीं कहते कि उन्होंने हमारे नाम को आगे किया है। वो हमारे बिना जाने ही हमारी मदद करते। लेकिन हमारे सामने वो कठोर बन जाते। चन्द्रशेखर और मैं गाना गाने जाते, हम लोग डुएट भी करते थे। कुछ समय के बाद मैं गुरुजी के घर में ही आ गया।'

पंडित जसराज के घर में एक कमरा था, और एक हॉल। इसमें बहुत सारे शिष्य रहते थे, इस बात की चर्चा पहले भी हो चुकी है। गिरीश जी बताते हैं कि दिन भर में गुरुजी को कभी समय मिलता था, कभी नहीं। लेकिन रात में खाने के बाद गिरीश रियाज़ करने बैठते। लगभग पूरी रात रियाज़ करते। पंडित जसराज उठकर आ जाते और सुनते। बीच-बीच में टोक कर ठीक कराते कि ऐसे नहीं, वैसे करो। बहुत देर तक गाने का सिलसिला चलता और फिर वो वहीं लेट भी जाते। फिर थोड़ी देर और सुनने के बाद 'अच्छा भाई, गुड नाइट' कहकर कमरे में चले जाते। सवेरे से फिर इधर-उधर के कामों में व्यस्त हो जाते। मैं घर के कामों में भी थोड़ी-बहुत मदद कर देता था। हम सभी शिष्य एकदम परिवार के सदस्यों की ही तरह थे। हम सब गुरु भाई उनके परिवार का एक अंग ही थे।

गिरीश जी बताते हैं कि कभी-कभी ग़लती करने पर डाँट भी पड़ती थी। 'वो सिखाते-सिखाते बहुत-सी बातें बताते थे। हरदम संगीत की बातें करें, ऐसा नहीं था। जीवन के सम्बन्ध में बहुत सारी बातें। दिन में उनके मिलने-जुलने वाले, आना-जाना लगा रहता। इस सबके बीच जब समय मिलता हम तानपुरा लेकर बैठ जाते। गुरुजी हमें विदेश भी अपने साथ बहुत ले गये। इंग्लैण्ड, जर्मनी, चेकोस्लोवाकिया जाने कहाँ-कहाँ। बड़ी बात यह है कि जितना हम उनके साथ रहते, उतना ही वह हमारा अधिक ध्यान रखते थे, पितावत्, मित्रवत्।

विवाह होने के बाद गिरीश जी ने अपनी पत्नी के साथ एक अलग घर ले लिया तो पंडित जसराज बहुत प्रसन्न हुए। अब भी सम्बन्ध वैसा ही है, पितावत्, मित्रवत्।

दायें से : हारमोनियम पर अप्पा जलगांवकर, तानपुरे पर गिरीश वज़लवाड, पंडित जसराज और तबले पर पंडित महापुरुष मिश्रा

87

पंडित जसराज इंस्टीट्यूट ऑफ म्यूज़िक, अमेरिका के 2017 के सत्र में पंडित जी के वरिष्ठ छात्रों में से श्री मुकेश देसाई जी भी कुछ सत्र ले रहे हैं। मुकेश जी को भी रत्तन जी, तृप्ति जी आदि की तरह गुरु की उपाधि दी गयी है। गुरु मुकेश देसाई! मुकेश जी भी अनेक वर्षों से पेन्सिलवेनिया में संगीत का अध्ययन-अध्यापन करते हैं। लेकिन शिविर में वो पहले पंडित जसराज के शिष्य हैं और बाद में अपने छात्रों के गुरु। अपने गुरुजी के सम्बन्ध में वह कहते हैं—'कौन जाने वो किस राह गुज़र से गुजरें। हर गुज़र राह को फूलों से सजाए रखिये।' गुरु न जाने किस मार्ग से ईश्वर के दूत बनकर आ जाएँ, इसलिए प्रत्येक मार्ग को फूलों से सुसज्जित करके रखें।

'अपने-अपने म्यूज़िक कॉलेज से जो सरगम, बन्दिश, तान आदि सीखकर सब आते हैं, यहाँ की शिक्षा वह संगीत विशारद आदि जैसी शिक्षा नहीं है, बल्कि उसके बाद की शिक्षा है, जिसे जीवन में उतारना पड़ता है। इन सबके बाद जो सीखना होता है, वह अलग ही कुछ चीज़ है। यह गायकी का मन्दिर है, गायकी का धाम है, गायकी का गुरुकुल है। इस मन्दिर में ऐसी बहुत-सी चीज़ें होती हैं जिन्हें अपने गले से निकालकर लगता है कि हमसे तो ठीक गाना ही नहीं हुआ। लेकिन रात को घर जाकर उन सुरों को अपने भीतर उतारें, उन्हें गुनगुनाएँ तो अगले दिन वह सहज ही अपने गले से उतरने लगती है। रात को वह नींद में सुनायी पड़ती है, रोम-रोम में समा जाती है।'

पंडित जसराज के अधिकांश शिष्यों को यह लगता है कि गुरुजी इनसे हमेशा सौ क़दम आगे ही चलते हैं। 'सौ क़दम तो मैं केवल बोलने के लिए बोल रहा हूँ। यूँ तो असंख्य क़दम का फासला है उनके और हमारे बीच। गुरुजी का 'सा' और हमारा 'सा', दोनों में ज़मीन-आसमान का अन्तर है। उनका 'रे' लगा, 'गांधार' लगा, कल शाम क्या 'मल्हार' गाया कि रात भर पानी बरसता रहा। ये तो स्वरों का कमाल है। उस तरह की गायकी गुरु की अलग ही होती है। उसे अपने में उतारना है तो प्रयास तो हमें ही करना पड़ेगा। प्यासे को ही कुएँ के पास जाना पड़ेगा।'

मुकेश जी अपने अनुभवों को छात्रों के साथ बाँटते हैं-'हम जब मुम्बई

में गुरुजी के पास गाना सीखते थे तब कहीं वाह-वाह नहीं होती थी, न तो घर में और न ही स्टेज पर। हमेशा सजग रहना पड़ता था। ऐसा कभी नहीं हुआ कि बैठे हैं और मज़ा आ रहा है। कि वाह, क्या समां बाँधा है, वो भी गा रहे हैं, हम भी गा रहे हैं न, वो ऊर्जा ही अलग होती है, जब हम गुरुजी से सीखते हैं। यह वह ऊर्जा है जो प्रतीक्षा नहीं कर सकती। इस मन्दिर में माथा टेकने के बाद, सीखने के बाद, आप जहाँ भी जायेंगे, सारे कपाट अपने आप खुलते जायेंगे। यह सीखना किसी भी साधारण कक्षा में सीखने से कहीं अलग है। आप बड़े गुरुजी, तृप्ति जी, राधारमण जी, रत्तन जी के सम्मुख बैठकर उनकी ऊर्जा को ग्रहण करने का प्रयास कीजिए, तो पता चलेगा कि गुरु का माने क्या होता है। गुरु का मिलना कितना कठिन है। सन्त कबीर ने लिखा है—'बड़ा विकट यम घाट। गुरु बिन कौन बताये बाट।' यह प्रश्न इतना विकट है कि आप कभी भी गुरु के सामने सहज भाव से नहीं बैठ सकते। यूँ भी मन में विचारों का ताँता लगा रहता है। जब हम स्वस्थ नहीं होते और ग़लती करने पर गुरु से डाँट पड़ती है तो हमें लगने लगता है कि गुरुजी क्या जानें, हम तो ठीक कर रहे हैं, हमें गुरु बदल लेना चाहिए। लेकिन संगीत सरल नहीं है। यह सृजन की प्रक्रिया है। इसमें अपने आपको और अपनी आवाज़ को सँभालना है। आज ये खा लिया तो आवाज़ नहीं चलेगी। कल बारिश हो गयी तो आवाज़ नहीं लगेगी। जाने कितने-कितने आशीर्वाद चाहिए। ये जो ऊर्जा-चक्र है, इनमें हमारे सारे अनुभव जमा होते रहते हैं। इनके कारण आवाज़ बदलती रहती है। गाने में सोच-विचार नहीं लगाना। भली-भाँति साधना करके सहज भाव से गाना है। यह तर्क की बात नहीं है। जहाँ तर्क लगाया, ग़लती होगी ही होगी।'

पंडित जसराज के साथ रहकर उनके शिष्यों ने यह सीखा कि संगीत को हृदय से महसूस किया जाता है, हृदय से गाया जाता है और हृदय से सुना जाता है।

मंच पर पंडित जी के साथ उनके पीछे गाना भी एक परीक्षा होती है। मंच पर दो शिष्य हैं, या चार शिष्य हैं, सारे एक साथ गायें या सभी में इतना तालमेल हो, यह भी किसी चमत्कार से कम नहीं, क्योंकि कभी लगता है कि साँस जैसे एक जगह पर है, अभी जैसे उस जगह वह स्वर रुकेगा। यह एक इशारा है जिसे शिष्य समझते हैं। पंडित जसराज के सभी शिष्यों को मालूम है कि ऐसे समय में क्या करना है। श्रोताओं के सामने तो सीधे-सीधे कह नहीं सकते कि 'सा' नीचे लगा है। लेकिन गुरु-शिष्यों के बीच अपने संकेत होते हैं जिससे ऐसी स्थिति में शिष्यों को कहा जाता है कि अब आगे क्या करना है। मंच पर जो चलता रहता है वह अपने-आप में एक पूरा का पूरा संसार है।

मैंने पंडित जी को बहुत सारे तबला वादकों के साथ सुना है। उनका तबला वादक लयकारी या संगीत में बहुत तेज़ होगा तो भी, नहीं होगा तो भी, उसके साथ तालमेल बिठाकर कैसे गाने को उठाना है कि बैलेंस बना रहे और तबला गाने पर हावी न हो, पंडित जसराज बहुत अच्छी तरह से जानते हैं। यही बात पंडित शिवकुमार शर्मा पंडित जसराज के बारे में बताते हैं। संगतिकारों के साथ एकदम सुन्दर तालमेल बनाकर चलना, यह जसराज जी की बहुत बड़ी ख़ूबी है।

'छात्र के रूप में इतने बड़े कलाकार को शुरू से सुनना, तंबूरा मिलाने से लेकर कंसर्ट के समापन तक, यह बहुत बड़ी भाग्य की बात है। शिष्यों को अपने जीवनकाल में देखने, सुनने और अनुभव करने को मिलता है।' मुकेश देसाई कहते हैं—'यहाँ अमेरिका में भी बहुत कंसर्ट होते हैं, मुम्बई में भी, दूसरे शहरों में भी। तो जो शिष्य उनके साथ होते हैं, उन्हें कितना बड़ा अवसर मिलता है सीखने का। मंच से भी वो हमें कितना-कितना सिखाते

मुकेश देसाई एवं आदित्य बनर्जी के साथ

हैं। कभी-कभी वो ऐसी जगह खो जाते कि सुनने में लगता कि वाह क्या बात है! सिखाने में भी कोई-कोई जगह ऐसी आती है कि महसूस होता है कि कितना अच्छा गाना हो रहा है। ऐसे में उस ख़ूबसूरत लम्हे में से बाहर निकलना कठिन हो सकता है। वैसे भी गुरुदेव शिष्यों से एक हज़ार मील आगे चलते हैं। जब शिष्य अटक जाता है तब उन्हें ही लौटकर आना पड़ता है। शिष्य के धरातल पर पाँच सौ-हज़ार मील पीछे, तालमेल बिठाने के लिए। और फिर एक-एक शिष्य के साथ उसकी ख़ूबियों और कमजोरियों पर समय व्यतीत करना, कहाँ सहज है? गुरुजी का हमेशा यह प्रयास रहता है कि उनके जिस भी शिष्य ने संगीत को अपनी जीवन-साधना के रूप में चुना है, उसे समुचित आय होनी चाहिए ताकि वह अपना तथा अपने परिवार का भरण-पोषण सुचारु रूप से कर सके।'

मुकेश देसाई जब अपनी शिक्षा को बड़ौदा म्यूज़िक कॉलेज से समाप्त करके मुम्बई पंडित जसराज के पास पहुँचे तो उन्होंने पूछा, कि तुम संगीत आगे क्यों सीखना चाहते हो? तब मुकेश जी ने भी सीधा-सीधा उत्तर दिया था—'संगीत मेरे लिए आध्यात्मिक तो है ही, रोज़ी-रोटी कमाने का साधन भी है। यदि मुझे आप अपने शिष्य के रूप में स्वीकार नहीं करेंगे तो मैं किसी और के पास जाऊँगा, लेकिन मुझे संगीत तो सीखना ही है। पर संगीत मुझे कमाने के लिए सीखना है। यह संगीत के आध्यात्मिक पक्ष के अलावा मुख्य कारण है। तब इन्होंने अपना तंबूरा मेरी ओर ज़रा खिसका दिया और बोले कि इसको ज़रा मिलाओ। मैंने सोचा था कि कहेंगे थोड़ा गा के सुनाओ। लेकिन उन्होंने तंबूरा मिलाने को कहा। तो मैंने तंबूरा मिलाया। पहले ही दिन मुझसे तंबूरा ट्यून करवाया। उसके बाद उन्होंने पूछा कि क्या गाओगे? मैंने कहा कि पूरिया गाऊँगा। उन्होंने कहा—वाह, गाओ। तो इस तरह हमारी यात्रा शुरू हुई। कभी-कभी मैं गाना सीखने सुबह-सुबह घर से सांताक्रूज से निकलता। खार से बस में चढ़ा। मुम्बई में बस में तो खड़े होकर ही जाना पड़ता था। बैठने के लिए सीट मिलने का सवाल ही नहीं था। इनके पास पहुँचे और इन्होंने कह दिया कि अच्छा ऐसा करो कि तुम और ये मुरली या जो भी वहाँ रहा हो, बॉम्बे सेंट्रल जाओ और विदिशा की एक टिकट लेकर आओ। मैं चिट्ठी लिखकर देता हूँ। रेलवे के ऑफ़िसर से मिलना और मेरे लिए एक टिकट कटवा लेना। बॉम्बे सेंट्रल में ऑफ़िस से वो ऑफ़िसर लिखा-पढ़ी करवा दे तो फिर चर्चगेट जाएँ टिकट निकलवाने के लिए। टिकट लेकर वापस आये तो गुरुजी बोले—अरे यार, तुम्हारे जाने के बाद एक और कमिटमेंट आ गया। अब ऐसा करो कि टिकट कैंसल करा आओ। और हम सोच रहे हैं कि अरे, सुबह से निकले हुए हैं, वापस

उधर ही जाना है, और दुबारा लौटकर आना है। हम आज समझ सकते हैं कि ये ऐसा क्यों कर रहे थे। हमारा एक टेस्ट साथ-साथ चल रहा था कि हममें बर्दाश्त करने का कितना दम है। इनकी कोशिश यही है कि तुम भाग जाओ, यह लाइन बहुत कठिन है। यह देखना बहुत ज़रूरी है कि तुम टिक पाओगे या नहीं। घरानों में यह टिकने वाली बात है। यह नहीं कि अभी ये कर रहे हैं, अभी वो। नहीं, यह वो मन्दिर नहीं है जहाँ भगवान् आपको छोड़ दें।'

शिष्यों के धैर्य परीक्षण के अतिरिक्त पंडित जसराज के मस्तिष्क में एक और बात कौंधती रहती थी हरदम। वह यह कि किसी तरह उनके जीवनयापन का भी हिसाब-किताब चलता रहे। कभी शान्ताबाई सोमाणी या ऐसे ही कुछ और लोगों के यहाँ ट्यूशन दिलवा देते। कभी एच.एम.वी. में भेज देते कि वहाँ कुछ काम करके आओ। इसी सब में पूरा दिन निकल जाता, लेकिन सम्भवत: यह परीक्षा पंडित जसराज के शिष्यों के लिए आवश्यक थी कि उनमें टिके रहने की शक्ति है या नहीं।

मुकेश देसाई की माँ जब उन्हें पंडित जसराज के पास पहली बार लेकर आयी थीं तो उन्होंने पूछा था कि मुकेश को आपके पास कितने साल रहना पड़ेगा? उन्होंने सोचा था कि शायद पाँच साल के लिए कहेंगे। लेकिन पंडित जसराज ने बिना पलक झपकाये कहा—बीस साल। बीस साल? वो मुकेश के पिता की ओर देखने लगीं तो वो बोले कि बीस साल तो होता ही है। वो दोनों भी सांगीतिक परिवारों से थे, इसलिए यह समझ पाये कि शिक्षा पाने के लिए बीस वर्ष का समय तो लग ही सकता है, तभी लड़का कुछ ठीक-ठाक सीख पाएगा। लेकिन यहाँ भी मुकेश की परीक्षा चल रही थी कि वह अपना धीरज खो दें और कहें कि मुझे यहाँ नहीं सीखना है। टिकट तो फ़ोन से भी हो जाती है और वहीं से एक आदमी भिजवाते, लेकिन शिष्यों को इतनी दूर नहीं भेजना। यह हर समय का परीक्षण था कि पहले अपने-आप को मज़बूत बना लो, तब संगीत-साधना कर पाओगे।

इसी प्रकार एक शादी में पंडित जसराज ने मुकेश की भेंट बिहार की एक सम्भ्रान्त घर की महिला से करवायी। उन लोगों की बहुत-सी खदानें थीं। उन्हें गाना सीखने का शौक़ था। 'गुरुजी बोले कि तुम वहाँ चले जाओ। इनके परिवार के सभी सदस्य तुमसे गाना सीखेंगे। रहने-खाने की पूरी व्यवस्था और पैसा भी। तुम राँची के पास रहोगे तो माता-पिता से मिलने भी जब-तब जा सकोगे। मैंने कहा कि देखते हैं। वहाँ से हम रात के 2 बजे वापस आये। मैंने इनसे कहा कि गुरुजी, आपको मेरा कितना ध्यान है कि मैं ज़िन्दगी में सेटल हो जाऊँ। लेकिन मैं अपना घर-बार सब छोड़कर आया हूँ कि मैं आपके पास, आपसे गाना सीखना चाहता हूँ। वह

बहुत चकाचौंध वाला प्रलोभन है, लेकिन मैं उसमें नहीं पड़ना चाहता। इसी तरह के अनेक प्रलोभन बार-बार देते थे, लेकिन मैं इस घराने का अंग हूँ। इतने वर्ष हो गये। जब गाते हैं, तो गुरुजी को याद करते हैं कि ये कैसा गाते हैं। वैसा ही करने की कोशिश करते हैं। रियाज़ करने की कोशिश करते हैं। यह तो महानदी है।'

इस चर्चा में पंडित जसराज भी अब सम्मिलित हो जाते हैं—'गिरीश के साथ भी ऐसे ही हुआ। 1971 में जब युद्ध हुआ था तो दुनिया भर में हमारे बीस-पच्चीस जितने भी कार्यक्रम थे, सब रद्द हो गये। हमारे घर के नीचे से शिवसेना पुरस्कृत बटाटा वड़ा का एक ठेलावाला जा रहा था। मैंने कहा गिरीश—यह बटाटा वड़ा का ठेला है। रोज़ इसे बना लेंगे तो गुज़ारे के लिए दो-चार रुपया आ जायेगा। तो गिरीश बोलता है—गुरुजी, मैं नागपुर में पूरा होटल छोड़कर आया हूँ।'

'घर में एकदम परिवार जैसे हम रहते थे। कहते कि सुबह से आया करो। रहने को जगह नहीं है, क्योंकि गिरीश रहता है। लेकिन तुम आया करो। खाना-पीना-गाना सब यहाँ करो। तो हमें ऐसे रहने की, ऐसे गाना सीखने की लत जैसी लग गयी। खाने-पीने के अलावा जो समय मिलता उसमें रियाज़। और रियाज़।' मुकेश जी कहते हैं।

88

पेंसिलवेनिया में पंडित जसराज इंस्टीट्यूट आफ म्यूज़िक का शिविर लगा हुआ था। पंडित जी के भांजे और वरिष्ठ शिष्य रत्तन मोहन शर्मा जो स्वयं एक ख्यात शास्त्रीय गायक हैं, सत्र ले रहे हैं। वे बताते हैं—ग्वालियर में राजा मानसिंह तोमर थे जिनके राज्य में संगीत बहुत पनप रहा था। उन्हीं के राज्य में तानसेन भी थे और बैजू नायक भी। मृगनयनी नाम की गुर्जरी उनकी पत्नी थी। मृगनयनी के जन्मदिन पर राजा मानसिंह तोमर ने उन्हें राग 'गुर्जरी तोड़ी' भेंट दिया। 'मियाँ की तोड़ी, में से अवरोह में से पंचम निकाल दिया जाए तो 'गुर्जरी तोड़ी' हो जाती है।

रत्तन जी 'गुर्जरी तोड़ी' सिखा रहे हैं—

चलो सखी सौतन के घर जैहैं ।
मान घटे तो का घट जैहैं ।
पी के दरसन पैहैं ।
चलो सखी सौतन के घर जैहैं ।

यह बन्दिश मेरे मन में पुरानी स्मृतियों को उकेर कर रख रही है। सन् 1993 के प्रारम्भ में, मैं जब दिल्ली में रहती थी, मेरे पास फ़ोन आया कि विशाखापट्टनम् स्टील प्लांट में मुझे इंटरव्यू के लिए बुलाया गया है। अमुक दिन उनके निदेशक मंडल से मिलने के लिए मुझे विशाखापट्टनम् पहुँचना होगा। उस 'अमुक' दिन को पंडित जसराज का दिल्ली में गायन था और मैं उनसे वादा कर चुकी थी कि कार्यक्रम में अवश्य आऊँगी। तो मैंने इंटरव्यू के लिए जाने से मना कर दिया कि उस दिन मैं व्यस्त हूँ, नहीं आ सकूँगी। बात आयी-गयी हो गयी।

मैं पंडित जसराज के कार्यक्रम में गयी। लगभग एक मास के पश्चात् फिर से मेरे पास विशाखापट्टनम् से फ़ोन आया कि मेरे लिए बोर्ड ने इंटरव्यू की तारीख़ बदल दी है, मैं अब अमुक तारीख़ को विशाखापट्टनम् अवश्य आ जाऊँ। अब इसे संयोग कहिए या और कुछ, जो तिथि नियत की गयी थी, उस दिन भी पंडित जसराज दिल्ली में गा रहे थे। लेकिन मुझे लगा कि इस बार मुझे पंडित जी से क्षमा-याचना कर लेनी चाहिए और इंटरव्यू

के लिए विशाखापट्टनम् जाना चाहिए। यूँ भी मैं नौकरी बदलने का मन बना चुकी थी और नये रास्ते खुलने की प्रतीक्षा में थी। उन दिनों दिल्ली से विशाखापट्टनम् जाने के लिए रात में हैदराबाद रहना पड़ता था, क्योंकि सीधी कोई फ्लाइट नहीं थी। शाम को हैदराबाद और अगली सुबह दूसरी फ्लाइट से विशाखापट्टनम्। मैं चली तो गयी, लेकिन मेरे मन में मलाल रहा कि मैं पंडित जसराज के कार्यक्रम में नहीं जा पायी। मन उदास-उदास-सा था। फ्लाइट के लिए जाने से पहले मैंने होटल के अपने कमरे में टेलीविज़न का स्विच ऑन किया। सामने पंडित जसराज गा रहे थे—'चलो सखी सौतन के घर जैहैं।' मेरी आँखों से प्रेम के आँसू बहने लगे। वाह प्रभु, आपने मेरे मन की बात सुन ली, और पंडित जसराज की यह रिकॉर्डिंग सुबह-सुबह मुझे अनायास ही सुनवा दी। मुझे लगा कि यह बहुत अच्छा शगुन है। नौकरी तो मुझे ही मिलेगी। और वास्तव में उस दिन नौकरी मुझे मिली। न केवल मैं विशाखापट्टनम् गयी और वहाँ तीन वर्ष तक मैं प्रमुख जनसम्पर्क अधिकारी के रूप में कार्यरत रही, बल्कि वह मेरे जीवन का सबसे अच्छा कार्यकाल था।

पंडित जसराज अनेक बार वहाँ मेरे पास पधारे। विशाखापट्टनम् में मैंने भारत के किसी समुद्र-तट पर होने वाले पहले संगीत-समारोह—'सागर उत्सव' का आयोजन भी किया जिसमें 20,000 से अधिक श्रोताओं ने भारतीय शास्त्रीय संगीत का आनन्द उठाया। उसमें प्रो. टी.एन. कृष्णन्, डॉ. एन. राजम, पंडित बिरजू महाराज, डॉ. सोनल मानसिंह, पंडित हरिप्रसाद चौरसिया, पंडित जसराज और डॉ. राधा और राजा रेड्डी जैसी विभूतियों के कार्यक्रम हुए। देश भर से लगभग एक सौ पत्रकार वहाँ आये और तीन महीने तक 'सागर उत्सव' की चर्चा पत्र-पत्रिकाओं में होती रही।

'गुर्जरी तोड़ी'। एक-एक राग के साथ कितनी-कितनी यादें जुड़ी होती हैं।

89

गुरुजी (पंडित जसराज) से तृप्ति मुखर्जी की भेंट 1976 में कलकत्ता में, धनंजय म्यूज़िक कॉलेज में, जहाँ वह संगीत की तालीम लेती थीं, वहाँ हुई। तृप्ति के म्यूज़िक कॉलेज का वार्षिक उत्सव था और वहाँ गुरुजी को गाने के लिए आमन्त्रित किया गया था। 1974 में तृप्ति ने पहली बार उनका गाना सुना था और तभी से वह अपने गुरुजी सुनील दास जी, जिनसे वह उस समय गाना सीखती थीं, उनसे कहती रहीं कि अपने कॉलेज के प्रोग्राम में आप पंडित जसराज को बुलवाएँ। बस 1976 में उन्हें जब बुलाया गया तब वहीं तृप्ति ने पंडित जसराज से आग्रह किया कि मुझे आपसे गाना सीखना है। इससे पहले वह छह साल तक गाना सीख चुकी थीं।

सुनील दास जी को मालूम था कि वह गाना सीखती तो उनसे है, लेकिन उसे आगे पंडित जसराज के साथ बढ़ाना चाहती है। 'मैं इतनी ख़ुशनसीब हूँ कि उन्होंने मुझे इसी दृष्टिकोण से तैयार किया। उन्होंने मुझसे कहा कि ऐसा मत सोचो कि तुम वहाँ जाओगी और वो तुम्हें स्वीकार कर लेंगे, अपनी शिष्या बनाने के लिए। पहले तुम्हें स्वयं को उनसे सीखने के योग्य बनना पड़ेगा। अपनी ऐसी तैयारी करो कि वो तुम्हें मना न कर सकें। यह बहुत अनोखी बात है कि एक गुरु अपने छात्र को इस दृष्टि से शिक्षा दे कि वह दूसरे गुरु से शिक्षा प्राप्त करने के योग्य बन सके।'

तृप्ति ने ऐसा क्या देखा कि बस, पंडित जसराज से गाना सीखने का निर्णय कर लिया। उनका आज का और उस समय का गाना भी बहुत अलग-अलग रहा है। तृप्ति मंत्रमुग्ध हो गयी थीं उनके गायन को सुनकर। शब्दहीन! वह कहती हैं—'मुझे पता ही नहीं था कि मुझे क्या हो रहा है। उस गाने का असर शब्दों में बयान नहीं किया जा सकता। मैं उसका वर्णन कर ही नहीं सकती। आज शायद उसका अर्थ समझती हूँ, लेकिन उस समय उसकी व्याख्या करना सम्भव नहीं था। गाना तो मैंने उनका पहले भी सुना था 1974 में, लेकिन जब मेरे स्कूल में उन्होंने गाया, और मैंने उन्हें गाते हुए सामने से देखा तो गाते-गाते जो वाइब्रेशन उनके गाने से मुझ तक पहुँच रहे थे, वो कुछ अलग ही थे, वो क्या था, बताना कठिन है।'

गाने की ओर रुझान तो तृप्ति को अपने माता-पिता की वजह से

हुआ। जब वह चार साल की थीं, तभी उन्होंने निर्णय लिया कि वे उन्हें गाना सिखाएँगे। शायद वह गुनगुनाती रही होगी, या जो भी कारण रहा हो, उन्हें यह आभास कैसे हुआ कि उन्हें गाना सिखाना है, पता नहीं। उनके माता-पिता दोनों ने ही कभी गाना नहीं गाया, कभी सीखा भी नहीं। लेकिन गाने के प्रति दोनों का रुझान हमेशा से था। उनकी इच्छा थी कि अपनी बड़ी बेटी को वे गाना सिखायेंगे। वे तृप्ति को श्रीमती भारतीकर चौधरी के पास उनके स्कूल में लेकर गये। उन्होंने समझाया कि गाना ही तुम्हारे जीवन का उद्देश्य होना चाहिए। स्कूल का फाइनल कर लो, उसके बाद हम पढ़ने के लिए जबरदस्ती नहीं करेंगे। उसके बाद यदि आपको पढ़ना है तो पढ़ो, वरना नहीं। नहीं पढ़ोगी तो चलेगा। लेकिन थोड़ा अक्षरज्ञान होना चाहिए। लेकिन गाना ही जीवन है तुम्हारा।

तृप्ति को अपने स्कूल की क्लास की बिल्कुल याद नहीं है। शायद वह पहली क्लास में रही होगी। वहाँ क्या हुआ, पता नहीं। लेकिन उन्हें अपने गाने की क्लास पूरी तरह से याद है। उसमें पहले दिन सरगम सीखा। शुद्ध नोट्स। सा रे गा मा पा धा नी सां। और कुछ अलंकार। उन्हें यह भी याद है कि पूरा दिन, पूरी रात गाती रहीं। एकदम सोने में भी। जुनून जैसा हो गया था। वो पहले ही दिन का पहला लेसन तृप्ति को अच्छी तरह से याद है। लेकिन उस म्यूज़िक स्कूल में भी तृप्ति ने ज़्यादा दिन तक नहीं सीखा था। कुछ ही दिन वहाँ थीं। फिर ये लोग सबर्ब में रहने के बाद कलकत्ता शहर की तरफ़ आ गये थे। वहाँ तृप्ति ने सुनील दास जी से सीखा। उन्हीं से सबसे ज़्यादा सीखा। उन दिनों उनके माँ-बाबा भी बड़े मुश्‍ि कल दौर से गुज़र रहे थे। छोटी बहिन बीमार हुई थी। तो आर्थिक तंगी थी। ज़्यादा कुछ याद नहीं है उन दिनों का लेकिन माँ की बतायी हुई एक चीज़ याद है। बाद में माँ ने बताया था कि बाबा तृप्ति को सुबह पौने चार बजे उठाते थे। 365 दिन। पौने चार बजे से 15 मिनट में हाथ-मुँह धो करके माँ जो कुछ भी देती थीं—चाय-दूध, वो ले के रियाज़ पर बैठना होता था 4 बजे। इतना स्ट्रिक्ट था सब कुछ। कुछ भी हो जा जाये, रियाज़ पर बैठना ही होता था। तबीयत भी ख़राब हो, तो भी रियाज़ पर बैठना ही होता था। हर हालत में रियाज़ करना ही था। उसके बाद दिन में क्या करना है। यह रियाज़ के बाद तय करेंगे। इतनी छोटी-सी उम्र में उतना कड़ा अनुशासन अच्छा नहीं लगता था। तो कभी-कभी वह कहती थीं कि अभी नहीं उठना है। लेकिन माँ ने उन्हें समझाया। यह बात तृप्ति को बहुत भावुक बना देती है।

'माँ ने मुझे बहुत बाद में बताया कि मेरी बहिन को जब बीमारी हुई, तब माँ के सारे गहने और घर का कीमती सामान बेच दिया गया था। मेरी बहिन का इलाज चलता रहे, यह ज़रूरी था। आप मेरे कान में ये बाली देख रही हैं? यह छह महीने की उम्र से मेरे कानों में हैं। तब माँ ने इन

बालियों को नहीं बेचने दिया। और मैं जो उस समय भारती जी के पास गाना सीखने जाती थी, उसकी महीने की फीस 10 रुपये थी। तो उस समय मेरा गाना बन्द न हो, इसके लिए पैसा बचाने के लिए माँ–बाबा ने एक वक़्त का खाना बन्द कर दिया था। बहिन के लिए उन्हें अस्पताल में होना पड़ता था। उसकी दवाई, उसका सब इलाज करवाने के बाद मेरी फीस के लिए उनके पास 10 रुपये भी नहीं बचता था। तो माँ ने कहा कि मैं और तुम्हारे बाबा, तुम्हारा गाना सीखना बन्द न हो इसके लिए एक टाइम का खाना बन्द कर दिये, और तुम उसी गाने का रियाज़ भी ठीक से नहीं करती हो। हम तुम्हें सिर्फ़ एक अंदाज़ा देने के लिए यह बता रहे हैं, इसलिए नहीं कि तुम गाना छोड़ दो। गाना तुम्हारे लिए सबसे ज़्यादा ज़रूरी होना चाहिए।'

तृप्ति ने माँ–बाबा से कभी भी यह नहीं पूछा कि उन्हें यह अहसास कैसे हुआ कि उन्हें गाना सिखाना चाहिए। कभी पूछेगी ज़रूर। और यह तो उन्होंने कभी भी नहीं सोचा था कि वह गाने के लिए उन्हें छोड़कर दूसरे शहर में या दूसरे देश में ही बस जायेंगी। 'मेरी लाइफ बड़ी प्रोटेक्टिड थी। इतना कि मुझे कभी खिड़की या बरामदा में भी खड़ा नहीं होने देने थे। देख लिया तो बाबा गुस्सा होते थे। मैं अकेले सड़क नहीं पार कर सकती थी। स्कूल अकेले नहीं जा सकती थी। हमेशा माँ ले जाती थीं। वही वापस भी ले आती थीं। वो तो पहली बार जब गुरुजी ने (पंडित जसराज ने) बॉम्बे बुलाया तब मैं पहली बार बाहर निकली। वो भी माँ के साथ मैं आयी। तब तक मैं कलकते में ही उनके पास जाती थी। जब–जब वो कलकत्ते आते थे, जहाँ भी ठहरते थे, मैं उनसे सीखती थी। उनके साथ स्टेज पर भी बैठती थी। स्कूल था, पढ़ाई थी, तो उस समय उन्होंने नहीं बुलाया मुझे बम्बई। वो कलकत्ते में कभी–कभी ही रहते थे, कहा कि अभी तुम बहुत छोटी हो, पहले पढ़ाई पूरी कर लो, मैं फिर बाद में तुम्हें ले जाऊँगा। 1987 में गुरुजी ने मुझे अपने पास बुलाया। उस क्षण एक ही शाम में माँ–बाबा ने जो हमेशा मेरा रक्षा–कवच बने हुए थे, मुझे छोड़ दिया। हालाँकि पहली बार जब 1987 में मैं बम्बई गयी, तो उस समय माँ मेरे साथ गयी थीं। बाईस दिन तक माँ साथ में रहीं। फिर वापस लौटकर बाबा से कहा कि इसे छोड़ दो। यही इसका जीवन है। मुझे पता नहीं क्या उनके मन में आया कि जो माँ–बाबा इतना प्रोटेक्ट करके रखते थे और फिर एकदम से छोड़ दिया कि गाना सीखो, आगे बढ़ो। उनकी मुझसे कोई अपेक्षा नहीं थी, बस यह कि मैं काम करूँ। मुझे ऐसे माँ–बाबा मिले, मैं धन्य हूँ। और माँ–बाबा ही नहीं, मुझे गुरु सुनील दास जी भी ऐसे मिले जिन्होंने मुझे आगे बढ़ने के लिए तैयार किया। यह भी मेरा सौभाग्य है।

'सुनील दास जी का पटियाला घराना है। बिल्कुल अलग ही शैली है उनकी। वह हमेशा बोलते थे कि जसराज जी का गाना सुनो। रियाज़

करके इतनी तैयारी करो कि ताकि वह (पंडित जसराज) जब भी आपको सुनें कभी कह ही नहीं सकें कि अभी तुम तैयार नहीं हो। रुको मत। कोई पागलपन्थी मत करो। तुम्हें अभी उनके पास जाना है। उनके पास जाने के लिए तुम्हें तैयार होना है।

'मैंने गुरुजी को (पंडित जसराज को) सबसे पहले 'ललित' सुनाया था। मेरे छुटपन में ही उन्हें यह तो पता था कि मैं आऊँगी उनके पास। मैंने उनसे शायद सीधे-सीधे कहा तो नहीं था, लेकिन उन्हें पता था कि मैं उनके पास आकर ही सीखूँगी। इसीलिए वो कहते थे कि अभी तुम बहुत छोटी हो। इसीलिए वो जब भी कलकत्ता आते थे तब मैं उनके पास जाती थी। वो कुछ सिखाते थे, सुनाते थे। मैं उनके पास बैठी रहती थी। स्टेज के प्रोग्राम में उनके पीछे बैठती थी। एक बार कहाँ पर प्रोग्राम था, मुझे पता नहीं। वहाँ से वो मेरे पास आये। उन्होंने माँ-बाबा से कहा कि अब समय आ गया है कि मैं इसे अपने साथ ले जाऊँ।

'माँ-बाबा इस क्षण के लिए तैयार ही थे मानो। इसके लिए पूरी ज़मीन तैयार की गयी थी सालों से। सभी को पता था कि मुझे गुरुजी के पास ही

तृप्ति मुखर्जी के साथ

जाना है। इसीलिए उन्होंने मुझे तैयार किया था। सुनील दास जी के पास से जब मैं गुरुजी (पंडित जसराज) के पास आयी तो उससे पहले भी मैं थोड़ा-बहुत उनसे सीखती थी। उन्होंने मुझे 1987 में अपने पास बुलाया था। तब डाँटते भी नहीं थे। कुछ एक-आध सुर लगा दिया। एक-आध भजन, कोई बन्दिश सिखाया। लेकिन सीरियस ट्रेनिंग शुरू नहीं की थी। 1987 में जब हम पहली बार शिविर में आये, वहाँ मुझे इतना कठिन लगा, इतना कठिन, कि मुझे ऐसा लगा कि बाप रे, इतना कठिन भी कुछ हो सकता है। न सिर्फ़ स्टाइल अलग था, बल्कि आवाज़ की थ्रोइंग अलग है। छोटी-छोटी चीज़ पर जब उन्होंने सिखाना शुरू किया, बताना शुरू किया, तब एक समय पर तो लगा कि पता नहीं मुझसे होगा भी या नहीं। धीरे-धीरे उन्होंने रियाज़ का तरीक़ा बताया कि कैसे गाने में सुरों को लगाएँ।'

उस कैम्प (शिविर) में 17 जन थे। तृप्ति और गार्गी साथ में आये थे। संजीव, श्वेता, ये सब लोग तो थे। सीमा उपाध्ये, अरविन्द थट्टे, रत्तन, दुर्गा, ये लोग भी थे। नीरज और ये लोग लगभग एक ही समय के हैं। इनसे पहले एक ही कैम्प हुआ था नरसापुर में। इन लोगों का बाईस दिन का कैम्प था। सबके सब सत्रह लोग वर्सोवा में रहते थे—त्रिशूल में। तृप्ति की माँ भी थीं तब उसमें। गुरुजी पलँग पर सोते थे, बाक़ी सब ज़मीन पर एक के बाद एक पड़े रहते थे। कैम्प में बस गाना और कुछ नहीं। खाना पीरामल आंटी (श्रीमती ललिताबाई पीरामल) लेकर आती थीं सभी के लिए, सुबह-शाम। किसी-किसी समय उस पहले कैम्प में तृप्ति की माँ भी बना देती थीं। सुबह का (गाने का) सेशन, दोपहर का सेशन, रात का सेशन। उसके बाद रात को जब सब खाना-वाना खाकर सोने चले गये तो कभी-कभी रात में तीन-साढ़े तीन बजे उठाते थे और एक-आध सरगम बताते कि इसका रियाज़ करो। तब वो सोने चले जाते थे। सब लोग सुबह 6 बजे तक, कभी 6.30 बजे तक रियाज़ करते थे। सिर्फ़ गाना, और कुछ भी नहीं। वह कुछ अलग ही दुनिया थी।

ऐसे कैम्प अब भारत में नहीं होते। क्योंकि सब लोग थोड़ा-सा अपनी-अपनी ज़िन्दगी में व्यस्त हो गये। तृप्ति ने ऐसे सात-आठ कैम्पों में हिस्सा लिया। हर साल दो-तीन। उसके बाद सब अपना-अपना। सब छात्र लोग पंडित जसराज के साथ ही रहते थे उनके घर में। फिर उनका सबको अलग-अलग सिखाना। गाड़ी में चलते-चलते, टैक्सी में, ट्रेन में, प्लेन में, टेलीफ़ोन पर बात करते-करते। बात कर रहे हैं और कुछ सिखा दिया और फिर अभ्यास करने को कह रहे हैं। निरन्तर, एकदम।

सुनील दास जी के सिखाने में और पंडित जसराज के सिखाने में बहुत अन्तर है। उनके पास तृप्ति हफ्ते में दो घण्टे सीखने जाती थीं और बाक़ी समय रियाज़ करती थीं। यहाँ 24 घण्टे सीखते और सिर्फ़ गाना नहीं,

पूरी जीवनशैली। कैसे किसी को चाय-कॉफ़ी देनी है। कोई चले गये तो दरवाज़ा कैसे बन्द करना है। किसके साथ किस तरह बात करनी है। टेबल मैनर्स। सभी कुछ उन्होंने सिखाया। तृप्ति को कलकत्ते में ये सब नहीं आता था। इतनी चीज़ें नहीं मालूम थीं। गुरुजी ने सब को सिखाया। कोई सीढ़ी से नीचे जाये अन्दर आये, दरवाज़ा कैसे धीरे से बन्द करना है, सभी कुछ जानना ज़रूरी है। धीरे से, बिना आवाज़ किये हुए। और यह उन्होंने सभी को सिखाया। सारी छोटी-छोटी बातें अनजाने में ही सीखने को मिलती थीं। तृप्ति के लिए उस सबका वर्णन कठिन है। यह अद्‌भुत अनुभव था।

पंडित जसराज से सबसे पहला राग सीखा 'यमन'। मेवाती घराने में तालीम शुरू ही की जाती है उस्ताद जी (उस्ताद घग्गे नज़ीर ख़ाँ साहब) की सरगम से—सां रें सां नी धा। कैम्प में तो सुबह-शाम अलग-अलग राग सिखाये जाते हैं। कोई-कोई दिन जो पहले सिखाया हुआ है, उसे दुबारा भी सिखाते थे। लेकिन अधिकतर हर बार एक नया राग होता था या कोई नयी बन्दिश, क्योंकि उसके बाद तो रियाज़ करना होता था। कई बार तो ऐसा भी होता था कि गुरुजी ने बन्दिश बता दी, कैम्प चल रहा है, और फिर वो किसी प्रोग्राम के लिए चले गये, कभी तीन-चार दिन के लिए। फिर वापस आ गये। छात्र लोग पीछे से रियाज़ कर रहे हैं। फिर चले गये, फिर वापस आ गये।

गुरुजी जब कभी प्रोग्राम में चले जाते तो सब शिष्य लोग पीछे से बहुत मज़े करते थे। ख़ूब खाते-पीते थे। उसके बाद सब लोग बाक़ी सभी का जायज़ा लेते थे कि कौन, क्या सीख रहा है! रियाज़ किया कि नहीं। सब लोग एक साथ रियाज़ करने बैठते, अपना-अपना, अलग-अलग। कोई एक स्केल लेता और कोई दूसरा। एक ही राग, एक ही बन्दिश, अलग-अलग स्केल, रियाज़ कर रहे हैं एक साथ। दिन भर रियाज़ ही रियाज़ करते। सब अलग-अलग। इतने अलग-अलग स्वर होते कि किसी को कोई अन्तर ही नहीं पड़ता। जब एक साथ गाते हैं न समूह करके, तो एक-दूसरे से अलग-अलग भी सीखते हैं। एक ने कुछ अच्छा किया तो उसे सीखने की कोशिश भी करते हैं।

यद्यपि पंडित जसराज के उस समय के लगभग सभी छात्रों की दिशाएँ अलग-अलग हो गयीं, लेकिन सभी ने संगीत को ही अपनी जीवनशैली के रूप में अपनाया। उन्होंने तैयार करके सभी को उनके अपने ऊपर छोड़ दिया, जैसे कोई चिड़िया अपने बच्चे को उड़ना सिखाकर उसे छोड़ देती है। उन्होंने जब भी किसी को शिष्य के रूप में स्वीकार किया तो सभी शिष्यों से पहले से कहा कि तुम पहले से जिनसे भी सीखते रहे हो, जो भी तुम्हारे गुरु हैं, तुम उनसे पहले परमिशन लेकर आओ। यदि तुम्हारे गुरु, जिनसे तुम अभी तक सीखते आये हो, वे तुम्हें ख़ुशी-ख़ुशी इज़ाजत दें, तभी तुम

हमारे पास आओ। फिर तृप्ति के बारे में तो वो सब कुछ जानते ही थे।

जसराज जी के शिष्यों में कोई-कोई बच्चा बाँसुरी बजाता है, कोई वायलिन तो कोई शहनाई। केवल गाना ही नहीं है। सिखाते समय गुरुजी वोकल सिखाते थे और वो लोग अलग-अलग अपने-अपने साज पर उसे उतारते थे।

'मैं उनके पीछे बैठकर गाती हूँ। बहुत लोग सोचते हैं कि हमें पता कैसे चलता है कि हमें कैसे करना है। दरअसल रहते-रहते, उनके इशारे पता चलते हैं। उनके हाथ के इशारे, उनके अँगुली के इशारे रहते हैं। उनके गाने में जब वो तीन का इशारा है तो जो उनके पीछे बैठा है वो गाये। बायीं अँगुली का इशारा है तो रत्तन गायें। दायीं अँगुली का इशारा है तो मैं गाऊँ। या फिर दोनों गायें। सिर घुमाया जरा-सा बायीं तरफ़ तो रत्तन ने गाया। हल्का-सा दायें सिर घुमाया तो तृप्ति ने गाया। निगाह तो हमारी हरदम उन्हीं पर रहती है। उनकी बॉडी की पूरी आउटलाइन पर हमारा ध्यान रहता है। क्योंकि वो तो आँखों के कोरों से भी इशारा कर सकते हैं। और कभी जब डाँटते हैं तो पूरा मुड़ जाते हैं। जो इशारा देना होता है, तो कन्धे से भी देते हैं, अँगुली से भी। देखते-देखते समझ में आने लगता है। जब कभी इशारा समझ में नहीं आया तो उनसे डाँट भी बहुत खायी है। तभी सीखे, तभी पता चला कि किस चीज़ का मतलब क्या है, किस इशारे पर क्या करना है! लेकिन यह बात मैं केवल अपने बारे में कह सकती हूँ। और किसी के बारे में नहीं।'

'गुरुजी के दूसरे शिष्यों से, और कभी-कभी अपने-आप से भी क म्पीटीशन होता था हमारा। कि जो उसने नहीं किया, वह मुझे सीखना है, मुझे वह करना है। और बेहतर करना है।'

यह बहुत स्वस्थ प्रतिस्पर्धा होती थी। हम लोगों के बीच में संजीव था। उसको कुछ भी दो तो उसके गले में तुरन्त आ जाता था। तब लगता था कि उसको आ गया तो मुझे भी आना चाहिए। उसी की भाँति मैं भी रियाज़ करती थी। सबकी क्षमता अलग-अलग होती है। सभी की मन की स्थिति भी अलग-अलग होती है, जिसका जो रुझान हो।

जसराज जी गाते-गाते, सिखाते-सिखाते हाथ का इशारा करते—एक-एक करके गाओ। हर एक को सुनते थे। जिसको जल्दी आ गया, उसको वाह-वाह ज़रूर मिलती थी। नहीं आया तो उसे डाँट भी बहुत पड़ती थी। किन्तु जब आ गया तब वाह-वाही ज़रूर होती थी। डाँट और दुलार, दोनों ख़ूब मिलती थी।

'गुरुजी के पीछे बैठकर गाने और एकल गाने में भी बहुत अन्तर है। जब अकेले गाते हैं तब तो सम्पूर्ण गाना ही हमारा है। लेकिन जब

हम पीछे बैठते हैं तो उसका मतलब है गाने में सहयोग करना। हम वहाँ गुरुजी को सपोर्ट करते हैं। मतलब कि हम वहीं-वहीं गायेंगे जहाँ उसकी ज़रूरत है। वहाँ हम काउंटरपार्ट नहीं, काम्पलीमेंट करते हैं। दोनों बिल्कुल ही अलग-अलग श्रेणी के गायन हैं।' तृप्ति बताती हैं।

'जब हम अकेले गाते हैं तो एहसास ही अलग होता है। राग के चुनाव से लेकर उसके श्रोताओं तक सम्प्रेषण तक, पूरी प्रक्रिया ही दूसरी होती है। जब कोई कांसर्ट होता है तो मैं अपने में ही सिमट जाती हूँ। यूँ भी मैं बहुत अन्तर्मुखी हूँ, लेकिन कार्यक्रम होता है तो मैं और भी आत्मलीन हो जाती हूँ। बात करना मुझे पसन्द नहीं है। तानपूरा चलता रहता है। जिस समय कार्यक्रम है, उस समय के दो-तीन राग दिमाग़ में चलते रहते हैं। कार्यक्रम में क्या गाना है यह तो इस बात पर निर्भर करता है कि हमसे पहले वाले कलाकार क्या गाकर या बजाकर गये हैं। और अगर हमसे पहले कोई नहीं है तो कार्यक्रम के स्थान तक पहुँचते-पहुँचते मन बन जाता है। कई बार तो स्टेज पर बैठने के बाद ही पता चल जाता है कि ऑडियंस किस तरह की है, क्या राग सुनना पसन्द करेगी। उन्हें देखते ही यह बात समझ में आ जाती है। यूँ भी गाना शुरू करने के दो-चार मिनट के बाद ही समझ में आ जाता है कि ऑडियंस पर क्या असर हो रहा है। सो राग का चलन उसी हिसाब से बन जाता है। अपने गाने से पहले किसी तरह का उद्वेलन नहीं चाहिए। एकदम एकाग्रचित्त होना चाहिए। बहुत बार ऐसा होता है कि जब मैं गा रही होती हूँ तो ऐसा लगता है कि मैं वहाँ हूँ ही नहीं। कई बार तो गाना ख़त्म भी हो जाता है और मुझे पता ही नहीं चलता जैसे कि मैं नहीं, कोई और गा रहा हो। कोई-कोई दिन ऐसा नहीं भी होता। लेकिन हर दिन, एक अलग ही अनुभव होता है।'

मुझे सुबह के रागों में बिलासख़ानी तोड़ी बहुत ही अच्छा लगता है। ज़्यादातर सुबह की कांसर्ट का मौक़ा नहीं मिलता। शाम को मैं बागेश्री बहुत गाती हूँ। बहुत सुन्दर राग है। गौरी गाती हूँ। पूरिया, पूरिया धनाश्री, वो सब राग गाती हूँ। भीमपलास भी बहुत गाती हूँ। राग तो ऐसे हैं कि राग के समय पर उसे गाओ और ईश्वर की कृपा हुई और स्वयं उस सुर का सहयोग रहा, और माहौल है तो कोई भी राग उस दिन अलग ही प्रकार से आनन्ददायक बन जाता है।'

मुझे लय के साथ तबले के साथ गाना अच्छा लगता है या फिर बिना तबले के? मेरा मन लयकारी प्रदर्शन की ओर जाता ही नहीं है। मेवाती घराने में ही नहीं है बहुत तैयारी दिखाना। और मुझे तो हमेशा लगता है कि हमारा गाना एक प्रार्थना है। मैंने यह गुरुजी से ही सीखा है। मेरा गाना हमेशा गुरुजी को समर्पित होता है। मेरी माता रानी और गुरुजी मेरी आँखों के सामने होते हैं। आँखें बन्द करूँ तो यही दिखायी देते हैं।'

१०

सन् 1980 के दशक में संजीव अभ्यंकर को पंडित जसराज के पीछे बैठे, तानपूरा बजाते हुए गायन में सहयोग करते हुए सुना था। कहाँ, याद नहीं। शायद वृन्दावन या दिल्ली या हैदराबाद। 1990 का दशक आते-आते कुछ लोगों ने कहना शुरू कर दिया, कि संजीव अपने गुरु की गायकी के बहुत निकट हैं, बल्कि कभी-कभी तो उनकी आवाज़ भी गाते समय पंडित जसराज जैसी ही लगती। एक-आध बार मंच पर उनका परिचय देते समय मैंने कहा भी जब पिता का जूता पुत्र के पैर में आने लगे तो कहते हैं कि बेटा बड़ा हो गया, जब पिता के कन्धे से ऊपर बेटे का क़द निकल जाये तो मानते हैं कि बेटा बड़ा हो गया। संजीव अभ्यंकर कुछ ऐसे ही कलाकार शिष्य हैं, जब वो गाते हैं तो उनके गुरु पंडित जसराज को गर्व से लगता है कि शिष्य बड़ा हो गया, तैयार हो गया।

संजीव अभ्यंकर को उनकी माँ श्रीमती शोभा अभ्यंकर ने पहले-पहल छह वर्ष की आयु में स्वरों से, रागों से परिचय करवाया उनके पश्चात् पंडित गंगाधर बुवा पिंपलस्वरे के पास भी छह वर्ष तक सीखा। उनकी माँ चौदह वर्ष की अवस्था में उन्हें पंडित जसराज के पास गाना सिखाने के लिए ले गयीं। उस समय संजीव की आवाज़ पहले की बच्चे वाली थी, लड़के की बदलने वाली आवाज़ से पहले की आवाज़, उस आवाज़ में संजीव ने पंडित जसराज को गाना सुनाया।

'मैं एक विलक्षण बालक था, चाइल्ड प्रौडिजी। जब ग्यारह वर्ष का था, तब मैंने मंच पर अपना पहला कार्यक्रम दिया। डेढ़ घण्टे का कार्यक्रम करता था। बहुत अधिक नहीं, लेकिन दो-एक महीने में एक। दो महीने के बाद प्रोग्राम है तो तैयारी कर ली कि क्या गाना है, इंटरवल के पहले और बाद में क्या। आराम से डेढ़ घण्टे की महफ़िल जमा दी। तो मैंने अपनी लड़की वाली आवाज़ में ही गुरुजी को गाना सुनाया। गुरुजी ने कहा ये तीसरे जन्म का गाना गा रहा है लड़का, क्योंकि मैं प्रौडिजी था न! उन्होंने पूछा कि ये पढ़ाई में कैसा है? इंजीनियर वगैरह बन सकता है क्या? तो मेरे माता-पिता ने कहा कि इसका दिमाग़ अच्छा है, आराम से इंजीनियर बनेगा। तो गुरुजी ने कहा—नहीं, आप अभी निश्चय कीजिए कि इसे क्या

बनना है, इंजीनियर या गायक? पूरा समय संगीत करेगा तभी सिखाऊँगा, वरना नहीं। तो मेरे माता-पिता ने तो पहले से ही सोचा हुआ था कि यदि गुरुजी 'हाँ' करेंगे तो मैं पूरा समय गाना ही करूँगा। गुरुजी ने यह भी पूछा कि मेरे पास बम्बई में क्यों भेजना चाहते हैं? पूना में भीमसेन जी हैं, अभिषेकी जी हैं। क्योंकि पूना से बम्बई आकर सीखना ज़्यादा तकलीफ़ वाला था न! तो माँ ने कहा कि नहीं-नहीं। इसके गाने का जो स्वभाव है, वह आपके गाने के स्वभाव से मिलता है। आप सिखायेंगे तो ये फुल टाइम गाना करेगा। मेरी माँ दो साल पहले से गुरुजी से गाना सीख रही थीं। माँ ने उनसे कम समय सीखा, लेकिन जैसे गुरुजी से मुझे जोड़ने का काम माँ ने ही किया।'

संजीव उस समय ऐसी अवस्था में थे कि उनको चाहे जैसे घड़ लें। रोटी बनाने के लिए जैसे आटा होता है न, उसे चाहे जो आकार दे दें।

संजीव बताते हैं कि उन्हें तब तक 40-50 प्रचलित राग आते थे। तोड़ी, मालकौंस, आसावरी, ललित आदि। इन सबकी तकनीक उन्हें मालूम थी। उन्हें गा सकते थे। कोई पूछे कि इतने सारे राग इतनी कम उम्र में आते थे, तो हाँ, तकनीकी रूप में आते थे। एक-एक सीढ़ी पर जैसे चढ़ते हैं वैसे रागों का विकास वह कर सकते थे। यह अच्छा था, क्योंकि यदि शुरुआत से सीखा जाये तो गुरुजी का गाना बहुत कठिन है। बहुत अग्रिम पंक्ति का गायन है वो। पंडित जसराज एक बहुत बड़े प्रस्तुतकर्त्ता हैं, बहुत बड़े विचारक हैं। महफ़िल के उपयुक्त सोच उनकी सदैव रही। उनकी आवाज़ की कोई सीमा नहीं है। वो मंच के चमकते हुए सितारे हैं। संजीव कहते हैं, 'मैं गुरुजी का छात्र तो हूँ ही, लेकिन उनका गाना मैं एक तटस्थ श्रोता की तरह भी सुनता हूँ। उनकी आवाज़ की क्या तो रेंज है, क्या जबरदस्त तैयारी है, रस-निष्पत्ति है उनके गाने में। इसीलिए तो उनको 'रसराज' बोला है। उनका गाना कोई व्यक्ति एक चिन्तन प्रक्रिया के अन्तर्गत समझेगा, तभी समझ पायेगा। तभी उसका चित्र बन पायेगा। गुरुजी के पास आने के लिए, उनसे सीखने के लिए उसे अपना मानसिक विकास एक विशिष्ट स्तर तक ले जाना पड़ेगा। यदि कोई एकदम स्वरों से अनजान उनके पास सीखने आया तो कभी समझ ही नहीं पाएगा कि उनका गाना है क्या।'

संजीव तो 40-50 रागों की तकनीक से परिचित थे ही। पंडित जसराज ने उनके आगे सिखाना शुरू किया। वह कहते हैं— 'मुझे पूरिया धनाश्री मालूम था, पूर्वी मालूम नहीं था। यमन मुझे मालूम था, यमन कल्याण मालूम नहीं था। वो थोड़ा-सा अलग है। मुझे बिहाग मालूम था, मारू बिहाग मालूम था लेकिन, बिहागड़ा मालूम नहीं था। चूँकि मेरा एक ढाँचा

पहले से ही तैयार था, इसलिए वो शुरुआत से ही गाना ऊपर उठा पाये। और मेरी माँ तो हमेशा ही मेरी गुरु रहीं। उनका ज्ञान अप्रतिम था। गुरुजी का ज्ञान तो था ही, मेरी माँ उसे समझने में हमेशा मदद करती थीं। मेरा भाग्य है कि वह घर में हमेशा मेरी मदद के लिए थीं। गुरुजी जो कुछ भी मुझे सिखाते, मैं अपनी माँ से उसे और स्पष्ट करवा लेता था। गुरुजी मेरे पथ-प्रदर्शक थे तो माँ उस पथ पर अँगुली पकड़कर ले चलतीं। जब मैं माँ से सीखने के बाद गुरुजी के पास पहुँचा तो मैंने पाया कि उनका गाना बहुआयामी है, बृहद् है, विस्तृत है।'

पंडित जसराज ने मेवाती घराने की जो गायकी सीखी, उसे एक समृद्ध और नया आयाम उन्होंने दिया। धागा उन्होंने मेवाती घराने का पकड़ा और संगीत की दृष्टि से बहुत से अलग-अलग और नये-नये तत्त्वों को उन्होंने पकड़ा उनमें प्रकांडता हासिल की और मेवाती घराने की गायकी में सम्मिलित कर लिया। वो चीज़ें घराने की विशेषताओं के रूप में जानी जाने लगीं। संजीव कहते हैं—'अब्दुल करीम ख़ाँ साहब का भी किराना घराना मशहूर हो गया। फिर बड़े सवाई गन्धर्व, वो इतने सुरीले थे कि लोग बोलने लगे कि किराना घराना मतलब—सुर। किसी ने आगरा घराने की शुरुआत की तो ताल के प्रति उनका कैसा प्यार हुआ। फिर घराने की बात हो तो आगरा घराने का मतलब लयकारी। ऐसा नहीं कि किराना घराने के कलाकार ताल में नहीं गाते थे या फिर आगरा घराने के कलाकार सुर में नहीं गाते थे। मुझे ऐसा लगता कि जो सांगीतिक तत्त्व है—खटका और मींड का प्रयोग—सुरीलापन, या तो सुर की तरफ़ ज़्यादा ध्यान देना या लयकारी की तरफ़ ज़्यादा ध्यान देना, उसमें बस गायकी का ढंग बदलता है। विलम्बित एक ताल में जो गाते हैं, उसमें गायकी धीमी होती है। अमीर ख़ाँ साहब का गाना बहुत धीमा लगता है, क्योंकि वह विलम्बित एक ताल में गाते थे। मेरा मानना है कि गुरुजी ने इन सभी तत्त्वों को अपनी गायकी में सम्मिलित किया। उन्होंने किसी भी तत्त्व को वर्जित नहीं समझा। उन्होंने तात्त्विक रूप से सीखा तीस-पैंतीस साल की उम्र में। तभी उन्होंने सांगीतिक तत्त्वों को अपनी दृष्टि से समेकित किया, लेकिन अपने घराने का धागा नहीं छोड़ा। इसीलिए बड़े गुरुजी पंडित मनीराम जी के गाने में कण, मींड आदि जो विशेषताएँ हैं, वो मेवाती घराने की विशेषताएँ हैं, वो सब गुरुजी के गाने में दिखायी देती हैं। गुरुजी ने कण और मींड का अनूठा सम्मिश्रण किया है। वह मेवाती घराने की गायकी में हालाँकि पहले से ही है। इससे गुरुजी के गाने में भी एक ठहराव आया, विलम्बित एक ताल वाला ठहराव, गहराई वाला ठहराव। आगरा घराने वाली लयकारी का जो तरीक़ा था, गुरुजी उसे आपनी गायकी में नहीं लाये। लेकिन उसका जो मुख्य तत्त्व है—लयकारी में, वह उनकी गायकी में सम्मिलित हो गया।

जिस तरह गुरुजी ताल के साथ खेलते हैं, वह लयकारी का तत्त्व उन्होंने अंगीकृत किया मेवाती घराने में। उसकी नकल नहीं थी, वरन् रचनात्मक तरीक़े से उसमें वृद्धि की। इसलिए उसका रूप ही अलग हो गया।'

संजीव आगे कहते हैं—'उन्होंने सरगम वगैरह का प्रयोग किया, उसे भी लयकारी में लाये। बहुत जबरदस्त तरीक़े से सरगम और लयकारी को एक किया। पटियाला घराने का अंग भी उन्होंने जोड़ा। ऐसा उन्होंने सोच कर के नहीं जोड़ा होगा।'

संजीव अभ्यंकर के साथ

पंडित जसराज में सौन्दर्य की ओर आकृष्ट होने की अप्रतिम क्षमता है। जहाँ भी, कोई अच्छी वस्तु दिखायी देती है, वे उसकी ओर आकर्षित हो जाते हैं। उन्होंने कोई पैबन्द लगाया है, ऐसा प्रतीत नहीं होता। कहीं भी जोड़-तोड़, पैबन्द दिखायी नहीं देता। सब कुछ समीकृत है। गुँथा हुआ। पटियाला घराना अपने मीठेपन के लिए जाना जाता है। पंडित जसराज का गाना उस्ताद बड़े ग़ुलाम अली ख़ाँ साहब के उनके व्यक्तिगत रूप से बहुत निकट और उनके गाने से बहुत प्रभावित होने के बावजूद कहीं भी बड़े ग़ुलाम अली ख़ाँ साहब का गाना नहीं दिखायी देता। लेकिन वो मिठास उनके गाने में है। मतलब यह कि उनका गाना सागर की तरह है जिसमें सब नदियाँ आकर मिल जाती हैं। क्षितिज को जितना विस्तृत करेंगे, आगे आने वाले कलाकारों के लिए वह गायकी के नये-नये आयाम खोलेगा। उसकी कोई सीमा नहीं है। जिसमें जो सामर्थ्य है वो करो। यह गायकी है, इसमें जो तुम्हारी प्रवृत्ति से मेल खाता हो, वह करो। उसके लिए सम्भावनाएँ ही सम्भावनाएँ हैं। कहीं कोई रोक-टोक नहीं, कहीं कोई बन्धन नहीं। मन के चाहे जिस रंग के हों, धागा मेवाती घराने का है। यदि कोई अधिक लयकारी करना चाहता है, तो ठीक है। यहाँ है। आलोचक रवीन्द्र मिश्र तो पंडित जसराज की लयकारी का गुणगान करते हुए थकते नहीं हैं।

'मैं जब गुरुजी के पास गया, तो मुझे यह दिखा। हर एक राग को वो विकसित कैसे करते हैं, यह दिखा। प्रत्येक राग का भावनात्मक आवाहन वो कैसे करते हैं, यह दिखा,' संजीव कहते हैं।

संजीव आगे बढ़ते हैं, 'अभी तक तो हम तकनीकी बातें कर रहे हैं। लेकिन भावना जब तक राग के स्वरों में जान नहीं डालती, तब तक उसका स्वरूप नहीं बनता। राग का आवाहन कैसे करते हैं, ये मैंने महसूस किया। उनके गाने में मुझे राग दिखा। मैंने उसे जीवित होते हुए देखा। अब यह समझने के बाद भी अपने शागिर्दों को दिखा सकता हूँ कि राग का आवाहन कैसे करते हैं। राग जब रूप धारण करता है, तब सुनने वाला भी मारवामय हो जाता है, दरबारीमय हो जाता है। उसकी आत्मा 'दरबारी' बन जाती है। गुरुजी की बनेगी, तभी सामने वाले की भी बनेगी। इतनी बन जाती है कि रात में 2 बजे भी वह घर जाके जब सोता है तो भी उसके मन-मस्तिष्क में गूँजता रहता है—अजब तेरी दुनिया मालिक। यह उसके दिमाग़ में घूमता है। वह गाना घर ले जाता है। उसे महफ़िल में छोड़ के नहीं जाता। यह राग की भावनात्मक जागृति है। कैसे उसमें घुसते हैं, सुरकाया में प्रवेश है यह। कैसे आप जो गा रहे हैं, उसमें आप ऐसे शामिल हो गये, कि उसमें आप पूरी तरह से प्रवेश कर लो। इंटरवल के बाद आप दूसरा राग गाये। यह मेरा सौभाग्य है कि मुझे उस राग में

भी घुसने, उतरने का मौक़ा मिला। अभ्यास का अवसर मिला। आप जब नॉन-स्ट्राइकर एंड पर सचिन की बैटिंग देखें, तो उससे बड़ा अभ्यास और क्या होगा कि वो कैसे खेलता है! मुझे यह बहुत देखने और सीखने को मिला। आमने-सामने बैठकर सीखना तो है ही। लेकिन स्टेज पर उनके पीछे कांसर्ट में गायन में सहयोग देने से अपने गाने से उनके गाने को फलता-फूलता हुआ देखने का अवसर मिलता है।'

संजीव अभ्यंकर पंडित जसराज के साथ सन् 1984-94 तक, दस वर्ष रहे। उस वक़्त वे शिवाजी पार्क वाले घर में रहते थे। अधिकतर समय यात्रा और यात्रा। जब लौटकर आते तो संजीव कुछ दिन के लिए अपने घर पूना चले जाते। संजीव और श्वेता झवेरी, दोनों पंडित जी के पीछे बैठते अधिकतर। वर्ष में दो बार अपने सारे छात्र-छात्राओं का 15-20 दिन का शिविर लेते जिसमें दिन भर सभी एक-साथ गाते, संगीत-चर्चा करते और सीखते। सन् 1985 में नसरापुर में करजत के पास महीने भर का शिविर हुआ। उस समय के सभी छात्र-छात्राएँ—नीरज, सीमा, विजय, श्वेता, संजीव आदि तथा उसके पहले के सभी शिष्य उसमें थे। मुम्बई में वरसोवा में 7 बंगला के घर त्रिशूल में वर्ष में दो बार 15-20 दिन के लिए सुबह-शाम सब लोग जमा होते थे। सन् 1991-92 में वाराणसी में पूरा बड़ा कैम्प हुआ, महीने भर का। बम्बई के अलावा दूसरे शहरों में भी शिविर होते। संजीव कहते हैं कि दस साल तक मुम्बई में घर में रह कर जितना सीखना होता थ्ङ्म, उससे कहीं अधिक सीखना यात्राओं में होता था, क्योंकि तब पूरा ध्यान गायन पर ही होता था। स्कूल की 11वीं कक्षा ख़त्म होने के बाद संजीव नियमित रूप से गुरुजी के साथ घूमने लगे। पैर में जैसे चक्र लगा हुआ था। उस अवधि में श्वेता, सीमा उपाध्ये तथा संजीव अभ्यंकर, अधिकतर यही लोग बाहर जाते थे। 'गुरुजी प्लेन से जाते और हम लोग ट्रेन में आते थे। गुरुजी फर्स्ट में जाते तो हम सेकेंड में जाते। कभी ट्रेन का टिकट नहीं मिला तो बस में जाते थे। फिर एक अच्छी चीज़ हुई। गुरुजी ने टाटा 407 ट्रक ख़रीदा। उनको लगता था ये अलग-अलग जाने-आने में बहुत समय नष्ट होता है। यह मिनी ट्रक था। उसको 7-8 सीटर वैन में बदला ताकि सब एक साथ घूम सकें। गुरुजी को आस-पास लोग चाहिए। वो अकेले रहना पसन्द नहीं करते। तो साथ में सब जायेंगे। उसमें पीछे सोने के लिए एक बेड बनाया। उस गाड़ी में हम कहाँ-कहाँ घूमे—पूना, नागपुर, औरंगाबाद, हैदराबाद जहाँ भी वो गाड़ी जा सकती थी।'

मुकेश देसाई संजीव के पहले बैच के छात्रों में थे जिसमें गिरीश वज़लवाड आदि थे। संजीव वाले बैच में विजय साठे, सीमा उपाध्ये,

श्वेता झवेरी, अरविन्द थट्टे, सुमति रावले, पार्वती ब्रह्मचारी आदि थे। फिर दो-तीन वर्षों के बाद कला, तृप्ति, गार्गी आदि आये।

फिर संजीव ने एक नयी राह पकड़ी। मेवाती घराने को शीर्ष कलाकारों में होने के बावजूद, उस रास्ते की दिशा थोड़ी अलग है। उन रास्तों से यह दिशा अलग जिन पर पंडित जसराज के बाक़ी सारे शिष्य चलते हैं। संजीव का कहना है— 'मुझे लगता है कि वो होना ही चाहिए। यह एक प्रक्रिया है। शिष्य को चाहिए कि वह सोचे कि विद्या ख़त्म होने के बाद मुझे अपना मार्ग ढूँढ़ना है। उसकी जो राग नापने की अपनी ताकत है, उसको वह फिर उसे विस्तार देता है। जब भी कोई प्रतिभावान गायक गाता है तो वह चाहे किसी भी घराने का हो, वह बाक़ी सबसे अलग होगा। अब्दुल करीम ख़ाँ साहब वाले किराना घराने के संघमेश्वर गुरुजी का गाने का आयाम बिल्कुल अलग था। भीमसेन जी का किराना घराना एकदम अलग था। हीराबाई और प्रभाताई अत्रे जी का एकदम और ही हो गया। जयपुर घराना में मल्लिकार्जुन मंसूर जी का गाया अलग हो गया और किशोरी अमोनकर जी का अलग। हालाँकि बताते वो जयपुर घराना ही हैं।'

'घराना में जब सब अपना-अपना आयाम जोड़ते चले गये तब उसकी गायकी समृद्ध होती चली गयी। प्रतिभावान जब कोई भी होता है तो वो कोशिश करता है कि वह घराने की गायकी में अपना एक नया आयाम जोड़े, उसे कुछ नया स्वरूप दे। मैंने भी वही किया। वही कोशिश की। हम माता-पिता का संस्कार लेते हैं, उसका अर्थ यह नहीं है कि हम बिल्कुल वैसे ही बन जायें। गुरुजी की तरह स्वरमण्डल हाथ में ले के 'ओं श्री अनन्त हरिनारायण—शुरुआत में वो करते हैं तो आप भी वैसा ही करो, ऐसा नहीं होता है न। यह आपकी अपनी सोच है, अपनी धारणा है। आपका जो दृष्टिकोण है उसको सबको एक-दूसरे में गूँथने की जो दृष्टि है, उसे गूँथने में क्या मिश्रण करूँ, उस गायकी में गुरुजी जो-जो करते हैं उसमें से मैं क्या लूँ और कितना मिश्रण करूँ, मेरी यह अपनी दृष्टि है। वह दृष्टि गाते-गाते विकसित हो जाती है। मेरी भी हुई। मैंने कोशिश की कि मेरी भी एक दृष्टि विकसित हो। मेवाती घराने के दायरे में ही रह कर मैं गाऊँ। मुझे सुनकर गुरुजी के गाने की याद तो आये, लेकिन मैं कभी भी उनकी प्रतिमूर्ति नहीं बनूँ, उनकी कॉपी नहीं बनूँ। यह बात मैं बहुत सोच-समझ के बोल रहा हूँ।'

संजीव आगे कहते हैं—'एक बार मुझसे किसी ने पूछा कि आपके गाने में आपके गुरुजी का कितना योगदान है? तो मैंने कहा कि मेरा गाना यदि ताजमहल है, तो गुरुजी का गाना उसके नीचे की ज़मीन है। इसका मतलब है कि वह इतनी महत्त्वपूर्ण है कि यदि ज़मीन कभी हिल जाये तो

ऊपर वाली इमारत कभी भी गिर सकती है। लेकिन स्थापत्य कला का जो नमूना है उसे देखकर उसकी ज़मीन की याद आनी चाहिए। आप कहते हैं न कि ये रोमन स्थापत्य कला है, आर्किटेक्चर है। एक इमारत को देखो या दूसरी इमारत को देखो, वह रहती रोमन आर्किटेक्चर की ही है। ऐसा नहीं कि जसराज जी को सुनना है तो कोई बात नहीं, संजीव को सुन लेते हैं तब आप अपना कोई योगदान नहीं कर रहे हैं। अपने गाने को मैं जब भी गाऊँगा, 40 प्रतिशत तब शायद उनकी याद तो आयेगी हर वक़्त और वह आनी भी चाहिए, लेकिन वह गुरुजी की जगह हो, ऐसा नहीं। और इस बात पर मुझे गर्व है। उनके स्थान पर यदि हो गये तो वह ठीक नहीं है। पंडित जसराज केवल एक ही हैं और एक ही रहने चाहिए। फिर उनका अगला शिष्य उनकी कार्बन-कॉपी क्यों बने? वह अपना कुछ तो जोड़ेगा न! उससे उसका घराना नहीं बदलता, समृद्ध होता है। इसे रचनात्मकता कहते हैं। धीरूभाई अंबानी ने एक साम्राज्य खड़ा किया। उनके बेटों ने उसे अलग-अलग दिशाओं में आगे बढ़ाया है। लेकिन जो स्थापना करते हैं, उनका योगदान तो रहता ही है। यदि आठ-दस लोग एक जैसे मिल गये तो उसका मज़ा ही नहीं है। कोशिश तो हर एक प्रतिभावान शिष्य की यही होगी कि गुरुजी की रूह रहे, लेकिन कल्पना की तरफ़ ही हो। मैंने हमेशा यही कोशिश की। चित्र मेरा है। मेरा चित्र देखेंगे तो उनकी याद नहीं आयेगी, लेकिन आत्मा देखेंगे तो आयेगी। अब मैं इसमें सफल हुआ हूँ या नहीं, यह तो पता नहीं।'

संजीव अभ्यंकर बाईस वर्ष से अपनी पहचान बनाने में लगे है। 'एक तरह से मुझे बहुत सफलता मिली है। मैं पूरी दुनियाँ में जा रहा हूँ। लोग मुझे मेरे नाम से ही सुन रहे हैं। वो संजीव अभ्यंकर को सुनने जाते हैं। मेरे लिए बहुत बड़ी चुनौती थी कि कोई मुझे गुरुजी का बराबर या समकक्ष न माने। आज रत्तन और अंकिता उनके पीछे बैठते हैं, उनको मालूम है कि गुरुजी की आज की भावभूमि क्या है, उन्हें क्या चाहिए। हर काल-समय में कलाकार की आवश्यकता बदलती जाती है। मुझे यदि पता हो कि उन्हें आज क्या चाहिए तो शायद आज भी मैं उनके पीछे बैठकर सपोर्ट कर सकूँ। लेकिन रत्तन और अंकिता को आज मालूम है, मुझे नहीं। वहाँ आज मेरी ज़रूरत नहीं है।'

91

पंडित जसराज के सभी शिष्यों के पास उनके प्रेम की अनगिनत यादों का भण्डार है। शिष्यों के प्रति उनका स्नेह उनके रोम-रोम और कण-कण से टपकता है। गार्गी सिद्धान्त भी उनकी ऐसी ही शिष्या हैं जो अपने गुरुजी के स्नेह से अछूती नहीं रहीं। गार्गी बताती—हैं, 'तीन-चार साल पुरानी घटना है। मुम्बई में जो हैंगिंग गार्डन है, उसके एम्फी थिएटर खुले मंच में रत्तन भैया (रत्तनमोहन शर्मा) और मेरी जसरंगी जुगलबन्दी का कार्यक्रम था। गुरुजी भी उसमें आये और तृप्ति भी। दोनों ही सामने आकर बैठ गये। हम सभी लोगों को गुरुजी के सामने बैठकर गाने में काफ़ी डर लगता है। यूँ भी जब मंच पर उनके साथ बैठते हैं तो हम लोग उनके पीछे ही बैठते हैं। गुरुजी को यह बात अच्छी तरह से मालूम है कि हम लोग उनके सामने गाने में संकोच करते हैं और इससे हम लोग अपने गाने के साथ और उनकी शिक्षा के साथ न्याय नहीं कर पाते। उनका हमेशा यही प्रयास और भाव रहता है कि गाना अच्छा हो। तो उस दिन गुरुजी जब सामने आकर बैठ गये तो उन्हें ज़रा-सी ही देर में यह एहसास हो गया कि हम लोग थोड़ा हिले हुए हैं। तो उन्होंने हाथ उठाकर आशीर्वाद दिया और इशारा किया कि वो वहाँ से जा रहे हैं और हम लोग खुल के गायें। थोड़ी तकलीफ़ भी हुई कि हम लोगों की झिझक के कारण गुरुजी जा रहे हैं। वो यदि थोड़ा और रुक जाते तो, हमें सुन लेते तो, हम ठीक से गा लेते तो, आदि बातें मन में आयीं लेकिन फिर हमने अपने मन को गाने में एकाग्र कर लिया। पहले हम लोगों ने अलग-अलग गाया और फिर जसरंगी गायी। डेढ़-दो घण्टे का प्रोग्राम हो गया। हमने जसरंगी ख़त्म करते हुए जैसे ही तिहाई की, अन्तिम तिहाई तो उस खुले में, इतने सुन्दर वातावरण को चीरती हुई बहुत ज़ोर से तालियों की गूँज शुरू हो गयी और वाहवाही की आवाज़ आने लगी। देखा तो गुरुजी वहाँ इतनी दूर से तालियाँ बजाकर अपनी प्रशंसा कर रहे थे। हमने तो उन्हें प्रोग्राम के शुरू में ही वापस जाते हुए देखा था और वो चले गये हैं, यह जानकर हमने खुलकर गाया था। लेकिन उन्होंने केवल हमको दिखाया था कि वो चले गये हैं। वास्तव में वो गये नहीं थे। दूर एक झाड़ के नीचे जाकर बैठ गये थे, ऐसी जगह पर जहाँ से हम उन्हें

देख न सकें। जब हमने उन्हें देखा कि वो सीढ़ियों से वापस आ रहे हैं तो आश्चर्यचकित रह गये। वह इतने ख़ुश थे कि उन्होंने हम लोगों की प्रशंसा में बहुत अच्छी-अच्छी बातें की। आप कल्पना कीजिए कि हमें दिखाने के लिए वो चले गये, लेकिन वास्तव में वो गये नहीं। उनके लिए नीचे ज़मीन पर बैठना कितना कठिन रहा होगा, लेकिन फिर भी वो झाड़ के नीचे छुपकर बैठे रहे, केवल हमें सुनने के लिए। यह उनका अपने शिष्यों के प्रति प्यार नहीं तो और क्या दर्शाता है? और यह भी कि वे अच्छा गायें। ऐसी-ऐसी चीज़ें, ऐसे-ऐसे अनुभव जीवन में कभी कभार ही होते हैं। यह घटना ऐसी है जो मुझे जीवन भर याद रहेगी। बहुत कम गुरु होंगे जो अपने शिष्यों को ऐसे बढ़ावा देते होंगे।'

गार्गी सिद्धान्त दत्ता के साथ

92

कला रामनाथ को मैंने मंच पर पंडित जसराज के साथ संगति करते हुए तो बहुत बार सुना था। सन् 80 के दशक के अन्त में कला पंडित जसराज के साथ मेरे प्रीत विहार वाले घर में भी आयी थीं। साथ में संजीव अभ्यंकर, तृप्ति मुखर्जी भी थे। दोपहर का भोजन या शाम की चाय पर संगीत के विभिन्न पक्षों पर बहुत चर्चा हुई थी। बाद में कला को दिल्ली, वृन्दावन, बम्बई, हैदराबाद, विशाखापट्टनम् आदि बहुत से शहरों में मंच पर पंडित जसराज के साथ वायलिन बजाते हुए सुना था। निश्चित रूप से उनका वायलिन वादन मुझे अच्छा लगता था। लेकिन जब एक बार हैदराबाद में उन्होंने पंडित मोतीराम एवं पंडित मनीराम संगीत समारोह में एकल वायलिन बजाया, मुझे याद है उन्होंने राग जोग बजाया था, तो मैं अपने आँसू नहीं रोक सकी थी। कला रामनाथ की वायलिन गाती है, यह मैंने वर्षों पहले अनुभव कर लिया था।

मुम्बई में मेरे घर में पंडित जसराज का गायन था, सन् 1999 में। उनके साथ सहयोग कर रहे थे—हारमोनियम पर अप्पा साहब जलगांवकर, तबले पर रामदास पलसुले, वायलिन पर कला, गायन में सहयोग रत्तनमोहन शर्मा, ईश्वरी पंडित तथा पंडित जी के एक-दो अन्य शिष्य भी कर रहे थे। परम आदरणीय श्याममनोहर गोस्वामी जी, जो गोस्वामी वल्लभाचार्य जी के वंशज हैं, श्रोताओं में बैठे थे। श्रोताओं में ही पुष्पा भारती जी, दिनेश ठाकुर, राजेन्द्र गुप्ता, शेखर सेन, अतुल तिवारी, अशोक बिंदल, अशोक बांठिया, चंद्रप्रकाश द्विवेदी आदि मेरे चौपाली मित्र तो थे ही, मधुरा जी तथा सरिता शारंगदेव भी उपस्थित थे। यद्यपि मंचासीन कलाकारों को परिचय की आवश्यकता नहीं थी, फिर भी मैंने स्वागत करते समय सभी का संक्षेप में परिचय दिया। कला रामनाथ के सम्बन्ध में कहते समय मैंने उनकी 'गाती हुई वायलिन' का उल्लेख किया था। मुझे अच्छी तरह से स्मरण है कि कार्यक्रम के पश्चात् पुष्पा भारती जी ने मुझसे कहा था—अरे सुन, उस लड़की की वायलिन तो सचमुच गा रही थी।

कला रामनाथ तमिलनाडु में मद्रास यानी चेन्नई के सुविख्यात् वायलिन वादक 'अय्यर' परिवार की सातवीं पीढ़ी की कलाकार हैं। इस परिवार ने

संगीत जगत् को प्रोफेसर टी.एन. कृष्णन, डॉ. एन. राजम जैसी विभूतियाँ दी हैं। एन. राजम जी की बेटी संगीता तथा संगीता की बेटियाँ भी वायलिन ही बजाती हैं। कला भी अपने दादा नारायण अय्यर से वायलिन बजाना सीखती थीं। जब वह केवल ढाई वर्ष की थीं। तब कला ने अपने दादा से वायलिन बजाने का पहला पाठ पढ़ा। दक्षिण भारत में विजयदशमी के दिन बच्चे का विद्यारम्भ करवाते हैं। कला की शिक्षा भी उसी दिन से प्रारम्भ होती है। नारायण अय्यर वृद्ध हो चले थे और उनका पूरा ध्यान कला पर था। वे चाहते थे कि कला वायलिन बजाने की तकनीक अच्छी तरह से जान जायें।

रेडियो पर दोपहर बाद 3.30 बजे शास्त्रीय संगीत का एक कार्यक्रम प्रसारित होता था—अनुरंजिनी। उसमें प्रतिदिन एक कलाकार को सुनवाया जाता। उस कार्यक्रम में कला ने पंडित जसराज का गाया हुआ राग 'भीमपलास' और 'शुद्ध सारंग' सुना और बस सुनती ही रह गयी। वो अपने दादाजी को कहती कि संगीत अगर इतना ख़ूबसूरत होता है तो मुझे बहुत पसन्द है। मैं ऐसा ही बजाना सीखूँगी। कला स्कूल से लौटकर आती और दादाजी यह प्रोग्राम लगा देते। उस समय वह कुल छह-सात वर्ष की रही होंगी। कला के दादा को जब यह मालूम चला कि उन्हें पंडित जसराज का गाया हुआ संगीत बहुत अच्छा लगता है तो उनके रिकॉर्ड इन्हें बार-बार सुनवाते। कला की बुआ एन. राजम तो पहले से ही हिन्दुस्तानी शास्त्रीय पद्धति में वायलिन बजाती थीं, यद्यपि पूरा परिवार कर्नाटक पद्धति में वायलिन बजाता था। इसलिए कला का हिन्दुस्तानी गायकी से प्रभावित होना किसी को भी अटपटा नहीं लगा।

कला जब बारह वर्ष की हुईं तब उनकी बुआ डॉ. एन. राजम उन्हें पंडित जसराज से मिलवाने मुम्बई लेकर आयीं। डॉ. राजम, उनकी बेटी संगीता और कला, ये तीनों मुम्बई में मधुरा जी की बहिन के घर में ठहरे। पंडित जसराज ने कला का वायलिन वादन सुना और उन्हें लगा कि यह अच्छा बजा सकती है, उन्होंने डॉ. उषा कृष्णन के घर में कला का कार्यक्रम रखवाया। यह पहला कार्यक्रम था। मंच से पहला परिचय हो गया। कला कहती है—'मेरी बुआ मुझे गुरुजी के पास लेकर आयी थीं और उन्हें माई की तरह मानती हैं, इसलिए मैं उन्हें 'मामाजी' कहने लगी। वो मेरे रियाज़ में सामने बैठते, मैं जहाँ ग़लती करती, मुझे आँखों के इशारे से टोकते। मैं थोड़ा बेसुरी होती या ताल पर नहीं चलती तो बुआ बहुत नाराज़ हो जाती थीं और मैं रोना शुरू कर देती। तब गुरुजी मुझे बाहर लेकर जाते और मिठाइयाँ या चॉकलेट लेकर देते। और कुछ नहीं तो केला ले देते। फिर घर वापस आते। गुरुजी स्वयं गाते और मैं उन्हें सुनती, और जो वो

गाते थे, उसे बजाने की कोशिश करती। वायलिन बजाने की तकनीक तो मैं अपने दादाजी से सीख ही चुकी थी। हम वहाँ मुम्बई में अठारह-बीस दिन रुके। फिर वहाँ से भोपाल चले गये जहाँ मेरा एक बड़ा कार्यक्रम था। उसके पहले मैं उषा कृष्णन आंटी के यहाँ बजा चुकी थी।'

पंडित जसराज जब-जब चेन्नई जाते, कला उनसे मिलने जातीं। पंडित जसराज ने अप्पा साहब जलगांवकर को कला के विषय में बताया। उन्होंने कला को सुना और फिर नांदेड़, पूना, बीड़ तथा महाराष्ट्र के अन्य शहरों में कला को प्रोग्राम दिलाने में मदद की। सन् 1987 में कला ने जब अपनी कॉलेज की पढ़ाई पूरी कर ली तब उन्होंने पंडित जसराज से पूछा कि क्या वे उन्हें अपनी शिष्या के रूप में स्वीकार करेंगे। कला को लगता था कि उन्हें अभी बहुत सीखने की आवश्यकता है। पंडित जी के हामी भरने के बाद कला सन् 1988 में मुम्बई आ गयीं और उनसे गुरु-शिष्य परम्परा के अन्तर्गत नियमित सीखना प्रारम्भ किया। कला के लिए पंडित जसराज से शिक्षा पाने का अर्थ था उनके साथ यात्रा करना और कार्यक्रमों में मंच पर वायलिन द्वारा संगति करना।

'मुझे वो एक-एक स्वर का, एक-एक श्रुति का दर्शन करवाते थे। मैं उनके गाने में स्वरों को साफ़-साफ़ देख सकती थी। संगीत ऐसी संरचना है कि आप बता नहीं सकते कि गान्धार इस स्थान पर है और धैवत इस स्थान पर। वाद्य पर तो आप फिर दिखा सकते हैं लेकिन मस्तिष्क में राग के स्वरों को बिठाना पड़ता है, उन्हें समझ कर। श्रुतियों पर जो स्वर लगता था, उसे समझने की, उसे पहचानने की दृष्टि उन्होंने मुझे दी। 'देसी' का निषाद थोड़ा चढ़ा हुआ है। वो कोमल निषाद है तो अपने दिमाग़ में वह जगह बनानी पड़ेगी कि वह स्वर कहाँ आयेगा। वह समझने और परखने की क्षमता मुझे गुरुजी ने दी। एकदम सटीक, सही स्थान पर स्वरों को देखना और उन्हें बजाना, यह यदि मेरे सामने स्पष्ट है तो केवल गुरुजी के कारण। अब कोई भी राग किसी से मैं सुनूँ तो बता सकती हूँ कि इनके स्वर चढ़े हुए हैं, उतरे हुए हैं या कितने चढ़े हुए हैं। उदाहरण के तौर पर जैसे राग 'अहीर भैरव' है, पंचम से तो हम तानपूरा मिलाते ही नहीं। पर यदि हम मध्यम से तानपूरा मिलायेंगे, तो उस राग का क्षितिज कितना विस्तार पायेगा, आप अलग तरीक़े से उसे कैसे प्रस्तुत करेंगे, यह जानना होगा। हर राग का एक थाट होता है। हर कलाकार उस थाट के अनुसार ही राग को गाता या बजाता है। लेकिन उस पूर्व-निधारित मार्ग के अतिरिक्त भी एक मार्ग हो सकता है जिस पर चलकर भी आप अपने आप को एक अलग तरीक़े से प्रस्तुत कर सकते हैं। आप अलग मार्ग पर चलकर भी अपने गन्तव्य तक पहुँच सकते हैं। गुरुजी के विषय में जब लोग चर्चा करते हैं तो उनकी बन्दिशों, रचनाओं, उच्चारण

आदि की चर्चा तो करते ही हैं, लेकिन जब दूसरे कलाकार उनके विषय में बात करते हैं तो यह भी कहते हैं कि गाने के प्रति, राग के प्रति उनकी दृष्टि बहुत अलग है,' कला कहती हैं।

आज यदि दुनिया भर में लोग कला को जानते हैं तो उसका कारण है कि वह पंडित जसराज के साथ संगति करती थीं, और वहाँ से उन्होंने अपनी पहचान बनानी प्रारम्भ की। 'मैं जहाँ भी गुरुजी के साथ बजाती, इतना तो निश्चित था कि अगली बार मुझे वहाँ से एकल वादन के लिए बुलावा आयेगा। उनके सारे शिष्यों में शायद किसी ने भी उनके साथ इतनी यात्रा नहीं की होगी और यह मेरे लिए सीखने का एक अवसर था। लेकिन एक बार किसी ने गुरुजी से मेरे बारे में कह दिया कि कला बजाती तो अच्छा है लेकिन केवल संगति ही कर सकती है, एकल वादन नहीं कर सकती। उस समय गुरुजी मेरे विषय में यह बात स्वीकार नहीं कर सके और उन्होंने मुझसे कहा कि अब तुम मेरे साथ नहीं बजाओगी, तुम अकेले ही बजाओ और अपनी जगह बनाओ। उस समय मुझे यह बात सुनकर बुरा तो बहुत लगा था लेकिन मुझे बाद में इस बात का एहसास हुआ कि उन्होंने मेरे लिए एक स्वप्न देखा था और वह था कि संगीत-जगत् में मैं अपना अलग स्थान बनाऊँ।'

वायलिन वादक कला रामनाथ के साथ

कला पंडित जसराज तथा मधुरा जसराज जी की बातें करती नहीं थकतीं कि किस तरह पग-पग पर दोनों गुरुजी तथा मामी जी ने उनकी सहायता की। 'जब मैं बम्बई में अपना पहला घर ख़रीद रही थी, तब हर तरह से उन्होंने मेरी मदद की। आर्थिक सहायता भी की और संबल भी बने। मालिक मकान पैसा लेकर भी मकान देने में आनाकानी कर रहा था। तब मामी जी झाँसी की रानी की तरह अड़ गयीं मालिक मकान से मकान की चाभी निकलवा कर ही उन्होंने चैन की साँस ली। आज मैं स्वतन्त्र रूप से सब काम करती हूँ, यह सब कुछ उन्हीं के कारण।'

कला रामनाथ को पंख पंडित जसराज ने दिये, उड़ान भरना भी उन्होंने ही सिखाया।

९३

सुमन घोष के साथ पंडित जसराज का दोहरा रिश्ता है। एक तो अभिन्न मित्र उज्ज्वल घोष के भांजे होने का और दूसरा शिष्य का। सुमन के स्मरण अनूठे तथा हृदय को स्पर्श करने वाले हैं। 'गुरुजी (पंडित जसराज) मेरे यहाँ जब भी आये हैं या आते हैं, तो जो मेरी संस्था है, जो यहाँ गुरुकुल है, उसमें हम गुरुजी का कांसर्ट रखते हैं। हमारे गुरुकुल में गुरुजी के जो ग्रैंड डिसाइपल हैं, उनकी एक बैठक आयोजित करते हैं जिसमें उन लोगों को अपने दादा गुरुजी यानी हमारे गुरुजी पंडित जसराज जी के दर्शन करने का सौभाग्य प्राप्त होता है। उन्हें अपने दादा गुरुजी पंडित जसराज जी को सुनने का भी सौभाग्य मिलता है। उस कार्यक्रम का नाम हम रखते हैं—गुणातीत संग। वहाँ पर जैसे ही गुरुजी चरण रखते हैं, वो भावुक हो जाते हैं। उनका एक बड़ा-सा बैनर लगा रहता है, जहाँ पर टाइटल, उनका फ़ोटोग्राफ वगैरह रहता है। फिर वह स्टेज पर बैठते हैं। मैं उनके लिए एक छोटा-सा विंडो (समय) तय करता हूँ कि सब उनके दर्शन करें, सब गा के उनको कुछ अर्पण करें। फिर वह डेढ़ घण्टा, दो घण्टा सबसे बातें करते हैं। वहाँ तानपूरा वगैरह तो लगा ही रहता है तो गुरुजी कहते हैं कि हम आपको गाकर कुछ सुनाते हैं। तो उम्मीद से कहीं बहुत ज़्यादा प्रसाद मिल जाता है।

हमारे मामा उज्ज्वल राय जी के बारे में घटनाएँ हमने उन्हीं से सुनी हैं। एकदम छोटी उम्र में गुरुजी कलकत्ते में रहते थे। बड़े गुरुजी गाना सिखाते थे और कुछ-कुछ प्रोग्राम भी करते थे। बड़े गुरुजी (पंडित मनीराम) कलकत्ते में सपरिवार रहते थे। उनकी अपनी शिष्यमण्डली थी। वहाँ महाजाति सदन नाम का एक ऑडिटोरियम है। जहाँ तक मेरी जानकारी है रवीन्द्रनाथ टैगोर और सुभाषचंद्र बोस जी उसके फाउंडेशन स्टोन की सेरेमनी में थे। कहने का मतलब यह है कि महाजाति सदन एक बहुत मान्यता प्राप्त स्थान है। वहाँ एक प्रोग्राम हो रहा था जिसमें बड़े गुरुजी (पंडित मनीराम) कुछ शिष्य-शिष्याएँ गा रहे थे। उन दिनों गुरुजी (पंडित जसराज) तबला बजाते थे। बहुत तबला संगत, बहुत ज़बरदस्त संगत करते थे। उनका संगत में बहुत से लोगों को सुनने को मिलता था और ये सभी लोगों के साथ बजा

रहे थे। एक दिन उन्होंने वहाँ थोड़ा-सा गाया। मेरे मामाजी, उज्ज्वल राय जी, जो गुरुजी से उम्र में बहुत बड़े थे और संगीत-प्रेमी थे, वहाँ उस दिन कार्यक्रम को सुनने के लिए आये हुए थे। वो भी बिना कुछ प्लान किये हुए ही वहाँ पहुँच गये थे। उन्होंने इन्हें सुना और फिर इनसे मिले। मिलकर कहने लगे कि आप तबला क्यों बजाते हो, आपको तो गाना चाहिए। इन्होंने हँसा, और कुछ कहा नहीं, क्योंकि बड़े भाई साहब ही सब कुछ थे उनके लिए। उनकी इच्छा थी कि ये तबला अच्छा बजाते हैं, बजाते रहें ऐसे ही। मेरे मामाजी को पता चला कि बड़े गुरुजी (पंडित मनीराम जी) की इच्छा से ये जगह-जगह तबला में संगत वगैरह करते हैं तो उन्होंने सीधा जाके बड़े गुरुजी से मिला। तबला सिखाया तो पंडित प्रतापनारायण जी ने था, लेकिन बड़े भाई साहब की इच्छा थी कि ये तबला भी बजाते थे। तो मेरे मामू उज्ज्वल राय जी जाकर पंडित मनीराम जी से मिले, क्योंकि उन्हें यह पता चल चुका था कि जब तक उनकी इच्छा नहीं होगी तब तक यही स्थिति रहेगी। मिले और मिल के कहा कि माफ़ करिएगा, मैं कोई नहीं हूँ, छोटे मुँह बड़ी बात, लेकिन आप से अच्छा कौन जानता है कि ये जन्म लिए हैं गाने के लिए। आप आज से ही इनसे तबला मत बजवायें। बजाने को मना कर दीजिए। इन्हें गाने के लिए कहिये। गुरुजी के ही शब्दों में, 'उज्ज्वल दादा बड़े भाई साहब के सामने जाकर खड़े हो गये और उनसे एक तरह से लड़ भी लिये।'

इसके बाद परिवर्तन हुआ, वो गाने लगे। इसीलिए गुरुजी अपने गाने का बहुत बड़ा श्रेय उज्ज्वल मामा को देते हैं। उन्होंने इनके जीवन की दिशा ही बदल दी। वैसे उज्ज्वल चौधरी नाम था उनका। उस ज़माने में ऐसा था कि फैमिली कोई अच्छा काम करे तो उसके साथ टाइटल लगा दिया जाता था तो ऐसे वो भी उज्ज्वल राय हो गये थे। उसके बाद वो हर समय गुरुजी के साथ थे। उठते-बैठते, घूमते-फिरते, सब लोगों में, सब समय 'जसराज, जसराज' ही करते थे।

कलकत्ते में, बंगाली में एक शब्द का इस्तेमाल बहुत होता है—'अड्डा'। अड्डे का अर्थ है कि दो-चार लोग जहाँ मिलकर कुछ गप्पें मारें। तो हम बंगाल वाले गप्पें मारने में माहिर हैं। आपस में चाय वगैरह लेकर बैठ गये, बस फिर उसी में सब गप्पबाज़ी होती रहेगी। इन लोगों में सभी लोग नौजवान थे, शादीशुदा कोई भी नहीं था। एक साथ मिल के कहीं भी बैठे, चाय-कॉफ़ी पी। इनमें मुकुन्द चाचा (मुकुन्द लाठ) भी थे। इन लोगों का अड्डा हिन्दुस्तान पार्क वाले ज्ञान भाई के घर से शुरू हो और इधर तीनों मिल के घूमते थे। बचपन में पहली बार मैंने जब इनको देखा, मैं बहुत छोटा था—आठ-नौ साल का। गुरुजी

कांसर्ट टूर में गये हैं और मेरे उज्ज्वल मामा भी उनके साथ घूम रहे हैं, उनकी देखभाल कर रहे हैं, बड़े भाई जैसे सँभाल रहे हैं। लेकिन शुरुआत घटना यह थी कि गुरुजी को तबला से गायन की दिशा में लाने के लिए उज्ज्वल मामाजी का बहुत बड़ा योगदान था।

तो कलकत्ते में एक शॉपिंग का बहुत बड़ा इलाक़ा है—गरियाहाट। वहाँ पर एक रेस्टोरेंट होता था—'सांगूवैली' नाम का। वहाँ पर इन सब लोगों का 'अड्डा' जमता था। एक दिन ख़बर आयी कि पिछली रात वहाँ शाम को मुहल्ले के कुछ लड़के बैठे थे, कि मुहल्ले की किसी जवान लड़की की शादी एक बूढ़े आदमी से हो रही है। वह बहुत ही ग़रीब घर की लड़की थी। पिता के लिए वर खोजना मुश्किल हो रहा था, इसलिए उसकी शादी 20-30 साल ज़्यादा उम्र के व्यक्ति से कर रहा था। तो सारे लड़के मिलकर लड़की के पिता को समझाने लगे कि आप ये अन्याय क्यों कर रहे हैं! तो लड़की का पिता बोला कि आप ऐसे मत कहिए, आप इस काम में अड़चन डाल रहे हैं, क्या तुम लोगों में से कोई मेरी लड़की से शादी करोगे? तो वो सारे लड़के हिल गये और एक-दूसरे की तरफ़ देखने लगे। फिर उन्हीं में से एक लड़का आगे आया और उसने उस लड़की से शादी कर ली। यह 1950 के दशक की बात होगी शायद। अब पिछले दिन यह शादी हो गयी थी और उसकी ख़बर सांगूवाली रेस्टोरेंट में बैठने वाले सभी लोगों के बीच फैल गयी थी। अगले दिन जब ये तीन-चार

सुमन घोष के साथ

लोग—मुकुन्द चाचा, ज्ञान चाचा, गुरुजी (पंडित जसराज) और उज्ज्वल मामा वहाँ आये अपना अड्डा ज़माने के लिए, तब उन्हें भी यह बात पता चली। तब तक किसी की भी शादी हुई नहीं थी और उज्ज्वल मामा इन सबमें सबसे बड़े थे। तो सभी लोग उज्ज्वल मामा से चुहल करने लगे कि उज्ज्वल दा, आप रोज़ 'सांगूवैली' में आकर बैठा कीजिए, आपकी भी शादी हो जायेगी। वैसे बाद में उनका विवाह हुआ, परिवार आदि भी हुआ। 1980 में कैंसर से उनका देहान्त हो गया।

एक बार गुरुजी का कांसर्ट था भुवनेश्वर में। हम गुरुजी के साथ गये थे। गुरुजी 'जयजयवन्ती' गा रहे थे। सामने दीपाली नाग जी बैठी थीं। दीपाली नाग आगरा घराने की बहुत वरिष्ठ कलाकार हैं। राग 'जयजयवन्ती' आगरा घराने में बहुत प्रचलित राग है और वहाँ जयजयवन्ती को विशेष रूप से गाया-बजाया जाता है। उस्ताद, फ़य्याज़ ख़ाँ साहब जयजयवन्ती गाते थे, हमने उस्ताद शराफ़त हुसैन ख़ाँ साहब की आवाज़ में भी जयजयवन्ती सुनी है। कहने का मतलब ये कि जयजयवन्ती एक तरह से आगरा घराने की पहचान ही बन गयी है। इंटरमिशन हुआ। मुझे इतना याद है कि दीपाली जी फ्रंट रो से उठ कर आयीं, वो दीपाली नाग जिन्हें जयजयवन्ती का एक्सपर्ट माना जाता है, वो उठकर आयीं, स्टेज के किनारे पर हाथ रखकर थोड़ा-सा आगे बढ़कर कहने लगीं—'जसराज जी, हमारे घराने में तो जयजयवन्ती अपना राग माना जाता है, लेकिन जयजयवन्ती की इतनी सुन्दर अदायगी तो मैंने कभी सुनी ही नहीं है। मैं वाकई आपको बहुत धन्यवाद देती हूँ कि इतने सुन्दर राग का इतनी सुन्दर स्वरूप आपने हमारे सामने गाया। हमने इतना सुन्दर जयजयवन्ती कभी नहीं सुनी है।' ये घटना मेरे मन में जैसे छुप-सी गयी है, सुमन घोष बताते हैं।

'एक घटना अपने निजी अनुभव की बताता हूँ आपको। मैं उन दिनों एच.एम.वी. में काम करता था। वहाँ मैं एक हिन्दी शो करता था। मेरे ऊपर काफ़ी सारी ज़िम्मेदारियाँ थीं। मैं हिन्दुस्तानी शास्त्रीय संगीत विभाग का काम भी देखता था। गुरुजी का रिकॉर्डिंग मैं हैंडल करता था। एक दिन उन्होंने मुझसे कहा—अब तुम ये सब छोड़ दो। तुम्हें गाना है। ये सब काम तुम्हारे लिए नहीं है। तुम्हें पूरी तरह कलाकार बनना है। तो मैंने नौकरी छोड़ दी। मेरे माता-पिता, मेरे सब घरवाले भी कुछ सामान्य घरवालों की तरह नहीं हैं। जैसे सब लोग चाहते हैं कि बेटे की नौकरी लग जाये, वो सेटल हो जाये, उसकी तरक्की हो, वो लोग वैसा बिल्कुल नहीं चाहते थे, वो लोग भी यही चाहते थे कि मैं गाऊँ। तो जब मैं ग्रामोफ़ोन कम्पनी में काम करने जाने लगा तो वो लोग बहुत दुखी थे। तो जब गुरुजी ने कहा कि तुम नौकरी छोड़ दो और केवल गाना करो, तो मेरे घर में ख़ुशी की लहर दौड़

गयी। उन्होंने कहा कि तुम केवल गाना गाओ और गायक ही बनो, तो मेरे माता-पिता बहुत ख़ुश हुए। लेकिन इसके बीच जो ट्रांज़ीशन पीरियड है, नौकरी छोड़ने और गायक बनने के बीच, वह बहुत कठिन परिस्थितियों से भरा हुआ होता है। सामान्यत: अगर परिवार कहे कि नौकरी छोड़ दो तो इसका अर्थ यह है कि आर्थिक रूप से सब कुछ व्यवस्थित है, पूरी सुरक्षा है। लेकिन मेरे साथ ऐसा नहीं था। मैं तो पूरी तरह से सेटल्ड था। अच्छी-ख़ासी नौकरी थी, अच्छी कमाई थी, लेकिन उसे छोड़कर मैं ऐसी स्थिति में पहुँच गया था जहाँ हर दिन, हर पल यह प्रश्न था कि आज का खाना कहाँ होगा, पता नहीं। जेब में 5 रुपये हैं। मैं जान-बूझकर कलकत्ते से बाहर रहने लगा ताकि माता-पिता को मेरी आर्थिक दशा के बारे में पता न चले। मेरे बाबा बहुत अच्छी स्थिति में थे। इंडिया में माता-पिता को पता चलता है कि बच्चा कष्ट में है तो वे उसे खिला-खिला कर, दुलार कर, लाड़-प्यार से अपने पास रख लेते हैं। इसका मतलब है कि उसकी ग्रोथ आगे रुक गयी। और वही मुझे नहीं चाहिए था, क्योंकि फिर स्ट्रगल का कुछ मतलब ही नहीं होता। मैं कलकते से इसीलिए भागा-भागा रहता। बहुत घूमता था मैं गुरुजी के साथ। जहाँ-जहाँ वो जाते, मैं वहीं जाता। और व्यवहार में भी ऐसा ही होता है। जब आपके पास सब कुछ है, तब लोग भी आपके साथ हैं। यदि आप समृद्ध नहीं हैं, तब लोग भी शायद आपसे सम्पर्क न रखें। मैं इसीलिए अपने आप में जैसे गुम-सा हो गया था। केवल गुरुजी ही अपना सहारा बनकर बैठे थे।

एक दिन लखनऊ में प्रोग्राम था। मैं गया था। प्रोग्राम के बाद गुरुजी को एयरपोर्ट पर छोड़ना था। उसके बाद रेलवे स्टेशन जाना था ट्रेन लेने के लिए। मैं गुरुजी को अगले शहर में मिलने वाला था। तो हम एयरपोर्ट गये। सामान-वामान सब बैग में रखा हुआ था। मैंने प्रणाम किया। उन्होंने मुझे आशीर्वाद दिया, बोले—ठीक है बेटा, दो दिन में मिलते हैं। और ऐसा कर के वो अन्दर चले गये। अब जा रहे हैं, जहाँ पर एक्स-रे चेक इन वगैरह होता है। मैं बाहर से उनको अन्दर जाते हुए देख रहा हूँ। वो चले भी गये और मैं बाहर खड़ा हुआ सोच रहा हूँ कि गुरुजी भी चले गये, मैं फिर से अकेला हो गया हूँ। फिर से अकेला हो गया हूँ मैं, बस ये वाक्य मेरे मन में आया ही था और मैंने सिर उठाकर देखा कि गुरुजी जो बहुत अन्दर तक चले गये थे, वो ट्रॉली के सहित वापस मुड़े और मेरी तरफ़ आ रहे हैं। आकर ट्रॉली को बाजू में खड़ा किया और मुझे गले लगाकर बोले—'बेटा तुम अकेले नहीं हो, मैं हूँ न तुम्हारे साथ! मैं हमेशा तुम्हारे साथ हूँ।' इस बात का क्या असर मेरे ऊपर हुआ उसका वर्णन करना बहुत कठिन है। लेकिन उस अकेलेपन की घड़ी में गुरुजी को कैसे पता

चला कि मैं उस समय कैसा महसूस कर रहा था, और वो मुझे सँभालने के लिए बाहर चले आये। इस सम्बन्ध के बारे में क्या कहा जाये। यह शायद 1998 की बात रही होगी। एच.एम.वी. मैंने 1996-97 में छोड़ा था।

मैं बचपन से ही गाने की तालीम लेता था। पंडित ज्ञानप्रकाश घोष ने मुझे 13-14 साल तालीम दी। उससे भी पहले पंडित श्रीकान्त बाकड़े जी हमारे घर आते थे और मुझे गाने की तालीम देते थे। वो उस्ताद अमीर ख़ाँ साहब के पट्ट शिष्य रहे। हमारे घर में सब कोई संगीत से जुड़े हुए हैं, लेकिन कोई भी प्रोफेशनल संगीतकार नहीं हुआ। मैं गाता था। उस्ताद रईस ख़ाँ साहब मुझे बहुत प्यार करते थे। अपना बड़ा बेटा जैसे मुझे मानते थे। उन्होंने ही मुझे गुरुजी के पास तालीम लेने के लिए मिलवाया था। हालाँकि मैं अपने उज्ज्वल मामाजी के साथ इनके दर्शन करता रहता था, लेकिन तालीम लेने के विषय में उन्होंने कभी सुझाया ही नहीं था। जब भी आते थे, मुझे बुलाते थे। एक दिन उस्ताद रईस ख़ाँ साहब हाथ पकड़कर मुझे इनके पास ले गये। वो ग्रामोफ़ोन कम्पनी में रिकॉर्डिंग करवाने आया करते थे। एक दिन बोले, तुम गाते हों, अच्छी-खासी तालीम लिये हुए हो, रिकॉर्डिंग कर रहे हो, प्रोजेक्ट कर रहे हो। गाना तो कभी नहीं सुनाये, एक दिन सुनाओ। तानपूरा वगैरह लेकर आओ एक दिन और गाना सुनाओ। एक दिन तो वहीं पर रुके हुए थे। परिवार ले कर आये थे पाकिस्तान से, सुनने के बाद बोले कि बेटा, तुम अगर ऐसे काम में रहो तो हमें मदद होती है। लेकिन मैं चाहता हूँ कि तुम इसे छोड़ दो। कितनी बड़ी बात कही उन्होंने। तुम इसे छोड़ दो और गाओ। तो मैंने उनसे कहा कि मेरे गुरु ज्ञान बाबूजी की बहुत उम्र हो गयी है। उनको डिमेंशिया हो गया है और वो गाते नहीं हैं। तो अभी मेरे कोई गुरु नहीं हैं। मैं और भी सीखना चाहता हूँ। मेरा सीखना अभी सम्पूर्ण नहीं हुआ है। वैसे तो सीखना कभी भी सम्पूर्ण नहीं होता है, लेकिन अभी तो मैं एकदम कच्चा हूँ। तो उन्होंने कहा कि ठीक है, मैं तुम्हें ऐसे व्यक्ति के पास ले जाऊँगा, जो अगर तुम्हें शिष्य मान ले तो कभी तुम्हें पीछे मुड़ना नहीं होगा। ऐसा कह कर मुझे बताया भी नहीं कि वह कौन व्यक्ति हैं। कलकत्ते में उस समय गुरुजी (पंडित जसराज) एक कांसर्ट के लिए आये थे। गुणीदास समारोह होता है न, उसमें आये थे। वहाँ वे गाने वाले थे। रईस ख़ाँ साहब मुझे उसमें ले गये। बहुत खुल कर बातें कीं। और आपस में जसराज भाई और रईस भाई ऐसे कहकर गले वगैरह मिले। मैं पीछे खड़ा था। रईस ख़ाँ साहब बोले कि मैं आपसे एक चीज़ माँगने आया हूँ। यह मेरा बड़ा बेटा है, आपको इसे अपनाना होगा। आपके पास यदि अपनाने के लिए वक़्त है तो अपनाइये वरना नहीं। यदि इसे सिखा पायेंगे तभी हाँ कहिये। गुरुजी का उत्तर मुझे अभी भी वैसा का

वैसा याद है। उन्होंने कहा कि रईस भाई, आपका हुक्म सिर आँखों पर। उन्होंने बड़ी विनम्रता के साथ मुझे स्वीकार किया। और मेरी तरफ़ मुड़ के रईस ख़ाँ साहब बोले कि बेटा, अब तुम पटरी पर आ गये हो। फिर वहीं से उनके साथ की मेरी यात्रा शुरू हुई और अभी तक जारी है। मेरे जीवन में स्ट्रगल का बहुत बड़ा समय रहा। ऐसे में कहते थे कि बेटा मैं तुमको बनाने में खड़ा कर दे सकता हूँ। मैं एक फ़ोन लगा दूँ तो तुम्हारे पास प्रोग्राम वगैरह सब आ जायेंगे। लेकिन कष्टों की राहों से गुज़रना बहुत ज़रूरी है। गाने-बजाने में इस रास्ते जो मिलता है, वही सहायक होता है। इसीलिए मैं चाहता हूँ कि तुम इस दौर में से गुज़रो। और मैं हूँ तुम्हारे लिए। और मैं बहुत दिल से उनकी बात मानता था। ऐसा कभी नहीं लगा कि गुरुजी कह तो रहे हैं लेकिन मुझे ओवरनाइट खड़ा क्यों नहीं कर देते। वे भी मुझे सँभालते रहे। जितनी ज़रूरत है, मदद करते थे। इस बात से आपके सामने गुरुजी का पूरा चरित्र खुल कर के सामने आ जायेगा कि वे कितने बड़े हृदय के व्यक्ति हैं।

एक और घटना बताता हूँ। उज्जैन में एक प्रोग्राम था नवम्बर में—कालिदास समारोह। वहाँ पर इस समय काफ़ी सर्दी होती है। हम लोग दिल्ली से वहाँ ट्रेन में पहुँचे। वहाँ से कुल 17-18 घण्टे की यात्रा थी। यह 1990 के दशक के अन्त की बात होगी, शायद 1997-98। समारोह में हारमोनियम पर अप्पा साहब जलगांवकर जी थे। तबले पर दिल्ली से कोई आये थे—शायद सुधीर भाई। गुरु माँ भी आयी थीं (मधुरा जी)। हम दो-चार जन गुरुजी के साथ थे। मैं तब उनके साथ नया-नया यात्रा करने लगा था। तो जब हम उज्जैन पहुँचे तो उन्होंने कहा कि बेटा अगला प्रोग्राम दिल्ली में ही है। ऑर्गेनाइज़र से कह के वापसी की टिकट बनवा लेना। मैंने आयोजकों से कह दिया कि हमें फलाने दिन वापस जाना है, आप हमारी टिकट बनवा दीजिए। तो उन्होंने कह दिया—हाँ-हाँ, ज़रूर। जब प्रोग्राम हो चुका और रात को हम लोग खाना खाने टेबल पर बैठे, तो गुरुजी ने पूछा कि तुम्हारी टिकट कौन-सी ट्रेन की है? तो मैंने कहा, अभी तो पता नहीं है, वो लोग टिकट अभी ला रहे हैं। उन्होंने पूछा कि कब ला रहे हैं? मैंने कहा कि पता नहीं, मैंने दो-तीन बार उनसे कहा, तो उन्होंने यही कहा है कि हम आपको टिकट प्रोग्राम के बाद देकर जाते हैं। गुरुजी बहुत नाराज़ हुए। मुझे कहें कि तुमको लगता है कि वो तुमको टिकट दे देगा? मैंने तुमसे कहा था कि तुम उनसे टिकट बनवा लो, तुम मेन आर्टिस्ट नहीं हो कि तुम जो कह रहे हो वह तुरन्त हो जाये। उनके पीछे पड़ना पड़ता है। तब तो वो हाँ-हाँ कह देते हैं, लेकिन किसी को पड़ी नहीं है कि वो तुम्हारा काम करें। इससे गुरुजी मुझ पर नाराज़ हो गये। टेबल पर माहौल

ऐसा हो गया कि सब चुपचाप हो गये। तो मैं खड़ा हो गया और उनके पैर पकड़ कर बोला कि मुझसे भारी ग़लती हुई है, मुझे आयोजक के पीछे पड़ना चाहिए था। अब बताइये कि दिल्ली में कब, कहाँ और कितने बजे तक पहुँचना है? तो उन्होंने एक स्थान बताया कि परसों फलानी जगह पर 5 बजे तक पहुँचना है। तो मैंने कहा कि आपके आशीर्वाद से मैं उस समय तक वहाँ पहुँच जाऊँगा। मैं वहाँ से निकलकर के अपने कमरे में चला गया। मैं हमेशा रेलवे का टाइम टेबल अपने पास रखता था। झट से सामान पैक किया और निकलने को था कि गुरुजी मेरे कमरे के दरवाज़े पर आ कर खड़े हो गये। मुझसे कहा कि निकल रहे हो? मैंने उत्तर दिया कि जी गुरुजी, निकल रहा हूँ। तो उन्होंने झट से पैसों का बंडल निकाला और कहा कि ये पैसे रख लो, काम आयेंगे। मैंने कहा कि गुरुजी आपकी बड़ी कृपा है, लेकिन ज़रूरत के पैसे मेरे पास हैं, इसकी आवश्यकता नहीं पड़ेगी। तो वो बोले, नहीं बेटा, रख लो इसे, काम आयेगा। तो मैंने रखा, फिर आशीर्वाद लेकर निकल पड़ा। बाहर गाड़ियों में ड्राइवर सो रहे थे। मैंने एक को जगाकर कहा कि मुझे बस अड्डे तक ले जाइये। तो वहाँ जो लांग डिस्टेंस बस अड्डा है, वहाँ पर गया। वहाँ से भोपाल को एक बस 2-2.30 बजे निकलने वाली थी। उससे भोपाल पहुँचे। वहाँ से राजधानी एक्सप्रेस-बेंगलूरु या बम्बई वाली आना-जाना करती थी। मेरे हिसाब से मैं स्टेशन पहुँचूँ, उसके एक-डेढ़ घण्टे में ही वह निकलने वाली थी। उसमें टिकट लेकर बैठ गया और दिल्ली पहुँचा। हजरत निज़ामुद्दीन से रिक्शा लेकर सीधे वेन्यू पर पहुँच गया। किन्हीं सरकार के उच्च अधिकारी के घर में प्रोग्राम था। मैंने वहाँ से गुरुजी को फ़ोन लगाया, वो मौर्या में या कहीं और ठहरे थे। तो वो फ़ोन पर बोले कि कहाँ से बात कर रहे हो, दिल्ली से या मध्य प्रदेश के किसी गाँव से? तो मैंने कहा कि गुरुजी आपके आशीर्वाद से मैं इस जगह हाजिर हूँ जहाँ पर आपने हमें आने का आदेश दिया था। तो वो बहुत ख़ुश हो गये। मुझसे 10-15 मिनट बातें की और बोले—बेटा तुम जिस लेवल पर हो, आगे बढ़ोगे बहुत। उस लेवल पर जब हम लोग थे, तब हमारे समय पर थर्ड क्लास की टिकट मिल जाती थी ज़्यादा से ज़्यादा। अभी के ज़माने में तुम लोगों को एसी की टिकट देते हैं—ट्रेन की। मैं ऑर्गेनाइज़र से कहकर प्लेन में अपने साथ तुम्हारे लिए टिकट करवा के ला सकता था, लेकिन मैंने वैसा नहीं किया। तुम्हारी यात्रा तब अधूरी रह जाती। तुम इस मेहनत से, इस अनुभव से वंचित रह जाते। मैं चाहता हूँ कि तुम हर तरह की कठिनाइयों का अनुभव करके अपने को माँजते हुए ऊपर पहुँचो।

देखिए, हम सब गुरु की तालीम, गुरु की तालीम कहते हैं। गुरु की

तालीम केवल संगीत की ही नहीं होती है। ये जीवन का सब अनुभव भी तालीम का हिस्सा है। मैं कभी-कभी गुरुजी को याद दिलाता हूँ अब कि आपने मुझे ऐसी शिक्षा दी थी। उन्होंने कुछ जानबूझ कर ऐसा नहीं किया, लेकिन उनके सम्पूर्ण व्यक्तित्व का ही यह हिस्सा है कि वो अपने शिष्यों को जीवन जीने की शैली से परिचय देते रहे हैं। वो जीवन की एक सम्पूर्ण पद्धति है जिसे हम उनसे सीखे हैं। कहाँ क्या कहना है, कहाँ नहीं कहना है, कहाँ चुप रहना है, उन्होंने हमें यह सब पढ़ाया था। मैं कभी-कभी अपने शिष्यों को बताता हूँ कि किस तरह गुरुजी ने हमें जीने का रास्ता दिखाया। तो ख़ूब आशीर्वाद मिला। उस प्रोग्राम के अन्त में वो मधुवंती में 'कस्तूरी तिलकम्' गा रहे थे। उसके बाद वो ऑडियंस से कहे—मेरी तरफ़ इशारा करके—आज अपने बेटे को मैंने बहुत भारी चैलेंज के सामने फेंक दिया था। और आपको जानकर ख़ूब ख़ुशी होगी कि इसने उस चैलेंज को बहुत सही ढंग से, बहुत ख़ूब निभाया है। और इसी ख़ुशी में मैं आपको एक नया कांपोजीशन सुनाता हूँ। तो उन्होंने 'कस्तूरी तिलकम्' को जो 'मधुवंती' में गा चुके थे, 'भैरवी' में सुनाया। उसके बाद मैंने उनको कभी भी इस रचना को भैरवी में गाते हुए नहीं सुना है।

हम लोगों ने सुनीता जी अपने गुरुओं से गाना-बजाना सीखा है, और हमारी कोशिश रहती है कि जो हमने सीखा है उसके साथ न्याय करें। मैं अभी न्यूयॉर्क में गा रहा था, तो वहाँ मैंने ऑडियंस से कहा कि मेरे गुरुजी ने कितने सारे कांपोजीशन रचे हैं। दुनियाँ वाले उनको सुनने के लिए तरसते हैं। हमने न केवल उन्हें सुने हैं, बल्कि उन्हें सीखा है, उनकी तालीम भी ली है। हम सब लोग कोशिश करते हैं उसके साथ जस्टिस करने की, हम जब भी उसे गाते हैं। थोड़ा-बहुत अगर हम उस रचना के साथ न्याय कर पाये तो श्रेय उनका है, और जो कोई कमी रह जाये तो उसके लिए आप हमें ज़िम्मेदार समझिये। कमी हमारी है। गाना-बजाना सीखने का अवसर मिला ही है, लेकिन ऐसे व्यक्ति का दर्शन मिलना, उनके आस-पास रहने का, इस जन्म का बहुत-बहुत सौभाग्य है।'

94

हिन्दी के प्रचलित टेलीविजन चैनल पर एक चेहरा लगभग प्रतिदिन दिखाई देता है। वह चेहरा है संजय शर्मा का। संजय पंडित जसराज के पत्रकार शिष्यों में से है। उनके अनुभव उन्हीं के शब्दों में—'मैं बहुत छोटा था और मेरे बचपन के जो गुरुजी मुझे गाना सिखाते थे, उनके बेटे थे—मुरलीधर साँवरिया। वो गुरुजी (पंडित जसराज) के शिष्य थे। वो जब भी गुरुजी के पास जाते थे छुट्टियों में, तो लौट कर आने पर बताते थे कि हमारे घराने में सुर ऐसे लगाते हैं, बन्दिश ऐसे चलती है, गुरुजी ने ऐसे-ऐसे बताया, यह सिखाया, वो इतना प्यार करते हैं, वगैरह-वगैरह। सुन-सुन कर मैंने मन में निश्चय कर लिया था कि यदि मैं गाने को आगे बढ़ाऊँगा तो मेवाती घराने में ही सीखूँगा। उस समय मैं सिर्फ़ सात-आठ साल का था। एक-दो बार गुरुजी से मिला भी था, लेकिन उनसे सीखने का कार्य आगे नहीं बढ़ पाया। बिहार के मधुबनी ज़िले में जयनगर नाम का एक छोटा-सा कस्बा है जहाँ मैं रहता था और गाना सीखता था। उसके बाद 1995 में मैं दिल्ली आ गया, एक-दो बार संगीत समारोहों में गुरुजी से भेंट हुई, लेकिन हर समय उन्हें लोग घेरे रहते थे और कभी भी उनसे ठीक से बात भी नहीं हो पायी।

1998 की बात है। मैं तब 'जनसत्ता' में काम करता था। एक बार हमारे न्यूज़ एडिटर ने पूछा कि संजय तुम कहाँ हो? मैंने कहा कि अभी एक ख़बर करके लौटा हूँ। तो वो बोले कि तैयार हो जाओ। पंडित जसराज तुम्हें याद कर रहे हैं। मैं तो सीट छोड़ के खड़ा हो गया। मैंने पूछा कि उनको मेरे बारे में कैसे पता चला? वो बोले कि तू जिनके गाने सुनता रहता है, उनकी प्रेस कान्फ्रेंस है अशोका होटल में। तू वहाँ चला जा। और मैं तो हवा में उड़ने लगा। उस समय कोई गाड़ी-घोड़ा तो थी नहीं अपने पास। मैं बस में अशोका होटल गया। जब तक वहाँ पहुँचा, तब तक प्रेस कान्फ्रेंस ख़त्म हो चुकी थी। मैंने उनके कमरे का नम्बर पता किया और दरवाज़े पर नॉक किया। मैंने कहा कि मैं संजय शर्मा हूँ और 'जनसत्ता' से आया हूँ। मुझे पहुँचने में देर हो गयी। गुरुजी ने कहा कोई बात नहीं। बाहर चलते हैं और वहाँ बात करते हैं। और फिर होटल की लॉबी में

बैठकर डेढ़-दो घण्टे बात की। उन्होंने पूछा कि तुम क्या करते हो? मैंने बताया कि मैं क्राइम रिपोर्टर हूँ, लेकिन मैं गाना सुनता हूँ। मैंने उनसे पूछा कि पंडित जी, मुझे आपसे एक चीज़ जाननी है। मैंने आपकी बहुत सारी बन्दिशें सुनी हैं। लेकिन खमाज बहार की जो बन्दिश है, वह मुझे समझ में नहीं आयी। गुरुजी ने बन्दिश सुनायी—**'ऐ री माई सकल चलत बन पवन गगन पुरवा आई।'** उन्होंने पूछा कि सच बताना, क्राइम रिपोर्टर ही हो या गाना-बजाना भी करते हो? तब मैंने उन्हें बताया कि मुरलीधर साँवरिया के पिताजी नथनी निझार जी मुझे सिखाते थे। उनके देहान्त के बाद रुक गया। जब यह सारी बात हो रही थी तो गुरुजी ने कहा कि क्या गाते हो, सुनाओ। उस समय मैं ठीक-ठाक गा लेता था, रियाज़ करता था। गला भी ठीक-ठाक था। गुरुजी ने सुना और कहा कि बढ़िया है। मैंने पूछा कि पंडित जी, मुझे बताएँ कि मैं इसे जारी कैसे रखूँ? तो उन्होंने कहा कि मैं रहता हूँ बम्बई में, और तुम रहते हो दिल्ली में। लेकिन कोई बात नहीं। मेरा एक शिष्य है—सुमन घोष। मैं उसे फ़ोन करता हूँ। वो तुम्हें हमारे घराने के बारे में, उसकी परम्परा के बारे में सब कुछ बतायेगा। उन्होंने सुमन घोष दादा को फ़ोन करके बताया कि यह संजय शर्मा है। आज से तुम इसे सिखाओ, तैयार करो इसे। फिर वो सारा कार्यक्रम शुरू हो गया। सुमन दादा मुझे सिखाते और गुरुजी जब भी दिल्ली आते थे तब मैं छुट्टी लेकर उनके साथ ही रह जाता था। पहली बार मुझे पता चला कि कल प्रोग्राम है तो मैं ऑफ़िस से काम निपटा के सीधा प्रगति मैदान पहुँच गया। मैंने जींस और टी-शर्ट पहन रखी थी और मैं स्टेज पर बैठ गया। गुरुजी ने कहा, ये कैसे आया है? कोई नाटक है क्या, तो मेरे पास फिरन भी था। गुरुजी ने कहा कोई बात नहीं, फिरन को पहन के ठीक से बैठ जा। किसी को क्या मालूम कि नीचे क्या पहना है। अप्पा साहब जलगांवकर जी हारमोनियम पर थे। उनके हाथ में फ्रैक्चर था तो उन्हें सपोर्ट किया।

और एक बार अशोका होटल में एक प्रोग्राम था। उसमें भी मैं अपनी पैंट और टी शर्ट पहनकर पहुँच गया था। गुरुजी ने कहा—ये क्या कपड़े पहनकर आये हो? मैंने कहा कि गुरुजी, अब तो कुछ नहीं हो सकता। तो गुरुजी ने सुमन दादा से कहा कि सुमन इसे कमरे में ले जाओ। और कुर्ता-पाजामा पहनवाकर ले आओ। दादा ने अलमारी में जितने कुर्ते थे, सब दिखाये और कहा कि कोई भी चुन लो। मुझे गुरुजी ने पहली बार स्टेज पर बैठने को कहा था, तो मैंने दादा से कहा कि आप ही मेरे लिए कुर्ता चुन दीजिए। दादा ने एक कुर्ता मुझे दिया जो उन्हें थोड़ा छोटा था। मैं उसे पहनकर बाहर आया, कुर्ता मुझसे थोड़ा लम्बा था, और गुरुजी ने मुझे देखा और बोले, ठीक है, बैठ जाओ। मैं किसी को नहीं बताऊँगा कि

तूने सुमन का कुर्ता पहन रखा है, चिन्ता मत कर, आ जा। गुरुजी थोड़ी-थोड़ी चुहल करते ही रहते हैं।

और बहुत-सी बातें हैं जो गुरुजी का स्नेह और बड़प्पन दर्शाती हैं। हर समय उनका प्रेम अपने शिष्यों पर बरसता है। हम लोग अम्मा (श्रीमती सोम तिवारी) के यहाँ रुके थे। मैं गुरुजी की सेवा में था। तो रात को डेढ़ बजे वे बोले कि क्या कर रहा है? तानपूरा निकालो। मैं उन दिनों बिहाग का रियाज़ कर रहा था। मेरी ज़बान पर वही चढ़ा था तो मैंने कहा—बिहंाग। वे बोले—सुना। मैंने ज़रा-सा आलाप ही लिया था, कि उन्होंने ख़ुद गाकर सुनाया—कि इसको ऐसे कर। घण्टा भर सिखाया। और ढाई बजे तक मुझे सिखाते रहे। और एक बार की बात है, मुझसे 'नारायण-नारायण' ठीक से नहीं लग रहा था, बार-बार ऊपर चढ़ रहा था। गुरुजी ने कहा कि अबकी बार ग़लत किया तो पड़ेगा एक थप्पड़। मैंने फिर से कोशिश की तो ठीक हो गया। गुरुजी ने बहुत शाबाशी दी—वाह, जीते रहो बेटा। लगता है शाबाशी हजम नहीं होती। पहले तारीफ़ कर दी थी। अब ध्यान से करो।

एक बार भैया (मधुप मुद्गल) के यहाँ रुके थे गुरुजी। गुरुजी ने फ़ोन पर पूछा कि है कहाँ तू? मेरा ऑफ़िस तब वीडियोकॉन टॉवर में था। 'आज तक' पहले वहीं था। मैं ऑफ़िस से सीधा उनके पास चला गया—भैया के यहाँ। सब लोग खाना-बाना खाकर गप्पें लगा रहे थे। उसके बाद मैं गुरुजी के साथ उनके कमरे में चला गया। चरण-सेवा के बाद वो सोने वाले थे कि उन्होंने एकदम से पूछा, अरे—तूने कुछ खाया क्या? मैंने कहा कि गुरुजी, मुझे तो बहुत भूख लगी है, मैं नीचे जाकर देखता हूँ कि क्या मिलता है। उन्होंने कहा कि नहीं नहीं, मैं तुम्हारे साथ चलता हूँ! मैंने कहा कि नहीं गुरुजी, आप नहीं चलिए, मैं मैनेज कर लूँगा। लेकिन वह नहीं माने। पहले तो मुझे अपने बैग में से निकालकर मेवे के कुछ पैकेट दिये और बोले कि ये खा। फिर मुझे लेकर नीचे आये। फ्रिज खोल कर दूध निकाला, ब्रेड निकाली। बोले इसे गरम कर देता हूँ। ये कर लो, वो खा ले, ये बिस्किट हैं, खा ले। मैं संकोचवश गड़ा जा रहा था। लेकिन यह इस बात का प्रमाण है कि गुरुजी अपने छात्रों को कितना स्नेह करते हैं।

और ऐसा केवल मुझे ही नहीं लगता। गुरुजी के सारे के सारे छात्रों को लगता है गुरुजी मुझसे ही सबसे ज़्यादा प्यार करते हैं। जैसे महारास होता है न, हर गोपी को यह आभास होता है कि कृष्ण उसी के पास हैं। वैसे ही हम शिष्य लोग आपस में बात करते हैं तो सभी को यह भरोसा होता है कि गुरुजी सबसे अधिक उसे ही प्यार करते हैं। यह बहुत बड़ी चीज़ है। एक बार मुझे उस्ताद सुल्तान ख़ाँ साहब ने बोला था कि तुम

लोग बड़े ख़ुशकिस्मत हो कि गुरुजी के आजू-बाजू में लटके रहते हो। जितना चाहे उतना टाइम उनसे बात कर सकते हो, सीख सकते हो। इतने बड़े आर्टिस्ट हैं। तुम लोगों को इतने मनोयोग से सिखाते हैं फिर छोड़ देते हैं अपने आप अपना रास्ता चुनने के लिए।

गुरुजी हमारे लिए 'लिविंग गॉड' हैं। सिर्फ़ गाना ही नहीं उनसे पूरी की पूरी जीवन-शैली सीखने को मिलती है। मैं तो एक छोटे से क़स्बे से दिल्ली आया था। मुझे बहुत सारी बातें गुरुजी ने बतायीं। एक बार हम लिफ्ट में जा रहे थे। हमें नीचे जाना था। मैंने लिफ्ट बुलाने के लिए ऊपर और नीचे वाले दोनों बटन दबा दिये। गुरुजी ने पूछा—तुझे ऊपर जाना है क्या? मैंने कहा कि नहीं, नीचे जाना है। तब वो बोले फिर ऊपर का बटन क्यों दबाया? ऊपर जाने वालों को भी ख़ामख्वाह यहाँ रुकना पड़ेगा। ऊपर जाना है तो ऊपर का बटन दबाओ। और नीचे जाना है तो नीचे का बटन दबाओ। तो कितनी बातें वो यूँ ही चुटकियों में सिखा देते हैं। पहले मैं हर बात 'नहीं' से शुरू करता था। गुरुजी की बात मैं हामी भी भर रहा होता,

होली के अवसर पर संजय शर्मा को 'आजतक' के लिए इंटरव्यू देते हुए

या किसी और की बात मान रहा होता, तो भी 'नहीं' से ही मेरा वाक्य शुरू होता। गुरुजी ने बताया कि अपनी बात की शुरुआत हमेशा पॉजिटिव से करनी चाहिए। उससे सकारात्मकता रहती है।

मेरे लिए ये जीवन भर के अनुभव हैं। हर पल उनसे कुछ न कुछ सीखने को मिलता है। एक बार गुरुजी के साथ मेरी बातचीत चल रही थी। उन्होंने कहा कि मैं जब गाता हूँ तो कई बार मुझे ऐसा लगता है कि मैं नहीं गा रहा, कोई और गा रहा है। तब मैंने पूछा कि गुरुजी, कौन गाता है। तो बोले—अरे पता होता तो बता ही न देता! कितना आध्यात्मिक अर्थ है इस बातचीत का!

एक बार स्वर-उत्सव में गुरुजी ने शाम की सभा में गाया। उसके अगले वर्ष वे सुबह की सभा में गा रहे थे। मैं उस प्रोग्राम को 'आज तक' के लिए कवर कर रहा था। प्रोग्राम के बाद मैंने उनसे पूछा, 'पंडित जी आपने इस फेस्टिवल में शाम की सभा में भी गाया है और सुबह की सभा में भी। दोनों का अनुभव कैसा रहा? क्या वह एक-दूसरे में कुछ अलग अनुभव था? तो जो उत्तर उन्होंने दिया उसकी मुझे एकदम अपेक्षा नहीं थी। उनकी आँखें भर आयीं, गला रुँध गया। उन्होंने पहले कहा कि हर सभा का अपना अलग अनुभव होता है। लेकिन आज तो उसने मुझे गाने ही नहीं दिया। कभी यहाँ दिखता था और कभी वहाँ दिखता था। बहुत नटखट है वह (कृष्ण)। बहुत भरमाया उसने। मैं इधर गाता था तो वह उधर दिखता था, मैं उधर गाता तो वह कहीं और भाग जाता था।' तो उनके साथ रह कर परमात्मा को खोजने की आवश्यकता ही नहीं है। उसके दर्शन हर चीज़ में होते हैं।

95

दिन गुज़र जायेंगे, हफ्ते बीत जायेंगे, महीने निकल जायेंगे। प्रीतम भट्टाचार्जी के अनुभव पूरे नहीं होंगे जो उन्हें अपने गुरु पंडित जसराज के विषय में बताने हैं। प्रीतम के लिए पंडित जसराज केवल उनके गुरु नहीं हैं बल्कि उनके पिता, मित्र, पथ-प्रदर्शक सब कुछ हैं। और प्रीतम, अटलांटा, अमेरिका में पंडित जसराज इंस्टीट्यूट ऑफ़ म्यूज़िक के प्रमुख हैं।

प्रीतम को मैंने सबसे पहले हैदराबाद में पंडित मोतीराम पंडित मनीराम संगीत समारोह में सुना था। वह कुछ ही समय पहले पंडित जसराज के पास अपने घर असम से गाना सीखने आये थे। सेंटर फॉर इंग्लिश एंड फॉरन लैंग्वेजिज़ में उस साल का समारोह आयोजित किया गया था। दोपहर की सभा में आठ सौ से अधिक श्रोताओं को प्रीतम ने अपने गायन से भाव-विभोर कर दिया था। बाद में दिल्ली, हैदराबाद, मुम्बई—कई शहरों में प्रीतम को पंडित जसराज के पीछे मंच पर तानपुरे और गायन में संगति करते हुए देखा-सुना। प्रीतम न्यूयॉर्क के वैदिक हैरिटेज के वार्षिक संगीत समारोह की प्रतियोगिता के लिए भी चुन कर वहाँ गये और वहाँ विजेता घोषित किये गये।

पंडित जसराज से प्रीतम ने क्या सीखा है? इसे बताना बहुत कठिन है। 'मैंने उनसे केवल संगीत नहीं सीखा, पूरा संगीत-दर्शन, संगीत की फ़िलॉसफ़ी सीखी है। सुर के साथ आत्मा के जुड़ जाने का जो रास्ता है, वह उन्होंने दर्शाया है। मैं तो उस रास्ते पर जाने की कोशिश कर रहा हूँ, लेकिन उन्होंने उस रास्ते पर स्वयं चलते हुए वो रास्ता हमें दिखाया है। गुरु वह होता है जिसके हाथ में राग की चाभी होती है। चाभी से यदि वो शिष्य को ताला खोल कर न दे तो शिष्य को वो रास्ता नहीं दिखता है। हमारे गुरुजी वो गुरु हैं जिन्होंने चाभी से ताला खोलकर संगीत क्या है, उसकी राह कौनसी है, यह हमें दिखा दी। सभी गुरु रागों को जानते हैं, सुरों को जानते हैं, श्रुति को जानते हैं और संगीत के तकनीकी पक्ष को जानते हैं। मेरे गुरुजी ने राग की तकनीक, उसके सुर, उसकी भाषा, इस सबके बारे में तो बताया ही, लेकिन उन्हें छू कर अपने सुनहरे स्पर्श से राग को कमल

के फूल की तरह खिला दिया। गुरुजी के पास रहने से यह पता चलता है कि दरअसल राग खिलता कैसे है! मुझे पता चला कि राग वहीं तक सीमित नहीं है जहाँ तक मैं जानता था, बल्कि राग का पूरा चरित्र क्या है उसका पूरा वजूद क्या है; उसका अस्तित्व क्या है। उनके पास सीखने से पता चलता है कि राग की अस्मिता क्या है। राग क्या कहना चाहता है, वो गुरुजी ने हम सबको बताया है। जिनके पास नज़र है, जो देख सकते थे, उन्होंने रागों को उस नज़र से देखा है। जिनके पास नज़र नहीं थी वो नहीं देख पाये। पर वो नज़र डालने वाले हैं गुरुजी। बहुत सारे विद्वान् हैं, जानकार लोग हैं। जब वो गाते हैं तो उनका एक शिल्प होता है, जिसका वो लोग प्रदर्शन करते हैं। लेकिन गुरुजी जो करते हैं वह शिल्प, ध्यान, इन सबसे आगे कुछ और है जिसमें हम अपने-आप को ढूँढ़ लेते हैं। यह एक दर्शन है, एक अध्यात्म है।

प्रीतम को बचपन से ही संगीत सुनने और गाने में रुचि थी। जब ये लगभग सात वर्ष के थे, तब उनके पिताजी ने उन्हें पंडित जसराज का एक कैसेट लाकर दिया। उस कैसेट में एक ओर राग अडाना था ओर दूसरी तरफ़ राग पूरिया था। प्रीतम ने तभी सोच लिया कि उन्हें गाना सीखना है और इन्हीं (पंडित जसराज) से ही सीखना है। दिन-रात उस कैसेट को सुनते रहते और साथ-साथ स्वयं भी गाते। चार-पाँच वर्ष तक ऐसे ही चला, सात-आठ साल की उम्र से ग्यारह-बारह साल की उम्र तक। सिल्चर या उसके आसपास जितने भी कैसेट पंडित जसराज के मिलते प्रीतम के पिताजी लेकर आते और प्रीतम उनको सुनते। प्रीतम गाते तो थे, लेकिन यह नहीं सोचा था कि गाने को अपना जीवन ही बनायेंगे। शास्त्रीय संगीत को आजीविका के रूप में चुनना, यह निर्णय बाद में हुआ जब उनकी भेंट पंडित जसराज से हुई। दो निर्णय प्रीतम ले चुके थे, और दोनों ही जीवन के लिए अत्यन्त महत्त्वपूर्ण एवं दिशा निर्दिष्ट करने वाले थे। एक तो यह कि पंडित जसराज से ही गाना सीखेंगे और दूसरा हमेशा गाना ही गायेंगे, गायन को ही जीवन और जीवन-यापन का साधन बनायेंगे। जितना-जितना वह सुनते, उतना ही उनका निर्णय प्रबल होता जाता।

'मेरा जन्म सन् 1981 का है। सन् 1995 में गुरुजी सिल्चर में प्रोग्राम करने आये। मैं प्रोग्राम सुनने तो गया ही, उनको जाकर मिला भी। वे जिस होटल में ठहरे थे, मैं वहाँ उनसे मिलने गया। मिलकर मैंने कहा कि पंडित जी, मैंने आपका गाना सुना है, और वह इतना असर कर गया है कि मुझे आगे आपसे ही सीखना है। वे उस समय एकदम आराम से बैठे थे। उन्होंने सोचा कि छोटा-सा लड़का आया है, क्या ही गाता होगा, तो पूछा—कि तुम गाते हो क्या? मैंने कहा कि आपकी बन्दिश गाऊँ? वे बोले—गाओ।

तो मैंने उनकी पूरिया में एक बन्दिश है—झपताल में, 'अब थारे बिना कोण मोरी राखे लाज।' उसकी दो लाइन गायीं तो वे खड़े हो गये। खड़े हो के बोले, तुम अपने मम्मी-पापा को बुलाओ, मैं तुमको ले के जाना चाहता हूँ। तो वहाँ से सिलसिला शुरू हुआ। मैं दिसम्बर में मुम्बई आ गया और सीखना शुरू हुआ। बचपन से लेकर पिछले 22-23 साल जो मैं उनके साथ रहा हूँ, उसमें मैंने सिर्फ़ म्यूज़िक ही नहीं सीखा। ज़िन्दगी को सीखा है। जीवन कैसे होना चाहिए। कहते हैं न गुरु वह होता है जो आपको रास्ता दिखाता है। सद्‌गुरु वो होता है जो आपको रास्ते में साथ ले के चलता है। पंडित जसराज सद्‌गुरु हैं।'

प्रीतम कहते हैं कि पंडित जसराज के साथ वह स्वयं और उनके

प्रीतम भट्टाचार्जी के साथ

अन्य सभी शिष्य जब भी समय व्यतीत करते हैं, तो वे केवल संगीत नहीं सीख रहे होते हैं। वे एक पूरी जीवन शैली सीखते हैं। उनके व्यक्तित्व को समझे बिना उनके संगीत को समझना कठिन है। उनका गायन समझना है तो उनकी भावनात्मक स्थिति को भी समझना होगा। जब तक शिष्य उस भावभूमि पर नहीं पहुँचेगा, तब तक वह गुरु की गायकी का मर्म भी नहीं समझ पायेगा। जब तक उस तार को छेड़ेंगे नहीं, तब तक उनके संगीत को सीख नहीं पायेंगे। गुरुजी का गायन एक सम्पूर्ण अनुभव है। उसके साथ एकात्म होना पड़ेगा, संगीत के साथ आत्मसात् होने के लिए उनकी भावभूमि को आत्मसात् करना होगा। मैं उनके साथ जब भी रहा हूँ या रहता हूँ तो उनको मैं अपने भीतर ही भीतर तक आत्मसात् करने का प्रयास करता हूँ। उनके व्यक्तित्व को, उनके विचार को। गुरुजी एक बार जब मुझे 'विलासखानी तोड़ी' सिखा रहे थे। मैंने बचपन से ही उनका विलासख़ानी का एक रिकॉर्ड सुना था। 'श्री कामेश्वरी'। गुरुजी ने मुझसे कहा कि गाओ। उस रिकॉर्ड में एक खटका था, मैंने वो गा दिया। तो गुरुजी ने कहा कि बेटा, तो ले मेरे रिकॉर्ड में है। वह मैंने बहुत सालों पहले गाया था। आज मैं जो तुम्हें सिखा रहा हूँ वह मेरे पचास साल के अनुभव का निचोड़ है। वह निचोड़ मैं तुमको दे रहा हूँ। वो मत गाओ जो मैं गा चुका हूँ। वो गाओ जो मैं तुमसे कह रहा हूँ। ये जो गुरुजी की बातें हैं, उन्होंने मुझे उनकी गायन शैली को समझने में बहुत मदद की। उनके जो एक-एक वाक्य हैं, उन्होंने मेरे जीवन को बनाया।'

प्रीतम जब पंडित जसराज के पास गये तो उस समय वह केवल तेरह-चौदह वर्ष के ही थे। तब उन्होंने प्रीतम से कहा कि देखो बेटा, मेरे पास इतना समय नहीं है कि मैं तुम्हें ख़ाली बैठकर सिखाऊँगा। मुझसे यह अपेक्षा मत करना कि मैं तुम्हें हमेशा बैठकर सिखाऊँगा। तुम मेरे साथ घूमो। कांसर्ट्स में चलो। मेरे पीछे बैठो। मैं स्टेज पर जो गाता हूँ, उसे सुनकर सीखने की कोशिश करो। तो प्रीतम के लिए पंडित जसराज के अन्य शिष्यों की भाँति मंच पर अपने गुरुजी के पीछे बैठकर सीखना उनकी शिक्षा का सबसे महत्त्वपूर्ण अंग था। अच्छा गाया तो 'जीते रहो बेटा' कहकर शाबाशी और ठीक नहीं गाया तो डाँट भी पड़ी।

'मंच पर पीछे बैठकर सुनना और उसे गाने की कोशिश करना, यह हमारे लिए सिर्फ़ गाना सीखना नहीं होता, बल्कि उसे कैसे प्रस्तुत करना है, यह भी शिक्षा है। गुरुजी उस समय श्रोताओं के सामने गा रहे होते हैं, हमें गाना सिखा रहे होते हैं, साथ ही साथ उसे प्रस्तुत कैसे करना है, यह भी सिखाते हैं।' प्रीतम कहते हैं—'मैं उनके पास आया हूँ, मुझे ज्ञान चाहिए, तो मुझे गुरुजी को पूरा समझना होगा न! और यदि हम ग़लती करेंगे तो

डाँट भी खाना होगा। स्टेट ऑफ़ म्यूज़िकल इग्नोरेंस को अगर हटाना है तो डाँट अलार्म घड़ी की तरह काम करता है। वह बहुत ज़रूरी था। उसी के कारण मैं आज जहाँ हूँ, वहाँ हूँ। मैं इसे सकारात्मक रूप में ही लेता हूँ। जब उन्होंने बोला कि पंचम ऐसे नहीं लगाना है, जब हमने ग़लत किया, तब उसे सुधारना भी तो हमें ही पड़ेगा न।'

प्रीतम एक बहुत सुन्दर उदाहरण देते हैं, 'मैं जब भी गुरुजी के पीछे या सामने बैठकर गाता हूँ, तो मुझे लगता है कि नियाग्रा फॉल्स के सामने खड़ा हूँ। नियाग्रा फॉल्स के सामने आप खड़े होंगे तो वह जितना विशाल है, वो विशाल ही रहेगा। आपका क़द 5 फुट से 6 फुट या 10 फुट हो जाये, इससे नियाग्रा को क्या फ़र्क पड़ता है। हमारे लिए वो हमेशा संगीत के भगवान् हैं।'

प्रीतम को कभी भी, किसी भी विषय में असमंजस की स्थिति होती है तो वह फ़ोन करके पंडित जसराज से पूछते हैं। कभी-कभी उनके प्रति मन में प्रेम और आदर बहुत अधिक हिलोरें लेता है तो वो फ़ोन करके उनसे कहते हैं। गुरुजी कहते हैं कि तू मेरा इतना तारीफ़ कर रहा है। तब प्रीतम कहते हैं कि मैं तारीफ़ नहीं कर रहा, आप मेरे लिए क्या हैं, मैं आपको दिल में कहाँ बसाता हूँ, वह बताना चाहता हूँ। गुरु-शिष्य के सम्बन्ध में तारीफ़ की गुंज़ाइश कहाँ है। लेकिन गुरु शिष्य के विषय में क्या सोचते हैं और शिष्य गुरु के सम्बन्ध में क्या सोचते हैं, यह भी मालूम होना ज़रूरी है। तारीफ़ और डाँट के अलावा भी कुछ अभिव्यक्तियाँ होती हैं जिनका दोनों के बीच आदान-प्रदान होता है। गुरुजी चाहे अमेरिका में बैठे हों चाहे भारत में अथवा अन्य किसी भी देश में, उनका ज्ञान मुझ तक पहुँचता ही रहता है, क्योंकि वो तो ज्ञान का अजस्र स्रोत हैं। उनका गाना मुझे हरदम सुनायी देता है। मैं जब शरीर से उनके सामने होता हूँ तब शायद उतना निकट नहीं होता जितना कि जब उनसे दूर होता हूँ, तब। तब हम दोनों में एक भावात्मक जुड़ाव होता है, क्योंकि तब मैं आपके संगीत को अपने भीतर महसूस करता हूँ। उसका तार मुझसे अधिक मज़बूती से जुड़ जाता है। उस समय पंडित जसराज ने कहा कि तुम सही कहते हो। यही वास्तविक सम्बन्ध है कि मैं तुम्हारे अन्दर जीता हूँ। तुमने मुझे अपने में बसाकर रखा है। यदि गुरु और शिष्य में ऐसा सम्बन्ध बन जाये तो वही सच्चा सम्बन्ध है। इसमें दूरी मीलों की हो या समय की, उससे कोई अन्तर नहीं पड़ता।

पंडित जसराज के पास आने से पहले प्रीतम भट्टाचार्जी अपनी माँ श्रीमती मंजुश्री भट्टाचार्जी से भी गाना सीख रहे थे। वह आकाशवाणी सिल्चर पर एक सुपरिचित नाम रहीं, बाद में प्रीतम ने श्री विजय चक्रवर्ती से तथा पंडित तारापद के शिष्य से बहुत दिन तक गाना सीखा। तो उनकी नींव

तो पड़ चुकी थी। चूँकि नींव बन गयी थी इसलिए वह पंडित जसराज के गाने की सुन्दरता को देख सके, उसे महसूस कर सके। वरना उस उम्र में समझ कर प्रशंसा कर पाना बहुत कठिन काम है। प्रीतम कहते हैं—मैं यूँ तो बहुत से कलाकारों का गायन सुनता था, मुझे वह अच्छा तो लगता था, लेकिन मीठा नहीं लगता था। उस गाने में प्रयास था, आत्मा नहीं थी। वो लोग तकनीक पर अधिक ज़ोर देते थे, रूहदारी पर नहीं। वह गाना तब तक अच्छा लगता था जब तक मैंने गुरुजी को नहीं सुना। जब आपको रूहानियत से भरा हुआ गाना सुनने को मिलता है, तब लगता है कि यही संगीत है कोई जोड़-तोड़ नहीं, कोई उठा-पठक, प्रतिस्पर्धा नहीं। मैंने जिन लोगों का गाना सुना तब लगता कि यदि मैं इसका अभ्यास करूँगा तो गला 'जिमनास्ट' की तरह चलेगा। गुरुजी को सुनकर मुझे पता चला कि मुझे पहले गायन के भावात्मक पक्ष को समझना होगा। उस भाव को तो अपने भीतर ही जगाना पड़ेगा, वह कहीं बाहर से नहीं आयेगा।'

प्रीतम की इस बात को सुनकर स्वयं पंडित जसराज की बात याद आती है कि जब महादेवी वर्मा जी ने उनसे कहा कि अनुज तुम गाते तो बहुत अच्छा हो, ज़रा प्यार करो न! जब उन्हें लगा कि वो कुएँ की मुँडेर पर तो खड़े हैं, उसके भीतर नहीं उतरे।

प्रीतम कहते हैं—'जब मैं गाने को कैसेट पर सुनकर याद करता था, तब मुझे लगता था कि मैं इसे कण्ठस्थ तो कर पा रहा हूँ, लेकिन वो बात पैदा नहीं हो रही है जो पैदा होनी चाहिए। पैदा कैसे होती? गुरुजी का जो पूरा व्यक्तित्व है, उनका जो सत्व है, वह रिकॉर्डिंग में कैसे देखूँ? मुझे लगा कि जब तक उस व्यक्तित्व का छापा मुझ पर नहीं पड़ेगा, तब तक मैं गाना नहीं गा पाऊँगा।'

प्रीतम भट्टाचार्जी बम्बई आने के बाद तीन-चार वर्ष तक तो पंडित जसराज के घर में ही रहे और फिर 1998 में उनके अपने माँ-बाबा भी बम्बई आ गये। तब ये उनके पास रहने लगे। फिर गुरुजी के साथ प्रोग्राम के लिए अक्सर बाहर जाना, फिर कई-कई दिन के बाद लौटना। कभी उनके घर में ही रात में सो जाना। अहमदाबाद, बेंगलुरु, दिल्ली, कलकत्ता। ऐसी ही यात्राओं में पंडित जी के पीछे बैठकर प्रीतम का गाना सीखना होता रहा और वह सन् 2004 में अमेरिका आ गये। गर्मियों में प्रीतम भारत आते हैं और जब सम्भव हो अपने गुरुजी के साथ बैठते हैं।

प्रीतम के पिताजी ने उन्हें बचपन में पंडित जसराज का जो कैसेट लाकर दिया था, उसके एक ओर राग अडाना था—माता कालिका। उसे सुनकर भजन के प्रति भी झुकाव हुआ और फिर बाद में हवेली संगीत के प्रति भी। लेकिन स्वाभाविक है कि उस स्तर तक पहुँचने में उतने

वर्षों की तपस्या चाहिए, उतनी साधना चाहिए। गुरुजी ने तीस-पैंतीस वर्षों के अनुभव के बाद हवेली संगीत शुरू किया। 'मैं जब उनके पास आया तब वह हवेली संगीत बहुत गाते थे। वह दौर चरम पर था। तो वे सब मैंने इतने सुने और उनके साथ इतने गाये कि सभी रागदारी की तरह ही आत्मसात् हो गये। मैं राग गा रहा हूँ, हवेली संगीत या फिर भजन, याद नहीं रहता है। गुरुजी की दीक्षा ऐसी है कि उनमें अन्तर-प्रत्यन्तर करना कठिन हो जाता है। सब उनके व्यक्तित्व के अभिन्न अंग हैं। उनका ख़्याल भी हवेली संगीत है, और हवेली संगीत भी ख़्याल है। दरअसल, गुरुजी गायन शैलियों के इस वर्गीकरण से कहीं बहुत ऊपर उठ चुके हैं। आप उनका गाया हुआ कुछ भी सुनें, आपको उनके गायन में सब कुछ मिल जायेगा। आप उनका साईं-भजन सुन लीजिए तो उसमें राग मिल जायेगा। 'मेरो अल्लाह मेहरबान' में कृष्ण के दर्शन हो जायेंगे। निर्गुण-निराकार का भी दर्शन होगा तथा सगुण-साकार का भी। अल्लाह में ओउम् दिखता है और ओउम् में अल्लाह। उनके संगीत में दर्शन है और दर्शन में संगीत है।'

पंडित जसराज के इधर के गायन के सम्बन्ध में कुछ लोग टिप्पणी करते हैं कि आजकल वे भजन अधिक गाते हैं। इसका इतना सुन्दर उत्तर प्रीतम देते हैं—'मैं पूछता हूँ कि यदि आप राम-राम या श्याम-श्याम रटोगे तो क्या वह भजन हो जायेगा? तो वो कहते हैं—नहीं! भजन में भाव तो ज़रूर चाहिए। तो मैं पूछता हूँ कि भाव फिर किसके गाने में है? और जब भजन गा रहे हैं तो वह भी तो पूरा राग में डुबोया हुआ है! जिसको जो चाहिए, आप उसे ढूँढ़ लीजिए। 'ढूँढ़न जाऊँ कितहूँ छिप गयो कृष्ण मुरारी।' विलम्बित एक ताल में पूरिया धनाश्री की बन्दिश है। जिसको रागदारी ढूँढ़ता है वह रागदारी ले ले, जिसे भक्ति चाहिए, वह भक्ति ले ले। उनके गाने में जो है, वह शायद ही किसी और के गाने में हो।'

प्रीतम आगे कहते हैं—'रागमूर्ति कहते हैं न! राग का एक चरित्र होता है। वह चरित्र तकनीक से परे, भावों से परे, सारे रसों से परे होता है। वह गाना जब इन सबके ऊपर उठ जाता है, तब जो गाना बनता है, वह है गुरुजी का गाना। जहाँ भजन भी है, ख़्याल भी है, टप्पा भी है, हवेली-संगीत भी है, दर्शन है, चिन्तन है, मनन है। वहाँ सब है। मेरे लिए वो हैं मेरे गुरुजी।'

पंडित जसराज को बन्दिशें लिखते हुए, बताते हुए प्रीतम ने बहुत देखा। वे बन्दिशें उनकी अपनी अनुभूति से आयी थीं। प्रीतम भी कभी-कभी बन्दिशें लिखते हैं और आज उनकी रचित लगभग 1000 बन्दिशें हैं। लेकिन वो अपनी उन रचनाओं को श्रेष्ठ मानते हैं जो उन्होंने अपने गुरुजी के विषय में लिखीं।

96

उन दिनों पंडित मोतीराम एवं पंडित मनीराम संगीत समारोह हैदराबाद के निज़ाम कॉलेज के प्रांगण में आयोजित होता था। खुले आकाश के नीचे सीमेंट का मंच बना हुआ था जिस पर हर शाम भारत के युवा और अग्रणी कलाकार संगीत की इन विभूतियों को अपनी स्वरांजलि देने पहुँचते थे। जब पहली बार वहाँ कार्यक्रम हुआ तो किसी ने नहीं सोचा था कि रविवार, सुबह की सभा उसी मंच पर आयोजित नहीं की जा सकेगी। उसका कारण दोपहर की धूप। सबेरे लगभग 10 बजे सुबह की सभा प्रारम्भ होती और सामने से सूर्य देवता अपना प्रकाण्ड रूप दिखाना प्रारम्भ करते और धीरे-धीरे कलाकारों की आँखों को चुँधियाने लगते। पहले वर्ष तो किसी तरह वह रविवार की सुबह सँभाल ली गयी, लेकिन दूसरे वर्ष आयोजन अधिक सुचारु गया था। रविवार की सुबह की सभा के लिए उसी प्रांगण में एक पेड़ के नीचे मंच बनाया गया। उसी मंच पर गुन्डेचा बन्धुओं ने गाया। उनसे पहले 10-11 वर्ष की एक बच्ची ने गाया-भैरव—'मेरो अल्लाह मेहरबान।' वहाँ बैठा हुआ कोई भी व्यक्ति ऐसा नहीं था जो उस बच्ची के गायन को सुनकर भाव-विभोर न हो गया हो।

अंकिता जोशी को पंडित जसराज के पास आये हुए, उनसे गाना सीखते हुए, उनके घर के गुरुकुल में रहते हुए 18-19 वर्ष हो गये हैं। वह जब आयी थीं, तब कुल 11 वर्ष की थीं। नांदेड़ की इस बच्ची के अपने घर में संगीत और अध्यात्म का वातावरण था। अंकिता के नाना—मोरेश्वर राव रावांदे भागवत कथा करते थे। इस नाते संगीत और अध्यात्म दोनों ही सबको प्रिय थे। भागवत कथा और भागवत कीर्तन में पूरा परिवार रम जाता था। नानाजी संस्कृत के पंडित थे और साईं बाबा के शिष्य दास गुरु महाराज के शिष्य थे। साईं बाबा की प्रसिद्ध तस्वीरों में दो लोग देखे जाते हैं। उनमें एक दास गुरु महाराज थे। उन्होंने मोरेश्वर राव रावदे यानी अंकिता के नाना को 'सरस्वती कवि' की पदवी दी थी। अंकिता के मामा को भी संगीत से लगाव है।

अंकिता के बचपन में परिवार की ऐसी स्थिति हो गयी कि उन्हें तथा उनकी माँ को इनके मामा के पास रहना पड़ा। मामा को लगा कि यह बच्ची

गा सकती है इसलिए इसे अच्छी तरह से गाना सिखाना चाहिए। मामा घर में और लोगों से माँग-माँग कर कैसेट लाते थे। उनकी कॉपी बनाकर सुनते थे। उन्हीं कैसेटों में कभी-कभी पंडित जसराज के कैसेट भी आ जाते थे। पाँच साल तक उन सब कैसेटों को सुनकर अंकिता अपने मामा से गाना सीखती रहीं। वैसे तो सभी कैसेट सुनतीं लेकिन जब पंडित जसराज का कैसेट चलता तो उसे बार-बार सुनतीं। मामाजी को कहतीं कि मुझे पंडित जसराज वाला कैसेट सुनना है, उसे लगाइये न! सबका गाना अच्छा लगता था, लेकिन पंडित जसराज का गाना विशेष लगता था। उनका राग बिहाग का कैसेट बहुत सुना। और सुन-सुन कर अपनी क्षमतानुसार गाने का भी प्रयास किया। जिस तरह से सरगम वे गाते थे, वैसी सरगम, जैसी तान वे गाते थे, कैसेट में, वैसी तान गाने का प्रयास करतीं। बड़ा ख़्याल था—**'कैसे सुख सोवे'** और छोटा ख़्याल था—**'लट उलझी सुलझा जा रे बालमा।'** स्कूल में या और किसी भी जगह प्रतियोगिताएँ होतीं तो अंकिता वहाँ राग बिहाग गातीं। जहाँ भी जायें राग बिहाग। 'गुरुजी और बिहाग, बिहाग और गुरुजी। एक समीकरण-सा हो गया था मेरे लिए। ऐसा तो कभी सोचा ही नहीं था कि इतने बड़े कलाकार, इतने बड़े गुरु कभी मुझे शिष्य के रूप में स्वीकारेंगे।' उस समय मराठवाड़ा में जितने भी गुरु थे, अंकिता सबके पास गयीं, (अपने मामा के साथ) लेकिन सबने अपना शिष्य बनाने से मना कर दिया। अधिकतर ने यह कह कर कि छोटी है, कुछ ने यह कह कर कि लड़की है, नहीं सिखायेंगे। कुछ ने इनकी आर्थिक स्थिति के कारण मना कर दिया।

'गाना तो सीखना था,' अंकिता कहती हैं—'मामा का प्रोत्साहन था। और वो जानते थे कि नांदेड़ में रह कर कुछ नहीं हो सकता। सीखना है तो बड़े गुरु का मार्गदर्शन चाहिए। सन् 1998 में सवाई गन्धर्व फेस्टिवल में सुनने गये। मामा ने कहा कि गुरुजी (पंडित जसराज) यहाँ बैठे हैं, जा के उनसे मिल लो और आशीर्वाद ले लो। उनसे मिलने के लिए बड़ी भीड़ थी। पंडित भीमसेन जोशी जी ने मना किया था कि किसी को अन्दर मत जाने देना। मैं तो छोटी-सी थी, नौ-दस साल की। लोगों की टाँगों में से निकलते हुए, झूमते हुए बिन्दास अन्दर पहुँच गयी। गुरुजी अपना स्वर मण्डल लगा रहे थे। विजय घाटे जी थे। गुरु माँ बैठी थीं। मैंने गुरुजी के पैरों में सिर रख दिया और कहा—सर, सर, मुझे आपसे गाना सीखना है। गुरुजी बोले—ये चिंटू-सी, छोटी-सी लड़की कहाँ से आ गयी? उन्होंने मेरी तरफ़ देखा—क्या नाम है? मैंने कहा—अंकिता जोशी। मैं शुरू हो गयी बड़-बड़-बड़। छोटी थी, मगर क्या कान्फिडेंस था मेरा! जैसे बच्चों का होता है। वो बोले—अच्छा, कुछ आता है? मैंने कहा—हाँ, आपका बिहाग गा-गा के तो मुझे कितने सारे इनाम मिले हैं। वो बोले—अच्छा

सुनाओ। तो उतने से समय में मैंने उन्हें बड़ा ख़्याल भी सुना दिया और छोटा ख़्याल भी सुना दिया, साथ में एक-आध तानें भी। वो बोले—अकेले आयीं? मैंने कहा—नहीं, मामा के साथ आयी हूँ। वो बोले—मामा को बुला के ले के आ। मैं भाग के मामाजी के पास गयी और कहा—मामा, मामा, आपको सर ने बुलाया है। मामा को लगा कि पता नहीं, क्या कर दिया, डाँट पड़ेगी। वो आये, गुरुजी ने पूछा—इस लड़की का क्या करना है? उन्होंने उत्तर दिया—आपका आशीर्वाद चाहिए। आपसे गाना सीखने को मिलेगा तो ये तर जायेगी। गुरुजी ने कहा—भेज दो इसको मेरे पास बम्बई में। तो मैं अगले साल 13 जुलाई, सन् 1999 को मुम्बई गुरुजी के पास, उन्हीं के घर में आ गयी। तब से बस, ज़िन्दगी ही बदल गयी।'

अंकिता के नाना जब भागवत कथा करते थे तो वह जाकर वहाँ बैठ जाती थी और कथा सुनती थी। वो कहते थे कि अगर आपको सही गुरु मिल जाये तो संसार के तीनों सुख मिल जाते हैं। अंकिता की बाल बुद्धि में यह बात घर कर गयी थी। उस उम्र में खेल-कूद छोड़कर भागवत कथा सुन रहे हैं तो कथा की दार्शनिकता का कुछ तो प्रभाव पड़ना ही था। 'उस उम्र में अध्यात्म वगैरह कहाँ समझ में आता है? लेकिन फिर भी कुछ ऐसा था कि संगीत और अध्यात्म की ओर मेरी रुचि हो गयी। मुझे लगा, अच्छा ऐसा होता है! मैं जब गुरुजी के पास आयी तो मुझे प्रत्यक्ष यह अनुभव करने को मिला कि सच में आपको यदि अच्छा गुरु मिल जाये तो आपको तीनों संसार के सुख मिलते हैं। मुझे सब मिला। मुझे क्या नहीं मिला! मुझे अच्छी पढ़ाई करने को मिली। मुझे अच्छा सत्संग मिला। अच्छा गाना सीखने और सुनने को मिला। अच्छी बातें मेरे काम में आयीं। अच्छा इंसान कैसे बनता है। एक कलाकार को कैसे रहना है! मेहनत किसे कहते हैं। रियाज़ किसे कहते हैं। धैर्य किसे कहते हैं। सारी चीज़ें। कपड़े कैसे पहनना है, बात कैसे करना है, कैसे रहना है। सीखने का यह पूरा अनुभव था, जो अभी तक चल रहा है। आपको लगेगा कि मैं बोल रही हूँ। नहीं ऐसा वास्तव में है। मैं हर दिन सीख रही हूँ, ऐसा ही है। मैं सीख रही हूँ। जो राग भैरव मुझे शुरुआत में गुरुजी ने सिखाया था, आज वही राग भैरव मैं अलग तरीक़े से गुरुजी से सीखती हूँ। वो सीखने का स्तर अलग था। समय के साथ-साथ तो वो मुझे पहले सिखाते थे, भैरव राग या और कोई भी राग, उसमें परिवर्तन आया है। उन्होंने मेरी दृष्टि में परिवर्तन लाया है, कि इसको, ऐसे देख। यह सब गुरुजी की ही वजह से हुआ है। मुझे वो सब मिला है जो मैं सोच ही नहीं सकती थी। नांदेड़ में रहकर यह सब मेरी कल्पना से परे था। सचमुच कभी नहीं सोचा था कि मेरी ज़िन्दगी ऐसे बदल जायेगी।'

इस बदलाव में मधुरा जी का बहुत योगदान रहा। 'गुरु माँ का बहुत साथ मिला। गुरु माँ ने मुझे माँ की तरह सँभाला। मेरी पढ़ाई पर बहुत ध्यान दिया। गुरुजी ने कहा कि पढ़ाई साथ-साथ में करती रहो। मैं स्कूल से घर आती थी तो गुरु माँ मेरा खाना-पीना, मेरे कपड़े, मेरा होमवर्क, सब पर ध्यान देती थीं। मुझे घरवालों ने सिखाकर भेजा था कि साफ़-सुथरे कपड़े होने चाहिए। लेकिन यहाँ आकर उसको निभाना, यह अलग ही बात थी। गुरु माँ ने एक चीज़ बहुत अच्छी कही थी कि तुम्हारे गुरुजी का गाना न, हाथी की तरह है। कभी एक दृष्टि में वो समायेगा ही नहीं। कोई व्यक्ति उसे एक बार में देख ही नहीं सकता। कोई कान को देखेगा, कोई सिर को, कोई पूँछ को। क्योंकि वह बहुत विशाल है। यह बात मुझे अब जाकर धीरे-धीरे समझ में आ रही है। मुझे केवल सीखने को ही मिला है। गुरुजी के पूरे परिवार ने मुझे अपनाया है, बहुत प्रेमपूर्वक। दुर्गा दीदी, रत्तन मामा। सब मेरा परिवार ही बन गये हैं। जितना वो नांदेड़ का परिवार था मेरे लिए, उतना ही यह परिवार मेरे लिए महत्त्व रखता है।'

नांदेड़ में अंकिता के नाना, मामा और माँ, भाई यही परिवार था। माँ और पिताजी जी का सम्बन्ध कभी मधुर नहीं, रहा इसलिए पिता के प्यार को जाना नहीं। गुरुजी से उन्हें पिता और नाना दोनों का स्नेह और आशीर्वाद मिला। अपने गाँव में संगीत कड़वे अनुभवों को भूलने का माध्यम बन गया और मुम्बई आकर वह जीवन बन गया।

अंकिता गुरुजी के साथ प्रारम्भिक बहुत सारे वर्षों में तो यात्रा नहीं करती थीं। स्कूल, और रियाज़। कॉलेज में पहुँचने के बाद छुट्टियों में थोड़ी-बहुत यात्रा करने लगी। एम.ए. करने के पश्चात् अब उनके साथ लगभग सभी जगह जाती है।' तानपूरा और गायन में सहयेाग देने के लिए। रत्तन 'मामा' की तरह। अंकिता को भी गुरुजी के अन्य सभी शिष्यों की तरह अन्य बहुत सारे कलाकारों को सुनने का अवसर मिला। बाल-बुद्धि मेवाती घराने की गायकी को समझती, दूसरे घरानों को सुनती, उनका भी तो असर कुछ न कुछ पड़ता ही होगा!

'जिस उम्र में मैं गुरुजी के पास आयी, उस उम्र में तो बच्चा एक मिट्टी का पुतला जैसा होता है, उसे चाहे जैसे गढ़ दो। चाहे जो आकार उसे दे दो। और मुझे तो आकार ऐसा व्यक्ति दे रहा था जो स्वयं महानता का सर्वोत्कृष्ट आकार था। सोचिये न, मेरे जैसे छोटी सी जगह से, निर्धन परिवार से आने वाली लड़की को पंडित जसराज गाना सिखा रहे हैं। उनका परिवार उसे अपना रहा है, क्या ऐसा सौभाग्य किसी का हो सकता है? गुरुजी के पास जितने भी शिष्य समय-समय पर गाना सीखने आये, वो सब उम्र में मुझसे बड़े थे और आठ-नौ साल तक ज़्यादा से ज़्यादा उनके पास रहे।

मुझे उनके पास रहते हुए अठारह-उन्नीस वर्ष हो चले हैं, मुझे कभी-कभी इस बात का स्वयं विश्वास नहीं होता कि मैं उनकी शिष्या हूँ।'

अंकिता जब स्कूल में थीं तो गुरुजी के साथ अधिक से अधिक मुम्बई, पूना के कार्यक्रमों में जाती थीं। स्कूल तो छोड़ा नहीं जा सकता था। आस-पास के ही स्थानों पर जा पाती थीं। 'गुरुजी हमेशा कहते रहते कि इनका गाना सुनो, उनका गाना सुनो। वैसे तो गुरुजी का अपना व्यक्तित्व ही ऐसा है जिससे हम हर समय कुछ-कुछ सीखते ही रहते हैं। लेकिन गुरुजी बहुत प्रोत्साहित करते हैं कि दूसरे कलाकारों को सुनो। उन्होंने मुझसे कहा कि प्रभा अत्रे जी का ललित सुनना है। भीमसेन जी का भैरव सुनो या मियाँ-मल्हार सुनो। वो ख़ुद से बोलते। कभी उन्होंने रोका नहीं। कभी नहीं कहा कि ये मत गाना, वो मत सुनना। मैंने एक चीज़ देखी कि गुरुजी उनके शिष्यों में जो कुछ सबसे अच्छा गुण है, उसे उभारने का बहुत प्रयत्न करते हैं। कभी यह नहीं कहा कि ये अपने घराने की चीज़ है, तुमको इसी को गाना चाहिए। उदाहरण के तौर पर रत्तन मामा का तराना, या मैं मराठी में गाती हूँ तो मुझे मराठी अभंग गाने के लिए प्रोत्साहित करते हैं। कभी भी, हर एक शिष्य को गुरुजी उत्साहवर्धन करते हैं। गाड़ी में सिखाना, फ्लाइट में सिखाना। मज़े की बात है कि बहुत सारी मिठाई भी खिलाते हैं। उनके साथ इतने बड़े-बड़े सन्तों से मिलते हैं, कलाकारों से मिलते हैं। ए.पी.जे. अब्दुल कलाम जी से मिलते थे। इतने अच्छे-अच्छे लोगों से मिलते हैं। बनारस जाओ, काशी जाओ, साईं बाबा के पास जाओ, घर पे गाओ, मन्दिर में गाओ, अन्तहीन शिक्षा है यह तो।'

पंडित जसराज के बहुत सारे शिष्यों ने बहुत नाम किया है। कोई शिष्य आगे बढ़ पाते हैं, कुछ रुक जाते हैं। गुरु से सीखने के लिए, जो वो देते हैं उसे ग्रहण करने के लिए हृदय के कपाट खुले रखना पड़ता है। 'मुझे तो लगता है कि श्रद्धा बहुत बड़ी चीज़ है। मुझे इतने बड़े गुरु मिले हैं, तो वो जो बोलेंगे वह मान लूँ, यह श्रद्धा की बात है। अगर उन्होंने बोला है कि ऐसा गाओ, तो वह हमारे गले में से निकलेगा ही। उन्होंने किसी विश्वास के साथ हमसे कहा है कि ऐसा करो। तो क्यों नहीं! हमें उनके विश्वास का श्रद्धापूर्वक पालन करना है। उन्होंने कहा है, हमें करना है। उनके विश्वास में विश्वास होना चाहिए। कई बार गुरुजी के सामने गाने से डर लगता है। फिर मैं सोचती हूँ, कि इन्होंने ही तो गाना सिखाया है हमें। फिर ये ही तो हमसे उम्मीद लगायेंगे न कि हम अच्छा गायें। फिर डर के क्या फ़ायदा? वो केवल यही चाहते हैं कि हम अच्छा गायें, हमसे कुछ फीस नहीं लेते। वो क्या माँगते हैं हमसे, कुछ नहीं! हम उन्हें गुरु दक्षिणा क्या दे पायेंगे? मुझे नहीं लगता कि हम कुछ भी उन्हें दे पायेंगे।

फिर अच्छा गाना तो उनके लिए गुरु दक्षिणा ही है न! कई बार हम गुरुजी के पीछे बैठे होते हैं मंच पर और हमारे गले से कुछ बहुत अच्छा निकल जाता है, तब सोचती हूँ कि यह कैसे हुआ? तो समझ में आता है कि यह तो उनकी ही ऊर्जा है, उनकी सोच है जिस कारण मैं अच्छा गा पायी।'

जब अंकिता ने नांदेड़ छोड़ दिया तो यह तय कर लिया था कि उनके लिए वापस लौटने के द्वार बन्द हो चुके हैं। गुरुजी का पल्ला थामा है तो वहीं सीखना है, वहीं जीवन की आपाधापी के लिए तैयार होना है। पीछे मुड़कर देखना ही नहीं है। अंकिता ने गुरुजी के बाक़ी सब शिष्यों से भी बहुत सीखा है। वह कहती है—'मैंने संजीव दादा को सुना है, रत्तन मामा को, तृप्ति दीदी को, श्वेता दीदी, गार्गी दीदी को सुना है। गिरीश मामा के पुराने रिकॉर्डिंग सुने। चन्द्रशेखर मामा को सुना है। इनसे भी सबसे बहुत सीखा है। गुरुजी किसी को सिखा रहे हैं और मैं वहाँ बैठी हूँ, तो यह मुझ पर निर्भर करता है कि मैं उसे ग्रहण करूँ, कि मुझे क्या करना है, क्या सीखना है। जो चीज़ गुरुजी किसी दूसरे शिष्य को करने से मना करते हैं, वह मुझे भी नहीं करती। एक क़िस्सा ऐसा हुआ कि गुरुजी किसी दूसरे शिष्य को सिखा रहे थे और मैंने भी वही गाने की कोशिश की। तब गुरुजी ने कहा, यह तुम्हारा लेवल नहीं है। गुरुजी ने डाँटा, तुम इससे अच्छा गा सकती हो, गाओ। ठीक से गाओ। तो क्या अच्छा उठाना है, वह भी आप पर निर्भर करता है। किसी की निन्दा, किसी की बुराई देखने की ज़रूरत

अंकिता जोशी के साथ

ही नहीं है। आप बस सबमें अच्छाई देखो और आगे बढ़ते रहो। यही दृष्टिकोण है। जब गुरुजी के बारे में सुनते हैं कि कैसे उन्होंने कई-कई दिन खाना नहीं खाया, खाने को मिलता ही नहीं था हमेशा, अभाव के कारण, पेट पर गीला तौलिया बाँध कर रियाज़ किया, तो इसके बाद यह सोचना तो स्वाभाविक है कि मैं तो कुछ कर ही नहीं रही हूँ। कभी-कभी लगता है कि गला नहीं चल रहा था, वैसी तान नहीं लग रही, मेरी तान कब लगेगी? यह सब गाने में सुधार लाने के लिए है। यह भाव कई बार आता है।'

हर घराने में पहले-पहल कुछ रागों को सिखाया जाता है। पहले उन रागों को अच्छी तरह से पक्का करके फिर आगे बढ़ते हैं। मेवाती घराने में भी ऐसा ही है। भैरव, आसावरी, मुलतानी और पूरिया चार राग। 'इनमें 12 स्वरों का रियाज़ होता है। गुरुजी की रिकॉर्डिंग सुनती हूँ और फिर उनसे सवाल करती हूँ कि गुरुजी इसमें क्या है, उसमें कैसा है? मैं सबसे छोटी हूँ, शायद इसलिए मुझे उतना डर नहीं लगता जो गुरुजी के बाक़ी शिष्यों में था या अभी तक है। क्योंकि मैंने गुरु का वो अपने 'नानाजी' जैसा रूप देखा है न, तो मैं उनसे आराम से पूछ लेती हूँ कि गुरुजी, यह बताइये, वह बताइये। उनका आदर बहुत करती हूँ, लेकिन इतनी कम आयु के कारण आराम से उनसे प्रश्न पूछ लेती हूँ बिना हिचक के।'

कोई-कोई राग ऐसे होते हैं जो शिष्य अपने गुरु से सीखता है, एक तरह से। वही राग किसी अन्य कलाकार से सुनता है, वो दूसरी तरह से। उस अवस्था में शिष्य उन्हें कैसे समझता है, कैसे अपनाता है? क्या गुरुजी को वह सुनाती हैं? उनकी स्वीकृति कैसे मिलती है?

'मैं एक अनुभव बताती हूँ। गुरुजी ने 'दिन की पूरिया' कुछ दिन पहले जयपुर में गायी। उन्होंने मुझे मुखड़ा उठाने का संकेत किया। गुरुजी जब गाते हैं, तो हर बार उनकी विशेष मनःस्थिति होती है। उसी बन्दिश को किसी अलग भाव से गाते हैं। उस दिन एक अलग भाव से उन्होंने गाया। मुझसे जब मुखड़ा उठाने को कहा तो मैंने वैसे ही उठाया जैसे मैंने कुछ साल पहले सीखा था। तो गुरुजी ने मुझे देखा कि अच्छा! तो इतने वर्ष उनसे सीखने के बाद भी उस दिन यह सीखने को मिला कि उस समय उनका क्या भाव है, उसे सीखना है। जो भाव कई साल पहले था, उससे वो बहुत आगे बढ़ गये हैं। वो उस समय की आवश्यकता थी। यह आज की आवश्यकता है। उनका राग को आज देखने का नज़रिया अलग है। तो वह देखने-समझने को मिला।'

राग को सम्पूर्ण रूप से देखना, राग का निखर करके आना, राग का खुलकर के आना, उसका अलग ही विश्लेषण है। 'गुरुजी कहते हैं कि

दो स्वरों के बीच में राग होता है। जो दो स्वरों के बीच में आप मींड का काम करते हैं, हरेक राग के अलंकार हैं कुछ—मींड, खटके, मुरकी, घसीट, बन्दिश, लयकारी आदि, ये तो सब उनके अंग हैं। उन्हीं से पता चलता है कि राग क्या कहना चाह रहा है। बन्दिश का भाव क्या है, उसके अनुसार ही उसका चलन हो। गुरुजी की बहुत-सी बन्दिशों का भाव आध्यात्मिक होता है। बहुत सारे संस्कृत श्लोक भी हैं। गुरुजी ने जैसे जगन्नाथ पंडित जी की रचना है—52 श्लोक हैं—उनमें **विभूषितानंग रिपुतमंगा** को गुरुजी ने 'शंकरा' राग में बाँधा है। गुरुजी ने उसे तीन ताल में गाया है। वह राग पर इतनी अच्छी तरह से बैठता है कि ऐसा मालूम होता है कि इसी राग के लिए रचा गया था। राग की बढ़त किस तरह से चाहिए, वादी-संवादी, उसका पूरा सौन्दर्यशास्त्र, लयकारी या सरगम, कितने आयाम हैं। सब कुछ किस प्रमाण में प्रयोग करना है, इसके अलावा जो ठहराव है, जो दो स्वरों का संवाद है, वह सब मिलाकर राग के स्वरूप को खिलाते हैं।'

संगीत को जीवन की मुख्य धारा बनाने का निर्णय बहुत अच्छा था, हर दृष्टि से, ऐसा अंकिता कहती हैं। 'अभी तो शुरुआत है, प्रोग्राम मिलते रहते हैं, गुरुजी के साथ भी पीछे बैठती हूँ और अलग से भी कार्यक्रम मिलते हैं। गुरुजी यदि मेरे गाने से या रियाज़ से ख़ुश हुए तो उन्होंने लोगों को बोला कि इसको सुनिये। उनका ऐसा कहना बहुत बड़ी चीज़ है। जब वो ऐसा कहते हैं तो लोग सुनते हैं। यह उनका मुझमें विश्वास झलकाता है। उन्हें लगता है कि मैं वाकई गा सकती हूँ, यह मेरे लिए बहुत बड़ी बात है। उनके साथ जब भी गाने बैठते हैं, गुरुजी सबको पैसे देते हैं। मुझे भी शुरू से ही पैसे देते थे। पॉकेटमनी भी मिलती थी। जब मैं पहली बार यहाँ आयी तो माँ थोड़े पैसे भेजा करती थीं, लेकिन मैंने जल्दी ही उनको मना कर दिया। गुरुजी इतने पैसे देते थे कि और ज़रूरत ही नहीं थी। वो हमें इतना आत्मनिर्भर बना देते हैं कि सारे निजी ख़र्चे आराम से निकल जाते हैं। वो दिखाते नहीं हैं, लेकिन पूरा ध्यान रखते हैं, अंकिता आगे बढ़ती हैं। और यह पक्ष पंडित जसराज का 'गुरु' रूप का अत्यन्त महत्त्वपूर्ण पक्ष है।'

पंडित जसराज के गुरु रूप का एक और पक्ष है, जिसकी ओर अंकिता इंगित करती हैं। 'गुरुजी के पास चंदूमामा, गिरीश दादा, रत्तन मामा, संजीव दादा, राधारमण जी और बहुत सारे लोग 24 घण्टे रह के सीखते थे। यह गुरुकुल पद्धति है जिसमें चौबीसों घण्टे कुछ न कुछ सीखने को मिलता है। आप चाहे जो करिए। टी.वी. देखिए, कैरम खेलिये, मिठाई खाइये, बीच-बीच में वो गुनगुना देंगे और पूछेंगे कि कौन-सा राग है। इसका अर्थ यह जानना है कि आपका ध्यान कहाँ है, खाने में या गाने में! वो

ख़ुद भी क्रिकेट का मैच देख रहे होते हैं या ताश का पेशेंस खेलते हैं, मगर उनके दिमाग़ में गाना ही चल रहा होता है। वो किसी भी शिष्य को कुछ करने से रोकते नहीं हैं। गुरुजी ने मुझे कॉलेज की पढ़ाई के लिए प्रोत्साहित किया। मैं आराम से ग्रेजुएशन के बाद पढ़ाई रोक सकती थी, लेकिन उन्होंने कहा कि एम.ए. कर लो। और गुरुजी ने कभी नहीं कहा कि तुम ऐसा ही गाओ, या उसमें कुछ और नया मत सीखो। हाँ, अगर सुर ग़लत लगाया, रियाज़ ग़लत किया तब टोका, और डाँटा भी। सही दिशा दिखायी। पर कुछ प्रयोगशील करने के लिए कभी रोका नहीं। मैंने जैसे संगीत में एम.ए. किया, वहाँ जब सिखाते थे तो सभी गुरुजन अपने-अपने घराने के हिसाब से ही सिखाते थे। स्वाभाविक है आप उसे सीखते हैं। वहाँ सीखने ही गये हैं। कहीं-कहीं केवल 'आकार' को ले के आलाप होता है। हम लोग कुछ-कुछ शब्दों का भी प्रयोग बीच-बीच में करते हैं। कई बार राग के प्रवाह में गाते-गाते मैंने वैसी चीज़ें कर दीं जो मैंने कॉलेज में सीखी थीं। गुरुजी ने मुझे उसके लिए कभी भी टोका नहीं, कभी मना नहीं किया। राग का विकास वैसे ही हो गया।'

अंकिता पंडित जसराज की शिष्या हैं, इसको जानकर कॉलेज में सभी ने उनके साथ पूरा-पूरा सहयोग किया। कई बार ऐसा होता था कि राग सिलेबस के होते थे और अंकिता बन्दिशें अपने घराने की गा देती थीं। कुछ घरानों में कुछ राग कुछ विशिष्ट ताल में ही गाये जाते हैं। मेवाती घराने में भी विलम्बित अधिकतर एक ताल में गाया जाता है। यहाँ तिलवाड़ा कम गाया जाता है। अंकिता ने कॉलेज में तिलवाड़ा गाया है। उससे ज्ञान में वृद्धि ही हुई है। यदि ठीक-ठीक गा रहे हों तो सभी का सहयोग मिलता है। कॉलेज में भी सभी लोग पंडित जसराज के मुरीद ही थे। कभी-कभी शायद कुछ छात्रों को लगता होगा कि अंकिता भाव खा रही है, लेकिन एक शिष्य को क्या अन्तर पड़ता है!

'गुरुजी के साथ दिन-रात, हर दिन सीखना ही है। वो स्वयं गा रहे हैं तो, नहीं गा रहे हैं तो। गाड़ी में बैठे हैं या कहीं भी, उनसे प्रश्न करती हूँ, वो उत्तर देते हैं, गाकर बताते हैं। कितने भी थके हुए क्यों न हों, संगीत से जुड़े हर प्रश्न का उत्तर देते हैं। गुरुजी एक बात बहुत अच्छी कहते हैं कि सब कुछ मिला के गाना बजाना आता है। ये उनकी बातें हैं न, ये मन में घर कर जाती हैं। जैसे मैंने टैटू करवाया, तो उसे देखकर गुरुजी बोले, मंच पर आपको देखकर लोगों का बर्ताव आपके साथ होगा, वो आपको कैसे देखते हैं, इस पर आपका गाना निर्भर करेगा। आप किस तरह की चीज़ों से अपने गाने-बजाने को जोड़ते हो, लोग भी उन्हीं से जोड़ते हैं, इससे कोई अन्तर नहीं पड़ता कि आप किस तरह की पृष्ठभूमि

से आये हैं। आपका अनुभव और रियाज़ बोलता है। जैसे गुरुजी उस दिन कह रहे थे—राग रसोई पागरी कभी-कभी बन जाये।' उनकी जो दृष्टि है, वे हर चीज़ में गाना देखते हैं। वह उनकी सौन्दर्यदृष्टि है। आपके वस्त्र, केश-सज्जा, सभी कुछ। आप ठीक-ठीक नहीं हो सकते, बहुत ठीक होना पड़ेगा। गुरुजी कहते हैं कि आप प्रोग्राम में जा रहे हैं तो आपको अच्छा तो दिखायी देना ही पड़ेगा। आप 'चलता है' करके नहीं जा सकते। यह दृश्य माध्यम है, यदि केवल सुनना होता तो रिकार्ड भी सुन सकते थे। श्रोता आपको सुनने आये हैं तो आपको उनके लिए तैयार होना पड़ेगा। वो कहते हैं जनता तो जनार्दन है। वो भगवान् हैं आपके। तो भगवान् के लिए आपको तैयार होना ही पड़ेगा।'

अंकिता जोशी की तैयारी उसी जनता जनार्दन के लिए है। संगीत की पूजा करने की तैयारी है। पंडित जसराज के एक शिष्य गोस्वामी वेणु गोपाल कहते हैं कि आप सुबह से उठकर जो कुछ कर रहे हैं, वह मानकर चलिए कि गोविन्द के लिए कर रहे हैं। खाना बना रहे हैं तो गोविन्द के लिए, श्रृंगार कर रहे हैं तो गोविन्द के लिए। यदि आप सब कुछ गोविन्द के लिए कर रहे हैं, ऐसा मानकर करें, तो आपके करने में कितना उत्कृष्ट हो जायेगा। अंकिता को यही प्रतीति, यही आभास और यही प्रमाण मिला है कि वो जो कुछ कर रही हैं संगीत के लिए कर रही हैं और इसमें उन्हें अपने गुरु का पूरा-पूरा आशीर्वाद मिला है।

97

पंडित जसराज ने अनेक कलाकारों के साथ गाया है। गायकों के साथ और वादन कलाकारों के साथ। डॉ. बालमुरली कृष्ण के साथ उन्होंने गाया है। पंडित हरिप्रसाद चौरसिया के साथ तो बहुत बार गाया है। पंडित भीमसेन जोशी के साथ भी एक रिकॉर्ड है—8 मिनट का, राग मालकौंस में। वायलिन में डॉ. एल. सुब्रह्मण्यम् के साथ। सभी के साथ एक अलग अनुभव होता है। दोनों कलाकार अपने-अपने गायन या वादन के 'स्पेस' की शैली और रूहदारी को सुरक्षित रखते हुए दूसरे कलाकार को गाने या बजाने का 'स्पेस' देते हैं। अपने-अपने स्थान पर दोनों बहुत बड़े कलाकार हैं, दोनों के घराने और शैलियाँ अलग हैं और फिर भी एक हैं। दोनों अपने गायन-वादन की शैली को सुरक्षित भी रखते हैं और फिर भी एक-साथ हैं। श्रोता पर दोनों का एक साथ एक ही प्रभाव पड़ता है। एक-दूसरे के संगीत के प्रभाव में दोनों वृद्धि करते हैं।

कला रामनाथ और शशांक सुब्रह्मण्यम् जैसे युवा कलाकार भी हैं जो साथ में बैठते थे। कला तो अपने परिवार में सातवीं पीढ़ी की वायलिन वादक है। प्रो. टी.एन. कृष्णन और डॉ. एन. राजम् की भतीजी है। शशांक सुब्रह्मण्यम् दक्षिण भारत के वह बाँसुरी वादक हैं जिन्होंने अपने बालपन में ही अपना स्थान बना लिया था। 'दोनों की अलग-अलग ट्रेनिंग थी। अपनी-अपनी तकनीक तो दोनों के पास थी, दोनों ही सीखकर आये थे और परिपक्व थे। मैं अपना रियाज़ करता रहता हूँ और ये अपने-अपने स्वरों को आगे बढ़ाते हैं। कोई-कोई और आते हैं उन्हें थोड़ा-थोड़ा सिखाते हैं, लेकिन ये दोनों तो पारंगत ही आये,' पंडित जसराज कहते हैं।

98

डॉ. बालमुरली कृष्ण ने एक बार मुझसे पंडित जसराज के गायन के सम्बन्ध में कहा था कि संगीत को हिन्दुस्तानी और कर्नाटक संगीत कह कर विभाजित नहीं करना चाहिए। संगीत तो केवल संगीत है, जिसका सीधा सम्बन्ध आत्मा से होता है। और पंडित जसराज का संगीत सीधा आत्मा और परमात्मा दोनों से जोड़ता है। फिर भी भारत में दक्षिण और उत्तर भारतीय संगीत की दो अलग-अलग शैलियाँ हैं। दक्षिण भारतीय कलाकारों को 'हिन्दुस्तानी' शास्त्रीय संगीत ने बहुत आकर्षित किया। केरल के पंडित रमेश नारायण, तमिलनाडु की कला रामनाथ ऐसे ही कलाकारों में हैं जिन्होंने दक्षिण का होने के बावजूद उत्तर भारतीय शास्त्रीय संगीत को अपनाया। दोनों ही पंडित जसराज के विशिष्ट शिष्यों में से हैं और अपने-अपने क्षेत्र में बहुत नाम कर रहे हैं।

शशांक सुब्रह्मण्यम् एक ऐसा नाम है जो दक्षिण की बाल-प्रतिभा है। ग्यारह-बारह वर्ष की आयु में उन्होंने अपने बाँसुरी वादन से कार्यक्रम देना प्रारम्भ कर दिया था और श्रोताओं की निरन्तर वाह-वाही लूट रहे थे। आज के अग्रणी बाँसुरी वादकों में शशांक सुब्रह्मण्यम् की गणना होती है। सन् 1991 में पंडित जसराज 'स्पिरिट ऑफ़ यूनिटी' कांसर्ट के सिलसिले में चेन्नई गये थे। वहाँ शशांक पहले बजा रहे थे और फिर पंडित जसराज का गायन उनके बाद था। पंडित जसराज ने शशांक का बाँसुरी वादन सुना और उन्हें सन् 1993 में पंडित मोतीराम पंडित मनीराम संगीत समारोह में बजाने के लिए हैदराबाद आमन्त्रित किया। शशांक कर्नाटक पद्धति में ही बजाते थे और तब तक पंडित जसराज के बहुत बड़े प्रशंसक बन चुके थे।

'सन् 2004 में मेरी इच्छा हिन्दुस्तानी संगीत सीखने की हुई। उसका कारण यह था कि मैं बहुत से कलाकारों के साथ जुगलबन्दी किया करता था। मैं पंडित जी के संगीत से बहुत प्रभावित तो था ही, मुझे लगा कि मुझे इन्हीं से सीखना चाहिए। मैंने उन्हें फ़ोन करके पूछा कि क्या वे मुझे अपने शिष्य के रूप में स्वीकार करेंगे? गुरुजी ने हामी भर दी।' शशांक कहते हैं।

'मैं बहुत भाग्यवान था कि ग्यारह-बारह वर्ष की आयु में ही मेरा नाम

हो गया था और कलाकारों की अग्रिम श्रेणी में मुझे गिना जाने लगा था। जब मैं संगीत को थोड़ा समझने लगा तो मुझे ऐसा लगा कि हिन्दुस्तानी संगीत मेरे संगीत और प्रतिभा को, मेरी कला और मेरी प्रस्तुति को बहुत ऊपर उठा देगा। मैं हिन्दुस्तानी पद्धति से सीखना चाहता था, लेकिन उस पद्धति में बजाने की मेरी इच्छा नहीं थी। मैं अपने सीमित ज्ञान को ही बढ़ाना चाहता था तो मैंने गुरुजी से सीखने का निर्णय किया। मुझे इससे बहुत लाभ हुआ, विशेष रूप से जुगलबन्दी बजाने में तो मुझे बहुत सहायता मिली। जुगलबन्दी में दूसरे कलाकार के संगीत को समझने में भी मुझे बहुत लाभ हुआ। मेरा यह निश्चित मानना है कि कलाकारों को दोनों पद्धतियों के संगीत का ज्ञान होना चाहिए। हिन्दुस्तानी कलाकारों को कर्नाटक पद्धति का और कर्नाटक कलाकारों को हिन्दुस्तानी पद्धति का 'शशांक कहते हैं।'

शशांक मानते हैं कि हिन्दुस्तानी पद्धति से बजाना सीखने के कारण वह कर्नाटक संगीत भी अच्छा बजा पाते हैं। जहाँ भी हिन्दुस्तानी संगीत समझने वाले लोग अधिक होते हैं, वहाँ श्रोताओं के उनके बाँसुरी वादन के कारण कर्नाटक संगीत को समझने में थोड़ी आसानी होती है। और इसी तरह कर्नाटक संगीत समझने वाले श्रोताओं को हिन्दुस्तानी संगीत समझने में और उससे जुड़ने में सुविधा होती है।

'मैंने अपने साज—बाँसुरी को भी बहुत बदला है। मेरी बाँसुरी ख़ास कर्नाटक संगीत में बजने वाली बाँसुरी नहीं है, जिसे मैं अपने हिन्दुस्तानी शास्त्रीय संगीत समझने वाले श्रोताओं के सम्मुख बजाता हूँ। मेरे साज और मेरे बजाने—दोनों में ही बहुत सारे अच्छे और बेहतरीन परिवर्तन आये हैं।' शशांक का मानना है।

शशांक का पंडित जसराज के साथ बहुत मधुर सम्बन्ध रहा है। गुरुजी ने मुझे एक कलाकार परफॉरमर के रूप में पहले से देखा था। लेकिन जब मैं उनसे सीखने गया तब मैं इस बात को एकदम भुलाकर गया कि मैं स्टेज पर कार्यक्रम करता हूँ। मैंने उनसे आग्रह किया कि आप मुझे वैसे ही सिखायें जैसे आप अपने किसी भी छात्र को सिखाते हैं, मैं कर्नाटक संगीत बजाता हूँ, इसे भुलाकर उन्होंने मुझे अनेक सुन्दर-सुन्दर राग और बन्दिशें सिखायीं।

'मुझे बहुत बाद में पता चला कि गुरुजी पहले तबला बजाया करते थे। लेकिन मुझे यह हमेशा लगता था कि उनकी लयकारी की क्षमता बड़ी जबरदस्त है। संगीत को जानने के लिए दो रास्ते हैं। एक तो उसकी तकनीकी पहचान, दूसरा मंच पर प्रदर्शन करने वाले कलाकार का रास्ता। गुरुजी दोनों में ही माहिर हैं।' शशांक कहते हैं।

शशांक अपनी बाँसुरी लेकर कभी भी पंडित जी के पास नहीं जाते।

पंडित जी गाते और शशांक उनके पीछे-पीछे गाने का प्रयास करते ताकि उस गायकी को वह अपने भीतर अच्छी तरह से उतार सकें। बहुत बार पंडित जी जो गाते उसे बाँसुरी की फूँक में उतारना कठिन होता, लेकिन वह प्रयास करते रहे और धीरे-धीरे उनके बजाने में सुधार होता गया। फिर पंडित जसराज को ऐसा लगने लगा कि शशांक को मंच पर भी उनके साथ बैठना चाहिए। और ऐसा ही हुआ। 'यह मेरे लिए अनोखा अनुभव था।'

शशांक मानते हैं कि पंडित जसराज बहुत भले, स्नेहिल और मिट्टी से जुड़े हुए व्यक्ति हैं। वह बहुत अच्छी तरह से जानते हैं कि श्रोताओं को क्या चाहिए, उन्हें क्या पसन्द आयेगा। वह श्रोताओं का मन बहुत अच्छी तरह से पढ़ सकते हैं। पूरे विश्व में कब क्या चल रहा है, उसकी उन्हें जानकारी रहती है। शशांक कहते हैं, 'मैं गुरुजी के साथ किसी भी विषय पर बात कर सकता था। हमारी बातें कभी संगीत से जुड़ी हुई, कभी उससे एकदम किसी अलग विषय पर होती थीं। कभी-कभी वो मुझे बाहर से कुछ चीज़ें ढूँढ़कर लाने को कहते। कभी कहते यह मेरी गाड़ी है, इसमें बैठो और मुझे शहर में घुमाकर लाओ। कभी मुझे वो अपने पुराने-पुराने

बाँसुरी वादक शशांक सुब्रह्मण्यम् के साथ

मित्रों के घर में ले जाते। मैं उन्हें गाड़ी में बिठाकर पूरा मुम्बई घुमाता। कभी-कभी वे रास्ते में किसी हारमोनियम की दुकान पर गाड़ी रोकने को कहते। कभी किसी मित्र के यहाँ उतर कर उनके साथ देर-देर तक बातें करते और उन्हें गाकर सुनाते। उन्होंने मुझे अपने साथ मंच पर बजाने के सौ से भी अधिक अवसर दिये हैं। कभी मैं अच्छा बजाता, कभी उतना अच्छा नहीं बजा पाता। लेकिन उनके बाक़ी छात्रों की तुलना में शायद मेरा स्थान थोड़ा-सा अलग ही आँका जायेगा। मैं आज उनके साथ बजाता हूँ और फिर वापस अपने कर्नाटक संगीत की कांसर्ट करने में जुट जाता हूँ। फिर मैं बहुत दिन के बाद आता और जब तक हम 'ग्रीन रूम' में नहीं बैठ जाते, तब तक वो कौन-सा राग गाने वाले हैं, इसके विषय में बताते ही नहीं। इतना ही नहीं, कभी-कभी तो ऐसा भी होता कि मंच पर पहुँचकर वो राग बदल देते हैं। ऐसे में आश्चर्य भी होता है और आनन्द भी बहुत आता है। उनके साथ पल-पल सीखना ही होता है। लेकिन मेरा यह मानना है कि मेरे कर्नाटक संगीत की कांसर्ट में बजाने के अनुभव से मुझे लाभ बहुत होता है, क्योंकि दोनों ही पद्धतियों में संगीत के मूल तत्त्व एक से ही हैं।'

'गुरुजी मंच पर इतने सारे सहयोगी कलाकारों के साथ बैठते हैं। उन्हें बहुत अच्छी तरह से मालूम रहता है कि उनमें से किसने क्या गाया या बजाया, किसने सही किया और किसमें गड़बड़ हो गयी। वे बहुत अच्छी तरह से सभी छात्रों को जानते हैं, उनकी विशिष्टताओं को पहचानते हैं। और कार्यक्रम के बाद उस पर टिप्पणी भी करते हैं। यह हमारी सभी की आगे की दिशाओं तक पहुँचने का मार्ग है। गुरुजी एक ही स्वर पर लम्बा टिके रहते हैं। यह विशिष्टता अन्य कलाकारों के पास नहीं होती। पता नहीं विश्व में एक भी ऐसा कलाकार होगा जो इस तरह कर सकते होंगे। कुल मिलाकर गुरुजी के साथ बजाना, मेरे लिए किसी आशीर्वाद से कम नहीं है।'

११

पंडित जसराज के शिष्य विश्व भर में हैं। विशेष रूप से अमेरिका तथा कनाडा में उनके अगणित शिष्य न केवल गायन सीख रहे हैं, बल्कि गायकों की पूरी नयी पौध भी तैयार कर रहे हैं। उनकी विशिष्ट शिष्या तृप्ति मुखर्जी ने भारतीय शास्त्रीय संगीत के प्रचार और प्रसार तथा मेवाती घराने की परम्परा को आगे बढ़ाने में अन्यतम भूमिका निभायी है। स्वयं पंडित जी के निर्देशन में अमेरिका में अलग-अलग स्टेट्स तथा कनाडा में पंडित जसराज इंस्टीट्यूट फॉर म्यूज़िक रिसर्च, आर्टिस्ट्री एंड एप्रीशिएशन की अनेक इकाइयाँ खुल गयी हैं जिनका प्रमुख कार्य तृप्ति मुखर्जी एवं पंडित जसराज के अन्य प्रमुख शिष्य—राधारमण कीर्तने, प्रीतम भट्टाचार्य, अमित आर्य, आशा लोहिया आदि के दिशा-निर्देशन में न्यूयॉर्क, न्यू जर्सी, अट्लैंटा, टाम्पा, पिट्सबर्ग, वैंकूवर, टोरोंटो जैसे स्थानों पर भारतीय शास्त्रीय संगीत की परम्परा को आगे बढ़ाने का है। इन सभी केन्द्रों में भारतीय मूल तथा विदेशी मूल के छात्र-छात्राएँ मेवाती घराने की परम्परा में शास्त्रीय गायन सीखते हैं। यह कार्यभार न्यूयॉर्क में पहले-पहल तृप्ति मुखर्जी ने उठाया था।

पंडित जसराज एवं तृप्ति मुखर्जी पहले जब अपने कार्यक्रमों के सिलसिले में अमेरिका आते थे, तब अनेक श्रोता उनके पास आते और गायन की कक्षाएँ लेने का आग्रह करते थे। ये लोग कभी-कभी उन्हें कुछ सिखा देते, लेकिन कभी भी नियमित रूप से कुछ प्रयास नहीं किया जा सका। यद्यपि इन्हें सदैव लगता था कि अमेरिका में भारतीय शास्त्रीय संगीत के प्रति लोगों में बहुत रुचि है। उसका कारण था कि भारतीय मूल के निवासी यहाँ बढ़ते जा रहे थे। ये एक विशेष बात है कि भारतीय दूसरे देश में अपनी संस्कृति की मशाल जलाये रखना चाहते हैं। तो 1996 में पंडित जसराज ने तृप्ति को यह कार्य सौंपा और उन्होंने न्यूयॉर्क और न्यू जर्सी में इस प्रतिष्ठान की स्थापना की। धीरे-धीरे पंडित जी के अन्य वरिष्ठ शिष्यों की निगरानी में और भी शाखाएँ खुलती गयीं।

प्रति वर्ष जुलाई के महीने में पंडित जसराज तथा इंस्टीट्यूट के लगभग एक सौ से अधिक छात्र पाँच दिन के एक शिविर में भाग लेते हैं। यह

शिविर सम्पूर्ण रूप से संगीत को समर्पित होता है। प्रात:काल प्रारम्भ होकर रात्रि भोज के बाद तक चलने वाले विभिन्न सत्रों में वरिष्ठ गुरु अलग रागों को गम्भीरतापूर्वक सभी अन्य शिष्यों के साथ सिखाते और उन पर चिन्तन-मनन करते हैं। यह अपने आप में एक विशिष्ट आयोजन होता है जिसमें पुराने समय की गुरुकुल परिपाटी की छवि दिखायी देती है। इस आयोजन को जब दस वर्ष पूरे हुए थे, मैं तब से इसमें जाने का कार्यक्रम बना रही थी, लेकिन जाना हो पाया और ग्यारह वर्षों के पश्चात् यानी शिविर की इक्कसवीं वर्षगाँठ पर। मैं इतना कह सकती हूँ कि इस आयोजन में भाग लेना मेरे लिए एक अत्यन्त सुरीला अनुभव था।

इस बार के शिविर का विषय था—मल्हार के प्रकार। अपने-अपने सत्रों में सभी गुरुजन—यानी गुरु राधारमण कीर्तने, गुरु रत्तनमोहन शर्मा, गुरु मुकेश देसाई, गुरु तृप्ति मुखर्जी एवं बड़े गुरुजी यानी स्वयं पंडित जसराज इन रागों पर चर्चा करते, उनकी मूलभूत विशेषताओं पर प्रकाश डालते, बन्दिश लिखवाकर छात्रों से उनका उच्चारण एवं बोल सुनते तथा उन्हें पक्का करवाते और फिर राग के विभिन्न स्वरूपों को परत-दर-परत खोलते जाते। पूरा वातावरण संगीतमय था।

यह शिविर न केवल कर्ण-मधुर संगीत की पहचान देने के लिए आयोजित किया जाता है बल्कि जीवन को जीने की कला भी सिखाता है। समय की पाबन्दी, स्वच्छता, कार्यक्रम को सुचारु रूप से आयोजित करना, गुरुजनों के प्रति आदर भाव, आपसी सद्व्यवहार, ऐसे अनेक अंग हैं जिन्हें बिना कहे ही शिविर में छात्रों के जीवन में ढाला जाता है। अपने बड़े गुरुजी को प्रतिवर्ष ये शिष्य एक सुन्दर कार्यक्रम भी समर्पित करते हैं जिसके विषय में उन्हें पहले से बिल्कुल जानकारी नहीं होती। यह एक भावुक क्षण होता है। किसी एक विषय को चुन कर उस पर धीर गम्भीर विचार करके उसकी सांगीतिक प्रस्तुति करना कोई सहज कार्य नहीं है। लेकिन तृप्ति जी के निर्देशन में इस कार्यक्रम को इतना रुचिकर बनाया जाता है कि देखने और सुनने वाला दाँतों तले उँगुली दबा लें। इस बार का यह कार्यक्रम दो खंडों में विभक्त था। एक तो तृप्ति जी के संगीत निर्देशन में राग बागेश्री पर आधारित आलाप, फिर इसी राग में विभिन्न लयों में निबद्ध रचना—

हे वामदेव शिवशंकर दीनबन्धो काशीपते पशुपते पशुपाश नाशिन
विश्वनाथ भवबीज जनार्तिहारिन संसार दुःख गहनाज्जगदीश रक्ष।

तथा उसके बाद तराना। कल्पना कीजिए कि सौ से अधिक गायक जब एक ही स्वर, लय ताल में एक साथ शास्त्रीय गायन करें तो कैसा

समा बँधता होगा। इस एक घण्टे के समूह गान को सिखाने के लिए कैसी मेहनत करनी पड़ी होगी।

पंडित जसराज को बिन बताये, बिन उनकी जानकारी के जो दूसरा कार्यक्रम रखा गया था वह था उनकी इस जीवनगाथा, जिसे मैं लिख रही थी, के कुछ अंश पढ़ कर सुनाना। उनके जीवन की यात्रा का वृत्तान्त इतना रोचक और सुरीला है कि उसे लिखने में मुझे जितना आनन्द आ रहा था, उतना ही आनन्द उसे सुनने वालों को भी आया। स्वयं पंडित जी के सम्मुख पुस्तक के कुछ प्रसंगों को पढ़ना मेरे लिए गौरव का विषय है।

इस शिविर का सबसे सुन्दर कार्यक्रम था गुरु पूर्णिमा का पूजन। अत्यन्त सुन्दर तरह से आयोजित समारोह में पंडित जसराज की गुरु-पूजा मेरे लिए एक आश्चर्यचकित करने वाला अनुभव था और साथ ही साथ भाव-विभोर करने वाला भी।

सुर लय छन्दोत्सव शिविर अमेरिका में वरिष्ठ शिष्यों के साथ

100

अमेरिका में कई बार, विशेषत: सैनफ्रांसिस्को में मंच पर पंडित जसराज के पीछे तानपूरा बजाते हुए एक वरीय महिला को देखा जाता है। पंडित हरिप्रसाद चौरसिया के पीछे भी ये तानपुरे पर कई बार दिखायी देती हैं। ये हैं पेशे से वकील, संगीत में अत्यधिक रुचि रखने वाली श्यामला राजेन्द्रन। श्यामला जी कैलिफोर्निया में कई इलाक़ों में वर्षों से हिन्दुस्तानी शास्त्रीय कलाकारों के कार्यक्रम आयोजित करती रही हैं। सन् 2003 की एक घटना, जिसने उनके जीवन पर अद्‌भुत प्रभाव डाला, का वर्णन करती हैं—'पंडित जसराज का सैनफ्रांसिस्को में गायन था। पंडित जी और कला रामनाथ जो उनके साथ वायलिन पर सहयोग कर रही थीं और उनसे सीखती भी थीं, मेरे घर में ठहरे हुए थे। रात को खाने के बाद हम लोग बैठक में बैठे हुए थे और पंडित जी कुछ गुनगुना रहे थे। उन्होंने मुझसे कहा कि तुम यहाँ आकर बैठो। मैं उनके निकट उनके पैरों के पास बैठ गयी। उन्होंने मुझसे कहा कि आप गाइये। मैंने कहा कि पंडित जी, मैं तो गाती नहीं। उन्होंने फिर कहा कि नहीं-नहीं, आप गाइये, कुछ भी। तो मैंने अपने बचपन में थोड़ा-बहुत जो गाना सीखा था, उसे याद किया और थोड़ा-सा गाना उन्हें सुनाया। उन्होंने मुझसे पूछा कि आपके पास एक डॉलर है? तो मैं एक डॉलर का नोट उनके पास ले गयी। वो बोले—नहीं, डॉलर का सिक्का चाहिए। तो मैं डॉलर का एक सिक्का उन्हें दिया। उन्होंने फिर पूछा—आपके घर में नारियल है? नारियल तो नहीं था। फिर उन्होंने कहा कि अच्छा एक केला ले आइये। मैं केला ले आयी। तो पंडित जी ने कहा—यह आपकी गुरु दक्षिणा है। आज से मैं आपको गाना सिखाऊँगा। मुझे ऐसा महसूस हुआ कि मेरे ऊपर आशीर्वादों की झड़ी लग गयी हो। लगभग सत्तर साल की उम्र में मुझे मेरे गुरु मिल रहे थे। उन्होंने मुझे भैरव में एक बन्दिश सिखायी—श्यामसुन्दर मदन-मोहन। जब तक वो मेरे घर में रहे, इसे सिखाते रहे। बाद में दो-एक बार मैं उनके शिविर में भी गयी। पंडित जी ने मुझे 'मेरो अल्लाह मेहरबान' भी सिखाया। दुर्भाग्यवश मेरे पति राज के देहान्त के बाद मेरा मन सब चीज़ों से उचाट हो गया और मैंने कार्यक्रम आयोजित करना भी बन्द कर दिया।'

यह घटना पंडित जसराज के व्यक्तित्व के एक बहुत बड़े पक्ष की ओर इंगित करती है। वह यह कि गाना सीखने-सिखाने की कोई उम्र नहीं होती। उन्हें ऐसा लगा कि श्यामला जी गा सकती हैं और अपने संगीत को इस पीढ़ी में भी वो दे सकते हैं। कोई विरला ही व्यक्ति ऐसा सोच सकता है। तभी से श्यामला जी पंडित जसराज को अति विशिष्ट आदर भाव देती हैं। इसी तरह पंडित जसराज और राव रोहित सिंह एवं कल्पना सिंह का भी सम्बन्ध है। ये दोनों भी सैनफ्रांसिस्को में रहते हैं और पंडित जी को पितावत् मानते हैं, उन्हें 'बापू जी' कह कर सम्बोधित भी करते हैं।

पंडित जसराज से रोहित की भेंट सन् 1987 में अली अकबर कॉलेज ऑफ़ म्यूज़िक में हुई। पंडित जसराज वहाँ गायन की शिक्षा देते थे। उस समय पंडित जी अधिकतर समय भारत के काउंसिल जनरल किशन राणा तथा उनके परिवार के साथ ही गुज़ारते थे। उनके परिवार के साथ पंडित जी की घनिष्ठ मित्रता थी। रोहित की भेंट पंडित जी के साथ होती रहती और ये उन्हें गाना सिखाते हुए देखते, संगीत-चर्चा में लिप्त देखते। रोहित भी उसमें भाग लेते और धीरे-धीरे दोनों का आपस में स्नेह बढ़ता गया। एक दिन पंडित जी ने रोहित से कहा—'आपके मुँह से 'पंडित जी' अच्छा नहीं लगता। मुझे 'बापू जी' कहा करो।' इस तरह रोहित सिंह पंडित जसराज के मुँहबोले बेटे बन गये और पंडित जसराज रोहित सिंह के बापूजी।

सन् 1989 में रोहित की पत्नी कल्पना सैनफ्रांसिस्को आयीं। जब कल्पना को पता चला कि पंडित जसराज उनके यहाँ रहने के लिए आने वाले हैं तो बहुत घबरा गयीं। और अब स्थिति यह है कि कल्पना और पंडित जी के बीच बेटी और बाप का रिश्ता है और दोनों ही एक-दूसरे पर सौ जान से न्यौछावर। लेकिन सारा सिलसिला संगीत से ही शुरू हुआ। रोहित सैनफ्रांसिस्को में स्पिक मैके का काम देखते थे। अमेरिका के अन्य शहरों में भी कार्यक्रम आयोजित करते। जहाँ-जहाँ रोहित आग्रह करते पंडित जी वहाँ गाने के लिए हामी भरते। रोहित ने अपने 'बापू जी' के बहुत सारे रूप देखे। ग्रीन रूम में, स्टेज पर जाने से पहले, स्टेज से वापस आने के बाद भी पंडित जी की अलग-अलग मन:स्थितियों का साक्षात्कार उन्होंने किया है। स्टैनफोर्ड में पंडित जी का पहला प्रोग्राम था, 1988 में। वहाँ पंडित जी ने 'शंकरा राग' में बन्दिश—**विभूषितानंग रिपुतमंगा**' गायी। इसमें भक्त गंगा से प्रार्थना करता है कि यदि मैं सच्चा हूँ, पवित्र हूँ तो मुझे बहाकर ले जाओ। सामान्यत: प्रार्थना इसके विपरीत होती है। 'उस दिन की घटना मुझे अच्छी तरह से याद है।' रोहित बताते हैं—'बापूजी के इस गाने के बाद हम ग्रीन रूम में गये तो वो फफक-फफककर रो रहे थे, हमको तो प्रसंग पता ही नहीं था बस उन्हें देखकर हम भी रो पड़े। बाद में बात हुई कि जो गाते हैं, उसके चरित्र को देखकर प्राय: उसमें डूब

जाते हैं। बापूजी बोले कि मुझे लगता है कि मैं वही व्यक्ति हूँ। और तब लगता है कि गंगा जी मुझे ही बहा कर ले जायें।'

पंडित जसराज को सैनफ्रांसिस्को की हरियाली भरी ऊँची-नीची घुमावदार सड़कों पर गाड़ी में घूमना बहुत अच्छा लगता। रोहित को गाड़ी चलाना। बस दोनों घण्टों ड्राइव पर निकल जाते और रास्ते में अलग-अलग कलाकारों का संगीत सुनते जाते। या फिर किसी भी विषय पर चर्चा करते। संगीत-चर्चा से लेकर साहित्य, राजनीति, क्रिकेट, फ़िल्म, परिवार, मित्र कोई भी। लेकिन तीस वर्षों में रोहित ने पंडित जसराज को किसी की भी निन्दा करते हुए नहीं सुना।

रोहित की पत्नी कल्पना जब से पंडित जसराज से मिली हैं, और इस लगभग तीस दशक की अवधि में उनका सम्बन्ध प्रगाढ़ ही होता गया है। कल्पना कहती है, 'मेरे लिए बापूजी पिता तुल्य हैं। उन्होंने मुझे मेरे पिता की कमी कभी महसूस नहीं होने दी। शास्त्रीय संगीत से मेरा परिचय बापूजी ने ही कराया। उनके साथ बैठकर मुझे हमेशा यही लगता है कि मैं भगवान् के थोड़ा निकट आ गयी हूँ। मैं 'आर्ट ऑफ़ लिविंग' से जुड़ी हुई हूँ। रोहित और मैं एक ऐसा घर ढूँढ़ रहे थे जिसमें मैं 'आर्ट ऑफ़ लिविंग' के सत्र लगा सकूँ। हम लोगों ने कई घर देखे, और बापूजी को उन्हें दिखाने के लिए ले गये। बापूजी ने जैसे ही इस घर की पहली सीढ़ी पर क़दम रखा, उन्होंने कहा—ये घर ले लो। इसमें बहुत अच्छा 'फील' हो रहा है। बस, यह घर बापूजी के आशीर्वाद से ही बना है।

कल्पना पंडित जसराज के साथ कुम्भ मेले में गयीं। 2014 में ये स्वामी अवधेशानन्द के मेहमान थे। कुम्भ मेले में जहाँ लाखों की भीड़ स्नान करने के लिए उमड़ती है, इनके लिए विशेष व्यवस्था की गयी थी। कल्पना कहती हैं कि उनके लिए यह परम सौभाग्य था कि वह उस रथ पर सवार थीं जिस पर कुम्भ मेले में स्वामी अवधेशानन्द और बापूजी की सवारी निकल रही थी। जब ये लोग इलाहाबाद से निकलने लगे तो स्वामीजी ने पूछा कि आप लोग वापस कहाँ जा रहे हैं? इन्होंने बताया कि रेलगाड़ी की टिकटें बुक हैं। इन्हें चंडीगढ़ जाना था। स्वामीजी ने कहा कि दक्षिण अफ्रीका से उनके कुछ भक्त आये हैं, उनका चार्टर्ड प्लेन है, आप उनके साथ देहरादून निकल जाइये। वहाँ से कार से चंडीगढ़ जाना बेहतर होगा। बापूजी मान गये। तो ये लोग देहरादून में रात को विश्राम करके कार से चंडीगढ़ पहुँचे। बापूजी का सेवक जो हमेशा उनके साथ रहता है—सुरेश, वह दिल्ली जाकर कल्पना का सामान लेकर आया। अगले दिन अख़बारों में उन्होंने पढ़ा कि जिस ट्रेन से ये जाने वाले थे, लखनऊ में प्लेटफार्म पर बहुत भगदड़ मच गयी थी और कई यात्री घायल हो गये थे। और ये लोग सुरक्षित चंडीगढ़ पहुँच चुके

थे। ईश्वर किस-किस तरह से सहायता करता है। बापूजी के साथ कल्पना जब भी होती हैं तो उन्हें यही महसूस होता है कि वो उनके रक्षा-कवच हैं।

कल्पना सिंह एक और अनुभव बाँटती हैं, जब वह पंडित जसराज के साथ द्वारका गयीं। पंडित जी द्वारका जा रहे थे, कल्पना बम्बई उतरी थीं। मधुरा जी, दुर्गा सभी द्वारका जाने वाले थे, लेकिन किसी न किसी कारणवश नहीं जा पाये। जब पंडित जसराज और कल्पना मन्दिर पहुँचे वहाँ के प्रमुख पुजारी जी पंडित जी के पास आये और बोले कि पंडित जी, इस बार आप चार साल के बाद आये हैं। लेकिन भगवान् को चार सालों में खाना हजम नहीं हुआ। हम उन्हें छप्पन भोग तो खिला देते हैं, लेकिन उनका खाना हजम तभी होगा जब आप गायेंगे। 'पुजारी जी बहुत सच्चाई से यह कह रहे थे। हम लोग दिन में तीन बार दर्शन करते। कृष्ण का ऐसा स्वरूप हमने कभी देखा ही नहीं था। और उस साल पुजारी जी ने हमारे लिए मन्दिर के भगवान् के विशिष्ट द्वार भी खोल दिये जहाँ पुजारी जी स्वयं या उनके कुछ सहायक ही भगवान् को भोजन कराने या स्नान कराने या वस्त्र पहनाने आदि के लिए जाते थे। और बापूजी की विनम्रता देखिए, वो मुझसे कहते हैं कि तुम साथ में आयी हो, इसलिए यहाँ तक प्रवेश मिला है। पहले तो कभी ऐसा नहीं हुआ।'

रोहित सिंह के साथ

101

सन् 1973 में मधुरा जी ने एक प्रोग्राम किया जिसका नाम था—'कान्ह कहानी सुन्यौ करैं'। आलम का एक बहुत सुन्दर पद है—'नैनन में जो सदा रहते तिनकी अब कान्ह कहानी सुन्यौ करय।' इस प्रोग्राम के गीतों को संगीतबद्ध किया था पंडित जसराज ने। कोई बीस गीत थे। आर्केस्ट्रा रघुनाथ शेठ ने किया था। रघुनाथ शेठ बाँसुरी वादक थे जो फ़िल्म्स डिवीजन में बतौर संगीत निर्देशक आये थे। मधुरा जी नाटक की निर्माता-निर्देशक थीं। उसकी कथा केवल यही थी कि मीरा वन में घूमते-घूमते वृन्दावन पहुँचीं। वह कृष्ण को ढूँढ़ रही थीं। कृष्ण तो मिले नहीं, राधा से उनकी भेंट हो गयी।

'सन् 1975 में मधुरा जी ने 'गीत-गोविन्द' पर आधारित नृत्य नाटिका की। नाट्य-निर्देशन केलु बाबू का था। उसमें चार-पाँच पद्मश्री जुड़े थे। एक राजकपूर साहब के आर्ट डायरेक्टर थे—एम.आर. आचरेकर, वो जुड़े थे, दूसरे थे तापस सेन जिन्होंने प्रकाश व्यवस्था की थी, तीसरे केलु बाबू थे और चौथे हम थे। सभी पद्मश्री थे। मैं तो उस ड्रामा के चलते हुए ही पद्मश्री बना। रिहर्सल चल रही थी। म्यूज़िक वगैरह सब लाइव था। अनुराधा पौडवाल तब छोटी ही थी, वह माँ बनने वाली थी। वह गा रही थी और मैं उसके पीछे खड़ा हुआ था। उसका गाना था—**जो सुन के तू ऐसी भई काहे को और उपाय को धावे। जो कहि सो कहि सों रघुनाथ सों तू लिया उतही सुख पावे।** वह गा रही थी और गाते-गाते उसे चक्कर आ गया। मैं पीछे खड़ा था उसके गिरने से पहले ही मैंने उसे पकड़ लिया। पकड़ लिया तो वो खड़ी रही और उसने फिर से गाना शुरू कर दिया। बाद में अन्दर जा के बोली कि गुरुजी, आज मैं स्टेज पर खड़ी हुई तो मुझे चक्कर आ गया, मुझे होश नहीं था, मगर आपने पकड़ा तो लगा कि कोई सहारा मिल गया।'

तो उस नृत्य-नाटिका में अनुराधा गाती थी, दुर्गा-शारंग गाते थे—मैया मोहे दाऊ बहुत खिजायो दुर्गा गाती थी और शारंग गाता था—खेलत श्याम ग्वालिनी संग। अनुराधा पौडवाल, कविता कृष्णमूर्ति, साधना सरगम, ये तब की शिष्य मण्डली है। इन सब लोगों ने हमसे ही नहीं, और भी बहुत

वरिष्ठ कलाकारों से सीखा है, मगर कहती हैं कि हमसे सीखा है। कविता कृष्णमूर्ति, अनुराधा पौडवाल, साधना सरगम तब ये तीनों सीख रही थीं। गिरीश वज़लवाड कृष्ण जी के गाने गाता था।'

पंडित जसराज के वर्सोवा वाले घर के कमरे में अनगिनत प्रशस्ति पत्र, पुरस्कार, सम्मान आदि रखे हुए हैं। उन सभी सम्मानों के बीच पंडित जी के शिष्य बैठे हुए अभ्यास कर रहे हैं। पंडित जी गाते हैं और शिष्य पीछे स्वर मिलाते हैं—'चम्पे गौरार्ध शरीर कायै कर्पूर गौरार्य शरीर कायै।' उन स्वरों को अपने स्वरों को उतारने में वो सफल होते हैं, कभी-कभी कुछ भूल भी हो जाती है। 'मेरा सबसे बड़ा पुरस्कार हैं मेरे ये शिष्य। इन्हीं के माध्यम से मैं अपने संगीत को आगे बढ़ते हुए देखता हूँ। तभी वातावरण में आभास होने लगता है—शिव-शिवा की उपस्थिति का। इस उपस्थिति को केवल अनुभव किया जा सकता है, देखा नहीं जा सकता।'

जसराज जी के बहुत सारे शिष्यों का बहुत नाम हो गया है। उन सभी की तरक्की को देखकर उन्हें बहुत अच्छा लगता है। 'गिरीश और चन्द्रशेखर दोनों ही कितना अच्छा डुएट गाते थे।' और ऐसा गाये कि वसन्त राव देशपाण्डे जी का उनके बाद प्रोग्राम था। सुबह का प्रोग्राम था पूना में। इनके गाने के बाद उन्होंने खड़े होकर कहा कि मेरा प्रोग्राम या तो शाम को कर दो, या फिर हटा दो। इतना अच्छा नट-भैरव गाया था दोनों ने। उनकी भी बड़ी छाती है, क्योंकि इस तरह की बात कहना बहुत बड़ी बात है।

102

किशन राणा जी के परिवार के साथ पंडित जसराज का परिचय सन् 1965 में माउंटआबू में हुआ था। वे लोग भी सानन्द बापू के परिवार के बहुत निकट रहे हैं। किशन राणा और मिमी राणा जी का परिवार पंडित जसराज के बहुत प्रेमी परिवारों में से है। दोनों ही पति-पत्नी शास्त्रीय संगीत में बहुत रुचि रखते हैं। राणा साहब भारतीय विदेश सेवा में रहे और अनेक देशों में भारत के राजदूत रहे। मिमी साहब राजस्थान की हैं। जोधपुर से कुछ दूरी पर हैं रोहागढ़, वहाँ की बेटी हैं, राजसी खानदान से हैं। उनका पूरा नाम है शिवराज कुमारी। पंडित जसराज और मुकुन्द लाठ जी कई बार उनके यहाँ माउंटआबू में जाकर रहते और कई-कई दिन तक रियाज़ करते।

पंडित जसराज बताते हैं कि किशन राणा जी बहुत अच्छे सुनकार हैं। वो जिस-जिस देश में भारतीय दूतावास में रहे, हर जगह उन्होंने हिन्दुस्तानी शास्त्रीय संगीत के कार्यक्रम रखवाये। वो बहुत सारे कलाकारों को बुलाते रहते थे। पंडित जसराज को भी सभी देशों में कार्यक्रम के लिए आमन्त्रित करते। उन्होंने हमें दुनिया भर में घुमा दिया और बहुत इज़्ज़त दिलायी।

'किशन राणा जी कहते हैं, पंडित जसराज तब इटली पधारे थे। उससे पहले मैंने चेकोस्लोवाकिया के उप प्रधानमन्त्री से कहा था कि आपके यहाँ हिन्दुस्तानी शास्त्रीय संगीत को लेकर कुछ दुर्भाव है। उन्होंने कहा कि दुर्भाव कैसे हो सकता है? तो मैंने उनसे ज़िक्र किया कि प्राग् स्प्रिंग फेस्टिवल में बहुत साल पहले पंडित रविशंकर और एक बार बेगम अख़्तर गये थे। उसके बाद किसी भी हिन्दुस्तानी कलाकार को नहीं बुलाया गया है। मैंने आपके अधिकारी से बात करी थी तो उन्होंने मना कर दिया। अप्रैल महीने में कोई तीन हफ़्ते का फेस्टिवल वहाँ होता है, उसमें 80 कांसर्ट्स सजाये जाते हैं। पूरी दुनियाँ के मशहूर कलाकार वहाँ आते हैं। उसमें हिन्दुस्तानी शास्त्रीय संगीत भी रखा जाना चाहिए। तो उन्होंने (उप प्रधानमन्त्री ने) कहा कि कुछ उपाय करते हैं। तब मैंने सुझाव दिया कि पंडित जसराज को बुलाया जाये। तो वो बोले कि हमने तो उनके बारे में सुना नहीं है। वो क्या एक बार यहाँ पधार सकते हैं? हम उनको पहले सुनेंगे और यदि ठीक रहा तो फिर अप्रैल में स्प्रिंग फेस्टिवल में बुला लेंगे। तो पंडित जी को पहले

आमन्त्रित किया गया। वहाँ एक रेनेसांस हॉल है। कोई 600-700 साल पहले बनायी गयी पुरानी इमारत है। उसमें एक बिल्कुल ख़ाली, खोखला हॉल था, जिसमें आवाज़ अपने आप ही गूँजती थी, माइक का इस्तेमाल नहीं होता था। बहुत अच्छी तरह वहाँ सुनायी पड़ता है। तो रेनेसांस हॉल में पंडित जी का पहली बार कार्यक्रम रखा गया। वो लोग बड़े ख़ुश हुए। फिर उसी साल सन् 1981 में अप्रैल में प्राग् स्प्रिंग फेस्टिवल में पंडित जसराज के गाने से भारतीय शास्त्रीय संगीत को उसमें दुबारा दाखिल किया गया।'

राणा साहब बताते हैं कि वहाँ पंडित जी का कार्यक्रम बहुत सफल रहा। एक बहुत ही बढ़िया हॉल में जो उनकी पुरानी स्थापत्य कला का परिचय देता है, यह कार्यक्रम हुआ। इस प्रोग्राम में टिकट लगती है। बड़ी सुन्दर सज्जा होती है। स्प्रिंग फेस्टिवल के सारे कांसर्ट में टिकटें बेची जाती हैं। पंडित जसराज के कार्यक्रम में तीन सौ-साढ़े तीन सौ विदेशी लोग थे, हॉल खचाखच भरा हुआ। उस टाइम पंडित जी के साथ आये शारंगदेव, गिरीश। मेरी पत्नी मिमी (शिवराज कुमारी)ने तानपूरा बजाया। मेरा बेटा अजीत भी था। तो जब वो कांसर्ट ख़त्म हुआ तो हमारे जो चेक मित्र थे, उनसे हमने पूछा कि उनको प्रोग्राम कैसा लगा। तो उन्होंने कहा कि देखो,

(बायें से) अंकिता जोशी, शिवराज कुमारी, किशन राणा, पंडित जसराज, माधवी मुद्‌गल, दुर्गा जसराज, शेखर सेन एवं लेखिका

आपको सच बतायें तो हमारे लिए पहले 5 मिनट के लिए तो यह कुछ नयी चीज़ थी। लेकिन 5 मिनट के बाद हम उसमें खो गये। क्योंकि संगीत तो संगीत ही है। संगीत की जो भाषा है, वह तो सबको समझ में आती है। बहुत अच्छा हुआ वो प्रोग्राम। और तालियाँ कितनी बजीं। हिन्दुस्तान की तरह नहीं कि लोग ताली बजाने में यह एहसास कराते हैं कि जैसे जेबों से पैसे निकाल रहे हों। पश्चिम में कलाकार को इतनी ताली बजायी जाती है, कि उसे सम्मानित महसूस होता है। आपने कितनी बार देखा है कि प्रोग्राम के बाद यहाँ लोग खड़े होकर ताली बजाते हैं? पश्चिम में छोटे-से-छोटा कांसर्ट भी हो, तो वहाँ भी खड़े होकर ताली बजाते हैं। ख़ैर, उसके बाद मैं वहाँ से चला गया। अगस्त महीने में मुझे फिर से प्राग् बुलाया गया। बाद में देबू चौधरी सितार के लिए स्प्रिंग फेस्टिवल में आये। बाद में किसी को रुचि नहीं थी कि हिन्दुस्तान से कोई कलाकार आये या न आये। पंडित जी आयें न आयें। यह भारत के प्रतिनिधित्व का मामला था, जिसमें बाद के लोगों ने कोई रुचि नहीं ली।'

किशन राणा जी का कहना है कि जहाँ भी भारत के प्रतिनिधित्व का प्रश्न आता था, पंडित जसराज ने कभी भी मना नहीं किया। कभी नहीं कहा कि यह फिज़ूल का नाम है, ऑडियंस चाहे थोड़ी रहे चाहे ज़्यादा, पैसे कम मिलें या ठीक-ठीक, ज़्यादा तो ख़ैर कभी मिलते ही नहीं थे, पंडित जी हमेशा आ जाते थे। नैरोबी, केन्या, मॉरीशस सब जगह। जहाँ खींचकर ले गये, पंडितजी वहाँ आ गये।

राणा साहब कहते हैं, 'एक बार पंडित जी मॉरीशस पधारे थे। हम लोग कहीं जा रहे थे। कांसर्ट अगले दिन था। मैंने पंडित जी से कहा कि मॉरीशस के बहुत अच्छे कवि हैं श्री सोमदत्त बखौरी। क्या आप उनकी एक कविता को गा सकते हैं। पंडित जी ने सोमदत्त जी की कविता को पढ़ा—**'आयी कहाँ से जननी मेरी।'** वह बहुत सुन्दर कविता है और पंडित जी ने उसे बहुत ही अच्छा गाया। ऑडियंस में जितने लोग बैठे थे वो सब भाव-विभोर हो गये। बाद में मैं एक बार सोमदत्त जी की पत्नी चंद्राणी बखौरी से मिला। सोमदत्त जी का देहान्त हो चुका था। चंद्राणी जी ने आँखों में आँसू भर कर कहा कि पंडित जसराज ने उनके पति की कविता **'आयी कहाँ से जननी मेरी'** को कितना सुन्दर प्रस्तुत किया था। मैं बाद में सोचता रहा कि सोमदत्त जी के शब्द और पंडित जसराज का संगीत, इसने दोनों देशों के बीच में कैसा मित्रता का पुल बाँधने का काम किया था।'

103

जीवन में बहुत सारे सम्बन्ध ऐसे बन जाते हैं जिनके साथ ख़ून का रिश्ता तो नहीं होता, लेकिन प्रगाढ़ता ऐसी होती है कि जैसे जन्मों का नाता हो। ऐसा ही एक प्रगाढ़ सम्बन्ध उनका हुआ डॉ. उषा कृष्ण के साथ। उषा कृष्ण मुम्बई में एक प्रसिद्ध डॉक्टर हैं। उषा की माँ और सानन्द बापू साहब की बेटी बुलबुल साहिबा में बड़ी मित्रता थी। बुलबुल साहिबा उषा की माँ के घर ठहरतीं और जसराज जी उनसे मिलने वहाँ जाते। तो उनके साथ बहुत प्रेम-भाव का सम्बन्ध बन गया। उषा बताती हैं कि उनकी माँ जसराज जी से बहुत स्नेह करतीं। माँ का स्वभाव वैसे ही बहुत 'प्रेमा' था। वहाँ आ के सोओ, खाओ, बैठो, रात को रह जाओ, कुछ भी करो। एक बार उनके घर में पंडित जसराज का गाना था। वही टाइम मम्मी बाथरूम में गिर गयीं, बेसुध हो गयीं। उनको जसलोक ले गये। पंडित जी वहीं खड़े थे। एक शब्द बोला—उषा भाई का नाता मत छोड़ना। तो तब से मेरी मम्मी और उसकी मम्मी एक हो गयीं। ये मेरे भाई हो गये। इक प्रोग्राम था जिसमें इसने 'माता कालिका' गाया 'अडाना' में। हम हज़ारों म्यूजिशियन्स को सुनते हैं। बॉम्बे में हम एक से एक अच्छे प्रोग्राम में जाते हैं, लेकिन जब इनको सुनते हैं तो ये दिल हिला देते हैं, क्योंकि ये बहुत प्रेम से गाते हैं। इसने वही प्रेम मेरे बेटे को दिया, वही प्रेम मेरी बेटी को दिया। काश, ये उस प्रेम को पूरी दुनियाँ में पहुँचा सकें तो दुनियाँ से नफ़रत ही ख़त्म हो जाये। इनका पूरा जीवन ही प्रेम है।'

'माँ के जाने के बाद उषा ने उस रिश्ते को ख़ूब निभाया। माँ का हमारे प्रति जो प्रेम था, उसे पूर्णरूपेण निभाया। उषा तो डॉक्टर है। उसकी छोटी बहिन है इला पाल, बहुत अच्छी पेंटर है, लिखती भी अच्छा है। उसकी बेटी अनुराधा बहुत अच्छा तबला बजाती है। उषा के बच्चे अमला कृष्णा और आनन्द कृष्णा अमेरिका में रहते हैं। अमला के पति महादेवन बहुत बड़े वैज्ञानिक हैं।' पंडित जसराज बताते हैं। अमला और उनके पति के विषय में कहते समय पंडित जी बहुत पुलकित हो रहे हैं। अमला सैनफ्रांसिस्को में स्टेनफोर्ट यूनिवर्सिटी में पढ़ती थी। एक दिन आ के बोली कि मामा, मैं आपको एक व्यक्ति से मिलवाऊँगी और आपको 'हाँ' कहना

है। तो हमने कहा—ठीक है तुमने कह दिया तो हमने भी 'हाँ' कर दिया। वो बोली—नहीं-नहीं। आपको उससे मिलना है और फिर 'हाँ' करना है और माँ को भी मनाना है। वह महादेवन को मेरे सामने लायी। अजब-सी शक्ल, अलग-थलग कपड़े, उसका रंग-रूप-पोशाक सब अलग-थलग किस्म का था। लेकिन हम 'हाँ' कर चुके थे। वैसे किसी को एक आँख देखकर कैसे पहचाना जा सकता है। उषा ने भी महादेवन को देखा और वह भी चकरा-सी गयी। लेकिन बेटी तो ज़िद पर आ चुकी थी। आनन्द कृष्णा ने मगर जब उनसे बात की तो माँ से कहा कि अमला कोई ऐसी लड़की नहीं है कि किसी को भी पसन्द कर ले। महादेवन बहुत योग्य व्यक्ति हैं और ऐसा लड़का उसे ढूँढ़ने से नहीं मिलेगा। और सच में, महादेवन ने वो काम किया है कि उनको रॉयल सोसाइटी की फेलोशिप मिली है। भारत से सबसे पहले सर सी.वी. रामन को वह फेलोशिप मिली थी, अब महादेवन को मिली है। भारत का नाम इन्होंने रोशन किया है। स्वयं अमला ने अपनी कमाई में से 2 लाख डॉलर दान कर दिये हैं। उषा की माँ सलोनी गाँधी की बुआ थीं।'

सचमुच मित्रता के सम्बन्ध बहुत गहरे होते हैं।

104

लन्दन की कृष्णा जोशी के पास भी पंडित जसराज से जुड़े अनेक संस्मरण हैं। उनके गायन से जुड़े, उसके भक्तिमय प्रभाव से जुड़े अनुभव। सन् 1991 में पंडित जसराज लन्दन में कार्यक्रम कर रहे थे। कृष्णा बहुत अस्वस्थ हो गयीं और ठीक नहीं हो रही थीं। उन्होंने पंडित जसराज को फ़ोन करके आग्रह किया कि वे उनके स्वास्थ्य के लिए माता कालिका का भजन गायें और उनसे प्रणव के स्वास्थ्य के लिए कामना करें। पंडित जी ने कृष्णा के स्वास्थ्य लाभ की कामना करते हुए माँ को स्मरण किया और गाया। तुरन्त ही कृष्णा के स्वास्थ्य में सुधार होना प्रारम्भ हो गया और कुछ ही समय में वह पूर्णत: स्वस्थ हो गयीं।

कृष्णा सन् 1994 की एक घटना को स्मरण करती हुई बताती हैं कि वे उस समय पंडित जसराज के घर में रह कर उनसे शिक्षा ले रही थीं। कोयम्बटूर में पंडित जी की डा. बालमुरली कृष्णा के साथ जुगलबन्दी की। कृष्णा पहली बार अपने गुरु जी के साथ अकेली यात्रा कर रही थीं। हर यात्रा में तानपुरा आदि साथ में ले जाने का दायित्व शिष्यों का रहता है। कोयम्बटूर पहुँचने पर पंडित जी ने पूछा कि तानपुरा कहाँ है। लेकिन वह तानपुरा लाना तो भूल गयी थीं। कृष्णा पर क्रोध करने के बजाय पंडित जी ने कहा कि ठीक है, यह पहली बार है, आगे से ध्यान रखना। फिर वहीं कोयम्बटूर में तानपुरे की व्यवस्था की और कार्यक्रम किया।

एक घटना को स्मरण करके कृष्णा बहुत भावुक हो जाती हैं। सन् 1999 में उनके पिता जी का देहान्त हो गया। पंडित जसराज उन्हें प्रतिदिन फ़ोन करके हाल-चाल पूछते। जब तक 12-13 दिन तक पूजा चलती रही, तब तक उनका फ़ोन हर दिन आता। कृष्णा स्मरण करती हैं कि पंडित जी ने उनसे पूछा था कि आर्थिक दृष्टि से उनका परिवार सुरक्षित है! क्या उन्हें सहायता की आवश्यकता है।

कृष्णा मानती हैं कि वह बहुत भाग्यशाली हैं कि उन्हें पंडित जसराज जैसा गुरु मिला। उन्हें जब भी किसी विषय पर, विशेष रूप से गायन को लेकर कुछ अटकाव होता है, वह अपने गुरु जी को फ़ोन करती हैं और गुरु जी उनकी समस्या का निदान अवश्य करते हैं।

105

फ़रजाना बेगम अब दुबई में रहती हैं। पहले पाकिस्तान में रहती थीं। पंडित जसराज उन्हें 'भाभी साहब' कहकर सम्बोधित करते हैं। 'भाभी साहब ने हमें मक्का से फ़ोन किया, पंडित जी आपके लिए दुआ माँगी है। मैं अभी मक्का में हूँ। उन्होंने हमें चिट्ठी लिखने के लिए हिन्दी सीखी। बहुत सारी चिट्ठियाँ उनकी आतीं। और हमारा एक-आध ख़त जब उन तक पहुँचता तो कहें, जसराज, तुम बहुत ख़राब लिखते हो। तुम्हारी एक चिट्ठी को कम से कम पाँच-सात बार पढ़ना पढ़ता है, यह समझने के लिए तुमने लिखा क्या है। ख़ैर, उन्होंने तो हँसते हुए कहा था या खीझते हुए, उनको पत्र लिखना बन्द हो गया। फ़ोन पर ही बात हो जाती है। अब ख़त कौन लिखता है। वो लोग कराची से दुबई चले गये। वहीं कभी जाना होता है तो भेंट-मुलाक़ात होती है।'

सम्बन्ध देश-काल का अन्तर नहीं मानते। फ़रजाना बेगम ने इन्हें पत्र लिखने के लिए हिन्दी सीखी और इन्होंने भी रिश्ता बरकरार रखा।

106

लगभग सात दशक के अपने सांगीतिक जीवन में पंडित जसराज ने पहले स्वयं बहुत सारे कलाकारों के साथ तबले पर संगति की। जब से उन्होंने स्वयं गाना शुरू किया, तब से बहुत से कलाकार उनके साथ तबले पर संगति करते आ रहे हैं। अलग-अलग शहरों में अलग-अलग तबला वादक, अलग-अलग हारमोनियम वादक, मृदंगम् अथवा पखावज वादक, वायलिन, सारंगी आदि। गायन में सहयोग के लिए स्वयं उनके छात्र होते हैं। कुछ कलाकार कभी-कभी दिखायी देते हैं और कुछ नियमित रूप से उनके साथ मंच पर होते हैं। यूँ तबले पर संगति स्वयं उनके भतीजों—यानी पंडित प्रतापनारायण के बेटों ने भी की है और उस्ताद ज़ाकिर हुसैन से लेकर पंडित विजय घाटे, पंडित रामकुमार मिश्र, पंडित आदित्य बनर्जी, पंडित समीर चटर्जी आदि ने भी की है। लेकिन सबसे लम्बा और सबसे अधिक सहयोग रहा है केदार पंडित का, जिन्हें स्वयं पंडित जसराज प्यार से केदार पंडित जसराज कहकर बुलाते हैं। हारमोनियम पर बहुत वर्षों तक उनके साथ अप्पा साहब जलगांवकर और महमूद धौलपुरी दिखायी देते थे। उनकी शिष्या तृप्ति मुखर्जी भी अमेरिका में हारमोनियम पर संगति करती है। लेकिन भारत में लगभग सभी संगीत सभाओं में उनका सहयोग करते हैं मुकुन्द पेटकर। वायलिन पर वर्षों उनकी शिष्या कला रामनाथ ने साथ दिया। कभी-कभी बाँसुरी पर शशांक सुब्रह्मण्यम् भी दिखायी देते हैं जिन्होंने कर्नाटक शास्त्रीय शैली से आगे निकलकर मेवाती घराने की शैली में पंडित जसराज से बाँसुरी बजाने की शिक्षा ली है। पखावज पर पंडित भवानीशंकर और मृदंगम् पर विद्वान् श्रीधर पार्थसारथी दिखायी देते हैं।

इनमें से कुछ कलाकारों का अनुभव और उनकी यात्रा के विभिन्न पहलुओं को, जिन्हें उन्होंने पंडित जसराज के साथ सँजोया, जानना आवश्यक है।

केदार पंडित पिछले 35 साल से पंडित जसराज के साथ तबला बजा रहे हैं। उसके विषय में स्वयं उनका अपना क्या कहना है—

'मैं जो तबला बजा रहा हूँ, उसमें लोग कहते हैं कि रस है। लोग कहते हैं कि गाने के साथ बहुत क़रीबी तरीक़े से आप बजाते हैं, या तबला बजाने में गाने का रंग बहुत उभर के आता है, वगैरह-वगैरह। लोग जो तारीफ़ करते हैं, वह सारी गुरुजी के कारण है। मैं इसलिए नहीं कह रहा हूँ कि मैं उनका बड़प्पन बता रहा हूँ। बल्कि इसलिए, कि यह सच है। उनके गाने में जो रस है, उन्होंने ही हमें दृष्टि दी कि हम उसे समझ सकें। उनके गाने में जो अप्रत्यक्ष चीज़ें होती हैं, रस को प्रकट करने के लिए वो जो अलग-अलग क्रियाएँ करते रहते हैं, जो नयी-नयी खोज वो करते रहते हैं, उसको समझने की आदत जो मुझे मिली है, वह गुरुजी से और उनके कारण ही मुझे मिली है। यदि मैं उस दृष्टि का इस्तेमाल करता हूँ तो फ़ायदा तो होता ही है। सबसे पहले उन्होंने मुझे यह सिखाया है कि गाना-बजाना एक रस है। यह सिर्फ़ एक विज्ञान या सिर्फ़ शास्त्र नहीं है। उससे परे जा के यह रस निर्मिति है। दूसरा, ये रस निर्मिति हम कैसे कर सकते हैं? आप जो गाते हैं, जो बजाते हैं, उस गायन से, उस वाद्य से आपको प्यार होगा तो रस बाहर आयेगा। बस, मैं वो करने की कोशिश करता हूँ, तो कुछ हो जाता है।'

एक तरह से ऐसा कहेंगे कि पंडित जसराज ने केदार पंडित को उनके संगीत से प्यार करना सिखाया।

'बिल्कुल! एकदम सही पकड़ी आपने बात। हमने यह सबसे पहली बात गुरुजी से सीखी। यह गुरुजी का बड़प्पन है। मैं हमेशा सोचता हूँ कि हम लोगों ने जब उनके साथ बजाना शुरू किया, तब मैं कुल सोलह-सत्रह साल का था। मैं सोचता रहा कि क्यों उन्होंने मुझे अपने साथ लिया होगा। उस समय तो एक-से-एक बड़े-बड़े कलाकर उनके साथ संगति करने को आतुर थे। फिर उन्होंने मुझे क्यों चुना होगा। ये नहीं कि मैं बहुत अच्छा बजाता था, या बुरा बजाता था, फिर क्या वजह रही होगी मुझे चुनने की। मुझे यह लगता है कि गुरुजी का गाना एवरग्रीन है। वह आज भी उतना ही रसपूर्ण है जितना कल था, आज भी उसमें बेहद ताज़गी है। उनका जो अन्दाज़ नज़र आता है, वो शायद इसलिए, क्योंकि वो हमेशा युवा लोगों के साथ रहना पसन्द करते हैं। तो युवा लोगों से जो एनर्जी आती है, गुरुजी उसे एकदम पकड़ लेते हैं। मुझे लगता है कि मुझे शायद इसलिए चुना होगा कि यह तबला तो ठीक-ठाक बजा लेता है, मुझे (पंडित जसराज को) ऊर्जा भी देगा। और एक बात जो बहुत महत्त्वपूर्ण है, वह यह कि मैंने उनके साथ इतने साल बजाया है,

इतने सालों में उन्होंने कभी भी नहीं जताया कि तुम कितने छोटे हो, मैं कितना बड़ा हूँ। उन्होंने हमें हमेशा अपना साथीदार माना। उन्होंने हमें उसी स्तर पर रखा जिस स्तर पर शायद वो किसी बुजुर्ग कलाकार को रखते थे। तो ये उनका बड़प्पन है, हमारा नहीं।'

केदार पंडित, पंडित जसराज के साथ एक कार्यक्रम के लिए दिल्ली आये हुए हैं। दो-तीन दिन के बाद उनका फिर से एक प्रोग्राम है। पिछले दिन उनका कार्यक्रम जयपुर में था। उनके सभी कार्यक्रमों का उल्लेख

तबला वादक केदार पंडित के साथ

करते हुए केदार पंडित कहते हैं—'कल भी जब हमारा प्रोग्राम था तो जब वे मंच पर प्रारम्भ करने लगे तो उन्होंने कहा कि 'हम' आपके सम्मुख अमुक राग प्रस्तुत कर रहे हैं, 'मैं आपके सम्मुख अमुक राग प्रस्तुत कर रहा हूँ'—यह वो कह सकते थे, लेकिन उन्होंने ऐसा नहीं कहा। सबसे बड़ी बात यह है कि जब वो गाते हैं, वो अकेले नहीं गाते हैं। वो सबको साथ लेकर गाते हैं, सारा माहौल साथ लेकर गाते हैं और इसीलिए उसका असर कुछ और ही होता है।'

यह बात बिल्कुल सही है। क्योंकि पंडित जसराज जब अपना कार्यक्रम प्रारम्भ करते हैं तब मंच पर उपस्थित सभी कलाकारों की ओर से श्रोताओं को प्रणाम करते हैं। 'आत्मा सो परमात्मा'—आप सभी में ईश्वर विराजमान हैं। आप सभी को मंच पर उपस्थित हम सब की ओर से प्रणाम।

केदार पंडित को पंडित जसराज से रागों के स्वरूप को पहचानने की भी शिक्षा मिली है—'जो चीज़ें उन्होंने म्यूज़िक के बारे में, रागों के बारे में सिखायीं, राग के स्वरूप को देखने के बारे में सिखायीं, तो उससे हम यह जान गये कि राग को प्रोड्यूस कैसे किया जाता है, उसका क्या स्वभाव है। हर एक राग को उसके स्वभाव के अनुसार, उसके साथ प्रोड्यूस कैसे करना चाहिए। उसकी संगत भी कैसी होनी चाहिए। जिस तरह की बन्दिश है, उस तरह से बोल कैसे चुनने चाहिए, ये नहीं कि कुछ भी बजा दें। वो अपने आप बोलते समय या गाते समय बताते हैं। तो हम लोगों को यह सीखने को मिला। राग को आरोह-अवरोह से परे जा के राग का स्वभाव, जो छोटी-बड़ी चीज़ें होती हैं, को उन्होंने इतनी बेहतरीन तरीक़े से सिखायीं कि हम अपने आप सीखते चले गयें।'

पंडित जसराज के सारे शिष्य एक बात कहते हैं कि उन्होंने पंडित जसराज से न केवल गाना सीखा, बल्कि जीवन की एक सम्पूर्ण शैली को भी सीखा। गुरुजी ने हमें सिखायी तमीज़। स्टेज की तमीज़ आर्टिस्ट में किस तरह से होनी चाहिए। केदार पंडित बता रहे हैं। 'मैं इक छोटा बच्चा था, उनके साथ बड़ी शरारत करता था, मेरी चोरी पकड़ी जाती, मैं तो उस उम्र का था। तो उन्होंने उसी उम्र से हमें टेबल मैनर्स सिखाये, जब मैं उनके साथ घूमता था। अपने आप उनको देखकर सीखा, ये नहीं कि ये करो, वो करो। देखते-ही-देखते सीख गये। फिर यह भी सिखाया कि लोगों से बात कैसे करनी चाहिए। उनके साथ तमीज़ कैसे रखनी चाहिए। स्टेशन पर संगीत की तमीज़ क्या होती है। अगर हम लोगों से तमीज़ के साथ बात करें, तो लोग भी हमसे तमीज़ के साथ रहेंगे। और पहली

तमीज़ संगीत से होनी चाहिए, तभी संगीत तुम पर अपनी कृपा की वर्षा करेगा। ये बहुत सारी चीज़ें उनके साथ बजा-बजाकर, उनके साथ बैठकर सीखने को मिली।'

पंडित जसराज लोगों के साथ अपना सम्बन्ध बनाकर रखते हैं। इस बात को केदार पंडित ने भी अनुभव किया है—'मैं 35 साल से देख रहा हूँ कि जिन लोगों के साथ उन्होंने सम्बन्ध बनाया हुआ है, वही सम्बन्ध आज भी बरकरार रखे हैं। और मैं कहूँगा कि उसे बरकरार रखने में 60% हाथ बापू का है, 40% दूसरे व्यक्ति का। जिस गाँव में जाते हैं, जिस शहर में जाते हैं, वहाँ जितने परिचित हैं, उन्हें ख़ुद सम्पर्क करेंगे। उनसे रिश्ता बनाकर रखेंगे। आप कहेंगे कि यह क्या है। लेकिन ये सब अच्छाइयाँ, सब छोटी-छोटी अच्छाई वाली चीज़ें को अपने आजू-बाजू में रखते हैं। उसी अच्छाई की वजह से वो अपने गाने में से बहुत बाहर आते हैं और वो गाना बहुत ऊपर उठता है। तो यह भी उन्होंने ही हमें सिखाया है कि अपने आसपास सकारात्मक ऊर्जा का बहाव रखो। उसका प्रभाव आपके ऊपर कैसे पड़ेगा। मैं तो यह कहूँगा कि बापूजी इज़ लाइक ए यूनिवर्सिटी। वो अपने आप में एक विश्वविद्यालय की तरह हैं। इतनी छोटी-छोटी चीज़ें वो बहुत अलग-अलग तरीक़े से समझाते हैं।'

केदार पंडित बात को आगे बढ़ाते हैं—'मैं एक उदाहरण दूँगा कि कभी ग़लती से यदि हमारी लय बढ़ जाये तो बापूजी सुरमण्डल बजाते हैं न, उसको आगे करके और अपने दायें हाथ को सुरमण्डल के पीछे करके इशारा करते हैं लय को थोड़ा खींचो। इतने बड़े कलाकार हैं, आज दुनिया पर राज कर रहे हैं, तो यदि वो हम पर स्टेज पर ग़ुस्सा भी हो जायें तो न तो सामने वाले को कुछ बुरा लगेगा, न ही हमें बुरा लगेगा, हमें तो कुछ भी नहीं लगेगा क्योंकि ग़लती की है। मगर नहीं। वो सुरमण्डल को आगे करेंगे, हाथ को उसके पीछे करेंगे और खींचने का इशारा करेंगे कि लय को खींच ले। ये नहीं कि सब लोगों के सामने कहें कि खींचो। या फिर हाथ को साइड में करके इशारा करेंगे। यह बहुत छोटी बात है, मगर मैं समझता हूँ कि बहुत बड़ी बात है। मैं समझता हूँ कि संगीत, या कोई भी कला है, वह आदमी के व्यक्तित्व को उजागर करता है। पंडित जी से मैंने सीखा कि जितना अधिक आपका व्यक्तित्व मधुर होगा, उतनी ही आपकी कला, आपका संगीत भी प्यारा होगा, मधुर होगा।'

बहुत सारे लोग ऐसे होते हैं, जिनके साथ कुछ घटना घटित होती है, जिसके कारण वे व्यथित होते हैं। लेकिन जब वे बड़े हो जाते हैं, और उनकी बारी आती है तो वे भी वही काम करते हैं जिसके कारण उन्हें स्वयं

को कष्ट पहुँचा था। 'हम सब जानते हैं कि गुरुजी पहले तबला बजाते थे और वे किस तरह से तबले से गायन की ओर आये। उनके साथ जो कुछ भी हुआ उससे उनके मन को चोट पहुँची। तबले वाले का अपमान होता था, उसे गायक के साथ ही एक ही स्तर के आसन पर नहीं बिठाया जाता था, और उससे उनके मन पर कितनी ठेस पहुँची कि रातोंरात उन्होंने तबला न बजाने का निर्णय ले लिया। लेकिन उन्होंने स्वयं कभी किसी सहयोगी कलाकार का अपमान नहीं किया। 35 साल का समय कोई कम नहीं किसी एक व्यक्ति के स्वभाव को जानने-समझने के लिए। पंडित जसराज ने अपने सम्मुख किसी भी संगतिकार को छोटा महसूस नहीं होने दिया। यह उनके व्यक्तित्व का बहुत महत्त्वपूर्ण पक्ष है।'

लगभग दो दशक से पंडित जसराज के साथ उनके कार्यक्रमों में श्रीधर पार्थसारथी मृदंगम् पर संगति करते हुए दिखायी देते हैं। पंडित जसराज हिन्दुस्तानी शास्त्रीय गायकी के सम्भवत: ऐसे अकेले कलाकार हैं जिनके संगतिकारों में एक मृदंगम् वादक हैं। हमेशा तबला ही संगति के रूप में लिया जाता है। बहुत हुआ तो कभी-कभी पखावज। लेकिन पंडित जसराज के संगतिकारों में तबला वादक तो होते ही हैं, कर्नाटक शास्त्रीय संगीत के मृदंगम् वादक का भी महत्त्वपूर्ण स्थान होता है। जितना महत्त्वपूर्ण स्थान तबला वादन का है, उतना ही महत्त्वपूर्ण स्थान मृदंगम् वादन का है। विशेष रूप से जब पंडित जी हवेली संगीत अथवा भजन आदि गाते हैं तब मृदंगम् का विशेष स्थान उस गायन में होता है।

पंडित जसराज जब मंच पर आसीन होते हैं तो उनके बायें हाथ पर तानपुरे और गायन में सहयोग करते हुए रत्तनमोहन शर्मा, फिर गार्गी सिद्धान्त, अंकिता जोशी में से कोई एक अथवा दोनों, तृप्ति मुखर्जी यदि भारत में हों तो वे, उनके दायें हाथ पर तबला वादक होते हैं। और उनके साथ में मृदंगम् पर हमेशा श्रीधर पार्थसारथी ही होते हैं। बहुत वर्ष पहले कभी-कभी पखावज पर भवानीशंकर आते थे, लेकिन पिछले लगभग दो दशक से श्रीधर पार्थसारथी अपनी मृदंगम् के साथ पंडित जसराज के मंच का अभिन्न अंग बन गये हैं।

इस लम्बी यात्रा के अनुभव में स्वयं श्रीधर क्या कहते हैं। 'मैं गुरुजी के परिवार को बहुत समय से जानता हूँ। 1987 से मैं इन सबको जानने लगा, विशेष रूप से दुर्गा के साथ मेरी अच्छी मित्रता हो गयी। तो मेरे जितने भी मित्र रहे हैं, उन सभी के पिताजी या भाई या परिवार के अन्य सदस्य भी अपने-अपने क्षेत्र के विशिष्ट संगीतज्ञ ही होते हैं। एक तरह से अच्छा ही है कि मैं चेन्नई में नहीं मुम्बई में रहता हूँ। यहाँ मेरे लिए संगीत

को अनुभव करने के अधिक अवसर मिलते हैं। सन् 1998 में रत्तनमोहन शर्मा और शंकर महादेवन की जुगलबन्दी थी, मैं उनके साथ बजा रहा था। अधिकतर केदार भाई तबले पर होते थे, लेकिन उस बार विजय घाटे जी तबला बजा रहे थे। मैं मृदंगम् पर था। जैसे ही इनका प्रोग्राम समाप्त हुआ, बापूजी (पंडित जसराज) ने मुझसे पूछा—'मेरे साथ बजाओगे?' वो जिस स्वर पे गाते हैं, मेरा मृदंगम् उसी स्वर में मिला हुआ था। पहले तो मुझे विश्वास ही नहीं हुआ। लेकिन उन्होंने फिर से पूछा—'मेरे साथ बजाओगे? तो मैं वहीं का वहीं वापस बैठ गया।'

'मृदंगम् को हर आठ-दस महीने में रिपेयर-सर्विस के लिए भेजना पड़ता है। मुम्बई में रहने के कारण मैं मरम्मत ठीक समय पर नहीं करा पाया था।' श्रीधर आगे बताते हैं—'मेरा मृदंगम् मिला हुआ था, लेकिन एकदम 'पिच परफेक्ट' नहीं था। मंच पर सब कुछ 'पिच परफेक्ट' था, तानपुरे, हारमोनियम, तबला, सब कुछ। मन्दिर में जाने की आवश्यकता नहीं थी, बस वहीं ईश्वर के दर्शन हो जायें ऐसा वातावरण था। उसमें केवल एक ही चीज़ थी जो वातावरण के सुरीलेपन को बिगाड़ रही थी, और वह थी मेरी मृदंगम्। उन्होंने मेरी ओर दो-एक बार देखा कि यह क्या हो रहा है, फिर अपने आपको मेरे मृदंगम् के स्वरों से जैसे अलग कर लिया। सारा कार्यक्रम बहुत अच्छे से हुआ, लेकिन इस अनुभव ने मुझे यह सोचने पर विवश कर दिया कि मुझे किस तरह अपने साज़ के हर पक्ष पर ध्यान देना होगा।'

उसके बाद श्रीधर को दो-तीन वर्षों के पश्चात् बुलावा आया। तब से वे नियमित पंडित जसराज के साथ संगति करते हैं। आँखों में आँसू भर कर श्रीधर बात करने का प्रयास करते हैं। 'यह उनकी कृपा है, मेरा सौभाग्य है। वो बिना कहे क्या कुछ सिखा देते हैं। सिर्फ़ हमें उस ग्रहणशीलता के स्तर पर पहुँचना होगा। आपके आस-पास क्या घटित हो रहा है, उसे अपने भीतर हमें उतारना होगा। और हमें यह भी याद रखने की आवश्यकता है कि बापूजी हमें बहुत प्रेम से बहुत मान तो देते हैं, लेकिन यह कांसर्ट उन्हीं की है।'

श्रीधर एक घटना का वर्णन करते हैं जयपुर में सुराणा जी का कांसर्ट था। गुरुजी वैसे तो अक्सर विमान से यात्रा करते थे, लेकिन इस बार इन्होंने कहा कि मैं भी रेलगाड़ी से यात्रा करूँगा। रत्तन भाई और मैं, दोनों तीसरे दर्जे के एसी कंपार्टमेंट में थे और गुरुजी फर्स्ट एसी में। वो हमारे पास आये और बोले—उठो, मेरे डिब्बे में चलो। तो उन्होंने हम लोगों को वहाँ से उठाया और फर्स्ट एसी कंपार्टमेंट में अपने पास

ले आये। उन्होंने ख़ुद ही हम लोगों का किराया जो बढ़ गया था, वह भरा। रास्ते में उन्होंने रत्तन को बहुत कुछ सिखाया, बहुत सारी बातें कीं। अनेक अनुभव हमारे साथ बाँटे। गुरुजी के पास हमें बताने के लिए बहुत कुछ था। वह यात्रा हमारे लिए जीवन का एक विशेष अनुभव बन गयी। गुरुजी के पास जितने भी छात्र संगीत सीखने आते हैं, अधिकतर बहुत सामान्य घरों से आते हैं। लेकिन गुरुजी सभी को इतने उदार मन से अपनाकर उन्हें गायन सिखाते हैं कि सबको यही लगता है कि यही वास्तव में हमारा घर है। जीवन और कला के प्रति उनका पूरा दृष्टिकोण ही बहुत पवित्र बन जाता है।'

श्रीधर एक और अनुभव बाँटते हैं—'हम लोग इंडिया टुडे फेस्टिवल के लिए आये थे। विजय भाई तबले पर थे। हम लोग उसके पहले तबला वादन के विषय में चर्चा कर रहे थे। गुरुजी स्वयं बहुत अच्छे तबला वादक रहे हैं, ये तो आप जानते ही हैं। गुरुजी ने एक बन्दिश गायी। उसका एक लैंडिंग प्वाइंट था। विजय भाई गिन रहे थे, बोले ये 11 मात्रा का है। मैं सोच रहा था कि ये क्या हुआ! विजय भाई ने गिना 5 और 6 मात्रा के बीच में सम—यानी $5\frac{1}{2}$ मात्रा, जो बोल और जो मात्रा उनके मस्तिष्क में आ रहे थे, वही उनके कण्ठ से भी निकल रहे थे। एक अन्य कांसर्ट में वो गा रहे थे, विजय भाई तबला बजा रहे थे और मैं मृदंगम् पर था। हम लोगों का तालमेल इतना अच्छा बैठा कि बाद में गुरुजी ने आशीर्वाद देते हुए कहा—'ये तो एकदम चिपक के चला।' मेरे लिए इससे बड़ी प्रशंसा और प्रोत्साहन और क्या हो सकता था।'

मृदंगम् पारम्परिक रूप से कर्नाटक शास्त्रीय संगीत में बजाया जाने वाला साज है। पंडित जसराज के पास आने से पहले और जिस समय वे उनके साथ नहीं बजा रहे होते, तब दोनों प्रकार के वादन में क्या अन्तर होता है!

'कर्नाटक संगीत में कृतियाँ बहुत गुँथी हुई होती हैं। अधिकतर गायक बहुत तकनीकी दृष्टि से गाते हैं। वो अपने गायन को नपी-तुली श्रेणियों में बाँट कर चलते हैं। लेकिन जब मैं गुरुजी के पास आया, तो यहाँ मेरा आना ऐसा था कि जैसे मैं किसी मन्दिर में प्रवेश कर रहा होऊँ। इनके साथ मंच पर बैठकर मैं बजाता हूँ तो मैं जैसे इनके साथ ही ईश्वर का आवाहन कर रहा होता हूँ। इसमें हमारे साथ श्रोता भी जुड़े होते हैं। हमारे साथ-साथ वो भी ईश्वर का आवाहन कर रहे होते हैं। तो वास्तव में मैं भी श्रोता ही होता हूँ, लेकिन मंच पर बैठकर सुन रहा होता हूँ। कुछ समय पहले मैंने एक कर्नाटक गायक के साथ

बजाया। वे वीणावादकों के परिवार से सम्बन्धित हैं। उन्होंने मुझे कहा कि मैंने तो तुम्हें बहुत धीमे मृदंगम् बजाना सिखाया था, तुम्हारा बजाना अब बहुत ऊँचे स्वर का हो गया है। लेकिन वो नहीं जानते कि जब मैं गुरुजी के साथ बजाता हूँ तो शायद मेरा बजाना कुछ नयी सीमाओं को लाँघता है, नये आयामों का स्पर्श करता है। वहाँ मेरा मृदंगम् अलग से नहीं बजता, गुरुजी के गाने में तिरोहित हो जाता है।'

107

कलाकारों का साधु-संन्यासियों तथा उनसे जुड़ी कथाओं के प्रति मैंने बहुत विश्वास देखा है। पंडित जसराज तथा उनके बड़े भाई साहब पंडित मणिराम जी को भी कुछ इसी प्रकार के अनुभव होते रहते थे जो साधु-महात्माओं के प्रति उनकी आस्था को दर्शाते हैं।

पंडित जसराज बताते हैं—'पीप्लाद नाम की एक जगह है। सरदार पटेल के गाँव करमसर के निकट। वहाँ एक बाबा थे जो ताजुद्दीन बाबा के शिष्य थे—बाबा उत्तरवार। ताजुद्दीन बाबा की नागपुर में बहुत मान्यता है। हिन्दू-मुस्लिम सब उन्हें बहुत मानते हैं। सन् 1966 में वहाँ एक कान्फ्रेंस हो रही थी। बाबा उत्तरवार ने कान्फ्रेंस का आयोजन किया था। कान्फ्रेंस शुरू हुई और ज़ोरों से बारिश पड़ने लगी। घनघोर बादल और ऐसा लगता था कि देर तक बारिश नहीं रुकेगी। खुले पंडाल में कान्फ्रेंस थी। बाबा उत्तरवार ने हाथ जोड़ कर कहा—ताजुद्दीन बाबा, बारिश बन्द कर दीजिए नहीं तो मैं मर जाऊँगा। अब क्या हुआ, कैसे हुआ, मगर बारिश बन्द हो गयी।

'मेरे पिताजी के साथ ताजुद्दीन बाबा का बहुत स्नेह था। वो मेरे पिताजी जी को तारवाला कहते थे। पीप्लाद के बाबा उत्तरवार के पास एक बार सन् 1948 में हम लोग गये—बड़े भाई साहब और मैं। दिन में खाना खाया, शाम को गाने बैठे। अच्छा-खासा प्रकाश था। वहाँ पर दो सीढ़ियाँ थीं। बाबा दो सीढ़ी ऊपर और हम लोग दो सीढ़ी नीचे आँगन में बिना कुछ बिछाये ही बैठे हुए थे। गाँव के कुछ लोग आकर खड़े हो गये। भाई साहब ने गाना शुरू किया। मेरे और बाबा के बीच में ख़ाली जगह थी। तभी उस ख़ाली जगह के बीच में से एक बड़ा हाथ भर का काला बिच्छू सामने से चलता आ रहा था। हमने देखा तो रोंगटे खड़े हो गये। वो चलते-चलते एकदम मेरे और बाबा के बीच में आ गया। देहातियों ने देखा और एक ने अपने भारी जूते से एकदम उस बिच्छू को मार दिया। अंजर-पंजर सब खुल गये। बाबा की आँख खुली और उन्होंने यह देखा। दो-चार डपट लगायी और बोले—तुम्हें इसने काटा था क्या? साधु का दरबार है, कोई भी आ सकता है। उन्होंने हाथ जोड़े और भाई साहब से कहा—आप गाइये। मारे हुए बिच्छू पर एक प्लेट उल्टा कर रख दी। और

आँख बन्द कर लीं—बोले—महाराज, इन्हें माफ़ कर दीजिएगा और जिधर से आये उधर वापस चले जाइये। थोड़ी देर के बाद प्लेट उठायी और बिच्छू जीवित था, वो धीरे-धीरे जिधर से आया था उधर वापस चला गया। ये हमारी आँखों के सामने हुआ। इसे करिश्मा ही कहेंगे। बड़े भाई साहब गा रहे थे। बाबा उन्हें कभी कुछ दें और कभी कुछ। जो भी वस्तु हाथ में आ रही थी वो भाई साहब को देते जा रहे थे। आखिर में अपना कुर्ता भी उतार कर दे दिया और बोले—पंडित, आज लूटेगा क्या? गाना पूरा हुआ, कहा—दरबार में जाना मतलब नागपुर जाना, कोई वस्तु हाथ में दी और कहा कि इसे साथ में ले के जाना। हाज़िरी देना, जवाब वहाँ से मिलेगा। बड़े भाई साहब ने कहा कि अभी जाता हूँ। वो बोले—क्या कहा? भाई साहब ने फिर कहा कि अभी जाता हूँ। तो उन्होंने कहा कि जा के तो बताओ। ये 1948 की बात है। तो किसी न किसी कारणवश वो सन् 1956-57 तक नहीं जा पाये। जब गये तो उन्होंने एक कप मिश्री दी थी, वो तो उड़ चुकी थी, लेकिन अभी तक बँधी हुई थी। भाई साहब ने वहाँ गाया। कहने का अर्थ ये है कि कभी भी ऐसी पवित्र आत्माओं के सामने अहंकार मत करो, आपके वश में कुछ नहीं होता।'

पंडित जसराज तथा उनके परिवार के भी जीवन में इस प्रकार की घटनाएँ होती रहती हैं। पंडित प्रतापनारायण नर्मदा के किनारे एक बाबा के पास जाते थे जिनका नाम धनीराम बाबा था। वो निर्वस्त्र रहते थे। प्रतापनारायण जी की एक बेटी थी। दूसरी सन्तान गर्भ में आते ही कोई न कोई कठिनाई आ जाती। एक बार प्रतापनारायण जी को उन्होंने कहा कि कप्तान तुम यहीं रह जाओ। दो-तीन बार उन्होंने वहाँ से निकलने की कोशिश की लेकिन बाबा ने उनसे कहा कि तुम्हारा यहीं रह जाना बच्ची के लिए ज़्यादा ठीक रहेगा। उस बार घर में सुलक्षणा का जन्म हुआ। उसका जन्म पूरे परिवार में प्रसन्नता की लहर लेकर आया। तो सुलक्षणा एक संन्यासी के आशीर्वाद से जन्मी थी ऐसा उनके परिवार में सब का मानना है।

'बापू साहब यानी महाराजा जयवन्त सिंह जी तो अपने आप में मस्तमौला थे। बापू साहब कई बार स्त्रीवेश धारण करके बैठ जाते—साड़ी वगैरह पहनते और नाक में नथ। वो अपनी कल्पना देवी के रूप में करते थे ऐसा लगता था। यूँ भी माँ की कृपा उन पर अनन्त थी। मैं हमेशा सोचता था कि बड़े भाई साहब मुझे कभी गाना नहीं सिखायेंगे। सन् 1946 में एक दिन सुबह-सुबह बापू साहब ने मुझे बुलाया। कहलवाया कि जसराज से कहो कि जौनपुरी का आलाप करे। मैंने आलाप किया। कोई आधा—पौना घण्टा आलाप किया होगा। बापू साहब अन्दर से हाथ में एक पेड़ा लेकर

आये और मेरे मुँह में डाल दिया। बोले—पेड़े जैसी तो आवाज़ होगी। 1952 में स्वतन्त्र गाओगे। भाई ठीक सिखा रहे हैं। भाई से ग़ुस्सा मत हो। वो 1946 में अष्टमी की रात भर पूजा करके नवमी की सुबह बाहर निकले थे और मेरे मुँह में उन्होंने पेड़ा डाला था। हमने 1952 में पहली बार स्वतन्त्र गाया—नेपाल में। 20 जून, 1952। ये उन्हीं का आशीर्वद है। वो कहते थे कि पंडित जी (मणिराम) को माँ ने आवाज़ दी है, लेकिन जसराज को गायकी दी है। अब यहाँ तक तो आ गये, आगे पता नहीं।'

108

पंडित मोतीराम और पंडित मणिराम उन दिनों जबलपुर में थे और दोनों का ही स्वास्थ्य बहुत बिगड़ गया। इतना कि चलने-फिरने में भी अशक्त हो गये। जहाँ ठहरे थे, उस जगह के लोग भी वहाँ नहीं थे। किसी तरह दो-चार दिन के बाद उठकर डॉक्टर के पास गये। लौटने पर कोई आदमी वहाँ आया और पूछने लगा—बाबा तबीयत ठीक नहीं है? बोले—हाँ महाराज! तो कुछ-कुछ नज़र उतारने जैसा इशारा करके वो बोले कि ऐसा करना, शाम को अमुक स्थान पर आ जाना। मैं वहाँ पर मिलूँगा, तुम ठीक हो जाओगे। इन्होंने कहा—अच्छा महाराज, हम क्या नाम पूछें? बोले—'पीकू' कहना। शाम को स्वास्थ्य कुछ ठीक हो गया था। जहाँ उस बाबा ने कहा था वहाँ पहुँचे तो देखा वह भेड़ाघाट था। पंडित मोतीराम वहीं पर थे और उस स्थान पर हनुमान जी का मन्दिर है। वहाँ लोगों से पूछा कि 'पीकू' कहाँ रहता है। लेकिन लोगों ने बताया कि इस नाम का कोई व्यक्ति तो वहाँ रहता ही नहीं। बहुत देर ढूँढ़ा, लेकिन वहाँ कोई नहीं मिला। फिर अचानक ही सोचने लगे कि कहीं कुछ और नाम तो नहीं बताया था। सहसा नाम को पलटा तो 'कपि' थे। वहाँ हनुमान मन्दिर से 'कपि' यानी हनुमान जी स्वयं इनके पास आये थे। बहुत रोये-धोये मन्दिर में प्रणाम किया कि महाराज आप हमारे पास स्वयं आये लेकिन हमने आपको पहचाना नहीं। पंडित मोतीराम बहुत पूजा-पाठ करते थे। हनुमान जी के उपासक थे। शनिवार का उपवास भी करते थे। बस, दोनों बाप-बेटे अच्छी तरह तन्दुरुस्त हो गये। यह बात पंडित मणिराम ने अनेक वर्षों के बाद जसराज जी को बतायी।

'मुझे भी दर्शन हुए। पंडित जसराज बताते हैं—'सन् 1946-47 की बात है। हम पोरबन्दर जा रहे थे। उन दिनों एक ही गाड़ी चलती थी। हम बापू साहब के निकलने से एक दिन पहले निकले। एक जगह ऐसी आयी थी जहाँ से हमारा डिब्बा पोरबन्दर वाली गाड़ी के साथ जुड़ना था। हमारी वाली गाड़ी उस जगह पर पहुँची ही नहीं, लेट हो गयी और पोरबन्दर वाली गाड़ी निकल गयी। दूसरे दिन बापू साहब वहाँ आने वाले थे। उनका डिब्बा उस जंक्शन पर गाड़ी में लग गया। हमारा डिब्बा भी लग गया गाड़ी के

साथ। बड़े भाई साहब ने कहा कि बापू साहब से मिलकर आता हूँ। वो भी फर्स्ट क्लास में थे और हम भी। शनिवार का दिन था। हमने स्टेशन से पेड़े लिए कि इसे हनुमान जी को भोग लगायेंगे तब प्रसाद खायेंगे। मैं हनुमान जी के दर्शन के बिना खाना नहीं खाता था। ख़ैर, बड़े भाई साहब चले गये बापू साहब के पास। ट्रेन चल रही थी। एक जगह रुकने वाली थी, धीरे हो गयी। बहुत दूर से मध्य आयु का एक व्यक्ति लाइन क्रॉस करके आ रहा था। मैंने पेड़े का डिब्बा कूपे में ऊपर की बर्थ पर रख दिया और दरवाज़े पर आकर खड़ा हो गया।

सीधा आया मेरे पास कि बाबा कुछ खाने को दे दो। मैं तो स्वयं ही भूखा था तो मैंने कहा कि बाबा, खाने को तो कुछ है नहीं। उसने फिर माँगा! मैंने कहा कि बाबा बताया न, कि कुछ नहीं है। तो वह बोला—अच्छा वह प्रसाद दे दो। मैंने पिछले किसी स्टेशन पर पेड़े का डिब्बा लिया था, हनुमान जी को चढ़ाने के लिए और एक आदमी जिसे पता भी नहीं है कि हम प्रसाद के लिए पेड़े लाये हैं, हमसे कह रहा है कि वह प्रसाद दे दो। वह उस बर्थ की ओर इशारा करके बोला था। तब मैंने डिब्बे में से दो पेड़े निकालकर उसके हाथ में रखे और डिब्बे को वापस बर्थ पर रख कर कुछ क्षणों में ही लौटा तो वह व्यक्ति जा चुका था। थोड़ी देर के बाद मुझे समझ में आया कि उनको कैसे पता कि अन्दर कूपे में बर्थ पर पेड़े का डिब्बा है और मैं उसे प्रसाद के लिए लाया हूँ। वही हालत हुई हमारी अपने पिताजी की तरह! पहचान ही नहीं पाते न हम! और वो इतने कृपालु होते हैं कि स्वयं दर्शन दे जाते हैं। यह कभी नहीं कहते कि भगवान् तुम्हारा भला करें, मैं हनुमान हूँ वगैरह। उन्होंने तो उसको भी प्रसाद कहा कि प्रसाद दे दो।

पंडित जसराज का मानना है कि प्रभु के द्वार पर किसी अहंकार का स्थान नहीं है। उनके सम्मुख अहंभाव का त्याग करना पड़ता है। तभी वे पुकार सुनते हैं और पुकारते भी हैं। जरा-सा अहंकार हुआ नहीं कि वे आपको अपना सन्देश पहुँचा ही देते हैं कि अच्छा! तुम इतने बड़े हो गये, हमारे ही सामने! उसका प्रमाण उन्हें मिला बनारस के संकटमोचन मन्दिर के वार्षिक उत्सव के समय जहाँ वे प्रतिवर्ष गाने जाते हैं। एक बार मुम्बई से उन्होंने आयोजकों को फ़ोन कर दिया कि कार्यक्रम के बाद वे अमुक ट्रेन से कलकत्ता जाना चाहते हैं। उनकी टिकट करवा लें ताकि आराम से ट्रेन में सोते हुए कलकत्ता पहुँच जायें। पंडित जसराज बनारस अपने कार्यक्रम के लिए पहुँचे। निश्चिन्त थे कि टिकट तो हो गया होगा। गाने के बाद इन्होंने कहा कि महाराज चलिए, ट्रेन का समय हो गया। अब वह सज्जन बोले कि पंडित जी, टिकट तो कटवाया ही नहीं, भूल गये। अब

देखते हैं कि क्या कर सकते हैं। इन्हें ग़ुस्सा आ गया कि यही व्यवस्था है! समझते नहीं हैं। ऐसा ही है तो अगले वर्ष नहीं आयेंगे, आदि। कुछ समय के बाद सब कुछ भूल गये। अगले वर्ष कार्यक्रम का समय आया तो पहले से पूरे परिवार को वाराणसी भेज दिया। स्वयं वह हैदराबाद से पहुँचने वाले थे। हैदराबाद वालों से कह दिया कि रेल अथवा विमान से वाराणसी का टिकट करवा लें। उन्होंने रेल का टिकट करवा लिया था, क्योंकि वह सीधी वाराणसी जाती थी।

'मैं ट्रेन में बैठ गया। मुझे रास्ते में इटारसी स्टेशन पर उतार दिया गया कि यह बोगी तो दिल्ली जायेगी, आपको यहाँ से दूसरी ट्रेन लेनी पड़ेगी। मैं हतप्रभ था कि ऐसे कैसे हुआ। स्टेशन पर हेड टी.सी. के पास गया, कहा कि मुझे बनारस जाना है, कृपया मेरे लिए काशी एक्सप्रेस में एक सीट की व्यवस्था कर दें। उन्होंने कहा कि अच्छा देखते हैं और अपने काम में लग गये। मैंने सोचा कि भूल गये होंगे, इन्हें याद दिलाऊँ तो मैंने उनसे दुबारा कहा कि महाराज मुझे मन्दिर में गाना है, किसी तरह कोई इन्तजाम करें। उन्होंने मेरी तरफ देखे बिना ही कहा कि कोशिश करते हैं। तीसरी बार मेरे मन में आया कि कहूँ कि भइया, जो आपकी सेवा होगी, वो हम कर देंगे पर आप हमें भेजें ज़रूर। तो हम उनके पास गये और कहा कि महाराज जो आपकी सेवा होगी हम कर देंगे। हमें जाना है वाराणसी। उसके बाद और कोई ट्रेन न थी जिसे पकड़कर हम पहुँच सकते। तो उन्होंने कहा बैठिए। हमें लगा कि तरकीब काम कर गयी। उन्होंने घण्टी बजायी और हमसे कहा कि बैठिए। हम बैठ गये। उन्होंने काशी एक्सप्रेस के सभी टिकट चेकरों को बुलवाया, सभी दर्जों के टी.सी.। कुल बारह टी.सी. वहाँ इकट्ठे हो गये। उन सबको सम्बोधित करते हुए ये साहब बोले—'भई, इन्हें ज़रा देख लीजिए। अच्छी तरह से पहचान लीजिए। ये हमारी सेवा करने चले हैं। यदि ट्रेन के किसी डिब्बे में ये बैठ गये, तो जो टी.सी. होगा, उसकी ख़ैर नहीं।' मुझे काटो तो ख़ून नहीं। मैंने ज़िन्दगी में ऐसा कोई रेल अधिकारी नहीं देखा था, जो सेवा के नाम पर उखड़ जाये। पर यह तो बात और ही थी। बड़ी कोशिश की, वह बिगड़ गये तो बिगड़ गये। हम वाराणसी नहीं जा पाये। तब याद आया कि पिछले वर्ष अहंकार में कह आया हूँ कि अगले वर्ष नहीं आऊँगा। तो संकटमोचन जी ने कहा कि तुम हो कौन आने या न आने वाले! तुम तभी आओगे, जब मैं बुलाऊँगा। और मुझे तुम्हारी आवश्यकता नहीं है। आना हो तो नतमस्तक होकर आओ, वरना मत आओ। बस मेरे नेत्रों से आँसुओं की धारा बह निकली, पश्चात्ताप में, कि हे भगवान्, आगे से कभी ऐसा विचार मन में नहीं लाऊँगा। तुम मुझे पुकार लो। बस, यह सब आस्था बढ़ाता है। और अपनी लघुता का

आभास कराता है। ये सब अनुभूतियाँ दिव्य ज्ञान देकर जाती हैं और अपने भीतर झाँकने पर मजबूर करती हैं।

कभी-कभी ऐसी घटनाएँ घट जाती हैं जिनसे ईश्वर के अप्रतिम स्वरूप और उनकी सत्ता का प्रमाण मिल जाता है। उन्हें अहंकार तो बिल्कुल पसन्द नहीं है। जहाँ अहं भाव आया, वो रुक जाते हैं, फिर लगे रहिए उन्हें मनाने। 'मैं वृन्दावन पहुँचा बनारस से। मेरे साथ यह संकटमोचन मन्दिर के महन्त डॉ. वीरभद्र मिश्र जी भी आ गये थे। साथ में हमारी बहिन स्वरूपा रवि वर्मन जी भी आयी थीं। दो दिन के बाद राधा अष्टमी थी। मैंने वृन्दावन पहुँचकर कहा कि बरसाना चलना हो तो आज ही चलते हैं। कल मेरा प्रोग्राम है, कल तो मैं गाऊँगा। मेरा शिष्य वेणुगोपाल भी अपराह्न में पहुँच गया। सब गाड़ी में बैठने लगे बरसाना जाने के लिए। मेरे मन में अचानक आया कि बाँके जी के (बाँके बिहारी के मन्दिर) के दर्शन तो किये ही नहीं, राधा जी के पास पहले जा रहे हैं। कहीं वह नाराज़ तो नहीं हो जायेंगे। बहिन बोलीं कि बाँके जी क्यों नाराज़ होंगे। वह तो प्रसन्न होंगे कि पहले राधा जी से मिल कर आ रहे हैं। मैंने कहा कि हो सकता है ये नाराज़ न हों लेकिन राधा जी हो जायें कि बाँके बिहारी जी से मिल कर क्यों नहीं गये।

ख़ैर, हम सब गये बरसाना। वहाँ पहुँचकर गिरिराज घनन का दर्शन किया। वहाँ जाने का यद्यपि कार्यक्रम नहीं था, लेकिन पहुँचे तो इतना आनन्द आया कि बैठे ही रह गये। याद आया तो 8 बज चुके थे। राधा जी के दर्शन के लिए जाने लगे तो लोगों ने कहा कि जल्दी करें, कहीं द्वार बन्द न हो जाये। जल्दी-जल्दी वहाँ पहुँचे तो हमारे पहुँचने से केवल 5 मिनट पहले ही द्वार बन्द हुए थे। मन में आया कि हम बिहारी जी के दर्शन नहीं करके आये, हमने तो गिरिराज घनन के दर्शन किये थे। हमने सोचा था कि कल नहीं आयेंगे, आज ही आयेंगे, इसीलिए क्या आपने ऐसा किया? ख़ैर, हम मन में बहुत दु:खी हुए और मन में कहा कि कल तो आना ही पड़ेगा, बिना दर्शन किये तो रहेंगे नहीं। दूसरे दिन पहले बाँके बिहारी जी के दर्शन किये, राधा जी को मिलने गये तो मूर्ति इतनी हँस-हँस कर लुभा रही थी। बहुत आनन्द आया।'

109

साधु-संन्यासियों के साथ पंडित जसराज का सम्बन्ध सानन्द के महाराजा जयवन्त सिंह जी के समय से ही बहुत जल्दी हो जाता था। कालक्रमानुसार बहुत से साधु-सन्तों के साथ उनका सम्पर्क होता रहा है। कुछ समय पहले पंडित जी कुछ दिन के लिए मेरे निवास स्थान पर रुके। दिल्ली में उनका कार्यक्रम था। उसके पाँच-छह दिन पूर्व ही वे पधारे। उनसे मिलने के लिए परम पूज्य महामण्डलेश्वर स्वामी अवधेशानन्द जी भी मेरे घर में पधारने वाले थे। उसी सुबह रत्तन, दुर्गा, गार्गी भी आ गये थे। कुल मिलाकर घर का पूरा वातावरण बहुत संगीतमय हो गया था। स्वामी अवधेशानन्द जी आ रहे हैं तो उस दिन हमारा वार्तालाप भी उनके जीवन से जुड़े कुछ साधु-संन्यासियों के सम्बन्ध में हो रहा था।

'सहज योग वाली माता निर्मला देवी ने एक बार हमने कहा कि जसराज जी, आप बहुत समय से लन्दन में प्रोग्राम करने नहीं आये, आ जाइये। हमने उनसे कहा कि वहाँ ठहरने की हमारी कोई व्यवस्था नहीं है। उन्होंने कहा कि आप आ जायें। व्यवस्था सब हो जायेगी। जब हम वहाँ पहुँचे तो दो एअर-होस्टेस थीं—उनके यहाँ हमको ठहरा दिया। जाते ही उसी दिन रात में हमारा प्रोग्राम रखा। फिर एक के बाद एक पाँच-छह प्रोग्राम हमने कर दिये। वहाँ से लौटकर बम्बई वापस आने के बाद हमारा स्वास्थ्य कुछ बिगड़ गया। हम स्वास्थ्य लाभ करने के बाद एक कार्यक्रम के लिए पूना गये। तो पता चला कि माताजी वहाँ आयी हुई हैं। हमने फिर से उनका आशीर्वाद लिया। वे बम्बई भी आती थीं। मैदान में मेरा गाना था। रत्तन, दुर्गा, तृप्ति, शारंग, गार्गी, पवन हारमोनियम पे थे—सब छोटे-छोटे थे। वो आयीं। बोलीं—बेटा, तुम इतने सारे छोटे-छोटे शागिर्द कहाँ से ले आये? वो हमारे पास शिवाजी पार्क में आयी थीं। मैंने कहा न, साधु-संन्यासियों के पास मेरा सहज ही आना-जाना हो जाता है। तो सहज योग में भी हम थोड़ा-बहुत दखल करने लग गये थे।'

बापू साहब के यहाँ भी गाते-बजाते हुए कई साधु-संन्यासी आ जाते थे। एक साधु-महाराज आते थे, उनकी चेली भी। आते ही दोनों पैर आगे

करके छाती के पास लगाकर बैठ जाते थे। घण्टा-डेढ़-घण्टा। बापू साहब जो भी बात कहते जसराज जी उसे मान लेते थे। बापू साहब कहते—देखो बेटा, ये ढाई सौ बरस के हैं। ये ऋषि मण्डल के सबसे युवा सदस्य हैं। बहुत स्वस्थ और हृष्ट-पुष्ट थे वो दोनों। हठयोग करते थे।

जूना अखाड़ा के प्रमुख, महामण्डलेश्वर स्वामी अवेधानन्द जी को अक्सर टेलीविज़न के विभिन्न चैनलों पर प्रवचन देते हुए सुना जा सकता है। पंडित जसराज से मिलने वो मेरे पास पधारे हैं। मैं उनका परिचय अपनी माँ डॉ. राज बुद्धिराजा से करवाती हूँ और उन्हें बताती हूँ कि मेरी माँ हिन्दी की प्राध्यापिका रही हैं। स्वामी जी से पहले भी मेरी भेंट हुई है और हर बार उनके ज्ञान के सम्मुख नतम्सतक हुई हूँ। इस बार जब वे मेरे घर में आये हैं, तो पता चला कि पंडित जसराज उनके इतने बड़े प्रशंसक क्यों हैं। 'हिन्दी की अध्यापिका रही है आप? मैं भी हिन्दी का विद्यार्थी हूँ।' स्वामी जी मेरी माँ से कहते हैं। 'इतना समृद्ध है हिन्दी का कोश। अमरकोष आदि के, इसके भी शब्द बनाकर देखें तो 7 करोड़ 68 लाख 90 हज़ार शब्द बनते हैं संस्कृत के। इतना समृद्ध है संस्कृत का भण्डार। हिन्दी के शब्दों का भी विशाल भण्डार है। मस्तक को लीजिए। मस्तक

महामंडलेश्वर स्वामी अवधेशानंद जी के साथ, चित्र में दुर्गा जसराज एवं रत्तन मोहन शर्मा भी हैं

के लिए ललाट है, भाल है, कपाल आदि कितने शब्द हैं। ज़रा-सा ऊपर जायें तो शिरो है, शिरोच्छेदन है, शिरो-वेदन है। ललाट में दर्द नहीं होता, मस्तक में दर्द नहीं होता, सिर में दर्द होता है। मस्तक में दर्द नहीं होगा, मस्तक में ऊर्जा है। जो मस्तकीय ऊर्जा है, वह दर्द से विहीन है। दर्द होगा सिर में, तो इतने प्रयोग हैं। 'ललार' शब्द स्त्री के लिए आता है। ललार है—भाग्यवान स्त्री, भाग्यवती। पुरुष के लिए ललाट है। भाल है, कपाल है, मस्तक है, सिर है, माथा है। स्त्री के पास ललाट नहीं होता, ललार है। भाल तो बहुत सौम्य हो गया है। बहुत समाधित है कोई। अत्यन्त समाधित पुरुष अथक स्त्री, दोनों में से कोई भी। उसके लिए प्रयोग होता है—शान्त अवस्था के लिए। लसत भाल-भाले हु कंठे-कस्तूरी तिलकं ललाट पटले, वक्षस्थले। कौस्तुभ। माँग कुछ और है, मस्तक कुछ और है, माथा कुछ और है। बिंदिया कुछ और है, चन्दन कुछ और है, भस्म कुछ और जो माथे पर अलग-अलग प्रयोग होते हैं। तो हिन्दी भाषा का क्या सौन्दर्य है। एक वर्ष की कन्या है, अभया है तो तीन वर्ष तक है। तीन से पाँच साल तक की कन्या को जया कहते हैं। पाँच से आठ वर्ष तक कन्या, नौ से दस वर्ष की श्रेष्ठ कन्या, दस-बारह वर्ष की पूर्ण कन्या, बारह से चौदह वर्ष की गौरी हो गयी। चौदह से सोलह वर्ष में आयी तो षोड्शी हो गयी। कन्या पूजन का हमारे यहाँ विधान है न, तो कौन-सी कन्या लेंगे पूजन में? कन्या, सुकन्या, अभया, जया।'

स्वामी अवधेशानन्द को जो हज़ारों व्यक्तियों की भीड़ सुना करती है, आज उनके श्रोता हैं—पंडित जसराज, मेरी माँ राज बुद्धिराजा, पिता शिवप्रताप बुद्धिराजा, रत्तनमोहन शर्मा, दुर्गा जसराज, गार्गी सिद्धान्त, स्वामी जी के दो-एक शिष्य तथा मैं। 'माता जी हिन्दी वाली हैं तो मैंने कहा मैं आज हिन्दी पर शुरू हो जाऊँ। देखिए, पत्नी तब तक नहीं हो सकती, जब तक चतुर्कर्म न हो जायें वह वधू है, जयमाला काल तक, भले पुरुष के वाम-अंग में बैठी हो। दोनों वर-वधू हैं, शब्द है, विधि है, वाग्दान हो गया, कन्यादान हो गया, पाणिग्रहण हो गया, संकल्प हो गया, अग्नि-साक्ष्य हो गया, सप्तपदी है, ये जो संस्कार हैं, यही तो हमारा जीवन है। इन्हें परिभाषित करते हैं—शब्द, संस्कार। प्रत्येक शब्द अपने में बड़ा संस्कार लेकर आता है। पुलसवन है, सीमन्तोब्नयन है' जातकर्म है, नामकरण, अन्नप्राशन, कर्ण-छेदन, मुण्डन, यज्ञोपवीत, एक-एक शब्द के पीछे संस्कार हैं। एक-एक शब्द अपने में बड़ा संस्कार लिए बैठा है। युगों-युगों में राष्ट्रों को संस्कार बनाने में। तो भगवन् ऐसी स्थितियाँ आ गयी हैं कि हम लोगों को बहुत रुचिकर लगता है, अपनी भाषा तथा अन्य भाषाओं का अध्ययन करना। लोगों को अध्ययन से विरक्ति हो गयी है। इस कारण भाषा से भी समृद्धि

चली गयी है। लोग लिखने बैठते हैं तो इनफॉर्मेशन नहीं, इनको लिखते हैं। मैं तो उस दिन बड़ा चकित रह गया जब टेक केयर के स्थान पर टी. सी. लिखा पाया। यह है भाषा के पंख छीनना। आप उसके पंख छीनेंगे तो उड़ान जायेगी। तो क्या कर रहे हैं आप? भाषा की उड़ान जायेगी। शब्द मुखरित होना चाहते हैं। शब्द व्याप्ति चाहते हैं। भाषा अभिव्यक्ति चाहती है, व्याप्ति चाहती है।'

पंडित जसराज जब साधु-संन्यासियों की संगति में रहते हैं तो स्वयं उनके पंख खुलते हैं। उनके शब्द मुखरित होते हैं। उनके स्वर व्याप्त होते हैं, पूरे वातावरण में। उनकी बन्दिशों का चनुाव, उनका स्पष्ट गाना, उनके अर्थ को समझने और गायन के माध्यम से ही श्रोता तक पहुँचना और उसके हृदय का स्पर्श करके उसमें उतर जाना, सब यही तो है, स्वरों की अभिव्यक्ति स्वामी जी की भाषा की समृद्धि की बात करते हैं तो पंडित जसराज स्वरों की समृद्धि की। वे अपने घराने के इतर उसमें नयी-नयी बन्दिशें जोड़ते रहते हैं, लिखते रहते हैं। अन्य साहित्यिकों, लेखकों, कवियों तथा कलाकारों के सम्पर्क में रहना, उन्हें सुनना, उन्हें पढ़ना पंडित जसराज के बन्दिशों के कोश में वृद्धि करना है। उनके साथ हुई चर्चा को वे सँजो कर रखते हैं।

110

कर्नाटक और महाराष्ट्र की सीमा पर गुलबर्गा तथा शोलापुर के बीच एक जगह है—गाणगापुर। वहाँ पर दो-तीन स्थान ऐसे हैं जहाँ बहुत पहुँचे हुए संन्यासी हो गये हैं। वहाँ दत्तात्रेय भगवान् का एक मन्दिर है। सन् 1964 में पंडित जसराज को उनके दर्शन का बुलावा आया। शारंग बहुत छोटा था। दुर्गा का भी जन्म हो चुका था। जसराज जी ने मधुरा जी को बताया कि इस प्रकार गाणगापुर से भगवान् दत्तात्रेय के दर्शनार्थ बुलावा आया है। उन्होंने अपनी माँ से कहा। तब वे भी चलने को तैयार हो गयीं। जसराज जी, मधुरा जी, शारंग, दुर्गा और मधुरा जी की माँ यानी विमल शान्ताराम सब लोग मिल कर वहाँ गये। इन लोगों को उसी स्थान पर ठहराया गया जहाँ दत्तात्रेय भगवान् के जन्म-दिवस का आयोजन किया गया था। वहाँ पहुँचकर सबने कहा कि मन्दिर में दर्शन कर आयें। तब जसराज जी को लगा कि दर्शन से पहले नदी में स्नान कर लेना चाहिए। स्नान करके जब तक लौटे तब तक मन्दिर के कपाट बन्द हो चुके थे। शाम को फिर से जाने की प्रक्रिया प्रारम्भ की। बाज़ार-दुकान आदि घूमते-घूमते मन्दिर पहुँचे लेकिन तब तक वह फिर बन्द हो चुका था। पंडित जसराज तो घर से प्रण करके आये थे कि पाद-पूजा करेंगे, चरणों का अभिषेक करेंगे। उनके शिष्य सुरेश पटकी जी जो पूना में रहते हैं, उनके दादाजी भी वहाँ आये हुए थे।

रात को 9 बजते-बजते शारंगदेव को तेज़ बुख़ार चढ़ गया। नन्हीं-सी जान, और 104° बुख़ार। अगले दिन भी बुख़ार माताजी ने कहा कि तुम लोग दर्शन कर आओ, मैं बच्चे के पास बैठती हूँ। तब बाक़ी लोग सुबह दर्शन कर आये, माता जी रह गयीं। जब तक लौटे और वापस माता जी को दर्शन कराने ले गये, तब तक मन्दिर फिर से बन्द हो चुका था। इस बीच गाना वगैरह भी हो गया, शारंग का बुख़ार बना हुआ था, वापस लौटने के लिए व्यवस्था हो नहीं पा रही थी, ट्रेन अगले दिन थी और बस भी। जसराज जी ने मन में सोचा कि इन्होंने (भगवान् ने) बुख़ार दिया है तो उतारेंगे भी यही। चाहे कुछ भी हो जाये, अभिषेक अवश्य करेंगे। जैसे ही प्रण किया कि

पूजा तो करेंगे ही, बुखार ख़त्म। पूजा करने बैठे तो बाहर बैठ गये। पुजारी जी ने कहा कि पंडितजी, आप केवल धोती में आइये, और अन्दर बैठिये, बच्चे को गोदी में ले लीजिए और पूजा कीजिए। वहाँ बैठकर लगभग डेढ़ घण्टे तक अभिषेक किया।

111

समय-समय पर पंडित जसराज को आध्यात्मिक अनुभूतियाँ होती रहती हैं। वह न केवल अपने गायन के माध्यम से अपने श्रोताओं को अलौकिक तथा दिव्य अनुभूति करवाते हैं वरन् स्वयं भी अलौकिक दिव्य आनन्द के सागर में गोते खाते रहते हैं। 'हमारे शिष्य हैं विकास पारिख। विकास, वेणुगोपाल, मिसेज़ सरला बिरला और हम, चारों द्वारका में थे। एक दिन पहले तक मधुरा जी भी हमारे साथ ही थीं, लेकिन वह वापस चली गयी थीं। हमने कहा कि होली का दिन है, दर्शन कर लीजिए। तो मधुरा जी लौट आयीं। दोपहर एक बजे के क़रीब होली का रंग जमा। वह ऐसा रंग होता है कि उत्सव-मूर्ति को मन्दिर से बाहर ले आते हैं। उत्सव-मूर्ति बाहर लाकर हमारे हाथों में रंग दे दिया गया और कहा गया कि पंडितजी, आप भगवान् के साथ होली खेलिए। हम मुट्ठी भर-भर कर गुलाल भगवान् पर फेंक रहे हैं और कुछ देर के बाद हमें ऐसा प्रतीत हुआ कि भगवान् भी हम पर रंग फेंक रहे हैं और हमारे साथ होली खेल रहे हैं। हम सभी को ही ऐसा आभास हुआ कि भगवान् हमारे साथ होली खेल रहे हैं और हम पर गुलाल फेंक रहे हैं। ऐसा अनुभव हम सभी को हुआ।' पंडित जसराज इस घटना का वर्णन करते समय रोमांचित हो रहे हैं और अपने लाल असमिया नैपकिन से आँखें पोंछ रहे हैं।

स्वामी हरिदास सम्मेलन में सुशील पावडेकर उच्च पदाधिकारी थे। विले पार्ले में उनका निवास था। पवन हंस से इनके यहाँ आनन्दमयी माँ आयी थीं। तब पंडित जसराज को बुलाया कि जसराज भाई आइये। उन्हें गाना सुनाया और आशीर्वाद दिया। उनकी हरिद्वार के पास कनखल में समाधि है।

'बापू साहब की कृपा से मुझे इन बड़े-बड़े सन्तों के दर्शन करने का उनकी सेवा करने का बहुत अवसर मिला। हमारी सेवा तो संगीत के ही माध्यम से होती है। सत्य साईं बाबा, श्री श्री रविशंकर, अवधेशानन्द जी महाराज। धार्मिक स्थलों और मन्दिरों से हमें निरन्तर भगवान् का बुलावा आता रहता है। तिरुपति बालाजी, वैष्णो देवी, द्वारकाधीश, बाँके बिहारी, नाथद्वारा आदि सभी धार्मिक स्थलों पर अपने स्वरों से सेवा अर्पित करने

का अवसर हमें मिला है। बापू साहब के साथ भी हम बहुत जगह गये। वो हमसे कहते थे कि बेटा, भगवा कपड़े जो भी पहने हो, उसका चरित्र कैसा भी हो, तुम उसको प्रणाम ज़रूर करो। वह प्रणाम सीधा भगवान् के पास जाता है। बीच में कहीं अटकता ही नहीं है। ये कभी मत सोचना कि लोग क्या कह रहे हैं, कि इसका चरित्र कैसा है, या ये आदमी कैसा है। मधुरा जी कभी-कभी कहती हैं कि तुम भी सभी के पाँवों में पड़ जाते हो। लेकिन हमारी आदत ही ऐसी हो गयी है। हमारे यहाँ शिवाजी पार्क में एक माई भिक्षा लेने आती थीं। मैं उनको बिठा के चाय पिलाता था, हाल-चाल पूछता था। भेंट तो देता ही था। मुझे उसमें हमारी अम्मा नज़र आती थी, मैं क्या करूँ?'

श्री श्री रविशंकर से आशीर्वाद प्राप्त करते हुए

112

अमेरिका और कनाडा में पंडित जसराज का बहत समय व्यतीत होता है। प्रतिवर्ष 4-6 महीने तो वहाॅ पर व्यतीत होते ही हैं। एक बार वैनकूवर से निमन्त्रण आया कि स्वामी विवेकानन्द के यहाँ आगमन के 125 वर्ष मनाये जा रहे हैं। इसलिए आयोजकों का आग्रह था कि पंडित जसराज उसमें स्वामी विवेकानन्द की कोई प्रिय रचनाएँ गाकर सुनायें। पंडित जसराज को तो इस सम्बन्ध में जानकारी भी नहीं कि स्वामी विवेकानन्द क्या गाते थे। तब उन्होंने आयोजकों से आग्रह किया कि आप कुछ पद हमें दे दीजिए। हम उसमें से कुछ चुनकर कुछ स्वरबद्ध कर लेंगे। तब उन्होंने हमें कुछ साहित्य दिया जिसे स्वामी विवेकानन्द गाते थे। हमने उसमें से 'शिवोऽहम् शिवोऽहम्' चुना और उसे राग दरबारी में निबद्ध कर लिया। तब हमने अपने कार्यक्रम के समापन में गाना शुरू किया—

मनोबुद्धऽहंकार चित्तानि नाहं न च श्रोंत्रजिह्वे न च घ्राणनेत्रे।

न च व्योम भूमिर्न तेजो न वायुः चिदानन्दरूपः शिवोऽहम् शिवोऽहम्।

महफ़िल में हमारी एक शिष्या जो पहले अमेरिका में रहती थी और फिर वैनकूवर में जा के बस गयी थी, बैठी हुई थी। अन्त में वह हमारे पास आयी और पूछने लगी कि गुरुजी क्या आपको पता है कि स्वामी रामकृष्ण परमहंस विवेकानन्द जी को गाने को कहते थे और आदि शंकराचार्य रचित इस पद को सुनने के बाद उनकी समाधि लग जाती थी? तब मैंने कहा कि मुझे तो इस विषय में जानकारी नहीं है। मैंने तो यूँ ही इसे चुना। तब उसने कहा कि देखिए, आज भी इस रचना का प्रभाव वैसे ही होता है जैसे स्वामी रामकृष्ण परमहंस पर होता था। श्रोताओं में कितने ही लोग ट्रांस की अवस्था में पहुँच गये थे। मैं भी आदि शंकराचार्य की इस रचना को गाने के लिए चुना गया था। इस पद के सम्बन्ध में एक अन्य घटना भी है। एक बार एच.एम.वी. रिकॉर्ड कम्पनी ने पंडित जसराज को सम्मानित करने का निश्चय किया। जब उन्होंने पंडित जसराज से सम्पर्क किया और बताया कि वे उन्हें एक स्वर्ण रिकार्ड भेंट करना चाहते हैं, आप यह सम्मान किसके हाथों लेना चाहेंगे। पंडित जी ने पूछा कि सम्मान कहाँ दिया जायेगा। तब एच.एम.वी. ने बताया कि मद्रास में। तब पंडित जी ने

इच्छा व्यक्त की कि वे श्रीमती एम.एस. सुब्बुलक्ष्मी के हाथों यह सम्मान ग्रहण करना चाहेंगे। एच.एम.वी. ने जब एम.एस. सुब्बुलक्ष्मी से सम्पर्क किया तो उन्होंने पंडित जसराज को सम्मान देना सहज स्वीकार कर लिया लेकिन इस शर्त के साथ कि वे इस समारोह में 'मनोबुद्धिऽहंकार' गाकर दिखायेंगे।

पंडित जसराज से मिलने एक डॉ. साहब (डॉ. वर्मा) कई बार आते हैं। जब भी दिल्ली में पंडित जी रहते हैं, इनसे भी भेंट होती रहती है। एक दिन वह कहने लगे कि पंडित जी, आपके शिष्यों में संजीव अभ्यंकर ने आपको बड़ा अच्छा कॉपी किया है। उसके उत्तर में पंडित जसराज कहते हैं—'कॉपी नहीं कहते महाराज। इसे अनुसरण कहते हैं। कॉपी वो है जो सीखा ही नहीं, संजीव ने अनुसरण किया है। ऐसे तो हमारा सारा संगीत ही कॉपी होगा। लेकिन हमारे यहाँ गुरु-शिष्य परम्परा है। गुरु शिष्य को जो सिखाता है, शिष्य उसे सीखकर अपनी ओर से थोड़ा-थोड़ा कुछ इजाफ़ा करता चलता है। जो मन में चलता है, वह जुड़ जाता है। लेकिन यदि यह सोचकर करो कि मुझे कुछ अलग करना है, तब नहीं होगा। अगर मैं इच्छा करूँ कि मैं अपने बड़े भाई साहब से अलग चला जाऊँ तो बात नहीं बनती। अपने आप जो होता रहता है, उसे सहज भाव से गाते रहिये, रियाज़ करते रहिये। अपने गले की जो सहज क्रिएटिविटी है, उससे संगीत आगे बढ़ता है, बल्कि आगे भी बढ़ता है और घटता भी है। मैंने आपको दिया, आपने अपने बेटे को दिया, शिष्य को ऐसे के ऐसे दे दिया तो उसमें आपकी कोई पहचान नहीं बनेगी। लेकिन यदि उसमें अपनी क्रिएटिविटी से कुछ आगे और डाल दिया तो फिर वह संगीत ऊपर भी जा सकता है और कभी नीचे भी जा सकता है।'

इसे समझाने के लिए पंडित जी एक घटना का वर्णन करते हैं—'हमें पहले गमक अच्छी तरह से नहीं आती थी। मैं कहता था कि क्या हऽहऽहऽहऽ करते हैं। मुझे उसमें बहुत आनन्द भी नहीं आता था। मुकुन्द बाबू और मैं एक ज़माने में पूरे पैदलियार ख़ाँ थे। (पैदल चलने के शौक़ीन)। जब मौक़ा मिलता, इधर-उधर घूमते रहते थे। 1960 में हम लोग ऋषिकेश गये। वहाँ गीता भवन में ठहरे हुए थे। घूमते-घूमते हम लोग नीलकण्ठ की तरफ जा रहे थे। रास्ते में गंगा लबालब भरी हुई थी। एक विशाल पत्थर जो गंगा के बहुत अन्दर तक था, हम उस पर जाकर बैठ गये। उस पत्थर से पानी टकराता था और फिर वापस जाता था। जब आवाज़ आती—ऋ र ऋ र ऋ र ऋ र' ध्रुपद के आलाप की तरह। हमें लगा कि गंगा हमसे क्या कुछ कह रही है। हमारे रोंगटे खड़े हो गये। काफ़ी देर तक हम ऐसे ही बैठे रहे और उस स्वर को सुनते रहे। बहुत देर के बाद हमने मुकुन्द बाबू से कहा कि—मुकुन्द बाबू, देखिए, गंगा तो गमक बना रही है। तब से हमें गमक

से थोड़ा लगाव हुआ। गमक तो हमें गंगा माँ ने दिया। गंगा माँ ने ही हममें गमक के प्रति प्यार जगाया, उसको समझाया कि समझो, क्या चीज़ है ये! पानी में से जैसे अपने-आप आवाज़ आती थी। पानी जा रहा था, पत्थर से टकराकर वापस लौट रहा था और वह स्वर पैदा कर रहा था। वैसे तो यह समुद्र की चीज़ है। पानी नीचे जाता था, वापस आता—ऋ र ऋ र ऋ र ऋ र र र ये सब गंगा माँ का ही दिया हुआ है।'

गंगा से ही जुड़ी हुई एक और घटना का वर्णन भी बहुत सुन्दर है। टाइम्स ऑफ़ इंडिया ग्रुप ने बनारस में दशाश्वमेधघाट पर एक संगीत समारोह का आयोजन किया था सन् 1986 में। गंगा के अन्दर पानी में स्टेज बनायी थी और घाट की सीढ़ियों पर श्रोता बैठे हुए थे। खचाखच भीड़। पंडित जसराज ने गायन प्रारम्भ किया कि झमाझम बरसात पड़ने लगी। तेज़ वर्षा के बावजूद श्रोता उठने को तैयार नहीं थे। तब उन्होंने अपने आप से कहा, कि जब इतने सारे लोग सामने बैठे हैं और भीग रहे हैं, फिर भी हमें सुनना चाहते हैं तो हम भी देंगे उनका साथ। हम भी गायेंगे। पब्लिक के प्यार को हमें इज़्ज़त देनी चाहिए। तब हमने भी मस्त होकर क़रीब डेढ़ पौने दो घण्टे तक गाया। वह 1986 की बात है। हमने उस दिन 'विभूषितानंग रिपुतमंग' पहली बार महफ़िल में गाया। यह 'शंकरा' राग की रचना है।

113

डॉ. वर्मा का संगीत के साथ लगाव है। विशेष रूप से पंडित जसराज के गायन और स्वभाव के विषय में कहते रहते हैं। स्वाभाविक है कि मेवाती घराने की इस विभूति का वो विशेष आदर करते हैं। कभी वो पंडित जी से 'पुनीत पद पंकजा-निरंजनी नारायणी' का विस्तार करने का आग्रह करते हैं तो कभी 'रानी तेरो चिर जीवो गोपाल' का। डॉ. वर्मा एक घटना हम लोगों के साथ बाँटते हैं—'कई साल पहले हम अमेरिका गये थे। बहुत बड़ा-सा कमरा था हमारा। रात को हम लोग रोज़ गुरुजी का भजन सुनते थे। बार-बार एक ही भजन को सुनते। फ़ोन में उनको बहुत सारे भजन रिकॉर्ड थे। फिर जब नींद आने लगती तो उसे बन्द कर देते और सो जाते। एक रात मेरी पत्नी ने मुझे जगाया और पूछा—तुमने गाना बन्द नहीं किया? मैंने कहा कि कर दिया था। बोली—नहीं, देखो कहाँ से गुरुजी की आवाज़ आ रही है। तो वाकई भजन की आवाज़ आ रही थी। कभी कमरे के इस कोने से और कभी उस कोने से। मैं डॉक्टर हूँ। कल्पना और वास्तविकता में अन्तर बख़ूबी समझता हूँ। लेकिन वह तो कल्पना नहीं थी। पंडित जी की आवाज़ वास्तव में कमरे के हर कोने से आ रही थी। हमारे मन का वहम नहीं था। मैं अपनी पत्नी को क्या कहता! मुझे भी पहले इस तरह का अनुभव कई बार हुआ था और मैंने अपनी पत्नी को नहीं बताया था क्योंकि वो समझतीं कि मुझे वहम हो गया है। लेकिन अब तो मेरी पत्नी को भी वही अनुभव हुआ।' शायद मनोवैज्ञानिक जब शोध करेंगे तो मनुष्य पर संगीत के प्रभाव को कुछ और अच्छी तरह से प्रमाणित किया जा सके।

114

पंडित जसराज को माता वैष्णो देवी जाने का अनेक बार अवसर मिला है, कभी अकेले, कभी परिवार के साथ तो कभी शिष्यों के साथ। एक बार मधुरा जी और जसराज जी दोनों कटरा से वैष्णो देवी के लिए चल पड़े। कटरा तक तो कार जाती है, उसके आगे तब पैदल जाना पड़ता था। या फिर घोड़े या पालकी पर। 'मधुरा जी और हम एक-एक घोड़े पर बैठ गये। हम 10-10 रुपये की गड्डी लेकर चलते थे और रास्ते में जो भी झाड़ू वाला, ढोल वाला, सफ़ाई वाला आदि मिलते थे, उन सबको 10 रुपये का एक नोट दे देते थे। कुछ आदत-सी बना ली थी। इस बार हमने गड्डी मधुरा जी को भी दे दी कि इन सब लोगों को रास्ते में देती जाना। रास्ते में एक ढोल वाला पीछे रह गया। मधुरा जी पीछे मुड़ कर उसे पैसे देने लगीं कि घोड़ा बिदक गया। उसने भागने की कोशिश की और मधुरा जी नीचे गिर गयीं। हम तुरन्त अपने घोड़े से उतरे और उनसे पूछा कि चोट तो नहीं लगी? उन्होंने बताया कि चोट नहीं लगी है। पर अब उन्हें उठाये कैसे! बड़ी मुश्किल से घोड़े वाले और हमने मिलकर उन्हें उठाया। हम जब भी जम्मू से निकलते थे तो गवर्नर साहब से मिलकर निकलते थे। तो इन्तजाम आदि में सुविधा हो जाती थी। इस नाते एक पुलिसवाला हमारे साथ था। हमने उनसे कहा कि भाई एक पालकी की व्यवस्था कीजिए। उन्होंने पालकी मँगाई और हम आगे बढ़े। हमने कहा कि शुक्र है कि आपको कुछ नहीं हुआ वरना बेटा-बेटी कहते कि बापूजी ने हमारी आई को माताजी की भेंट चढ़ा दिया। यह चमत्कार ही है कि वह पेट के बल गिरीं और उन्हें चोट नहीं लगी। इस सब से विश्वास और बढ़ता है।'

पंडित जसराज एक और घटना का वर्णन करते हैं। 'एक बार सन् 1993-94 में मेरी आवाज़ ख़राब हो गयी। मैं अकेला ही एक सेवक के साथ, जिसका नाम विशाल था, बिना किसी को बताए हुए माताजी के दर्शन करने निकल पड़ा। मैंने मधुरा जी से कहा कि मैं अहमदाबाद, और वहाँ से यहाँ-वहाँ जा रहा हूँ। उन्हें शक हुआ और पूछने लगीं कि तुम वैष्णो देवी तो नहीं जा रहे हो? मैंने कहा—हाँ, क्योंकि झूठ बोलने का तो सवाल ही पैदा नहीं होता था। तो बोलीं, पठानकोट सीधे जाओ न, क्या

यहाँ वहाँ से चक्कर लगाकर जा रहे हो! तो मैं सीधे ट्रेन से पठानकोट गया और वहाँ से जम्मू और जम्मू से बाई कार। मैं पहली बार माताजी के दरबार में जा रहा था। चमत्कार का तो मुझे उसी बार पता लग गया। मेरी आवाज़ एकदम ठीक हो गयी।'

मधुरा जी के साथ। चित्र में देव शर्मा, रत्तन मोहन शर्मा और प्रीतम शर्मा भी दिखायी दे रहे हैं

115

साधु-सन्तों के साथ पंडित जसराज का विशेष लगाव है ही। श्री सत्य साईं बाबा के सम्मुख उन्होंने पहली बार सन् 1970 में गाया। उनके सामने गाना उन्हें बहुत अच्छा लगता था। 'वैसे मैं जब भी जाता, उनके सामने बैठा रहता था। सन् 1966 की बात है। हमने सत्य साईं बाबा का बहुत नाम सुना था। लोग उनके बारे में बहुत कहते थे। हमारे मन में आया कि ये सबको दर्शन देते हैं, हमें भी दर्शन देना चाहिए। दो-तीन दिन के बाद हमारे पास हैदराबाद से एक टेलीग्राम आया कि साईं बाबा आपको याद कर रहे हैं। हमें बहुत आश्चर्य हुआ। हम मिलने गये, किसी के घर की छत थी, जहाँ उन्होंने हमें मिलने के लिए बुलाया था। हमारा हाथ पकड़कर बाबा बैठे रहे। और लोग बहुत से उनसे मिलने आ रहे थे। वो सब बाबा का चरण स्पर्श कर रहे थे। केवल हमें ही उन्होंने आलिंगन किया। बाद में 'अनेक बार उनके दर्शन का सौभाग्य हमें मिला।' पंडित जसराज बहुत श्रद्धापूर्वक सत्य साईं बाबा का स्मरण करते हैं।

रत्तनमोहन शर्मा भी इस चर्चा के समय उपस्थित हैं—'बाबा के जीवित रहते मामाजी और मैं उनके पास गये। वो व्हीलचेयर पर सुबह-सुबह चक्कर काटते थे। उन्होंने चक्कर काटा, मामाजी से कुछ बात की और चले गये। मैंने प्रणाम किया, लेकिन उन्होंने शायद देखा या नहीं देखा और वो लौट गये। मुझे ऐसा लगा कि बात ही नहीं हुई। वो घूमकर वापस आ गये। उन्होंने मामाजी से पूछा कि ये कौन हैं? मामाजी ने बताया कि मेरा भांजा है, बहुत अच्छा गाता है। मैंने प्रणाम किया, उन्होंने देखा और फिर लौट गये। मुझे आश्चर्य होता है कि इतनी भीड़ में उन्हें कैसे पता चला कि मेरे मन में क्या आया और अफ़सोस हुआ कि उनसे परिचय नहीं हुआ। वो लौटकर आये। उनके रहते यह हमारा आखिरी बार उनके दर्शन का सौभाग्य मिला था। फिर तो उनके पार्थिव शरीर के सम्मुख भी हम लोग गाकर आये थे। मामाजी, मैं, तृप्ति भी थीं।'

116

पंडित जसराज उन थोड़े से सौभाग्यशाली कलाकारों में से एक हैं जिन्हें सहज ही हर पूजा-स्थल में, हर मन्दिर में, अपने स्वरों से भगवान् की पूजा-अर्चना करने का अवसर मिल जाता है। उदयपुर में सन् 1978-79 में गोविन्द लाल महाराज जी के बेटे के विवाह के अवसर पर मन्दिर के प्रांगण में सात बड़े-बड़े मंच बनाये गये थे। एक मंच पर पंडित जसराज का गायन हो रहा था। उसी मंच के सम्मुख विवाह की सारी रस्में हो रही थीं। महाप्रभु वल्लभाचार्य जी के वंशज सारे गोस्वामी बालक वहीं बैठे थे। रस्में और गायन लगभग एक साथ सम्पन्न हुए—प्रातः 2.30 बजे। गोस्वामी जी ने जसराज जी से पूछा—'पंडित जी, कल क्या करना चाहते हैं?' न जाने जसराज जी को क्या सूझा कि तुरन्त कह दिया—'महाराज, पूछ ही रहे हैं तो सन्मुख गवा दीजिए।' वे बोले कि पंडित जी, यहाँ तो सन्मुख गाने की प्रथा नहीं है। तब जसराज जी ने कहा कि ठीक है, तब प्रथा नहीं तोड़ेंगे। उन लोगों ने कुछ समय तक विचार किया और कहा, 'पंडित जी एक बात हो सकती है—एक 'चिक' आपके और भगवान् के बीच में रहेगी। उसके झीनेपन के बीच में से आप चाहें तो भगवान् के दर्शन भी कर सकते हैं। अंदर श्रृंगार होगा और चिक पड़ी रहेगी। आप गाइयेगा। जब चिक खोलने का समय आयेगा, तब मुखिया जी आप से कहेंगे, आप गाना बन्द कर दीजिएगा।'

उधर चिक के पीछे भगवान् का श्रृंगार हो रहा था, इधर पंडित जसराज गा रहे थे, 'करत श्रृंगार मैया मन भावत।' जो गाना शुरू किया तो लगभग आधा घण्टा, 40 मिनट तक गाते रहे। अचानक से मुखिया जी ने चिक उठा दी। पंडित जसराज ने तुरन्त गाना बन्द कर दिया तो मुखिया जी बोले कि पंडित जी, गाइये। भगवान् सुन रहे हैं। फिर आधा घण्टा और गाया। सबकी आँखों से प्रेम के अश्रु बह रहे थे। भगवान् प्रेम से सुन रहे थे, जसराज जी प्रेम से गा रहे थे। जहाँ भगवान् को गवाना होता है, वहाँ अपने आप कुछ-न-कुछ माध्यम बन जाता है, चाहे प्रथा रही हो अथवा नहीं।

सन् 1946 तक पंडित जसराज की कृष्ण से कोई दोस्ती नहीं थी। वह हनुमान की उपासना करते थे। मंगलवार को उपवास करते थे। हनुमान

की वजह से उन्हें राम से परिचय हो गया था। एक दिन उन्हें स्वप्न आया। सन् 1946 के स्वप्न में बालकृष्ण अपना दरबार लगाकर बैठे थे। राजा-महाराजाओं की तरह उनका सिंहासन। दरबार में सारे लोग एक क़तार बनाकर बैठे थे। वो सारे कलाकार। हारमोनियम बजाने वाले के सामने हारमोनियम, तबला बजाने वाले के सामने तबला। उस ज़माने के बड़े-बड़े कलाकार, गायक, उस्ताद फ़य्याज़ ख़ाँ, उस्ताद बड़े ग़ुलाम अली ख़ाँ, बाक़ी सब उच्च कोटि के कलाकार थे। 'इन्हीं सब उच्च कोटि के कलाकारों के बीच में मैं बैठा हुआ था। हमने तो कुछ ही समय पहले गाना सीखना और गाना शुरू किया था। मैं तो सपना देख रहा था। भगवान् कृष्ण ने सब कलाकारों की तरफ उँगली दिखाने की मुद्रा में कहा—जसराज, जो तुम गाते हो, वह मुझे जल्दी पहुँचता है। पूजा-पाठ, नैवेद्य इनका है, उन्होंने बाक़ी सबकी ओर इशारा करके कहा। तुम तो गाओ। उसके बाद दो-तीन दिन के बाद वो फिर से स्वप्न में आये कि तुम क्या ढूँढ़ रहे हो? क्यों परेशान रहते हो? में तो तुम्हारे साथ ही रहता हूँ। तो ये भगवान् कृष्ण तो हमारे साथ चिपक गये हैं। मैं उन्हीं का अंश हूँ। और आप सब में, जो लोग सामने बैठते हैं, उन सबमें भी उन्हें ही देखता हूँ। इसीलिए मेरा हर कार्यक्रम ऑडियंस में निवास कर रहे ईश्वर को प्रणाम करके प्रारम्भ होता है। आत्मा सो परमात्मा। मंच पर बैठे हम सभी लोगों की ओर से आप सभी को प्रणाम। वह प्रणाम मैं उस नारायण को करता हूँ।'

पंडित जसराज का हर कार्यक्रम 'ओं श्री अनन्त हरिनारायण' से प्रारम्भ होता है। मुझे ऐसा लगता है कि जब वे ऑडियंस को प्रणाम करके अपना गायन प्रारम्भ करते हैं तब उनका आशीर्वाद भी प्राप्त कर लेते हैं। उस आशीर्वाद के कारण उनके गायन में और भी अधिक सुगन्ध भर जाती है। जब भगवान् कृष्ण उनसे स्वप्न में ही कहते हैं कि जसराज तुम तो गाओ। तुम्हारा गाना मुझे सबसे जल्दी पहुँचता है। तब कांसर्ट में उनका वो गाना भगवान् कृष्ण को समर्पित गायन ही होता है जो ऑडियंस के भीतर की आत्मा और परमात्मा तक भी जल्दी पहुँचता है और उसे तृप्त करता है।

पंडित जसराज बताते हैं कि उनके पिता पंडित मोतीराम जी बम्बई में श्याममनोहर गोस्वामी जी के मन्दिर में गाते थे। 'मन्दिरों में गाना मेरे पिताजी का भाग्य था, या फिर उन्हें इस परम्परा को हमारे घर में लाना था। कश्मीर के महाराजा प्रताप सिंह के यहाँ वो सुबह 3 बजे से 6 बजे तक बैठकर पार्थिव लिंग बनाते थे। 1100 पंडित-विद्वान् वहाँ बैठे रहते थे और पार्थिव ही बनाते थे। सवा लाख प्रतिदिन। जब पूरे हो जाते तो उन्हें थाल में सजाकर तवी नदी में बहा दिया जाता। यह सन् 1916-17 की बात होगी। पिताजी वहाँ 20 वर्ष तक रहे। मेरे पिताजी ने कुमार हरिसिंह के विवाह में भाग लिया था। उनका विवाह राजकोट में हुआ था। महाराजा साहब ने

मेरे पिताजी से कहा कि मोतीलाल, (वो मेरे पिताजी को मोतीलाल कह कर बुलाते थे) तुम हिन्दुस्तान के जितने भी अच्छे कलाकार हैं, उनको सबको बुलाओ। उस समय टेलीग्राम का ज़माना था, सबको टेलीग्राम दिये, सब के सब आ गये। ये नहीं पूछा कि क्या मिलेगा! महाराजा कश्मीर का आदेश है, तो सब आ गये।'

पंडित जसराज ने ऐसी बहुत घटनाएँ देखी हैं जब कलाकार के रुतबे के अनुसार अलग-अलग स्तरों के गेस्ट हाउस में ठहराया जाता था। उन्होंने सौराष्ट्र में—मौरवी, राजकोट, भावनगर आदि स्थानों पर ऐसा देखा था। 'तीन प्रकार के गेस्टहाउस होते थे—ए, बी और सी। 'ए' में राजा-महाराजा लोग रुकते थे। 'बी' में बहुत ऊँचे रुतबे वाले लोग ठहरते थे। 'सी' में बाक़ी सब लोग। खाने में मगर कहीं फ़र्क नहीं करते थे। थोड़ा-बहुत फ़र्क होता हो तो हो। कलाकारों को 5 रुपये, 10 रुपये प्रतिदिन देते थे। पूछते थे कि वे क्या पीना पसन्द करेंगे। जिस तरह की भी सुरा-शराब वो पीना चाहते, वह उपलब्ध कराई जाती। खाना भी पूछा जाता। रसोड़े में खाना पसन्द करेंगे या ख़ुद बनायेंगे। ख़ुद बनायेंगे मतलब, सीधा यानी कच्चा सामान भिजवा दिया जाना, और इतना ज़्यादा होता कि रखने की जगह कम पड़ जाती। यह सब हमने सानन्द में भी देखा था। तो पिताजी वहाँ दो-एक साल रहे। बाद में बम्बई में मन्दिर में सुबह की सेवा किया करते थे। मन्दिर में गाना तो तब से चला ही आ रहा है। हमें ये सब बातें अपने भाई साहब से पता चलती हैं।'

उसके बाद में पंडित मनीराम जी अष्टपदी वगैरह गाते थे। उड़िया कवि जयदेव के 'गीत गोविन्द' की अष्टपदी। मगर 'हवेली संगीत' से हमारा अच्छी तरह परिचय सन् 1977 में सूर पंचशती के अवसर पर श्रीमती रविप्रभा बर्मन तथा श्री विजय बर्मन ने करवाया। मैं दिल्ली में आने वाला था। वे लोग भी दिल्ली में ही आये थे। उन्होंने कहा कि हम लोग होटल डिप्लोमैट में ठहरे हैं, तुम भी यहीं आ जाओ। तुमसे बात करनी है। तब उन्होंने कहा कि जसराज सूर पंचशाली आ रही है। उसके लिए कुछ करना है। सबकी इच्छा है कि तुम गाओ। मैंने कहा कि ये तो बहुत अच्छी बात है। यह तो ऐतिहासिक हो जायेगा। तो वो बोले ऐसे नहीं, तुमको हवेली संगीत में गाना होगा। मैंने कहा कि कुछ-कुछ तो मुझे मालूम है, लेकिन आप जानकार लोगों को बिठाकर समझा दीजिएगा। तब श्री श्याममनोहर गोस्वामी जी ने हवेली संगीत को समझने में हमारी बहुत मदद की। उसके विभिन्न आयामों को हमें सिखाया, समझाया। प्रथमेश जी भी आये एक दिन। पखावज बजाया। दो-तीन लोग कीर्तन के लिए आते थे। हमने सूरदास जी के एक-एक पद का अध्ययन किया। वो कीर्तनकार हमें समझा देते थे और हम रास्ता पकड़ लेते थे। वहाँ से हमारी 'हवेली-संगीत की अच्छी

तरह से ट्रेनिंग शुरू हुई। फिर हमने कहा—'सूर पदावली'। तब हमने पाया कि हवेली संगीत तो एकदम दूसरा ही शास्त्र है।'

हवेली संगीत हिन्दुस्तानी शास्त्रीय संगीत का एक विशिष्ट अंग है जिसे भगवान् कृष्ण की अभ्यर्थना में हवेलियों में गाया जाता था। विशेष रूप से उत्तर भारत में। ध्रुपद शैली में गायन हवेली संगीत का प्रमुख अंग है। हवेली संगीत राजस्थान के नाथद्वारा में तथा गुज़रात के कृष्ण मन्दिरों में वैष्णवों द्वारा गाया जाने वाला संगीत है। हवेली वह स्थान है जहाँ मुस्लिम शासनकाल में मन्दिरों के निर्माण तथा पुनर्निर्माण न कर पाने के कारण भगवान् कृष्ण की मूर्तियों की स्थापना की जाती थी। वहाँ पर ही भगवान् कृष्ण की सभी सेवाओं के समय हवेली संगीत गाया जाता था। ध्रुपद शैली को हिन्दुस्तानी शास्त्रीय संगीत का मूल माना जाता है। लेकिन हवेली संगीत को 'ध्रुपद' से भी ऊँची श्रेणी में रखा जाता है क्योंकि ऐसा विश्वास करते हैं कि इस संगीत के श्रोता स्वयं भगवान् कृष्ण हैं। इसमें भक्ति, कीर्तन, भजन, भाव-नृत्य आदि को भी सम्मिलित किया जाता है। लेकिन यह शैली मुख्यतः ध्रुपद तथा धमार का ही संयोजन है। इसे वृन्दावन के राधावल्लभ, नन्दग्राम के कृष्ण मन्दिरों तथा नाथद्वारा में विशेष रूप से गाया जाता है। समय व्यतीत होने के साथ-साथ हवेली संगीत ने हिन्दुस्तानी गायकी में पीछे का स्थान ले लिया लेकिन फिर भी कहीं-कहीं यह किसी न किसी रूप में जीवित रहा। गुज़रात में ऐसा माना जाता है कि हिन्दुस्तानी शास्त्रीय गायकी की जड़ें हवेली संगीत से ही पनपीं और अष्टछाप के वल्लभाचार्य ने ही इसे जन्म दिया। ऐसी भी मान्यता है कि नाथद्वारा के वैष्णव भक्तों ने वल्लभाचार्य की परम्परा को जीवित रखा।

श्री श्याममनोहर गोस्वामी, जिन्हें श्याम बाबा के नाम से भी जाना जाता है, वल्लभाचार्य की सोलहवीं पीढ़ी के हैं। वल्लभाचार्य के ये वंशज संस्कृत, दर्शन, अध्यात्म तथा वैष्णव भक्ति के पुष्टिमार्ग के प्रकांड पंडित एवं प्रचारक हैं। उनके पिता गोस्वामी श्री दीक्षित जी महाराज पुष्टिमार्ग के जाने-माने गुरु थे और श्री वल्लभाचार्य के पन्द्रहवें वंशज थे। श्री वल्लभाचार्य का दर्शन शुद्धाद्वैत दर्शन है और उनके भक्ति मार्ग को पुष्टिमार्ग कहते हैं। शुद्धाद्वैत के अनुसार ब्रह्म माया से अलिप्त है, अतः शुद्ध है। चूँकि ब्रह्म माया से लिप्त नहीं है, इसलिए शुद्ध है। ब्रह्म को वे सगुण भी मानते हैं और निर्गुण भी। ब्रह्म स्वाधीन होकर भी भक्त के अधीन हो जाता है, उसका कारण है समर्पण भाव से की गयी भक्ति।

पुष्टि का शाब्दिक अर्थ है—पोषण। श्रीमद्भागवत में ईश्वर के अनुग्रह को पोषण कहा गया है—'पोषणं तदनुग्रहः'। श्री वल्लभाचार्य के अनुसार 'कृष्णानुग्रहरूपा हि पुष्टिः कालादि बाधक'। अर्थात् काल आदि के प्रभाव से मुक्त करने वाला कृष्ण का अनुग्रह ही पुष्टि है। पुष्टिमार्गी भक्ति के

मूल में भागवत् कृपा और कृष्ण के प्रति पूर्ण समर्पण है। भक्त भगवान् का ध्यान करें, इससे पूर्व ही भगवान् अपनी कृपा भक्तों पर उंडेल देते हैं। कृष्ण की मुरली गोपियों पर कृपा वर्षा करती है। पुष्टिमार्ग में भक्त स्वयं को सम्पूर्णतः सर्वांगीण रूप से भगवान् कृष्ण के आश्रय पर छोड़ देता है। भगवान् की शरण में आते ही भक्त के सारे कष्ट दूर हो जाते हैं। पुष्टिमार्गी भक्ति को माधुर्य भक्ति, प्रेमाभक्ति अथवा रागानुभक्ति कहते हैं। इसमें मुख्यतः श्रृंगार के स्वरूप का अध्यात्म में रूपान्तरण होता है। पुष्टिमार्गी दर्शन को भक्ति के रास्ते जन सामान्य तक पहुँचाने में महाप्रभु वल्लभाचार्य एवं उनके पुत्र श्री विट्ठलनाथ जी ने 'अष्टछाप' कवियों के एक समूह की स्थापना की, जिन्होंने अपने विभिन्न पदों एवं कीर्तनों के माध्यम से भगवान् की विभिन्न लीलाओं का काव्यात्मक गुणगान किया। ये रचनाएँ ब्रजभाषा में हैं। अष्टछाप कवियों के अन्तर्गत श्री वल्लभाचार्य के काव्य कीर्तनकार चार शिष्य तथा उनके पुत्र विट्ठलनाथ के भी चार शिष्य थे। ये आठों ब्रजभूमि के निवासी थे तथा श्रीनाथ जी के सम्मुख पदों की रचना करके उनका गायन करते थे। इन्हीं आठों की रचनाओं को 'अष्टछाप' कहा जाता है।

'अष्टछाप' का अर्थ है आठ मुद्राएँ। ये आठ कवि थे—कुम्भनदास, सूरदास, कृष्णदास, परमानन्ददास, गोविन्दस्वामी, छीतस्वामी, नन्ददास एवं चतुर्भुज दास। सूरदास इनमें प्रमुख थे जिन्होंने सबसे अधिक काव्य-रचना की। प्राप्त ग्रन्थों के अनुसार अष्टछाप के कवि अपनी निश्चल भक्ति के कारण भगवान् कृष्ण के सखा भी माने जाते थे क्योंकि वे एक सखा अथवा मित्र की ही भाँति भगवान् कृष्ण से प्रेम करते थे। ये परम भागवत थे, अतः भगवदीय भी कहे जाते थे। सभी विभिन्न वर्णों के थे और उन सभी में एक गुण विद्यमान था और वह था भगवत प्रेम तथा भगवत स्तुति। परमानन्द काव्ययुक्त ब्राह्मण थे। कृष्णदास शूद्र वर्ण के थे। कुम्भनदास राजपूत थे, लेकिन खेतीबारी करते थे। सूरदास जी सारस्वत ब्राह्मण माने जाते हैं। कुछ अन्य लोग, उन्हें ब्रह्मभट्ट मानते हैं। गोविन्ददास सनाढ्य ब्राह्मण थे और छीतस्वामी मथुरा के चौबे थे। नन्ददास सोरों सूकरक्षेत्र के सनाढ्य ब्राह्मण थे तथा महाकवि तुलसीदास के चचेरे भाई थे। अष्टछाप के कवियों में बहुत उदारता पायी जाती है। इन कवियों की जातियों तथा वर्णों के अध्ययन से यह भी पता चलता है कि भक्तिकाल में सभी वर्णों के व्यक्तियों को मन्दिरों में प्रवेश करने का अधिकार था तथा वे भगवान् कृष्ण की स्तुति में रचनाएँ लिख सकते थे।

हवेली संगीत में अष्टछाप के कवियों की रचनाएँ विशिष्ट रूप से गायी जाती हैं।

पंडित जसराज कहते हैं कि श्री श्यामनोहर गोस्वामी तथा अन्य

कीर्तनकारों ने जब इन रचनाओं को खोलकर उसके विभिन्न आयामों से उनका परिचय करवाया, तब उन्हें पता चला कि यह शास्त्र कितना गहन है और अब तक उसका परिचय न होने से वह शास्त्रीय संगीत के मूलमंत्र से ही वंचित रहे थे। ये जो ख़्याल गायकी है, यह तो ठीक ही है, लेकिन यह जो 'चरित-शास्त्र' है, यह पुरातन है। भले ही इसका इतिहास 500 वर्ष का ही है, लेकिन यह भक्ति की कितनी परतें खोलकर रख देता है। 'हमें बहुत अच्छा लगा। तब हमने 'सूर-पदावली' गायी। और भी अष्टछाप कवियों की बहुत-सी रचनाएँ गायीं। सूर पंचशती के आयोजन की सभानेतृ श्रीमती महादेवी वर्मा थीं। हमने सूरदास जी के जो पद चुने थे, उसी क्रम में हम गा रहे थे। जब हम सात-आठ पद गा चुके तो महादेवी जी बीच से उठीं और जाने को हुईं। हम तो अपने ही क्रम में गा रहे थे। हमने गाना शुरू किया, 'ऊधौ मन न भये दस-बीसा' महादेवी जी जहाँ खड़ी थीं, वहीं बैठ गयीं और फिर गाने में उनकी जो समाधि लगी, कि क्या बतायें। उनकी अश्रुधारा बह रही थी और हम गाये जा रहे थे।'

एक बार पंडित जसराज लॉस एंजेल्स में गा रहे थे। पंडित रविशंकर से उनकी वहाँ भेंट हुई। तो उन्होंने कहा—'अरे तुम आजकल बहुत

आचार्य श्याम मनोहर गोस्वामी पंडित जसराज के 88वें जन्मदिन के अवसर पर

राजस्थानी गाने गाते हो!' जसराज जी ने कहा कि महाराज, मैं तो कुछ भी राजस्थानी नहीं गाता। वो बोले, नहीं-नहीं, वो जो कुछ भी गाते हो, वह राजस्थानी ही तो है! जसराज जी बोले—'महाराज, आप कहीं हवेली संगीत के बारे में तो नहीं कह रहे?' वो बोले—'हाँ, वही-वही!' उत्तर मिला, 'आप इतने बड़े कलाकार हैं, मेरा आपसे निवेदन है कि आप उस पर ज़रा निकट से दृष्टि डालिए, आपको पता चलेगा कि यह तो हमारा शास्त्रीय संगीत ही है। हम लोग जो हमेशा गाते-बजाते हैं, उसे ही शास्त्रीय संगीत न समझें।' तो पंडित रविशंकर तो देवता तुल्य इंसान थे। झट से समझ गये, कि हाँ, सच कह रहा है। ज़रा भी तर्क नहीं किया। हाँ, शुरू में अवश्य कहा कि तुम राजस्थानी गाते हो, क्योंकि यह संगीत श्रीनाथ जी में गाया जाता है। इसके लिए उन्होंने समझ लिया होगा शायद। लेकिन यह सारा एक ही है। जहाँ-जहाँ पे कृष्ण मन्दिर हैं, वहाँ यही संगीत पारम्परिक रूप से गाया जाता है। स्थान-प्रदेश के कारण थोड़ा फ़र्क पड़ जाता है। कहीं गुज़राती थोड़ा-सा चढ़ जाता है (द्वारका जी में), कहीं राजस्थानी थोड़ा चढ़ा रहता है। वृन्दावन में, मथुरा में ब्रजभाषा रहती है। मूलतः तो ब्रजभाषा ही है। द्वारकाधीश में, वृन्दावन में, यही गाते हैं।

'स्वामी हरिदास जी भी यही गाते हैं। उसके बाद तो हम श्याम बाबा से हमेशा इसके बारे में चर्चा करते ही रहते हैं कि बाबा ये कैसे हैं। उसके बाद मैंने दो-तीन प्रोजेक्ट और किये। एक 'धमार' नाम से है। यह हवेली संगीत में है। इसका रास्ता हमारी बाक़ी गायकी से एकदम अलग है। इस ओर झुकाव का अधिक श्रेय मैं रविप्रभा बर्मन और विजय दादा को देता हूँ।'

श्याम बाबा ने जिस हवेली संगीत की प्रेरणा दी और समझाया, उसमें पदों के साथ-साथ क्या नोटेशन भी था। स्वरावली का कैसे निश्चय किया गया, प्रथम संगीत-रचना स्वयं पंडित जसराज ने की, मेरी यह जिज्ञासा स्वाभाविक है।

'नहीं-नहीं, बहुत ज़्यादा मैंने नहीं किया। कुछ-कुछ ही जोड़ा है मैंने। जो कुछ मैं गाता हूँ, वो अधिकतर पारम्परिक है। कुछ तो ऐसा होता है जो हम अपने गुरु से सीखते हैं। दूसरा हर गले, हर कण्ठ के अनुसार गाना बदलता है। और मैं यह मानता हूँ कि जो ज़िन्दा है, जीवित है, वह बदलता ही है। वह घटता-बढ़ता रहता है। इंसान की वृत्ति बदलती है, शरीर में परिवर्तन आता है। इसी प्रकार संगीत भी है। वह एक व्यक्ति से दूसरे व्यक्ति के पास जाता है, एक स्थान से दूसरे स्थान पर जाता है, तो उससे वह बदलता भी है और बढ़ता भी है। जब हम अपने घराने की गायकी की नींव को मज़बूत रखते हुए उसमें कुछ विस्तार करते हैं, उसमें कुछ जोड़ते हैं तो घराने की गायकी में भी विस्तार होता है। वह समृद्ध होता है। मुझे तो अच्छा लगता है कि कोई खोजबीन करके उसमें और-और नयी

चीज़ें जोड़ता है।' पंडित जसराज का उत्तर है।

पंडित जसराज को इस बात पर बहुत गर्व है कि वे जो हवेली संगीत गाते हैं, उसमें उनके भांजे और शिष्य रत्तनमोहन शर्मा ने बहुत नयी चीज़ें जोड़ी हैं। रत्तन ने बहुत शोध किया है। हवेली संगीत की अपनी एक प्रक्रिया है। 'पहला, जो स्थायी है, वह तो वही है जिसमें पारम्पारिक रचना है। उसके बाद जो दूसरा पद आता है, वह अन्तरे जैसा जाता और तीसरा अभोगी-संचारी ऐसे। जैसे हमारे शास्त्रीय संगीत की चार तुक होती हैं—स्थायी, अन्तरा, अभोगी, संचारी। हवेली संगीत में भी यही प्रथा है। दूसरा अन्तरा जैसे जाता है। जैसे पद लीजिए—**लाल गुपाल गुलाल हमारी आँखिन में जिन डारो जू। बदन चन्द्रमा नयन चकोरी इन अन्तर जिन बारो जू।** यह स्थायी पूरा हुआ।' पंडित जसराज समझाते हैं।

किसी-किसी बन्दिश में दो पद हैं, किसी में चार पद हैं। जिसमें चार पद हैं—उसका चलन ऐसा है कि पहला स्थायी। स्थामी का नियम है कि निषाद से ऊपर नहीं जाना चाहिए। ऊपर के षड्ज को छूकर विस्तार करते हैं तो अन्तरा होता है। जो बीच से शुरू करते हैं और विस्तारपूर्वक नीचे ही गाते हैं, वह अभोगी। संचारी मध्य में ही गाते हैं, अर्थात् जिसका ख़ूब संचार करते हैं। अर्थ के अनुसार ही नाम हैं। आप रचना करना चाहें तो इसको ध्यान में रख के कर लीजिए। और जब इसमें ज़रा-सा घुल-मिल जाते हैं तो आपको भावार्थ, शब्दों का आनन्द आने लगता है।

पंडित जसराज को लगता है कि यद्यपि स्पष्ट तो वे पहले से ही गाते थे, किन्तु हवेली संगीत में उतरने-डूबने के पश्चात् शब्दों के महत्त्व को भी वे अच्छी तरह से समझने लगे। तब **सास-ननद मेरी जनम की बैरिन** जैसी बन्दिशों से आगे हटकर, वहाँ से आगे बढ़कर गाना शुरू किया। बड़े-बड़े कलाकारों ने यहाँ से आगे कुछ नहीं लिखा है। कोई-कोई कलाकार इससे प्रभावित हुए। जैसे—आगरा घराने के एक कलाकार हुए, इनायत ख़ाँ साहब। उन्होंने हवेली संगीत से थोड़ा-सा प्रभावित होकर लिखा है। लोग उनके गाने पे लट्टू होने लग गये। थोड़ा-सा प्रभावित होना और थोड़ा अपना लेना—**चौंक दियो इनायत। झनन-झनन ए री जात अपने मन्दिर सों नारी। झनन-झनन बाजे बिछुवा।** और जिन लोगों ने भी लिखा, शार्टकट में लिखा और गाया। इनायत ख़ाँ साहब इतने अच्छे गायक थे कि ये बन्दिश लोगों के सिर पर चढ़ गयी। इसको बहुत सारे कलाकार गाते हैं। और एक बहुत अच्छे कलाकार थे—भिंडी बाज़ार घराना के जिनसे अमीर ख़ाँ साहब ने सीखा। अमीर ख़ाँ साहब थोड़े ही प्रभावित हुए। वो गाते हैं—**लागी लगन पति सतिसंग**—हंसध्वनि में। बड़ौदा के एक बहुत अच्छे कलाकार थे—शिवकुमार शुक्ला जी। उनका गाना बहुत छोटा—20-25 मिनट। ज़्यादा-से-ज़्यादा आधा घण्टा। भिंडी बाज़ार घराने

के थे वो। अमान अली ख़ाँ साहब थे जो शुक्ला जी को सिखाने आते थे। उन्होंने शिवजी पर बहुत अच्छी-अच्छी रचनाएँ लिखीं। शिवकुमार शुक्ला जी पहले पंडित ओंकारनाथ ठाकुर के शिष्य थे। तत्पश्चात् वे उधर भिंडी बाज़ार घराने में चले गये।

पंडित शिवकुमार शुक्ला जी से जुड़ी हुई एक घटना का वर्णन पंडित जसराज बहुत विनम्रता और आदर के साथ करते हैं। 'कलकत्ता में ए. कानन साहब थे। उन्होंने हमारी बहुत सहायता की थी। वो मुझे और एक सितार वादक बलराम पाठक जी थे—हम दोनों को कभी एक साथ, कभी अलग-अलग कोई न कोई कार्यक्रम दिलवाते रहते थे। सन् 1955 में कलकत्ता रेडियो साढ़े दस बजे रात में बन्द होता था। हमने उसमें रात कोदरबारी गायी। शुक्ला जी कानन साहब के साथ बैठकर सुन रहे थे। उन्हीं के यहाँ ठहरे हुए थे। सुनने के बाद में उन्होंने कहा—कानन, हमें तो इससे मिलना है। कानन साहब ने कहा कि ठीक है हम फ़ोन करवा देते हैं, वो यहीं आ जायेगा। वो बोले—नहीं, जिस तरह की दरबारी इन्होंने गायी है, मैं ख़ुद इनसे जाकर मिलना चाहता हूँ। तो वे बड़े भाई साहब पंडित मनीराम जी के पास हमसे मिलने आये। कितने तो प्रभावित हुए होंगे कि वो हमसे स्वयं मिलने आये। वर्षों के पश्चात् उन्हें जब संगीत नाटक अकादेमी पुरस्कार मिला तो बड़ौदा की पब्लिक ने उनका सम्मान किया। उनसे पूछा गया कि वे किसके हाथों सम्मान लेना पसन्द करेंगे तो उन्होंने कहा कि पंडित जसराज के हाथों। जीवन में यदि ऐसी कोई घटना घटती है तो आप दो-तीन सीढ़ियाँ एक साथ चढ़ जाते हैं। हमारे लिए यह ऐसी ही घटना थी। वो पंडित शिवकुमार शुक्ला थे जिनकी 'हंसध्वनि' से हम बहुत ही प्रभावित थे। वो 5 सुरों के सारे राग इतना अच्छा गाते थे कि लगता था मानो ये राग उन्हीं के लिए बने हों। 5 सुर के राग उन्हें मिल गये तो पंडित शिवकुमार शुक्ला ने उन्हें निचोड़कर ही रख दिया। सम्पूर्ण राग वो कैसे गाते थे, वो हमें याद नहीं है। वो बन्दिश की सरगमें बहुत अच्छी गाते थे। जैसे हम तो बन्दिश गाते हैं शब्द पकड़ के। वो सरगमों की बन्दिश बहुत ख़ूबसूरत गाते थे। खिल-खिल के गाते थे। सरगम में ही आलाप करते थे। उस्ताद अमीर ख़ाँ के पिता भी उसी घराने के थे।'

पंडित जसराज के साथ यह वार्तालाप हवेली संगीत की छाया में पंडित शिवकुमार शुक्ला और उस्ताद अमीर ख़ाँ तक पहुँच गया है। लेकिन यह चर्चा बहुत रोचक है। 'एक बार शिवकुमार शुक्ला जी के पास अमीर ख़ाँ साहब उतरे हुए थे।' पंडित जसराज बता रहे हैं—'आश्चर्य कि जब वो गाते थे, अमीर ख़ाँ साहब चादर ओढ़ कर दूसरे कमरे में लम्बे सोते रहते थे। अमीर ख़ाँ साहब के पिता तो उसी घराने के थे, तो वो आराम से उन्हें सुन सकते थे। सीख सकते थे। मगर उनसे सीखा नहीं। उनका अंग लिया,

उनकी छाया ली। कहते हैं न किसी राग की छाया थी—छायानाट। नट की छाया जिसके ऊपर हो। ऐसे अमीर ख़ाँ साहब पर दो-तीन कलाकारों की छायाएँ (प्रभाव) थीं। उनमें से एक बहरे वहीद ख़ाँ साहब, जिनका आलाप उन्होंने लिया। रजब अली ख़ाँ साहब की तानें और अमान अली ख़ाँ साहब का सरगम अंग। शुक्ला जी तो उनके हमसफ़र थे। बहरे वहीद ख़ाँ साहब को मैंने रेडियो पर ही सुना था। और दो बार सुनी पूरिया। वो मध्यम से ऊपर जाते ही नहीं थे। और आधा-पौना घण्टा ख़त्म हो जाता था। ऐसा नहीं लगता था कि इतना धीमे क्यों चल रहे हैं। बहरे थे और किसी शागिर्द को कहते थे कि यार मुझे सुर बता रे कहाँ है। और फिर सुर छूटता नहीं था। कोई शागिर्द ज़ोर से कान में बता देता था—सा-सां-सा। वो कहते—अच्छा ठीक है और शुरू हो जाते थे। तानपुरे तो लगे ही रहते थे। मगर सुर छूटता नहीं था। बहरे वहीद ख़ाँ साहब, अब्दुल करीम ख़ाँ साहब के भाई थे। ऊँचा सुनते थे इसलिए उन्हें बहरे कहते थे। आवाज़ अब्दुल करीम ख़ाँ साहब जैसी नहीं थी, मगर आलाप में कोई उनका हाथ नहीं पकड़ सका। रेडियो का भी ज़्यादा ज़माना नहीं था तब। ज़्यादातर लाहौर में गाते थे। तब इनका दो-तीन बार गाना सुना। मजाल है कि अन्तरे का 'सां' पकड़ लें। जो रेडियो वाले थे वो भी नहीं कहते थे कि उस्ताद अन्तरा तो बोलिए। टाइम ख़त्म हो गया तो फेड आउट कर लिया। अब तो हम घड़ी देखकर स्थायी अन्तरा कर जाते हैं। उनको चिन्ता ही नहीं थी। उनको दुनिया ने ज़्यादा नहीं सुना। उस्ताद अमीर ख़ाँ साहब को भी नहीं सुना। अच्छा-खासा नाम होने के बावजूद उनको उतना नहीं सुना गया जितना बड़े ग़ुलाम अली ख़ाँ साहब को सुना गया। कभी-कभी तो लोग अमीर ख़ाँ साहब को क्लैपिंग करके उठाने की कोशिश भी करते थे। मगर वो तो बड़े ही कलाकार थे। चाहे क्लैप करो या कुछ, हम तो गायेंगे और वैसा ही, जैसा हम गाते हैं। अद्वितीय कलाकार थे वो। इस ज़माने में उन्होंने इतने अधिक कलकारों को प्रभावित किया, मैं तो अमीर ख़ाँ साहब को गायकों का गायक मानता हूँ।'

वापस लौटकर हवेली संगीत पर आते हैं। 'हम लोग हवेली संगीत पे शुरू किये और उस्तादों में चले गये। हवेली संगीत में वल्लभ सम्प्रदाय के जितने भी कवि हैं, उन सबका गाया जाता है। वो तो हवेली संगीत का आधार बिन्दु है न। लेकिन इनमें भी सूरदास को सबसे अधिक गाया गया है। उनके बाद भी बहुत सारे कवि हुए। आज भी कुछ लोग इसे आगे बढ़ा रहे हैं। रत्तन बहुत अच्छा कम्पोज करता है, पारम्परिक रचनाओं को ध्यान में रखकर ही करता है। नट भैरव में रत्तन गाते हैं—जागो कृष्ण। बहुत सुन्दर रचना है।'

सामान्यत: तो कृष्ण भक्ति के भजन गाये जाते हैं, उनमें और हवेली संगीत में क्या अन्तर है, मेरी जिज्ञासा है। इसका उत्तर बहुत रुचिकर भी

है। और विस्मयकारी भी। हवेली संगीत तो रेडियो वालों ने लगा दिया। वास्तव में तो ये है 'पुष्टिमार्गी संगीत'। अब रेडियो ऐसा माध्यम था कि किसी ने कुछ कह दिया तो कह दिया। जब वर्गीकरण किया गया कि ये ख़्याल है, ये टप्पा है, ये ठुमरी है, ये कजरी है, ये चैती है, ये तराना है, ये भजन है। तब प्रश्न आया कि यह गायन किस शैली में रखा जायेगा। तो जो मन्दिर में गाया जाता है वो हवेली संगीत हो गया। कृष्ण जी के मन्दिर को हवेली कहते हैं—ठाकुर जी की हवेली।

आज हम सूरदास के, नन्ददास के, सभी अष्टछाप कवियों के पद गाते हैं तो वो विशेष शैली में जब गाया जाता है तो हवेली संगीत होता है। कुम्भनदास, छीतस्वामी, गोविन्ददास, सभी को गाते रहते हैं। भजन तो कोई भी होता है, जिसमें भगवान् का नाम लिया जाता है।

'ऐसे संगीतकार, संगीत-निर्देशक भजन को राग से हटकर भी रचित कर देते हैं। जबकि हवेली संगीत में राग ही राग है। राग और अनुराग दो ही चीज़ हैं। जैसे फ़िल्म में कोई संगीत देते हैं तो वह फ़िल्म का संगीत कहलाता है। उसमें भी लता जी आदि ने बहुत अच्छे-अच्छे भजन गाये हैं।'

क्या हवेली संगीत में केवल कृष्ण के पद गाये जाते हैं अथवा अन्य देवी-देवताओं को भी सम्बोधित करके अथवा केन्द्र में रखकर गाया जाता है?

'प्रमुखतः कृष्ण के पद होते हैं, यूँ अन्य देवी-देवता को केन्द्र में रखकर भी गाया जाता है। लेकिन वह कम है। पंडित विष्णु दिगंबर पलुस्कर जी के एक शागिर्द हुए—पिचलकर जी। उनके और भी बहुत सारे शागिर्द हुए। वहाँ पिचलकर जी नाम का स्थान है। वहाँ की जनता बहुत बड़े-बड़े संगीत के आयोजन करती है। वहाँ बहुत बड़ा एक पेड़ है जिसके नीचे बैठकर वो रियाज़ करते थे। वो पेड़ प्रोग्राम में बीच में आ जाता है। हमने भी वहाँ गाया। और लोग भी वहाँ गाते हैं। हमने सुना है, कि एक बार किशोरी जी वहाँ गयीं तो वे कहने लगीं कि मैं इस पेड़ के सामने नहीं गाऊँगी। इसे कटवाएँ। तो लोगों ने कहा कि ये तो हमारी इबादत की जगह है, पेड़ कैसे काटा जा सकता है। लेकिन वो गाती बहुत सुन्दर थीं। राग रसोई पागरी, कभी-कभी बँध जाये। 52 गज की पतली-सी पगड़ी, स्वादिष्ट भोजन और अच्छी रागदारी, यह कभी-कभी ही सम्भव होती है। हवेली संगीत भी वैसा ही है। उसको समझना, बनाना, गाना, कभी-कभी ही सम्भव हो सकता है।

सन् 1980 के दशक के अन्त में और '90 के प्रारम्भ में पंडित जसराज ने 'अनुराग' सीरीज़ में अष्टछाप कवियों के पद गाये, 'अनुराग', 'कृष्णानुराग' तथा 'शिवानुराग'। इनमें से 'अनुराग' तथा 'कृष्णानुराग' को हवेली संगीत की ही परम्परा में रखा जा सकता है।

117

परिकल्पना, शोध, अध्ययन, मनन ये सब संगीत के अभिन्न अंग हैं। पंडित जसराज बचपन से ही न केवल अन्य कलाकारों को सुनने जाते थे, अपितु उनकी विशिष्टताओं के विषय में चिन्तन-मनन भी करते थे। स्त्री कण्ठ और पुरुष कण्ठ, स्त्री का गायन और पुरुष का गायन—यद्यपि कलाकार दोनों ही हैं, यहाँ तक कि तानपुरे भी 'फीमेल' और 'मेल' या 'लेडीज़ और 'जेंट्स' तानपुरे क्यों हैं, उस पर वो गहन चिन्तन करते थे। महिला गायक और पुरुष गायक, दोनों का 'स्केल' अलग-अलग होता है, लेकिन क्यों! इस पर वह निरन्तर सोचते रहते थे। जुगलबन्दी कलाकार बहुत से हुए, लेकिन केवल दो पुरुष अथवा दो महिलाएँ। पुरुष और महिला कलाकार की साथ-साथ जुगलबन्दी नहीं होती थी। दोनों का स्वर, दोनों का स्केल अलग-अलग होने के कारण यह सम्भव नहीं हो पाता था।

पंडित जसराज बहुत समय से इस विषय पर विचार कर रहे थे कि कैसे इसका हल निकाला जाये। भोपाल में उन्होंने अपने छात्र-छात्राओं के लिए शिविर का आयोजन किया था। इस शिविर में उन्होंने पहली बार श्वेता झवेरी और संजीव अभ्यंकर के साथ यह प्रयोग किया था। सन् 1992 की बात है। उसके बाद 1993 में पूरा वर्ष इसका रियाज़ चलता रहा। वे श्वेता तथा संजीव दोनों को बताते थे, समझाते थे इसकी प्रक्रिया और बाक़ी सब शिष्य सुनते थे। फिर पुणे में पहली बार सन् 1993 में इन दोनों की जुगलबन्दी हुई, इस नयी शैली में। पुरुष और स्त्री यदि एक ही स्केल पर गाने की कोशिश करें तो या तो पुरुष को समझौता करना पड़ता है अपने मूल स्वर से नीचे आकर अथवा स्त्री को समझौता करना पड़ता है अपने मूल स्वर से ऊपर जाकर। पंडित जसराज के दिमाग़ में चल रहा था कि इन दोनों को कैसे समतुल्य लाया जाये। तो उन्होंने देखा यह मूर्च्छना पद्धति में सम्भव है। यह पाया कि एक का षड्ज-मध्यम यदि बदल दें, मध्यम को षड्ज बना दें तो वो तालमेल हो जायेगा। ऐसे में राग भी दूसरा हो जायेगा। वही नोट्स—जैसे नट भैरव और मधुवंती। नट भैरव का जो शुद्ध मध्यम है, उसको यदि षड्ज बना दें, सामान्यत: यदि लड़की का जो सा रे गा मा है, तो जहाँ उसका 'मा' आता है, उसे

यदि षड्ज यानी 'सा' बना दो, वही नोट, वही राग को यदि हारमोनियम पर बजाओगे या गाओगे तो एक दूसरा ही राग बनेगा। तो लड़का जो है, वह ऊपर से गाता है, यानी लड़की के मध्यम को षड्ज बना के। वहाँ राग अलग हो जाता है। तो दोनों 'स्केल' एक ही हैं, केवल जहाँ से लड़की शुरू करके मध्यम पर पहुँचती है, वहाँ मध्यम से लड़का शुरू करता है। 'नट भैरव' के शुद्ध मध्यम को यदि षड्ज माना जाये और वहाँ से शुरू करें तो 'मधुवंती' बन जाता है। यही है मूर्च्छन पद्धति। पुरुष जब अपने षड्ज को गाता है तो वही स्त्री के लिए पंचम बनता है। स्त्री का मध्यम पुरुष का षड्ज बनता है, मध्य सप्तक का षड्ज।

पुरुष और स्त्री जब दोनों अलग-अलग गाते हैं, अपने स्केल पर गाते हैं, किसी को कोई असुविधा नहीं होती, क्योंकि दोनों का अपना ही स्केल होता है। कठिनाई तब है जब दोनों एक साथ गायें। दोनों ही जसरंगी पद्धति में जब गाते हैं, अथवा मूर्च्छना पद्धति में गाते हैं तब एक-दूसरे के साथ गाते हैं। एक ही बन्दिश में दोनों स्त्री और पुरुष के रागों को निबद्ध करते हैं। एक-दूसरे को सुनना भी है और उसे जानकर समझना भी है कि दूसरा कहाँ रुक रहा है तथा फिर वहाँ से अपना गाना प्रारम्भ करना—एक दम एक राग जुगलबन्दी की तरह। लेकिन यहाँ राग ही अलग-अलग होते हैं। कठिन है, लेकिन पंडित जसराज के सभी शिष्य मानते हैं कि इसमें थोड़े दिन के बाद बहुत आनन्द आने लगता है। बहुत अधिक अभ्यास की आवश्यकता है। अपने स्वर पर पकड़ बहुत प्रबल चाहिए। यह एक तरह का संवाद है, जिसमें दो कलाकार एक-दूसरे को नहीं सुनते हुए भी सुनते हैं, और सुनते हुए भी नहीं सुनते हैं तथा एक-दूसरे के गाये हुए का प्रत्युत्तर अपने गायन से ही देते हैं, लेकिन अलग राग में।

इसमें सुबह और शाम के रागों की जोड़ी एक साथ भी बन सकती है, लेकिन कई बार ऐसा भी हो सकता है कि एक व्यक्ति का राग सुबह का है तो उसका जोड़ीदार कलाकार के लिए शाम का राग बन जाये।

उदाहरण के तौर पर दो सुबह के राग बनते हैं—ललित और तोड़ी। सुबह और शाम के रागों में नट भैरव एवं मधुवंती की जोड़ी बन जाती है।

पंडित जसराज के शिष्यों में संजीव अभ्यंकर एवं तृप्ति मुखर्जी ने जसरंगी को बहुत गाया है। बाद में संजीव ने अश्विनी भिडे देशपांडे के साथ भी इसे गाया है। रत्तनमोहन शर्मा एवं गार्गी मुखर्जी की भी जसरंगी जुगलबन्दी होती रही है। रत्तनमोहन शर्मा तथा अंकिता जोशी की जसरंगी भी अनेकश: सुनी जा सकती है।

118

जसरस

पंडित जसराज के सम्बन्ध में अनेक व्यक्तियों ने लिखा है, लेकिन उनके गायन से जनित रस को केन्द्र में रखकर पुणे की विदुषी एवं संगीत प्रेमी नीनाा फलणीकर की एक अलग ही दृष्टि है। उनके द्वारा रचित कुछ कविताएँ यहाँ प्रस्तुत है। 'वैसे तो जसराज जी की हर महफ़िल बयाँ के पार होती है, मगर खास करके उनकी वो महफ़िल जो 2 फ़रवरी, 1984 के दिन सारस बाग के गणेश मन्दिर में सम्पन्न हुई थी, उसका अन्दाज़ कुछ ज़्यादा ही स्वर्गीय था। मन्दिर का वो पवित्र वातावरण और जसराज जी के दैवी सुर... बस ये संगम ऐसा बना कि वो हमें दैनन्दिन जीवन से उखाड़कर कहीं दूर, किसी ऊँचे स्तर की दुनिया में ले गया था।

उस महफ़िल का बड़ा ही गहरा असर, मेरे दिलो दिमाग़ पर लम्बे अरसे तक रहा, और उसी से यह स्वयंस्फूर्त कविता निकल आयी।

इस कविता में मैंने, 'जसरस' यह जो नया शब्द बार-बार लिखा है, उस शब्द की उत्पत्ति मेरे हाथों अपने आप हो गयी। यह उस रस का नाम मैंने रखा है, जो रस सिर्फ़ जसराज जी के गाने से ही पैदा होता है, और जो रस उनके व्यक्तित्व में भी महसूस होता है। इस रस का अपना एक खास रसीलापन है, जिसे और किसी शब्द से पूरी तरह बयाँ नहीं किया जा सकता। तभी तो मैंने उसे 'जसरस' कहना उचित समझा।'

'जसरस'

क्या रंग था किसी की महफ़िल का,
दरबार सजा हो भगवन् का॥
बड़ी शान में आया राजगवैया,
जसरस नस-नस फैल गया।

वो पीताम्बरसी धोती किनारवाली
कुर्ते पर वो जाकीट मखमाली की,
गले माला, माथे तिलक लगाया,
जसरस नस-नस फैल गया।

मंच पे बैठी वो लुभावनी सुख,
सुर में खोयी वो मोहनी मूरत,
उस सुर का जादू छैल गया,
जसरस नस-नस फैल गया।

बन्द नेत्र और हाथ की मुद्रा,
वो थी पूजा की भाव निद्रा,
स्वयं ईश्वर उनमें प्रकट गया,
जसरस नस-नस फैल गया।

सुर बोले—'ओम् हरी अनन्त,'
नाद ब्रह्म से गूँज उठा आसमन्त,
चराचर सुरमय बन गया,
जसरस नस-नस फैल गया।

सात सुरों का विशाल समन्दर,
डूब गये वो उसके अन्दर
लाख दिलों को भिगो दिया
जसरस नस-नस फैल गया।

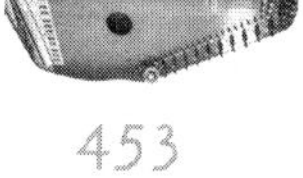

इक नशा-सा लायी सुर की सुरा,
क्या है उसके आगे मदिरा?
कानों में अमरित घोल दिया,
जसरस नस-नस फैल गया।

सुर-ताल-लय प्राण हैं जिनके,
शब्द-भाव-रस साँस है जिनकी
उन्होंने जनसम्मोहन मोह लिया
जसरस नस-नस फैल गया।

सुर-सूर (देवस्वर)

सन् 2002 में रचित एक अन्य रचना। यह मराठी में है। इसे भी नीना फलणीकर जी ने लिखा है।

सूर बनती सजीव-सुन्दर
सूर बनती मंगल-मधुर!
सूर बनती लडिवाल-मधाळ
सूर बनती ललित-रसाळ!

सूर बनती हळुवार फुंकर
सूर बनती शांतीचा अंकुर!
सूर बनती गूढ हुंकार
सूर बनती दिव्य ओम्कार!
जेव्हां स्फुरती जसहृदयांतुन
आणिक झरती जसकण्ठातुन!

नवरस इथे थिटे पडती
अननुभूतशी ही अनुभूती!
मनमयूर मोदे हरखतो
जव जसरस नसनस झिरपतो!
रसिकां हे सूर उन्मनक

अरसिकां हे सूर आह्लादक!
आजान्यां हे सूर संजीवक
अतिरेक्यां हे सूर उद्धारक
हे सूर सकलां मोक्षदायक!

तेजोमय असो हा सूर निरन्तर
असेच उजळो हरेकं अन्तर
घडावे काही असे छू-मन्तर
अमर व्हावा हा स्वरकिन्नर!

119

जसराज

येनाश्रित्य विशुद्धगानविषयः सद्धर्मरक्षामियः
यो नित्यं च शिष्यविषये कार्यानुभांवान्वितः
गन्धर्वास्थित रागगाननिरतः भासोऽस्ति रसोकादरः
सोऽयं श्री जसराज पंडितवरः पद्मेन यो भूषितः

येनाश्रित्य विशुद्धगानविषय सन्दर्भ जो पालतो
यो नित्यं च शिष्यविषये कर्मासी जो जाणतो
गन्धर्वस्थित रागगाननिरतः लोकादरा आणितो
सोऽयं श्रीजसराजपंडितवरः, पद्मानी जो भूषितो

—स्वर्गीय नारायण भुजंग भालेराव द्वारा रचित

पंडित जसराज की अमेरिका निवासी शिष्या उत्तरा भालेराव के पिता श्री नारायण भुजंग भालेराव ने सन् 2002 में टैंक आये थे। वहाँ उनकी भेंट पंडित जसराज से हुई। उनसे मिलकर नारायण भुजंग भालेराव जी इतने प्रभावित हुए कि उन्होंने पंडित जी के सम्मान में उपर्युक्त पंक्तियाँ संस्कृत में लिखीं। भालेराव जी संस्कृत के विद्वान थे और नारायण शर्मा नाम से लिखते थे। सन् 2016 में उनका निधन हो गया। ये पंक्तियाँ उत्तरा भालेराव के सौजन्य से जुटाई गयी है।

120

पंडित जसराज के शिष्य प्रीतम भट्टाचार्जी ने अपने पूज्य गुरुजी के सम्मान में निम्न रचनाओं को लिखा तथा स्वरबद्ध किया है। यह रचनाएँ उन्होंने अपने गुरुजी के चरणों में समर्पित की हैं।

राग-मारवा

आप हो मेरे ध्यान ज्ञान
आप हो संगीत की खान
सुर से जुड़े एक आख्यान
रात तत्व का आपने किया दान॥

हो सुर कवि स्वराकाश में
हो सुर सागर कलासागरों में
ईश्वर का कण्ठ हो आप
संगीत ही सही परिभाषा हो आप
सुरों में आत्मा स्वरूप हो आप
जसराजा हो सुर राज्य में आप
आप के संगीत रस में करूँ मैं स्नान॥

आप के षड्ज सुनी जागे प्राण
सुनी खरज़ आप के लागे ध्यान
मंद्र मध्य तार में आप जब
तान आलापन करे तब
राममूर्ति होत प्रगट
आये तव सम्मुख निकट
हम होत विभोर करी तव स्वर-सुधा रस पान॥

(सन् 2011 में रचित)

राग-किरवानि

करो राज तुम्हरे जस गाये आज
जगत सारों; तुम हो रसराज
करो राज...

तुम हो सरताज संगीत के
हे स्वराधिराज, करो विराज राग पे
जब तुम गाओ, परम सों मिल जाओ
स्वर सो ईश्वर को दिखलाओ॥
करो राज तुम्हरे जस गाये आज
जगत सारों; तुम हो रसराज...

जब तुम गान करत गुणी
जैसे ध्यान धरत कोऊ सन्त मुनि
सुर समाधि लागे तव गान सुनी
तुम हो सुरराज॥
करो राज तुम्हरे जस गाये आज
जगत सारों; तुम हो रसराज...
कोऊ अन्तर न पाऊँ मैं
तुम्हरे गान में और भगवान् में
कियो है दान संगीत का तुमने
मुक्त हस्त सों, सबन को
नाहीं ऐसों बड़ों काज॥
करो राज तुम्हरे जस गाये आज
जगत सारों; तुम हो रसराज...

(सन् 2008 में रचित)

रागमाला

जुग जुग आप गुणी गाइए
संगीत की धारा बरसाइए
राग को स्वरूप सब जन को दिखलाइए
जुग जुग आप गुणी गाइए।

सुर को कर ध्यान
आप जब करे गान
'मेवाती' को कर महान
सुर की मेवा जगत को खिलाइए॥
जुग जुग आप गुणी गाइए...

जब आप करत राग को बढ़त
जैसे कोऊँ देव को आवाहन करत
सात स्वरों को आप ऐसे गावे
जैसे कोई जोगी सात चक्र जगावे
नवरस को इक कर दिखलाइए॥
जुग जुग आप गुणी गाइए...

सब कोई आपके करे जसगान
नायक गायक आप हो महान
हम तो निसदिन आप ही को ध्यावे
आप हीं को गावे
हम दीन पर सुर की किरपा बरसाइए॥
जुग-जुग आप गुणी गाइए...

(सन् 2009 में रचित)

राग वैरागी-तीन ताल मध्यलय

स्थायी

जपत हूँ निसदिन श्रीहरि नाम
सगुण स्वरूप को करूँ मैं प्रणाम
रात-दिवस बस एक ही नाम
जनम सफल कर दे जो नाम॥

अन्तरा

मन में माला फिरत निरन्तर
धुन मुरली बाजे मन भीतर
राग भक्ति का गाऊँ अविराम॥

(सन् 2013 में रचित)

पंडित जसराज का रचना संसार

121

नहीं आये ओ रंग राती।
तेरी मैं प्रीत कैसे जानियां नहीं आये रंगराती।
सगरी रैन मोहे तरपत बीती नहीं आये परभात।
तेरी मैं प्रीत कैसे जानियां नहीं आये परभात।

हनुमत मठ नाम का एक मठ है जिसमें पाँच पत्नी वाले एक भैरव का वर्णन है। वे पत्नियाँ हैं—बंगाली, भैरवी, बराड़ी, मधुमालती, शांभावी। इनमें एक और पत्नी पैठढ़ी का उल्लेख नहीं है। पैठढ़ी को ईजाद किया था राजा रामचन्द्र ने। औरंगाबाद के निकट एक स्थान है—देवगिरि। राजा रामचन्द्र वहाँ के शासक थे। अमीर ख़ुसरो राजा रामचन्द्र के एक सिपहसालार थे। बहुत कम लोगों को सम्भवत: इस बात की जानकारी होगी कि अमीर ख़ुसरो सिपहसालार थे। यूँ वह सिपहसालार होने के साथ-साथ बड़े संगीतकार भी थे।

मुग़ल बादशाह अलाउदद्दीन खिलजी ने देवगिरि पर आक्रमण किया। युद्ध में खिलजी को विजय प्राप्त हुई। हारने के बाद राजा रामचन्द्र कहीं भाग गये, लेकिन 'घर का भेदी लंका ढावे' को साबित करते हुए किसी ने खिलजी को कमलावती और उनकी बेटी के बारे में सूचना दे दी। खिलजी ने राजा रामचन्द्र की पत्नी कमलावती से तो स्वयं विवाह कर लिया और बेटी से अपने एक बेटे का विवाह करा दिया। ये सब बातें सुनी-सुनायी हैं और इनकी ऐतिहासिक सत्यता के विषय में कहना कठिन है।

देवगिरि में छह सौ छोटे-बड़े कलाकार थे। अलाउद्दीन खिलजी ने इन छह सौ कलाकारों को, जिनमें गायक, लेखक, बुनकर, चित्रकार, इतिहासकार आदि सम्मिलित थे, तोप के सामने खड़ा करके उड़ा देने का आदेश किया। इनमें अमीर खुसरो भी थे और वह बहुत निडर सिपहसालार थे। वह खिलजी के सामने आकर खड़े हो गये और अड़ गये। बोले कि हुज़ूर, ये सभी कलाकार हिन्दुस्तान की शान हैं। ये सब हमारे देश की विरासत हैं। अमीर खुसरो के कहने पर खिलजी ने सबका मृत्यु दण्ड तो माफ़ कर दिया लेकिन, बन्दी बनाकर सभी को दिल्ली ले आया। इस

लड़ाई के 40 वर्ष पहले 'राग रत्नाकर' लिखा गया था। तो उस कलाकारों के समूह में सबसे बड़े कलाकार थे—नायक गोपाल। उन्हें गुरु का पद प्राप्त था। अमीर खुसरो कुछ दिन तो चुप रहे, फिर कमलावती बेगम के पास गये और बोले कि आपको गोपाल नायक बहुत मानते हैं। आप एक बार उनसे गाना गवा दीजिए। मैं उनसे गाना सीखना चाहता हूँ। रानी बेगम ने जवाब दिया कि गोपाल नायक जी ने तो गाना बन्द ही कर दिया है। वह उस हादसे से बाहर ही नहीं निकल पाये। लेकिन कोशिश करने का वादा किया। बेगम होने के बावजूद वह गोपाल के पास गयीं और उनसे गाने का आग्रह किया। तब गोपाल नायक ने उत्तर दिया कि बेटा हमारा गाना तो राजा राम के साथ ही छूट गया। हम अब कैसे गा सकते हैं। तब रानी बेगम ने उत्तर दिया कि गुरुजी, हम भी तो उनसे बहुत प्रेम करती थीं। अब हमारी कमज़ोरी समझें या मजबूरी। हम तो मर भी नहीं सकीं। जब हम जी रही हैं, तो आप भी अपने मन को मना लीजिए। एक दफ़े आप दरबार में गा दीजिए। तब गोपाल नायक ने एक बार फिर अपना सुर साधा और दरबार में सभी को अपने गाने से मन्त्रमुग्ध कर दिया। उन्होंने जो गाया, वह राग था—देवगिरि बिलावल, जो देवगिरि क़िले के नाम पर रखा था। अमीर खुसरो ने बहुत मनोयोग से उन्हें सुना और अपने में उतार लिया। ऐसा मानते हैं कि अमीर खुसरो की माँ हिन्दू थीं। उन्हीं के कारण गाने-बजाने में अमीर खुसरो की रुचि बनी। कितने सारे साज उन्होंने बना दिये—सितार, तबला, हारमोनियम। उनके लिखने का तो जवाब ही नहीं। संगीत में उन्होंने बहुत इजाफ़ा किया—आज रंग है, मेरे बाबुल को भेजो रे, आदि उनकी बहुत अच्छी रचनाएँ हैं। अमीर खुसरो की सबसे बड़ी देन है कि उन्होंने हिन्दुस्तान के छह सौ कलाकारों की जान को बचा लिया। हालाँकि इसके बाद का कोई वर्णन नहीं मिलता कि इसके बाद गोपाल नायक ने क्या किया। 'देवगिरि बिलावल' उनकी रचना है जो उन्होंने राजा की नज़र की थी। देवगिरि जैसा किला और देवगिरि बिलावल जैसा राग, दोनों का बनना कठिन है, पंडित जसराज मानते हैं।

122

पंडित जसराज कहते हैं कि वह शायद 70-80 राग गाते होंगे। इससे ज़्यादा शायद याद भी नहीं हैं। इतनी ईमानदार स्वीकृति पहले कभी किसी कलाकार के मुख से नहीं सुनी। सभी कलाकारों के कुछ न कुछ प्रिय राग होते ही हैं जिन्हें फेरबदल कर वे गाते-बजाते रहते हैं। लेकिन यह अपने मुँह से कहना कि वह 70 एक राग गा लेते हैं, शायद ही किसी से मैंने सुना हो। कुछ युवा कलाकारों तक को मैंने यह कहते हुए सुना है कि वे सैकड़ों राग गा लेते हैं और उन्हें अपने गुरुओं से जो कुछ सीखना था वे सीख चुके हैं, लेकिन पंडित जसराज भारतीय शास्त्रीय संगीत के सर्वोच्च सितारे होने के बावजूद स्वयं को जिज्ञासु के स्थान पर ही रखते हैं और अनवरत कुछ न कुछ नयापन खोजते रहते हैं तथा अपने गायन में उस नयेपन को लाते रहते हैं। सन् 1954 में जब मैंने रेडियो में ऑडीशन दिया तब मैंने 70 राग लिखकर भेज दिये। और कैसे, मालूम है? एक का स्थायी-अंतरा याद है, एक का चलन नहीं याद, कुछ और याद है, इस तरह सब लिखकर भेज दिया। ऑडीशन लेने वाले थे—भातखंडे म्यूज़िक कॉलेज के सबसे पहले प्रिंसिपल, डायरेक्टर श्रीकृष्ण नारायण रातनजनकर जी। वे भातखंडे म्यूज़िक कॉलेज के उस ज़माने में प्रिसिंपल थे जब उसका नाम मॉरिस कॉलेज था। भातखंडे जी ने मॉरिस कॉलेज को म्यूज़िक स्कूल बनाने के उद्देश्य से अंग्रेज़ों से लिया था। तो उसका नाम भातखंडे म्यूज़िक कॉलेज पड़ गया था।

ऐसा माना जाता है कि रातनजनकर जी बहुत सख़्त आदमी थे। उनके बहुत सारे शिष्य थे। स्वामी जी (वल्लभदास जी) के कॉलेज के प्रिसिंपल गिंदे साहब (के.जी. गिंदे), भट्ट साहब (एम.सी.आर. भट्ट), वी.जी.जोग, दिनकर कैंकिनी, शन्नो खुराना, सुमती मुरारकर, सी.आर.व्यास, चिन्मय लाहिड़ी जैसे नामी-गरामी संगीतज्ञ उनके शिष्य थे। भातखंडे जी के शिष्यों का वास्ता फ़य्याज़ ख़ाँ साहब से था। फ़य्याज़ ख़ाँ साहब के शिष्य भातखंडे साहब ने उनको (रातनजनकर जी को) गाना सिखाया था। मतलब-ख़ुद गाते नहीं थे, मगर इनको सुनो, उनको सुनो, ये गाना ऐसा होना चाहिए, वैसा होना चाहिए—यूँ करते थे। तो उसे आगे बढ़ाने के लिए

उन्होंने रातनजनकर जी को भी फ़य्याज़ ख़ाँ साहब का शिष्य बना दिया। इसलिए भातखंडे म्यूज़िक कॉलेज के सभी कलाकारों पर आगरा घराने का बहुत प्रभाव है। अब लोग नहीं मानते, लेकिन उस ज़माने में उनका बहुत बड़ा कांट्रीब्यूशन था। फ़य्याज़ ख़ाँ साहब उस ज़माने के सबसे बड़े गायक माने जाते थे।

'मैंने 1954 में रेडियो में ऑडीशन दिया। साँस-वाँस लगता है न जिसमें, मुझे वो इस्नोफीलिया एक बीमारी होती है, वो थी। इस समय मैंने ऑडीशन दिया। ऐसे में गाना तो यूँ भी दबने लगता है और मेरे हिसाब से ऑडीशन कुछ खास नहीं गया। मुझे एक प्रोग्राम एक्जीक्यूटिव थे—बिमान घोष—वो बहुत चाहते थे। वो बाहर आये और उन्होंने मुझे रोते हुए देखा। वे मेरी पीठ थपथपाते हुए बोले-अरे, तू रो क्यों रहा है? तेरा ऑडीशन तो बहुत अच्छा गया। उस ऑडीशन में मैंने मुलतानी से शुरू किया था। दो-चार मिनट सुनने के बाद उन्होंने कहा कि अब आप तानें लगाइए। तो मुझे उसका स्थायी अंतरा याद था। मैंने पूछा आप अंतरा सुनेंगे? बोले—अच्छा गा लो। थोड़ा सुना और फिर कहा—अच्छा, अब आप बिलासखानी गाओ। बिलासखानी का मुझे स्थायी-अंतरा दोनों याद था। कहा-अच्छा इसका द्रुत गाओ। द्रुत तो मुझे आती नहीं थी, सो मैंने कह दिया कि मुझको इसकी द्रुत नहीं आती। तो बोले—अच्छा हुसैनी कान्हड़ा गाओ और उसमें ख़ूब तानें लगाओ। तो मैंने कहा—मैं पहले जमा तो लूँ हुसैनी कान्हड़ा को। तो इस प्रकार 50 मिनट का ऑडीशन दिया। बाहर निकल करके रोने लगा कि मेरी तबीयत यदि अच्छी रहती तो ज़्यादा अच्छा गा पाता। ये अप्रैल, 1954 की 20-22 तारीख थी। बिमान घोष ने हमसे कहा कि रोना बन्द करो, तुमने बहुत अच्छा गाया और तुम्हारा रिजल्ट भी अच्छा है। उन्होंने अन्दर देख लिया था कि क्या लिखा है। एक-दो महीने के बाद चिट्ठी मिली कि हमारी फीस जो पहले 25 रुपये मिलती थी, वो बढ़ाकर 55 रुपये कर दी गयी है। 25 रुपये में जो 'सी' ग्रेड थी, 55 रुपये में बी + ए यानी बी हाई हो गया। तो बहुत ख़ुशी हो गयी। गा लिया, 15-15 मिनट के दो आइटम करे। वैसे उसके पहले मैं 1951 से रेडियो में गा रहा हूँ।'

उस ज़माने की यादें बहुत हैं। रेडियो का पंडित जसराज की संगीत-यात्रा में बहुत बड़ा योगदान है। 1951 में रेडियो पर गाने के लिए इन्हें आधा घण्टा देते थे, मगर एक ही आइटम। इसके लिए मिलते थे 25 रुपये। ये बार-बार बिमान घोष के पास जायें और उनसे पारिश्रमिक बढ़ाने का आग्रह करें। 'बिमान दा, आप मेरे पैसे बढ़ा दीजिए। बस 10 रुपये।' बिमान दा हाँ-हूँ करते रहें लेकिन फीस नहीं बढ़ी। जुलाई 1952 या 53

की बात है। जसराज जी ने उनसे जाके कहा कि आप हमेशा कहते रहते हैं और मुझे टालते रहते हैं कि आप मेरी फीस बढ़ा देंगे, बढ़ा देंगे। आपने फिर से मुझे 25 रुपये का कांट्रेक्ट भेजा। और मैंने उनके सामने ही वो कांट्रेक्ट फाड़ दिया। उन्होंने वो फटा हुआ कांट्रेक्ट अपनी ज़ेब में डाला और मुझको एक अलग रूम में ले गये। और वहाँ बन्द करके कहते हैं—तुम्हें मालूम है कि कांट्रेक्ट में प्रेसीडेंट ऑफ इंडिया का नाम है। रेडियो के कांट्रेक्ट में तुम्हारा अनुबन्ध उनके साथ होता है। तुम कांट्रेक्ट इस तरह नहीं फाड़ सकते, इसके लिए तुम्हें सज़ा हो सकती है। चुपचाप गाओ। अभी कुछ ही दिनों में ऑडीशन बोर्ड बैठने वाला है। मैं तुम्हें शुरू-शुरू में ही अन्दर घुसा दूँगा। तुम अच्छे से गाना तो रिज़ल्ट भी अच्छा ही होगा। मैं दूसरा कांट्रेक्ट लेकर आता हूँ। मुझे चाय की प्याली दी और दूसरा कांट्रेक्ट लेकर आये। बोले-इस पर साइन करो और आइंदा ऐसी बेवकूफ़ी मत करना। फिर उन्होंने कहा कि तेरे को मालूम है, कौन जानता है कि यह जो गा रहा है आधा घण्टा—उसे 25 रुपये मिलते हैं? अरे जिसको 50 रुपये मिलते हैं, उसको भी आधा घण्टा एक साथ नहीं देते हैं। तुम्हारा गाना सुनके तुम्हें समय देते हैं कि यह आधा घण्टा आराम से गाएगा। और उन्होंने एक उदाहरण दिया। ये जैसे मफतलाल का कपड़ा बेचते हैं, कितने बड़े-बड़े एडवरटिज़मेंट लगाते हैं ख़र्चा करके। तुम्हें तो हम दुनिया के सामने गवाते हैं, और वो भी पैसा देकर कि देखो, इसे सुनो, ये कैसा गा रहा है। तुम्हें हम पैसा देकर दुनिया के सामने रखते हैं। हमने कहा कि बात तो सही है। और फिर 1954 में ऑडीशन देकर हम 25 रुपये से 55 रुपये में आ गये और बी हाई में पहुँच गये।

'एक और घटना आपको सुनाते हैं। सन् 1954 में हम एक प्रोग्राम में रेडियो गये तो कानन साहब (ए. कानन) हमको मिले। वह हमें बहुत प्यार करते थे और हम पर अपना हक भी समझते थे। उन्होंने कह दिया कि मेरा और तुम्हारा ग्रेड एक ही है। तुम भी 'बी हाई' में हो और मैं भी 'बी हाई' में हूँ। उस ज़माने में कानन साहब का कलकत्ते में बहुत जबरदस्त नाम था। वह बहुत अच्छा गाते भी थे। लेकिन उनकी बात सुनकर हमको ज़रा-सा ताव आ गया। वो सिगरेट पीते-पीते बातें कर रहे थे। मैंने उनसे कहा-एक मिनट, और मैं पान की दुकान में गया, एक गोल्ड फ्लाक सिगरेट ख़रीदी और माचिस ली। सुलगायी नहीं, हाथ में लेकर आ गये। कानन साहब फिर से शुरू हो गये कि तुम्हारा बी-हाई कैसे है? इतने में वहाँ प्रसून बनर्जी नाम के एक कलाकार, जिनसे तृप्ति (तृप्ति मुखर्जी) ने भी सीखा है, वह आ गये। वह अच्छा गाते थे। उनकी पत्नी मीरा बनर्जी का भी नाम था, वह भी गाती थीं। तो कानन उनके बारे में बोले-देखो,

उसको 'ए' क्लास मिल गया। हमने ऐसा सुना और सिगरेट मसल दी। जलायी नहीं। देखो कैसे भगवान् अँगुली पकड़ के रास्ता दिखा देता है। यदि प्रसून बनर्जी उस दिन वहाँ न आते, तो शायद हम उस समय जिन मन:स्थिति में थे, उसमें सिगरेट पीना शुरू कर देते। अब क्या कहें, इनको 'ए' क्लास मिल गया, हमको नहीं। इनको 80 रुपये मिलेगा, हमको 55, ये सब बातें मन में आती हैं। मन में यह तो होता है न कि ये हमसे आगे चला गया, या हमसे पीछे है। हालाँकि प्रसून बनर्जी को 'ए' क्लास मिल गया था, लेकिन हमने कभी यह माना नहीं था कि ये हमसे गाने में आगे हैं। मीरा बनर्जी बहुत दबंग महिला थीं। प्रसून बाबू बड़े सुघड़ कलाकार थे। दोनों पति-पत्नी हमसे बहुत प्यार करते थे। यदि कहीं मन में किसी प्रकार का द्वेष भी रहा होगा, तो कभी मुखरित नहीं हुआ, न उनके व्यवहार में और न ही हमारे व्यवहार में। कानन साहब और उनकी पत्नी मालविका कानन! सोचिए, यदि इस दिन हमने सिगरेट पीना शुरू कर दिया होता, तो इस गाने में कहाँ, कितने पीछे होते, कौन जानता है!'

123

पंडित मणिराम को चार सौ रागों का सम्पूर्ण ज्ञान था। यदि वे सब रिकॉर्ड किये गये होते तो मेवाती घराने की विरासत कितनी अधिक समृद्ध होती, इसकी कल्पना करना कठिन है। पंडित मणिराम की बड़ी बेटी योगाई के पति आसकरण शर्मा आकाशवाणी के जयपुर केन्द्र में उप-निदेशक थे। उन्होंने पंडित मणिराम से आग्रह किया कि आप प्रतिदिन एक राग की रिकॉर्डिंग करें। पैसा तो इतना ही मिलेगा जितना कि रेडियो से मिलता है। मगर सारे रागों का रिकॉर्ड रहेगा। तब पंडित मणिराम ने हामी तो भर दी और कहते रहे कि हाँ गाएँगे, मगर यह काम आगे नहीं बढ़ सका। इसी प्रकार मुम्बई आकाशवाणी ने भी उनसे रिकॉर्ड करने के लिए आग्रह किया था।

आकाशवाणी मुम्बई ने पंडित जसराज से रिकॉर्डिंग करने के लिए कहा था, लेकिन हम भी तो उनके ही छोटे भाई हैं। बस टालते रहते हैं। वह कहते हैं—जसराज जी की रिकॉर्डिंग्स बाज़ार में ख़रीदने जाएँ तो लगभग 30-35 राग मिलेंगे। वह पहले जितने राग गाते थे, तब बहुत से रिकॉर्ड किये थे। लेकिन काल-क्रमानुसार विस्मृति होती जाती है। अब किसी का स्थायी याद है, किसी का अंतरा। सब कुछ याद नहीं रहता, इसलिए वह यह मानते हैं कि 'समय रहते कलाकारों को अपनी रिकॉर्डिंग्स कर लेनी चाहिए। उनका ज्ञान, उनकी कला केवल उनकी अपनी नहीं है, यह पूरे देश की धरोहर है जिसे और अधिक फलना-फूलना चाहिए।'

पंडित जसराज ने किस तरह आज की प्रचलित टेक्नोलोजी का अपने संगीत के प्रभाव को जीवन्त रखने के लिए प्रयोग किया है, इस सम्बन्ध में चर्चित चित्रकार तथा लेखिका अलका रघुवंशी कहती हैं—'सन् 2000 से इलेक्ट्रॉनिक मीडिया तथा इंटरनेट के क्षेत्र में जो प्रगति हुई है उसको पंडित जसराज ने बख़ूबी समझा। उन्होंने उस माध्यम की पहुँच को बहुत अच्छी तरह से पहचाना और परखा कि किस तरह यह माध्यम उनके संगीत को अधिक से अधिक लोगों तक पहुँचा सकता है। यह माध्यम इस्तेमाल करने का लाभ क्या होगा, यह पंडित जसराज अच्छी तरह जानते थे।'

इसी प्रसंग में अलका रघुवंशी पंडित जसराज के एक कथन का

उदाहरण देती हैं-'मैं पंडित जी का वह विनम्र उल्लेख कभी नहीं भूल सकती जब उन्होंने अपने साथी कलाकारों के लिए किया था कि संगीत को यदि हम अपने तक ही सीमित रखेंगे तो वह एक दिन मर जाएगा। काश! हमारे बुजुर्गों ने उसकी रिकॉर्डिंग्स की होती तो आज उनके गाने-बजाने का सौन्दर्य जीवित होता और हम उसका आनन्द ले रहे होते। हमें आज के प्रचार-प्रसार के माध्यमों का यथासम्भव इस्तेमाल करना चाहिए ताकि हम आने वाली पीढ़ियों के लिए शास्त्रीय संगीत में रुझान पैदा कर सकें। मैं अपनी पीढ़ी के सभी कलाकारों से यही कहूँगा कि वो संगीत को बाँध के न रखें। उसे पंख फैलाने दें।'

124

अनेक गायकों का मानना है कि शास्त्रीय संगीत में बन्दिश अथवा शब्दों का कोई महत्त्व नहीं है। केवल स्वर ही महत्त्वपूर्ण है। मेवाती घराने के गायक ऐसा नहीं मानते। पंडित मोतीराम, पंडित ज्योतिराम, पंडित मणिराम सभी के गायन में बन्दिशों का चुनाव तथा गायन, दोनों ही बहुत सूझ-बूझ के साथ किया जाता था।

स्वयं पंडित जसराज का कहना है कि गुरुओं के आशीर्वाद से बहुत बातें पता चलती हैं। उनमें से यह बात प्रमुख है कि आप अपनी बन्दिशों का उच्चारण गाते समय कैसे करते हैं। हम जब गाते हैं तब प्रयास यह रहता है कि जो शब्द हम गा रहे हैं, उन्हें स्पष्ट गायें। घर में आप अपने बेटे को भी पुकारते हैं तो उसके नाम से ही पुकारते हैं। वह पिता की आवाज़ पहचानता है तो यदि उसे नाम से नहीं पुकारें तब वह आ तो जाएगा, लेकिन एक दफ़े कान से निश्चित करने की कोशिश करेगा कि मुझे पुकार रहे हैं या किसी और को। देखिए, हम जब भगवान् का नाम अपनी बन्दिशों में लेते हैं तब यह सुनिश्चित करते हैं कि शास्त्रीय संगीत में, गायन में, शब्दों का महत्त्व नहीं है। अरे, महत्त्व तो हर चीज़ का है। आप ध्रुपद गायकों को देखिए, काफ़ी हद तक बहुत साफ़-साफ़ गाते हैं। फिर ख़्याल गायकी में क्यों नहीं? यदि आप साफ़-सुथरे शब्द गाएँ तो श्रोता जल्दी रीझते हैं—फिर वह श्रोता चाहे भगवान् हों, चाहे इन्सान।

स्वर और शब्द के अन्योन्याश्रय भाव के सम्बन्ध में एक बहुत सुरीली इन घटना का वर्णन पंडित जसराज करते हैं-बात कलकत्ते की है। महादेवी वर्मा आने वाली थीं। श्रीमती सोम तिवारी, संगीत श्यामला की सचिव थीं। 'संगीत श्यामला' में उस समय कुछ ही युवा गायिकाएँ जुड़ी थीं। उस समय गाने में नियम का इतना अधिक पालन करते थे कि सुबह है तो सुबह का ही राग सुनाया जाएगा। बन्दिश थी—

मोहन मधुर आज मुरली बजाई। सुन-सुन सखियाँ बन में आईं। गगन गरजत मेघ बरसत चौंक पड़ी राधा ललिता अकुलाई।

पंडित जसराज की शुरुआती रचनाओं में से थी। इसे राग अहीर भैरव में स्वरबद्ध किया। लड़कियों ने अच्छा गाया। रचना को दुगुन, तिगुन

करके सिखा दिया। तीन-चार दिन में ही तैयारी हो गयी और लड़कियों ने बहुत स्पष्ट और सुरीला गाया। इन शब्दों को यदि गाने में तोड़ा-मरोड़ा जाये तो अर्थ ही खो जाएगा।

पंडित जसराज एक अन्य प्रारम्भिक रचना के सम्बन्ध में चर्चा करते हैं-**मुरलिया बाजी। सुन-सुन सखियाँ बन में आईं।** यह पूरिया कल्याण के विलम्बित का अंतरा बना

मुरलिया बाजी। सुन-सुन सखियाँ बन में आईं। जमुना तीरै सबै चली आईं। जब परस-परस औ, निरख-निरख मन में अतिही लाजी। मुरलिया बाजी।

जिसने सुना, उसने समझा कि कृष्ण मुझे बुला रहे हैं। वन में पहुँचकर देखा कि सभी सखियाँ एक साथ पहुँच गयी हैं। तब एक-दूसरे को देखकर सभी सखियों के मन में लाज फूट रही है। अब देखिए, यदि इस बन्दिश को गाते समय बहुत तोड़-मरोड़ दिया जाय तो जो रचना है, उसका अर्थ कैसे अभिव्यंजित होगा। शब्दों का सार्थक होना निश्चय ही गायन को समृद्ध करता है।

'आप बन्दिशों का चुनाव कैसे करते हैं?' इस प्रसंग में मेरा यह प्रश्न बहुत सहज है। 'पहले कोई बन्दिश चुनते हैं या पहले स्वर रचना होती है। और किस राग में कौनसी बन्दिश उतारी जाएगी, इसका निर्णय कैसे होता है?'

'मैं पहले किसी रचना के भाव को समझने की कोशिश करता हूँ। जो मुझे समझ में आता है, मैं उस अर्थ के अनुसार गाता हूँ। हर रचना के लिए स्वर अपने आप गाते-गाते, गुनगुनाते हुए उतरते हैं। तब किसमें गा रहा हूँ, वही स्वर हो गये न, वही राग हो गया। ऐसी कोई रचना नहीं है जिसमें पहले स्वरबद्ध कर दिया गया हो और बाद में ढूँढ़कर उसमें बन्दिश डाली गयी हो।'

पंडित जसराज के सखा डॉ. मुकुन्द लाठ का बन्दिशों के चुनाव में बहुत बड़ा अंशदान है। उनके साथ-साथ बैठकर, मुझे बहुत सहायता मिली। हमें बहुत फ़ायदा हुआ। वह बड़ा समझदार है, भाषाविद् है। हमने उनके साथ बैठक बहुत कुछ सोचा-समझा। जैसे हमारी एक प्रचलित बन्दिश है- मेरो अल्लाह मेहरबान। कोई बिगाड़ सकता नहीं मरो। मैंने लिखा था—कोई बिगाड़ सकता नहीं मेरो। मैंने मुकुन्द बाबू को सुनाया कि सुनिए कैसी लगती है? उन्होंने कहा कि बहुत अच्छी बन्दिश है। लेकिन इसमें 'मेरो' की जगह 'तेरो' कर दीजिए। आपने अपने मन को सम्बोधित किया है। मेरो अल्लाह मेहरबान। कोई बिगाड़ सकत नहीं तेरो, मन लीजे तू ठान। तू अपने मन में विचार कर ले कि तेरा कोई भी कुछ भी बिगाड़

नहीं सकता। इस तरीक़े से हम उनसे प्रेरणा लेते चले गये। मुकुन्द जी को तो शायद याद भी नहीं होगा कि उन्होंने यह परिवर्तन करवाया था। यह बन्दिश हमने लिखी थी—1965 में। और जब हम कलकत्ते गये तब हमने मुकुन्द बाबू से कहा कि मुकुन्द बाबू देखो, कैसी बन्दिश है। मुकुन्द बाबू को भी गाने का बहुत शौक़ है। हम लोग घण्टों बैठकर रियाज़ किया करते थे, 1954-55 से ही। तो मुकुन्द बाबू ने जो परिवर्तन सुझाया, वह हमने स्वीकार किया और आज 'मेरो अल्लाह मेहरबान' उसी परिवर्तित स्वरूप में गाते हैं।

'मेरो अल्लाह मेहरबान' की रचना के पीछे भी एक रोचक घटना है। स्वयं पंडित जसराज बताते हैं, 'मेरे पास एक बार बी.एल.क़ाबरा आये। उन्होने कहा कि जसराज भाई, भैरव जब भी गाते हैं, तब पंचम पर आ के रुक जाते हैं। धैवत पर नहीं रुकते जब कि राग का वादी स्वर धैवत है, तब मैंने उनसे कहा कि आप कल आयें, इस पर पुनः चर्चा करेंगे। उन दिनों मैं लेमिंगटन रोड पर मानिक चेम्बर में रहता था। काबरा जी दूसरे दिन वहाँ आ गये। तो मैंने उन्हें यह रचना गाकर सुनाई। इसमें धैवत को हमने बढ़ाया है। 'मेरो अल्लाह मेहरबान' में अल्लाह में धैवत को बढ़ाया गया है। इस प्रकार यह रचना बन गयी।

यह कहना कठिन है कि सभी बन्दिशों की रचना के पीछे क्या कारण है। पंडित जसराज आगे बताते हैं-कोई रचना किसी कारण से बन जाती है और कोई यूँ ही बैठे-बैठे उपजती है। हमें यह स्मरण नहीं है कि 'अजब तेरी दुनियाँ मालिक' कैसे रची गयी। लेकिन मालिक पर ज़रूर बल है कि हे मालिक यह तेरे द्वारा रची गयी दुनियाँ कितनी अजब है।

कोऊ जाने कोऊ न जाने, जो जाने वा कौ न जाने।
ये दुनिया का रंग ही न्यारा।
कोऊ मद में कोऊ मद मतवारा।
जो जानवके मगन होई जावे।
सो तोही पहचाना।

यह बन्दिश कैसे रची गयी, इसका स्मरण नहीं है। पर यह मुम्बई में लिखी गयी थी 1963-64 में। इसे भी मैंने मुकुन्द जी को सुनाया था। वह मुम्बई आते-जाते रहते थे। हम भी कलकत्ता जाते रहते थे हालाँकि 1963 में हमने कलकत्ता छोड़ दिया था।

बन्दिशों की रचना और उनके चुनाव के सम्बन्ध में चर्चा हो रही है। हमारी एक रचना है—'कोई नहीं अपना। ये जगत है रैन का सपना।' हमने जब यह गाया (व्ही. शान्ताराम जी, पंडित जसराज के श्वसुर) के सामने गाया तो उन्होंने पूछा—तुम्हारा मधुरा से कुछ झगड़ा-वगड़ा हुआ था

क्या? बात तो सच थी। तो किसी-किसी रचना के पीछे आपकी मानसिक स्थिति कारणीभूत होती है।

पंडित जसराज द्वारा रचित दो बन्दिशों की रचना की मैं साक्षी रही हूँ। न्यूयॉर्क के वैदिक हैरिटेज हनुमान मन्दिर में उनका बहुत आना-जाना है। मन्दिर के वार्षिक संगीत समारोह में पंडित जसराज वर्षों से गाते रहे हैं। एक बार वह मन्दिर के गेस्ट हाउस में ठहरे हुए थे। मैं भी वहाँ थी। लगभग 3 बजे सुबह मेरी नींद खुली और लगा कि पंडित जी गा रहे हैं। आवाज़ मन्दिर की दिशा से आ रही थी। मैं खिंची चली आयी। पंडित जसराज गा रहे थे—

गुरु आज्ञा में निस दिन रहिए।
जो गुरु चाहे सोई सोई करिए।
गुरु की महिमा अपरम्पार।
अक्षर ओउम् में करत विचार।

यह बन्दिश राग सिन्धु भैरवी में थी। कई दिनों तक मुझे मन्दिर की दीवारों से पंडित जसराज का गायन स्वर सुनायी देता रहा।

इसी भाँति राग जोग में उनका 'हनुमान लला मेरे प्यारे लाल' जो बहुत प्रचलित भजन हुआ है, वह भी न्यूयॉर्क के हनुमान मन्दिर और तृप्ति जी के घर में रचा गया। इसकी रचना भी मेरे सामने ही हुई है।

इस प्रसंग में एक और रोचक बात बताऊँ। पंडित जसराज कुछ वर्ष पहले तक ताश के पत्तों के साथ अकेले ही बैठकर 'सालिटेयर' खेलते रहते थे। उस समय उनके मस्तिष्क में या तो किसी बन्दिश का जन्म हो रहा होता था, अथवा किसी बन्दिश की स्वर मालिका स्वरूप ले रही होती थी। 'हनुमान लला', मेरे प्यारे लला ने यद्यपि हनुमान मन्दिर में जन्म लिया, वह रचना पूरी उनकी पट्ट शिष्या तृप्ति मुखर्जी के घर में जहाँ पंडित जसराज अमेरिका में निवास करते हैं, हुई। और 'सालिटेयर' के पत्ते लगाते-लगाते पूरी हुई। उस समय उनके हाथ पत्ते लगा रहे होते हैं और मन-मस्तिष्क में स्वरों की गूँज और स्वरों का मन्थन चल रहा होता है। पंडित जसराज जब भी ताश के पत्तों के साथ होते थे, तो उसका अर्थ यही होता था कि यह 'नो एंट्री जोन' है। इस समय दस्तक देना उचित नहीं होगा, क्योंकि वह किसी गहन विचार अथवा मन्थन अथवा रचनाशीलता की प्रक्रिया में हैं।

125

इस पुस्तक में पंडित जसराज तथा उनकी भतीजी संगीत महामहोपाध्याय पंडित मणिराम जी की बेटी दोनों ने ही पंडित मणिराम जी की लिखी हुई असंख्य बन्दिशों के विषय में कहा है। उनके पिताजी पंडित मोतीराम जी रचित अनेक बन्दिशों का उल्लेख हुआ है। पंडित जसराज को साहित्य के प्रति रुचि अपने माता-पिता तथा बड़े भाई साहब से विरासत में मिली। पंडित जसराज स्वयं अनेक साहित्यकारों के सान्निध्य में रहे। श्रीमती महादेवी वर्मा से लेकर कुँवर नारायण, धर्मवीर भारती, केशवचंद्र वर्मा आदि अनेक साहित्यकारों के साथ उनका उठना-बैठना उन्हें साहित्य के निकट ले जाता रहा। कविताओं को गहराई से पढ़ना और उनका अर्थ समझना, फिर उच्चारण को ध्यान में रखते हुए उन्हें अपने स्वरों में पिरोना, यह उनकी गायन प्रक्रिया का अभिन्न अंग है।

पंडित जसराज अत्यन्त विनम्रता के साथ यह स्वीकार करते हैं कि गायन में शब्दों का उचित विन्यास अत्यन्त महत्त्वपूर्ण है। शब्द जब अर्थवान होते हैं, तभी उनके स्वरों के माध्यम से जो संगीत उपजता है, वह हृदय का स्पर्श करता है। यही कारण है कि हृदय का स्पर्श करने वाला संगीत स्वयं साहित्य का स्पर्श करके निःसृत होता है। जब शब्द, अर्थ, और स्वर का सम्मिल होता है, तब गायन अपने उत्कर्ष पर पहुँचता है। जहाँ समर्पण होता है, वहाँ शब्दों का जन्म होता है। जहाँ ईश्वरीय सत्ता के साथ तारात्म्य होता है, वहाँ रचनाएँ स्वयं उपजती हैं। वहाँ वह उपजना मानो उस ईश्वरीय सत्ता के साथ साक्षात्कार का अनुभव ही होता है।

पंडित जसराज की गायी हुई एक भी रचना ऐसी नहीं है जिसमें शब्द तथा अर्थ की गहनता का अनुभव हो। वे शब्द अपनी वाणी का स्पर्श पाकर अर्थ की गहराई पाते हैं। ये शब्द वहाँ मात्र शब्द नहीं रह जाते वरन् एक पूरा संसार उद्घटित करते हैं जिन्हें श्रोता अपनी-अपनी चेतना के अनुसार ग्रहण करते हैं। जैसी मेरी मन:स्थिति है, वैसा मैंने उसे ग्रहण किया। उसका असर यह होता है कि हम उनके गायन को सुनकर अपने भीतर भी पहुँच जाते हैं, यानी अपनी आत्मा और मन के भीतर, तथा आध्यात्मिक सत्ता का भी अनुभव कर सकते हैं। इसके मूल में है—साहित्य और साहित्य

को हम तब पहुँचाने वाले स्वर।

वह साहित्य चाहे सूरदास का हो अथवा कुंभनदास अथवा उनके अपने पिताजी अथवा बड़े भाई साहब द्वारा रचित हो, उनके आध्यात्मिक गुरु महाराजा जयवंत सिंह वाघेला रचित हो या फिर किसी अन्य कवि या साहित्यकार की रचना हो, वे श्रोता को अपने-अपने स्तर पर आंदोलित करते ही हैं।

इतनी समृद्ध परंपरा से जुड़े होने के कारण स्वयं भी पंडित जसराज कलात्मक रचनाएँ करते हैं जो किसी भी तरह से भारत के सर्वोत्कृष्ट काव्य रचनाओं की तुलना में कम नहीं हैं। स्वरों का सान्निध्य पाकर के और अधिक समृद्ध हो जाती हैं। अपनी संगीत रचना में पंडित जसराज ने अनेकानेक रचनाएँ लिखीं, और इन सभी का जन्म अनायास हुआ, सहज हुआ। आज भी वे नयी-नयी रचनाओं के जनक हैं। ये सारी रचनाएँ विभिन्न रागों में बन्दिश बन कर श्रोता के हृदय को छूती हैं।

उन असंख्य रचनाओं में से पंडित जसराज द्वारा रचित 31 बन्दिशों को आगामी पृष्ठों में दिया जा रहा है। इन्हें पढ़कर आप जानेंगे कि किस तरह और किन-किन परिस्थितियों में एक-एक मोती उनके हृदयरूपी सीप में से निकलता है।

पंडित जसराज की ये रचनाएँ जैसे-जैसे अपनी एक-एक पांखुरी को खोलती हैं, वैसे-वैसे हमारा मन एक विचित्र आभा का अनुभव करता है।

1

मेरो अल्लाह मेरहबान

राग—भैरव, ताल—तीन ताल

पंडित जसराज की यह बहुप्रसिद्ध बन्दिश सन् 1965 में रची गयी। पंडित जसराज कुछ ही समय पूर्व अपने परिवार के साथ मुम्बई में रहने आये थे। कुछ कलाकार उनके पास सन्ध्या के समय आये हुए थे और संगीत-चर्चा ज़ोरों से चल रही थी। उनमें से एक कलाकार ने कहा कि राग भैरव में किसी भी रचना में कोमल धैवत पर सम नहीं आता। पंडित जसराज ने इस मत पर अपना अभिमत रखने के लिए एक दिन का समय माँगा। और अगले दिन तक एक नयी बन्दिश रचने के लिए अनजाने में ही दोनों हाथों को ऊपर उठाकर ईश्वर से प्रार्थना की तो उनके होंठों से स्वतः ये शब्द निःसृत हुए—

स्थायी

मेरो अल्लाह मेहरबान
कोई बिगाड़ सकत नहीं मेरो
मन लीजे तू ठान।

अन्तरा

औलिया पीर पैगम्बर ध्यावे।
अलि नबी को रुतबो पावे।
हसन-हुसैन प्यारे जिनके।
मुझको दीयो ईमान।

इसी रचना को बाद में जब पंडित जसराज ने अपने मित्र डॉ. मुकुन्द लाठ को सुनाया तो उन्होंने स्थायी में 'मेरो' के स्थान पर 'तेरो' रखने का सुझाव दिया। आज इस बन्दिश में 'कोई बिगाड़ सकत नहीं तेरो' ही प्रयोग होता है। इसी बन्दिश को एडमंटन में गाते समय पंडित जसराज के कण्ठ से 'अल्लाह' और 'ओउम्' एक ही स्वर पर निकले और यह धार्मिक एकता की ऐतिहासिक रचना बन गयी।

2

तुम पर वारी जाऊँ मैं

राग—रामकली, ताल—तीन ताल

सन् 1949 में केवल 19 वर्ष की आयु में युवा जसराज कलकत्ते की सड़कों पर चले जा रहे थे। सड़क किनारे एक रेस्टोरेंट में उस्ताद फ़य्याज़ ख़ाँ साहब का गाया हुआ रिकॉर्ड बज रहा था। (उस ज़माने में रेस्टोरेंटों में शास्त्रीय संगीत के रिकॉर्ड बजाये जाते थे।) राग रामकली में फ़य्याज़ ख़ाँ साहब की गायी हुई बन्दिश थी—उन संग लागी, लागी रे ऽऽऽ लागी मोरी अँखियाँ। जसराज जी अन्तरा सुनने के लिए वहाँ रुके नहीं। मुखड़ा सुन कर ही वह अभिभूत हो चुके थे।

अनजाने ही उनके मुख से ये शब्द निकले : 'तुम पर वारी, वारी जाऊँ मैं, श्यामसुन्दर नन्द लाल।' जसराज जी ने स्वयं इस बन्दिश की रचना की। इस रचना से यह आभास होता है आगरा घराने के शीर्षस्थ कलाकार उस्ताद फ़य्याज़ ख़ाँ के उभरते हुए जसराज जी के सांगीतिक जीवन को कितना अधिक प्रभावित किया था।

यह रचना थी—

स्थायी

तुम पर वारी जाऊँ मैं।
श्यामसुन्दर नन्दलाल॥

अन्तरा

मधुर मधुर मुरली बजाओ।
गोपीयन संग रास रचाओ।
मथुरा ना जावो गोपाल॥

3

मोहन मधुर आज

राग—अहीर भैरव, ताल झपताल

यह बन्दिश कैसे रची गयी इसका प्रसंग पुस्तक में आता है। सन् 1954–55 में 'संगीत श्यामला' संस्थान में श्रीमती महादेवी वर्मा आने वाली थीं। पंडित जसराज के गुरु और बड़े भाई पंडित मणिराम 'संगीत श्यामला' के प्रधानाचार्य थे और जसराज जी वहाँ कक्षाएँ लेते थे। संस्थान की सचिव श्रीमती सोम तिवारी ने जसराज जी से अनुरोध किया कि जन्माष्टमी के अवसर पर महादेवी जी आ रही हैं। वे संगीत श्यामला की छात्राओं को कृष्ण पर कोई रचना सिखा दें। उस समय जसराज जी ने इस बन्दिश की रचना की जिसे संगीत श्यामला की छात्राओं ने श्रीमती महादेवी वर्मा के सम्मुख गाकर प्रस्तुत किया—

स्थायी

मोहन मधुर आज मुरली बजायी।
सुन सुन सखियाँ बन में आयीं॥

अन्तरा

गगन गरजत मेहा बरसत।
चौंक पड़ी राधा।
ललिता अकुलाई॥

4

कजरारे नैना

राग—भैरव बहार, ताल—तीन ताल

हर व्यक्ति की तरह पंडित जसराज को भी सौन्दर्य आकर्षित करता है। सुन्दर व्यक्ति, सुन्दर वस्तु, सुन्दर और सुरीले स्वर, उन्हें भाते हैं। सन् 1983 में पंडित जसराज ट्रेन से बेंगलुरु जा रहे थे। उनके सामने वाली बर्थ पर एक बहुत सुन्दर महिला भी यात्रा कर रही थीं। उस महिला की आँखें बहुत सुन्दर थीं। उन्हें देखकर जसराज जी ने राग भैरव बहार में इस बन्दिश की रचना की—

स्थायी

कजरारे नैना गोरी के।
रस भरे मन बसे मोहन के॥

अन्तरा

वेणु बजाये बजाये बुलावत।
क्यूँ नहीं आवत रही तरसावत।
कैसे कटे ये रितु वसन्त बिन देखे॥

उपर्युक्त रचना राधा के सौन्दर्य को कृष्ण की दृष्टि से दिखाती है।

5

जल जमुना भर

राग—वसन्त मुखारी, ताल—तीन ताल

पंडित जसराज द्वारा अनेक रचनाएँ उनकी यात्राओं के दौरान लिखी गयी हैं। कभी विमान में तो कभी रेलगाड़ी में, कभी कार की पिछली सीट पर तो कभी किसी मित्र के साथ। उनके लेखन को किसी काग़ज़-कलम की भी आवश्यकता नहीं है। यह बन्दिश भी उन्होंने सन् 1995 में पूना जाते समय रास्ते में लिखी थी। मध्यलय में संरचित यह बन्दिश तब रची गयी जब पंडित जी सवाई गन्धर्व समारोह में भाग लेने के लिए जा रहे थे। रास्ते में अचानक नींद का झोंका आया और झटके से आँख खुली। तब यह रचना सहसा जन्मी। उनके साथ उस समय मंगल वाघमरे यात्रा कर रही थीं जो कनाडा से आयी थीं। उनसे कहा कि कोई काग़ज़ निकालें और इसे लिख लें। तब मंगल ने अपने बटुए से ढूँढ़-ढाँड़ कर काग़ज़ का एक छोटा टुकड़ा निकाला और जल्दी से उस बन्दिश को उस पर लिख लिया।

स्थायी

जल जमुना भर निकसी गोरी।
आये अचानक करत ठिठोरी॥
मैं दैया मन की अति भोरी।
बूझ न पाई मन की चोरी॥

अन्तरा

धरि बाँह सखी कुंजन में लई।
आपुन अंग सों अंग लगाई॥
रस पीवत प्यावत ओंक भरी।
मनमोहन के मन मोह पड़ी॥

6

कोई नहीं है अपना

राग—भटियार, ताल—तीन ताल

वैवाहिक जीवन में उतार-चढ़ाव सभी के घटते हैं। पंडित जसराज और मधुरा जी ने भी अपने वैवाहिक जीवन में उतार-चढ़ाव देखे। विवाह के कुछ ही समय के पश्चात् पंडित जसराज का मधुरा जी के साथ मनमुटाव हो गया। तब अपने एकाकीपन में उन्होंने इस बन्दिश की रचना की और उसे राग भटियार में निबद्ध किया। राजकमल स्टूडियों के वार्षिक गणेश उत्सव के संगीत समारोह में डॉ. व्ही. शान्ताराम की उपस्थिति में पंडित जसराज ने पहली बार इस बन्दिश को गाया। जैसा कि पुस्तक में आया है, व्ही. शान्ताराम जी मधुरा जसराज के पिता और पंडित जसराज के श्वसुर थे। शान्ताराम जी ने इसे सुनकर बहुत ज़ोरों से तालियाँ बजायीं। लेकिन बाद में पंडित जसराज को एक किनारे ले जाकर पूछा—तुम्हारा मधुरा के साथ झगड़ा हुआ है क्या कि तुमने ये बन्दिश लिखी?

स्थायी

कोई नहीं है अपना।
ये जगत रैन का सपना॥

अन्तरा

समझ बूझ मन मेरे जो चाहो तरना।
नित हरि को भजना मेरे मना॥

7

लागे न मोरा मन तो सों

राग—चारुकेशी, ताल—तीन ताल

इस बन्दिश की रचना भी एक यात्रा के दौरान हुई। पंडित जसराज मुम्बई के अँधेरी से अपनी शिष्याओं श्वेता झवेरी तथा तृप्ति मुखर्जी के साथ शहर में चर्चगेट को जा रहे थे। आकाशवाणी में उनकी एक रिकॉर्डिंग थी। यात्रा के दौरान ये लोग अन्य घरानों की बन्दिशों के सौन्दर्य तथा उनकी विशेषताओं के सम्बन्ध में बात कर रहे थे। पंडित जसराज ने आगरा घराने के विशेष लयकारी का उदाहरण देते हुए ये पंक्तियाँ 'लागे न' सुनायीं। इस प्रकार राग चारुकेशी में निबद्ध इस बन्दिश का जन्म हुआ।

स्थायी

लागे ना मोरा मन तोसों।
मोहे तुम बिन कलना परत रे॥

अन्तरा

साँवरी सूरत मोरे मन बस गयी रे।
नींद बिसारी हेराई चैना॥

8

गुरु चरणन में

राग—बिलासख़ानी तोड़ी, ताल—तीन ताल

महामहोपाध्याय पंडित मणिराम ने अपने पिताजी पंडित मोतीराम के देहान्त के पश्चात् सब भाई-बहिनों काो पिता बनकर सँभाला था। विशेष रूप से छोटे भाई जसराज को जो उस समय केवल साढ़े चार वर्ष के थे। जसराज पर उनका स्नेह स्वाभाविक था और जसराज का उनके प्रति। वे जसराज के पिता, बड़े भाई, गुरु, सभी कुछ थे। यह रचना पंडित जसराज ने अपने गुरु और बड़े भाई पंडित मणिराम के प्रति एक विनम्र आदरांजलि के रूप में लिखी है। एक बार पंडित जसराज के मन में सहसा ये शब्द प्रस्फुटित हुए—गुरु चरणन में ध्यान लगाओ। और वे सोचते रहे कि ये शब्द मेरे मन में बार-बार क्यों आ रहे हैं! मेरे गुरु तो मेरे सामने, मेरे निकट ही हैं। लेकिन शब्द बार-बार उमड़कर आ रहे थे। इस रचना के कुछ ही महीनों के पश्चात् 16 मई, 1985 को पंडित मणिराम का स्वर्गवास हो गया। सम्भवत: जसराज जी को इस होनी का पूर्वाभास हो गया था।

स्थायी

गुरु चरनन में ध्यान लगाऊँ।
ऐसी सुमति दे मेरे दाता॥

अन्तरा

मैं अज्ञानी तिमिर बहुत है।
खान ज्ञान की गुरु होत है।
किस बिध दरसन पाऊँ दाता॥

९

जाओ जी जाओ

राग—शुद्ध सारंग, ताल—तीन ताल

सन् 1965 में रचित इस बन्दिश में भारतीय साहित्य की एक खंडिता नायिका का वर्णन है जिसका प्रेमी किसी अन्य स्त्री के मोहपाश में फँस गया है। राग शुद्ध सारंग में निबद्ध इस विलम्बित रचना का अन्तरा 'अभोग' अंग तक पहुँच जाता है और सम्पूर्ण होता है। पंडित जसराज को स्वरों का यह विस्तार बहुत प्रिय रहा है और उन्होंने इसके सम-षड्ज को तार सप्तक में रखा था। इस रचना के 'मुखड़े' और 'अन्तरा' ने श्रोताओं के मन को रस से सराबोर कर दिया।

स्थामी

जाओ जी जाओ श्याम छलिया।
मोरे मन की न जाने।
औरन सों रंग रलिया॥

अन्तरा

मोसों कहत तुम प्यारी हमारी। औरन ही इस नैनन मानी।
फिरत डार सौतन गर बैंया॥

10

आयो री कुँवर कान्ह

राग—भीम पलास, ताल—झपताल

यह सम्भवतः सन् 1955-56 का समय होगा। कलकत्ता में संगीत श्यामला संस्था की सचिव श्रीमती सोम तिवारी ने युवा जसराज से आग्रह किया कि वे संस्थान की छात्राओं को राग भीमपलास सिखा दें। तब जसराज ने उनके लिए एक नयी रचना लिखी और उसे झपताल में निबद्ध किया। उस समय उनके मन-मस्तिष्क पर झपताल घूम रहा था और उसी में बन्दिश लिखना चाहते थे। लेकिन जो बन्दिश तैयार हुई वह थोड़ी कठिन थी और उसे उन्होंने छात्राओं को नहीं सिखाया। लेकिन वह रचना इतनी सुन्दर बन पड़ी थी कि बाद में उसे उन्होंने अपने गायन में सम्मिलित कर लिया।

स्थायी

आयो री कुँवर कान्ह।
मुरलीधर नाम॥

अन्तरा

मोहन मनोहर की।
छवि अति सुन्दर।
मेरे मन भायो श्याम॥

11

अजब तेरी बात

राग—मुलतानी, ताल—तीन ताल

सभी कलाकारों की भाँति पंडित जसराज की मनोदशा में भी उतार-चढ़ाव आता है। चन्द्रमा की कलाओं की भाँति उनकी मनोदशा भी परिवर्तित होती है। इस रचना को लिखते समय पंडित जसराज अपने एक छात्र पर बहुत क्रोधित थे। किन्तु यह रचना लिखने के पश्चात् उनका सारा क्रोध शान्त हो गया। यह बन्दिश राग मुलतानी में लिखी गयी है। अजब तेरी बात, अजब तेरो काम।

स्थायी

अजब तेरी बात अजब तेरो काम।
मूढ़मति न जाने न जाने॥

अन्तरा

जित देखूँ उत तू ही तू है।
तेरी बदौलत चाँद और सूरज।
कैसे बखानूँ मैं तेरी लीला॥

12

आये रघुवीर धीर

राग—मुलतानी, ताल—आढ़ा चौताला

राग मुलतानी में निबद्ध यह बन्दिश सन् 1965 में रची गयी थी। राग मुलतानी में यह पंडित जसराज द्वारा रचित दूसरी बन्दिश है। पंडित जसराज ने कृष्ण चरित्र पर बहुत -सी बन्दिशें रची हैं। किन्तु रामचन्द्र पर यह उनकी बहुत कम रचनाओं में से एक है। वे राम की तुलना में गाते भी कृष्ण से जुड़ी रचनाओं को अधिक हैं। भगवान् राम लंका पर विजय प्राप्त करके अयोध्या वापस लौटे हैं, इस बन्दिश में इतना ही भाव है।

स्थायी

आये रघुवीर धीर लंका गढ़ जीत के।

अन्तरा

मेघनाद दर्प चुरन करी।
दशानन भूमि साथ करिके।
विभीषन को राज दैके।
सोने जो सीता को लैके।
राम पुरुषोत्तम कहायो॥

13

चलो चलो री आली

राग—दिन की पूरिया, ताल—एक ताल

सन् 1951-52 में पंडित जसराज के पास एक बंगाली संगीत निर्देशक, जिनका नाम सुबल दासगुप्ता था, आया करते थे। उस समय जसराज जी कलकत्ता में रहते थे। सुबल दासगुप्ता के भाई कमल दासगुप्ता ने उस समय की अति प्रसिद्ध गायिका ज्योतिका रॉय के लिए बहुत सारी बन्दिशों को स्वरबद्ध किया था। सुबल जी जैसे ही जसराज जी के पास पहुँचते, वो कहते कि जसराज हमारे लिए कुछ गाओ न! ऐसे ही एक दुपहर सुबल दासगुप्ता जसराज जी के पास पहुँचे और उनसे गाने को आग्रह किया, उन्होंने विलम्बित लय में राग दिन की पूरिया गाना प्रारम्भ किया। कुछ देर विलम्बित सुनने के पश्चात् सुबल जी ने कहा कि द्रुत भी गायें। जसराज जी ने हामी तो भर दी लेकिन मन में सोचा कि इस राग में द्रुत लय की कोई बन्दिश तो उन्हें आती ही नहीं है। तब गाते-गाते उन्हें इस नयी रचना की प्रेरणा हुई और यह सुन्दर बन्दिश तैयार हो गयी।

स्थायी

चलो चलो री आली मन्दिरवा।
करन पिया के दरसन॥

अन्तरा

संग की सहेलियाँ गूँथ लावो।
फूलन के हरवा।
डारन उनके गरवा॥

14

चलो री सखी

राग—गौरी, ताल—तीन ताल

पंडित जसराज ने जबसे अपने गुरु तथा बड़े भाई संगीत महामहोपाध्याय पंडित मणिराम को 'मथुरा न जाये हो' गाते हुए सुना था, वह बन्दिश उनके मन प्राण में बस गयी और वर्षों तक गूँजती रही। और उसी भावभूमि में उन्होंने इस बन्दिश की रचना कर दी। यद्यपि इस रचना में कृष्ण का नाम कहीं नहीं लिया गया है, लेकिन उनकी सर्वत्र उपस्थिति का सदैव आभास होता है। भक्त के मन के भाव को कृष्ण सुनते हैं और बिना नाम लिए भी उपस्थित रहते हैं।

स्थायी

चलो री सखी गोकुल धाम।
जहाँ बने सब बिगड़े काम॥

अन्तरा

धन ये जनधन धन ये रजकण।
जहाँ तहाँ निकसत एक ही नाम॥

15

कालिन्दी तट रच्यो रास

राग—त्रिवेणी, ताल—आड़ा चौताला

लन्दन के क्वीन एलिजाबेथ हॉल में पंडित जसराज का गायन था। कार्यक्रम प्रारम्भ होने से कुछ ही मिनट पहले आयोजकों के एक प्रतिनिधि उनके पास आये और आग्रह करने लगे कि पंडित जी क्या आप ऐसा कोई राग गा सकते हैं जिसकी पहले कभी रिकॉर्डिंग न हुई हो? हम इस कार्यक्रम को रिकॉर्ड कर रहे हैं। पंडित जसराज ने तुरन्त सुझाव दिया—राग त्रिवेणी के विषय में आपका क्या विचार है? आयोजक प्रसन्न और रिकॉर्डिंग की व्यवस्था करने के लिए बाहर चले गये। उधर पंडित जसराज विचार कर रहे हैं कि क्या मैंने सही राग का नाम लिया। ऐसा बहुत बार हो चुका था कि उन्हें राग का विलम्बित ख़्याल तो आता था, द्रुत बन्दिश नहीं मालूम थी। लेकिन ईश्वर ने उनकी सुन ली, और वहीं क्वीन एलिजाबेथ हॉल, लन्दन के मंच पर गाते-गाते इस बन्दिश का जन्म हुआ।

स्थायी

कालिन्दी तट रच्यो रास।
वृन्दावन सब बन्यो ठन्यो॥

अन्तरा

सप्त सुरन धरत ताल।
इत उत सों लेत चक्र।
नाचत दोऊ राधा कन्हैया।
ता ता थैया ता ता थैया ता ता थैया॥

16

श्याम मुरारी बनवारी

राग—पूरिया धनाश्री, ताल—तीन ताल

एक बार पंडित जसराज अपने आध्यात्मिक गुरु महाराज जयवन्त सिंह जी वाघेला के सुपुत्र महाराजा रुद्रदत्त सिंह जी वाघेला तथा उनके परिवार के साथ गुवाहाटी में माँ कामाख्या देवी के मन्दिर में दर्शन करने के लिए गये। दोपहर को विश्राम के समय पंडित जी ने अपनी एक छात्रा को बुलाया और कहा कि मैं तुम्हें भगवान् कृष्ण के नामों से परिचय करवाता हूँ। और इस तरह राग पूरिया धनाश्री में यह बन्दिश उन्होंने रची। बन्दिश में 'त्रिपुरारी' शब्द आ रहा था और पंडित जी बार-बार सोचते कि भगवान् शिव का यह नाम क्यों उनके मन में आ रहा है। उन्होंने बन्दिश में से 'त्रिपुरारी' शब्द के स्थान पर अन्य कई शब्द रखने का प्रयास किया लेकिन 'त्रिपुरारी' के वज़न का और कोई विकल्प उन्हें सूझा ही नहीं। कुछ दिन के पश्चात् पंडित जसराज की भेंट वृन्दावन के वैष्णव भक्त एवं विचारक आचार्य श्रीवत्स गोस्वामी जी से हुई और उन्होंने उनके सम्मुख अपनी मनोदशा का वर्णन किया कि किस तरह 'त्रिपुरारी' शब्द को लेकर वे दुविधा में थे। गोस्वामी जी ने कुछ देर आँखें बन्द कीं, और फिर उन्हें खोलते हुए कहा, 'यह उन्हीं की इच्छा है। ऐसा समझिए कि भगवान् कृष्ण का आपको आदेश है।' तो इस बन्दिश में 'त्रिपुरारी' शब्द यथावत् बना रहा।

स्थायी

श्याम मुरारी बनवारी गिरधारी।
मदन मोहन हूँ शरण त्रिपुरारी॥

अन्तरा

ग्वाल गोपाल लाल नन्द जू के।
राधा रमन कुंज बिहारी॥

17

अब थारे बिन कुण

राग—पूरिया, ताल—झपताल

विवाह के पश्चात् पंडित जसराज जब कलकत्ता से मुम्बई आ गये तो वहाँ के संगीतकारों एवं सुनकारों सभी को बहुत आश्चर्य हुआ। जिज्ञासा थी कि कोई युवा कलाकार शहर कैसे बदल सकता है। अत: पंडित जसराज के लिए स्वयं को प्रमाणित करना आवश्यक था ताकि मुम्बई नगरी उन्हें स्वीकार करे। मुम्बई के संगीत प्रेमी उनकी योग्यता परखने के लिए ताक पर बैठे थे। विख्यात् तबला वादक उस्ताद मुनीर ख़ाँ की पुण्यतिथि पर मुम्बई के लक्ष्मी बाग में आयोजित कार्यक्रम में वह अवसर आ गया जब पंडित जसराज को स्वयं को सिद्ध करना था।

श्रोताओं में 60-70 दिग्गज तबला-वादक, 20-25 गायक, अनेक संगीत प्रेमी एवं आलोचक और जानकार तथा सुधी श्रोता सम्मिलित थे। ये सब लोग साँस रोक कर प्रतीक्षा कर रहे थे कि यह 'नया लड़का' क्या गाता है। मंच पर पंडित जसराज के साथ तबले पर संगति के लिए भी एक विख्यात् तबला-वादक विराजमान थे। तब पंडित जसराज ने अपने एक पूर्वज तेज दादाजी को स्मरण करते हुए राग पूरिया में इस बन्दिश को गाना प्रारम्भ किया जो झपताल में संरचित थी। बन्दिश यूँ तीन ताल में प्रतीत होती थी। अनेक बार स्वयं पंडित जी तथा फिर श्रोताओं द्वारा संकेत देने पर संगतिकार तबला वादक की समझ में आया कि बन्दिश तीन ताल में नहीं, झपताल में है और तब वह लय को पकड़ सके। जब गायन सम्पन्न हुआ तो तालियों की गड़गड़ाहट ने यह सिद्ध कर दिया था कि मुम्बई शहर ने युवा गायक जसराज को स्वीकार कर लिया है।

स्थायी

अब थारे बिन कुण मोरि राखे लाज।
थे तो तेज महान कहाओ तिमिर हरो महाराज॥

अन्तरा

जिन जिन ध्याये तिन तिन पाये।
मोपे विपदा बड़ी भारी।
जस सँवरत नाहीं आज॥

18

तुम बिन कल ना परे

राग—मारु बिहाग, ताल—झपताल

पारम्परिक रूप से राग मारु बिहाग विलम्बित लय में गाया जाता है। 'रसिया हो ना जा' इसमें बहुप्रसिद्ध बन्दिश है जिसे अनेक कलाकारों ने गाया है।

पंडित जसराज ने सन् 1957 में अपनी माँ श्रीमती कृष्णाबाई की स्मृति में यह रचना 'तुम बिन कल ना परे।' लिखी थी। नौ भाई-बहिनों में सबसे छोटे होने के कारण जसराज अपनी माँ के बहुत प्रिय थे। माँ की उन्होंने बहुत सेवा की। माँ ही थीं जो जसराज को रियाज़ करने के लिए सुबह-सुबह जगा देती थीं। उनके देहान्त के पश्चात् पंडित जसराज को भीषण कष्ट हुआ क्योंकि वे भी अपनी माँ से बेहद जुड़े थे।

इस बन्दिश में श्याम, कन्हाई, कान्ह आदि सभी कृष्ण के नाम हैं जो उन्हें अपनी माँ कृष्णा बाई के पर्याय के रूप में प्रयुक्त किये हैं। पंडित जसराज अपनी माँ को ईश्वर के स्थान पर रखते हैं। किसी भी कार्यक्रम के प्रारम्भ में वे पहले अपने घराने के पवर्तक उस्ताद घग्गे नज़ीर ख़ाँ, पिताजी पंडित मोतीराम, बड़े भाई पंडित मणिराम, माँ श्रीमती कृष्णाबाई, अपने आध्यात्मिक गुरु महाराज जयवन्त सिंह वाघेला का स्मरण करके उनसे आशीर्वाद प्राप्त करते हैं। 'तुम बिन कल ना परे' वैष्णव सम्प्रदाय के भक्ति साहित्य के पंडित जसराज पर प्रभाव को दर्शाती है।

स्थायी

तुम बिन कल ना परे।
श्याम कन्हाई॥

अन्तरा

बिसारी सारी।
सुध बुध ब्रज के।
निठुर कान्ह नींद न आयी॥

19

मनभावन आयो री सजनिया

राग—मारु बिहाग, ताल—तीन ताल

इस पुस्तक में अनेक स्थानों पर पंडित जसराज और डॉ. मुकुन्द लाठ की घनिष्ठ मित्रता की चर्चा है। दोनों की प्रगाढ़ मैत्री का उदाहरण दिया जाता है। पंडित जसराज सन् 1963 में कलकत्ता से मुम्बई चले आये। यद्यपि वे बीच-बीच में कलकत्ता जाते रहे और कलकत्ता तथा अन्य शहरों में मुकुन्द लाठ को मिलते रहे, लेकिन मुकुन्द जी का मुम्बई आना नहीं हुआ।

सन् 1967 में मुकुन्द लाठ अन्ततः मुम्बई आये। उनके आने पर जसराज जी इतने प्रसन्न हुए कि उन्होंने इस बन्दिश की रचना कर दी—'मन भावन आयो री।' मुकुन्द जी के आगमन पर उन्होंने यह रचना गायी। दोनों मित्रों के लिए यह मिलन अनोखा मिलन था। और अब मधुरा जी भी इस मित्रता की अभिन्न अंग बन चुकी थीं, जिनके साथ विवाह के पश्चात् पंडित जसराज ने कलकत्ता छोड़ मुम्बई में डेरा बसा लिया था। यूँ भी पंडित जसराज मुकुन्द जी को अपनी बन्दिशें सुनाया करते थे और उनकी सम्मति लेते रहते थे।

स्थायी

मनभावन। आयो री सजनिया।

झनक रही मोरी पायलिया॥

अन्तरा

प्रीत पिया की जागी जिया में।

झनक रही मोरी पायलिया॥

20

हे कान्हा तुम पर बीती जो बीती

राग—शंकरा, ताल—तीन ताल

यह घटना 22 अप्रैल, सन् 1999 की है। पंडित जसराज टैम्पा, फ्लोरिडा में दोपहर के भोजन के पश्चात् विश्राम कर रहे थे। कमरे में और कोई नहीं था और एकदम सन्नाटा था। अचानक उन्हें लगा कि जैसे कोई 'हे कान्हा, हे कान्हा' का जप कर रहा है। उन्हें ऐसे प्रतीत हुआ कि जैसे दीवारों से संगीत उतर रहा हो। उन्होंने साथ-साथ गुनगुनाना प्रारम्भ किया, 'हे कान्हा, तुम पर बीती सो बीती, हम पर बीती सो कही न जाये।' उन्होंने अपनी शिष्या कला को बुलाया जो बगल के कमरे में थी और उसे 'राग शंकरा' में निबद्ध उन स्वरों को सुनने को कहा जो उन्हें दीवारों में से सुनायी दे रहे थे। लेकिन वहाँ तो कुछ नहीं था, सब ओर शान्ति ही शान्ति थी।

पंडित जसराज को यह बन्दिश उनके पिताजी पंडित मोतीराम जी के निकट ले जाती है जिनका देहान्त उनके बचपन में ही हो गया था। पंडित मोतीराम की समाधि हैदराबाद में है तथा वहाँ बैठकर पंडित जी अपने पिताजी की स्मृति को यह बन्दिश गाकर अपना प्रणाम अर्पित करते हैं।

स्थायी

हे कान्हा, तुम पर बीती।
जो बीती।
हम पर बीती सों।
कहिं न जाये, हे कान्हा॥

अन्तरा

हम जानी तुम जाये पछताये।
फिर भी प्रभू कहाये।
हम तो रंक हूँ ना बन पाये।
हे कान्हा॥

21

दरस देत क्यूँ नी

राग—जयजयवन्ती, ताल—तीन ताल

पंडित जसराज के आध्यात्मिक गुरु महाराज जयवन्त सिंह जी वाघेला, जिन्हें सब बापू साहब कह कर पुकारते थे, को राग जयजयवन्ती बहुत पसन्द था। वे अक्सर पंडित जसराज से पूछते—तुम जयजयवन्ती राग को क्यों कभी नहीं सुनाते? मैंने यह बन्दिश विशेष रूप से तुम्हारे लिए लिखी है।

बापू साहब रचित बन्दिश एक विलम्बित रचना थी, जिसमें बन्दिश के चारों तत्त्व—स्थायी, अन्तरा, अभोग और संचारी को बहुत ख़ूबसूरती से सँजोया गया था। बापू साहब के देहान्त के पश्चात् पंडित जसराज को इस बात का विशेष कष्ट रहा कि वे अपने आध्यात्मिक गुरु की इच्छा को पूरा नहीं कर पाये। और उन्होंने माताजी (काली माँ) की स्तुति में राग जयजयवन्ती में एक अन्य बन्दिश की रचना की जिसे वे अनेकश: अपने गायन में सम्मिलित करते हैं।

स्थायी

दरस देत क्यूँ नी माँ मोरी।
मनमन्दिर में तू ही बिराजत।
परख लेत क्यूँ नी (माँ मोरी)॥

अन्तरा

बिपदा है मोपे अति भारी।
हरत लेत क्यूँ नी माँ मोरी।
कहनी थी सों कहली माता।
समझ लेत क्यूँ नी (माँ मोरी)॥

22

तुम बिन कैसे कटे

राग—जोग, ताल—तीन ताल

हर राग का अपना अलग स्वरूप होता है, हर राग का अर्थ और प्रभाव दूसरे राग से भिन्न होता है। उसकी बन्दिशों का एक-एक शब्द अपने नये-नये अर्थ खोलता है और उसकी अपनी ही कहानी होती है। पंडित जसराज कहीं बहुत गहरे तक इस बात में विश्वास करते हैं। हर शब्द एक अपना भाव व्यंजित करता है, वैसे ही जैसे हर चित्रकार द्वारा प्रयोग किये गये रंगों का अपना अर्थ और अपना कारण होता है।

राग जोग में रचित यह बन्दिश इसी मान्यता की परिचायक है। प्रेमिका और प्रेमी बिछुड़ गये हैं और एक-दूसरे के वियोग में दिन-रात एकाकी व्यतीत कर रहे हैं। राग की विलम्बित बन्दिश में 'पिया घर ना' में जो भावात्मक अभिव्यंजना हुई थी, वही अभिव्यंजना द्रुत की बन्दिश में भी अनुभव की जा सकती है।

स्थायी

तुम बिन कैसे कटे।
कटे दिन रतियाँ॥

अन्तरा

आवन कही अजहूँ न आये।
जोऊँ मैं बटियाँ॥

23

हनुमान लला

राग—जोग, ताल—तीन ताल

न्यूयॉर्क में वैदिक हैरिटेज के हनुमान मन्दिर गेस्ट हाउस में पंडित जसराज रात को सो रहे थे। सहसा उन्हें अपने कमरे की दीवारों में से हनुमान स्तुति के ये शब्द सुनायी देने लगे। वे उठकर मन्दिर में हनुमान जी की प्रतिमा के सम्मुख बैठ गये और वहाँ इस बन्दिश की रचना हुई। हनुमान मन्दिर में जैसे स्वयं साक्षात् उपस्थित होकर पंडित जसराज को इस बन्दिश को रचने की प्रेरणा दी हो।

स्थायी

हनुमान लला मेरे प्यारे लला।
प्यारे प्यारे लला सुकुमार लला।
अंजनी पुत्र दी लंका जला॥

अन्तरा

राम को राम बनाया तुमने।
पर्वत हाथ उठाया तुमने।
लक्ष्मण को जिलाया तुमने।
संकटमोचन नाम तुम्हारो।
काटो काटो काटो मेरी अला-बला॥

24

बरखा ऋतु आयी

राग—धूलिया मल्हार, ताल—तीन ताल

इस बन्दिश की रचना सन् 1967 में माउंटआबू में हुई। सन्ध्या समय की मद्धिम रोशनी के बीच आकाश में ज़ोरों से बिजली कौंधी और आँधी चलने लगी। सहसा झमाझम वर्षा होने लगी। ऐसे में पंडित जसराज के कण्ठ से इस रचना की उत्पत्ति हुई 'बरखा ऋतु आयी'। और तभी वहाँ मधुरा जी ने प्रवेश किया। 'सलोने पिया, कैसे।' दामिनी और वर्षा की फुहारों से चमत्कृत होकर जसराज जी ने रचना को आगे बढ़ाया, 'कारी पीरी घटा चहुँ ओर छाई, चमक बिजुरिया हमही डराई।' और तभी उनके शिष्य परेश ने बन्दिश की अन्तिम पंक्ति, सहज ही देकर उसे सम्पूर्ण रूप दे दिया—'नैनन नींद चुराई।'

पुस्तक में दो प्रसंग ऐसे आते हैं जहाँ राग 'धूलिया मल्हार' के गाने पर ज़ोरों से वर्षा होने लगी। उद्योगपति अजय पीरामल तथा पंडित जी के शिष्य और स्वयं मैं इस राग के प्रभाव के चमत्कार के साक्षी हैं। पंडित जसराज कहते हैं कि राग का असर अवश्य होता है, केवल सुर सच्चे लगने चाहिए।

स्थायी

बरखा रितु आयी।
सलोने पिया कैसे॥

अन्तरा

कारी पीरी घटा चहुँ ओर छाई।
चमक बिजुरिया हमही डराई।
नैनन नींद चुराई॥

25

ऐसी दरबारी

राग—दरबारी कान्हड़ा, ताल—झपताल

सन् 1999 में मधुरा जी पंडित जसराज के जीवन पर एक वृत्तचित्र का निर्माण कर रही थीं। फ़िल्म्स डिवीजन इंडिया के सौजन्य से निर्मित होने वाले इस वृत्तचित्र का छायांकन चल रहा था।

बदरीनाथ और हरिद्वार में फ़िल्मांकन पूरा हो चुका था और दल के सभी सदस्य दिल्ली से कलकत्ता रेलगाड़ी में जा रहे थे। रेलगाड़ी बिहार के कुछ शहरों से होकर गुज़रती थी। रेल कर्मचारियों ने अचानक हड़ताल कर दी और रेलगाड़ी को मधुबनी के निकट किसी छोटे स्टेशन पर रात भर के लिए रुकना पड़ा। स्टेशन पर न तो खाने-पीने के लिए कोई रेस्टोरेंट था और न ही कोई दुकानें। साथ में कुछ मुरमुरा था, वही खाकर सबने गुजारा किया और पंडित जसराज अपनी बर्थ पर जाकर लेट गये। ऐसे में उनके रचनाकार ने सिर उठाया और राग दरबारी कान्हड़ा में इस रचना ने जन्म लिया। अगली सुबह रेल का डिब्बा उनके इस नये सृजन तथा उसके गायन का साक्षी बना। जो समय बाक़ी सब के लिए बिताना कष्टदायी हो रहा था, वही समय संगीत प्रेमियों के लिए एक सुन्दर बन्दिश के सृजन में सहायक सिद्ध हुआ।

स्थायी

ऐसी दरबारी गुनीजन गाये।
मल्हार कान्हर को रूप।
अलग-अलग कर दिखावै॥

अन्तरा

अति कोमल गन्धार।
स्वरूप जाको।
आन्दोलित धैवत उदधि जनाये।
षड्ज तार रूप अति शान्त स्वरूप।
सा रे ग, म प ध, नि प ग, म रे सा॥

26

मान जा मोरे पिया

राग—दरबारी कान्हड़ा, ताल—एक ताल

यह बन्दिश पंडित जसराज द्वारा रचित बहुत लोकप्रिय बन्दिशों में से है। उन दिनों रात्रि दस-साढ़े-दस बजे आकाशवाणी पर शास्त्रीय संगीत का कार्यक्रम संगीत के श्रोताओं का प्रिय कार्यक्रम होता था। इस कार्यक्रम में गायन प्रस्तुत करना किसी भी गायक के लिए प्रतिष्ठा का विषय था। तो जब सन् 1955 में पंडित जसराज को इस शृंखला के अन्तर्गत अपना कार्यक्रम प्रस्तुत करने का अवसर मिला तब वह फूले नहीं समाये और उन्होंने इस कार्यक्रम के लिए राग दरबारी कान्हड़ा में एक यह बन्दिश सुनायी जिसकी रचना उन्होंने सन् 1952 में की थी।

स्थायी

मान जा मोरे पिया
मैं तो तोपे वारी॥

अन्तरा

सगरी रैन बीती जात।
बिनती करत तोरी।
तनिक मुख सों बोलो।
मैं तो तोरी चेरी॥

27

अजब तेरी दुनियाँ मालिक

राग—दरबारी कान्हड़ा, ताल—तीन ताल

मधुरा जी के साथ विवाह के एक वर्ष पश्चात् ही कलकत्ता से मुम्बई आ जाना, पंडित जसराज के जीवन का बहुत महत्त्वपूर्ण और कठिन निर्णय था। लेकिन उन्हें आभास हो चुका था कि कलकत्ता शहर को उन्हें जो कुछ भी देना था, वह दे चुका। वह जानते थे कि मुम्बई ही उनका भविष्य है। यह निर्णय कठिन तो बहुत था क्योंकि इसी शहर में उन्होंने अपने शास्त्रीय संगीतज्ञ के रूप में अनेक वर्ष व्यतीत किये थे जहाँ उन्हें सोम तिवारी जैसी 'अम्मा', मुकुन्द लाठ जैसा मित्र मिला था। मुम्बई आने के पश्चात् वे टैक्सी में मधुरा और शारंगदेव के साथ लेमिंग्टन रोड से पैडर रोड अपनी ससुराल जा रहे थे। पैडर रोड मुम्बई की घुमावदार ऊँची-नीची सड़क थी जिस पर बहुत समृद्ध लोग रहते थे। ऐसी परिस्थिति में पैडर रोड पर उस टैक्सी में ही इस रचना का जन्म हुआ—अजब तेरी दुनिया मालिक।

स्थायी

अजब तेरी दुनियाँ मालिक।
कोऊ जाने कोऊ न जाने।
जो जाने वाकौ न जाने॥

अन्तरा

ये दुनियाँ का रंग ही न्यारा।
कोऊ मद में कोऊ मतवारा।
जो जानके मगन व्है जाने।
सो तोहे पहचाना मालिक॥

28

नैया लगा दे मोरी पार

राग—गुंजी कान्हड़ा, ताल—तीन ताल

सन् 1992-93 में पंडित जसराज ने 'कान्हड़ा के प्रकार' नामक एल्बम की रिकॉर्डिंग की। उनकी बहुत इच्छा थी कि इसमें 'गुंजी कान्हड़ा' की एक बन्दिश को भी जोड़ा जाये। विलम्बित में तो एक रचना की तैयारी की, लेकिन द्रुत पर आकर वे रुक जाते थे। द्रुत रचना पर विचार करते-करते उन्हें नींद आ गयी तथा वे ऊँघने लगे। स्वप्न में उन्हें अपने प्रपितामह पंडित नत्थूलाल जी का स्वर सुनायी दिया। वे गा रहे थे—'राग गुंजी कान्हड़ा में, 'नैया लगा दे मोरी पार।' नींद खुलने पर उन्होंने इस बन्दिश की रचना की। पंडित जी बहुत आश्चर्यचकित थे कि उन्होंने इस बन्दिश में 'सरकार' शब्द का प्रयोग किया है। इससे पहले उनकी किसी भी रचना में सरकार शब्द नहीं आया।

स्थायी

नैया लगा दे मोरी पार।
ख्वाजा तुम बड़े गरीब नवाज़॥

अन्तरा

मँझधार भँवर में आन परी है।
पार करो सरकार॥

29

या रब्बा मोरे

राग—सूहा कान्हड़ा, ताल—तीन ताल

राग सूहा कान्हड़ा में निबद्ध यह बन्दिश पंडित जसराज और मधुरा जी के प्रेम से आसक्त वार्तालाप से जनित बन्दिश है। हर बार की तरह उस दिन 1972 में भी पंडित जसराज के सूटकेस बँधे-बँधाये तैयार रखे थे। मधुरा जी ने उलाहना दिया कि आप आजकल घर से बाहर बहुत रहने लगे हैं। हम लोगों को समय ही नहीं देते। बात तो सच थी। लेकिन पंडित जी ने मुस्कराते हुए टाल दिया कि दूर रहने से मिलने का आनन्द बढ़ जाता है न! तब उन्होंने सहज ही राग सूहा कान्हड़ा में इस रचना को गाना प्रारम्भ कर दिया।

स्थायी

या रब्बा मोरे पिया घर जो आये।
पिया से मिलूँगी कुछ कहूँगी मन की आली॥

अन्तरा

सोलह सिंगार को साज रचाऊँगी।
चुन-चुन कलियाँ सेज सँवारूँ।
या पर भी जो समझ न पाये।
नैनन सों समझाऊँगी॥

यह एक प्रबुद्ध दम्पति के बीच होने वाली मीठी तकरार का परिणाम था।

30

बरखा ना भावेरी

राग—ताल—झपताल

पंडित जसराज को गायक रूप में जिन लोगों ने सबसे पहले पहचाना और सराहा उनमें 'संगीत श्यामला' की सचिव श्रीमती सोमा बाई तिवारी सबसे प्रमुख हैं। सोम तिवारी यानी 'अम्मा' पंडित जी के गाने के साथ-साथ उनकी दिनचर्या, उनके व्यवहार आदि पर भी बहुत ध्यान देती थीं। पंडित जी मुकुन्द लाठ जी के अतिरिक्त 'अम्मा' के साथ भी प्रतिदिन रियाज़ के लिए बैठते थे और नियमित अभ्यास करते थे। एक बार ऐसे ही किसी बैठक के दौरान 'अम्मा' और 'जसराज' दोनों एक साथ ही झपताल पर गाने लगे तब यह रचना बनी।

स्थायी

बरखा ना भावे री।
पिया घर ना आये।
उन बिन कछु ना सुहाये॥

अन्तरा

चहूँ और खुंट।
बरसे अधानीर।
कैसे धरूँ धीर।
पिया नहीं माने।
उन बिन...

31

गुरु आज्ञा में निस दिन रहिये

राग—सिन्धु भैरवी, ताल—भजनवी

गुरु पूर्णिमा का दिन मेवाती घराने के सभी कलाकारों के लिए बहुत विशेष होता है। पंडित जसराज तथा उनके सभी शिष्यों के लिए यह दिन अपने गुरु के प्रति श्रद्धा से विनत होने का दिन होता है, क्योंकि वे सब अपने गुरु के ही कारण हैं। गुरु और ईश्वर में इनकी दृष्टि में कोई अन्तर नहीं है। गुरु की आज्ञा, गुरु का संकेत, गुरु की महिमा का बखान, गुरु का सम्मान शिष्यों को शिरोधार्य है। जो स्थान कृष्ण का अर्जुन के जीवन में है, वही स्थान गुरु का मेवाती घराने के सभी शिष्यों के लिए है।

इस रचना का जन्म गुरु पूर्णिमा के दिन हुआ। यह पंडित जसराज की अपने गुरुओं के प्रति कवितांजलि है, उनकी श्रद्धा है।

स्थायी

गुरु आज्ञा में निसदिन रहिये।
जो गुरु चाहे सोहि सोहि करिए॥

अन्तरा

गुरु की महिमा अपरम पार।
अक्षर ॐ में करत विहार।
गुरु चरनन रज मस्तक धरिये।
भवसागर हँस हँस के तरिये॥

126

जीवन में ऐसे क्षण भी आये जब कभी लगा कि मार्ग से भटक गये हैं। कभी कोई घटना, कोई सम्बन्ध, कोई व्यक्ति जिनके कारण भटकाव हुआ हो, ऐसी भी स्थितियाँ जीवन में आती ही हैं। सम्बन्धों को जीना और उन्हें बनाये रखना पंडित जसराज के जीवन का ऐसा अध्याय है जिसे पढ़ने और समझने के लिए एक ऐसा ही मन चाहिए। उनके सम्बन्ध सालों साल चलते हैं, बल्कि आजीवन चलते हैं। जहाँ कहीं थोड़ी नरमी आयी भी हो, वहाँ भी किसी व्यक्ति की निन्दा करना पंडित जसराज की वर्णमाला का अंश नहीं है।

भटकना तो ज़िन्दगी का सहज भाव है। सम्बन्ध बहुत से बनते गये, चलते गये, लेकिन ऐसा कोई भी सम्बन्ध नहीं बना जो बिना संगीत का हो। जो कुछ भी हुआ, हमेशा उसके मूल में संगीत ही रहा। तो संगीत से भटकने का, रास्ते से भटकने का सवाल ही नहीं है। हाँ इस भटकन का असर कभी इतना ज़रूर होता है कि रियाज़ में थोड़ी घटाई-बढ़ाई हुई हो। हर सम्बन्ध का यूँ एक समय होता है, उसकी आयु होती है। वह आयु, वह अवधि, वे क्षण बहुत सुन्दर होते हैं। लोग कहीं छूट जाते हैं, कभी रूठ जाते हैं। कभी-कभी चाहकर भी किसी के साथ नहीं रह पाते, कभी-कभी न चाहते हुए भी किसी के साथ रहना पड़ता है। ये सब तो आनी-जानी बातें हैं। महत्त्वपूर्ण यह है कि अपने गाने पर उसका असर न पड़े। लेकिन हर रिश्ता कुछ न कुछ देकर ही जाता है। जो कलाकार है, वह हर सम्बन्ध में से कुछ न कुछ निकाल ही लेता है। वह हर रिश्ते में से बहुत कुछ ग्रहण कर लेता है। हाँ, ग्रहण करने की क्षमता और ग्राह्यता पर निर्भर करता है कि वह कितना ग्रहण कर सकता है। पिता, पुत्र, भाई, बहिन, मित्र, प्यारा, पति-पत्नी, सखा, बन्धु, प्रिय, सभी कुछ न कुछ देते ही हैं। और इन सभी की एक मधुरता है, सहजता है। इनमें से कुछ न कुछ मिलता ही है और अपना संगीत समृद्ध होता है।

सबसे अधिक सन्तोष कब होता है पंडित जसराज को?

'हमें ख़ूब आनन्द आता है मन्दिर में दर्शन करने में। भगवान् की स्तुति गाने में, भगवान् की प्रतिमा के सामने गाने में। भगवान् के सामने गाने में सन्तोष मिलता है। जब-जब भी अवसर मिलता है, बहुत आनन्द आता है। कई बार ऐसा हुआ है कि दर्शन कर रहे हैं और गला रुन्ध गया है। उस आनन्द का क्या कहें कि जब आप ही गाने लगें और अपना ही गला रुन्ध जाये! कुछ अद्‌भुत चीज़ें ऐसी हैं कि बहुत बार जब गा रहे होते हैं तो अन्दर से कुछ विचलित हो

रहे होते हैं। सुर एकदम समझ में नहीं आता। अपने आप सुर कहीं से आता है, आनन्द से विह्वल हो जाते हैं, ऐसी स्थिति में जब उठकर आते हैं तो महफ़िल में से दो-चार आदमी उठकर आकर कहते हैं कि पंडित जी, आज आपने भगवान् के दर्शन करा दिये। बहुत बार ऐसा लगता है कि अरे, हमने तो आज आसमान के तारे तोड़ दिये, क्या गाना हुआ है आज! तो ऐसे ही कोई हिम्मत करके कहता है कि पंडित जी, आज क्या हो गया था आपको? तो इन सब चीज़ों में से एक ही बात निकल कर सामने आती है, वह यह, कि जो मैं हमेशा कहता रहता हूँ कि वह (ईश्वर) ही गाता है, वह ही सुनता है, और कुछ नहीं है। तो इसका अर्थ है कि आप जो भी गा रहे हैं, पब्लिक तक कैसे पहुँचता है, पता नहीं। वह (ईश्वर) ही सुनाना चाहता है, आपके माध्यम से, यदि आप असन्तुष्ट हों भीतर से। यह सब अनुभव से पता चला है, और अनुभव ईश्वर की कृपा के बिना और कुछ नहीं है।'

अब प्रश्न यह है कि गाते समय मंच पर बैठे हुए अपने सारे सहयोगी कलाकारों के साथ समायोजन का। स्वयं क्या गा रहे हैं। एक ओर रत्तन बैठे हैं, सीधे तृप्ति बैठी हैं। बायें हारमोनियम पर एक सहयोगी कलाकार हैं, दायें तबले पर दूसरे कलाकार, फिर मृदंगम् भी है, तानपुरे हैं, इतने सारे लोगों के साथ सहभागिता, तालमेल बनाये रखना और अपने गाने पर ध्यान देना, कैसे सम्भव होता है।

'इसके लिए आवश्यक है कि जो लोग भी साथ में मंच पर बैठे हों, वो भी संगीत की अच्छी समझ रखते हों। संगीत को जानने वाले हों, विघ्न-बाधा लाने वाले न हों। कोई भी गा रहा है, उसके पीछे जो भी बैठा है, वह अगर इधर-उधर देखता है तो सामने बैठे श्रोताओं पर उसका बुरा असर पड़ता है। और ऑडियंस पर जो असर पड़ता है, वह सीधा हमारे तक आता है। हमारे तक का मतलब कि जो गायक गा रहा है, या वादक बजा रहा है, उस तक आ जाता है। और तब अगर गाना विक्षिप्त हो रहा है या भटक रहा है, वह जो एक पीछे तानपुरा बजा रहा है और इधर-उधर देख रहा है और गाने में उसकी एकाग्रता नहीं है, उसकी वजह से है। इसीलिए लोग अपने शिष्य को साथ में बिठाना चाहते हैं, क्योंकि गुरु के साथ रह कर उनमें यह समझ आ जाती है कि वह क्या गा रहे हैं, क्या बजा रहे हैं। ऑडियंस को अपने गाने से क्या समझाना चाहते हैं। तो वह शिष्य भी चौकन्ना रहता है। यदि वह भी गाने का आनन्द ले रहा है और मुख्य कलाकार के साथ अच्छा तालमेल मिलाकर रखता है, तो ऑडियंस का ध्यान बटोरने के लिए वह भी बड़ा सहायक होता है। सामने वाले को समाधि अवस्था तक ले जाने के लिए। समाधि का अर्थ है कि वो बहुत प्रेम से सुन रहे हैं। इसलिए जो साथ में और पीछे बैठे हैं, उनको भी बहुत इज़्ज़त देना ज़रूरी है। जो इज़्ज़त श्रोता हमें देते हैं, उसमें हमारे साथ और हमारे पीछे बैठने वाले सभी लोगों का बहुत बड़ा हाथ है।'

श्रोता कितने महत्त्वपूर्ण हैं? यह भी तो जानना आवश्यक है!

'श्रोताओं का तो शेयर है ही! श्रोता थोड़ा-सा अपना ध्यान बटोर के, सही

जगह पर दाद देते हैं तो कलाकार निहाल हो जाता है। और फिर वह भी अपनी सारी कला, अपना सारा संगीत श्रोताओं पर न्यौछावर कर देता है। श्रोताओं के ऊपर नहीं, वो मैं कहता हूँ न, आत्मा सो परमात्मा। उन सबमें ईश्वर का वास है और मैं अपना गाना उन्हें समर्पित करता हूँ।'

पंडित जसराज अनेक बार यह उक्ति कहते हैं जो भगवान् विष्णु ने नारद से कही— थी, 'नऽहम् वसामि वैकुंठे योगिनां हृदये न च मद्‌भक्ता: यत्र गायंति तत्र तिष्ठामि नारद:।' यह अनुभव कि गायन की अन्तिम परिणति, गायन का अन्तिम लक्ष्य ईश्वर से पहचान होना, या ईश्वर से परिचय होना है, ईश्वर का दर्शन होता है, कब हुआ! कब तक मुँडेर पर बैठे रहे!

'हमारे आध्यात्मिक गुरु महाराजा जयवन्त सिंह जी थे, जिन्हें हम बापू साहब कहते थे। वो बातें कहते रहते, हम सुनते रहते थे। हम उनको समझने की कोशिश करते थे। आज भी उनकी बहुत सारी बातें समझ से बाहर लगती हैं, वो ऐसा गूढ़ बोलते थे। लेकिन उनकी बातों को समझने की कोशिश करना, यही एक रास्ता था। उन्होंने ऐसा कभी नहीं कहा कि भगवान् की भक्ति करो, मंत्र जाप करो, पूजा-पाठ करो। उन्होंने हमेशा कहा कि जो तुम गाते हो, उसी में भक्ति है। तुम्हें अलग से मन्त्र-जाप करने की आवश्यकता नहीं है। ये आपने मुँडेर पर बैठे रहने की बात कही। अभी तक तो हमने उस कुएँ में उतर कर पानी नहीं चखा है, मगर पानी दिखता ज़रूर है।'

पंडितजी स्टेज पर बैठकर गाना और अपने कमरे में या केवल कुछ छात्रों के साथ बैठकर गाते हैं, तो जो एहसास होता है वह कई बार ऐसा होता है कि जैसे ईश्वर के साक्षात् दर्शन हुए। 'बहुत बार जो मैं स्तुति गाता हूँ, विशेष रूप से कृष्ण लीला गाता हूँ, तो मुझे गाते-गाते ऐसा साफ़-साफ़ नज़र आता है जैसे 70 एम.एम. के पर्दे पर तस्वीरें चल रही हों। आप इसे कुछ भी कहिए, लेकिन मैं गाने में जो स्तुति कर रहा हूँ, वह सब मुझे साफ़-साफ़ दिखायी देता है।

'वह हमें बहुत-सी चीज़ें दिखाता रहता है कि मैं हूँ, मुझको भूलना नहीं। कुछ साल पहले मुझे ऐसा मालूम हुआ कि जैसे वो हमसे कुछ दूर हो गये हों। तो थोड़ा-सा रोये, थोड़ा ध्यान किया, थोड़ा पूछा कि आप ऐसा क्यों करते हो महाराज, आप हमसे दूर क्यों जाते हो? तो बार-बार यही बात मन में आती थी। तो शायद उन तक बात पहुँच गयी होगी। तो एक दिन वो मेरे सपने में आये और बोले कि जसराज, मैं तुमसे दूर कभी नहीं जाऊँगा। मैं तुमसे दूर नहीं जाता हूँ। मैंने पूछा कि सत्य बात है न कि आप मुझसे दूर नहीं जायेंगे, तो उन्होंने उत्तर दिया कि निश्चित ही मैं तुमसे दूर नहीं हूँ। उसके बाद से मुझे ऐसा महसूस नहीं होता कि वो हमसे दूर चले गये। मुझे यह बात पता है कि जितना मैं उनको प्यार करता हूँ, उतना प्यार वो मुझे करते हैं।'

कृष्ण से पंडित जसराज को अलौकिक प्यार है। उन्होंने बार-बार तरह-तरह से उन्हें गाया है। क्या उन्हें राम की तुलना में कृष्ण अधिक प्रिय हैं? 'कृष्ण से मुझे अलौकिक प्यार है। राम में सिर्फ़ भक्ति है, श्रद्धा है। वहाँ प्यार वाली जगह नहीं है। गाने में अगर प्यार न हो, तो सब गणित शास्त्र है, मैं इसे पूरी तरह

मानता हूँ। प्यार में कहीं सम की ज़रूरत नहीं है। प्यार में कहीं स्वर की भी ज़रूरत नहीं है। जो आप कर रहे हैं, सब ठीक है। सब सहज है, सब स्वीकार्य है। कृष्ण तो ऐसा भगवान् है जिसे आप अपनी गोदी में खिलायें या उसके पैरों में पड़िए। आप चाहें तो उनकी बंशी बन जायें, चाहें तो उसे प्रेम करने लगिए। सरल भक्ति तो कृष्ण की है। कोई भी कारण ढूँढ़ सकते हैं आप उनसे प्रेम करने का। भगवान् राम के साथ आप ऐसा नहीं कर सकते। 'ठुमक चलत रामचन्द्र' उनके बचपन से सम्बन्धित पद है, पर जब आप रामचन्द्र जी का स्मरण करेंगे, बाल राम का स्वरूप आपको कभी दिखेगा ही नहीं। राम सम्पूर्ण नज़र आते हैं। लक्ष्मण सीता के साथ खड़े हुए, हनुमान चरणों में विराजमान हैं। कृष्ण को आप कहीं से भी शुरू करें, पीठ से शुरू करें, पैर से शुरू करें। वहाँ आगे-पीछे नहीं देखना पड़ता। लगता है कि जहाँ भी हूँ, तुम्हारे साथ हूँ। भगवान् राम को सोच-समझ कर गाना पड़ता है, वहाँ बुद्धि लगानी पड़ती है।'

127

'**बचपन** में मुझे एक स्वप्न अक्सर आता था। उसमें मैं किराये की साइकिल लेकर आता था। हैदराबाद का ज़माना था तो उस वक्त अगर एक आना दे दो तो दुकानदार दो-तीन घण्टे के लिए साइकिल दे देते थे। तो स्वप्न में मैं देखता कि मैं साइकिल ले के चलता हूँ और कैंची मार कर उसे चलाता हूँ। मैं एक कुएँ के पास गुज़रता था तो वहाँ पर मुझे प्यास लग आती। कुआँ ज़रा-सी टेकड़ी पर था तो वहाँ से ऊपर पैदल चला गया। कुछ लड़कियाँ कुएँ पर पानी भर रही थीं। मैंने उनसे पानी पिलाने का आग्रह किया। वो लड़कियाँ कहने लगीं, पानी माँगते हुए शर्म नहीं आती? हाथ यों चुल्लू बनाकर आगे करो तो तुम पानी पी सकते हो। मैंने देखा, कि हाँ, पानी बहुत नज़दीक है। यह भी देखा कि पीछे मेरी साइकिल रोड पर खड़ी है, कोई उठाकर ले गया तो? मैं साइकिल को कुएँ तक ही ले आता हूँ। तो मैं साइकिल को लाकर कुएँ की मुँडेर पर चढ़ा देता हूँ। मैं जैसे ही पानी पीने के लिए झुकता हूँ, साइकिल भी पानी में गिर जाती है। मैंने कहा, ये क्या हो गया, वो साइकिल वाला क्या कहेगा! मैं पानी में साइकिल के लिए कूद जाता हूँ। उसके अंजर-पंजर सब खुले पड़े थे। वो लाकर मैं उसको जोड़ता हूँ। वो सपना मुझे दो-तीन बार आया। मुझे ऐसे याद है कि जैसे आज की घटना हो।

इस स्वप्न का अर्थ निकाला आपने? मैं पूछती हूँ। 'इसका अर्थ लोगों ने कहा कि भई बचपने में ज़िन्दगी के तुम्हारे हिसाब-किताब ख़त्म हो गये थे। तुमने जोड़ा, चलाया वगैरह-वगैरह। आप बताइए क्या हो सकता है?'

'मुझे ऐसा लग रहा है कि जैसे महादेवी जी ने कहा कि अनुज तुम गाते तो अच्छा हो, लेकिन ज़रा प्यार तो करो न! उसमें डूब के गाओ न! तो वैसे ही शायद आप उस समय गाते तो थे लेकिन मुँडेर पर खड़े थे। और यह इंगित हुआ कि जैसे उसमें डूबोगे नहीं, तब तक उसका साक्षात्कार नहीं होगा। साइकिल के अस्थिपंजर संगीत की भाव-भूमि में अपने-आपको तिरोहण करना है। और संगीत तो एक कुएँ की भाँति गहरा है, और इसे पाना है तो उसमें उतरना ही होगा।' मैं कहती हूँ।

'बहुत नया पक्ष है,' पंडित जसराज कहते हैं। आ हा हा। स्वामी हरिप्रसाद जी कहते हैं, जो संगीत में डूब गया, वो तर गया। जो तर गया, वो बुड़ गया। मतलब संगीत में तैर गया, वह उसमें खो गया। अब तक किसी ने स्वप्न का ऐसा विश्लेषण किया ही नहीं।'

'आपने कहा है, संगीत की तहें बहुत गहरी हैं। उसे अगर पाना चाहते हो तो उसके भीतर डूबना ही पड़ेगा। जैसे उन महिलाओं ने कहा कि चुल्लू भर लो, लेकिन आप उसमें डूब के निकाल करके स्वयं लाये। अभ्यास-रियाज़ कोई और करे और गाना हम सीख जायें। ऐसा नहीं होता है न!'

पंडित जसराज का गायन उस स्वप्न से बहुत आगे उनके सभी श्रोताओं के लिए ईश्वरीय आनन्द का विषय बन चुका है। वह आध्यात्मिक सुख का गायन बन चुका है। पंडित जसराज केवल गाते नहीं हैं, ईश्वर को समर्पित होते हैं। नारायण को समर्पित होते हैं। वह नारायण जो हम सब में निवास करते हैं। पंडित जसराज के गायन का अर्थ है वह भाव जहाँ शब्द, शब्द नहीं रहते; जहाँ अर्थ, अर्थ नहीं रहते। पंडित जसराज का गायन शब्दातीत है। पंडित जसराज का गायन अर्थातीत है। जहाँ मैं, मैं नहीं रहता, केवल तू ही तू हो जाता है। जहाँ न पंडित जसराज गाते हैं, न हम सुनते हैं। जहाँ कृष्ण ही गाते हैं, कृष्ण ही सुनते हैं, कृष्ण ही ग्रहण करते हैं।

चलो री सखी गोकुल धाम।
जहाँ बनें सब बिगरे काम॥
धन ये जल धन धन ये रज-कण।
जहाँ तहाँ निकसत एक ही नाम॥

चलो री सखी (राग गौरी)

कृष्ण! कृष्ण!! कृष्ण!!!

परिशिष्ट

128

जन्म—28 जनवरी, 1930, पीली मन्दौरी (हिसार)। लगभग तीन वर्ष के रहे होंगे जब पीली मन्दौरी से वर्धा के लिए प्रस्थान किया। माँ, बड़े भाई साहब मणिराम और जसराज वर्धा स्टेशन पर पहुँचे तो पिताजी पंडित मोतीराम और राजा भैया यानी राजाराम इन लोगों को लेने आये। राजा भैया जसराज से दो एक वर्ष बड़े रहे होंगे, यानी लगभग पाँच वर्ष के। वैसे पीली मन्दौरी से ट्रेन नहीं चलती थी, तो भट्टू स्टेशन पर आये जहाँ से वर्धा तक की यात्रा की। एक वर्ष तक वर्धा में रहे। कुछ समय बाद पंडित मोतीराम का नागपुर में गाना था, वहाँ हैदराबाद स्टेट के प्राइम मिनिस्टर कृष्ण प्रताप बहादुर, जो उन्हें बहुत स्नेह करते थे, वह भी आये हुए थे। उन्होंने मोतीराम जी से कहा कि भैया यहाँ क्या कर रहे हो, चलो हैदराबाद चलते हैं। आप वहाँ स्टेट म्यूज़िशियन बन जाइये। मोतीराम जी ने कहा कि ठीक है, आते हैं।

तब आश्रम बना हुआ था महात्मा गाँधी का, वर्धा में। और हम लोग लगभग तीन महीने वर्धा में घूमते रहे। उस आश्रम में पिताजी आते-जाते रहते थे कभी-कभी। अब मुझे पक्का मालूम नहीं है कि उन्होंने महात्माजी को गाना सुनाया था या नहीं। आश्रम में ज़रूर आते-जाते रहते थे, तो हो सकता है कि गाना भी ज़रूर सुनाया हो। नागपुर में एक ताजुद्दीन बाबा

पीली मन्दौरी में पंडित जसराज पार्क

पीली मन्दौरी—पंडित मोतीराम लाइब्रेरी

थे जो मेरे पिताजी को 'तारवाले' कहते थे। कहते, 'तारवाले, हैदराबाद नहीं जाना, वहाँ तुम्हारी मौत है।' ऐसा उन्होंने सन् 1922 में कहा था। सन् 1925-26 में बाबा शान्त हो गये। हैदराबाद हम लोग पहुँचे सन् 1934 में। उसी वर्ष पिताजी का देहान्त हो गया—30 नवम्बर, सन् 1934 को। हैदराबाद का क्या था, कि कोई गवैया वहाँ जाता न था। एक तो मेरे पिताजी वहाँ चले गये। फिर एक बार अब्दुल करीम ख़ाँ साहब हैदराबाद में गाकर ट्रेन में बैठे। मद्रास जा रहे थे। वो ट्रेन में ही चले गये। तो गायक लोग अक्सर हैदराबाद जाने से कतराते थे। हैदराबाद के एक नवाब जंगबहादुर थे जिनके यहाँ के लोग पहले जाते-आते रहते थे।

'सन् 1965 में मुझे एक सपना आया। सपने में मैं नवाब जंगबहादुर के घर जा रहा था। तो पीछे से तीन-चार तगड़े, मूँछों वाले, काले स्याह लोगों ने मुझको पकड़ लिया। पता नहीं सपने में मेरे पास कौन-सी ताकत थी कि मैंने एक को मार दिया। दूसरे को मारा। तीसरे ने कहा कि भैया हमको मत मारो, हैदराबाद तुम्हारे लिए खुला है। जब से हैदराबाद छोड़ा था, वहाँ आना-जान बन्द हो गया था। लेकिन उसके बाद से तो हम नियमित रूप से हैदराबाद आते-जाते रहते हैं। हैदराबाद में पिताजी की समाधि है। यूँ हैदराबाद में हम 12 वर्ष तक रहे। सन् 1934 से लेकर 1946 तक। सन् 1944 में हमने स्थान बदला था और सानन्द चले गये थे बड़े भाई साहब के साथ, लेकिन परिवार हैदराबाद में ही रहता था। परिवार मतलब माँ, राजा भैया और एक बहिन। प्रताप भैया तो इधर-उधर घूमते रहते थे। बड़े भाई साहब के साथ मैं सानन्द में रहता था।'

'सन् 1944 से लेकर 1949 तक पंडित मणिराम और जसराज जी सानन्द में रहे। सन् 1949 में जब सानन्द स्टेट गुज़रात में सम्मिलित हो गयी तब सानन्द के बापू साहब ने इन लोगों से कहा कि आप लोग अब कलकत्ता जायें। तब उनके कहने पर ये लोग कलकत्ता चले गये। कलकत्ता शहर ने इन लोगों को बहुत यश दिया, संगीत के संसार में बख़ूबी पैर ज़माने का मौक़ा दिया। सानन्द, लेकिन कभी भी छूटा नहीं। सन् 1963 में बम्बई आ गये। तब से लेकर अब तक बम्बई में ही हैं। सानन्द जाना अक्सर होता रहता है।'

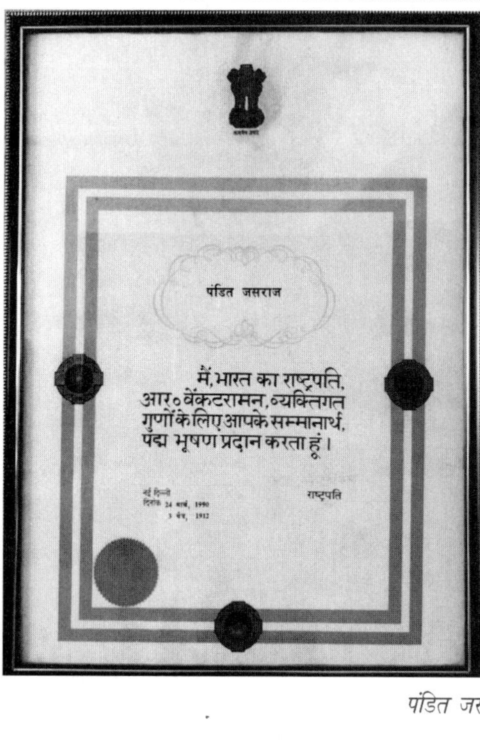

पंडित जसराज के पद्म अलंकरण

सम्मान

पंडित जसराज गिने-चुने भारतीय संगीतज्ञों में एक हैं जिन्हें इतने पुरस्कार/सम्मान दिये गये हैं। और देश-देशान्तर में शायद ही किसी गायक को इतनी प्रतिष्ठा मिली होगी। पंडित जसराज को दिये गये पुरस्कारों/सम्मानों की एक सूची इस प्रकार है :

- सभी 3 पद्म पुरस्कार—पद्मविभूषण—2000, पद्मभूषण—1990 और पद्मश्री—1975
- संगीत नाटक अकादेमी पुरस्कार—भारत सरकार
- संगीत मार्तण्ड (हरियाणा)—1977।
- महाराष्ट्र गौरव पुरस्कार—महाराष्ट्र सरकार।
- डॉ. मल्लिकार्जुन मंसूर सम्मान, धारवाड़, श्रीमती गंगूबाई हंगल के कर-कमलों से प्राप्त किया।
- कांची कामकोटि पीठम् का 'आस्थाना विद्वान्' सम्मान।
- संगीत सागर रत्न सम्मान जो कांची कामकोटि पीठम् के शंकराचार्य ने प्रदान किया।
- सुरेर गुरु सरकारी संगीत महाविद्यालय, पश्चिम बंगाल।
- 'सर्वश्रेष्ठ कला-गौरव,' पुरस्कार—संस्कृति कलादर्पण ने पंडित जसराज और मधुरा जसराज दोनों को प्रदान किया।
- चिन्मय रसराज (चिन्मय मिशन, दिल्ली, पूज्य स्वामी तेजोमयानन्द के कर-कमलों से सम्मानित)।
- हैदराबाद के नागरिकों ने 'हैदराबाद पुत्र' का सम्मान दिया—भारत रत्न एम.एस. सुब्बुलक्ष्मी ने यह सम्मान प्रदान किया।
- रसराज सम्मान (हरियाणा)।
- भारत के पूर्व प्रधानमन्त्री माननीय श्री अटल बिहारी वाजपेयी ने पंडित जी को 'रसराज' सम्मान दिया। प्रधानमन्त्री निवास पंचवटी में उनके गायन के अवसर पर 02 फ़रवरी, 2002 को यह सम्मान दिया गया।
- संगीत सप्त सिन्धू सम्मान जो पुरी मन्दिर, भुवनेश्वर ने प्रदान किया।
- संगीत चक्रवर्ती सम्मान जो संगीत म्यूज़िक कॉलेज, मुम्बई, महाराष्ट्र ने प्रदान किया।

तत्कालीन राष्ट्रपति डॉ. के.आर. नारायणन से पद्म विभूषण ग्रहण करते हुए पंडित जसराज

पद्म विभूषण सम्मान ग्रहण के पश्चात पूर्व प्रधानमंत्री श्री अटल बिहारी वाजपेयी
के साथ पंडित जसराज

- पूज्य श्री मुरारी बापू ने हनुमन्त सम्मान दिया।
- महाराष्ट्र के पुणे में सूर्यदत्त पुरस्कार प्रदान किया गया।
- पंडित जसराज के 'शास्त्रीय संगीत में अद्वितीय योगदान के लिए' आन्ध्र प्रदेश के माननीय राज्यपाल श्री सुरजीत सिंह बरनाला ने 12वाँ 'युद्धवीर मेमोरियल' सम्मान दिया।
- नारायण स्वामी पुरस्कार—राम सेवा मण्डली, बेंगलुरु, 2008वें
- देश रत्न।
- आचार्य जियालाल वसन्त वाग्येकर सम्मान
- संगीत कला-रत्न (म.प्र.)
- स्वामी श्री हरिदास संगीत रत्न (वृन्दावन, यूपी)।
- संगीत में डॉक्टरेट की उपाधि—विश्व उन्नयन संसद, पश्चिम बंगाल।
- दीनानाथ मंगेशकर पुरस्कार (महाराष्ट्र)—भारत रत्न लता मंगेशकर ने प्रदान किया।
- कला-सम्राट की उपाधि—पंडित किशन महाराज (वाराणसी) ने प्रदान की।
- भारत शिरोमणि सम्मान, दिल्ली।
- डॉ. भाई वीर सिंह अन्तर्राष्ट्रीय सम्मान, 1991—भारत के तत्कालीन उप राष्ट्रपति डॉ. एस.डी. शर्मा ने प्रदान किया।

पंडित ओंकारनाथ समारोह एवं तानारिरी सम्मान के अवसर पर (बायें से) पंडित साजन मिश्रा, पंडित राजन मिश्रा, पंडित जसराज, गुजरात के तत्कालीन मुख्यमंत्री श्री नरेन्द्र मोदी, बेगम परवीन सुल्ताना एवं श्रीमती किशोरी अमोनकर

- अल्लाउद्दीन संगीत-रत्न सम्मान (म.प्र.)।
- जायंट्स इंटरनेशनल अवार्ड—नाना चुड़सामा।
- नाद-ब्रह्म शिरोमणि, उज्जैन।
- हाफ़िज अली ख़ान सम्मान (ग्वालियर)।
- कालिदास सम्मान (म.प्र.)—संगीत में रचनात्मक योगदान के लिए।
- नाद निधि, मैसूर—पूज्य सच्चिदानन्द गणपति।
- डागर घराना सम्मान—महाराणा मेवाड़ फाउंडेशन (उदयपुर)।
- आईटीसी संगीत रिसर्च अकाडेमी अवार्ड—दिल्ली-2007-08 'भारत के पूर्व प्रधानमन्त्री माननीय डॉ. मनमोहन सिंह की पत्नी श्रीमती गुरुशरण कौर ने प्रदान किया।
- 'स्वराधिराज'—मुम्बई के संगीत प्रेमियों ने यह उपाधि दी।
- भूतपूर्व राष्ट्रपति डॉ. कलाम ने पंडित जी को प्रशस्ति-पत्र प्रदान किया।
- रवीन्द्र भारती विश्वविद्यालय, कोलकाता ने पंडित जी को डॉक्टरेट की मानद उपाधि प्रदान की।
- पंडित जी के जन्म स्थान पीली मन्दौरी, ज़िला फ़तियाबाद, हरियाणा, भारत के स्थानीय लोगों ने उनके सम्मान में एक पार्क बनवाया।
- मानव संसाधन विकास मंत्रालय के अधीन कला विभाग ने हाल में पंडित जी जो भारतीय संगीत-जगत में महान् योगदान की प्रतिष्ठा में फेलोशिप प्रदान किया।

पंडित जसराज का स्वागत करते हुए भूतपूर्व राष्ट्रपति डॉ. ए.पी.जे. अब्दुल कलाम

- निजाम कॉलेज, उस्मानिया विश्वविद्यालय ने हैदराबाद (आन्ध्र प्रदेश, भारत) में विरासती इमारत को 'संगीत मार्तण्ड पंडित जसराज इण्टरनेशनल सेण्टर ऑफ़ कल्चर एण्ड एस्टेटिक्स स्टडीज़' नाम से विभूषित किया।
- संगीत नाटक रत्न पुरस्कार—संगीत नाटक अकादेमी ने 2009 में यह फेलोशिप प्रदान किया।
- आदित्य विक्रम बिड़ला पुरस्कार, 2009।
- भरतमुनि सम्मान 2010 : हिन्दुस्तानी शास्त्रीय संगीत गायक पद्म विभूषण पंडित जसराज को अति विशिष्ट भरतमुनि सम्मान 2010 में प्रदान किया गया। भुवनेश्वर की सांस्कृतिक संस्था कलिंगायण तौर्यत्रिकम ने 17 दिसम्बर, 2010 को यह सम्मान दिया। ओडिशा के माननीय राज्यपाल श्री मुरलीधर चन्द्रकान्त भंडारे ने पंडित जसराज को यह सम्मान प्रदान किया।
- ग्लोबल इण्डियन म्यूजिक अवार्ड (जीआईएमए)—मुम्बई में 1 अक्टूबर, 2012 को ग्लोबल म्यूजिशियन अवार्ड।
- श्री पुरुषोत्तमदास जलोटा अवार्ड, मुम्बई, 19 नवम्बर, 2012।
- सामगान मातंग सम्मान : बेंगलुरु, 17 फ़रवरी, 2013, भारतीय सामगान सभा, माननीय श्री एस.एम. कृष्णा ने चौदिया मेमोरियल हॉल, बेंगलुरु में प्रदान किया गया।
- पंडित भीमसेन जोशी लाइफ टाइम एचीवमेंट सम्मान : भारतीय संगीत में असीम योगदान में लिए महाराष्ट्र के तत्कालीन उप मुख्यमन्त्री श्री अजीत

एक सम्मान समारोह में

पवार ने 24 अक्टूबर, 2013 को प्रदान किया।

- सुमित्रा चरतराम लाइफ टाइम एचीवमेंट सम्मान : भारत सरकार के माननीय वित्तमन्त्री श्री अरुण जेटली ने 18 नवम्बर, 2014 को प्रदान किया। इस अवसर पर श्री जेटली की उक्ति 'सम्मान मिलने से किसी व्यक्ति की प्रतिष्ठा होती है। लेकिन जहाँ तक अनगिनत सम्मान प्राप्त पंडित जी की बात है उनसे जुड़ कर यह सम्मान धन्य हो गया।'
- गंगूबाई हंगल संगीत समारोह में लाइफ टाइम एचीवमेंट सम्मान—17 जनवरी, 2016, हुबली—गंगूबाई हंगल जीवमान साधना पुरस्कार।
- 'उस्ताद बिस्मिल्लाह ख़ान सम्मान'—नेहरू सेण्टर, 19 अक्टूबर, 2016।
- हृदयनाथ अवार्ड—27 अक्टूबर, 2016—शन्मुखानन्द सभागार, मुम्बई।

अन्तरराष्ट्रीय पुरस्कार/सम्मान

- अमेरिका के हावर्ड यूनिवर्सिटी आर्ट म्यूज़ियम ने कलावती (यूनिवर्सिटी के प्रभाग) के साथ पंडित जी को 'उत्कृष्ट संगीतज्ञ' का सम्मान दिया।
- अमेरिकी कलाकार अकादेमी ने 'अमेरिकी कलाकार पुरस्कार' प्रदान किया।
- टोरंटो विश्वविद्यालय ने पंडित जसराज को अपना सर्वोच्च सम्मान 'द डिस्टिंग्विश्ड विजिटर अवार्ड' प्रदान किया। विश्वविद्यालय के 200 वर्षों के इतिहास में यह पहली घटना है। इस सम्मान के साथ पंडित जसराज विश्वविद्यालय के आजीवन विजिटिंग प्रोफेसर हो गये हैं। पुरस्कार में एक प्रशस्ति-पत्र और मेडल प्रदान किया गया जो प्रसिद्ध मूर्तिकार सांद्रा नोबल गॉस निर्मित है।
- अमेरिका के ओकलाहोमा यूनिवर्सिटी और भारत में मुम्बई (महानगरपालिका), वालसाड, नागपुर, हिसार और उज्जैन में भी नागरिक अभिनन्दन किया गया।

- भारतीय विद्या भवन, लन्दन (इंग्लैंड) ने पंडित जी को सम्मानित किया।
- 'संगीत सम्राट' की उपाधि जो वैदिक हैरिटेज, न्यूयॉर्क ने प्रदान की।
- 'वेद शिरोमणि' की उपाधि जो वैदिक हैरिटेज, न्यूयॉर्क का शिखर सम्मान है।
- 'परम आचार्य' की उपाधि जो पंडित जसराज इंस्टीट्यूट, न्यूजर्सी, पिट्सबर्ग ने प्रदान की।
- न्यूयॉर्क के महापौर श्री जुलियन ने साउथ पोर्ट, न्यूयॉर्क में आयोजित एक समारोह में सम्मानित किया।
- न्यूयॉर्क में राजस्थानी अमेरिकी समाज ने 'राणा अवार्ड' ने प्रदान किया।
- टोरंटो विश्वविद्यालय ने पंडित जसराज के नाम पर एक स्कॉलरशिप की शुरुआत की जो भारतीय संगीत की युवा प्रतिभाओं को दिया जाता है।
- न्यूयॉर्क में वैदिक हैरिटेज के संगीत भवन का नाम 'पंडित जसराज ऑडिटोरियम' रखा गया। किसी जीवित संगीतज्ञ को इस प्रकार सम्मानित करने की यह पहली घटना है।
- स्मिथसोनियम इंस्टीट्यूशन ने वाशिंगटन डीसी में 30 मई, 2010 को 'ओम शान्ति' नामक आत्म अमर संगीत शान्ति समारोह किया। पंडित जसराज के गायन के वेब प्रसारण की यह घटना विश्व इतिहास में पहली बार हुई।
- अमेरिका के ह्यूसटन में इंडिया हाउस ने भारतीय शास्त्रीय संगीत में संगीत मार्तण्ड पंडित जसराज के अद्वितीय योगदान के लिए सम्मानित किया।
- इंडिया हाउस के अध्यक्ष ने 6 फ़रवरी, 2016 को मैरियट, बॉलरूम, सुगर लैंड, ह्यूजटन ने पंडित जसराज को अमेरिकी कांग्रेस प्रतिनिधि अल ग्रीन समेत बहुत से गण्यमान्य लोगों के समक्ष यह सम्मान दिया। यह संस्थान हमारे भूतपूर्व राष्ट्रपति डॉ. कलाम समेत कई विशिष्ट लोगों को सम्मानित कर चुका है।

डॉक्टरेट की उपाधियाँ—डी. लिट्. की मानद उपाधि

- Fellowship of Sangeet Natak Akademi confered by Hon'ble Governor of Andhra Pradesh, Shri ESL Narasimhan, on the 30th of November 2010.
- Honary D. Litt (Honoris Causa) by the Hon'ble Governor of Odisha, Shri Murlidhar Chandrakant Bhandare, and the Chancellor of Utkal University of Culture on 4th January 2012.
- Honary D. Litt (Honoris Causa) by the Honourable Chief Minister of Haryana – Shri Bhupinder Singh Hooda, and Chancellor of the Maharshi Dayanand University, Rohtak, on 9th April 2012.
- "DESHIKOTTAM" award from Vishva Bharati, Santiniketan – Kolkata, from the Pradhana (Rector), the Honourable Governor of West Bengal, Shri MK Narayanan, on 27th April 2012.
- Presidency University (earlier Presidency College) Kolkata has conferred its honorary D. Litt. degree on Pandit Jasraj Ji on the 20th of August 2016.
- Pandit Jasraj received the Honoris Causa title from KEISIE International University, South Korea.

Awards instituted in Pandit Jasraj's name

Among the numerous awards instituted in the Great Maestro's name, to recognce the Artistic Talents of deserving musicians, perhaps the most significant by far is the Cross Cultural Understanding Award by Rotary club of Hyderabad. This is awarded to an individual or group of individuals who coming from one cultural milieu have made to effort to understand & master an art form from a different cultural ethos. Its significance lies in the fact that this award is an effort to promote peace and goodwill between human beings and belief that Art is a communication which has only one form and hence can connect the world.

1. The first Award was presented in the year 2007-08 to Mrs. Rehana Khan for her proficiency in Bharat Natyam.
2. The 2008-09 Award was presented to Padma Sri Dr. Ileana Citaristi for her proficiency in Odissi.
3. The 2009-10 Award was presented on March 6, 2010 to Mr. Justin McCarthy, an American by birth, for his proficiency in Bharat Natyam. At this function Mr. Cornelis M. Keur, the Consul General, American Consulate, Hyderabad was the Special Guest of Honor.
4. The 2010-11 Award was presented on 23rd February 2011, to Ms Saskia Rao-de-Haas, Dutuch born Cellist and an exponent of Hindustani Classic music on modified Cello.
5. The 2011-12 Award was presented on 3rd march 2012, to Mr. Tako Hira a Japanese Santoor player, disciple of Pt. Shiv Kumar Sharma.
6. The 2012-13 Award was presented on 6th of March 2013, to Mr. Stevn Gorn, at the hands of American Consul General – Ms. Katherine Dhanani.
7. The 2013-14 Award was presented on 23rd of February 2014 to Ken Zukerman, American born exponent of Hindustani Classical on Sarod.
8. The 2014-15 Award was presented to Pete Lockett, Multi Percussionist, in Feb. 2015 at the hand of the British High Commissioner.
9. The 2015-16 Award was presented to Ms. Annick Chaymotty (Devayani), a French Dancer who performs in the Indian Classical Dance Style – Bharat Natyam.

The University of Toronto has instituted a scholarship in his name for young Canadians wishing to train in music. Also the first

DISTINGUISHED VISIOR AWARD was created specially in honor of Pandit Ji, by the same university in 1999 for the first time since its inception 200 years ago.

A ROLLING TROPHY instituted by the Rotary Club of Bombay (Shivaji Park).

Pandit Jasraj Gaurav Purashkar, Pune – The Award for young artists instituted by the people of the great cultural city. Pune was a precursor to many such honours that followed. Haryana Institute of Fine Arts – Karnal has initiated award in his name called 'Jasraj Saman" in association with Government of Haryana, India.

मेवाती घराना

- उस्ताद घग्घे नज़ीर खान साहेब
  - पंडित नत्थूलाल (पंडित मोतीराम और पंडित ज्योतिराम के मामा)
    - पंडित मोतीराम
    - पंडित ज्योतिराम
      - पंडित मणिराम
      - पंडित प्रतापनारायण
      - पंडित जसराज
        - शारंगदेव पंडित
        - दुर्गा जसराज
        - रत्तन मोहन शर्मा
        - डॉ. मुकुन्द लाठ
        - संजीव अभ्यंकर
        - तृप्ति मुखर्जी
        - अंकिता जोशी
        - शशांक सुब्रह्मण्यम
        - कला रामनाथ
        - हसमुख चावड़ा
        - श्यामला भावे
        - सुमन घोष
        - गार्गी सिद्धान्त दत्त
        - प्रीतम भट्टाचार्जी
        - स्व. कृष्णकान्त पारेख
        - रमेश नारायण
        - सौगत बनर्जी
        - अन्य...
  - पंडित चिमनलाल

पंडित जसराज शिष्यवृन्द

1. डॉ. मुकुन्द लाठ, कोलकाता
2. डॉ. नीरजा रतेरिया, कोलकाता
3. गुरु माँ ज्योतिषानन्द सरस्वती (विमला देवी), कोलकाता—न्यूयॉर्क
4. हसमुख भाई चावड़ा, अहमदाबाद
5. चन्द्रशेखर स्वामी, कलबुर्गी (कर्नाटक)
6. गिरीश वज़लवाड, नागपुर
7. परेश नायक, अहमदाबाद
8. वेंकटेश मण्णूर, हुबली (कर्नाटक)
9. श्याम गूंजकर, नांदेड़
10. शारंग देव, मुम्बई
11. दुर्गा जसराज, मुम्बई
12. रत्तनमोहन शर्मा, मुम्बई
13. श्वेता झवेरी, अहमदाबाद
14. संजीव अभ्यंकर, पुणे
15. तृप्ति मुखर्जी, कोलकाता (अमेरिका)
16. गार्गी सिद्धान्त, मुम्बई (गुड़गाँव)
17. हेमांग मेहता, मुम्बई-पुणे
18. नीरज पारिख, अहमदाबाद
19. कला रामनाथ, मुम्बई
20. आशा लोहिया, केनेडा
21. प्रीतम भट्टाचार्य, मुम्बई (अमेरिका)
22. वेणुगोपाल गोस्वामी, वृन्दावन
23. रमेश नारायण, त्रिवेन्द्रम (केरल)
24. विकास पारिख, अहमदाबाद
25. सीमंतिनि उपाध्याय, पुणे
26. दि. शोभा अभ्यंकर, पुणे
27. राधारमण कीर्तने, मुम्बई (अमेरिका)

28. शशांक सुब्रह्मण्यम्, चेन्नई
29. श्यामला भावे, बेंगलुरु
30. सौगात बनर्जी, कोलकाता
31. सप्तऋषि चक्रवर्ती, कोलकाता
32. अरविन्द थत्ते, पुणे
33. साधना सरगम, मुम्बई
34. पद्मजा फेनानि, मुम्बई
35. विजय साठे, पुणे
36. राम दीक्षित, मुम्बई
37. यशवन्त क्षीरसागर, औरंगाबाद-पुणे
38. दि. कृष्णकान्त पारिख, अहमदाबाद
39. शिवदास देगलूकर, अंबाजोगाई
40. अंकिता जोशी, नांदेड़
41. ईश्वरी पंडित, मुम्बई
42. अनुराधा भागवत, धारवाड़ (कर्नाटक)
43. स्वर शर्मा, मुम्बई
44. लोकेश आनन्द, दिल्ली (शहनाई)
45. भास्कर, दिल्ली (शहनाई)
46. संजय शर्मा, दिल्ली
47. सुरेश पतकी, पुणे
48. दि. सन्तोष माथुर, दिल्ली
49. दि. विनोद खन्ना, मुम्बई
50. प्रसाद दुसाणे, नासिक
51. मरीना खान, न्यूयॉर्क (अमेरिका)
52. कृष्णा जोशी, लन्दन
53. डॉ. नीलांजना, भोपाल
54. राम सुगवेकर, मुम्बई
55. प्रज्ञान बरुवा, गुवाहाटी
56. गौतम काले, इन्दौर
57. पारुमिता देशमुख, मुम्बई
58. नाशिद कमाल, बांग्लादेश
59. दिलीप मुंगी, इन्दौर
60. राजेश अष्टपुत्रे, औरंगाबाद (अमेरिका)

61. शालिनी वाजपेयी, मुम्बई
62. उपमा राय शर्मा, मुम्बई
63. देवेश्री दासगुप्ता, कोलकाता
64. सम्राट दासगुप्ता, कोलकाता
65. दि. पार्वती, आसाम
66. निरंजन बाबू, किशनगढ़
67. समर्थ जानवे, उदयपुर
68. कविता कृष्णमूर्ति, मुम्बई
69. अनुराधा पौड़वाल, मुम्बई
70. मेधा बेहरे, मुम्बई
71. बालानन्द सिंह, बिहार
72. स्वामी विद्यानन्द सरस्वती, नासिक
73. डॉ. मुकुन्द क्षीरसागर, जोधपुर
74. मुरलीधर मिझार, नेपाल-मुम्बई
75. डॉ. राजकुमार शर्मा, बूँदी
76. रघुनाथ खंडालकर, पुणे
77. गणेश नारायण पंडित
78. श्यामला राजेन्द्रन, सैनफ्रांसिस्को (अमेरिका)

सन्दर्भ-ग्रन्थ

1. **ग्रेट मास्टर्स ऑफ़ हिन्दुस्तानी म्यूज़िक**—सुशीला मिश्रा
2. **तानसेन : दि मैजिकल म्यूज़िशियन**—अशोक डावर
3. **दि राग्स आफ़ नॉर्थ इण्डियन म्यूज़िक : देअर स्ट्रक्चर एण्ड अवॉल्यूशन**—नज़ीर अली जैराज़भॉय
4. **ऑल रोड्स बिगिन फ्राम दि ग्वालियर घराना**—राजा पंडलिक
5. **हस्सू ख़ान हद्दू ख़ान**—ऑक्सफ़ोर्ड इंडेक्स
6. **लॉस्ट वर्ल्ड ऑफ़ हिन्दुस्तनी म्यूज़िक**—कुमार प्रसाद मुखर्जी
7. **पंडित जसराज**—फ़िल्म प्रोड्यूस्ड एण्ड डायरेक्टिव बाय जेम्स बेवरिज, जामिया मिलिया इस्लामिक द्वारा प्रस्तुत
8. **दि आगरा घराना ऑफ़ हिन्दुस्तानी म्यूज़िक सहापीडिया**
9. **इण्डियन क्लासिकल म्यूज़िक**
10. **दि एलिग्या ऑफ़ अमीर खुसरोंज़ कांट्रीब्यूशन टू इण्डियन म्यूज़िक** : यूसुफ़ ख़ान
11. **सूफ़ी म्यूज़िक : गोपाल नायक एण्ड अमीर खुसरो**—कव्वाल ब्लॉगस्पार
12. **सेंट गोपाल नायक**—आर्टिकल ऑफ़ कोर नालेज
13. **आधुनिक अन्तरराष्ट्रीयकरण में भारतीय शास्त्रीय संगीत की भूमिका**—डॉ. नीलम बाला माहेन्द्रु
14. **दि अल्टीमेट मियाज़ बुक**—कीथ विलानुएवा
15. **प्रैक्टिकल म्यूज़िक थेरेपी**—कृष्णा एन. शर्मा
16. **संगीत को समझने की कला**—डॉ. केशव चन्द्र वर्मा
17. **घराना परम्परा**—रत्तन मोहन शर्मा तथा मेवाती घराने के अन्य छात्रों द्वारा शोध पत्र
18. **गोल्डन वॉयस—गोल्डन ईयर्स**—म्यूज़िक टुडे
19. **भातखंडे**—हिन्दुस्तानी संगीत शास्त्र
20. **भातखंडे**—हिन्दुस्तानी संगीत पद्धति
21. **भक्ति, ए कंटेम्परेरी डिस्कशन : ए फ़िलासॉफिकल इंटारप्रिटेशन ऑफ़ इण्डियन भक्ति ट्रेडिशन**—डॉ. मुकुन्द लाठ
22. **डिक्शनरी ऑफ़ इंडियन क्लासिकल म्यूज़िक**—राघव आर. मेनन
23. **डिप्लोमेसी एट दि कटिंग एज**—किशन राणा